幻想の
ジャンヌ・ダルク

中世の想像力と社会

COLETTE BEAUNE, JEANNE D'ARC

甲冑姿のジャンヌ・ダルク
（パリ国立公文書館所蔵）

コレット・ボーヌ 著

阿河雄二郎・北原ルミ・嶋中博章・滝澤聡子・頼 順子 訳

昭和堂

日本語版まえがき

このたび、私の著書が日本語に翻訳されるとうかがい、たいへん光栄であるとともに、とてもうれしく思っております。じつは、かつて〔パリの〕東洋語学校で三年間、日本語を勉強したことがあります。今はすっかり忘れてしまいましたが。その後、私の勤務校（パリ第十大学）と協定を結ぶ大阪大学からやってきた学生を何人か指導することにもなりました。しかし、私の著作はどれもフランスの歴史に関わるものですから、聖王ルイの「いとも信仰篤き王国」からあんなにも遠く離れた日本のみなさんの関心を引くなど、思いもよりませんでした。まずはこの骨の折れる仕事を成功に導いてくださった、阿河雄二郎教授ならびに翻訳チームの方々（北原ルミ氏、嶋中博章氏、滝澤聡子氏、頼順子氏）に心よりお礼申し上げます。

どうして私は、ジャンヌ・ダルクについて本を書いたのでしょうか。世界中で毎年五冊から一〇冊ほど『ジャンヌ・ダルク』と題した本が出されているようですから、新しい本など余計なようにも思えます。しかし、ジャンヌ・ダルクは、研究者としての私の根本的な問題関心に関係があるのです。私は、百年戦争期〔一三三七～一四五三年〕におけるフランスという国家《ナシオン》〔＝国民〕の形成について研究を行い、中世の女性史について教えてきました。それに加え、私は「乙女《ラ・ピュセル》」と彼女の類稀な生涯に共感してきました。フランスの中世史家なら誰もが、それぞれの「ジャンヌ・ダルク」像をもち、この広大な主題に立ち向かうことを夢見ているのです。一九六〇年代以来、フランスにおけるジャンヌの歴史は、レジーヌ・ペルヌーの著作群の影響下にありました。それらの著作は、該博で信頼できるものですが、出来事の記述に比重が置かれています。しかし、そのあいだに、歴史学は変化しました。私が研究したかったのは、時代ごとのジャンヌのイメージ（〔ジャンヌが活躍した〕一四二九年、処刑裁判のとき、名誉回復前の一四三一年から一四五六年のあいだ、そして〔ジャンヌの名誉が回復された〕シャルル七世の治世末期）と、さまざまな人々の目を通して見たジャンヌのイメージです。たとえば、彼女の味方であるアルマニャック派の人々や、敵対者であるブルゴーニュ派の人々、俗人および聖職者、そして宮廷人と民衆といった人々です。ジャンヌのまわりと〔ジャンヌをめぐる〕神秘のまわりをぐるぐる回りながら、なんとか少しでもその神秘に迫ろうとしました。多様化の度を著しく増し、グローバル化の波に洗われた現在のフランスで、私はまた、こんなにも古い歴史〔のテーマ〕がまだ意味をもっているのかどうか、知りたい気持ちもありました。フランスにおける意味はもちろん、他の国々における意味についてもです。

ジャンヌの波乱万丈の生涯は、暗に、庶民の勇気を称えています。貴族たちは戦場に倒れ、教皇庁は分裂し、若き王太子は自分自身が信じられずにいました。そんな破局的な時代に、試練にさらされた共同体〔フランス〕は、自己のなかにもっとも思いがけない救世主を見出すことになるのです。それは、二〇歳に満たない娘、王国の辺境に生まれた農民の娘、教養も財産も人脈《コネ》もない俗人の娘でした。ヴォークールールで「乙女」の仲間の一人が彼女に向けた次の質問に、共同体《フランス》全体が否《ノン》と答えました。「いとしい友よ、いつかわれわれがイギリス人になることはあるだろうか」。こうして共同体《フランス》は消滅することを拒んだのです。この返答は、時代や国境に関係なく、ふさわしいものです。

コレット・ボーヌ

幻想のジャンヌ・ダルク

目次

日本語版まえがき　i

序論　*introduction*　001

第I部　ドンレミのジャンヌ・ダルク

第1章　史料の問題　*La question des sources*　009

処刑裁判記録　011／意見書《メモワール》　013／無効裁判記録　015

第2章　国境《くにざかい》から来た娘　*Une fille de la frontière*　023

ジャンヌの年齢　025／国境《くにざかい》という現実　027／国境が生む想像界《イマジネール》　033

第3章 村で成長するということ *Grandir au village* 037

家族 037／村人たちの絆 043／小教区 048

第4章 妖精たちのいる木 *L'Arbre aux fées* 054

領主と妖精たち 055／古くからの村祭り 058

第5章 字は読めたのか、読めなかったのか *Lettrée ou illettrée ?* 066

多少は字の読めたジャンヌ 069／署名 073／書物への興味と不信 076／素朴な人々 078

第Ⅱ部 ドンレミからシノンへ

序 085

第6章　ジャンヌ以前のジャンヌ　Jeanne avant Jeanne　090
預言　092／女性司祭　093／真実の預言と虚偽の預言　098／ジャンヌの真正証明　100

第7章　羊飼いの娘の作戦　Opération bergère　119
羊飼いの選出　121／牧者としての王　123／預言者と聖なる羊飼い　128／羊飼いの娘の肖像《イコン》　133

第8章　「乙女《ラ・ピュセル》」　La Pucelle　138
名前　139／処女性　144／誇示された身体、すなわち衣服の問題　154／糸巻き棒と剣　159

第9章　戦争は女性の顔を持ちうるか　La guerre peut-elle avoir un visage de femme ?　164
問題含みの戦争参加　166／書物のなかの女傑たち　168／条件付きの戦争　173／女戦士としてのジャンヌ　179

第Ⅲ部　一四二九年オルレアン

序　197

第10章　オルレアンの包囲　*Le siège d'Orléans*　202

戦いの法　203／『イギリス人への手紙』　209／ジャンヌの武器　214

第11章　王か皇帝か　*Roi ou empereur ?*　229

素朴な人々の王　232／神学者と法学者の王　240／メシア願望　249

第12章　アルマニャック派の淫売　*La Putain des Armagnacs*　259

オルレアン公家の人々　260／場所と象徴　262／政治的な計画　267／党派《パルティ》から国民《ナシオン》へ　271

第13章 **驚異の年** *L'année des merveilles* 281

ジャンヌの棒《マルタン》 283／奇蹟 292

第Ⅳ部 **パリからルーアンへ**

序 301

第14章 **異端者** *L'hérétique* 304

異端の疑い 306／ジャンヌの聞いた声 310／罪びとジャンヌ 322／十戒 326

第15章 **聖女か、女魔術師か、それとも魔女か** *Sainte, magicienne ou sorcière ?* 337

聖女 339／女魔術師 344／魔女 360

第16章 ジャンヌ以後のジャンヌ 371
Jeanne après Jeanne

結論 381
Conclusion

訳者あとがき 389

付録

イギリス人への手紙 394
日本語文献 396
関連年表 398
フランス・イギリス両王家系図 400

人名索引 *i*
原注 *xi*

凡　例

一、本書はコレット・ボーヌ著『ジャンヌ・ダルク（*Jeanne d'Arc*）』の全訳である。ただし『ジャンヌ・ダルク』ではシンプルにすぎるので、本書では、類書との差異化をはかり、また、著者の問題意識や意図を勘案して『幻想のジャンヌ・ダルク――中世の想像力と社会』とした。

一、本文中の〔　〕は訳者による注記である。人物や事項について、より長めの説明を必要とする場合は、それぞれの章末に訳者注を設けた。

一、原著の中頃にはジャンヌ・ダルク関係の図版がまとまって一五枚挿入されているが、本書ではそれを適当な箇所に配置した。図版タイトルに＊が付してあるのが原著にある図版である。なお、読者の関心を顧慮して、原著にはない図版（訳者が現地を訪れた際の写真など）を取り入れた。

一、原著には簡単な年表、地図、系図があるが、読者の便宜をはかるため、本書ではかなり補った。

一、原著には人名索引があるが、やはり読者の便宜をはかるため、本書の末尾に人名索引欄を設定し、人物の簡単な履歴や肩書を記すとともに、本書に出てくるページ数を記した。

序論

またしても、ジャンヌ・ダルクの本である。なにか個人的な理由をあげて、新しく本を出すわけを説明しなければならないだろうか。国民国家および女性史の専門家である私は、研究のなかでジャンヌとは必然的にたびたび出会わざるをえなかったが、実は、以前からジャンヌをどう考えてよいかわからず、気にかかっていた。ジャンヌの謎は、専門家にとってもまた、ひとつの謎なのである。本書は、その謎を完全に解き明そうとするのではなく、従来と異なるアプローチを試みるものである。

フランスにおけるジャンヌ研究は、ある矛盾した状況に置かれている。レジーヌ・ペルヌー女史の活力あるみごとな著作の数々[1]が長らく支配的地位を占め、それらの著作は、数世代にわたる歴史家たちの仕事をふまえつつ、過去の諸事実の解明に貢献してきた。その一方で、アングロ＝サクソン系[2]あるいはドイツ系の研究[3]から現れた他のアプローチについては、翻訳がないため、しかるべき評価がなされてこなかった。マリナ・ウォーナーの大著も、フランス語圏の読者には、ほとんど知る機会すら得られない現状である。近年のフランス系の研究は、個々の論文[4]や質の高いシンポジウム[5]といった枠組みでのみ、発表されることが多い。そろそろ、新たな総括をすべき時がきているのではないだろうか。

本書は、イメージや伝説についての研究であり、「事実ではないこと」、「現実ではないこと」についての研究であると言ってもよい。かならずしも事実や現実ではない事柄が、歴史においてはとても大きな重要性をもつのである。さまざまな人物モデルやよく知られた物語的基準が出来事を左右し、その解釈を左右する。学のある人々と無学な人々とでは、モデルや物語的基準がそのまま同じにはならないとしても。中世という時代においては、個々人の個性や特殊性が全面に押し出されることなどありえない。誰しも、なんらかの集団（家族、村、信心会）に属しており、自分の属する身分の社会的規範には従わねばならない。ジャンヌは、ジャンヌという個人である必要はなかった。ジャンヌは、「乙女」〔1〕あるいは「羊飼いの娘」であり、人々は皆そうしたモデルを通してジャンヌを見ていた。個人は、他者との関係や神との関わりと切り離されては、ほとんど存在しようがなかった。そして何よりジャンヌはイヴの娘すなわち女性であり、聖職者たちはこのモデルから最悪のことも（イヴは人類を堕落させた）、最善のことも（マリアは人類を救った）、期待できた。ジャンヌの大胆な行動は、何にもまして、中世社会が女性たちに与えていた役割を問い直すものだった。女が戦ったり、国王顧問会議の人々に話をしたり、説教したりすることがありえるのか、と。ジャンヌに対しては、実際、男女両性に可能なモデル（預言者）と、純粋に女性としてのモデル（乙女《ラ・ピュセル》）、また男性限定のモデル（騎士）が同時に適用されたのであり、こうした境界の混乱こそが、ジャンヌの引き起こした当惑の根本的な原因だったのである。当時、個人が名をあげるとは、その人自身であるとか、特殊な存在であるとかいうことではなく、モデルに近づき、はてはモデルと一致するということだった。つまりジャンヌは、もう一人のデボラ（旧約聖書の女性預言者）、もう一人の聖カトリーヌ（四世紀の殉教者と伝えられるアレクサンドリアの聖女カタリナ）であり、「十番目の女傑」[ii]であり、最後に「もう一人のキリスト」として死んだのだ。ジャンヌの成功も最終的な挫折も、本人を含めて誰もが頭に抱いていたイメージや想定をもとに成り立っている。

　ジャンヌをめぐってせめぎあうふたつの形象は、いずれもキリスト教的かつ騎士道的な同一の文化から生まれたものである。ジャンヌ本人も、みずからが耳にしたり出会ったりした事柄の寄せ集めから、自分なりに宗教的かつ政治的経験を作り上げていった。教会で聞く説教の言葉のはしばしや、日々の典礼で唱えられる言葉、騎士道物語、妖精たちの木のまわりでの村祭り、公現祭での王様のパイ菓子[iii]などからである。他方、一四三一年にジャンヌを裁く学者たちにしろ、一四五六年の裁判官たちにしろ[iv]、大学での厳密な概念区別に慣れており、トマス・アクィナスやアリストテレスといった権威をおのれの思考の根拠としつつ、自由に引用することができた。ジャンヌは、王シャルルが神に選ばれたと言いたいがために、騎士道小説から出てきたような冠を持った天使や、公現祭のパイ菓子に隠されたソラマメの話を引き合いに出す。それに対して、神学者たちはアウグスティヌス学説に基づいて権力の正当性を述べ、法学者たちは王位継承者から王冠を奪うことの不可能性を語るのだ。

　二回の裁判のあいだに、情勢は大きく変化していた。一四三一年には、教皇庁の最終的権威は疑義をさしはさまれており、公会議が教皇より上位にあるとする公会議主義が依然として力をもち（まさにその年にバーゼル公会議が開かれ、パリ大学の学者たちは重要な役割を演じた）、フランス王国は内乱状態にあった。一四五六年になると、教皇も国王もふたたび力を取り戻していた。それゆえ、人々の確信は大きく揺らいだのである。一四三一年には、戦う教会（天の教会に対する地上の教会）に従わないことは異端であり、ジャンヌの裁判官たちはほぼ全員が、戦う教会は公会議でもあるとする公会議主義者だった(6)ため、この件をジャンヌの希望に反して教皇庁には上げなかった。一四五六年には、ジャンヌの不服従の態度は、もはや必ずしも異端視されず、教皇庁へは当然のように上げられた。また、ルーアンでジャンヌ処刑裁判の裁判官を務めた者たちは、その裁判にはフランスの王位をめぐる戦争による党派的な側面があったと後に認めている。イギリス王ヘンリ六世をフランス王として支持する彼らの陣営にとっては、ジャンヌは内乱を起こしたかどで訴えられた「アルマニャック派の淫売」であった。

一四五六年の無効裁判においては、シャルル七世の顧問官たちは戦争をイギリス人に対する戦いとして位置づけなおし、王シャルル七世のためのジャンヌの働きをフランス国家への絶対的な献身行為だったと再解釈した。

　ほとんどの英雄たちは死後になってからしか神話化されないものだが――時間的な距離が開くほどに、次から次へ期待に即した伝説が生まれ、増殖していくものだ――、ジャンヌは生前から神話的存在だった。ジャンヌの流星のような軌跡が、わずか二年という短い期間（一四二九～一四三一年）にフランス王国を激変させ、具体的に目に見える形で政治の領域に足跡を残したのは確かである。イギリス人たちはオルレアンを奪えず、シャルル七世はランスで聖別されフランス王となったのだから。しかし、ジャンヌは登場したときから、すでに神話と不可分の物語となっていた。フィエルボワの剣[v]は天からきたものであり、ランスの葡萄畑はジャンヌが歩くとふたたび花咲いた。戦禍にあえぐ国にジャンヌが現れる以前から、数々の預言が、宮廷からドンレミ村にいたるまでのあらゆる層の人々のあいだを飛び交い、ジャンヌの出現を告げていた。神はキリスト教の信仰篤い王国に罰を下すことがあっても、見捨てはしない。誰かを遣わすはずだ。ジャンヌは、このように待ち望まれた救世主の人物像にあてはまった。すでにジャンヌ以前にも、「神からの」メッセージを携えて王に会いに来た者たちがいた。人並はずれたジャンヌだが、以前に王国の辺境からやってきた男たちや、とりわけ女たちの系統に連なるのである。ジャンヌ以降も、別の者たちが、その務めを受け継いでいく。マリー・ロビーヌ〔十四世紀末の南仏の幻視者〕からジャンヌへ、さらには、「ル・マンの乙女」〔シャルル七世治世末期の幻視者〕へと、三者ともに預言者の機能をもち、共通の想像界に依拠する点では、つながっている。唯一の違い――しかしその違いは重要である――は、ジャンヌがメッセージを自分の力で実現しようとしたことである。この点では、他の者たちは、自分たちはシャルル七世に使命を告げに来たと打ち明けるにとどまっていた。メッセージを実現するべきはシャルルだった。

　ジャンヌがシノンの宮廷に姿を現すやいなや、現実の次元と神話的次元とが共存することになった。国王書簡はいずれも明確で、事実に即し、慎重な姿勢を見せている。キリスト教徒として、人間界の事象に神が介入することを認める方向へ気持ちを動かされはしても、神学者に法学者、シャルル七世の顧問官たちは、のちに生じるであろう困難を察知せざるを得なかった。ジャンヌの神話は、始まりからして曖昧で、いかようにも解釈できるものだった。「乙女」に対する賛否両論は、一四二九年の春にはすでに生じていたのであり[7]、一四三一年の処刑裁判におけるさまざまな告発のどれをとっても、じつは新しくなかった。出来事と同時進行的に神話が生まれ、国王尚書局は、古くからの預言やこの機に捏造された預言の書の存在を世に知らせることで、神話生成に力を貸した。だが、人々の期待と希望はあまりに大きく、神話がひとりでに生まれ育った面もある。ブリュージュ在住のヴェネツィアの商人たちは、乙女の出現やオルレアン解放などの一連の驚くべき噂があることを日々報告している。オルレアン解放とランスでの聖別式に向けた遠征は、現実の次元と伝説の次元との双方の競い合いの上に成し遂げられた。まさに驚異にみちたこの年は、一四二九年九月八日のパリ攻囲戦失敗によって唐突に終わるのだが。ジャンヌがまっさきに途方もない希望を信じたのだった。イギリス人をフランスの外に追い出し、フランス王を全キリスト教世界の皇帝の座につけ、聖地の再征服にのりだして千年は続く新しい世界を作る、その世界では冒瀆的な言葉を吐く者も、貧しい人々を虐げる者もいないだろう、と。ジャンヌの希望の内容はそれだけにとどまらず、まだまだ他にも生まれるだろう。ジャンヌの物語は、たしかにフランス国家という枠において意味をもつものであるが、それだけとするのは錯覚にほかならない。フランス国家は、乙女の使命が具体的な成果を出しえた唯一の領域であった。しかし、その領域を超えて、乙女はキリスト教世界全体のことや世の終末までを見渡していたのである。

　ジャンヌの敗北と捕縛とが、神話を別の方向へ転換させた。一四二九年の輝かしいメシア待望論のあとに続いたのは、味方陣営の方では、苦悩して償いを果たすキリスト教徒の、次いで殉教者のイメージだった。敵方陣営の方は、異端者、女魔術師、さらには魔女のイメージにこだわった。ジャンヌは空を飛ぶとの噂が流れた。天使と近い者なのか、あるいは魔女と近い者なのか。ジャンヌが死してもなお、人々を神話へと駆り立てる興奮状態はおさまるどころか、むしろその逆だった。ジャンヌ生存説がすぐさま現れた。何年かの潜在あるいは苦行期間を経て、「ジャンヌ」という希望はシャルル七世の治世の最後まで、偽物のジャンヌの姿をとって、本物のジャンヌよりも生き延びた。この偽ジャンヌ・ダルクたちという現象は、詐欺にすぎなかったとは言えない。伝統的社会においては、その手の詐欺は比較的たやすいとマルタン・ゲールの例[vi]が証明しているにしても。ジャンヌは要するに死ねなかったのだ。イエスやアーサー王、シャルルマーニュのように、この世へ戻ってきてしまうのだ。神話の究極の成功は、まさにこの不死性にあるのではないだろうか。

訳注

[i] 原語はPucelle（ピュセル）。「乙女」、「少女」、「処女」、「生娘」「未通女」等に訳され、性的な意味が色濃く含まれる。以後、「乙女」の訳語に統一する。

[ii] 騎士道精神の元祖とされる「九名の勇者」のリストが十四世紀初頭に作成され、その女性版「九名の女傑」のリストも作られた。本書第9章参照。

[iii] 公現祭は、キリスト生誕の際に東方の三博士が貢ぎ物を

もって来訪したことを記念する祭りである。お祝いに食べるパイ菓子のなかにソラマメ等を隠し、当たった人がその場で王あるいは女王になる。本書第7章参照。

[iv] 一四三一年にはジャンヌの処刑裁判が行われ、一四五六年にはジャンヌに対する前判決を破棄する裁判、通称「復権裁判」が行われた。本書では原則的に「復権裁判」ではなく、「無効裁判」と訳す。本書第1章参照。

[v] オルレアンへの出陣前、ジャンヌの指示によって、サント＝カトリーヌ・ド・フィエルボワの教会祭壇の地中から発見された奉納物の古い剣。本書第10章を参照。

[vi] 妻子を残して失踪し、八年後に突然帰ってきた農民マルタン・ゲールが、じつは偽物だったと判明した十六世紀の詐欺事件。ナタリー・Z・デーヴィス（成瀬駒男訳）『マルタン・ゲールの帰還』（平凡社、一九八五年）を参照。

第Ⅰ部　ドンレミのジャンヌ・ダルク

生家入口の上にあるジャンヌ像

1429年のフランス

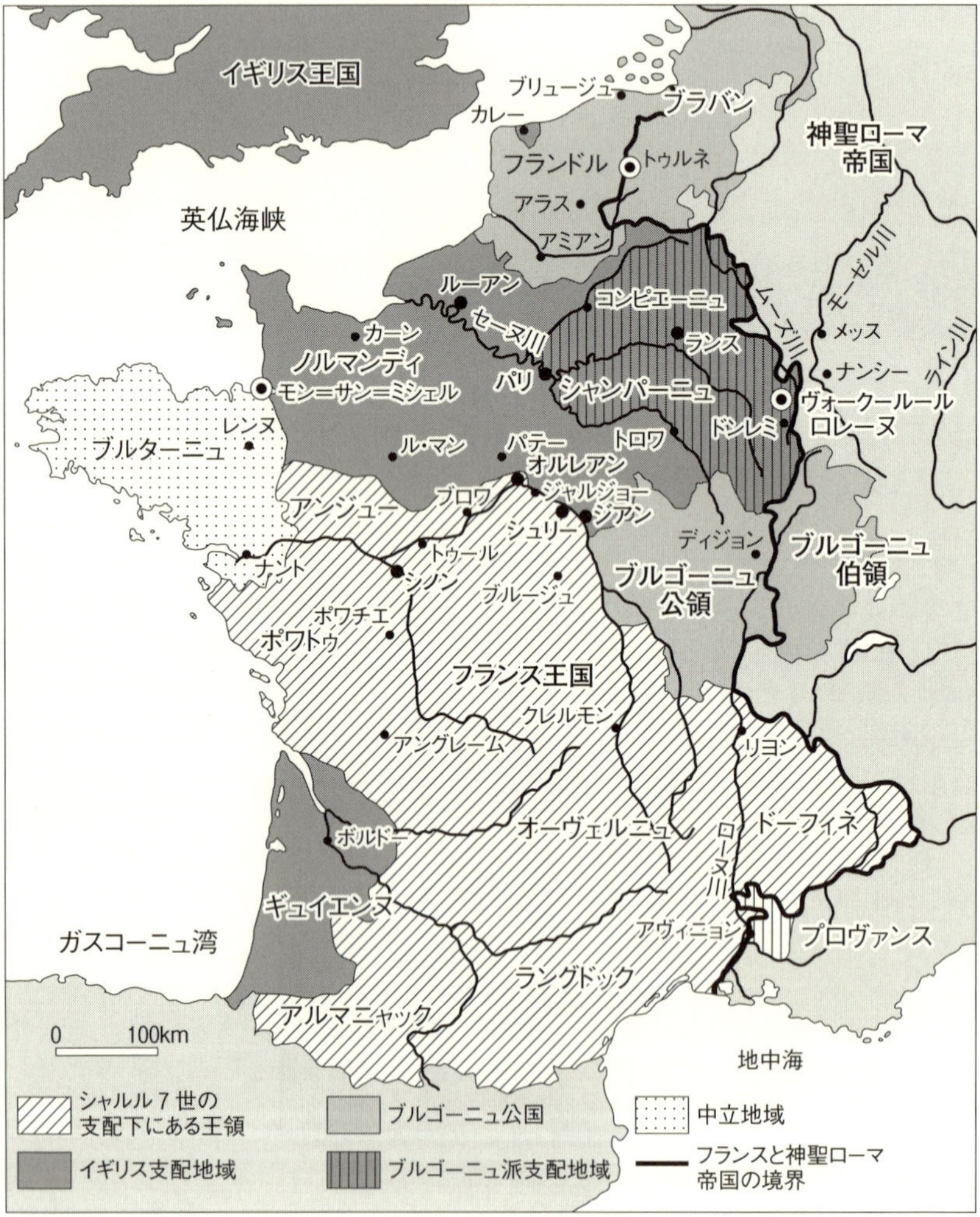
イギリス王国
ブリュージュ
ブラバン
カレー
フランドル
トゥルネ
神聖ローマ
帝国
アラス
英仏海峡
アミアン
ルーアン
コンピエーニュ
セーヌ川
ムーズ川
モーゼル川
カーン
ランス
メッス
ノルマンディ
パリ
シャンパーニュ
ナンシー
ライン川
モン＝サン＝ミシェル
ヴォークールール
レンヌ
トロワ
ドンレミ
ロレーヌ
ブルターニュ
ル・マン
パテー
オルレアン
ジャルジョー
アンジュー
ブロワ
ジアン
シュリー
ディジョン
ブルゴーニュ
伯領
トゥール
ナント
シノン
ブルゴーニュ
公領
ブルージュ
ポワチエ
ポワトゥ
フランス王国
クレルモン
リヨン
アングレーム
ボルドー
オーヴェルニュ
ドーフィネ
ローヌ川
ギュイエンヌ
アヴィニョン
プロヴァンス
ガスコーニュ湾
ラングドック
アルマニャック
0
100km
地中海
シャルル７世の
支配下にある王領
ブルゴーニュ公国
中立地域
イギリス支配地域
ブルゴーニュ派支配地域
フランスと神聖ローマ
帝国の境界

第1章

史料の問題

La question des sources

ジャンヌ・ダルクは、おそらく女性として歴史上でもっとも多くの史料に裏づけされた人物である。しかし、これだけの豊富な史料は、単なる少女、単なる一般信徒であり、王国の辺境の、口承文化が優勢な環境に生まれた単なる農民女性にとって、異例のことなのだ。今日その名がよく知られている中世の女性たちはすべからく、聖女か王妃である。まして、ジャンヌが生きたのは二〇年足らずであり、公的な場で活動した期間はわずか二年、ロワール川流域に姿を現す一四二九年春からルーアンで火刑となる一四三一年五月末までのことにすぎない。さらにジャンヌは異端宣告を受けており、異端者なるものは原則として人々の記憶から消えていく運命にある。一四三一年の処刑裁判から一四五六年の無効裁判まで、ジャンヌの記憶が深々と根づいたオルレアンの町を除いては、ほぼ完全な沈黙の二〇年があった。少年の格好をして戦場を走りまわり、教会に従うことを拒んだこの娘、結婚し従順であるべく定められた他の女性とは異なるこの娘は[1]、そもそもいかなるモデルを示しえただろう。なにしろ修道院や宮廷で書かれる中世の歴史は[2]、いろいろなモデルを提供することを目指すものである。ジャンヌのモデルとしての地位はとうてい確固としたものとは言えず、ジャンヌは同時代の年代記に登場する人物たちの一人でしかなかった。十六世紀以前には、ジャンヌを中心に書かれた作品は、いっさいなかった。シャルル七世が、フランスのすべての王たちにならって、自分の治世を記述させようとした際、[3]ジャンヌはひとつのエピソードを提供したにすぎなかった。[4]ジャンヌに同伴した数多くの大貴族もまた、みずからの伝記を献呈されているが、そこにジャンヌが登場しても、つねに脇役でしかない。

ところで、保存されている膨大な史料[5]は多様なジャンルにまたがっており、そこから互いに一致するようなイメージを引き出すことは期待しにくい。ジャンヌ本人から発された文書は、当然のことながら特別視されねばならない。きわめて短い一〇通ばかりの手紙が現存している。しかしそれらには多くの問題がある。[6]当時の大多数の人々と同じく、ジャンヌは口述筆記をさせた。自分で署名すること、書くことはできたのだろうか。筆記者の手になるのはどこまでか。『イギリス人への手紙』〔本書末尾を参照〕を除いては、すべての手紙が私たちには知りえない口頭のメッセージ付きで送られている。ジャンヌのメッセージについては、ジャンヌの軍旗の方が明らかにより雄弁であり、人々が伝えるジャンヌの言葉もまた、より多くを語る。かつて、キリストや多くの聖人たちに対してなされたように、ジャンヌの同時代人たちは、忘れがたい乙女《ラ・ピュセル》の言葉とその言葉が述べられた場所や状況をも正確に記録していたように思われる。〔生前のジャンヌについて人々が証言した〕無効裁判において、あるいは年代記や日録においては、ジャンヌ自身の言葉が語っている。[7]

調べることのできる公文書類で、ジャンヌが活動した二年間に関して使えるものはそう多くない。主なものは、オルレアン籠城戦時の出納帳、[8]あるいは一四二九年の勝利の数々を知らせ、ジャンヌを貴族に列したり、故郷の村の租税を免除したりした国王書簡である。その代わり、数多くの年代記や日録が、[9]ジャンヌの公的生活における一連の出来事のあらまし——正確な年月日、道程、軍事上の出来事、捕縛など——を明らかにしてくれる。こうした年代記や日録の不都合な点は、伝統的な形式を守って戦争や王侯貴族の話を中心に伝えてしまうところにある。ここでは、ジャンヌは背景に退き、評価されるにせよ、悪魔視や否定視をされるにせよ、脇役的な人物としてしか登場しない。ジャンヌの幼年期および成長期は無視され、著者の政治的な立場によって物語の方向が決まる。実際、イギリス側の年代記は、シェイクスピアの『ヘンリ六世』[10]が出るまでは、乙女の存在についてほとんど沈黙を貫いていた。イギリス王の書簡はジャンヌを魔女として伝えているが、この島国の年代記作者たちは大陸での敗北について口を閉ざしがちである。ジャン・シャルチエの公的な年代記[〔1〕]をはじめとする、シャルル七世側の文書はほとんどすべて、神から王シャルルに遣わされた乙女についてても好意的なイメージを伝え、その結果ジャンヌの捕縛と死についてはそそくさと締めくくっている。しかし、こうしたおよその枠組み内でも、かなりの差異が存在する。ジュヴネル・デ・ジュルサン[ii]のように、ジャンヌについていっさい語らない者もいる（語ろうとしても語れなかったのか）。アランソン公のために執筆したペルスヴァル・ド・カニィ[11][iii]のように、宮廷内における対立を指摘し、皆がイギリス人をフランスの外へ追い払いたかったわけではないという点を強調する者もいる（まずブルゴーニュ公と和平協定を結ぶ方が得策ではないか、と）。オルレアン市由来の文書（『籠城日誌』、『乙女年代記』、『オルレアン包囲戦の聖史劇』[12][iv]）ないしオルレアン公周辺の手になる文書が、ジャンヌにもっとも好意的であり、ジャンヌに物語の焦点を合わせて書かれたほとんど唯一の文書である。

ブルゴーニュ側の年代記や日録は、当然ながらむしろジャンヌに敵対的である。だがここでも、パリで書かれた日録類（クレマン・ド・フォーカンベルグの日誌、あるいはパリ一市民の日記[v]）がその時々の世論の反応を示しているのに対して、歴代のブルゴーニュ公の年代記作者によって後々よく練って書かれた年代記を区別せねばならない。ジャン・ド・リュクサンブール公に仕えるアンゲラン・ド・モンストルレ[vi]は、ジャンヌに対して非常に敵対的だが、アラス協定およびフランス＝ブルゴーニュ間の和解のあとに執筆したジョルジュ・シャトラン[vii]は、出来事を淡々と叙述している。

年代記・日録類には利点もある。それらのおかげで私たちは、裁判記録がほとんど触れていない政治上、軍事上の出来事を再構成できるのである。不都合な点は、立場による偏った見方や、出来事の渦中で書かれたか三〇年後に書かれたかにより、まったく異なる反応が見られるところである。歴史の決着をどの時点で知るかによって、物語の書き方は変わってくるのだ。

処刑裁判記録

とはいえ、ふたつの裁判の記録は、文献のなかでもっとも重要な部分を占めている。どちらの裁判記録も、公正謄本として複数の部数が保存されている。処刑裁判は、一四三一年の一月から五月にかけておこなわれた。これは異端裁判であり、教会の法廷がルーアンに開かれ、しきたりに従って異端審問所の代表一名と教区裁治権者一名（その地の司教のことである）が招集された。それゆえルーアンのドミニコ会修道院院長にしてフランスの異端審問所裁判長ジャン・グラヴランの代理、ドミニコ会修道士ジャン・ルメートルが、ボーヴェ司教（ピエール・コーション）に協力することになった（というのも、ジャンヌはボーヴェ司教区において捕えられたからである）。刑事事件において、場所の概念は幅広い。管轄裁判所の所在は、被告の出生地や定住地、罪を犯した場所のいずれでもありえた。異端の場合は、そもそも異端者はいたるところで罪を犯すものであるから、どの場所においても裁かれることが認められていた。かなりの人数にのぼる陪席裁判官が、入れ替わり立ち替わり出廷し、裁判官に助言するよう求められた。ルーアンの司教座聖堂参事会員や修道士、パリ大学で教鞭をとる法学者や神学者の面々が、大きな役割を果たすことになる。一〇〇人をやや上回る専門家たちが、この最初の裁判のいずれかの段階で出廷したのである。

　裁判の前半は、被告への尋問に費やされる。後半では、二名の裁判官から指名された教区検察官が、訴追官の役割を果たし、告訴箇条を提示する責務を負った。ボーヴェ教区裁判所の検察官ジャン・デスティヴェは、こうして被告への尋問をもとに作成した『七〇ヵ条の告発状』を被告本人に述べ聞かせたあと、おそらく『一二ヵ条の告発状』も彼が作成し、それが判決に用いられた。異端者への協力は何人にも禁じられているとあって、ジャンヌには弁護士がつかなかった。

　これは、型どおりの宗教裁判であり、「立派な裁判だ」とコーションが断言した通り、細心の注意を払って行われた。法廷の目的は、ジャンヌという人物をできる限りよく知ろうとすることではなく、ジャンヌの政治的使命を評価することでもなかった。目前にいるのは、誰もが評判の悪さを知る異端者であり、予備調査書も（失われたか、あるいは添付されていないのだが）すでに有罪の推定を保証していた。あとは、被告への尋問によって、その有罪を証明すればよい。証人は誰一人喚問されなかった。この裁判においては二種類の声しか存在しない。ジャンヌの声と、裁判官たちの声だけだ。ジャンヌにおのれの過ちを認めさせ、教会のふところへ戻るようしむけねばならない（それこそが、あらゆる異端裁判の目的であり、裁判を神学的に正当化するものである）。罪を認めない異端者だけが、〔教会に破門されたうえで〕世俗裁判権に引き渡され、あえない最期を遂げる。しかし、そのような結末は、異端審問官にとっては失敗であった。

　処刑裁判は、互いに対応している二種類の文献によって今日まで残されている[13]。第一の文献は、被告ジャンヌへの尋問を記したフランス語原本である。当時の裁判はすべてそうだが、証明書類、判決、宣告文がラテン語で起草されても、尋問はフランス語で進められた。来る日も来る日も、教区裁判所によって公証役に任命されたギヨーム・マンションとギヨーム・コル、通称ボワ・ギヨームが、堅実に職務を果たさんと審理中の筆記をおこなった。晩には、それらのノートを異端検察官の公証役とともに照合し、文書を作成する。疑問があれば、欄外に注意箇所《ノタ》と記し、再尋問の必要のあることを示した。書記たちは間接話法を用いたし、場合によってはふたつの返答をひとつにまとめることがあるにしても、この史料は、ジャンヌの口から出た言葉をもっとも忠実に書きとめた記録である。とはいえ、その記録には多少の欠落もある。ジャンヌの言葉を記録したフランス語原本は一四三一年三月三日に始まっている。つまり、最初の五回分の審理が欠けている。その欠けた部分も含めたフランス語原本全体は、そのあとラテン語に翻訳されて、裁判記録の公的文書のうちに収められている。

裁判記録の（ラテン語の）公的文書は、裁判手続き全体（各証書、尋問記録、判決文）を含むものであり、公証役ギヨーム・マンションと神学者トマ・ド・クールセルによって、早くて一四三五年ごろに浄書作成された。これらの公正証書は、ページごとに両者の署名印ないし署名があり、司教コーションと異端審問官の公印が押されている。そのような写本が五部作成され、内三部はイギリス王に、一部は異端審問官に、一部は司教コーションに渡った。今日、そのなかの三部が現存しており、国民議会図書館に一部（Ass.Nat. 1119）、国立図書館に二部（BN lat. 5965 および 5966）収められている。第一の写本はピエール・コーション所蔵のものであった。

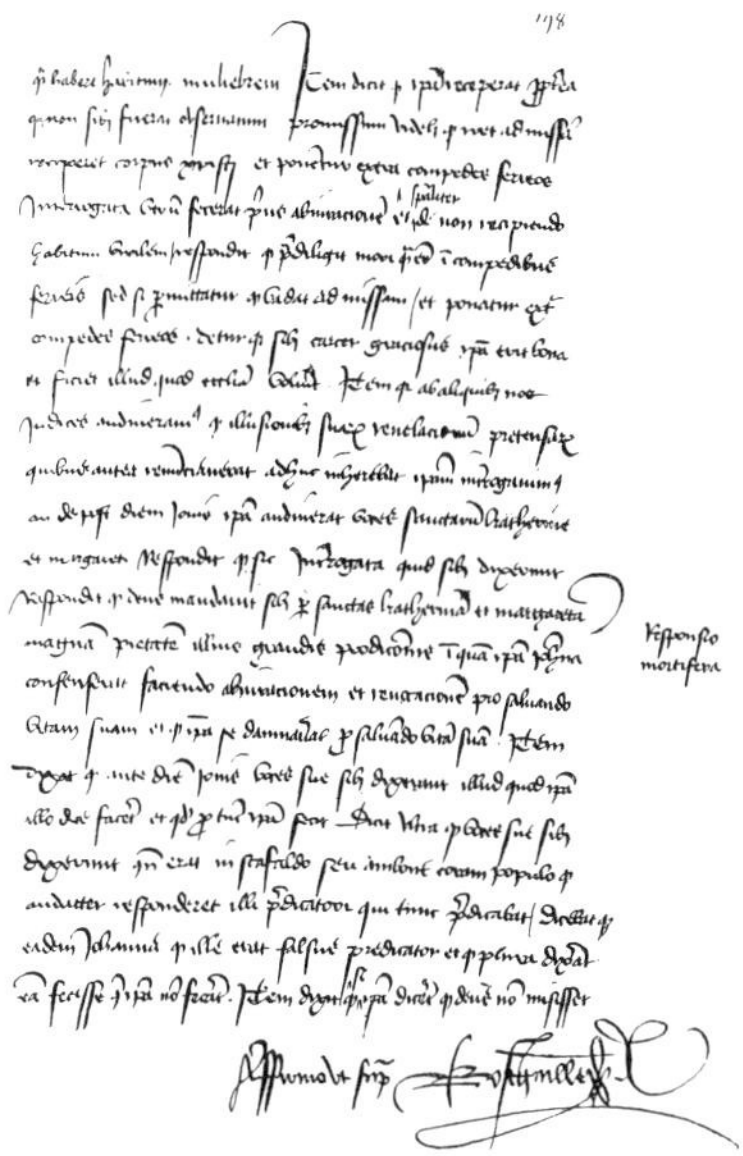

ジャンヌ処刑裁判記録の写本
パリ国立図書館所蔵

歴史家たちは、出来事から間もないこの史料を、ジャンヌの言葉を直接伝える唯一の史料として長らく特別視してきた。史料の欠点として以前から認められていたのは、裁判官たちの投げかける質問に敵対的な姿勢があること、危険にさらされた被告ジャンヌの答弁に留保のあることである――ジャンヌは、ある種のテーマ（「しるし」や王の秘密）に関しては原則として答弁を拒み、宣誓をしたがらないのだ。今日では、また別の問題が意識されるようになってきている。尋問が続けられて何週間もたつうちに、質問が供述をかたちづくっていくということ、とりわけ例の「声」という厄介な問題についてそう思われるということである。二月二一日と五月三一日のあいだに、ジャンヌは自分自身について同じ意識をもたなくなり、「声」も違ったものに変わっている。質問は、ジャンヌに明白に述べるよう、曖昧さを取り除き不足を補うよう促すのだが、同時に誘導もおこなっているのである。

意見書《メモワール》

裁判に関する意見書の数々が、ふたつの裁判のあいだをつないでいる。[14] 一四二九年から一四五六年のあいだに神学者や法学者たちによって書かれたあらゆる小冊子、論文、考察の類が、慣例に従ってこの名称のもとに連なるが、それらは選択の上、無効裁判の記録に収録され、いわば専門家の意見としての役割を果たしている。

実際、一四二九年春に公の場に登場して以来、ジャンヌは議論の対象とされ、敵味方の陣営はたがいに応酬しあいながら論点を明確にしたのであり、二度の裁判はそれらの論点をさらに詳しく説明しはしたが、新しい論点を生み出したとは言えなかった。[15] もちろん、フランス王の法学者たちは敵方の意見書をいっさい採択しなかったが、味方の意見書をすべて取り入れたわけでもなかった。一四二九年にジャック・ジェリュが著した『到来について』およびローマ教皇庁における再審準備のための（レリイスとポンタヌスの署名がある）二本の意見書は、退けられた。八本の論文のみが（それでも六〇〇ページに及ぶものだが）採択された。そのうち二点は法学者によるものであり、ほか六点が神学者の著述である。著者みずからが率先して執筆したものもあるが、無効裁判のさまざまな段階において裁判官や王の依頼に応じて書かれたものもある。

初めの論文『驚異的な勝利について』は、ジャンヌ・ダルクについて書かれた論文のなかでもっとも人気が高い。オルレアン解放後に書かれ、バーゼル公会議や、ブリュージュ、ローマでも読まれた。[16] それはすぐに、当時のもっとも偉大な神学者ジャン・ジェルソンの筆になるものとされた。ジャン・ジェルソンはパリ大学学務総長[viii]で、当時リヨンに難を逃れていたが、七月にその地で亡くなった。彼こそは、「声」の専門家であり、幻視の真偽を見分ける専門家であった。この文書は短く、三部から構成されている。ジャンヌが神から遣わされたと信ずることは、信仰（キリスト教徒が必ず信じるべき教義）の範囲ではなく、信じてもよいという敬虔な信心の範囲にあると言える。なぜならこの乙女は正しい生活を送っていて、デボラのごとく神に選ばれたのであり、大義のために行動しているからである。第三部は、ジャンヌによる男性服の着用をはじめて正当化する文書となっている。処刑裁判は、この男性服着用問題を嫌疑条項として取り上げることになる。

神学教授でありシャルル七世の顧問官でもあるギヨーム・ブイエは、再審準備調査を一四五〇年に王から任された際に執筆している。[17] 二部構成の意見書は、『驚異的な勝利について』を踏襲し、一四三一年の判決文一二条項に対してひとつひとつ反駁するものである。フランチェスコ会修道士にしてペリグー司教のエリー・ド・ブルデイユによる論文もまた、[18] 王からの依頼で書かれた。並行して、法学者たちに意見書二点の執筆依頼があり、その方面の下準備も進められた。前判決破棄は可能かどうか、またどのような根拠で可能となるか。ジャン・ド・モンティニィ[19] は抜け道を見出した。ジャンヌの家族が教皇へ嘆願すればよいのだ。トマ・バザン[20] は、一四三一年の裁判が無効である原因を形式的不備に関して一二点列挙し、またジャンヌの無実という内容そのものに関わる理由を七つ挙げた。

一四五二年から一四五三年にかけて、ロベール・シブール[21]が、教皇使節であるデストゥトヴィル枢機卿の依頼に応じてきわめて興味深い意見書を執筆した。このキリスト教的人文主義者は、神秘主義に関する多数の論文の著者であり、また統治論に関心を抱いていた。シブールによれば、ジャンヌ・ダルクは、祖国のためそして国益のために死を受け入れた市民的英雄だった。

マルタン・ベリュイエ[22]とジャン・ボシャール[23]は、一四五六年に裁判官たちの依頼に応じて意見書を執筆した。アヴランシュの善良な司教であるボシャールは天使たちや聖ミカエルによる庇護に対して大きな注意を払ったが、他方、ル・マンの司教であるベリュイエは、ジャンヌ死後フランス人たちが精神的にも美徳の上でもジャンヌに守られ続けたおかげで、ギュイエンヌ地方とノルマンディ地方を再征服できたのだと考えた。こうした考えから、司教ベリュイエは一四五九年にル・マンの乙女すなわち第二の偽ジャンヌの後押しをすることになるが、彼はつけ込まれて騙されただけかもしれない。これらの意見書すべてをもとにして、異端審問官ブレアルは、一四三一年の裁判の無効性とジャンヌの無実とを示すのに都合のよい議論を要約し[24]、のちに最終判決文のなかにも入れるのである。

この厳正な史料の価値は、長らく過小評価されており、今なお十分に活用されているとはいえない。レリイスとポンタヌスは、非常に部数の少ないラネリー・ダルクの一八九〇年版[25]でしか読むことができない。他の意見書は手に取りやすい再版が一九七九年に出されたが、フランス語には翻訳されていない。だが、バザン[26]とシブール[27]は当時のもっとも偉大な学者に数えられる存在であり、ブルデイユは聖人となる一歩手前までのぼった人物である。一四三一年にコーションが自分の党派の文人名士たちを動員したように、シャルル七世の陣営も最良の学者たちを動員したのだ。これらの文書こそ、自分たちの理解を超える現象を前にした指導者層の逡巡——とはいえ上手に整理されてはいるが——を、もっともよく反映している。

無効裁判記録

ルーアンでの判決から二五年後、いわゆる無効裁判と呼ばれる第二の裁判が開廷されるが、これはジャンヌの復権をめざすものでも、列聖をめざすものでもなかった（ジャンヌが聖女となるのは第三の裁判後の、一九二〇年のことでしかない）。この裁判はただ第一の裁判の非合法性を証明し、ジャンヌへの異端告発を取り消そうとするものだった。つまり、目的はそれほど高望みではなかった。一四四九年末にシャルル七世が勝利者としてルーアンの町に入城した際、処刑裁判記録がふたたび日の目をみることになる。いずれにせよ、王にとって風向きがうまく変わったのに、依然として異端者との共謀を暗に責められつづけたり、魔女のおかげで王座を得たなどと言われたりするのは、非常に具合の悪いことだった。

このルーアン入りから三ヵ月後の一四五〇年二月、失われた名誉を回復し、以前の判決を無効にするために唯一可能な手続きとしての、新しい尋問裁判を開くための奔走が始まる。教会は、まだ公的には無謬性を掲げていないにしても、前言を翻すのは稀なことだった。しかし、十五世紀半ばの教皇たちには、バーゼル公会議やパリ大学と団結すべき理由はさほどなかったが、それよりも少し前に（一四三八年）ブールジュの国本勅諚〔国王による教会監督権の宣言〕を強いた勝利王〔シャルル七世〕と和解を試みるべき理由ならば、いくらでもあった。そのために、適切で、なおかつ双方に都合のよい方法を見出すのに、五年が費やされた。

一四五〇年三月、神学博士にして国王顧問官であるギヨーム・ブイエが、一四三一年の裁判に直接関与した証人七名をルーアンで尋問するとともに裁判記録を検討する任に就いた。ブイエは、前裁判を無効にすることは可能であると結論する短い意見書を王に提出した。二年後、一四五二年四月、さまざまな他の理由でフランスに派遣されていた、教皇ニコラウス五世の使節ギヨーム・デストゥトヴィル[28]が、予審を開始するため、新任の異端検察官ブレアルに付き添ってルーアンに赴くことを進んで申し出た（デストゥトヴィル家の者たちは、モン＝サン＝ミシェルでイギリス人に対する抵抗戦を指揮していた過去があった）。第一の裁判のときと同様、実際はジャンヌに対する世評の風向きが、裁判を起こすきっかけとなった。教皇使節デストゥトヴィルは五月初めに、ルーアンの司教座参事会の財務担当者に予審を進める役を引き継いで去り、教区検察官が予審に加わるとともに、質問事項は一二項目だったのが二七項目まで拡大された。そしていずれもルーアンの裁判に関わった一七名の証人が召喚された。

再審の許可を得るため、ジャンヌの家族、すなわち母と二人の兄による嘆願が行われることが決定された。彼らは嘆願書を教皇に提出し、これを教皇は好意的に受け入れた。ジャンヌの不名誉は事実上、親族縁者一同に及んでいたので、王は表に出まいとし、また出るわけにはいかなかった。一四五五年四月、審問官ブレアルの補佐として三名の代表裁判官が指名され、新しい裁判が始まった。第一の裁判官は、ランスの大司教ジャン・ジュヴネル・デ・ジュルサンだった。彼はアルマニャック派市民の家に生まれ、兄弟たちと同じく、シャルル七世に忠誠をつくし、政治的・宗教的に華々しい出世をした人物だった[29]。彼の神学的かつ政治的な立場は見た目にも明らかだった。しかし、数多い説教でも、彼のものとされる『シャルル六世年代記』においても、ジャンヌ・ダルクについて沈黙を守っている点から、躊躇があったのではないかと推測できる。詩人アラン・シャルチエの弟、パリ司教ギヨーム・シャルチエ[30]は教会法学者にして高等法院評定官で、三人の裁判官のなかでもっとも熱心だった。三人目の、クータンス司教でのちに枢機卿となるリシャール・オリヴィエ・ド・ロングイユ[31]は、シャルチエ家と同様、シャルル七世に忠実なノルマンディの家系だった。

　暗黙裡に被告とされている者たち（コーション、ルメートル、デスティヴェ）が、全員この間に世を去っていたことはとても好都合だった。デスティヴェは一四三八年、コーションは一四四二年一二月、ルメートルは一四五二年ごろ没した。あとからつくられた伝説では、皆ひどい死に方をしたことになっている。おかげで、職務を受け継いだ者たちは自由に活動できる余地を得られた。イギリスによる占領時代にノルマンディで行われたすべてのことがらについて、王が恩赦と免罪を記した書簡を与えていただけに、なおさらだった。

　一四五五年一一月七日、ジャンヌの母イザベル・ロメは、新しい裁判を許可する教皇答書を裁判官たちに提出し、不公平きわまる裁判によって打ち砕かれた無実の娘の名誉を償ってほしいと嘆願した。前判決破棄の公判は、ルーアン大司教館の大広間で一二月に開始された。処刑裁判と無効裁判は、いずれも同様の糾問主義的手続きに立脚していたが、両者の根本的な違いは、前者には被告のみで証人がいなかったのに対し、後者においては被告たちがおらず（全員、故人となるかあるいは欠席していた）、数多くの証人がいたという点である。全部で一一六名が、それぞれ異なる場所で宣誓し、「情によるのでも、憎しみによるのでもなく、頼まれたり金を支払われたりもせず、脅かされたわけでもなく」[32]証言をおこなった。長すぎたり短すぎたりしかねない彼らの証言は、自由に発言されたものではなく、場所と人物に応じて中身の変わる一連の質問表によって一定の枠をはめられていた。

　一四五六年の一月から二月にかけて、三四名の証人（ヴォークールールの奉行《プレヴォ》になったジャンヌの兄ジャン・ダルクに選ばれた）が、ドンレミ村、ヴォークールール、トゥール〔Toul〕にて尋問され、ジャンヌの子ども時代、その人となり、育てられ方、ドンレミ村からの出立時の状況について語った。政治や神学にかかわる質問はいっさいなされなかった。思い出は二〇年ないし三〇年も前にさかのぼったが、多くの人々がジャンヌを身近に知る女友だちや代父、代母たちだった。一二項目は、いずれもジャンヌが「乙女《ラ・ピュセル》」となる以前の子ども時代に関するものだった。これらの聴取の結果が予備調査の代わりとなった。

　続いて、オルレアン、ルーアン、パリでなされた尋問は、乙女の公の活動および処刑裁判を対象とした。四一名の証人が、一四五六年二月二二日から三月一六日にかけてオルレアンで、ランス大司教による直々の聴取を受けた。たいして話すこともなく、オルレアン滞在中の乙女が品行方正だったと保証するだけの者も多かった。質問がどのようなものだったかは記録にないが、ジャンヌのシノン到着とオルレアン包囲戦に関するものだったことは答弁から推測できる。第一級の証人であるジャン・ド・デュノワは[33]、一〇ページばかりにわたって一四二九年全体について語っている。オルレアン公シャルルの異母弟にして、(兄たちがアザンクールの敗北以降、捕虜としてイギリスに留めおかれたため)一家の長となった「オルレアンの私生児《バタール》」〔ジャン・ド・デュノワ〕は、軍を率いてオルレアンを解放に導き、ランスの聖別式への遠征にも参加していた。詳細な事実を含み、ジャンヌにとても好意的なこの証言は、ジャンヌが一時オルレアン派の心の支えだっただけに、もっとも重要なものといえる。

ルーアンとパリで行われた尋問は、特別な問題をはらんでいた。一四三一年においては、これらの地はイギリス＝ブルゴーニュ派の勢力下にあり、証人は自分たちの過去の責任を思い出すことに必ずしも積極的ではなかったのだ。二八点の質問項目はみな共通で、いずれも裁判に関するものだった。ジャンヌの死に関する五点の質問は、ルーアンでしか問われなかった。

パリでは、トマ・ド・クールセルを含む何人かの陪席裁判官と、乙女の身体を調べた二名の医師、そしてまたアランソン公ジャンやジャンヌの聴罪司祭をつとめた修道士ジャン・パスクレル、ジャンヌの従卒をつとめた準騎士ルイ・ド・クートらが、一四五六年四月二日から五月一一日にかけて尋問された。ルーアンでは五月一二日から一五日まで、二七名の証人が聴取されたが、その内訳は陪席裁判官八名、公証人三名、執達吏一名、聖職者と市民数名だった。

最後に、一四五六年五月二八日にリヨンの異端審問官副官ジャン・デ・プレが、王の顧問官にしてボーケールの代官《セネシャル》、ジャンヌに近しい者の一人だったジャン・ドーロン[34]の、フランス語による長文の供述書をこの町で受け取った。きわめて自由な形式によるこの供述(この高官は、質問に答える形をとっていない)は、主として一四二九年の数々の遠征についてのものだった。

裁判官たちは次いで、形式面における前裁判無効の理由を検討した。裁判官たちの党派性、保管されている文書内に事前調査書が欠けていること、未成年の被告に弁護士もつけず圧力を加えたこと、自白もなければ火刑に引き渡すための世俗裁判権による判決もないことが挙げられた。内容面の理由としては、裁判官たちは「声」が真正なるものであった点をとくにとりあげ、ジャンヌが「戦う教会である地上の教会」に従うことを拒んだわけではなかったと証明しようとした。

六月いっぱい続いた合議ののち、裁判官たちは一四五六年七月七日にルーアンにおいて判決を下した。処刑裁判は無効となり、ジャンヌの家族は失われていた自分たちの「名誉《ファーマ》」が回復されるのをその目で確かめると同時に、この機会に「乙女」の名も控えめながら復権されるのを見た。声明が続けて出され、行列が町を練り歩き、火刑台のあった場所に十字架が建てられたが、これらは一四三一年にとり行われた不名誉な儀式をひとつひとつ破棄していくことを目指すものだった。

公証人ドニ・ル・コントならびにフランソワ・フェルブーク

の手により、この新しい裁判記録の公正謄本三部[35]が作成された。国立図書館所蔵のBN Lat. 5970は、ジャン・ド・デュノワあるいはシャルル・ドルレアンの手もとにあった写本である。飾り文字で書かれ、二七〇葉からなる。キシュラ版の裁判記録の底本として用いられたのがこれである。BM Stowe 84の写本は、シャルル七世の犢皮紙製の謄本である。一八〇葉からなり、デュパルク版のフランス語訳の底本として用いられた。王室文書館の書庫に保管されていたこの写本は、十八世紀初頭、ジャンヌの子孫であるシャルル・デュ・リスによる家系図作成作業の折に、残念ながら消失してしまった。最後に、国立図書館所蔵のBN Lat. 17013は、司教ギヨーム・シャルチエのもとにあった写本である。一八〇葉からなる小型版である。よく手入れされたこの写本からは裁判に関する意見書が抜け落ちているが、一四七二年にシャルチエが没した際、パリのノートル＝ダム大聖堂参事会の図書館に遺贈された。ジャンヌ研究における初期の歴史家たちが用いたのは、参照しやすいこの写本だった。

これらのふたつの裁判は、非常に特殊な事件であった。両法廷とも、そのことは感じとっている。いずれの法廷も、模範となるような裁判をめざし、立派な裁判だったと後世に言われたいと望んだ。手続きは一見完璧だった。大人数の陪席裁判官および上級裁判官が出廷し、当時の法学者や神学者の名士が名を連ねた。判決文は、フランス王国中、キリスト教世界のヨーロッパ中で、説教や国王書簡、諸大学による伝達によって、さらには記念碑すら建てられて、喧伝された。

しかしながら、裁判関連史料にも限界はある。「この娘はどのような人物か」を知ろうとするのではなく、時の教会の法的基準に照らして、この女性が異端であるのか（あるいは無効裁判の際には、異端だったのか）否か結論を出そうとした。裁判が実際にめざすのは、ジャンヌについての客観的な知識ではなく、判決だった。

こうした限界は、裁判官たちの質問においても証人たちの答弁においても見られる。まず、欠落がある。ある種の質問はなされていないし（無効裁判においては、婚約解消の件も、王の秘密の件も、天使がもたらした王冠の件も問われていない）、聴取可能な証人全員が尋問されたわけでもない。処刑裁判においては、事前の証人審問がドンレミ村で行われ、またジャンヌと張り合い変節した幻視者カトリーヌ・ド・ラ・ロシェルがパリで尋問を受けたものの、証人が一人として召喚されなかった。唯一の証人であり被告であるジャンヌの言葉に、すべてが立脚していた。無効裁判においては、宮廷、王、ジャンヌの家族は尋問されなかった。南仏からも、ブルゴーニュ公の土地からも、イギリスからも、証人は一人も来ていない。証人となったのはみなシャルル七世の忠実な臣下で、パリ、オルレアン、ルーアンの三つの都市が特別扱いされた。聖別式の行われたランス、ジャンヌの捕えられたコンピエーニュは、取り上げられていない。ドンレミ以外の農村の人々は召喚されず、女性の数も多くはな

ジュール・キシュラ像
パリ国立古文書学校所蔵

い。七人の女性がドンレミ村で証言をしているが、他の地でもほぼ同じ程度しかいなかった。証言によって描き出されるジャンヌは、男性の目から見た女性であり、その男性たちの大多数を占める聖職者の目に映る姿なのである。

さらに、証人への質問はいずれも、明らかに、政治的文脈を（アルマニャック派とブルゴーニュ派の）内乱とみるか対英戦争とみるかによって変わってくる。ヘンリ六世が、ついでシャルル七世が、この裁判にキリスト教徒の王としての評判を賭けており、場所を提供し、給金や諸費用を支払い、裁判結果の喧伝を確実におこなっている。両裁判の裁判官たちは、自分たちに求められているものを知っており、一四五六年の証人たちもまた、風向きが変わっただけに、言うべきことを知っていた。

これらの史料は、新しく誕生したばかりのフランス歴史協会により、一八四一年から一八四九年にかけて公刊されたキシュラ版[36]の五巻本に編纂されている。歴史文書を公刊するために一八三四年に創設されたこの協会は、一九七九年から一九八八年にかけて、みごとなフランス語訳を複数出版した（ティセ版[37]、デュパルク版[38]、ドンクール版[39]である）。しかし、歴史家たちは今日もまだキシュラ版を用いている。ジャンヌについて十九世紀半ばに知られていたあらゆる文書を収録した後半の二巻は、他に代えがたいからである。

たしかに、以下の重要な文書三点が、最終的に失われてしまった。私たちは、トゥールの教区裁判所でなされた婚約解消裁判の記録も、ポワチエでの一四二九年の尋問記録も、一四三一年の裁判の予備調査の記録も目にすることはないだろう。しかし、一八五〇年以降、新たな文書が現れており、収穫はおそらくまだ終わっていない現状である。実際、キシュラはパリにおいてしか調査をしていなかったのだ。別の文書が、地方（『ラ・ロシェル市書記による裏記録』[40][ix]）や、外国で発見されており、とりわけブリュージュで、ジャンヌの行動を日々追っていたイタリア人商人たちの書簡が見つかった。これらの書簡は『モロジーニ年代記』として一九〇二年に公刊され、研究に対する驚くべき貢献の代表格となった[41]。イタリアでは、ローマで一四二九年に書かれたジャン・デュピュイ[x]の『歴史概説』[42]や、人文主義者たちの数多くの書簡[43]が現れた。近年特定された、乙女に好意的なプロパガンダ文書によって、ジャンヌ・ダルクがもたらした影響の大きさ——王国内では誰がこの件について語っているのか、外国ではどれだけの速さで伝わっているのかなど——を知ることもできる。

キシュラは一四二九年以前の史料にも、ほとんど関心を抱かなかった。ところで、ジャンヌという人物像の複合性を把握するには、それ以前に遡る必要がある。ジャンヌは数多くの文書[44]により予告されたメシア〔救い主〕であり、他の女預言者たち[45]にその予型が見られたし、また後には別のジャンヌ・ダルクたちが続出するのである。一三五〇年から一四六一年にかけてのあいだ、数々の予言がメシア待望の念を大きくかきたて、乙女の人物像を作り上げた。キシュラも、同世代の他の多くの歴史家と同様、事実に関わることと政治をとくに重視していた。歴史家たちの関心は今日では、現実のジャンヌから、ジャンヌの同時代人たちが抱いた複数かつ多義的イメージ[46]へと移っている。それこそが、本書のテーマである。

訳注

[i] ジャン・シャルチエ（一三八五／九〇〜一四六四年）は、シャルル七世によって一四三七年にフランス史料編纂官に任命され、その治世の公的な年代記を作成した。ジャンヌに関しては、無効裁判以前の一四四〇〜四五〇年に情報収集をおこなった。

[ii] ジャン・ジュヴネル・デ・ジュルサン（一三八八〜一四七三年）は、一四四九年にランスの大司教となり、無効裁判に関わった。彼の『シャルル六世年代記』は一三八〇年から一四三〇年までを含む。

[iii] ペルスヴァル・ド・カニィは、一四三六年にアランソン公ジャンから聞き取った内容を『アランソン公家年代記』に記した。

[iv] 『籠城日誌』はオルレアン攻囲戦の記録だが、実際には他の史料をもとに一四六七年に書かれたとされる。『乙女年代記』は、シャルル七世の治世の始まり（一四二二年）からパリ攻撃失敗（一四二九年）までを語るが、これも他の史料をもとにした一四六七年以降の作。『オルレアン包囲戦の聖史劇』は、オルレアンで上演される一四三五年以前に書かれた。

[v] クレマン・ド・フォーカンベルグは、イギリス統治下のパリ高等法院の書記。『パリ一市民の日記』は、ノートル＝ダム聖堂参事会員でパリ大学関係者とみられる匿名の作者が、一四〇五年から四九年までを記した日記。

[vi] ブルゴーニュ公とジャンヌの会見にも立ち会ったアンゲラン・ド・モンストルレ（一三九〇〜一四五三年）が、一四〇〇年から四四年までの出来事を記した年代記。

[vii] ジョルジュ・シャトラン（一四〇四／〇五か一四一五／一六〜一四七五年）は、一四七三年にブルゴーニュ公から公家歴史編纂官に任命され、一四一九年から七四年までの『年代記』を記した。

[viii] Chancelier de l'Université de Paris。ノートル＝ダム教会の聖職者が任命され、パリ大学の教育方針、管理運営に関与し、大学の公印を管理した。A. Chéruel, *Dictionnaire des institutions de la France*, art.《Université》.

[ix] キシュラによれば、ジャンヌのシノン到着から処刑までの消息を記述したこの記録は、おそらく一四二九年九月頃にその大部分が書かれ、ジャンヌ処刑後に二段落が加筆されたとみられる。市にもたらされた公的報告と人々の噂とが入り混じる内容となっている。

[x] ジャン・デュピュイはジャンヌと同時代のフランス人聖職者で『歴史論集』*Collectarium historicum*（『歴史概説』*Breviarium historiale* を含む）の作者。この年代記は世の始まりから一四二九年四月までの世界史を語るもので、末尾にジャンヌについての証言が加筆された（同年五月か六月に）。一八八五年にレオポルド・ドリールによってその証言部分のフランス語訳が発表され、一九四二年にアントワーヌ・ドンデーヌによって作者の人物像の解明がなされた。

第2章

国境《くにざかい》からきた娘

Une fille de la frontière

一四一二年初頭、国境のとある村で農民夫婦に第四子が誕生したが、この出来事はいささかも世間の注意を引かなかった。子どもはジャンヌと名付けられたが、これも同世代の女児の三分の一ないし半分ほどと同じ名前である。こうした目立たない出生は（キリストの生誕もやはり目立たないものではなかったか）、一四二九年春に乙女《ラ・ピュセル》が初の勝利をあげて以来、人々を不思議がらせるようになった。ペルスヴァル・ド・ブーランヴィリエは、フランスでまさに起きている数々の驚異的な出来事をミラノ公に知らせるなかで、ジャンヌ生誕物語をはじめて語っている[1]。すなわち、その子どもは公現祭の日（一月六日）、国境の小さな村で生まれた。そのとき、農民たちの心はなぜかはわからないまま大きな喜びに包まれ、雄鶏が二時間もときを告げつづけた。キリストがベツレヘムで藁の上に誕生したとき、お告げの下った羊飼いたちがキリストの栄光を謳ったのと同じように。雄鶏といえば象徴的な生き物として、罪や闇を退散させ光を告げる、キリスト教徒の目覚めた意識を表すが、同時に「ガリア」〔フランスの古名〕のシンボル[2]でもあることを知っておかねばならない。実際フランス人は、十三世紀末以降の預言的言

ジャンヌの洗礼盤（ドンレミ教会内）

語では、雄鶏と呼ばれていた。ゆえに、ドンレミ村の雄鶏はフランス王国の救い主の誕生を告げていることになる。公現祭は、東方の三博士が到着し、イエスを救世主と認めて黄金と没薬、乳香を贈ったことを記念する日である。東方の三博士と同じく、ジャンヌは異国の敵地を通り抜けて王に会いに行き、その王に王冠という黄金を贈った。ペルスヴァルは、ここで比較を使い分けて見せる。ジャンヌは藁の上に生まれたあの救い主であり、なおかつ、その救い主を見出して果たすべき使命へ導く三博士に比する存在でもある。

　やや遅れて書かれた、オルレアン包囲戦をめぐるラテン語の詩は、ものごとをやや違った角度から謳いあげる。[3] 神は、国境に生まれたこの処女ジャンヌを選んだ。その誕生時に見られたという雷や地震や炎などさまざまな不思議な現象は、すべて神の愛のしるし、この世が新しく生まれ変わるしるしであった。人々は神に約束された救いを祝して、心にしみる歌を歌った。人文主義者である作者はここで、キリスト生誕の記憶と、古代の英雄や偉大な王の誕生を告げ知らせる超自然現象の伝統[4]とを、まぜこぜにしている。作者は何より「世界の一新」を待ち望み、フランス王国の解放はその第一段階にすぎないものと考えるのだ。

　最後に、十六世紀初頭、メッスの年代記作者フィリップ・ド・ヴィニュールは、乙女の誕生を、年老いた父母から誕生した預言者たる洗礼者ヨハネの話によく似た、「偉大な奇蹟」であると語っている。[5] もちろん、これは伝説ではあるが、ジャンヌの母は洗礼者ヨハネの母と同じ、イザベルないしエリザベトの名をもち、またジャンヌの名は洗礼者ヨハネ〔フランス語ではジャン〕からとられていた。それゆえフィリップ・ド・ヴィニュールは、ジャンヌを、来たるべき救世主《メシア》を告げ知らせるために神から遣わされた預言者になぞらえる。それまでの書き手たちが人間界あるいは自然界の神秘現象としか語らなかったところを、彼は神の奇蹟だと言いきった。ただし、その範囲を預言者という点に絞ったのである。

ジャンヌの年齢

この一四一二年という年を、今日の歴史家たちはジャンヌ誕生の年とみなしているが、史料による直接的な裏づけがあるわけではない。(6)年齢についての問いかけは、処刑裁判のはじめの二回の審理でなされた。ジャンヌは、自分は一九歳ぐらいだが年齢についてそれ以上は何も知らないと断言した。(7)つまりジャンヌは自分の正確な出生日を知らないのである。牢獄にあっては、家族からの情報とも小教区の登録簿とも出生の日付を一致させせられる状態になかった（そもそも出生登録簿はドンレミ村には存在しなかったと無効裁判が証明している）。ジャンヌは、同時代の大多数の人々と同様に、自分の年をおおよそでしか知らなかった。(8)そのころは出生の日付を言う習慣はほとんどなかった。それに、出生日を知っているだけで、怪しげな占星術に凝っていると疑われかねなかった。年号の絶対的基準は農村社会ではほとんど用いられず、ジャンヌは自分の生まれた年よりも幻視のはじまった年の方をたやすく思い出せた。(9)ただし、数字使用からもっとも遠い社会集団では、きりのよい年齢（一五歳、二〇歳、二五歳）しか言わないのに対し、ジャンヌは明確な年齢を答えている。

実際、証人のなかでもジャンヌが暮らしたドンレミ村の農民を見てみると、全員が自分の年齢を「ほぼ」で答えている。一三名の男性は、五年区切りか一〇年区切りの大まかな年齢を述べ、八名が端数の年齢（五四歳とか六六歳とか）を答えたが、後者の答え方をした女性は七名中二名しかいない。(10)この二名以外は、(11)司祭か、公正証書係、準騎士、村の職人たちである。だが、都市民ばかりのオルレアンの証人を同様に観察してみると、より多くの者が端数の年齢を述べている。ただし「ほぼ」を付けずに明確な年齢を述べた者は少数である。法学者でサン＝テニャン教会の首席司祭ロベール・ド・サルシオ師は六八歳、(12)シャルロット・アヴェは三六歳。(13)ルーアンの証人たちの一部は、自分の年を知っている。J・バルバン(14)をはじめとする法学者たち、P・ミジエ(15)のような神学の教授、H・ルメートル(16)のような鋳掛屋（ル・バシニィ村生まれでルーアン在住）は、農村の人々よりも年齢を知る場合が多い。一般信徒よりは聖職者が、女性よりは男性が知っている。女性で、農村出身で、一般信徒のジャンヌが、出生日を知っている可能性は低くて当然だったが、デュノワ(17)やジャン・ドーロン、(18)ラウール・ド・ゴークール(19)といった戦士仲間も、ジャンヌ以上に知っているとは言えなかった。

こうして、ジャンヌが大きな歴史舞台に登場するのは一七歳のときで、死んだのは一九歳となった。(20)一四二九年の史料はこの点にはほとんど関心を寄せていない。ラ・ロシェルの書記は、(21)ブラバンの書記(22)と同様に、ジャンヌを一七歳（あるいは一六歳ぐらい）としており、『モロジーニ年代記』は一八歳か一九歳であると見ている。[23] アンゲラン・ド・モンストルレは、ルフェーヴル・ド・サン＝レミと同じく、[24] 二〇歳としている。全体として、フランス王側の者は、どちらかといえば若い年齢を選ぶ傾向にある。よい例が、クリスチーヌ・ド・ピザンの詩『ジャンヌ・ダルク頌』[25] が讃えた一六歳の少女であり、ジャンヌを神に選ばれた子どもという人物像に近づけることになるのである。ブルゴーニュ派の人々は、一、二歳年長にみることで、奇蹟的存在という印象を弱めている。イタリア人の年代記作者たちは、[26] 英雄は必然的に早熟であるとの人文主義者らしい意識から、もっとも若い年齢を選んでいる（一二、一四、一六歳）。

いずれにせよ、一四二九年にジャンヌが宮廷に登場した時点では、年齢はさほど意味ある問題ではなく、重要性はなかった。大半のラテン語文書は、ジャンヌが「puellae」、つまり若い娘あるいは乙女の年齢層に属すと述べるにとどまっている。[27] この年ごろは、子ども時代の後に続き、成熟に先立つ時期である。思春期がその始まりを示し、結婚によって締めくくられる。「puellae」は、一三歳から一八歳にかけての年ごろの娘たちを指す。村では結婚前の少女集団を形成し、あらゆる欲望の対象とされるが、両親の監督下に置かれる存在でもある。『百科全書』の執筆者らは、彼女たちには多くの身体的特徴（長い髪、きめ細かな白い肌）および精神的特徴（人見知り、不安定）があるとしている。彼女たちはほとんど無口であるか、無口でなければならず、つねに屋内に守られ、当然のことながら処女でなければならなかった。つまりジャンヌは同時代の人々にとって、もはや子どもではなく、大人にもなっていない中間の年ごろの存在だった。このあやふやな年ごろには、無秩序に陥るあらゆる危険性と、社会的・政治的な硬直を打ち砕き共同体を刷新しうるとするあらゆる希望とが混在していた。

ジャンヌの年齢は、ふたつの裁判のあいだに次第に意味をもつようになり、一四五〇年にはシャルル七世の法学者たちが、前裁判が無効となる理由として被告の年齢が足りない点をあげた。青少年は、まだそれほどものを知らず、慎重さに欠け、熱くなりやすいため、法廷において助言や相談を求める権利がある。青少年の頭をまごつかせるのはたやすい。法廷は、彼らに対して節度と寛大さを示さねばならない。[28] ローマ法は、民事訴訟と刑事裁判における裁判上の成人年齢を二五歳と定めていた。異端審問に関しては、年齢幅はより流動的だった。異端者は、何歳であろうが、また死後にさえも、執拗に追及されうる。ジャンヌの家族は、それゆえジャンヌが一四三一年に一九歳でしかなかったと強く主張し、弁護士のP・モージェは未成年の被告に対して弁護する者をおかなかった裁判の無効を訴えた。[29]

この問題は、ルーアンで司教座参事会尚書の主査によって行われた二度目の予審調査二七項目の第九項目において、取り上げられている。この件について、一四名の証人が聴取された。問いは、わずか一九歳のジャンヌが弁護士の助けなしに答えるのは不可能だったという結論へと導くものだった。八名がその通りだと答えた[30]。二名が一八、ないし一九歳[31]、一名が一八歳と答え[32]、一名が二〇歳ではないかと答えた[33]。ジャンヌの年齢は、「各証人の判断およびジャンヌという人物の観察によって[34]」決められた。別の言い方をすれば、ジャンヌはたしかに一九歳に見えたということだ。しかしながら、未成年という論点は、ふたつの理由から、最終判決文には入れられなかった。神学者たちは実際、一九歳の娘が（一八歳や二〇歳の娘以上に）神によって選ばれる根拠があるのか困惑していたのだ。彼らにとって、神は「もっとも幼い年齢の」子どもを選ぶが、それは子どもたちが純粋無垢で、素朴であるがゆえだった。ところが思春期の少女となると、聖処女マリアでもない限りそれほど定かではなく、それにマリアは一般化しうるモデルではない。シブールは、ジャンヌの精神の素朴さ（象徴的、精神的な幼さであり、身体的幼さではない[35]）を弁護してみようとした。もっとも面白い論点はマルタン・ベリュイエがあげたものである。「幼い娘たちは魔女になる性質をもたない、なぜなら処女だから。暗黙裡であれ、はっきり言葉にしてであれ、悪魔との契約を結ぶのは、年のいった罪深い女たちである[36]」。明らかに聖職者たちは、思春期の少女を信用しておらず、神の使者として抜擢するのに警戒感を覚えていた。

　なにより、未成年という論点は危うい袋小路にいたるものでもあった。ジャンヌは若かったが、その返答ぶりはつねに慎重さをはっきり示していた。無効裁判は、まさにジャンヌの言葉の端々までもが正しい教義に完全に合致していることを証明しようとしていた。神こそが最高の弁護士ではなかったか。神こそがジャンヌを決して見放すことのない存在ではなかったか。ともあれ、弁護人の不在について論じたところで、一四三一年の判決を無効にするには十分たり得なかった。それゆえジャンヌは乙女《プエラ》とされるにとどまり、より詳しい説明はなされなかった。ジャンヌは、自分の属していた年ごろによって、乙女という名を与えられたのである。

国境《くにざかい》という現実

　歴史とは、時間の娘であるのと同じように、空間の娘でもある[一]。そして、中世世界の空間は、均質的で連続性のあるものではなく、点在する要所と、名もないところに浮き上がる道筋とからなる集合体として考えられていた[37]。ところで、ジャンヌが生まれた場所は、名のある要所ではなかった。この場所は「王国の内《イン・レグノ》」と言うとおり[38]、神に選ばれたこのフランス王国の内部に位置していたとはいえ、王国の果ての辺境地帯にあった。ドンレミ村は、パリあるいはロワール川流域といった権力の中枢から見て、はるか彼方の国境《くにざかい》[39]にあったのだ。国境《フロンティエール》という言葉そのものは、カスティリア語の「要塞化《フォルティフィカシオン》」に語源をもち、フランス語では一三二一年の王令においてはじめて登場したが、フランス王国の国境はほとんど線状になっておらず、また要塞化もまれであったため、長らく用いられる機会がなかった。したがって、ジャンヌの時代に用いられることになったのは古い用語だった。王国の「境目《リミット》」、「辺境《マルシュ》」、「周縁部《ボルデュール》」といった言い方がもっぱらなされた。ただ、ドンレミ村がムーズ川沿いにあるということを指摘し、そこに線的で自然な境界があると示唆する者がいた（ブーランヴィリエ、シャルチエ、ベリー）[40]。それによれば、このムーズ川という境は、原則的に八四三年以来フランスとロタリンギア（のちのロレーヌ地方）[ii]を隔てており、ロートリンゲン〔ロタリンギアのドイツ語名〕はしだいにドイツ語文化圏の神聖ローマ帝国の側へ移行していった。ムーズ川は、フランス王国と神聖ローマ帝国との境界標を永遠に印すとされている四河川〔ムーズ川、ローヌ川とその支流ソーヌ川、エスコー川〕のうちのひとつなのである。

　ところで、『フランス大年代記』[iii]やすべての中世の地理学者がそのように見ているとしても、この国境は遠い昔からのものでもなく、自然なものでもない[41]。八四三年、ロタールの支配領域とシャルル禿頭王〔西フランク王で、八七五年に皇帝となる〕の支配領域とは、ムーズ川の西で接していた。なぜならば、ムーズ川をまたぐ領地はすべて、ロタールの側で管轄されていたからである。八四三年にムーズ川に国境があったという神話は、十二世紀の初めに年代記作者シジュベール・ド・ジャンブルーが言いだしたものであり[42]、十三世紀のあいだに、とりわけ神聖ローマ帝国の大空位時代〔一二五六〜一二七三年〕にフランス王領が東へ進出したために、事実に反してムーズ川が古くからの自然な境界線であるとされたのである[43]。

　トゥール、メッス、ヴェルダンの三都市は十三世紀には神聖ローマ帝国に属していたが、フランス語が話され、人々はシャンパーニュの大市やパリ大学に足しげく通っていた。市民は、利益のありそうなときには、迷わずフランス王の裁判権に訴えた。教会や大修道院は、脅威を感じる場合は、フランス王の庇護を求めた。一二八四年に、のちのフィリップ美男王《ル・ベル》がシャンパーニュ伯の唯一の後継者ジャンヌと結婚した際、決定的な一線が踏み越えられた。義父が亡くなると、ショーモン＝アン＝バシニィも含めた五つの代官管区《バイヤージュ》が追加されて王領に入った。封建制下の諸勢力（三人の司教、バール伯、ロレーヌ公）が相対立し錯綜していた国境に、カペー王家が進出したことで、勢力関係は一変した。折悪しくバール伯は高等法院の判定に逆らう立場にあって、イギリス王エドワード一世と同盟を結んでいたがために、一三〇一年以降、ムーズ川以西に位置する全所領に関してフランス王に臣従の誓いを行うよう強いられた。これらの所領が「フランス王国に従属するバール伯領の土地」を形成した。ロレーヌ公は代々シャンパーニュおよびこの「フランス王国に従属するバール伯領の土地」に封土を保有していたが、それらを守るためには、フランス王に臣従の誓いをしなければならなかった。そのような経緯から、十四世紀には、ロレーヌ公国は神聖ローマ帝国に属していながら、ロレーヌ公はフランス王の封臣だったのである。

理屈の上では、神聖ローマ皇帝は、フランス王カペー家が東へ急速に進出していることを気にかけねばならないはずだったが、帝国内部の諸問題に追われて、そうもいかなかった。かくして、一二九九年、フランス王と「ローマ人の王」（神聖ローマ皇帝）はヴォークールールの近くで会い、恒久的平和の調印をおこなった。伝説では、この機にムーズ川底に黄金の境界線が敷かれたということになっている。あるいはシャルル禿頭王かシャルルマーニュが王国とローマ帝国との分け目を決定的にするために埋め込んだ境界線が、再発見されただけとも言われる。十四世紀のあいだはずっと神聖ローマ帝国の権威は弱体だった。皇帝とフランス王は近親関係にあり（シャルル五世はカール四世の甥である）、イギリスに対抗して同盟を結んでいた。フランスと帝国の関係を乱すような敵意は、両者の間にいっさい見られない。

北はヴォークールールの町、南はヌフシャトーの町に挟まれた、このムーズ川上流の渓谷、一四一二年にはジャンヌが生まれたドンレミ村のある地域に、カペー家が勢力を伸ばしたのはいつのことだろうか。北には、渓谷を見下ろすヴォークールール城主領があって、シャンパーニュ伯に従属していた。ジョワンヴィル家が代々ヴォークールール領主だったが、一三三五年にフランス王が他の地所と引き換えにヴォークールール城主領を手に入れた。ついで、一三六五年の王令によって城主領は最終的にフランス王領へ併合され、全領民に対し「我らフランス王家に対する熱い誠意と恭順の意を汲み」[44]王直属の市民としての特権的な地位が与えられることになる。

南のヌフシャトーは、代々のロレーヌ公によって十一世紀につくられた重要な商業都市であり、街道の交差路に位置する。実際、リヨンからトリーアへの道、バーゼルからシャンパーニュの大市への道がここで交差していた。十三世紀にはシャンパーニュ伯が幅をきかせ、ロレーヌ公は、ヌフシャトーについては伯の封臣となった。フランス王がシャンパーニュ伯を兼任するようになったとき、市民は王の支配圏に入った。彼らはうまく立ち回り、ある時はフランス王に、ある時はロレーヌ公に、自分たちの商業の保護を求め、税を可能な限り払わずにすませてきたが、一三九〇年から一四一二年にかけて王、市民、ロレーヌ公の三者の関係は悪化した。王の役人たちが町のいたるところに常駐し、百合の花の紋章をつけた標識が、地元法学者からの助言を受けている王の支持者の家の目印になっていた。一方、市民はロレーヌ公の城塞やそこに新しく設けられた隠し扉、公が駐屯させようとしている兵士たちを恐れていた。二度にわたって、ロレーヌ公は軍を率いて町に入り、逃げられなかった市民を恐怖に陥れ、そのうち何人かを処刑させて他の者たちに

ムーズ川の流れ

ドンレミ村の風景

高額の罰金を課した。フランス王は即座に応酬する。パリの高等法院が公を召喚し、この地が返却すべき封土であって王国の一部であるとの布告を出すのだ。公は有罪となり、追放、封土没収にあい、王の軍隊がヌフシャトーに派遣された（一四〇六年）。しかしながら、高等法院が、ヌフシャトーは王国に属すと高らかに力強く断言し、また王の標識を馬の尻尾に結わえて泥の中を引きずったロレーヌ公は大逆罪を犯したと断罪しても、一四一二年に厳かに申し渡されたそれらの判決は死文化した。ヌフシャトーの人々は、世論から見れば王の大義に殉じた犠牲者となった。彼らの受けた責め苦について噂が飛び交った。それによれば、ロレーヌ公は十字架の下に大きな桶を置き、水と血で満たさせた。罰金を払うために家長たちは、その桶に頭と腕とを突っ込んで、底に黄金を置かねばならなかったというのである。ジャンヌはおそらく、こうした噂を聞き逃さなかった。ヌフシャトーの住民たちとは強いつながりがあった。代母の一人が住んでいたし、説教をよく聞くフランチェスコ会修道士たちの修道院もあり、そこにはドンレミの領主ブールレモン家の墓所があった。ダルク一家が一四二八年に逗留した宿屋の女主人ラ・ルッスは、ロレーヌ公に反抗した者たちに金を貸したこともあった。

ドンレミ村は、ヴォークールールから南へ一〇キロ、ヌフシャトーから北へ一九キロに位置し、あらゆる境界線の凝縮した場所である。[46] 村はムーズ川左岸、王国側につくられたが、小教区としてはトゥール〔Toul〕ならびにトリーア大司教区の管轄下にあり、トゥールもトリーアも神聖ローマ帝国の都市だった。[47] 村の中央、教会の北を「三つの泉の小川」が流れ、この小川が二人の封建領主のどちらに従属するかの分かれ目だった。[48] 村の北側はヴォークールールの城主領に属し、つまり〔一三六五年の王令以降〕フランス王国に帰属しているが、おそらく一二九一年からすでに王権による保護を受けていた。ミュローのプレモントレ会修道院の封土だったからである。[iv] ここに暮らす数家族は自由民〔財産を完全に所有でき、人頭税などを免除された身分〕だった。村の大部分は小川の南側、教会およびリルの城館〔リルは「島」を意味し、ここでは川に挟まれた土地〕周辺にある。村の北側がシャンパーニュ領にあるのに対し、南側は一三〇一年以来フランス王国に従属するバール伯領〔一三五四年以降はバール公領となる〕の管轄下である。地元の領主は一四一二年までブールレモン家だった。ここに住む三〇ばかりの家族は〔一三九八年の文書によれば〕、マンモルト〔死後に直系家族がいなければ財産は領主に帰属するという制度〕に従う身分であり、つまり自由民ではなかった。ジャンヌの家族はその一員だった。

　ジャンヌはドンレミ村では、フランス王国に従属するバール公領〔バロワ〕の側に生まれたが、ショーモン＝アン＝バシニィの代官管区《バイヤージュ》とアンドゥロの奉行管区《プレヴォテ》[v]内の領民[49]であると、行政上の調査をおこなった一四三一年の裁判官たちは述べている。しかし、同時代人の大半がジャンヌの生地について迷ったとしても無理はない。仮にジャンヌが小川の北で生まれているなら、シャンパーニュの領民ないしはヴォークールール出身となる。ジャンヌをシャンパーニュの領民と考えたのはブーランヴィリエであり、[50] ヴォークールール出身説はさらによく主張されたが、正確な位置づけ〔フランス王国に従属するバール公領〕はシャルチエあるいはペルスヴァル・ド・カニィ[51]によってなされている。歴史が浅く、やや作り物めいている、このフランス王国に従属するバール公領生まれという身上は、なかなか説明しにくいものだった。一番さかんに言われたのが、ジャンヌの姿に「善良なロレーヌ娘」[52]を認める見方だが、これもあながち間違いではなかった。なぜなら、この地帯一帯がかつてはロタリンギアに属していたからである。神聖ローマ帝国ないしイタリアの年代記作者たちはもとより、フランス王国の年代記作者たちまでが、ロレーヌの辺境あるいはロレーヌ地方《ペイ》をジャンヌの故郷に選んでいる。フランス王国は六〇ばかりの地方《ペイ》からなっていた。[53] シャンパーニュ、[54] ロレーヌ、バロワはそれぞれ地方である〔バロワのなかでフランス王国に従属する領地は新しすぎて国とは言えない〕。ル・エロー・ベリー〔ジル・ル・ブーヴィエの筆名。一三八六〜一四六〇年頃〕をはじめとする地理学者らは、それらの地方を列挙し、それぞれの土地についても、土地と結びついた住民たちについても、特徴を描き出せた。平地か険しい地形か、寒いか暑いか、よく雨が降るか不毛の地であるかによって、そこに暮らし、適応しなければならない人々の性格が左右される。それぞれの地方には名前があり、多少なりともはっきりと定まった領域があり（ここでは、メッス、トゥール、ヴェルダンの三司教区）、方言があり（ジャンヌのフランス語は〔宮廷のおかれた〕ロワール川流域では笑われた）、慣習法や共通の歴史的記憶（この地ではカロリング王朝）がある。ロレーヌ地方はフランス王国と神聖ローマ帝国との国境《くにざかい》の両側に広がり、同じくロレーヌと呼ばれる公国から大きくはみだしている。ル・エロー・ベリーは、ジャンヌの活躍からほどない頃、こう述べた。[55]「ムーズ川はドイツに対してフランス王国を閉ざしている。シャンパーニュ地方とバロワ地方では、人々は善良で誠実である」と。ロレーヌ公国については、ベリーは誤ってムーズ川右岸にしか見ておらず、「人々はフランス語を話す、なぜならかつてフランス王国に属したことがあったからである。小麦、葡萄酒、木材と家畜を産するよい国である。この地の貴族は戦争好きで、些細なことでたがいに戦争に駆り立てられる。戦争で一番得意とするのは、隣人の家畜を奪ったり追い立てたりすることであり、それから仲直りするのである」と述べている。農民については、ル・エロー・ベリーは何も語っていない。

ロレーヌ地方は、封建的諸勢力が寄木細工のように入り組んだ場所であり、ときに情勢が緊張すれば国境となったが、それ以上ではなかった。しかし、十四世紀末にヴァロワ家の一族がブルゴーニュ（伯領および公国）やフランドルに居を構えると、戦略的な地域に変わった。ムーズ川に沿った街道はドンレミを通り、上流地方の国々と下流地方の国々をつないでいた。街道の支配（および場合によってはロレーヌの支配）を、ブルゴーニュ公は四代にわたって忍耐強く試み、その努力は〔一四七七年に〕ナンシーで惨敗を喫するまで続いた。同じころ、オルレアン派はロレーヌ地方の諸都市を味方につけ、神聖ローマ帝国から同盟者を得ようともくろんだ。[56]オルレアン公ルイは、すでにベルチュ＝アン＝シャンパーニュを所有していたが（妻のヴァランチーヌの持参財産だった）、ポルシャン伯領とプロヴァンの町を購入し、ついで一四〇二年にはルクセンブルク公領に手をのばした。彼は王のために、トゥール（一四〇一年）およびヌフシャトー（一四〇六年）の保護を実行し、ムーズ川流域に多くの味方を引き入れた。オルレアン公が一四〇七年にブルゴーニュ公によって暗殺されると、地域の情勢は一変し、オルレアン派の影響力は目に見えて弱まった（そのあとアルマニャック派と名乗るようになる）。その一因は、ロレーヌ公が一四〇七年にメッス近郊のシャンピニュールでオルレアン公の軍隊を破っていたことにあった。アルマニャック派が一四一二年にヌフシャトー市民の反乱を支持した可能性は、十分にありえる。[57]アルマニャック派として名高いジュヴネル・デ・ジュルサンが、ロレーヌ公に不利な調書を作成したのだが、ブルゴーニュ公が、味方であるロレーヌ公に対する許しを得、高等法院の判決が実行されずにすむようにはからった。この地域での行政官の任命は、[58]ヴォークールールの守備隊長の地位であれ、ショーモンの代官《バイイ》の地位であれ、政治的な意味を帯びるようになった。

　イギリス王がシャルル六世の後継者となることを約束したトロワ条約の年、一四二〇年に、ジャンヌは八歳だった。[59]ところで、ドンレミはアルマニャック派の村だった。ブルゴーニュ派は一人しかおらず、その人物が出て行ってくれればいいとジャンヌは願ったという。[60]しかし、二キロメートルも離れていない、学校のあるマクセーの村は、ブルゴーニュ公に親近感を抱いていた。ドンレミ村の少年たちは徒党を組んでマクセー村のわんぱく小僧たちと喧嘩をしては、傷やこぶだらけになって帰ってきた。[61]辺境地帯が、党派争いの中心地に、最前線になっていたのだった。

国境が生む想像界《イマジネール》

　国境は、現実世界においてのみならず精神世界においても、特別な場所である。暗い側面としては、国境は、不安定さ、周辺性、無秩序に脅かされる場所である。なぜなら、中心から遠く、王政府の統治管理も聖職者による管理も届きにくいからである。国境のあたりでは、異端者や魔女がたくさん増えると言われた。異端者といえば、シャンパーニュにはカタリ派が多く、十三世紀に過酷な弾圧を受けていた。ヌフシャトー近郊の出身で一四一七年にモンペリエで火刑に処された、あのカトリーヌ・ソーヴは、カタリ派だったのか、霊性があったのか、それとも単に身の程知らずの女であっただけなのか。

　魔女について言えば、ジャンヌが登場するや否や、アンブランの司教ジャック・ジェリュは魔女の恐れがあると指摘した。[62]ジェリュが強調したのは、ジャンヌがブルゴーニュとの国境から来ており、そこは魔女の一群が猛威をふるう危険な場所で、妖術の多くがかの地で教えられていたという点だった。この論点は当然一四三一年の裁判官たちによって改めて取り上げられ、『七〇ヵ条の告発状』第四条において、ムーズ川沿いのこれらの村が、古代から数々のまじない──すなわち「呪術や占い、迷信的あるいは魔術的な行い」[63]──を実践することで知られていたと告発されている。実際のところ、王国の国境はどこであろうが、同様の疑惑の対象となった。アウグスティヌス修道会士でもある魔術師二人が、一三九八年にシャルル六世を治癒させてみせると言い張り、火刑に処されたが、彼らはギュイエンヌの辺境から来た者たちだった。[64]ジャンヌの場合は、もともとその場かぎりの疑惑にすぎなかったようである。ロレーヌは、十五世紀前半に有名な魔女たちほぼ全員を輩出したアルプスの山岳地帯からは外れている。メッスの年代記がとりあげる二、三の火刑は世紀末にあっただけで、大規模な魔女狩りは十六世紀になってからのことである。[65]妖術への警戒は一三五九年のトゥール司教区会議の規則においてもほとんど見られず、[66]

ただ（八〇ヵ条のうち）一ヵ条をあてられただけで、しかもごく一般的な書き方で、「魔術や呪文、占いに没頭するような」者たちを咎めているにすぎない。改革派の司教アンリ・ド・ヴィル（一四〇八〜三六年）は、ジャンヌが婚約の解消を請求したときの担当だったが、彼の方針は、魔術対策よりもむしろ道徳を説きミサ典礼をきちんとおこなうことをめざしていた。隣のサンス管区では事情は異なる。大司教ギィ・ド・ロワが、素朴な人々向けとのタテマエで、実際にそうした人々の魂を管理する司祭たちに向けて書いた『〔素朴な人々への〕教訓集』では、「悪魔たちを介して家畜や人間を治すと称する悪い占い師たち、魔術師たち」について、著作冒頭で長々と一章が割かれている。そこでは、「信仰を抱いているが無知な者に対しては、それが罪であると警告しなければならない[67]」と述べられている。実のところ、ここで問題にされているのは、収穫や、家畜の繁殖、健康と結びついた日常的な魔術である。教えは明白である。人生の不幸の前では諦めよ、怪しげな超自然的なものに頼るなかれ、ということだ。

　明るい側面を見ると、国境は、城塞や自然の障害物による防禦線にあたる。王は、住民が一丸となって防御戦に積極的に参加してくれることを期待している。その見返りに、市民も農民も、税の免除などの負担軽減を望むことができる。真向かいの別の町へいともたやすく移り住める状況では、引きとめるために手心を加える必要が出てくる。国境では、王の庇護は、他の場所以上に気前よく与えられた[68]。庇護のもとにある個人や都市、教会を攻撃する者は、大逆罪に問われることになる。王はここでは他の場所以上に、みずからの決定や勝利の情報を与えなければならない。敗北についての情報はさし控え、王への忠誠心を強固にさせる必要がある。国境は、首都と同様、王朝や国家との絆が強い場所のひとつなのだが、それは単に、絆が自明なものではないからだ。絆は選択の問題であり、たえず再確認する必要がある。東の国境からは、それゆえ君主の側近が数多く輩出された。シャンパーニュ伯の代官《セネシャル》で聖王ルイにつき従ったジャン・ド・ジョワンヴィルしかり、シャルル六世の尚書局書記官にして十五世紀初頭の反イギリス的な協定のほとんどを練りあげた、しかも札付きのアルマニャック派、ジャン・ド・モントルイユしかり、である。後者はジャンヌと同じ、シャンパーニュとロレーヌに隣接した地域の出身だった。一三五〇年から一四五〇年のあいだに、神からのメッセージを王に届けるためにやってきた男や女の預言者は、ほぼ全員が国境の出身である。ジャンヌが生まれた東の国境からは、一三五六年のル・バシニィの準騎士[69]や、ジャンヌと同時代人の隠修士ジャン・ド・ガン[70]も現れている。

　王国の救済のためにロレーヌの辺境出の若い娘を受け入れるということは、突拍子もない[71]と同時に深くキリスト教的な解決法だった。若者たちは、中世社会においては事実上、経済的な自立もできず、政治権力ないし聖職者の権力にも与れない存在だった。公職や司祭職に就くには厳しい年齢制限があった。権力を得るには経験のあることが前提だった。権力を行使する者には五〇歳代がもっとも多く、その権力を死ぬまで手放さなかった[vi]。若者は、祭りや、規範からの逸脱を告発するシャリヴァリなどでは象徴的な役割を認められ、居場所が得られたが、「王が子どもであるような町に災いあれ[vii]」との聖書の文言を知らない者はなかった。シャルル七世による統治が始まった頃は、「伝道の書」のその言葉のとおりと思わせる様相を呈していた(72)。若者たちは権力から遠ざけられ、父親が亡くなるか、未成年者への親権などから解放される場合を除けば、結婚や富からも遠ざけられていた。彼らは次の世代の人間であり、現在においては何者でもなく、これから何者かになるかもしれないというだけだった。国境も、同様の潜在性を秘めた辺境地帯だった。最良の者も最悪の者も輩出する場所である。王国行政機関の官僚や、教会指導層の聖職者がどこから選ばれているかを観察してみれば、パリ盆地ないしロワール川流域の出身者が圧倒的に優位であるということがわかる。大学や王家の権力、古くに成立した家系の人脈などに近いほど、出世が約束されるものである。国境出身の官僚や司教は、つねに例外的レヴェルなのである。しかし、神は子どもや貧しい者を愛し、よそから来る者を恐れはしない。イエスはそうした者たちのなかで生まれたではないか。ただし困ったことに、ジャンヌの大胆な行動は、王国を任されている者たちの無能を暗に告発してしまっていた。それは大人で裕福で権力のある男たちであり、王が今後も必要とし続ける者たちだった。辺境から来た若い娘を受け入れるという、この必要に迫られてとった解決法には、国家の危機が去ってしまうと構造的な弱さがあった。

訳注

[i]「歴史 histoire」は女性名詞であるため、「娘」と言い換えられる。時間および空間によって生み出される存在であるという意味。

[ii] カロリング朝のルイ敬虔王の三人の子による遺領争いの結果、八四三年のヴェルダン条約により、ルートヴィヒ二世が東フランク、シャルルが西フランク、ロタール一世がその中間の地域を受け継いだ。ロタリンギア（ロレーヌ王国）は、八五五年にロタール一世の領土がさらに三人の子に分割された際、ロタール二世が受け継いだ部分の呼称。

[iii]『フランス大年代記』は、フランス王家の起源から十五世紀末にいたる正史。サン＝ドニ修道院に保存されていたラテン語史料を編纂して一二五〇年ごろまとめられ（『サン＝ドニ修道院の年代記』）、それがフランス語へ翻訳さ

れた後も追補され続け、十五世紀末に刊行された。

[iv] 一二九一年の、領主ピエール・ド・ブールレモンとミューローの大修道院との間の訴訟記録において、小川の境界線への言及が見られ、修道院の封土である北側はフランス国王によって守られる旨が明記されている。

[v] 奉行区《プレヴォテ》は、行政・司法・軍隊などについて国王権力の代理人としての権限をもつ奉行《プレヴォ》が管掌した区域。代官管区《バイヤージュ》は数個の奉行区を含む上位行政区として、十三世紀から北フランスに設定され、地方行政における王権の発展を担った。ショーモン＝アン＝バシニィの代官管区とアンドゥロの奉行区はシャンパーニュにあるため、裁判記録のこの記述は、ジャンヌをシャンパーニュの領民とする見方の根拠とされることが多かった。

[vi] 老人と若い娘の結婚、あるいは浮気された亭主など、共同体の秩序を乱したとされる者に対して行われる制裁儀礼。変装した若者たちが、鍋や釜を叩くなどした。二宮宏之他編『魔女とシャリヴァリ』(新評論、一九八二年)を参照。

[vii] 日本語版新共同訳「コヘレトの言葉」第一〇章一六節では、「いかに不幸なことか／王が召使のようで／役人らが朝から食い散らしている国よ」とある。日本語版新共同訳で「召使」とされる語は、フランス語版聖書では「子ども」(伝統的には un enfant、共同訳では un gamin) とされている。

第3章 村で成長するということ

Grandir au village

ジャンヌの家族[1]は、ふつうの農民の家と同じく、過去の記憶をもたない家である。貴族だけが祖先をもち、過去に刻み込まれている。村人の方は、現在の時のなかで生きており、先祖代々のことを思い出すすべはほとんどない。先祖伝来の文書や墓所があるわけでもなく、他家と区別しうるしるしはほとんどないが、数世代にわたって繰り返し付けられてきた下の名前だけが、おそらく同じ家の者としての記憶の断片を保っている。

家族

父親のジャック・ダルク[3]は、モンティエ＝アン＝デール近くのセフォン村か、アルク＝アン＝バロワ村の出身だった。村の名士であり、領主から選ばれて一四二五年から一四二七年のあいだは取りまとめ役《ドワイヤン》の地位に就き、村落共同体の運営に携わっ

ジャンヌの母の肖像（ドンレミ村）

ジャンヌの父の肖像（ドンレミ村）

た。一四二〇年以降、ジャックは他の者たちとともに、この領主からブールレモン家のかつての邸宅だったリルの城館を賃借りし、倉庫として、また野武士がうろつくときの村の家畜の避難所として使っている。ジャック・ダルクには政治的経験が皆無というわけではなかった。なぜなら、一四二三年に村の名前で、野武士ロベール・ド・サルブリュックと放牧地をめぐる契約を結び、現金を払う代わりに村を荒さないでもらえるよう取り決めたからである。そのうえ、ヴォークールールの城主ロベール・ド・ボードリクールのもとで何度も代訴人の役を果たしていた。一四二九年七月末には、娘ジャンヌに会うためランスの町へ赴き、村に課されていた王税の完全な免除を、娘のおかげで取り付けている。彼は処刑裁判の時点では亡くなっていた。このことは、ドンレミの家を母の家と言っているジャンヌの供述からわかる。

　ジャンヌの母、イザベル・ロメは、ドンレミから家の前を通る道なりに西へ一里《リュー》行ったところにあるヴートン村の出であった。夫より裕福で教養のある家の出身だったのではないかと思わせる、いくつかの手がかりがある。たとえばイザベルは、ふつうの名前のほかに個人的なロメという渾名をもっており、その渾名は明らかに巡礼への嗜好を表している（とりわけローマへの巡礼を）。この時代、ふたつの名をもつ農民は稀である[4]。イザベルには、屋根職人で大工の兄と、シュミノン村にいるシトー会修道士の甥、それにセルメーズ村で司祭をしている親戚のあることが知られている。ジャンヌが出発時に助けを求めたのは、こちらの親戚筋である。ジャンヌに付き添ってヴォークールールへ赴いたデュラン・ラクサールは、イザベル・ロメの姉アヴリーヌ・ル・ヴァスールの娘婿だった。そしてまたジャンヌの長兄は、一四二五年以前に結婚して母方の土地のあるヴートン村に身を落ち着けている。一四四〇年、ジャンヌ亡きあとのイザベルはオルレアンに身を寄せ、息子たちのうちの一人ピエールのもとで暮らした。オルレアンからは年金を受けていた（生活上の必要というより、名誉の意味があった）。イザブロ奥さまと呼ばれ、一四五八年にその地に没した。

　夫婦には五人の子があり（二人の娘と三人の息子）、この兄弟姉妹のあいだの年の差はおそらくあまりなかった。ジャンヌは末っ子か、下から二番目である。ジャックマンが長男なのは確かである。ジャンヌが父の家を出るころ、ジャックマンはすでに何年も前に成人しており、よそに住んでいた。彼が亡くなったのは、一四四二年（その年に、ヌフシャトーの施療院から土地を借りている）より後、一四五六年（無効裁判の年）より前である。ジャックマンは、ジャンヌの波乱の人生においていかなる役割も演じていない。その代わりに、ジャンとピエールは、ジャンヌがドンレミから出発した時にはまだ独立していなかったが、すぐに王軍に加わりジャンヌと合流する。二人の兄は、姿を現すことでジャンヌの信望を部分的に保証し、金銭面の管理もして、自分たちの出世に役立てた。妹の死後、ピエールはオルレアネ地方に身を落ち着け、ジャンはヴォークールールへ戻っている。カトリーヌはジャンヌと仲良しの姉か妹で、土曜にはベルモンのノートル＝ダム教会堂に一緒に通っていた。グルーの村長の息子と結婚し、産褥で亡くなった。初のお産で四人に一人が命を落とす時代であった。カトリーヌの死は、おそらくジャンヌ出発時の直前のことだった。なぜなら、ジャンヌは、家族に生まれてくる最初の子どもに姉と同じ名を付けようと気を配っているからである。

　地位という点では、ジャンヌの両親は自作農だった。聖書を参照するなら、これは名誉ある地位といえる。元来、すべての人間が土地を耕していたのであり、アベルによる供物は神を喜ばせた。[i]「耕す人」(5)は、社会を構成する三身分のうちのひとつをなしている。この人々の働きによって聖職者と領主たちは暮らし、その謙虚さと運命を受け入れる忍耐心があればこそ、天国の門は大きく開いて彼らを迎えるのである。(6)十四世紀の半ばから、自然環境への郷愁がエリート層に広まり、農民の娘たちが、少なくとも文学作品のなかでは、貴族の子弟と結婚するようになる……。

　すべての農民が「〔自分の土地を〕耕す人」であったわけではなく、大半は日雇い労働者であるか、保有地があまりにわずかである場合には日雇い労働者と自作農を兼ねている。自作農であるということは、事実上、耕作手段（犂《すき》や家畜）と、耕せる土地（地域によって平均値は異なるが、三ヘクタールから七ヘクター

ジャンヌの生家（ドンレミ村）

ル）を所有しているということだった。一時的に貸借している土地などもここに加えられる。無効裁判の際、ドンレミ村の三四名の証人は、みな、ジャンヌの家が自作農の身分だったと証言している。村の身分階層にあまり精通していない三名の証人のみが[7]、その言葉を口にしていない。

　自作農という地位は、経済的な能力があるだけでなく、人々から一目置かれ尊敬される社会的身分にあることを意味していた。ジャンヌの両親のような「善良な自作農」は、信望厚く、廉直で、律儀な人々であると近所の人々がみな口をそろえて述べたが、そういう彼ら自身もまた自作農であり、その身分が地元では敬意を払われるものであることを意識していた。自作農であれば不自由ない生活を送れるものの、必ずしも裕福であるわけではない。十八世紀ごろの子孫の言い伝えによれば、ジャックとイザベルは二〇ヘクタールの土地を所有していたというが、それは言いすぎかもしれない。二人は、他の自作農と同程度に豊かであった。村人ではない三人の証人のみが、やや異なる見解を述べている。ベアトリス・エステランとヴィテルの町に住むジャンヌは、二人とも「それほど豊かではなかった[8]」と述べ、ヌフシャトーの主任司祭は、自分は裕福だが二人は「貧しかった」と形容している[9]。

　ジャンヌが貧しかったというのは、それこそ神の選択を称えるためにジャンヌの味方が吹聴し、またジャンヌの行動は報酬目当てだったと貶めるためにジャンヌの敵が吹聴した伝説である。ほどほどの豊かさは神話には不向きであり、神話としてはとても貧しいか、とても裕福であるかのいずれかでなければならないのだ。

ジャンヌの両親は、他の自作農と同じく、領主ブールレモンやヌフシャトーの施療院に土地や建物を借りるだけの余裕があった。家は、今も村の中心にあるが、石造りで二階建ての家だった。庭からは教会が見えた。室内については、大きな暖炉があったことを除いては、何もわかっていない。[10]ジャンヌは自分専用の寝台を持ち（おそらくカトリーヌが嫁いでいったあとのことだろう）、それは当時としては例外的なことだった。両親は、毎年泉祭りの週に二回ミサをあげてもらうという永年供養を、一四二八年に教区教会で設けており、その代価としてバロワ銀貨二枚を払い、年に一日半の牧場の草刈りをすることにしていた。ふつうの農民は死ねば無名となるが、二人の死はこうして祈禱と記念の対象となり、名が消えずにすむことになった。

ジャンヌのゆとりある暮らしぶりは、少しは自由に使える財産を持っていたらしいことからもうかがえる。赤い婦人服、彫りもののある指輪、ベッド、そして貧しい旅人に分け隔てなく何度も施しを与えられるだけの小遣いを「父の財産から」得ていたのである。おそらく父親は娘が気前よすぎるのを見て、いくらかためらったのであろう――一家の小さな娘が施しをする役目を受けもつことはよくあったとはいえ――、ジャンヌは自分でパン菓子を焼いては、怠けがちな教会管理人がもっときちんと鐘を撞くようにと与えていた。[11]もっとお金があればミサをあげてもらうために司祭に渡せたのに、とジャンヌはのちに語っている。

しかし、村での地位を決めるのは財産ではない。家柄が古く、評判もよく、名の知られていることの方が重要である。天国に金持ちが入るのは、ラクダが針の穴を通るより難しいと、誰でも知っている。ジャンヌの両親は、「まったくの善良な農民」として評判がよく、悪い噂はまったくない」。こうした信望は、信仰の篤さによるところもある。父親も母親も、信者の務めを熱心に実践する「真のカトリック教徒」であり、つまりはミサに通い、復活祭を祝い、司祭に一〇分の一税を納めていた。さらに二人は子どもたちの教育にも気を配る、落ち着いて仲睦まじい夫婦だった。そして、一家の評判にふつう欠かせないのは、娘たち（男の子よりも誘惑に負けやすいとされる）への注意深い監視である。表をぶらついたり、付き添いなしに村から出たりするなどは許されない。両親の承諾なく自由に男のもとへ通うことは、もってのほかだ。一家の名誉は娘の純潔にかかっている。ジャンヌの自主独立の振る舞いは、早くから不安視されていた。一四二七年ごろ、ジャックは娘のジャンヌが兵士たちと出発する夢を見ている。父親と兄たちは家の名誉を守るために話し合い、必要とあらば（予防措置として）ジャンヌを川に放り込もうと計画している。

子どもたちは、家庭において社会のとりきめの規則を学ぶ。

既婚者への説教がひとしく注意を促すとおり、父親と母親はともに子どもたちを養い、教育しなければならない。両親は、子どもたちの現世での将来に対しても、あの世での魂の救済に対しても、責任がある。父親は権威者としてふるまう。父が生きているかぎり、両親の家はジャンヌにとって「父の家」であり、ジャンヌは〔母からよりも〕父から旅立ちを認めてもらえないのではないかと恐れた。ボードリクールは一回目の会見では、ジャンヌを父のもとに連れ戻すよう命じた。ジャンヌは未成年であり、父の許可なくして何もできなかった。モーセの十戒にも福音書にも「父と母を敬いなさい」と教えられている。両親に従わない行為は大罪であり、その行為が神の意志によるものということでしか正当化できない。天の父ならば、地上の父たちよりも優先されるわけである。しかし、自分の使命を除いては、ジャンヌは両親に「すべてにおいて従っていた[12]」。

ジャンヌは母親と親しかった。たしかに、父親は子どもたちにとって大きな役割を演じる。息子たちには土地を耕すことを教え、地域社会に導き入れる。たとえばジャックマンはリルの城館を賃借りする際、父の傍らに顔を見せた。しかし、ジャンヌに宗教を教えたのは母親なのである。普通の子どもたちと同じく、ジャンヌは母からフランス語での「主の祈り」、「聖母マリアへの祈り」、「使徒信条」など数々の祈りを教わった[13]。信仰の日々の実践は、母イザベルのお手本を通じてジャンヌに親し み深いものとなった。教会に通い、聖体を拝領し、巡礼し、施し物をするなど。母も父と同じように子どもたちに対しては、素行をよくし、教会関係者や世俗の権威者を敬うよう教えた。「〔ジャンヌは〕まるで宮廷で育てられたかのように、慣れた物腰で身をかがめ、うやうやしくお辞儀することができた……」。礼儀正しく振る舞うための決まりごとについての知識は、教育の重要な要素である。社会において自分の立場をわきまえ、いかに他者に接するかを知らねばならない。ジョフロワ・ド・フーが証言するように[14]、ジャンヌの家は、地元の小貴族たちや旅の托鉢修道士を迎える機会があったのだろう。

きちんと教育された子どもとは、非常に物知りだとか、学校に通った子どもだとかいうわけでは必ずしもなく、自分の性別と身分にふさわしい振る舞いができる子どもだった。あらゆる教育が、性別と身分というこのふたつの要素に適合するように行われた。女の子と男の子に、一般信徒と将来の聖職者に、領主の子弟と農民に、同じことを教える必要はまったくなかった。母の教えと手本に従い、ジャンヌは身近な家のなかの仕事をすることを覚えた。大半の女と同じくジャンヌもまた、リネンのシーツを仕立てるために、縫ったり糸を紡いだりできた[15]。こうした家庭内の仕事は、収入にはつながらなくても、あらゆる悪徳のもととなる無為を避けるためのものだった。聖母マリアも、糸を紡いだり息子の仕事着を縫ったりしたのではなかったか。ジャンヌはこの仕事を工芸としても通用するものと考えていた。神学者のユーグ・ド・サン＝ヴィクトールが十二世紀に、人々の快適な暮らしに役立つ七つの工芸《アール・メカニック》の一覧を作成したが、糸を紡ぎ布を織る仕事は、実際そのひとつとして数えられている。ジャンヌは、糸を紡ぎ縫物をすることにかけては、地場産業のために働くルーアンの女たちより上とはいかなくても同じくらい上手にできると述べている。ドンレミの農民の女たちは、ヌフシャトーの織物職人たちのために働いていたのだろうか。ジャンヌは、ベギン会修道女たち[ii]のように、これで生活の資を稼ごうとすることもできたはずであった。その点、彼女は自分でもよくわかっていたのである。

屋外での仕事は（悪い噂のもととなるため娘にとっては問題が多すぎるが）させてもらえなかったのだろうか。無効裁判では三四名の証人のうち一二名は、ジャンヌがつねに家のなかにいて必要かつ有益な仕事をし、他の娘たちと同じように糸を紡いでいたと語っている。四名の証人は、ジャンヌが外に出て父の家畜を村全体の群れへ連れてゆき、家族の当番が回ってきたときには[16]家畜の見張りをしているのを見かけている。しかし、他の証人たちは、ジャンヌが庭で草むしりをしたり、収穫を手伝ったりするのも目にした。「父の言いつけにより[17]」独りで、あるいは兄たちと畑を耕しにも行っていた。鋤で土を掘り起こし[18]、地面を耕し、放牧へ出るのを見た者たちもあった。ジャックマンが、ついでカトリーヌが家を去り、女手による手助けも必要になったという事情があったのかもしれない。それにジャンヌは広々とした野外での自由をつねに好んでいたのだった。

村人たちの絆

どんなに小さな村であっても、同じ村のなかの家同士はあらゆる種類の社会的紐帯によってたがいに結ばれている。血のつながりや婚姻による縁続きの家もある。ジャンヌと血のつながった親族は、ドンレミには住んでいないようで、ヴートン、セルメーズ、ビュレーにいた。近場にいても親戚として振る舞うのはごく当然だった。たがいに訪問しあい、手助けし、近況をたずねあう。ジャンヌは年若い従姉たちの一人の出産に立ち会いに行っている。かなりの期間そこにとどまり、滞在を利用してヴォークールールまで出かけた。中世においては、親戚であるというだけでは十分ではなく、自分が親戚であると公言し、一緒に飲み食いし、たがいに助け合い、共通の思い出を育まねばならなかった。

縁組は、同じ村内か近隣の村も含めた狭い範囲内でなされる。同一の身分階層の者同士で結婚するのが理想的だった[19]。たとえばジャンヌの姉カトリーヌは、グルーの村長の息子で、やはり自作農のコランと結婚した。だいたいの場合、父親同士がすでにたがいに仕事上の関係にあり、土地も近くにあった。結婚によって、すでに存在している親密な関係が公的に認められるのだ。自作農も日雇い農も、それぞれ身内で結婚した。役人も同じことである。処刑裁判の方でのみ言及されたジャンヌの婚約者が誰だったのかはわからない。ジャンヌは相手に自分からいろいろ約束したことはないと述べている。両家が結婚の方向で交渉していたということは考えられる。娘の将来を確かなものにするのは、普通は父親の役目である。そもそもジャンヌはこの結婚が無理無体なものだとは決して言わなかった。相手の若者はおそらく年齢も身分階層も妥当であった。ジャンヌは、ただ純潔の誓いを盾に結婚に反対しただけである。トゥールの教会裁判所の決定を求めていたとすれば、当事者双方が公の場で「verba de futuro」（婚約の言葉）を交わしていたはずである。両親にお膳立てされ見守られてのつき合いが存在した可能性もありうる。将来夫婦となる二人にとっては自然な成り行きである。ビュレーの自作農、ミシェル・ルビュアンが相手にあてはまるかもしれない。ジャンヌと同い年であり、女の子たちに付き添ってベルモンへのお参りに一緒に行っていたので、他の多くの人たち以上に幼いころからジャンヌをよく知っている。ジャンヌとは会話もしていて、ジャンヌは彼には自分の将来の使命について打ち明け話をしているのだ。のちにミシェルは、その話を人々に知らせ、予備審査で証言をしている。確信はできないが、ミシェル・ルビュアンには、婚約者像にあてはまる側面がある。

血縁のほかに霊的な縁戚関係が存在する。これによって、家同士のあいだに補足的な関係が織りなされるのである。[20] 普通の子どもと同じように、ジャンヌは生後三日以内に、洗礼盤の上で、ジャン・ミネ師によって洗礼を授けられた。師は、一四二三年にドンレミ教区を離れるまで村の司祭だった。一四三一年の裁判において、被告が教会に属しているか、キリスト教徒としての教育を受けたかどうか確かめるために、洗礼の問題が取り上げられた。一四五六年のロレーヌにおける審理でも再度この問題が取り上げられるため、ジャンヌの洗礼は中世末期においてもっともよく知られた洗礼のひとつとなった。

洗礼名については大して言うべきこともない。ジャン、ジャンヌという名前は、地域によっては人口の三分の一から三分の二の者に付けられている。[21] ドンレミ村の女性の証人のうち、四人がジャンヌあるいはジャネットという名である。ジャネットという愛称は、年齢が若いか、同じ家族内に同じ名前の者が二人同時にいる場合を示す。ジャンヌ、ジャネット以外の女性の名はさまざまで、どれも一人ずつである。男性証人のうちジャンの名をもつ者が一〇人（司祭から自作農にいたるまで）、ついでジェラールが三人、それ以外の名前は一人ずつとなっている。ジャンヌの家族に見られる名前は、どれもかなりありきたりである。ジャンヌは、母方の伯父とも、デュラン・ラクサールの妻である従姉とも、そしてジャックマンの娘である姪とも同じ名である。三人のカトリーヌがおり（ジャンヌの姉、ジャン・ラクサールの姉である従姉、ジャンヌとデュラン・ラクサールの娘）、マルグリットが一人、ジャンヌの姪でジャンの娘にあたる。ジャンヌの前に現れる聖女たち――カトリーヌとマルグリット――は、つまりダルク家の子どもたちにとって伝統的な守護聖人だったのだ。ところが、ミシェル〔大天使ミカエルのフランス語読み〕については、家族にその名をもつ者はなく、地元の証人一人のみの名前である。家族の輪のなかでは、同じ名前がよく使われたということである。家族の独自性は、とりわけ名前の選び方の一貫性に現れる。この信心深い一家の子どもたちはみな、福音主義的とでも言えるような、使徒たちに因んだ名前をもっている。ピエール、ジャック、ジャンは、ペトロ、ヤコブ、ヨハネというキリストの十二使徒の名前であり、聖カトリーヌは五〇人の異教徒の博士たちをキリスト教に改宗させた、「ほとんど使徒」といえる存在である。つまり、これらの名で洗礼を受けた者はみな、福音をもたらす者になりえるということだ(22)。

ジャンヌの代父と代母の数は、注目に値する。トゥール司教区会議の規則は、代父母の役を二、三人に制限しているのに、ジャンヌにははるかに上回る代父母がいる。本人の言うところでは、代父は二人（ジャン・ランゲあるいはランガールと、ジャン・バレ）、代母は三人、つまりジャンヌ（おそらくオーブリ村長の妻）、シビル、アニェスで、「そして母に聞いたところでは、他にもたくさん」(23)いる。一四五六年にドンレミでこの問題が取り上げられた際、三四名のうち一九名の証人は、よそに住んでいたかまだ幼かったために、ジャンヌの代父母の名前を挙げられないと述べた。四、五人もの名前を挙げた四名の証人は、本人たち自身がその集団に属していた(24)。ジャンヌの代父ないし代母だったのである。四名の証人(25)が、司教区会議の規則にかなった三人の代父を挙げ、六名(26)が二人の名前を、五名が一人の名前を挙げている。

尋問時にはジャンヌの洗礼からすでに四〇年が経っていたとはいえ、じつに奇妙なことだが、両リスト〔ジャンヌの証言によるリストと、村人の証言による一四五六年のリスト〕に挙げられた代父母の名は一致しない。一四三一年にジャンヌが言及した代母は誰一人として一四五六年に尋問されていない。アニェスとシビル〔「古代の巫女、預言者」の意味がある〕（村人としては奇妙な名であり、将来預言者となる娘の代母だというのも不思議な一致である）はすでに死亡していたか、そもそも存在しなかったかだ。ジャンヌ・オーブリの名のみが何度か村人の証言に出てくる。ジャンヌが名を挙げた二人の代父はすでに亡くなっていた。ジャンヌ・オーブリ以外の三人の代母は無効裁判で証言している。エステランの寡婦ベアトリス、テヴナン・ル・ロワイエの寡婦ジャネット、ヴィテル町民ティスランの寡婦ジャネットの三人であり、そのうち後者二人は洗礼盤でジャンヌを支え、自分の名を与えたと述べた。フレベクール村のオデット・バレの名もまた挙がっているが、おそらくジャンヌの代父の妻というだけであろう。これでジャンヌには六、七人の代母がいたことになる。ジャンヌが一四三一年に名前を出さなかったグルー村のジャン・モレルは、一四五六年の裁判で最初に証言をした人物であり、またジャンヌの代父として随所で名前の出された唯一の人物である。その他、故ジャン・ラングソンの名が一回挙げられているため、ジャンヌには四人の代父がいたことになる。このように一〇人も代父や代母があるというのは、この時代、またこの地域において、まったくほかに例を見ない。十五世紀末のポラントリュイ村（ヴォージュ地方）の登録簿にある八〇〇名分の洗礼記録からは、通常は代父一人、代母一人であるとはっきりわかる。[27]ごく稀に、もっとも裕福な身分の人々に見られる例外（貴族の嗣子は代父と代母を四人までもてる）もあるにはある。ところが、ジャンヌの場合、地位が高いといっても農民の娘でしかない（しかも第四子か第五子である）。

　この代父母集団はまったく典型的な形をとっている。誰一人、ジャンヌと血はつながっていない。同じころのポラントリュイ村でもそうだが、祖父母やおじ、おばを選ぶ慣習はない。霊的な縁戚関係は自然の親族関係を補うが、その外側でつくられるのである。地理的な範囲は、ドンレミ、グルー、そしてヌフシャトーにまで広がっている。社会的階層はつねに同じであり、全員が裕福な自作農である。代父ジャン・ラングソンは一四二三年にグルーの村長を務め、代母ジャンヌは村長オーブリの妻であった。ジャンヌ・ティスランは裁判所書記の妻である。これに対し、ジャンヌ洗礼時の代父母たちの年齢の方はきわめて多様である。代母のうちの一人は結婚前の娘であり、霊的な母性がこれからの現実の母性の準備を意味する[28]一方で、当時四四歳のジャン・モレルはおそらくすでに何度も父親になっていた。ほぼ全員が、いずれかのときにジャンヌの父親の仕事仲間あるいは共同借地人として関係をもったことがあった。ヌフシャトーでの騒乱によって突如緊迫した空気のなか、ジャンヌの洗礼は、一家にとって庇護者や共鳴者を集めるよい機会だったとも考えられる。この仮説が正しければ、ジャンヌの兄や姉の代父母は、明らかにもっと少ないはずである。

　ジャンヌ自身も、村を離れる前に二度、代母になった。母にも代母にもならなかった女性は、人生に失敗したものとみなされる。早くも一二歳から一四歳ごろには、代母になってほしいとの依頼があいついで舞い込み、断るのは礼儀に反する。一八歳になる前に、ジャンヌは女友だちのイザベルと、村で唯一のブルゴーニュ派だったジェラルダン・デピナル[29]とのあいだの息子、小さなニコラの代母になった。この洗礼名は、サン＝ニコラ＝ド＝ポールの教会堂が近くにあるため、珍しくはなかった。この洗礼は、ジャンヌが戦闘になったら殺してやるのにと想像した[30]ブルゴーニュ派のその男性との和解行為だったのかもしれない。イザベルとジャンヌは、洗礼で結ばれた母同士となり、一緒に告解に行くのである。

　ジャンヌがドンレミを出て行くとき、デュラン・ラクサールの妻である従姉は、出産を控えていた。代母にならないかと意向を探られたジャンヌは、自分の洗礼名を与えず、「女の子ならカトリーヌと名付けてくださいㅤ[31]」と言い、お産で亡くなったばかりの姉の名をふたたび与えるよう願った。こうした名付け方は、フランスではあまり史料が残されていないが、イタリアではよく知られており、「子どもを産み直すこと[32]」と呼ばれている。嬰児か、青少年が若死にすると、一家にそのあと生まれる子どもに、その洗礼名が再度与えられるのである。王シャルル六世と王妃イザボーもその例にならった。シャルルと名付けた息子が三人もいる。最初の息子は一三八六年に三ヵ月だけ生き、二番目の息子は一〇年（一三九二年から一四〇一年まで）生き、三番目の息子がシャルル七世だった。娘としてジャンヌも二人いたが、最初のジャンヌは二年しか生きなかった。そしてカトリーヌという名の娘が一人、一四〇一年に生まれ、トロワ条約のあとでイギリス王と結婚した[33]。二〇歳を超えて亡くなる子どもたちは「産み直すこと」ができない。王家のやり方が、現実のモデルとなったのだろうか。

ジャンヌが一七歳で村から出ると、ジャンヌの代父や代母たちの役割は、突然途切れる。結婚の準備は結局行われなかったし、ルーアンで葬儀が営まれることもなく、彼らは顔の出しようがなかった。村社会の内部で結ばれていたジャンヌの霊的な縁戚関係は、記憶から徐々に消えていった。

それでも、ジャンヌが代母になることはあった。一四二九年七月一一日にトロワの町でなっているし、サン＝ドニでも二回なっている（同年八月と九月[34]）。ただしシャトー＝チエリでも（七月末）、ランスでも代母になったとは、ジャンヌ本人は認めていない。九月八日以降については、この種の行動への言及はいっさいなく、ほとんどすべての洗礼が聖別式への遠征と結びついた、塗油の儀式の別形態だった。ジャンヌは洗礼盤の上に貧しい子どもたち、あるいは王に忠実な臣民の息子たちを取り上げ、その健康と幸せとを約束したのだろう。ジャンヌは、母親たちが望む洗礼名を与えている。女の子にはジャンヌの名を、男の子にはシャルルの名を授け、あたかも王と自分とが新しい世代全体の霊的な両親であるかのようだった。ジャンヌはこのようにして、村から王国へ、家族間の結びつきを移しかえるのである。

村に住むすべての家族が、血縁や姻戚関係、慣習上の縁戚関係で結ばれているわけではない[35]。しかし、同じ場所に居住していれば、互いに隣人となり、同じ教区の住人同士になる。ドンレミでの隣人関係は、今日その言葉が意味する内容とそのまま重なるものではない。たしかに、小さなシモンは、厳密な意味でジャンヌの隣人である。シモンの家はジャンヌの家と隣接しており、二人は一緒に乳を与えられ（育てられ）、かわるがわる相手のところで遊んだ。二人ともほとんど同い年であるだけに、ジャンヌはシモンが病気になれば見舞い、慰めていた[36]。隣人関係について別の定義を与えるのは、ユッソン・ルメートルというルーアンで働く金物屋だが、ドンレミ近郊の生まれで、一四二八年から一四二九年には、まだロレーヌにいた[37]。ルメートルの妻（こちらもドンレミ生まれらしい）が、ジャンヌの一家の隣人だった。この場合の結びつきは、「隣人」であるとみずから名乗り、「とても親密」に振る舞うことからなっている。隣人関係は、村のかつての住民すべてにまで広げられていたのだろうか。ならば、隣人関係に入るということは、村人の共同体に入るということになるだろう。

かなり緩やかな結びつきであるこの隣人関係の内側で、性別により、あるいは年齢層により、より緊密な紐帯がつくられている。ドンレミでの証言からは、女同士で行う活動の方が男の仕事よりもはっきりとわかるが、それは質問がその方面に向けられたからである。ドンレミの女たちは夜も昼も一緒に糸を紡ぐ、つまり暖炉を囲んで夜なべするのである。(38)その場ではどのような話をするのだろうか。残念ながらドンレミの『糸紡ぎ女たちの福音書』(39)[iii]は残されていないが、話題はたいして違わなかっただろうと推測できる。誰と結婚するのか、気むずかしい夫とどうやって仲直りすればいいか、病気の子どもをどのように看病するか、などである。産婦へのお見舞いも、慣わしのひとつである。しかし、女性の自由な行動は、教会へ行く場合の方が、より受け入れられやすかった。女たちは、みなで一緒に教会へ行って告解したり祈ったりし、また時にはベルモンの修道院へ足を運ぶのだった。

年齢に応じてつくられる集団は、それほどはっきりしない。子どもたちは一緒に遊び、まとまって野良仕事や放牧に出かけて、実際に役立つためというより、形の上で両親を手伝った。それほど生真面目でない者ほど、一緒に遊ぶのをためらうジャンヌをからかっている。女の子同士のあいだで、たがいに引かれ合う友情も見られぬわけではない。ジャンヌとイザベルとオーヴィエットは、幼いころからたがいを知っている。(40)遊びで相手の家に泊まりに行きもした。もっと大きくなってからは、一緒に告解へ行ったり、妖精たちの木の下へ踊りに行ったりする。オーヴィエットの証言がもっとも感動的である。「親友」ジャンヌが自分には何も言わずに行ってしまってもう二度と帰らないと知ったとき、ずいぶん泣いたというのであった。(41)

小教区

ドンレミ小教区は、村の裁判管轄区域に対応している。あまりに小さいため、グルー小教区と一括されており、ただ一人の司祭に祭務が任されていたが、その司祭は「大きい方の」小教区であるグルーに居住していたようである。石造りの教会は聖レミに捧げられており、聖レミこそがこの村に名を与える守護聖人であった。教会には、鐘と洗礼盤と、聖母マリア像や聖マルグリット像、聖カトリーヌ像、そしてまたクローヴィスに洗礼を授けた聖レミ像など、いくつかの聖像がある。教会は墓地に囲まれ、死者たちは村の中央で、生者たちの近くに眠っていた。[42]

教区民はみな、ここで生後三日以内に洗礼を受け、結婚し、いつの日か永眠することになっている。誰もが七歳になると、聖体拝領を受ける復活祭前の聖週間に教会で告解をするのである。告解は、地元の司祭に対し、人前で跪いて行われる。告解は、痛悔と罪の償いとを伴うものだった。復活祭の聖体拝領へ心に咎なく赴くために必要な魂の新生を、施しや祈り、断食が確実にしてくれると考えられていた。復活祭の聖体拝領は義務であり、守らなければしまいには大厄がふりかかる。中世末期においては、秘蹟を尊ぶ態度は、ほぼ一般に広まっていた。誰もが洗礼を受け、教会で結婚し、魂の救いをさずけてくれる墓地の祝福された土のなかに永眠する。日曜日を尊ぶ態度は、それほど明白ではない。たしかに、主日である日曜日に働くことは禁止されている。市場も訴訟も一時停止され、日中は原則として魂への心遣いにあてられる。ミサには人を引き寄せるものがある、というのは村の人々が皆ここに集まり、情報交換し、(時には)無駄話をするからである。一三五九年のトゥール司教区会議の規則は次のことを促している。時間通りに教会に来ること――午前九時である――、フランス語の部分、すなわち日曜説教の祈禱と説教とに注意深く耳を傾けること、十字を切り、祝福されたパンをいただいてから立ち去ること。もっとも、ミサが終わる前に立ち去ったり、遅刻したりする例はよく見られた。司祭は、領主とその奥方が領主用の席に身を落ち着けるのを待ちはするが、彼らの方もあまり遅れてはいけないのである。ミサはラテン語で、司祭が聴衆に背を向けて執り行う。参列者には、奉納〔ミサの途中の献金〕を行い、十字を切り、跪くなど、ある程度の参加が求められる。中世末期には、跪く回数が次第に増え、とりわけイエスの名が口にされるたび、聖体のパンが掲げられるときなどに求められた。聖体を目にした教区民は、ギィ・ド・ロワの『教訓集』[43]によれば、その日は突然死を免れるという。さらには、ミサのあいだは年をとらないとの話もあった。ラテン語を理解しない一般信徒には、典礼の第二部のあいだはお祈りを唱えるよう勧められた。ドンレミは、都市の教区などとは違って、叙階を受けた聖職者が何人もいるわけ

ドンレミの教会

ではない小さな村であり、毎日ミサがあげられることはなかった。日曜日のミサのほかに、死者のためのミサが何度かあるくらいである。ミサがあれば、村から教会堂の維持をまかされている教会管理人が鐘を鳴らして、来たい者、来られる者を召集する。新しく設けられたミサに参列するのは、義務ではなく信心の領域となる。ジャンヌはつねに、一番に駆けつける者の一人だった。

ドンレミでも、他のいたるところと同じように、時の流れのリズムは典礼の祝日の意味によって刻まれていた。宗教上の一年は、クリスマス関連の祭り以上に、復活祭と、それに先立つ四旬節の四〇日間が中心となる。聖母マリアに関する四つの祭り〔三月二五日の受胎告知、八月一五日の聖母被昇天、九月九日のマリア生誕と寺院への奉献〔マリアが生涯を神に捧げたことを記念する〕〕が証言に出てくる。マリアはすべての若い娘の守護者である。聖ミカエル、聖ニコラ、聖カトリーヌへの崇敬はこの司教区では古くからあった。ドンレミでは、一〇月一日の聖レミの祝日が特別視されていたのは確かである。聖レミ伝説では、その生誕が天使によって告知されたということになっている。聖レミは望まずして、ランスの大司教になった。フランク族の王クローヴィスのキリスト教への改宗に携わった。聖レミは、まずトゥールでキリスト教とは何かをクローヴィスに教え、ランスで洗礼を授けるとともに、天から下った聖油を用いて聖別式をおこなった〔フランス王聖別式の起源とされる〕。その日、聖レミが王の子孫たちに約束したのは、善の道から外れさえしなければ、栄光とともにいつまでも王国を治められようということだった。聖レミの『聖人伝』が、毎年の説教の骨組みになっていた。トゥール司教区では、聖アルヌール〔七世紀のメッス司教で、カロリング朝の開祖ピピンの祖先〕からシャルルマーニュまで、カロリング朝の聖人たちの記憶も固く守られており、乙女ジャンヌはそれらの聖人たちの名を忘れずに挙げている[44]。最後に、一四一二年以来ドンレミ領主の奥方がジョワンヴィル家の出だった事実から、八月二五日の聖王ルイの祝祭が特別大切にされていただろうと推測される。ジャン・ド・ジョワンヴィルは聖王ルイについての代表的な回想録の作者であり、また聖ルイ崇敬を広めた最初の一人だったのだから[IV]。

ジャンヌは教区のほかの信者と同じだったのか。「そうだ」とドンレミの証人たちは全員が口を揃えようとしている。毎日曜にミサへ行き、洗礼を受けており、トゥール司教の手から〔というのは、滅多にないことだが〕堅信の秘蹟[45]を授かり、教区の教会で告解し、復活祭の聖体拝領を受けていた。実際には、他の信者たちと少し違ったところがあったのだ。ジャンヌは、葬儀、死者の命日ミサ、日曜日のミサと、村の教会で挙げられるミサすべてに参列していた。鐘が鳴り始めるや否や、立ち上がり、家を離れ、あるいは野良仕事を離れた。ドンレミの教会が破損したときには、グルーの教会まで遠出した。のちには、朝のミサに毎日出るようになる。告解と聖体の秘蹟の実践については、ドンレミの証人たちは、一四二九年から一四三一年のあいだにオルレアンやランスでジャンヌを知った証人たちと比べて、はっきりしたことを述べていない。ジャンヌの信仰実践は村を離れたことで変化したようだ。ジャンヌは「年に一回以上」「すすんで」告解をしていた。[46] 荘厳なミサが行われる祝日（復活祭、聖霊降臨祭、クリスマス、聖母被昇天）に際して、「年に何度も」ジャンヌが告解するのを、全員が目にしていた。ここまでは、信心深い一般信徒に認められている範囲内である。これを超えると、特別の動機や司祭の許可が必要になる。三人の証人だけが、ジャンヌはこの範囲を超えてしまっていたと証言している。ゴンドレクールの司祭アンリ・アルノランは四旬節のあいだにジャンヌの告解を三回聴いたというが、どこでなのかは述べていない。[47] 一四三一年の調査官ニコラ・バイイは、[48] ジャンヌが村を離れる前に毎月告解をおこなっていたと考えている。ベルトラン・ド・プーランジィが示している頻度については、一四二九年から一四三〇年の期間についてのみ当てはまる。[49] ジャンヌはたしかに、非常に積極的に告解をしていたが、村の司祭のみがその是非を判断したのだ。ジャンヌに告解をさせるかさせないかは司祭次第だった。頻繁な告解が、在俗聖職者か修道士か、世俗社会の高位にある者たち（王侯貴族の告解は拒否されない）だけに許されている時代にあって、ただの一般信徒であるジャンヌは、おそらく村でこの秘蹟には限られた回数しか与れなかったはずである。聖体拝領の秘蹟は、なおのこと限られていたであろう。復活祭での聖体拝領は義務であり、重要な祭儀での聖体拝領は許されるが、選択の余地はそこまでしかない。教会はこの件に関する一般信徒の要求、とりわけ女性の要求に、警戒心を抱いていた。叙階された聖職者のみが、自分たちがキリストの体に変化させる聖体のパンに毎日与る権利をもっていた。他の人々に対しては、教会は、ミサからの帰り際に、祝福されたパンや復活祭の葡萄酒を配るよう奨励しており、それはトゥール司教区の記録にも残っている。他方で、司祭たちの言うことによれば、聖体のパンを目にするだけで聖体拝領と同様の奇蹟的な効果が得られるのだった。すなわち、天国の扉が開かれ、健康は守られ、日々の生活に必要なものが与えられるのである。聖体の祝日に聖別されたパンのまわりを練り歩く行事は、十四世紀初頭のトゥール全司教区において重要なものだったが、[50] 聖体顕示の行列（聖体を掲げて屋外を巡回する）はまだ慣習になっていなかった。

信心の実践については、一般信徒の自由は、より大きなものだった。教会が奨励するにしても、それらは義務ではない。誰でも教区の教会に、自分の都合のよい時間に祈りに来てよかった。ジャンヌは、自分の手で花輪飾りや蝋燭を飾りつけた聖母像の前で、よく瞑想している。祈る機会は増えていた。夕方に、アンジェラスの鐘が鳴ると、野原にあっても膝をつき、十字を切ったあとに信心深い祈禱のことばを唱える。そして可能なかぎり教会に来て、「アヴェ・マリア」を唱えるのだった。[51] 土曜には、グルー村の上の丘へ登り林を抜けて、十一世紀に聖チボーが建てたベルモンの教会堂[v]へ足を運ぶ[52]。聖母像は奇蹟を呼ぶとみなされており、土曜日は聖母を祝う日だった。村の娘たちは花と蝋燭を持って、進んでこの教会堂を訪れていた。ベルモンは近場の鄙びた聖地にすぎなかったが、ここに足を運べば、巡礼の功徳を受けられるのだった。この坂道を一歩進むごとに、罪への勝利となり、神へ近づけると言われていた。こうした地元の聖地は、中世末期には重要性が増しており、日々の生活のなかでの巡礼が可能となる上、女性や若者、それほど遠くにいけない病人にも巡礼ができるようになった。キリスト教徒の生活全体が、神への道であるべきということだった。

ジャンヌの時代には、村でのキリスト教は確固としていて安心感を与え、また身近だった[53]。誰一人、死や世の終末の恐怖に怯えていなかったように思われる。死の舞踏〔生者が骸骨と踊る図像〕が墓地の壁を飾っているのは、パリやアヴィニョンだった。ドンレミにおいては、あの世は控えめであり、煉獄は漠然としていた。比較的新しい祈禱のなかでは、イエスの名における祈禱だけが入ってきていたようである。次のことは確かである。ジャンヌはほかの人々よりも信心深く、友だちは時にそれを笑うほどだったが、ジャンヌはまた、よい教区民でもあった。地元の他のキリスト教徒と同じように告解や聖体拝領をしており、一四五六年の裁判では、村の人々はジャンヌがこのように決められた範囲の枠内にあったことを主張しようと、とても気を遣っている。

一四二九年の初頭に、ジャンヌは自分の家族や教区と最終的に別れ、妻や母になるよう定められている若い娘の普通の生活を断ちきった。たしかに、このような断絶は、聖人の生涯にはよく見られる。召命を達成するためには、この世への執着を断念することが必要となるからである。両親に従わないのは罪であり異端であるが、霊的な親とのつながりは地上の親とのつながりに勝る。ジャンヌは自分を父の娘であるより「神の娘」であると述べた。自分が声を聞いた聖女たちこそが真の家族となった。もはや自分には望めない実の家族より、そちらを好んだのだった。それに、ジャンヌは自分の行動については、この霊的家族の前でしか約束しないであろう。ある意味では、王国もまた、王への共通の愛で結びついた霊的な家族であった。教会は、聖徒の交わり[vi]や代父母という存在の源であり、功徳のある霊的なつながりの方が、功徳とならない単なる血のつながりよりも勝っていると昔から説いていた。教会はそこに、信徒たちから尊敬される霊的父としての聖職者の地位や、教会組織の構造の正当性を見出していた。しかしジャンヌがこの霊的な関係について教会の教えから引き出す結論は、聖職者たちが予想していたものとはまったく異なっていた。ジャンヌの考えでは、神こそが、家父長と同じく司祭の存在すら霞ませるのであり、王国は教会と同じく霊的共同体となるのである。

訳注

［ⅰ］旧約聖書の「創世記」において、牧者であるアベルは神に動物を捧げ、農夫である兄カインは農作物を捧げた。アベルの供物の方を神が好んだため、アベルは嫉妬した兄に殺された。

［ⅱ］十二世紀末から十三世紀初めにネーデルラントやライン地方を中心に起こり、フランス、スイス、イタリアにも広まった女性信徒による宗教運動。実際には公的誓願の必要な修道会の形をとらず、組織や生活形態も多様であり、主に社会福祉的な活動をおこなった。

［ⅲ］直訳では、『糸巻き棒の福音書』*Les Evangiles des Quenouilles*。十五世紀に広まっていた村の女性たちの俗信をある匿名の学者が聞き書きしたものとして、一四八〇年にブリュージュで出版された。ピカルディ方言まじりのフランス語で書かれている。

［ⅳ］国王ルイ九世（一二一四〜一二七〇年）は、十字軍のあいだにチュニスにて病没し、殉教の王と讃えられて一二九七年に列聖された。

［ⅴ］プロヴァンの聖チボー（一〇三九年頃〜一〇六六年）は、数々の奇蹟を起こしつつ隠修士としての一生をイタリアで終えた。その聖遺物が一〇七五年にフランスへ戻ってくると、とりわけロレーヌ、シャンパーニュ、ブルゴーニュを中心に聖チボー崇敬が広まった。ベルモンの教会堂は、ブールグイユのベネディクト大修道院によって一〇〇〇年頃建てられ、もともとノートル＝ダム（聖母マリア）に捧げられていたが、そこにこの聖チボー崇敬も加わった。

［ⅵ］「聖徒の交わり」は使徒信条の項目のひとつ。キリストと聖人たち、そして聖人たちとすべてのキリスト教徒のあいだに、霊的な絆と交流が存在することを指す。

第4章 妖精たちのいる木

L'Arbre aux fées

ドンレミの村には、共同耕作地の南側、ムーズ川に並行してヌフシャトーへ向かう街道沿いの小さな丘の上に、領主ブールレモン家所領の広葉樹の森があった。中世のほぼすべての村では、共同耕作地の端には森が必ずあった。森は豚が木の実などをはみに来るところであり、農民が蜜や果実、木の枝を集めもする。理屈の上では何もない場ということになってはいるが——森は修道院文学においては荒野と同義である[1]——、森は親しみ深く、多様な存在であふれかえっていた。さまよえる騎士[2]が自分のアイデンティティの探求をおし進め、時には妖精たちに出会ってしまうのが、森という場所である。

この森のはずれに、ジャンヌの家からも見える「妖精たちのいる木」があった[3]。それは、巨大でこんもりと広がり、相当にたわんだ、とても見事なブナの木で、地面に達するほどの枝々が、暗い影のなかにいくつもの部屋のようなものを作っていた。低い枝々は、子どもの手も届くところにあった。この木に感動したモンテーニュをも含む十六世紀の訪問者たちは、この木を樹齢三〇〇年とみていた。木の下に、共同耕作地の三つの泉のうちのひとつがあった。この場所はどう呼ばれていたのか。ジャンヌや裁判官たちが「村の近くの木」(4)を話題にする一四三一年以前に、その名を伝える文書はいっさいない。他の人々は、のちに、「木《アルブル》」あるいは「隠れ家《アブル(アブリ)》」、あるいは貴婦人たちの部屋、あるいは単に妖精たちの木と述べている。ブナの森には、しばしば妖精がらみの噂がつきまとうが、それはラテン語でブナを意味する「ファーグス〔fagus〕」がフランス語では「ファイ／フェ〔fay〕」となり、「妖精《フェ》たち〔fée〕」と重なったからである。

領主と妖精たち

しかしこの木には、少し特別な意味がある。泉のほとりのこの木の下で、ブールレモン家という領主一族の運命が決定されたのである(5)。一二六二年から一三一〇年まで領主を務め騎士でもあったピエール・グラヴィエ・ド・ブールレモンは、かつてこの木の下で、妖精の貴婦人と出会い、言葉を交わしたと伝えられている。ティスランの寡婦ジャネットは、物語が朗読されるのを聞いて、これを知っていた(6)。泉のある木の下での騎士と妖精の出会い(7)は、一一六〇年代以降の物語詩《レー》や騎士道物語の定番である。冒険を求める若領主が狩りのさなか、人間界と超自然的世界をつなぐ不思議かつ牧歌的な場所で、異界から来た者と出会う。名もない若い娘はうっとりするほど美しく、騎士はすぐに相手と結婚する。妖精は騎士にたくさんの子どもと、城館と、豊かさを与えるが、ある禁止事項（物語によってさまざまな内容の）を騎士が守るとの条件付きである。ところがある日、騎士はその禁を破り、妖精は姿を消して、あとには子どもたちと、いつ失われるかわからない財産だけが残されるのだ。

こうした話は、リュジニャン一族の母というもっともよく知られた妖精祖先の名をとって、「メリュジーヌ系の」話と呼ばれている。しかし、メリュジーヌの話はほかにもまだまだあって(8)、ジョフロワ・プランタジュネの祖先（獅子心王リチャードは敵から見れば女の悪魔《メリュジーヌ》の息子であったが、本人はその出自に誇りを抱いていた）[i]や、トゥルーズ伯、アキテーヌ公らの祖先にもメリュジーヌがいた。そしてまた非常に多くの騎士の家系が、こうした妖精を祖先にもつということになっていた。プロヴァンス地方ではルーセ城の奥方やエペルヴィエの奥方[ii]、西部ではアルグージュの領主一族などである。同じ主題が、神聖ローマ帝国内で十三世紀に広まった。フランスの東部でもこの手の話は逃さなかったというわけだ。十二世紀、ジョフロワ・ドーセールの『ヨハネ黙示録への注解』(9)には、ラングル地方のある貴族の領主がおそらく蛇の種族の子孫であったという小話が挿入されている。領主の高祖父が、実際に森の奥深くで、豪勢に着飾った美しい貴婦人と出会ったのだ。彼はその美貌に心を動かされ、結婚した。ところがある日、奥方が蛇の姿をして浴槽のなかでうねうねと身をそよがせているのを見てしまった。の

メリュジーヌ伝説（15世紀の細密画、パリ国立図書館）
（出典）*L'Histoire*, N°36, juillet-septembre 2007, p.38.

ぞき見られた奥方は姿を消し、二度と戻ってこなかった。最後に、一三九二年にジャン・ダラスが綴った[10]、もっとも有名な『メリュジーヌ物語』は、ベリー公の妹であるバール公妃マリーに捧げられている。その封臣だったブールレモン家の人々は、このバール公の宮廷に出入りしていたのである。

はじめのころの伝説は、シビル・ド・ソシュールとジョフロワ・ド・ブールレモンとのあいだの息子、ピエール・グラヴィエについてのものだった[11]。彼は若くして父のあとを継ぎ、五〇年にわたってドンレミの領主だった。リルの城館に住み、補修もしたようである。一二七五年に、ジャンヌ・ド・ショワズールと結婚した。ジャンヌは、母を通してドルー家の血を引き、つまりは王ルイ六世の子孫にもあたる。多産な奥方は八人の子をなすが、ミュローの大修道院とのあいだに悶着を起こし、人生の終盤にピエールの財産を損なってしまった。ジャンヌ・ド・ショワズールがブールレモン家にとってのメリュジーヌだったのだろうか。いずれにせよ、領主一族は一四一二年までリルの城館に住み、妖精の子孫であると名乗っていた。

もし、子孫の一人であるフランソワ・ド・バッソンピエール元帥[12]〔アンリ四世の寵臣〕が十七世紀前半に回想録を書き、これを物語ってくれなかったら、それ以上のことは不明のままだったかもしれない——ブールレモン家の系図を示す物語は失われていた——。これによって、話はオジュヴィレール家とサルム家をめぐるものとなった。ジャンヌ・ド・ジョワンヴィル（一四一二年にドンレミで没したブールレモン家末裔のピエールの姪）は、一四一〇年にヴォージュの代官《バイイ》だったアンリ・ドジュヴィレールと、ついで一四二九年にはサルム伯ジャンと結婚したが、このジャンも二年後にビュルニェヴィルで殺されている。それで十五世紀のドンレミでは、女領主が三代続いた。バッソンピエールの語る物語は、この女領主の時代のものだが、失われてしまった文書の痕跡がまだ読み取れる。オジュヴィレールの領主にはすでに奥方がいたが、毎月曜日、夏の広間〔貴婦人たちの部屋の別称）で恋人の貴婦人と会っていた。このために、領主は狩りに行くふりをしていた。しかしある日、不安になった奥方は、二人に気付かれないようにして夏の広間をのぞき見た。二人が眠り込んでいるのを見て、目を覚まさせないようにしながら足元に、妻としての自分の地位を象徴する頭巾を広げておいた。目の覚めた妖精は、大声をあげ、嘆き悲しんだ。妖精は姿を消さねばならず、二度と戻って来なかったが、三人の娘に幸せをもたらす三つの贈り物（指輪、計量スプーン、盃ないしコップ）を残していった。

タルマン・デ・レオーによる話は、やや違ったふうに語られている。[13]縁続きの三家族——クルーイ家、サルム家、バッソンピエール家——が、オジュヴィレール一族の伝説を以後自分たちのものとしているのである。それによると、騎士は月曜日に狩りに出かけて妖精と出会う。結婚している身でありながら、恋に落ちてしまう。一五年のあいだ、狩りに行くとの口実のもと、騎士は城館の扉の上にある小さな部屋で妖精と逢引を重ねるが、その部屋には小さな木のベッドがあった。奥方は月曜日になると夫がいなくなるのをついに訝しむようになる。眠り込んでいる二人を発見し、ベッドの下に妖精の頭巾を広げておく。目が覚めた妖精は涙を流して姿を消すが、三人の娘に、愛情のしるしと幸せのお守りとして三つの魔法の品を残していく。その三品は前述したものと同じである。

これら三通りの異本のあいだでの類似点は大きい。話の構造は同一である。騎士が森のなかで出会った妖精を愛し、子どもをつくるが、騎士が禁忌《タブー》を破り（この曜日に会ってはいけないなど）、妖精が姿を消すと、家運は傾く。しかし、いくらかの違いも見られる。妖精たちの木にあった室《むろ》は、夏の広間となり、次には異界への扉のわきに位置する小さな部屋で、小さな木のベッドを備えていることになる。妖精はもはや妻ではなく、愛人である（あいかわらず娘たちの母とされてはいるようだが）。教会が妖精のイメージを悪くしたため、妖精たちは結婚相手になれなくなった。禁止の方は、さらに問題含みとなっている。妖精とは月曜日にしか会えなくなった。メリュジーヌの場合は、禁止は土曜日となっており、その日には蛇に姿を変えてしまうということだった。月曜日（煉獄にいる魂のためのミサがあげられる日）にしか会えないという禁忌は、白衣の貴婦人が死者であるとの解釈の余地も残すが、隠さねばならない足へこだわるところは、むしろ嫉妬する妻に見つけられてしまった女の蛇のイメージにつながる。

結局のところ、教会に妻の地位を拒まれた妖精は、何世紀か経つうちに、代母の地位へと滑り落ちてしまう。妖精が子孫に残す贈り物は、幸運と繁栄と豊穣を確かなものにするための魔法の品々である。計量スプーンは穀粒を、盃は穫り入れる葡萄を増やし、指輪はいろいろな性質をもつ。これら三品は、「何かよくわからない、ざらざら、ごつごつした素材から」[14]できている。後継者たちが未成年のあいだは、品々は大修道院の宝物庫に保管され、誰がそれらを持つべきか後から決まるのである。魔法の品が失われると、原則としてその家系は没落してしまうが、このテーマはいくつかの異なる物語に使われた。サルム家の隣のパンジュの領主が正統な後継者の指から、指輪をくすねた[15]。するとこのパンジュの領主は、財産も、大使としての名声も失ってしまった。妻には裏切られ、三人の娘はみな夫から捨てられたというのである。ジャンヌ・ダルクが〔盗んだ側に不幸が訪れる話となっている〕ブールレモン家の伝説を知っていた可能性は、十分にありうる。こうした輝かしい先祖の話や、他者との違いを見せつけ、領主としての保護権をふるうのに役立つ魔法の品々を所有しているということを隠すいわれはない。さらに、妖精たちのいる木を囲んで毎年行われる村祭りの数々が、この記憶の伝承を助けていた。

古くからの村祭り

妖精たちのいる木[16]は、ふたつの裁判で重要な位置を占めることになる。一四三一年の裁判の裁判官たちが、当時ドンレミでなされた予備調査のあいだにこの話を見つけたのは明らかである。二月二四日には早くもこの件についてジャンヌを尋問し[17]、続いて三月一日[18]と一七日[19]にも重ねて取り上げ、いろいろと形を変えながら詳細に尋ねている〔妖精たちを見たというジャンヌの代母について、泉のほとりで聞こえる声について〕。[20]デスティヴェの『七〇ヵ条の告発状』は、七〇ヵ条のうち三ヵ条で妖精たちのいる木を問題にしており、ついで判決に先立つ『一二ヵ条の告発状』の最初に[21]も持ち出している。しかしながら、この裁判の判決は、ジャンヌを占いや魔法のかどで告発していながら、この明確な題材については沈黙を守っているのである。一四三一年にイギリス人たちから意見を求められた法学者たちは、言葉少なであり、クータンス司教ただ一人[22]が、ジャンヌが使命を授かった場所にある妖精の木に言及している。また年代記や日記の作者たちのあいだでは、『パリ一市民の日記』[23]だけが一四三一年五月に、木と泉について相当長く記述している。一方、シャルル七世の意を受けてなされた調査は、明らかに、この厄介な問題について詳述するのを避けている。マルタン・ベリュイエ[24]やエリー・ド・ブルデイユ[25]による意見書では当たり障りのない数行で片付けられているが、異端審問官ブレアル[26]による審理要約ではかなり長々とした議論があり、そこには新しい要素も登場している。より詳しく知るには一四五六年のドンレミでの裁判審理を待たねばならない。三四名の証人が、妖精たちのいる木について[27]、またジャンヌと妖精たちの関係について何を知っているかと尋問されている。二五名の証人が答弁し、九名は質問を巧みにかわしている。後者のうち二人の司祭は言葉を濁し[28]、小貴族に属す三人は現地に住んでいないと答え[29]、ヴォークールールの住民二人はそのような木を見たことがないと述べ、次の二人はしたたかな嘘をついている。ジャンヌの近い親戚であるデュラン・ラクサールは、ドンレミにはあまり長くいなかったから何も知らないと断言し[30]、マンジェットは質問に答えるのを拒んだ唯一の村娘だが、おそらくそのことについては知りすぎていた。他の証人たちの場合は、この九番目の質問への答弁がもっとも長く、また型にはまらない内容になっている。むろん全員が、いまや面倒なものとなったこの妖精信仰について、いざというときに村や自分たちの責任を問われないよう気を配ってはいるのだった。

ボワ＝シュニュ聖堂（ドンレミ村）

ひとまとまりになった木と泉は、ドンレミからヌフシャトーへ至る街道沿いに位置し、老樹《シュニュ》の森のはずれ、つまり耕作地と森との境目にあった。それは、二重の意味で境界上にあるといえる。というのは、この木はジャンヌの家の戸口の敷居から見え、視界の及ぶぎりぎりのところにあったからだ。証人の一人がそれに加えて断言するには、ジャンヌが声をはじめて聞いたという教会周囲の前庭や墓地とは異なり、それは俗界の場所、すなわち教会から聖別されていない場所[31]だった。あるいはキリスト教が入ってくる以前から、神聖な場所とされていたのかもしれない。老樹の森は実際にとても古く、太古からあったとすら言えた。

ふたつの裁判では、木の名前が意味をもつものとなった。証人ただ一人とジャンヌ本人が、「ブナの木」と、非常に実際的な呼び方を選択している。ただし、乙女《ラ・ピュセル》は、ほかの人の口から聞いて知っているとして「貴婦人たちの木、あるいは妖精たちの木」というふたつの別称も口にしている。妖精は「運命を司る貴婦人たち」すなわち人間たちの運命を織る三女神パルカたちの娘であるため、貴婦人と妖精とは同等の意味をもちうるのである。処刑裁判の際には、裁判官に嫌悪をもよおさせる名称であるにもかかわらず、「妖精たちのいる木」という呼称の方が明らかに多く用いられた。ジャンヌの言との隔たりがもっとも興味深いのは、デスティヴェの表現（ブールレモン家の魔法の木）[32]とクータンス司教の表現（木の妖精《アルブル・フェ》）[33]である。こうした呼び名はいずれも、木のなかに潜む神秘的な力を強調している。しかし「妖精たちの木」の呼称が勝ちを占める。それは村の代々の領主に属する木の真の所有者が妖精たちだという意味ではなく、妖精たちがよく木に通ってくるという意味である。妖精たちはここで自分たちの選んだ人間に言葉をかけることがあり、人間たちはここで妖精たちに願い事をするのだ。デスティヴェにとって、妖精たちは木と泉のまわりで「生を営んでいる」ものであったが、ジャンヌにとってはきっと、妖精たちはただそこにいて、時には目に見えるものでもあった。どこにいるのか。木の周辺か、木の下か、木の中か。『アレクサンドロス大王物語』〔古代の英雄アレクサンドロスを題材とした中世の物語〕では、妖精たちは木の根元で冬を越し、植物のように春にふたたび姿を現すものとして描かれている。

もちろん、無効裁判では、もはや同じような説明はなされない。ジェラール・ギユメットただ一人が、この木はしばしば「妖精たちのいる木」と呼ばれたと、このときに認めている。[34]他の証人たちは程度の差はあるが、みな突然耳が聞こえなくなったかのようだ。ほぼすべての女性証人とほか何人かは、この木を「貴婦人たちの木」と呼んだ。[35]妖精たちの存在を完全に消してしまう者もいる。木がそのように呼ばれたのは、ブールレモンの奥方が、村のほかの娘たちのように、そこを訪れたからだと。かつては——あくまで昔の話であり、現在ではもう違うのだが——その貴婦人たちは運命を操る存在だった、と知っている者もいる。[36]三人の証人が「アブル（つまり隠れ家《アブリ》）」と呼び、[37]四人が「貴婦人たちの室《むろ》」[38]と呼びながらも、こうした呼称は古いものだと断っている。室《むろ》というのは多義的な言葉であり、葡萄の栽培や森の開墾で利用する一時的なあずまやを指すと同時に、枝葉で編まれ、木にぶらさげられた小さな祭壇も指していた。その意味に従えば、貴婦人たちは木に住み、そして（あるいは）木に祀られているのである。

事実、複合的な儀式が、妖精たちのいる木のまわりで行われていた。司祭が村人による行事を前にして困惑し、祭りをキリスト教に取り込もうと気を使っていたのは想像がつく。キリスト教は、原野のただなかの木々や泉のそばなどで唱えられる祈禱には敵対的な態度をとっていた。聖職者たちはそうした祈禱が、神よりも木々や水の精霊たちに向けられているのではないかと警戒していた。それよりは、自分たちの管理下において集団で典礼を行う方がよかった。六世紀以降、古代ローマのロービーガーリア〔麦の疫病の神をなだめるための〕種まきのお祭り〕を受け継ぐ豊作祈願の行列だけが、聖マルコの日（四月二五日）とキリスト昇天祭に先立つ三日間に、教会の外で祈禱を続けていた。鐘が打ち鳴らされ、耕作地を練り歩く信徒たちが讃美歌を歌うと、嵐や霜を遠ざけることができ、これからの収穫に神の恵みを招くことができるというのだった。もっともジャンヌの時代には、祭りはつねに木のまわりで催されるようになっていた。

人々が集まるのは、大部分、春か夏、[39]種まきと収穫のあいだである。何人かの証人は、そもそも、そうした集まりを単なる夏の楽しみか、森のピクニックとして通そうとしている。主な祭りは、「喜びの主日《ラエターレ》」の日曜日に行われる。それは四旬節中日のあとの日曜日で、その日に朗読される福音書の一節は、イエスがパンを増やす話である。復活祭前の三月か四月に、青麦が増えるようにと願うものではないか。教会は、復活に先立つ四〇日間の断食と改悛の長い時期の中日であるこの日に、喜びを味わうよう勧めるのである。六名の証人は「喜びの主日」[40]としか言及せず、九名は「喜びの主日の日曜日や、春に」[41]と述べている。この機会に、人々は木の下で花輪をつくり、（ジャンヌによれば）教会の聖母像に捧げるのである。これがロザリオ（数珠）[iii]の起源である。ほかの花輪は木にかけておくと、ひとりでになくなっている。[42]デスティヴェは、村人たちによる捧げ物が妖精たちに受け入れられ持ち去られるのだと、ここで暗にほのめかしている。花の帽子が、祭りの参加者に持ち去られることはありうる。その日にはまた、純粋に正統《オルトドクス》キリスト教的な食べ物（その日に朗読される福音書の一節にちなんだ小さなパン、葡萄酒）か、あるいはそれほど正統的ではない卵やクルミの実を、皆で一緒に食べる。卵は復活祭を告げるものといえるが、クルミの実はそこで飲まれる泉の水と同じく、明らかに豊穣と結びついている。食べ物の一部は妖精たちに供えられるのだろうか。それから、祭りの参加者は歌い、木のまわりか木の下を輪になって踊る。収穫が守られ、増えるようにと願う魔法の輪を暗に示している。帰り際には、妖精たちの木が木陰をつくる「熱病患者たちの泉」からはじめて、耕作地のほかの泉の水をみなで飲むのである。

この祭り全体が「泉めぐりをする」と呼ばれた。それから二週間も経たないうちに、信徒たちは復活祭を祝い、木々の復活ではなくキリストの復活を讃えるのである。グルーの住民はベルモンのノートル＝ダムで、同じように泉めぐりをおこなった。このような慣わしは、じつに王国北東の四分の一の地域全体で、近世においても確認されている。

五月一日は、春と愛の季節のはじまりを祝う祭りで、住民たちは妖精たちのいる木のもとに、五月の小枝を集めにも来る。小枝は、花咲くサンザシのみと決められているわけではない。パリでは、ヴァンセンヌの森で五月の小枝が集められる。この小枝で花輪を作ったり、時には人形を作ったりする。コランが、ドンレミでは枝葉でこうした人形を編む習慣のあることを証言している。[43]小枝をたくさん与えてくれる妖精たちのいる木のまわりで楽しむのは、喜びの主日のときと同じである。

キリスト昇天祭に先立つ豊作祈願の祭りの際、ドンレミの司祭は「十字架を掲げて野を歩き」妖精たちの木や、泉の方まで赴くと、エステランの寡婦ベアトリスが証言している。[44]司祭はその場で福音書を読み上げもする。それは、その日のために定められた一節ではなく、聖ヨハネの福音書の冒頭、「はじめに言葉ありき」の一節である。この一節は、悪霊や嵐を遠ざけると言われていた。この一節が、ここで、喜びの主日の若者たちの歌と同じ役割を果たし、これに取って替わるのだ。守るべき耕作地のまわりの練り歩きは、部分的に泉めぐりの代わりとなっている。しかし、六月二四日の洗礼者ヨハネの祭りと、八月一六日の聖マルグリットの祭りでも「悪霊払い」がなされた可能性はある。妖精たちのいる木をめぐる土地の祭祀は、ジャンヌの時代にキリスト教化されていく途上にあった。五月は聖母マリアに捧げられ、悪霊払いをする主要な機会は、教会の認める祭りに関係づけられた。豊作祈願[45]が古くからの土地の祭祀に重なり、キリスト復活への期待が収穫の増大と重ねられた。

　正確にどの村人たちが小枝を切りに行き、祭りに参加しているのか知るのは難しい。一般的にみなが行う習慣であると、一四五六年の証人たちは消極的な姿勢を押し通しつつ述べている。さらに言えば、あらゆる社会階層の人々が、泉の日曜日の行事に参加しているとも。ドンレミの領主たちに、その奥方（貴婦人たち）、また侍女や姫君、村娘も参加する。領主が奥方と母君とを伴って訪れる（「貴婦人たちの木」と複数で呼ばれるのがこれで説明できる）のは、一四一二年までのことで、その年にはピエールが没し、リルの城館はしだいに放置されるようになる。[46]領主たちというのは、カトリーヌ・ド・ボーフルモン・リュップの夫で一三九九年に亡くなったジャン、ならびにベアトリス・ド・ボーフルモンの夫のピエールのことである。自分たちの先祖が妖精であることを誇りにし、領主たちは家運が傾く以前は喜びの主日の祭りに参加していた。証人たちがさらに語るのを聞くと、村の若者が積極的な役割を演じていたのは明白である。娘の集団と青年の集団は別々に行動していたとはいえ、五月の祭りも豊作祈願と同様、男女混淆だった。[47]喜びの主日に関しては、ジャンヌ本人もニコラ・バイイ[48]のような証人も、将来の豊穣のあかしである若い娘たちしか見ていない。ジャンヌ・ド・ジョワンヴィルにも、そのあとを継ぐオジュヴィレール家のジャンヌとベアトリスにも、言及はない。いずれの奥方もドンレミにはすでに住んでおらず、祭りは村人のあいだだけで行われるようになっていた。

　ジャンヌ自身は、ほかの娘たちと一緒に喜びの主日を祝い、何度か木の下を散歩し、泉の水を飲んだと認めている。しかし、物心つく年ごろになってからは（七歳）、そこで踊ることも歌うこともほとんどなく、「声」を聞き始めてはなおさら遠のいた。[49]そしてまた、ジャンヌは、処刑裁判の際に、妖精たちを信じていないとはっきり述べている（あるいは、より正確には、それがよい精霊か悪い精霊か知らないと述べた）。それでも、当然事情に詳しいはずの兄のジャンが何よりまずジャンヌに伝えた噂[iv]では、ジャンヌが自分のすべきことを考え、使命を授かったのは妖精たちのいる木のもとだということになっている。もっとも、ジャンヌは聖カトリーヌと聖マルグリットの声を、泉のほとりの木の下でも聞いたことは否定していない。ただ、聖女たちがその場所で自分に何を語ったかについては、覚えていない。なぜなら、自分の使命は、森のなかではなく、教

会の右側の、人の手がきちんと入って祝福された場所で告げられたのだから、とジャンヌは述べている。(50)

一四五六年に、ドンレミの住人のなかでこの質問に答えることを承諾した者たちは、極度の慎重さを見せている。自分たちの責任もジャンヌの責任も問われないよう、気をつけている。古くからの慣習で、宗教的な意味合いは今やいっさいないとする。若者たちがそこで出会い、散歩をするが、それだけである。妖精が木に来たことなど一度もなかったか、あるいはもうずいぶん以前から誰も妖精などそこで見かけることはなくなっている。もしかすると、罪ある女をみな遠ざける聖ヨハネの福音書を司祭がそこで読んで以来、来なくなったのかもしれない、(51)云々。木の下に現れる村の善き貴婦人たちを明らかにまだ信じている者が何人かいるとしても、ほかの者は懐疑的であり、聖職者によって妖精たちが悪魔視されるようになったことを意識する者もいる。ジャンヌのかつての隣人、シモン・ミュニエは、妖精たちは悪い精霊であり、そのもとに通うことは避けるべきだと考えていると述べた。(52)しかし、はっきり妖精が存在しないと明言した者はおらず、妖精や魔法に満ちた世界が失われるのは、もっと後の時代のようだ。

しかしながら、全員が、ジャンヌの村祭りへの参加の度合いを少なく見積もろうとしている。貴族のアルベール・ドゥルシユ(53)も、司祭のアンリ・アルノラン(54)も、ジャンヌを祭りで見かけたことはなかったと言う。他の者は、一回ないし数えるほどしかジャンヌを見かけていない。(55)ジャンヌがほかの若い娘たちのように木のもとに足しげく通っていたと認める者は、ほとんどいない。調査官たちが関心を抱くのは、ジャンヌが村の慣習とは別に一人きりで木の下へ行ったかどうかということだった。木のもとへ通う場合、ふたつのまったく異なる次元の理由がある。第一の理由は、逢引である。木のせいで評判が悪いといえば、娘や若者を追いまわしたという意味になる場合もあった。しかしジャンヌは、本当にその点で疑われたことはなかった。木のもとへ通うもうひとつの理由は、妖精に話しかけるためである。妖精たちは、自分の選んだ相手には、男でも女でも、癒しの力（熱病患者たちの泉がそれを証明している）と、富と、幸運を授ける。マンドラゴラ〔催眠剤や魔よけに使われた植物〕が木の下に生えてくるからである。(56)一四五六年のすべての証人がジャンヌは決して一人で木の下に行ってはいないと断言している。しかし、ジャンヌが一人で木の下に行ったと解せるようないくつかの状況証拠がある。もし聖カトリーヌと聖マルグリットが木の下でジャンヌに話しかけたのなら、一緒にいたほかの若者たちは何も耳にしなかったのか。ジャンヌの将来の使命は依然として秘密だったからである。ジャンヌの代父ジャン・モレルは、両親はジャンヌがどこにいるのか知らないこともあったとはっきり述べている。(57)モレルの説明では、ジャンヌはベルモンのノートル＝ダム教会へこっそり赴いていたのだ。確かによりキリスト教化されてはいるものの、ここも泉（あるいは木）のある場所と言える。

ジャンヌに近しい者たちすべてが、妖精たちと泉の祭りを信じていた。兄のジャンはそう言っているし[58]、しかもあれほど敬虔な両親は、泉祭りの週に自分たちの命日のミサを設けている。代母の一人、ドンレミ村長オーブリの妻ジャンヌは、妖精たちを見かけたと言っていた[59]。たしかに彼女は直接の肉親ではないが、ジャンヌによれば、分別があり、善良で慎重な女性であり、占い師でも魔女でもなかった[60]。裁判官たちは反対に、この老女がジャンヌに幻視や幽霊を見させ、きっと魔術の用い方も教えたに違いないと告発している[61]。代母は、当時の誰もが知っている通り、名付け子の霊的な教育を受けもっていた。両親と並行して、共同体の諸々の価値を伝えるのである。魔法を使う女たちは、自分の名付け子たちを実の娘のように育て上げる。一三九二年にパリ高等法院によって告発された二人の魔女のうち、一人は魔術を代母から受け継いでいた[62]。代母は、とりわけ本人が妖精だったり、妖精のもとに出入りしたりするような代母は、名付け子に魔法の品々と力とを授けるのである。ジャンヌの指輪はブールレモン家の娘たちがもっている指輪に十分匹敵した。ジャンヌには、財産を与えたり、収穫を増やしたり、病人を癒したりする力があるらしいとされた。ジャンヌは、妖精の姿を見ていた女性の名付け子だったからである。その女性〔オーブリの妻ジャンヌ〕が妖精を見ていたのは、妖精の血を引きながらも生身の娘であった村の「貴婦人たち」にならってのことだった。

訳注

〔i〕イングランドのリチャード獅子心王（一一五七〜一一九九年）は、アンジュー伯ジョフロワの孫にあたる。十三世紀初頭の歴史家ウェールズのジェラルドによれば、リチャードは、父王や兄弟たちと諍いが絶えないことに驚く人々に向かって、次のように言ったとされる。「われわれにほかにどうせよというのか。われわれは女の悪魔の子孫ではないか」（Jacques Le Goff, *Héros et merveilles du Moyen Âge*, Paris, 2005 et 2008）。

〔ii〕イングランド人であるティルベリのゲルウァシウスが一二〇九年から一二一四年にかけて書き、ブランシュヴァイクの皇帝オットー四世に捧げた『皇帝の閑暇』第三部五七章に「エスペルヴェ城の婦人」が、第一部一五章にルーセ城の奥方の話が収録されている。

〔iii〕「ロザリオ（数珠）」はフランス語では「シャプレ」。その語源は、聖母マリア像の頭に載せた「薔薇の帽子（シャポー）」。ロザリオは五〇ばかりの小さな粒とその合間にあるやや大きめの粒、十字架を付けた鎖からなる。これを繰りながら唱えるのが「ロザリオの祈り」。大きな粒のところでは「われらの父よ」、小さな粒のところは「アヴェ・マリア」、十字架のところでは「われ神を信ず」を唱える。

［iv］処刑裁判の第三回審理でのジャンヌの供述。「〔ジャンヌは〕兄から、この地方ではジャンヌが妖精の木の傍らでその計画を抱くにいたった、と噂していることを聞いた。同女はそんなことはしなかったし、事実と異なっていると兄に話した」（高山一彦編訳『ジャンヌ・ダルク処刑裁判』白水社、八六頁）。

第5章 字は読めたのか、読めなかったのか

Lettrée ou illettrée ?

ジャンヌが読み書きできたか否かという問題は、今日にいたってもなお開かれた問いである。十九世紀の歴史家はだいたい、乙女が無知であったと考える傾向にあった。カトリックの人々にとっては、神こそがジャンヌに霊感を与え、ジャンヌの答弁を導いていた。あらゆる知識が「声」によって説明可能になった。共和派にとっては、小学校がジュール・フェリー[i]によって創設されたこともあって、ジャンヌは無学な民衆の娘であった。一九六〇年代[ii]に入ると、この見解の一致は、崩れ去った。アナール学派が民衆文化に興味を抱き、数々の小話や托鉢修道僧の説教といった例を通して民衆文化を発掘しようとしていた。ジャンヌとその村は、失われた文化を映す鏡となった。裁判記録を再公刊していたティセやデュパルク[1]とは逆に、レジーヌ・ペルヌー[2]は民衆宗教という発想そのものに敵意を抱き、ジャンヌが読み書きできたと主張した。乙女が数度にわたり、その反対のことを断言したにもかかわらず、である。

〔現在の〕中世文化研究のなかでの分け方は、十九世紀の区分とも、一九六〇年代の区分[3]とも違っている。人々は、学のある聖職者と無学の一般信徒という、ふたつの集団に区別される。

前者はラテン語文法の学校に、ついで大学に通った人々である。彼らは、教養科目、神学、法学、医学に分類された、体系的で抽象的な知に接することができた。神学は、唯一の有益な文書たる聖書への到達を可能にするため、あらゆる学問の上に立ってそれらを統《す》べるものだった。修道士や司祭は、定義上は無学とされる一般信徒の人々を指導する責務を負った聖職者である。紀元千年ごろにはそのような状況であり、十二世紀以来、詩や騎士物語が俗語であるフランス語で書かれるようになったとはいえ、聖職者はそれらの書物は気晴らし用の作品であり、真の文化に属すものではないとみなしていた。たしかに、封建貴族の子弟や都市の商人は、読み、書き、計算が以前より少しずつできるようになっていたが、聖職者の目から見れば、無学であることに変わりなかった。そうはいっても、これら二種類の文化はたがいに無関係ではない。テーマや題材はラテン語から俗語に伝わっていき、その逆もあった。神父が、長々としたラテン語の説教のおわりに突然アーサー王の話をすると、うわの空だった修道士たちの注意が一気に呼び覚まされた。同じように、司祭の説教は、キリスト教徒として生きる上で必要な最小限のラテン語文化を、確実に流布させていた。多くの貴族の家では、長男は武器を取るように、次男は聖職者になるように約束されており、学のある者とない者が共存している。司祭一人とシトー会修道士一人を数える、ジャンヌの母方の家族の場合も同じだった。ジャンヌ本人は「字の読めない」一般信徒であり、俗語であるフランス語で祈っていた。

さらに言うならば、ジャンヌは女性の身だった。家事にはげみ、子作りするよう定められている者には、読み書きはなんら役に立たなかった。道徳家たちは、十三世紀半ばには、娘たちの学校教育に対して非常に懐疑的だったが、中世末期にはそれほどでもなくなっていた(4)。都市では、小さな学校が娘たちをぽつぽつ受け入れていたが、農村部の学校には、ほとんど男子生徒しかいなかった。聖王ルイの妹イザベルといった数少ない高位の子女だけが、ラテン語文学に親しめた。聖職者にも司祭にもなるはずのない女性には、大学への入学は不可能だった。翻訳は多くなかったため、抽象的で思弁的な文化まるごとが、女性には手が届かなかったというわけである。中世の女性がバルトルス〔イタリアの法律家〕やトマス・アクィナスを読むことは決してないだろう。女性の書架は稀にしかなく、本も乏しい(5)。並んでいるのは、ほとんどすべてフランス語の宗教書、詩、物語、歴史書である。都市の富裕な女性たちは、時禱書ただ一冊しか本を持たず、農村の女は一冊も持っていなかった。自分の子どものうちの一人を学校へ送ろうとする場合、学校が無料ではないこともあって、息子の一人を選ぶのだった。聖職者となる召命を受けた者たちは実際の社会的身分の上昇を望むことができたが、そのような戦略は娘には関係なかった。あまりに物知りであると、夫を逃すことになりかねなかった。

小さな村であるドンレミにもグルーにも学校はない。いちばん近くの学校は、マクセー＝シュル＝ムーズ村にあった。この学校は一三六九年から存在が確認されており、富農の息子たちに読み書きや道徳の基礎をいくらか教えていた。村長や村の取りまとめ役《ドワイヤン》や教会財産管理人になろうと思う者は、必ずしも字は書けなくてもよかったが、最低限の教育を必要とした。中世の学校は、実際、読み書きをふたつの学習として切り離していたのである。精神のみを用いる読書は、知を獲得し、神に近づくことを可能にする。[6]反対に、書く方は手を用いねばならず、どこか隷属的である。公証人や礼拝堂付き司祭に口述筆記させる方が簡単で偉く見える。村人から城主まで、書ける者より読める者の方が断然多かった。ジャンヌの父親や、のちに奉行となる兄のジャンが、たとえ六ヵ月であってもマクセーの学校か、たとえばヌフシャトーにある学校に通ったのかは、不明である。学校に通うということは、農奴身分からの解放を意味する。シャンパーニュやトゥールの司教区は、王国内でももっとも多くの学校を備えている方であり、農村部や都市部の大きめの小教区にそれらの学校があった。[7]聖俗双方の権威者のもとへ通わねばならない村の有力者たちはもとより、公正証書によって土地の賃借や購入を行う自作農民も、文書がどう役立つのか知っている。[8]権力や聖なるものや富と結びついている書物は、村には稀であればこそ尊敬の対象となった。

ドンレミ村では、書物を持っているのは、小教区の教会か領主である。一三五九年のトゥール司教区会議の規則は、ミサ典礼書《ミッセル》とミサ聖歌集《グラデュエル》[9]、すなわち日曜日のミサに必要なラテン語の典礼書を、トゥール司教区のすべての小教区が備えるべきと定めている。だが十五世紀末以前には、司祭は、洗礼、結婚、葬儀の記録簿などいっさい、記していなかった。こうした記録簿はまだどこでも義務化されているわけではなかった。ブールレモン家は、フランス語で書かれた家系の物語と、おそらく時禱書を一冊か数冊、所有していた。しかし、書物はそれを保持する者のみが内容を知るというものではない。人々の輪の只中で声に出して読むことが、まだ頻繁に行われていた。読書とは、ひとつのテクストを皆で共有する、集団での社会的営みであり、のちに見られるような沈黙した活動ではなかった。このようにしてジャネット・ティスラン[10]は、騎士と妖精の物語が読まれるのを聞いたのである。

教会においても基本は同じで、書物は声に出して読まれることによって内容が知られるものとなった。ラテン語の典礼が聴衆にはほとんど記憶されえないとしても、フランス語によるミサの部分は誰でも理解できる。説教は、冒瀆的言動を嫌悪すべきことから一〇分の一税を納めることまで、善良なキリスト教徒として生きるための単純な教えを伝えた。その教えは神学的というよりずっと道徳的なものである。第一に神を愛せよ、というのはその通りだが、そのために教会組織の玄義や三位一体の玄義を理解する必要はない。日曜ミサでの説教前の祈りも、やはりとても重要である。隣の司教区で読まれた祈りの文書が残されている。ミサ参列者は、聖なる教会の立場のため、フランス王とその子孫のため、地の作物のため（増えますように）、善き農民のため（天国へ行けますように）、そして主の恩寵に浴した者たちのために（主が最後までその状態に引きとめてくださるように）と、次々に祈っている。大罪に陥っている者たちについては、主が速やかにその者たちをその状態から脱させてくださるように。裁判官たちを驚嘆させた、一四三一年二月二四日のジャンヌの答弁はここから来ているのである。[11]

「ジャンヌよ、あなたは恩寵を与えられた状態にあるのか？」
「わかりません。もし恩寵を与えられていないのなら、主が与えてくださいますように。もし恩寵を与えられているのなら、そのままにとどめてくださいますように」。

ドンレミでは、口承での伝達が非常に大きな割合を占めたままだった。司祭のみが厳密な意味で字が読め、領主もおそらくまったくの無学ではなかったというぐらいである。しかし村ではヌフシャトーから説教に来るフランチェスコ会修道士や、街道を通る商人や、証書や訴訟のために来る公証人等の訪問も、定期的に受けていた。ジャンヌの代母の一人は、法廷書記の妻である。[12]ラテン語とフランス語のあいだで、また口伝えと書きもののあいだでのやりとりは恒常的にあり、多少字の読める者はしだいに増えていた。書物が何に役立つのか知っており、いくつかの言葉（イエス、マリア、自分の名前）を、ときにはもう少し多くの言葉を助けられながら解読でき、おそらく署名することができた。彼らの文化は、別の水準のものであるにしても、エリートの文化とさほど違いはなかった。司祭や領主と同じように、彼らも神と妖精とを信じていたのである。

多少は字の読めたジャンヌ

ジャンヌは学校には通っていない。一四二九年から一四三〇年にかけての時期は、読み書き能力の獲得に適したものだったろうか。学習に割かれた時間があったかどうかを話す証人は皆無であり、あったとしてもわずかだったはずである。ジャンヌが読み書きし、祈禱書を用いるところなどを一度でも見た者はなかった。ポワチエに到着したジャンヌは、自分に対し尋問を行う学者たちに向かって、「私はＡもＢもわかりません」[13]と言い切っている。つまり、七歳ごろに小さな子どもがはじめて教わる読み方についても、まったく知らないのである。子どもたちの使っていた文字練習帳は、庶民の場合は木の板でできたもの、宮廷では彩色装飾した写本だった。文字はだいたい四つずつ（Ａ、Ｂ、Ｃ、Ｄ）覚え、翌日に復習した。もう少し進むと、『小さな子どもたちの朗読法』という初級の読み方に用いられる教訓文集が導入された。ジャンヌは、まったく読み方を教わり始めてもいなかったわけである。ましてや、中世の学校では九歳か一〇歳になるまで学ばない書き方など、知らなかった。一四三一年の裁判の際、ジャンヌはふたたび読み書きできないと断言し、異端放棄の宣誓文は声に出して読み聞かせられた。

読み方に関しては、その逆を示す要素がひとつだけある。二月二四日、ジャンヌは自分がまだ答えていない質問を書いて渡してほしいと裁判官に要求している。[14] 裁判官たちは困惑し──彼らにとってジャンヌは読み方を知らないはずだった──、「声」には目があるのか、あるいは視覚があるのかと尋ねている。実際、囚われのジャンヌには、礼拝堂付き司祭も代筆者もすでに付いていなかった。ジャンヌがこの一種の覚え書を要求した目的は、裁判官がジャンヌの答弁拒否の数をふくらませないようにすることだった。答弁拒否は一〇件に満たず、ジャンヌはおそらく行を数えることはできたし、またいくつかの言葉を目で拾うこともできたのだろう。ともあれ、遠征中に署名もできるようになっていた。

署名できるなら、字が書けるということになるのか。歴史家たちは、十八世紀以降に字の書ける者を、夫婦財産契約書への署名から割り出している。だが、署名と書く能力の同一視は、十八世紀以前の時期については当てはまらない。ジャンヌの時代には、手紙を送ったり書いたりするといえば、みずから手を下す場合も、代書人や使者に託す場合も、同じことだと考えられていた。ジャンヌが手紙を書くというとき、現実には自分の知っている三人の代筆者、告解師のジャン・パスクレルか従兄のシトー会修道士かM・ラウールかのいずれかに口述筆記をさせているのである。フス派への手紙（ジャン・パスクレルが署名し部分的に起草した）、アルマニャック伯への手紙、イギリス人への手紙が、口述筆記されたのは確実である。ジャンヌは自分の手紙を筆記し、署名していた聖職者たちのことを何度も話に出している。口述筆記が行われたいくつかの場面が、両裁判で語られてもいる。アルマニャック伯からの質問──「三人の教皇のうち誰に従うべきか」[15]──は、戦場でまさに馬に乗ろうとしているジャンヌに届いた。ジャンヌは時間稼ぎの返事を口述筆記させ──戦時には手紙は途中で奪われる危険があった──、同時に「それに加えて」、補足的な口頭でのメッセージを伝令官に託した。ジャンヌにとって、書いた言葉は口伝えの言葉を補うだけであり、その逆ではなかった。イギリス人への手紙の口述筆記は、なかでもゴベール・チボーの証言によって、今日知られている。「ジャンヌは、紙とペンがあるかと彼らに尋ねた」[16]。「私があなたたちにこれから言うことを書いてください」、とジャンヌは命じた。手紙はそれから、伝令官に託される前に、味方の何人かに目を通された。三度目の警告状は、ジャンヌは手紙を矢に結び、イギリス人たちに向かって「ほら、これが新しい知らせです」[17]と叫んだ。ジャンヌの個人的な手紙も、ほとんど同じような流れをたどっている。ジャンヌが両親に手紙を書く場合も、手紙を口述筆記させ、使者か、あるいはロレーヌの方へ向かう商人に託しているのである。

ジャンヌの同時代の人々は、ジャンヌがラテン語をまったく解しないのを知っている。祈りの文句すらもフランス語で唱えた。口に出す言葉でも書き言葉でも、学校の教える「口述文」の規則をまったく無視している。パリ徴税区の書記で聖職者のピエール・ミレによれば、『イギリス人への手紙』は「ごく簡単に書かれた覚え書」(18)となる。マチュー・トマサンによれば、「粗野で重たく、流れも悪い言葉で」(19)書かれている。古典的な挑戦状の形をなしていないというのは本当である。ジャンヌのほかの手紙もすべて、スコラ的な書簡体形式を同じようにまるで無視している。学校では、挨拶、前置き、叙述、依頼、結びの五部構成で書くよう教えるが、ジャンヌの手紙は三部以上にわかれていない。「いと親愛なる、よき友へ」という挨拶の文句は、相手の地位にまったくふさわしくない。ブルゴーニュ公だけは「高貴にして、いとも恐れ多き殿下」と呼んでもらえているにしても。国王尚書局ならば、一〇以上の異なる形式を使い分けるところである。同様に、挨拶そのものも変化がほとんどなく、「あなたを神にゆだねます。（あるいは、）そしてあなたに神の御加護がありますように」の一点張りである。さらには、ジャンヌの手紙には前置きがなく、叙述と要求とが一体になってしまっている。

ジャンヌの手紙の文法は、話し言葉そのままである。繰り返しが多い。ひとつの文から別の文へ移るあいだに人称が変わってしまっている。多くの手紙が「乙女《ラ・ピュセル》は汝に次なることを通達す……」と三人称で始まっていながら、突然一人称の「私は」に移って自分の到着や決定を知らせるのである。その言葉には、故郷ロレーヌの地方訛りが染みついている。イギリスの武将グラスデールに向かって「降伏せんね《ラン・ティ》、降伏せんね《ラン・ティ》」とジャンヌは言う。自分は「神さの名前で《オ・ノン・デ》」奇蹟を起こす、「神さの娘《フィーユ・デ》」であると。「J《ジ》」を「ch《シ》」と発音するため、代筆者が「かわいがりやの（ショワイユーズ）」と書いてしまってから、線を引いて消し、「喜びにみちた（ジョワイユーズ）」と訂正している。(20)それはパリのフランス語でも、宮廷や行政機関で話されるロワール川流域のフランス語でもなかったのである。こうした言葉づかいは、ジャンヌのよそものらしさをいっそう際立たせたが、かといってみなに理解されなかったわけではない。フランスでは北部にも南部にも地方語が数多くあり、それらは王国の広大さや地方の多様性を示すものとして受け入れられていた。笑劇のなかではしばしば地方語を種に笑いがとられた。ジャンヌ自身も人の訛りを笑うことがあった。方言は、実際には不利な条件とはならないのである。

口承が大半の文化においては、数字による指標はあまり多くない。小さな数字だけが、きっかり示される。たとえば、ジャンヌは四振りの剣を持ったとか、老樹《シュニュ》の森からジャンヌの家まで半里《リュー》あるとか、シノンで、大広間の扉と王のいた場所とのあいだは槍一本分の長さだったとかいう具合である。「里《リュー》」

は、距離を測るのに唯一知られている単位である。[21] 小さいだけでなく、ジャンヌが言及する数字は、しばしば純粋に象徴的なものである。ジャンヌが言及する数字を順にあげると、百（「私に百人の父と百人の母がいたなら、そして私が王の娘だったなら」[22]）、七（「声」が自分に話しかけたのは七年前のことである。[23] イギリス人は七年以内に敗北するだろう）、そして三である。ジャンヌには助言する三人の「声」があり、聖ミカエルのことは三度目に見分け、[24] ボードリクールに会いに出かけたのは三度、[25]「声」のした約束は三点あった。[26] そしてまた、自分の使命が三年続いたなら、成就させていただろうと。細々した内容にも、この三という数がとくに多く出てくることがわかる。ラニィの子どもは生後三日であり、よみがえる前に三度あくびした、[27] など。おとぎ話と同様、三の組み合わせが圧倒的なのである。

　時間の指標は、より複合的である。代筆者たちはジャンヌの手紙に何日、何月と日付を記すが（年については明確にせず）、そうしたシステムをジャンヌは用いずに話す。一年は、復活祭から次の復活祭までである[28]（復活祭を軸とする暦法は、トゥール司教区でも国王尚書局でも支配的だった）。その一年は、一連の典礼上の祝日によってはっきりと区切られている。聖十字架の日、昇天祭、主の祝日、聖ヨハネの祝日（六月二四日）、聖母マリア生誕祭、冬の聖マルタンの祝日（一一月一一日）、そしてあらためて、松明行列の日に、泉の週に、小枝の週が四旬節を刻んでいく。つまりは、クリスマス中心ではなく復活祭中心の一年であり、キリスト受難の記憶が大切にされている。夏至を告げる洗礼者ヨハネの祝日には、多くの決定的な出来事が期待された。キリストの先駆者であるヨハネこそ、ジャンヌの守護聖人であり、キリスト教の最初の預言者だったのだから。「私は荒野で叫ぶ声である」とヨハネは言わなかったろうか。不思議なことに、聖レミはこの暦の中には登場せず、聖母マリアの祝日もひとつしか言及されていない。[29] そして、数字による日付はまったく用いられなかった。

　自分自身の人生についても、日録的な抽象的指標（数字）がまったく用いられないのには変わりなく、持続的時間によって示されるか、「父の家にいた頃」[30]、「ヴォークールールに行った頃」[31] など空間との関係で表現された。時間は、場所の連続だった。一日のなかでは、時間の指標は太陽との関係によって示されるか（正午、日の高いころ）、あるいは典礼の時間によって示された（夜明け前の祈り、夕べの祈り、お告げの祈り（朝六時、正午、午後六時）、ミサのはじまりの祈り）。

　ジャンヌは抽象的な概念を操るのは苦手だったが、動作や事物、言葉のもつ不思議な力に対しては、聖職者たちよりも敏感だった。それゆえ「どうかすみませんが（私はあなたにお願いします）」とは言わず、「私はあなたにお願いし、あなたにひざまずいて懇願します」と言った。イギリス人を追い払うのは「彼らの足に拍車を履かせる」となる。自分の考えを裏付けるため、聖書や、教父たちや、古代の哲学者たちの権威を持ち出すことができる学者たちとは反対に、ジャンヌは決して引用しなかった。しかしながら、自分の言ったことや人から聞いたことについては抜群の記憶力を発揮した。単に引用の手順を知らなかっただけである。それでも、二度ばかりそれに近いことはしている。一四三一年三月一五日に尋問された際、囚人はみな逃げる権利があると主張し、「みずからを助ける者は、神が助ける」とフランスの諺を引き合いに出している。この金言は、フランス語の格言をアルファベット順に集めた初期の選文集のひとつ、十五世紀半ばの『みんなの格言』のなかに収められている[32]。二世紀ばかり後のラ・フォンテーヌの寓話では、この格言は「みずからを助ける者は、天が助ける」という現在の形になっている〔『寓話』第一集、巻の六、第一八篇「ぬかるみにはまった馬車」〕。ジャンヌが引き合いに出した第二の格言は、裁判官に対して自分の答弁拒否を正当化するためのもので、より独創的である。「小さな子どもたちの諺では、本当のことを言ったために吊るされることもあるという」というものである。ジャンヌはここで、十三世紀の半ばに北部で確認されているとても古い格言を、変形させている。古い格言は、「本当のことを言ったために吊るされるよりは、たくさん得るために嘘をつく方がまし」というもので、『農民たちの格言』選集から来ている[33]。慎重なジャンヌは、最初の格言の方はキリスト教的道徳と関連づけたし、二番目の格言は、無邪気で責任のない子どもたちの諺であることにしてしまって、権威に対する不信の念を上手に和らげている。たしかに、格言は口承文化だけのものではない。聖書にはソロモン王のものとされる箴言集が入っているだけに、説教者たちも用いている。王侯貴族は自分たちに格言集を献呈させ、小さな子どもたちは、もちろん嘘を推奨したりしないよう道徳化された格言の小冊子を手に、たどたどしく読むのである。それでも、フランス語の格言は、村人の文化に結びつけて考えるのが普通だった。格言集の表題は、「みんなの格言」とか、「俗語の格言」、「自由農民の格言」、「農村の格言」などとされている。ジャンヌは、自分の言葉の典拠をここでは裁判官たちの期待に合わせているのである。農民たちの言葉の典拠は、学者たちの言葉の典拠と同じではなかった。

署名

口承文化の世界であっても、署名は役に立ちうる。「署名する《シグナーレ》」という言葉は、中世においては幅広い意味をもっていた[34]。記号や、押印や、署名を記して手紙を真正なるものと証明する行為はすべてそのように呼ばれえたのであり、学識ある人々のもとでも、名を書き記すことだけが唯一の証明手段ではなかった。王は長らく組み合わせ文字を用いており、王侯貴族は自分の印璽をこしらえさせている。公証人や証人たちの立

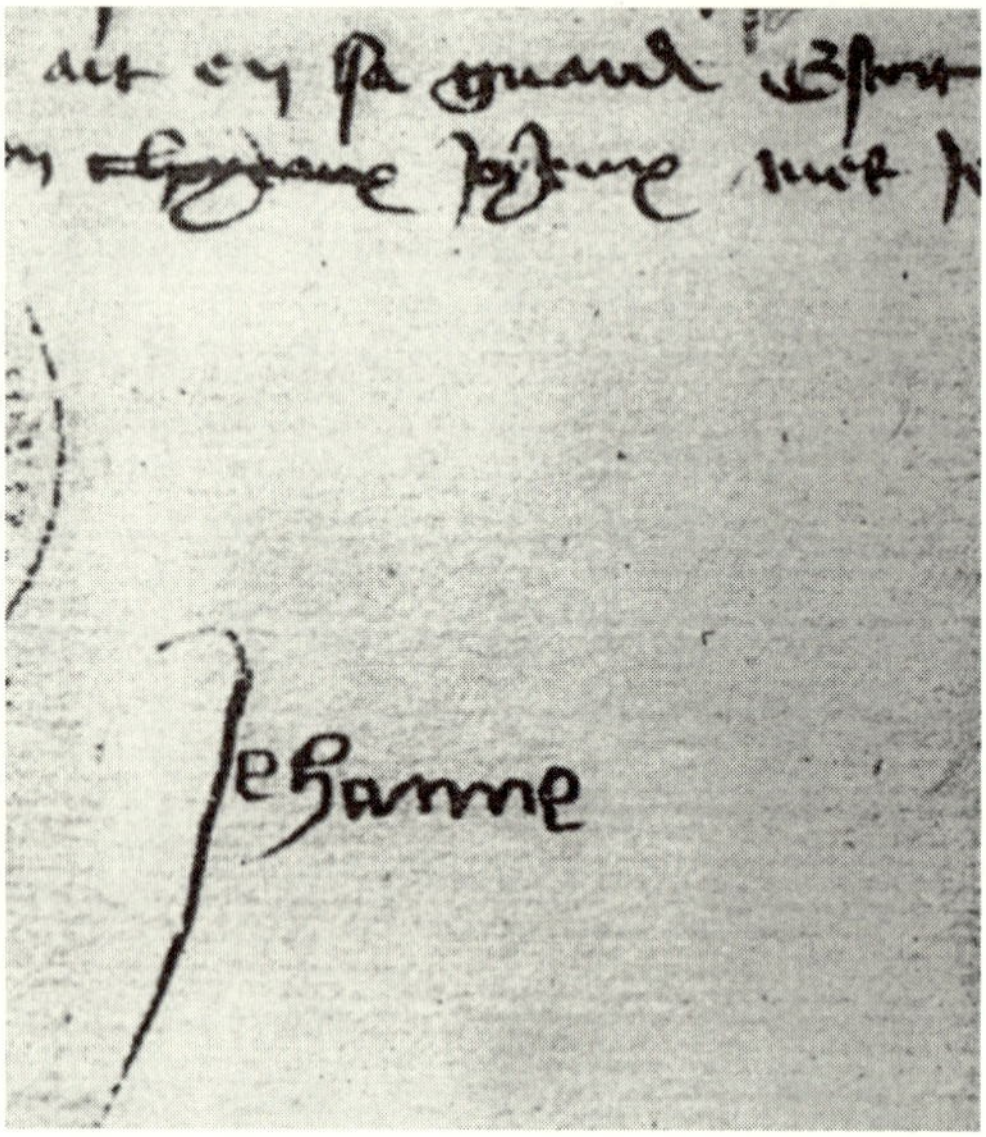

ジャンヌの署名の細部（トロワ市宛ての文書）*

ち合いも、同じ役目を果たした。代書人を使う者は、その名前で署名させることもできた。しかも、署名の形式はまだ定まっていなかった。自分の役職、自分の任命されている領主の土地、あるいは自分の名前を示すべきなのだろうか。自分の名前という解決法を選ぶとしても、洗礼名と苗字とによる名称の使用は後になってからであり、とりわけ民衆のあいだではもっと遅かった。署名する機会は今日よりもずっと少なく、署名の形式も定まっていなかったのである。

　ジャンヌの手紙の中でも、両裁判あるいは年代記で言及されていながら現存しない手紙[35]（七、八通ある）については、それらが真正なものであることがどのように示されているかの研究はいっさいできないため、そうした手紙と、保存されているほぼ同数の手紙とは区別しなければならない。現存している手紙の大部分は、いくつかの都市にあてて書かれたその場その場のメッセージであり、降伏を勧めるものや、難しい情勢ではあるが善良で忠実なフランス人のままであれと勇気づけるもの、火薬あるいは弩《おおゆみ》の矢を要求するものである。その宛先はトロワ、ランス、リオン、トゥルネといった都市であり、それぞれの古文書館が手紙を保管してきた。ブルゴーニュ公にあてられた手紙二通のうち一通は、リールの古文書館に保管されている。これらの実用的な短いメッセージに対して、『イギリス人への手紙』は、三月二二日にブロワでしたためられ、今後の行動計画について長々と述べた文書であり、両裁判において大きく取り上げられる。五つ以上の年代記・日記類に挿入され、一番に保存されているこの手紙は、シャルル七世の尚書局によって味方に伝えられたジャンヌ・ダルクについての情報文書の一部でもある。

　ジャンヌは手紙の真正さを示すためにいくつかの異なる形式を用いた。伝令官や個人的な使者の派遣が、まずはそのひとつである。蠟のしおりのなかに挟みこんだ一本の髪の毛が、ランス市への手紙のうちの一通の特定に使われたようだ。もっとも古い部類に入る五通の手紙（イギリス人への手紙、トゥルネ市宛て、トロワ市宛て、ブルゴーニュ公宛て、アルマニャック伯宛て）には、「イエス・マリア」の略号が記されている。この種の手紙にはどれも署名がなく、逆に、署名のある手紙にはこの略号は見られない。一四三一年の裁判では、ジャンヌは、敬神を示すこの略号使用は味方の聖職者たちの発案であるとし[36]、彼らが手紙をこのように始めるのがふさわしいと判断したのだと説明している。裁判官たちは、神の名を個人が専有するのはどうかと疑惑の目で見ている。十五世紀初頭にはめずらしくない作法だったが、賛否両論があった。ジャンヌのまさに同時代人であるコルビーのコレット〔聖クララ修道会の改革者〕[37]は、故郷の町で学校に通い、字を書けたが、主なるイエスの庇護下に置いてもらえるようにとこのやり方を実践していた。シエナのベルナルディーノ[iii]は、自分の説教のためにイエスの名を入れた覚書帳を使っていたが、そのために一四二七年にドミニコ会修道士たちによる異端裁判を受けることになってしまった。その後、教皇が原則的な考えを示し、このやや疑わしいフランチェスコ会的な実践をどうにか容認したのだった。崇めるべきは名前ではない、名前を通してイエスを崇めるのだと。十字の組み合わせ文字を記すのがよい。実際、〔ＩＨＳの〕Ｈの文字の柄の部分を十字の基礎として取り、イエスの名を、問題なく容認しうる一種の十字架に変えたのだった[iv]。ブルゴーニュ公にあてた手紙においてのみ、イエスの名の前に十字がひとつ記されている。こうした署名法をめぐる議論について、ジャンヌの味方の聖職者たちは、どこまではっきり知っていたのだろうか。

　裁判官たちは、三月一七日にこの議論に踏み込んでいる。「手紙に記していたこの記号、そしてまた、このイエスとマリアの名前をあなたは何のために用いたのか」[38]。教区検察官デスティヴェの告発状の第二四条は以下のように主張する。ジャンヌはこれらふたつの名前を濫用し、この言葉の「両脇に十字架の記号を付して」[39]、手紙の文面の反対を信じるようにと、味方のある者たちに伝えたというのである。一二ヵ条の告発状の第六条が補完している。「この女は、数多くの手紙の冒頭にイエス・マリアの名前と十字の印を記して書かせたと表明している。ときに十字をひとつだけ書いたが、その際には、自分が行うよう通知している内容を信じないようにという意味であった」[40]。十字の印は、戦時には常に敵の手に奪われやすいメッセージの意味を転倒させるための、簡略な暗号化の手段として用いられていたということになる。しかし、それはイエス・マリアの名前に付けた十字架と理解すべきなのか、または別の記号と理解すべきなのか。

　ジャンヌはこの方式を一四二九年八月末には止めたようだ。おそらく、代筆者を変えたこともあるかもしれない。「ジュアンヌ」と署名されている手紙は三通保存されている。一通目は一四二九年一一月九日にリオンの住民にあてて書かれたもの、あとの二通は一四三〇年の三月一六日と二八日にランス市民にあてられている。農民の女はみなそうだが、ジャンヌには洗礼名しかない。ジャンヌのまわりにいる指揮官たちの大多数は、受領証書や騎士名簿〔閲兵式に参加した騎士の名と俸給を示す〕に署名できた。署名は、新しい立場に置かれたジャンヌに、必要になったともいえる。[41] 署名のしかたを覚えるためには、手本を模写したり、透写紙を用いたり、秘書に手を導いてもらったりすればよかった。手本を模写したというのが、いちばんありそうである。

もっとも論議の的となったジャンヌの署名は、当然、一四三一年五月二四日、ギヨーム・エラールに提示された異端放棄宣言の証書の上に、ジャンヌが記した（あるいは記さなかった）はずの署名である。署名のしかたがわからないと言い張って免れたようだとの証言もあったが〔一四五二年〕[42]、四年後に同一の証人がジャンヌは署名したと肯定している〔一四五六年〕。公証役J・マシューとギヨーム・コルによれば[43]、字の書けない者がみなそうするように、ジャンヌは簡単な十字を記したという。エモン・ド・マシー[44]のみが異なる説明をしている。マシーによれば、イギリス王の書記官ローラン・カロがジャンヌに署名するべき小さな証書を渡したのだという。ジャンヌは自分は読み書きができないと答えた。カロがジャンヌに革のペンを差し出した。ジャンヌは、あざけるかのように文書の下にマルを書き込んだ。ローラン・カロはジャンヌの手を取り、添い手をして記号を書かせたが、不幸にも証人マシーはそれがどのような記号だったか、もはや思い出せないというのだ。

書物への興味と不信

ジャンヌは、書物に関しては、やや落ち着かない態度をとっている。ジャンヌにとって、書かれたものはすべて、ポワチエの調書から自分の答弁を記録する書記の原本にいたるまで本であり（「あなた方の本を読んでください」[45]）、福音書も本である。ジャンヌは文書にどのような種類があるのかよく知らない。それでも、所有権を保証し、有益な先例や証拠を提供する公正証書の類と、聖書という二種類の文書だけは、はっきりわかる。たとえば、ジャンヌは次のような場面を想像している（『歴史概説』による）。王シャルルが自分の王冠を祭壇の上に置き、それを神の手に戻す。すると、神はその王冠をシャルルにふたたび与え、その儀式を四人の公証人（あるいは福音書作者）が永遠に記録する。ここでは、動作、事物、発話される文句は、書く行為によって強固なものとなるが、ジャンヌの目には、書く行為だけでは不十分なのである。

聖なる書きものである聖書は、あらゆる書物の究極の典拠としての役を果たす。聖書は神の啓示に立脚しており、ジャンヌは聖書を尊敬するあまり、宣誓のために右手をその上におくのもためらうほどである。聖職者にはそのような宣誓をする義務はなく、福音主義的ないし異端的な数多くの運動はそのような宣誓を拒んでいた。ただ約束をすればすむのに、なぜいちいち神に訴えるのか。書かれた言葉と話された言葉との相補性は、啓示に関しても存在するのか。別の言い方をすれば、神の口からのメッセージは、さまざまな担い手を通して歴史のなかに具現化されるものだが、福音書や旧約聖書に対して補完的なのか、あるいはそれとはまた別でありうるのか。預言（話される言葉で、時事的な性質をもつ）と聖なる書物の関係というこの問題について、ジャンヌの立場はまちまちであるように思われる。ポワチエでは、ジャンヌを審理する学者たちが、聖書のなかには、ジャンヌの使命の予告も、それと比べられるような預言的使命もいっさい見られないと不満を漏らすのに対して、ジャンヌは次のように答えている。「あなた方の本よりも私たちの主のご本があります[46]」、あるいは「私の主がお持ちの本は、どんな聖職者も読めません、たとえ聖職者のご身分の上でどれだけ完璧な方であろうとも[47]」と。神学の勉強を終え、専門家として聖書を説明できる人々であってさえも、神の書には到達できない。神は書物のなかにも、物質的で有限な書かれた文字のなかにも閉じ込められえない。なぜなら神は、時が終わるまで創造を続けることができ、また自分の選ぶ者に啓示を与えることができるからである。人間の知の有限性に対し、神の無限が対置される。聖ベルナルディーノから聖フランチェスコまで、魂の救いが定かではない聖職者や学者の高慢を告発してきた者は、少なくなかった。「この世にはもっと多くのものごとがあるのさ、ホレーショ、あなたの哲学すべてが夢みるよりもずっと」とハムレットも言うだろう。

ジャンヌの言う神の本とは、明らかに霊的な本のことである。神が天に、その手元に置いている書物のことだ。聖書は実際、神を作者とする一連の書があるとしていた。アダムの子孫すべての名と運命が書き込まれている書、人間一人ひとりのよい行動や悪い行動についての書、キリストによって最後の日に支えてもらえるすべての選ばれた者のことが書き込まれていく書がある、と。この命の書のうちに、恩寵を与えられているすべての洗礼を受けた者の名が書き込まれ、この書からはすべての罪人の名が抹消されるのである。死者のためのミサは、そのことを語ってやまなかった。それゆえジャンヌはここで間接的に、命の書へ自分の名が書き込まれると断言しているのであろう。真の預言者が恩寵を与えられているのは自明なのだから。

時に、命の書には、選ばれた者すなわち勝利者たちの名もまた、まとめて書きこまれる。命の書の秘密がわかる者は、誰が勝利者になるかを知っているが、大学人たちは知らない。預言者ダニエルはこう言っていた。「その時、大天使ミカエルが立つ。彼は汝の民の子らを守護する。その時まで苦難が続く。国が始まって以来、かつてなかったほどの苦難が。しかしその時には救われるであろう。汝の民、あの書に記された人々は[48]」と。ジャンヌの時代には、命の書は、新しいイスラエルたるフランス王国に救いを約束していると理解される。大天使ミカエルを守護聖人としていたシャルル七世の宮廷にとって、このテーマは歓迎されて当然だった。

しかし、神の書という考えは進展していく。ジャンヌはアラスで、一枚の絵を目にしたであろう。そこでは、自分が使者の姿をして王の足元にひざまずき、王に天からの手紙を差し出していた。この問題は一四三一年に取り上げられる。ジャンヌは、神が自分に明かしたことは「この本」[49]（聖書）に適っており、そこに大部分が書かれているのだと主張する。つまり預言が聖書に現在性を与え直すのである。となると裁判官たちは、大天使ミカエルがジャンヌに手紙を持ってきたのかを知りたがるのだが[50]、ジャンヌは慎重に、八日間の考える猶予を求めたうえで、ほかの本はいっさいなかったと答えている。じつは、教会は、個人による啓示の書を警戒していた。十三世紀の半ばにパリのフランチェスコ会修道士ジェラール・ド・ボルゴ・サン・ドニーノが、フィオレのヨアキムの予告した永遠の福音書、旧約聖書も新約聖書も同様に古びさせてしまうはずの新しい福音書を、自分の手で書こうと思いついてからのことだ[v]。このフランチェスコ会修道士は裁かれ、本は燃やされた。しかし、一三〇〇年代になっても、マルセイユのベギン会修道女たちやミラノのグリエルモ隠遁者会士たちが、より真実な、あるいは新しい福音書なるものを持っていると主張していた。教皇庁はついに、教皇庁が管理するという条件付きで、個人的な啓示を書きつけて残してもよいと認める。スウェーデンのビルイッタ[vi]がその恩恵を最初に受けたが、ジャンヌ・ダルクも知っていたマリー・ロビーヌのようなフランスの女預言者たちは、告解師の指導のもとで本を書く権利を得られた。ジャンヌについて同じことをしようと人々が考えたとしても、荒唐無稽ではない。カリスマ的な言葉からなるジャンヌの預言の数々と、その背景をまとめた選集をつくるということである。聖職者たちが、決定的な書〔聖書〕の唯一の番人かつ解説者という立場にあるのに対し、ジャンヌは暗に異議申し立てをしていたのだから、そのような選集によってジャンヌ自身も書物に到達できたかもしれなかった。だが、その書物は口から出る言葉を書きとどめるにすぎなかったろう。よく考えてみると、福音書の場合も同じではなかったか。

素朴な人々

書物に触れる手立てがいっさいなく、それまで無学とされてきた人々は、中世末期においては、多義的な新しいカテゴリである「素朴な人々」として、次第にくくられるようになっていった。イエスは山上の説教において、「素朴な者たちは幸いである、神を見られるだろうから」[51][vii]と明言していた。初期キリスト教徒は、みな素朴な人々であり、しばしば無学な漁師か大工だった。素朴な人々と同じように振る舞わない者は、天の王国に入れないだろう。素朴な心は神を畏れ、その精神が透明であるがゆえに自発的に光を選ぶようになっていた。素朴さには、謙虚さ、誠実さ、従順、思いやりといった別の美徳も結びあわされていた。子どものように素朴な者は、ときに慎重さを欠き誘惑に弱くなりがちであるにしても、純真無垢だった。十二世紀から十三世紀にかけて、教会参事会や枢機卿団が博士たちであふれかえるなか、聖職者の学問への評価は高まった[52]。聖職者が、教義の唯一の保持者となり、その教義を説いたり課したりする権利をもつようになったのだ。「字の読めない人々」は、しだいに「素朴な人々」と呼ばれるようになっていった（この名称は中世初期にはとりわけ聖人や修道士たちに用いられていた）。一般信徒は、ラテン語も教義も知らないため、素朴な人々なのだった。彼らを導くのが聖職者の義務であり任務であった。素朴な人々へ説教をするのは神へ近づく道だった。彼らの無知にあわせてやり、実例や格言をたくさん挙げ、込み入った説明は省かねばならない。聖書を字義通り読むことだけが可能で、寓意は難しすぎた。だが、たいしたことは理解できなくても――素朴な人々は多くの主題について自分の頭だけでは考えられないと聖職者はみている――、魂の救いは得られるのだ、黙従的信仰（教会が彼らに示してやれる範囲での）だけで十分なのだからと。つまり、十五世紀初頭には、素朴な人々はよく思われると同時に疑われてもいた。

よく思われていたというのは、心と精神の素朴さは、とりわけ神秘主義者たちのもとではあいかわらず理想だったからである。人が神に出会うのは、書物をめくるときではなく瞑想するときである。多くの才人がフランス語で短い作品を書き、素朴な人々とその司祭たちのために信仰の核心を要約している。ギィ・ド・ロワの『素朴な人々への教訓集』はまさにこの聴衆に向けて語っている。「子どもも大人も、男の子も女の子も、そのほか素朴な人々よ、みな耳を貸しなさい。私はあなたたちのためにフランス語であなたたちの初歩読本を書くのだから[53]」と。またジェルソンは彼らのためにフランス語でいろいろな祈り（「主の祈り」、「アヴェ・マリア」、「使徒信条」）を列挙し、十戒、七つの美徳、聖霊の恵み、慈悲の業、秘蹟、天国の喜びと地獄の苦しみを語っている。

しかし、素朴な人々は疑わしい存在でもあった。それは、無知ゆえに軽信や異端（長いあいだ、無知と同一視されていた）にすら走りかねず、教会や領主による統制を受け入れなくなれば、反乱を起こす可能性もあったからである。立場をわきまえ、学者や権力者の優位を認めている限りは、素朴な人々は善良であるとされた[54]。

ジャンヌは、味方にとっては素朴な一人のキリスト教徒、素朴な一人の乙女であり、またほかの者にとっては素朴な一人の女性だった。ジャンヌは実際、男でもなく、金持ちでもなく、権力者でも学者でもない。ごく一般に共有されたこの認識から、非常に多様な結論が引き出された。誰もがジャンヌを「素朴な」と形容するが、その素朴さは、つねに同じ原因へと関連づけられているわけではない。ジャンヌは、社会的な出身階層によって、若い年齢によって、非力な性によって、素朴である。場合によっては、素朴であることは、控えめだったり信心深かったりすることと等価になりもする。それゆえ、知識、学識、記憶および学芸全部門（文法、法学）との相関関係に絞って考えねばならない。なぜなら、ジャンヌを裁く人々は大部分が学識者なのだから。ジャンヌは、上流社会のことについて、すなわち政治や戦争について、何も知らなかった（ジャンヌは王を王太子と呼び、イギリス人が身代金と引き換えに自分を釈放するだろうと信じていた）。ジャンヌが天使に向かって最初に言った言葉は、「私はとるに足りない娘で、馬に乗ることも戦のしかたもわかりません」だった。このような無経験さゆえに、指揮官たちは当初、作戦会議へのジャンヌの出席を拒み、戦略上の決定からジャンヌを外そうとするのである。ジャンヌはまた、法律上の事柄に関しても、まったく無知だった。手続き上の諸規則は、理解を超えていた。天上の事柄については、神が自分に明かしたこと、自分の使命に必要なことはわかるが、神学者たちの用いる抽象的な概念は何も知らなかった。

ジャンヌを、「単純すぎる」[55]とか無知蒙昧[56]とまで形容する証人たちもいる。「これまで見たなかでもっとも単純な人物だった。まったくわけがわかっておらず、これまで見たなかでもっとも愚かでもあった」[57]。ジャンヌを間抜けで世間知らずと見る者もいる。ジャンヌの後に登場したジェヴォーダンの羊飼い〔第16章参照〕は頭が弱かったことも、忘れてはならない。

このような、ジャンヌとほかの者たちの文化的な隔たりは、ポワチエでの審理のときからすでに問題となっている。裁判官は熟年の男たちで、みな学問を修め、教会あるいは国家において社会的に重要な地位を占めている。みな字が読め、博士で学識があり公職に就いている。ジャンヌは正反対の顔をもち、たった一人で彼らと向かい合っているのだ。裁判官たちはジャンヌの素朴さだけでなく賢さも認めている。神の内にある真の賢さは、字の読めぬ者たちにも、またそれを見抜くことのできる学識者たちにも、手の届かないものではないのである。

読み書きできず、学校に通ったこともないという場合、不利な点はいろいろあった。無知であれば、現実の決定権から遠ざけられてしまいかねなかった。聖職者も貴族も、無知な者からは尊敬されることを期待していた。自分たちこそが、その者に助言をし、教義を説明してやり、正道を示してやる立場にあると。無知な者は自分たちの社会の一員ではなく、法にひたすら従うべき存在であった。なぜなら、何も知らないか、書物から学べないことしか知らない者たちは学者に従うよう神が望んだからである。だが、無知は、特別な力でもあった。聖マタイは書いていたのではなかったか、「神は学者や賢知ある者に対して隠された事柄を、素朴な者たちには明かされた」[58][viii]と。素朴な者たちの口を通して神は語り、その仲介によって、かつて〔十二使徒の時代〕のように、彼らはこの世を救うことができるのだった。ジャンヌがそうでないと、誰が言い切れるだろうか。

訳注

[i] ジュール・フェリー（一八三二〜九三年）は、フランス第三共和政期の政治家。二度首相をつとめたが、とくに初等教育の改革をおこなった。

[ii] アナール学派は、リュシアン・フェーヴルとマルク・ブロックを創始者とする革新的な歴史研究のグループで、社会史や心性史の分野を開いた。アナール（＝年報）の名は、かれらが出版した雑誌に因んだものである。

[iii] シエナのベルナルディーノ（一三八〇〜一四四四年）は、一四〇二年にフランチェスコ会原会則派に加わり、人気の説教家として活躍した。イエスの名への帰依を広め、「人類の救い主イエス」（Iesus Hominum Salvator）を意味するものとしてＩＨＳ（ＪＨＳ）のモノグラムを用いた。

[iv] ＩＨＳは、「In Hoc Salus（この十字架に救いがある）」の略とも考えられた。

[v] フィオレのヨアキム（一一三五〜一二〇二年）は、『新約と旧約の調和の書』全五巻（一一九一年）、『黙示録注解』（一一九六年）等を著わし、世界史の経過を救済史の観点から解明しようとした。これらの著作を永遠の福音として称揚する『永遠の福音書入門』をボルゴ・サン・ドニーノのゲラルドゥスは発表し（一二五四年）、断罪された。

[vi] スウェーデンの聖ビルイッタ（一三〇三〜一三七三年）は、みずからの幻視体験を中世スウェーデン語で綴り、それを聴罪司祭らがラテン語に翻訳して編纂した。『啓示録』全七巻、『天使の説教』など。

[vii] 新約聖書、「マタイによる福音書」第五章八節「心の清い人々は幸いである、その人たちは神を見る」（日本語新共同訳）。

[viii] 新約聖書、「マタイによる福音書」第一一章二五節「これらのことを知恵ある者や賢い者には隠して、幼子のような者にお示しになりました」（日本語新共同訳）。

第II部 ドンレミからシノンへ

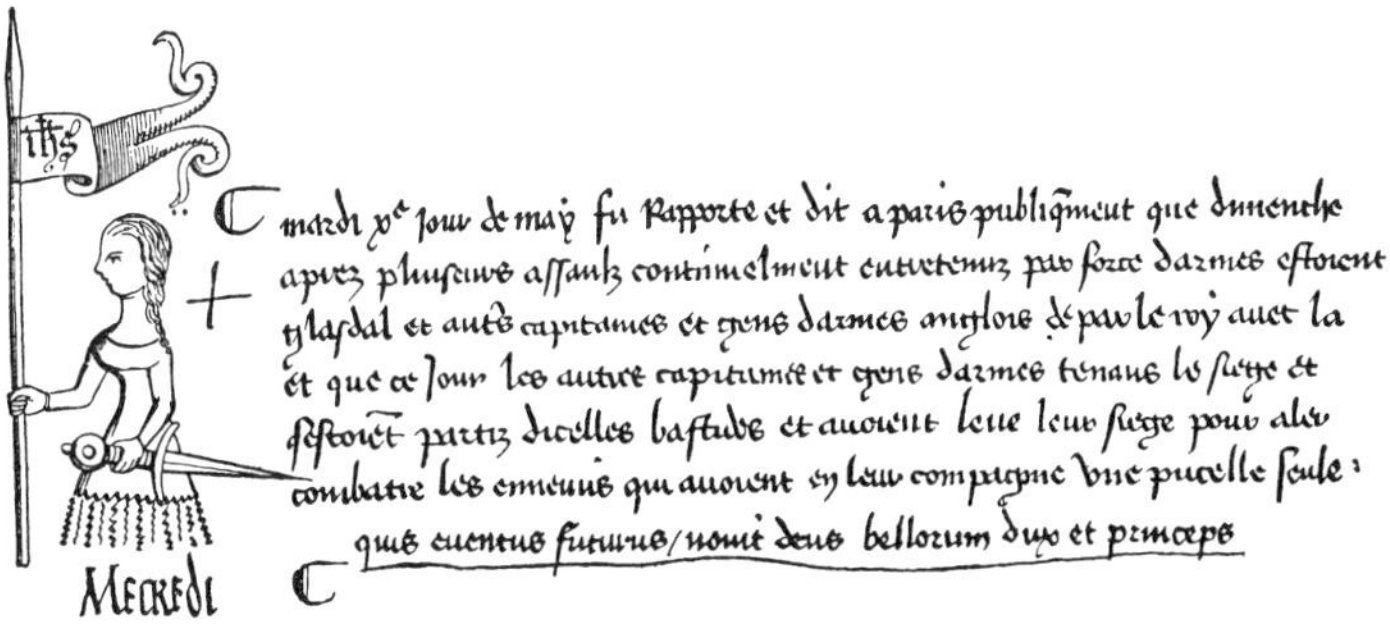

書記フォーカンベルグが落書きとして描いたジャンヌ

（出典）P. Contamine, *Jeanne d'Arc: histoire et dictionnaire*, Paris, 2012, P,136

シノン城

序

ジャンヌは内乱や外国との戦争が行われている時期に成長した。シャルル七世の支持者が恥ずべきトロワ条約と呼んでいた条約が結ばれたとき〔一四二〇年〕、彼女は八歳だった。条約締結ののち、王国は三つに分断された。すなわち、イギリス支配下のノルマンディ、イギリス＝ブルゴーニュ派の北フランス、そして唯一王太子側にとどまった南フランスである。シャルル六世の息子は、恐るべき罪と不法行為（一四一九年、モントローにおけるジャン無怖《サン＝プール》公殺害への暗黙裡の加担）のため王位継承権を奪われ、ブールジュとポワチエに撤退していた。シャルル六世の死によって、一四二二年に二元君主制[一]の道が開かれてはいたが——シャルル七世の姉カトリーヌ・ド・フランスの夫イギリス王ヘンリ五世が、フランスとイギリス王になっていた——、王太子の党派はヘンリ五世の権力を承認していなかった。アザンクールの勝者ヘンリ五世の突然の死によって、生後六ヵ月の赤ん坊——のちのヘンリ六世——がベドフォード公の摂政のもとで玉座に導かれた。ベドフォード公はブルゴーニュ公の妹と結婚してパリに住んでいた。イギリスとブルゴーニュ派の軍は、一四二三年にクラヴァン、一四二四年にヴェルヌイユと、二度にわたって王太子軍を破った。一四二五年には、王太子派の象徴としてはかりしれない重要性をもつモン＝サン＝ミシェル[二]の包囲戦がはじまった。大天使ミカエルはブールジュの王国の公式の守護者だったのだ。

シャルル７世の肖像*
ルーヴル美術館所蔵

ムーズ川流域の国境地帯では、かつてオルレアン公の支持者であった王太子の党派（あるいは王党派）の立場は、イギリス人とブルゴーニュ派の共同の圧力のもとでますます厳しくなっていた。小貴族は、大義やら打算やらを天秤にかけて、一方から他方へと仕える党派を変えていた。一四二三年、ドンレミの住民は、高い金を払ってロベール・ド・サルブリュックの保護

ヴォークールールのフランス門(ジャンヌはこの門から出発した)
(出典) Alain- Gilles Minella / John Foley, *Sur les pas de Jeanne d'Arc*, Paris, 1999, p.30.

を買い取らねばならなかった。サルブリュックは、住民が金を払う限り村を略奪しないと約束したのだった。同じ年、ジャンヌの従兄弟の一人がセルメーズの広場で野武士に殺された。一四二三年と一四二五年のあいだに危険は明らかになった。そのときジャンヌは、夏の正午、右の方、教会の方からはじめて「声」を聞いた。その後、アンリ・ドルリーという野武士がドンレミとグルーの人々の家畜を略奪した。女領主ジャンヌ・ド・ジョワンヴィルは従兄弟のアントワーヌ・ド・ヴォーデモンの軍を出動させた。それによって家畜は取り戻され、この野武士は殺害された。

つづく一四二五年から一四二八年までの三年間、ジャンヌをフランスへと向かわせるべく、「声」が次第に頻繁に聞こえはじめた頃、遠方にある王太子に忠実な要塞群は壊滅的な状況に陥っていた。ひとつまたひとつと王太子派の要塞は陥落してゆき、一四二八年七月にはベドフォード公の味方であるシャンパーニュ総督アントワーヌ・ド・ヴェルジーの軍隊がヴォークルールを包囲する。不安を募らせたドンレミの住民はヌフシャトーに避難した。ジャンヌと両親、兄弟姉妹は、旅籠を営んでいた町の女性ラ・ルッス宅に二週間ほど滞在した。村に戻ってみると、教会も畑の作物も焼かれていた。ヴォークルールは堅固な城壁に守られており、情勢を観望することができたにもかかわらず、ボードリクールが和議に署名した。この条件付き降伏というよくある手続きのおかげで、籠城側の生命と財産は守られた。もし王の援軍が間に合わなければ、籠城軍は降伏し、将来にわたって一種の中立を守ると約束しただろう。

ジャンヌは何度もボードリクールに会いに行った。最初の試みは一四二八年のキリスト昇天祭（五月一三日）の日、ヴォークールールの要塞包囲の直前のことだった。当時ジャンヌはビュレーに暮らす従兄弟デュラン・ラクサール宅に、彼の身重の妻を手助けするため滞在している[1]。当初、ボードリクールはひどく懐疑的で、ジャンヌの両頬に平手打ちを食らわせて、両親の家に戻るよう忠告した。二度目の試みは一四二九年の四旬節の初め、僧服の日曜日（二月一三日）頃のことだった。ジャンヌはそのとき、ヴォークールールのカトリーヌ・ル＝ロワイエ宅にいたのだが、カトリーヌはジャンヌが早く出発したがっていたと、のちに証言している。「妊婦がそうであるように、彼女は待ち切れない様子でした(2)」。ボードリクールはなかなか同意を与えなかった。あるいは、上からの指令を待っていた。そこで、ジャンヌは、デュラン・ラクサールともう一人だけを伴って、フランスへと旅立つ決心をした。しかし、サン＝ニコラ＝セットフォン修道院に着いたとき、彼女はそんな風に旅立つのは不誠実だと悟り、ヴォークールールに戻ったのだった。痛風で体がきかなくなっていたロレーヌ公シャルルは、その頃から流布していたジャンヌの評判を聞きつけて、治療してもらおうと彼女をトゥールに呼び寄せた。しかしジャンヌは治療を拒み、公を善良な妻のもとに帰らせた。おそらく公は、あまり満足できなかったが、それでもジャンヌに四フランを与えた。ジャンヌが戻ると、ボードリクールはもっと物わかりのよい態度を示し、シャルル七世の宮廷に合流する手立てを与えることに決めた。ヴォークールールの住民は、ジャンヌに男性の衣装を提供しようと互いに金を出し合った。ジャンヌは髪を切った。ボードリクールは剣を買ってやり、馬の代金を払い戻してやった。また、護衛もつけてやった。二名の家臣ジャン・ド・ヌイヨンポン（あるいはド・メッス）とベルトラン・ド・プーランジィ、彼らの従者である弓兵リシャールおよび王の伝令コレ・ド・ヴィエンヌである。出発のとき、彼はおそらく次のように言ったようだ。「行け、行け、行け、なるようになるがいい(3)」（格言では、なすべきことをなし、なるようになるがいい、と言う）。

一四二九年二月末（二三日か二五日）、ジャンヌはシノンに到着した。トロワのサン＝テュルバン、セフォン、バール、クレルヴォー、ポティエール、オーセール、セル＝シュル＝シェール、サン＝テニャン、ロッシュ、フィエルボワ、そしてシノンと、旅は一一日間続いた。旅は厳しかったようである。というのも、冬場に敵の伏兵を避け、川の浅瀬を越え、敵に気づかれないためにミサを聴く機会もほとんどなく、一日（あるいは一晩）あたり四〇キロメートルも旅したからである。しかし、ジャンヌは、神が彼女に与えた命令は確かであり、王にきっと歓待されると言っていた。

この小さな集団は正午頃シノンに到着した。ジャンヌは王の顧問官数人に付き添われて王に謁見した。この謁見のように、たとえ私的とみなされる会見であっても、王は決して一人で見知らぬ女性に会うことはなかった。相手は怪しげな意図を抱いているかもしれないし、精神に異常をきたしているかもしれない。ただし、王はボードリクールとフィエルボワから送られたジャンヌの手紙によって、予め事情は知らされていた。このとき王はまだ何も決めていなかった。シャルチエによれば、ジャ

ジャンヌのシノン到着*
オルレアン歴史博物館所蔵

ンヌは「高貴なる陛下に神の御加護がありますように」[4]と述べたという。ラウール・ド・ゴークールによれば、表現はやや異なっていた。「いと名高き王太子様、私は神により、あなたのために、あなたとあなたの王国を助けに参りました」[5]。そこには、現実的ないし象徴的に王を認知する場面がある。そこで、王は当事者たるジャンヌを城に付属する建物に宿泊させる。国王顧問会議が思案をめぐらす一方で、多くの訪問者がやって来て、自分たちの個人的に得ている情報と王から出させる情報について考えをまとめようとする。最初の徴候が好印象だったので、王はもっと正式な手続きをとろうとし、ジャンヌをポワチエに送る。彼女はその地の特別法廷で、三、四週間取り調べを受ける。法廷を構成するのは大半が神学者で、そのほか法学者と王の顧問官数人からなり、主宰者はフランス大法官兼ランス大司教のルニョー・ド・シャルトルである。尋問の記録は保存されていたのだが、無効裁判の前に失われたようである。一四五六年、修道士スガンは尋問について、まだ正確に記憶していた。今日では、ポワチエの博士たちによる、ためらいがちだが好意的な以下のような結論だけが伝わっている。「王とその王国の必要性に鑑み、かつ、王自身の民がたえず神に懇願していることを顧慮して、王は自分自身を救うために神によって遣わされた《乙女《ラ・ピュセル》》を斥けたり、道を外《そ》らせてはならない[6]。もっとも、彼女の約束は、（その約束がまだ実現していない限り）人間がなしたことにすぎないものではある」。

それと並行して、王は専門家の助言も求めていた。アンブラン大司教ジャック・ジェリュの意見とジャン・ジェルソンの論説が現存している。ジャンヌには信仰に反するものは何もなかった。そのため、ポワチエでの調査が終了した一四二九年三月二七日から四月五日のあいだに、オルレアン救援に向う三〇〇人の騎士の前で、一種のジャンヌの公式のお披露目が行われた。これが有名な「しるしの会見」だった。

訳注

[i] 二元君主制は一種の同君連合で、イギリスとフランスのそれぞれの王国の自立性を認めたうえで、イギリス王が君臨する体制。一四二〇年のトロワ条約でその形が整った。

[ii] 七〇八年、アヴランシュ司教オーベールは、夢で大天使ミカエルのお告げを受けてモン＝サン＝ミシェルに礼拝堂を建立した。九六六年にノルマンディ公リシャール一世によってベネディクト会の修道院が建てられ、巡礼地として栄えた。百年戦争のあいだ、この島は一貫してフランス王に忠実で、要塞としての役割を果たしていた。なお、モン＝サン＝ミシェルは「聖ミカエルの山」の意。

第6章 ジャンヌ以前のジャンヌ

Jeanne avant Jeanne

ボードリクールは疑り深い軍人だったのに、また、シャルル七世の宮廷や王自身は用心するだけの理由がたくさんあったのに、どうしてかくも遠方からやって来たこの無学な娘と面会し、話に耳を傾けたのだろうか。これまで、この問いには、ほとんどありそうもない回答が寄せられてきた。そのひとつは、ジャンヌがオルレアン公ルイとイザボー・ド・バヴィエールの娘で、[1]いつの日か、兄シャルル七世の王国を救済するために、安全に匿われ、育てられていたというものである。もうひとつは、アンジュー家とオルレアン家によって、彼女は道具として利用されていたのであり、実際、両家はジャンヌの冒険を早くから支援していたというものである。このことは十五世紀から言われていた。最後は、ジャンヌは、いとも信仰篤き王国を救済しようとするフランスの教会によって密かに導かれていたという回答である。

しかし、これらすべての説明は、ひとつの現実につまずく。ジャンヌが王やボードリクールに迎え入れられたのは、親族や、諸侯や、教会の名のもとにではなかったことである。[2]ジャンヌは、王が伝統的に迎え入れてきた女預言者という非常に明確なひとつの型にはめられていた。女預言者は、絶望の時代に王に神のメッセージをもたらしにやって来たのだ。実際、預言の可能性を誰も疑っていなかった。神は、ある人々の罪を罰するために、また、別の人々の願いを叶えるために、人間の歴史に介入することができる。直接的には謙虚な人々に勝利をもたらし、間接的には天使か女預言者などの使者によって願いを叶えるのである。もっとも、アンブラン大司教ジャック・ジェリュは、むしろ最初の解決法を好んだようである[3]。それは、パリ大学学務総長ジェルソン[4]の気に入らぬものではなかっただろう。だが、神はそれとは別に決断を下したのである。したがって、娘をきちんと受け入れる必要があった。

その娘は女預言者だった。ふたつの陣営は一四二九年からすでにそう信じ、そして、ふたつの裁判でこの問題が蒸し返されることになる。すべての預言者と同じく、ジャンヌは別の預言者によってその到来が告げられていた。つまり、ジャンヌはジャンヌ以前に存在していたのである。さまざまな文書が彼女の到来を予告していた。ジャンヌ以前の女性たちは彼女の使命を告げ、ジャンヌ以後の女性たちはその使命を補完した。問題は別のところにあった。王太子の陣営は、ジャンヌが真の預言者だと証明する必要があったのだ。すでにボードリクールは、自分のレヴェルでそれを試みていた。彼は、まず間違いなくジャンヌの徳性と精神の安定性について問い合わせをし、預言の才覚にカリスマ的能力が伴っているかを試した。ジャンヌはそれを知っていた。たしかに、彼女の治癒能力は、身体よりはむしろ精神に向けられていたようである。また、ボードリクールは、ジャンヌの預言の能力それ自体をも試した。そこでジャンヌは、彼に自分に告げられた預言と自分自身のメッセージの意味を打ち明けた。安心のため、ボードリクールはジャンヌに告解と悪魔祓いをさせた。悪魔祓いは悪魔を追い払う。もちろんボードリクールのもとには、手足となるポワチエの神学者はいなかった。王のもとでは、預言が本物であるかどうかの手続きは、もっと長くかかり、専門的であって、多くの影響をもたらした。しかし、基本的なところで原則は同じだった。

これに対するイギリス側でも、一三八〇年から一四二〇年のあいだに明確にされたのと同じ神学上の原則をもとに、ジャンヌが偽りの預言者であるとはっきりと証明する必要があった。パリ大学はジャンヌの預言を疑っていたかもしれない。それでも、大学自体が、「王国の不幸[5]」を改善するために、一四一三年からは回状によって、「正しい生活を送り、預言の能力をもつ敬虔な人々に対して」要請していた。実際のところ、大学は預言の可能性を認めていたのである。

預言

預言は旧約聖書のなかで大きな役割を果たしており、聖書の一部はまるごと預言の書からなっている。しかし、預言者の時代よりもはるか以前に、モーセは神の言葉をもたらし、神に代わって、あるいは「神の名において」語る任務を負っていた。預言者は神の口であり、神はみずからが望む者を選ぶ。男性でも女性でも、自由人でも奴隷でも、神の息吹によって侵入されない人はいない。人々が聖なる契約から遠ざかり、宗教上の罪が増え、さらに偶像崇拝がはびこるたびに、神は民を叱責し激励する預言者を遣わす。多くの羊飼いは預言をもたらす者なので、伝承によれば、羊飼いがたとえ王を批判しても、王は彼らを迎え入れる。聖書の預言の言葉はおおむね三つのテーマに整理される。すなわち、時代の困難（王が罪人であれば敵が勝利をおさめ、王が善良であれば神は王に勝利をもたらすだろう）、救世主の到来、そして世界の終末である。

キリストの到来によって、ある意味で預言が成就されたにもかかわらず、預言者《プロフェティスム》の活動は使徒と殉教者たちの時代になっても根強く存在し続けた。各地に生まれつつあったキリスト教集団を導くのに有益な霊的才能を列挙しながら、パウロは次のように主張していた。使徒、預言者、教師となるために、神が教会のなかに預言者の活動を設けただけに必然とされた。預言者の活動は、世界の終末が近いと言われていただけに必然とされた。中世初期になると、聖職という概念が幅を利かせ、単なるカリスマとなった預言者の活動に影を落とすようになり、預言者は稀にしか出てこなくなる。修道士と司教だけが、来たるべき出来事を告げ、予知能力を与えられた。それによって、彼らは告解を行う人々の罪を見つけたり、死期を予言することができるのだが、それらは彼らの聖性の二次的な側面でしかない。彼らの聖性は、何よりも聖職にあること、奇蹟をなすこと、そして聖書を通じて世界の終末を読み解くことにあった。

預言者の活動が確実に復活する転機は、十二世紀半ばに訪れた。尊者ピエールが、はじめて真の預言者と偽の預言者の区別を問題として取り上げている――彼はコーランを翻訳したばかりで、ムハンマドを問題とした――。教皇エウゲニウス四世は、ライン地方の女預言者ヒルデガルト・フォン・ビンゲンの幻視を推奨し承認した。このように、聖職に従事しない預言者の活動が控え目ながらふたたび見られるようになったので、教会の責任者は秩序意識を呼び起こし、教会の統制のもとに民衆を指導しようとする。十三世紀には、預言者の活動が明らかにされる。一方において、これ以後、司祭と大学の博士は聖書釈義を行うことのできる唯一の存在となる。彼らは旧約と新約のふたつの聖書を調和させつつ、聖なる言葉を通じて過去、現在、未来の秘密を解読するのである。彼らはまた、「書き記されたもの」を理由に、ふたつの聖書の啓示を公式に告知できる唯一の存在でもある。人々が本物の預言者だと認めるには、その者が品行方正でなければならないが、叙階は品行方正を前提とし、品行方正であることの証しとなる。それゆえ、メッセージの内容の正統性だけが問題にされうるのである。

このような不変的で、制度化され、知的でもある預言――ペテロによる預言〔教会の統制下にある、聖書釈義に基づく預言〕――は、聖職者のものであり、洗礼者ヨハネによる預言〔非聖職者による預言〕とは相対立する。キリストの到来を告げるために、神はエルサレム神殿の祭司ではなく、荒野の隠者を選んだ。危機の時代において、神の言葉は貧しい人々や無知な人々、そして女性に吹き込まれる。それはある瞬間に不意に訪れる霊感であり、認知させるのはとても難しい。しかし教会はその周縁的な可能性を認める。ヨハネに倣う預言は、同じ基準に従って機能しているわけではない。というのも、預言は聖書釈義では説明できないからである。夢のなかに現れる預言もあれば、ヨセフにエジプトに逃れるよう促した預言のように、もともと神の使者である天使によって啓示されるものもある。また、エレミヤやジャンヌの預言のように、直接心に刻み込まれる神の言葉の効果もある。すべての預言者は自分の無力さを語ることから始めるが、神は預言者から承諾を取り付けるに至るのである。その承諾は危険を伴わずにはいない。すべての預言者は、嘲弄する者や不信心者に遭遇するからである。預言の最後の方法は、知的な幻視に訴える。預言者は、聖霊の目を通して、しばしば神のメッセージの仲介役を果たすあれこれの聖人や聖母を見る。当然のことではあるが、これらすべての方法は、ペテロに倣う預言者にも、聖書釈義の補足として接近できるものである。しかし、ヨハネに倣う預言者は、自分たちの信仰とよき振る舞いを証明しなければならない。預言者のメッセージの正統性と、共同体にとってのその有用性は、より疑いの目でもって眺められている。悔悛を呼びかける預言者はいつも難しい立場にたっている。なぜなら、預言者は正面切って教会制度や君主政の過失を批判することを避けねばならないからだ。

女性司祭

ところで、ヨハネによる預言は、しばしばジャンヌによる預言でもある。クリスチーヌ・ド・ピザン[6]が想起させるように、どんな宗教でも、多くの女性がこの天与の才をもっている。あるいは、「秘密を啓示するのは女性の役割である」[7]。ギリシア＝ローマ世界においては、一〇人の巫女《シビラ》[8]がローマやギリシア人の成功や苦難について告げるだけでなく〔それぞれの巫女が、特定の地域のために預言をしていた〕、最後の巫女はキリストの受胎も預言したのである。ヒルデガルト・フォン・ビンゲンからスウェーデンのビルイッタにいたる近年の女預言者もまた、巫女と呼ぶことが可能であった。それまで、おそらくフランス人は巫女を迎え入れる権利がなかった。というのも、彼らの祖先とされるトロイア人は、カッサンドラがトロイア人のもとに遣わされたとき、彼女の言葉をあまり信じなかったからである。一人の「フランスの巫女」[9]が、彼女の先駆者たちの言葉を総括することになるだろう。その彼女こそ、分裂に終止符を打ち、正義を回復する人なのだった。同様に、世界の終末の一〇のしるしも巫女に帰せられた。聖史劇のなかでは、巫女の集団がいつも舞台に登場し、幻想文学は、時代を超えて、巫女の女王の神秘的な楽園を創作していた。一四〇〇年頃になると、キリスト教に取り込まれた巫女は安心できる存在となり、知性のしるしとして、貴族の娘にこのシビル〔シビラのフランス語読み〕という名がつけられるようになった。

　旧約および新約聖書には女預言者が溢れている。エステル、ユディト、そしてデボラには神の伝言が託された。聖母マリア自身は祝福も説教もしなかったが、預言をおこなった。マリアが「この身に成りますように」と神の使いに述べたとき、彼女は単に人類の救済を約束しただけでなく、神の意思のなかに来たるべきあらゆる苦しみを見たのである。聖エリザベトもまた、エルサレム神殿での奉献の折のアンナと同じく、マリアと出会って預言した。各地に生まれつつあったキリスト教集団の世界において、助祭ピリポの娘たちは神の名を称えて語っており[10]、それ以後、幻視者と法悦幻視者には事欠かなかった。彼女たちはイタリアやフランドルの都市エリート、さらには王から相談を受けていた。この現象は十三世紀に強まった[11]。すでに長いあいだ聖職から排除されてきた女性は、その頃あらゆる宣教活動や道徳的な説教さえも禁じられたからである。カタリ派とヴァルド派の信者は、説教を行う「神に選ばれた女性」や「女性の完徳者」を受容することによって対抗した。しかし、カトリック教会にとどまることを望んだ女性たちにとっては、自分たちの発言を私的領域に限定するか（女子修道院長は修道女たちに説教できたし、母親は子どもたちによき言葉を説くことができ、かつそうすべきだった）、預言という媒介を経る必要があった。聴罪司祭の統制のもとに語るという条件で、女性はこの狭い回路のなかで発言することができたのである。中世末期のすべての体系だった預言集は女性の作品である。

　一三五〇年から一四五〇年までの一世紀のあいだ、数人の男の預言者と、それよりもずっと多くの女の預言者が[12]、定期的にみずからの考えを表明しにやって来る。ペストの大流行、内外の戦争、そして一三七八年から一四一五年まで教会大分裂《シスマ》を引き起こした教会の混乱は、全般的な無秩序をもたらした。教会と国家の諸制度はもはや機能していないかのようで、世界の終末への恐怖が広まっていた。神は怒っているのだと人々は思っていた。なぜなら、この世は堕落し、罪が増え、慈愛は消え失せていたからである。国によって、不安は普遍的権力に向けられることもあれば（神聖ローマ帝国とイタリアの場合）、君主制国家に向けられることもあった。

　フランスでは、預言という現象は長いあいだ周縁的なままだった。王自身が聖別を受け、奇蹟を行う者だったからである。何世紀にもわたって父から息子へと王位は受け継がれていた。十二世紀、ルイ六世の妻〔アデール・ド・サヴォワ（一〇九二～一一五四年）〕は信仰心によって、聖体パン《ホスチア》のみで生きていた幻視者であるキュドのアルパイドを訪ねた。また、早く世継ぎが生まれるように聖人司教や修道院長に懇請が行われたりもした。しかし、それだけでは十分ではなかった。イタリアでは、教皇党と皇帝党が預言者たちを各々の陣営に招集し、預言は政治的言説のありふれた形式のひとつとなった。これに対してフランスでは、預言という現象は依然として稀であり続け、ルイ七世やフィリップ尊厳王《オーギュスト》が十字軍に出発するときにだけ集中した。非の打ちどころのない聖王ルイを批判する預言者など、当然いるはずもなかった。王が使者をたてるか、直接赴くかして幻視者に助言を請いはじめたのは、フィリップ三世とフィリップ四世の時代からである。幻視者は、預言の才を与えられたフランス北部や東部のベギン会修道女だった。一二七六年、王子ルイが亡くなったとき、この王子は若き義母マリー・ド・ブラバン王妃に毒殺されたという噂が流れた。フィリップ三世の寵臣ピエール・ド・ラ・ブロスは、この説を流布させるのに一役買った。おおいに危惧した王は、領内のあらゆる占い師を探させて、ニヴェルのベギン会修道女であるイザベル・ド・スパルベケ[13]が過去と未来のことをもっともよく知っていると確信するに至った。相談を受けて、当のベギン会の修道女は王妃の潔白を証明したが、サン＝ドニの修道士のような年代記作者たちは、この目新しく、保証のないやり方を強く非難した。一三〇二年から一三〇四年のあいだ、フィリップ美男王《ル・ベル》はフランドル人と戦った。フランドル人は、あるベギン会修道女を雇っていたのだが、王も「清貧」[14]と呼ばれていたメッス出身のベギン会修道女から助言を受け取った。このベギン会修道女は、フランドル戦争のあいだ助言を与えたが、どうやらシャルル・ド・ヴァロワの毒殺を図ったようで、焼けた炭による神明裁判の末、数ヵ月間投獄される結果となった。この事件について語るサン＝ドニ修道院の年代記作者たちにとっては、偽の啓示をもたらす悪女だった。のちに、十四世紀になると、シャルル五世はある法悦幻視者の女性を王宮の近くに住まわせて、定期的に助言を請うていた。ギユメット・ド・ラ・ロシェル[15]は正確にはベギン会修道女ではなかった。というのも、自宅での隠遁生活を誓った隠修女だったからである。ギユメットは、まず、のちのシャルル六世の誕生のために、ついで一三七二年の再征服における王の成功のために祈ったようである。

　しかし、十四世紀半ば以降、王はもはや意見を求めようとはしない。神のメッセージを伝えるために、啓示を受けた人がパリやロワール渓谷に向かったのは、みずからの意思によってである。次第に戦争は、王国を襲う不幸を前に、少しずつ不安を増してゆく世論形成の原因になる。ほぼ二〇人近い人が、王だけに、あるいは王と教皇にこのように働きかけた。[16] 時間の経過とともに、女性の割合が増える。ジャンヌの世代では、ジャンヌと並んで、女性四人と男性二人がいたと証言されている。たしかに、預言者の頻繁な出現は政治的な事件と密接に結びついている。平和な時代にはいつも預言者の出現が減り、緊迫した時代には決まって増える。大半は女性が占める預言者は、一般に無学である。一人（ジャンヌ＝マリー・ド・マイエ）を除いて、彼女たちは貧しい階層に属している。そして、とても若いか、非常に高齢か、すでに未亡人である。既婚女性という身分は、預言者にはあまりふさわしくない。回心し、断食と苦行のなかで生きるためには、自立していることが求められる。彼女たち全員が、貧しいか、もしくは貧者に財産を分け与えた者である。女預言者とは、まずは回心した者なのである。

預言の仕組みは、増税や、野武士と農民のあいだの殺し合いといった、危機へのひとつの反応である。まばゆい光を伴う声を直接耳にする者もいれば、天使や聖母マリアによる啓示を受けた者もいる。啓示は一時的（一度の、唯一のメッセージ）なこともあれば、数年にわたって繰り返されることもある。[17] 啓示を受けた者は、たいていの場合、南部（モンレアル・ドード、オック、[18] ラバスタン）[19] もしくは（バシニィの準騎士、ジャン・ド・ガンのように）東部の国境地帯出身である。預言者の何人かは、判で押したようにイギリスとの和平を口にした。それだけが、対トルコ十字軍を可能にするというのだ。とはいえ、大半の者は、現状を憂え、王に会うために何キロメートルもの道を行くのである。俗界であれ聖界であれ、在地権力は、品行に関する尋問をしたあとで、前もっての白紙委任状を与えた。ひとたび王のもとに到着すると、預言者は信頼に足る貴顕の衆、王の顧問会議の構成員たち、王の司祭あるいは王の聴罪司祭の一人、さらにはオルレアン公によって紹介された。預言者はまた、王に「秘密のこと、隠されたこと、あるいは未来のこと」を告げることができたが、もちろん、それらについて年代記作者は何も知らない。預言者は、減税や、あまりに淫蕩で贅沢な宮廷の改革、イギリスとの和平（あるいは戦争）の折衝を提案したりもする。こうしたことがメッセージの核心である。このような預言者の警告に王が耳を貸さないなら、神はフランス王国に憐憫の情をもたなかったことになり、王は後継者をもうけることができなかったり、身体的苦痛に悩まされたり、戦争に負けたりするであろう。次から次へと、預言者たちは同じ警告を繰り返す。なぜなら、もし民が忘れっぽくて強情だとすれば、王もまたそうであるからだ。

預言という現象は、個人的であると同時に集団的である。ある世代から次の世代へと、同じ言葉が再利用されたことは証明できないにしても、世代を越えて繰り返し現れる。実際、神聖ローマ帝国やイタリアとは異なり、フランスでは、ふたつの例外――コンスタンス・ド・ラバスタンとマリー・ロビーヌの啓示の書――を除いて、メッセージは口伝えである。

そういうわけで、ジャンヌの「声」は過去のメッセージと共通点がある。聖ミカエルがピエール・ユグに協力したときのように、声と光の組み合わせは一般的であり、秘密が明らかになったり、隠された物、盗まれた物が発見されたりした。メッセージの内容については、バシニィの準騎士が一三五六年にそうしたように、ジャンヌは一四二九年初頭、ニシンの戦いの日の前に戦いをしないよう勧めている。また、ロベール・ミノのように、ジャンヌは、世界の終末を迎えるためにフランスとイギリスが和睦すれば、自分は十字軍遠征に旅立ってエルサレムで死ねると夢見ている。また、スウェーデンのビルイッタのように、ジャンヌは、キリスト教世界の救済が聖母マリアの姿に似た預言者の処女によって成就されるだろうと考えている。さらに、コンスタンス・ド・ラバスタンのように、ジャンヌは、戦争に苦しめられている気の毒な人々を哀れに思い、「七年後」に決定的な出来事が起こるだろうと予言している。霊感を受けた者たちの共同体からジャンヌが言葉を借りたかどうかは定かでないが、マリー・ロビーヌだけは別である。ピレネー出身のこの女性幻視者は、一三八七年にアヴィニョンにたどり着き、枢機卿ピエール・ド・リュクサンブールの墓所で奇蹟を体験した。マリー・ロビーヌは隠修女として教皇の都市〔アヴィニョン〕にとどまり、一三九七年から一三九九年のあいだに、たて続けに幻視を見た。それは、教会改革と、王国教会が教皇への忠誠から解き放たれることと、来たるべき王国の試練に関するものだった。[20] しかしマリーが面会したイザボー王妃は、彼女の言い分にほとんど耳を傾けなかった。ところで、無効裁判では、ジャン・エロー師[21]とシャルル七世の聴罪司祭の二人は、アヴィニョンのマリーが臨終の際に語った処女をジャンヌのなかに見出していた。マリーが見た一二の幻視を伝えているのは、ただ一点の写本（トゥール写本五二〇番の預言のアンソロジー）だけである。ただし、無効裁判で引き合いに出された次の一節は、そのなかに確認できない。「マリーはたくさんの武器と甲冑が自分の前に差し出されるのを見た。彼女は何も恐れない。なぜなら、それらは、彼女のあとにやって来る一人の《処女《プュラ》》のためのもので、その《処女》が敵から王国を解放するためにそれらをもつからである」。

それとは反対に、女預言者たちが王国やキリスト教世界の只中で行動する活発な集団として現れるとき、彼女たちについて語るのは悪口を言う者である。一四二三年、ジャン・ジェルソンは、エルミーヌ・ド・ランスをジャンヌ同様信頼する一方で、ブレス地方の霊感を受けた女性を告発している。この女性は、禁欲と聖性を口実に、煉獄から魂を解放したり、彼女に助言を請う罪人たちの心の秘密や未来を見抜いたりできると言い張っていた。彼女は、神から遣わされた五人の女性のグループに属しているとも言う。ジェルソンは、そこに異端的セクトと陰謀の臭いを嗅ぎつけ、この啓示は虚偽であるとの結論を下す。一四三一年の裁判のとき、ジャンヌは自分によく似た三名の人物[22]、すなわち、カトリーヌ・ド・ラ・ロシェル、ピエロンヌ・ラ・ブルトンヌ、および三人目の名のわからない女性について尋問された。彼女たちは、そろって霊的指導者であるフランチェスコ会のリシャール修道士に操られていたようだ。その頃から、単独の魔女に代わって、悪魔に従う複数の魔女たちによる、悪魔の庇護下に組織されたセクトが注目されるようになる。

真実の預言と虚偽の預言

何の統制も受けず、疑わしい啓示が無秩序に増加するのを目の当りにして、教会は評価の一覧表を明確にせざるをえなかった。真の預言と真の女預言者を、どのように偽物と区別したのだろうか。十三世紀、この問題は、識別方法についての考察という枠組みにおいて、大学のなかで取り組まれた。預言はまず、神の予知の書のなかに人間の理解を超えたものを見る行為だった[23]。未来はもちろん、現在および過去に秘密にされてきたもの、あるいは隠されてきたことすべてが、それに当たる。預言は時間全体を包括しているからである。預言は知的な幻視、天啓もしくは啓示を通じて行われるのであって、現世のものごとを知覚するよう定められた身体の感覚機能に由来するものではない。預言者はみずからに啓示されたことを事後的に人々に告げることになる。それゆえ、預言は難解さや比喩を用いた言葉の形をとっている。神から与えられた才覚、あるいは純粋なカリスマ性という点で、預言は恩寵に結びついている。預言は得られることもあれば、(宗教上の罪によって)失われることもあり、その性質は安定していない。

したがって、ある預言者を前にして、以下のような一連の質問すべてを投げかけるのが適切だろう[24]。最初の質問は、預言者の人格それ自体に関わるものである。預言者としての素養が必要なのである。預言は富者や淫乱な者、現世にばかり関心のある者すべてを素通りする。真の預言者は祈禱と改悛によってみずからの天賦の才を増やす。彼らは揺るぎない信仰をもち、よき生活を送っている。貞潔や純潔も推奨される。そして、貧しさのなかで暮らし、説教と告解の場をよく訪れる。彼らには良識があり、憂鬱でも病気でもなく、聴罪司祭の後押しを受けて、謙譲と慎み深さのなかで、みずからの天賦の才を発揮するのである。この聴罪司祭による統制は、無学な女性の場合、なおさら必要とされる。なぜなら、女性であるがゆえに、女預言者はより想像力が豊かで、外見ばかり目立ちやすく、誘惑に弱いからである。また、無学なので、健全な教養の防御壁は女預言者の支えにならない。彼女は健全な教養を知らないからである。別の問題は、預言の内容に向けられる。預言の内容は聖書に一致していなければならない。預言は聖書を補完したり理解しやすくしたりすることで、教会全体の役に立ち、王国を救済する。預言は他者を教育し、教化する。また、預言は他人にだけ有益で、預言者自身にはいかなる利益ももたらすことができない。それとは逆に、偽預言者はみずからの利益しか見ず、他者を失望させる。

最初のとき、預言者は皆、疑惑、不信、迫害に直面する。預言者は、みずからの予言が真実で、共同体にとって正しいことが明らかになるときまで、辛抱強く耐えねばならない。その合間に、預言者を救うために、神は「書き記されたもの」と「しるし」を与える。「書き記されたもの」については、問題は簡単である。預言者は皆、自分よりも先んじて現れた預言者によって予告されており、聖典の諸節を根拠にできるからである。たとえば、洗礼者ヨハネは、イザヤによって次のように到来を告げられた。「見よ、私は使者をあなたの前に遣わす」。そして、ヨハネは次のようにキリストの到来を告げる。「私は荒れ野で叫ぶ声である。……私のあとから来る方は、私よりも優れておられる」。ペテロに倣う預言者にとって、聖書のお告げが問題になることはほとんどない。預言者は通常、聖書釈義に精通しており、本物の教養を備え信仰表明をおこなった修道士、司祭もしくは説教師である。ヨハネに倣う預言者にとって、(マーリン、尊者ベーダ、〔フィオーレの〕ヨアキム、巫女《シビラ》といった、聖書ほどの権威のない大家の書物のなかでさえ)お告げを見つけるのはさらに難しく、メッセージは、最初は必ずしも書き記されていないのである。

預言者を識別する「しるし」は、超自然的なレヴェルのものである。パリサイ人たちはイエスに、自分を信じろと言うのなら、そのしるしを見せろと言った。イエスは彼らに、自分は復活するだろうと予告した。教皇もまた、ローマにふたたび戻るためにしるしを求めた。教皇に対し、スウェーデンのビルイッタは、教皇領の喪失と、驚異の言葉を述べる一人の女性のことを予告した。しるしは奇蹟と類似している。しるしは、預言者が神のもとからやってきたことを証明し、そして、人の五感では捉えられないものを、感じられ目に見える形で人々に示す。しるしは、人々の救済のために神によって送られるのである。

私たちは、ジャンヌ・ダルクの時代の霊感を受けた人々がもたらしたしるしについていろいろと知っている。しるしの多くは、身体的な痕跡である。十三世紀初頭、アッシジのフランチェスコに聖痕が発現してからというもの、身体は魂の表れであると信じられていた。受難に関する絶え間のない瞑想も身体に刻みつけられた。たとえば、モンレアル・ドード出身のピエール・ユグは、一三八八年に、シャルル六世に減税を求めてやって来たが、その右腕には黄金や人間の手によって描かれたものとは異なる、緋色よりも鮮やかな赤の十字架が現れていた。[25]一四二三年の霊感を受けたブレスの女性は、両足の甲にキリストと同じ傷口があって、祈りによって、煉獄の魂をひとつひとつ解放するたびに血が流れる。そして、ジャンヌ・ダルクに取って代わったジェヴォーダンの羊飼いには聖痕があり、他ではシエナのカタリナがそうだった。ジャンヌの右耳のうしろにある赤いしるしは、聖霊の鳩によってもたらされた霊感と関係しているのかもしれない。それゆえ、人々は彼女に聖痕があったとも考えている。

他のしるしは、王との会見に先立つ預言がすでに成就されていることと関係している。たとえば、ジャンヌ＝マリー・ド・マイエは、儀典によって予め計画されたのとは別の門から、近いうちにシャルル六世がトゥールの町に入城することを告げる。ジャンヌのライヴァルであるカトリーヌ・ド・ラ・ロシェルにとって、しるしは（彼女によれば）好きなときに白い貴婦人の姿が見えることであった。ジャンヌは最初、それを信じたが、白い貴婦人はとくに夜に現れるので、見るのがたいそう難しかった。最初の夜、ジャンヌは眠らずにいるが、白い貴婦人はやって来ない。二日目の夜、ジャンヌは眠りに落ちる。目を覚ますと、カトリーヌはこの貴婦人を見たと主張して、ジャンヌを当惑させる。しるしは、このように、つねにあるものだったり、すでに起こったものだったり、これから起こるものだったりしうる。近い将来に設定された出来事（たとえば男子の誕生や勝利）は、預言者が本物であることを証明する。ただし、そのときが来るまではわからない。

ジャンヌの真正証明

ジャンヌや他のすべての預言者は、王のもとに到着すると、尋問と神学的な手続き（特別法廷への出頭、鑑定人の要求）の対象になる。神学的な手続きは、一三八〇年代から、パリ大学の一連の論説によって体系化されていた。『偽預言者について』[26]を一三八〇年に執筆したピエール・ダイイ、ヘッセンのハインリヒ[27]、そしてとりわけ、一四〇一年に『識別について』[28]、一四二三年に『尋問について』を著したジェルソンが、ひとつの世代をなしている。バーゼル公会議自体が、何度となく提起されたスウェーデンのビルイッタの列聖の問題にとりかかった。一四〇〇年頃のコンスタンス・ド・ラバスタンの『天啓の書』[29]の序文には、すでにこの列聖手続きのことを記している。

ジャンヌが審査された一ヵ月と少しの期間すべてが、観察の期間としても役立てられる。この女預言者は、まず、シノン城〔内の王の館〕のすぐ側にあるル・クドレの塔に、ついでポワチエでは一人の王役人の家に住まわせられた。その王役人の妻は、信心によっておおいに名声を博している人物だった。そして、ジャンヌには小姓と聴罪司祭が付けられる。ジャンヌがよき生活を送っていることを、できる限りの手段をつくして確かめようというのである。この四旬節のあいだ、ジャンヌは断食を行い、告解と聖体拝領を行うために頻繁に教会に通っている。ジャンヌの謙虚さと祈りに熱心なことについては、多くの証言が残っている。処女かどうかの調査は[i]二度にわたり、ラウール・ド・ゴークールの妻と、シチリア王妃付きの貴婦人たちによって証明された。ジャンヌは女性で処女であり、善良で謙虚な人となりであることがわかった。

　神学者による審議会の招集を決定するまで、王は自分に啓示が降りてきたかもしれないことに当惑し、驚嘆したに違いなかった。そこで、王の識別という主題が問題になる。「王の部屋に入ったとき、ジャンヌは声の助言により王を認めた[30]」。ジャンヌがこの問題について話したのは、これですべてである。しかし、フィエルボワで書いた手紙は、預言の有効性に関わる一種の試金石として、すでにこの出来事を予告していた[31]。こうした王の識別は、単なる工作に見えるかもしれない。シャルル七世の肖像画は珍しくなかったからである。しかし、どの預言者も、自分の前にいるのが何者かを知っており、他者の心の内を読み解く。霊感を受けたブレスの女性は、自分を訪ねて来た人々の顔を見たとき、彼らの罪と永遠の運命とがわかった。預言と霊的な洞察力は結びついているのだ。ジャンヌもまた、「声」に告げられていたのだから、同じ仕組みによって、シャルルが真の継承者であるとわかる。

シノン城内のル・クドレ塔

　俗人一般にとって、霊的な洞察力はそれほどなじみがあるわけではないので、この場面にはさまざまな異説がある。王は離れた場所にいたともいうし、貴紳のあいだに身を隠していたともいう。また、王とみなされることを拒んで、親族の一人シャルル・ド・ブルボンを指し示したともいわれる。これは象徴的な駆け引きだ。すなわち、いまだ聖別されずにあらゆる方面から脅かされている王は、王と言えるのだろうか。彼を識別したジャンヌが彼を王にしたのである。オルレアンの史料群と後世の史料群はもっと複雑である。王は顧問官の一人と衣装を交換し、彼を玉座に座らせる。シャルルは（いるはずのない）群集のなかに身を隠したままで、ぼろをまとい、視線を反らす。しかし、ジャンヌは一万人のなかから彼を見分けて、こう言ったという。「あなたが私の探していた真のフランス王です」と。その場面は、奇妙にもダビデの塗油式[32]を思い起こさせる。そこでは、預言者が、もっと頑健で身なりのよい数多くの候補者のなかから、塗油すべき真の王たる者を見分けるのである。同じように、ジャンヌは、その人を見分けて、塗油式にお伴する。

アランソン公は、自身が立ち会ったこの最初の会見に神秘的なものは見出さなかった。ジャンヌは王に向かい、王と王国に救済をもたらすため神から遣わされた、と言ったという。ラウール・ド・ゴークールも、ほとんど同じ言い回しで伝えている。しかし、ジャンヌが王に秘密を告げたのだという考えがすぐさま現れる。アラン・シャルチエによると、「聖霊の影響のもとに、彼女が王に言ったことは誰にもわからない」。一四五六年の裁判のとき、ジャン・ドーロンは次のように断言する。「《乙女》は王に密かに（個人的に）話しました。そして、王が知らない秘密のことを王に話しました」[33]。また、パスクレルは次のように確言する。「ジャンヌは神以外に知りえないいくばくかの秘密を王に知らせた」[34]。しかし、すべての預言者は、秘密を明みに出す者である。預言者は王一人に言葉をかけるので、預言が細大もらさず公にされることは稀である。なぜなら、彼らの強迫と約束が入り混じった預言は、事前に選別されておく必要があるからだ。約束は公にされた方がよい。たとえば、ピエール・ユグ[35]やジャンヌ＝マリー・ド・マイエとシャルル六世の会見がそうである。「そして、彼らが述べたことは、王と神だけが知っている」[36]。

けれども、預言者は、神の赦しの言葉を伝える聴罪司祭のように、秘密を守る義務がある。ジャンヌは一四三一年の裁判のとき、遠慮なくそのことを申し立てている。「王に関わることは明らかにしません、なぜなら、啓示はあなた方ではなく、王に対してなされたものだからです」、と彼女は言っている。「王にそのことを尋ねに行きなさい」と、ジャンヌは横柄に付け加える。ジャンヌは、聖書や神学がこの黙秘権にいかなる根拠を与えているかを知らないので、自分の聖女たちへの約束を根拠にする。そして、バザンのようなシャルル七世の法学者たちは、彼女が王の秘密を守ったことを賞賛している。

それは誰についての秘密なのだろうか。ジャンヌの秘密かもしれないし、彼女のメッセージ、あるいは神の啓示に関する秘密かもしれない。ラ・ロシェルの書記は、次のように考える。「一人の聖なる乙女がフランス王を聖別式に導くため、王のもとに委ねられた。彼女は、福音記者聖ヨハネに次ぐ天国の聖人のように神の秘密を知っていた」[37]。王の秘密であれば、過去（王がおこなった行為）、現在（王の個人的な心配）、未来（敵の前進を前にして、何が起こるのか）に関わってくるだろう。これらすべての要素は、徐々にひとつの主題にまとまってゆくことになる。それは、それらの要素に先立つもので、王（と人民）あるいは王だけの祈りという主題である。このモチーフは、イギリス人がオルレアンを包囲している一四二八年に、『歴史概説』のなかに登場する。民を救済するために神が、自分のところに天使を遣わしてくれるよう、王は神に祈った。ちょうどユダ・マカバイがそうしたようにである（「マカベア第二書」第一五章二一節）。「天使を私たちの軍隊のもとに送って、敵に恐怖を振りまいてください」。『トゥルネ年代記』によれば、罪の増加は神の怒りを引き起こしていた。王と民は、神による救済以外に希望はほとんどなかった。彼らは神がイギリスの咎を退けてくれるように祈った。王の祈りは、階層秩序を再建するという利点がある。王の祈りこそが神の赦しと預言者の派遣をもたらしてくれる。この論理は、民の祈りをめぐってのポワチエの評決では黙殺されているが、オルレアンのすべての史料では競い合うかのように取り上げられている。たとえば、『オルレアン包囲戦の聖史劇』(38)では、王は神に、自分がたまたま犯した罪を大目に見てくれるように、また、自分が王国と忠誠都市《ボンヌ・ヴィル》オルレアンを守り通せるために援軍を送ってくれるようにと懇願する。フランス人のどの点に不満であるかを忘れて、神が聖ミカエルに「乙女」を探しに行かせるには、聖母マリアと、オルレアンの守護聖人である聖ウヴェルトと聖エニャンの長いとりなしが必要である。王の祈りにはいくつかの利点があった。祈りによって、王は神と臣民のあいだを仲介する本来の役割を取り戻したからである。祈りには次のような不都合もあった。王は罪深く不安な臣民たちのために祈ったのか、それとも、王自身のためだったのか、ということである。

心配があるとすれば、それは王が真の継承者かどうかということだった。シャルル七世は、シャルル六世の血を引く息子だったのか。王の子どもを一一人も宿したイザボー王妃の評判は、彼女が政治的責任を行使していないあいだは無傷のままだった。一四〇五年、ジャック・ルグランの説教は、王妃の軽薄さと強欲さを告発した(39)。ところが、『田園小詩』(40)――一四二〇年から一四二五年のあいだに書かれたブルゴーニュ派支持のフィクション作品――には、不貞をはたらくイザボーが登場する。それは、トロワ条約を根拠とするイギリス人の公式な立場ではない。しかし、一四二八年から一四二九年にかけては、噂が広がるのに好都合だったようである。一四二九年頃のジャック・デクスないしロベール・ブロンデルによる『メッス年代記』は、著者が責任をもって、この噂をふたたび取り上げている。ジャン・シャルチエも同様で、のちの一四三七年頃に執筆していながら、一四二九年の噂を差し挟んだ。日付がもっともはっきりしている（一四二九年六月）ので、もっとも有益な証言となったのは偽バルバロの書簡で、不貞をはたらく王妃を神の怒りの原因として告発している。フランスでは、こうした噂は聖別式のあとに消え、ルイ十一世の治世以外ほとんど再燃しなかった。ルイ十一世は、自分の取り巻きを驚かせてやろうとして、自分の祖母［イザボー］は「とんでもない売女」だったと声高に言っていた。もっとも、ルイ十一世にとって、女性のすべて、ないしほとんどの女性は売女だった。

神の目から見て、イギリス王をフランスの継承者にしたトロワ条約は有効だったのだろうか。フランス王側の法学者たちはこれを否定した。というのは、状況がどうであれ、王の継承は自動的なものだからである。(41) たとえ狂人であろうが、人殺しであろうが、姦通者であろうが、王太子は父王が亡くなれば王になったのだ。それは、道徳的な真実ではなく法的な真実だった。たとえ一四一九年のモントローの殺人における王太子の罪状が知られており、放置されたままだったとしても、たとえブルゴーニュ公国[ii]の外では、ジャン無怖《サン・プール》公の死はあまり哀悼の意を表されず、王の側の書簡作戦に効果があったとしても、いくばくかの心配事が尾を引かなかったとは言えない。『乙女年代記』が「ジャンヌは、重大な結果を招いた王の行為である何事かを、王に告げた。それは神と王にしかわからないはずのことだった(42)」と語るとき、ジャンヌはいったい何について話しているのだろうか。淫行（一四五〇年、アニェス・ソレル〔シャルル七世の愛妾〕はその挙句に死んでいた）なのか、それとも殺人行為についてだろうか(43)。たしかに、祈りは「霊的なこと」たりうるが、それは非常に稀な意味である。また、君主の罪が全体として取り上げられているということもありうる。罪深い王はみな権力を失う恐れがある。それは聖書も述べているし、君主鑑の著者たちも繰り返している。王国を失う危険を冒している以上、シャルル七世はたしかにある点において罪人だった。罪深い王は領土を荒野にする。

シャルル七世の祈りが、ほぼ平行関係にある三つの文書のなかで決定的な様相を見せるのは一五〇〇年代のことである(44)。ロッシュ城の寝室か祈禱室で、王は心の中で祈っている。王の聴罪司祭だけがそれを知らされている。完全に希望を失って、王は神にふたつの誓願をたてる。自分が真の継承者であるのなら、神が自分を守り、イギリスに対抗する援軍を遣わしてくれるように。さもなければ、（ドーフィネやスペインに）逃れることを神が認め、生活のためにいくばくかの財産を残してくれるように。もし自分が罪を犯したというのなら、自分だけが罰せられるように。もし民が罪を犯したのなら、彼らは赦され、平和をふたたび取り戻せるように。十五世紀末には、王の祈りは王位継承の正統性と血統に集中する。モントローの殺人は、少しずつ記憶から消えてゆく。あとから振り返ってみれば、一四二九年から一四五三年のあいだのシャルル七世の成功は、彼の無実を証明しているかに見えた。神はいつも試練のなかにある正しい人の祈りを聞き届けていたからである。

フィエルボワの隠された剣の発見についても同様である。ジャンヌはフィエルボワを通りかかったが、そこには聖カトリーヌに捧げられた甲冑と武具がいっぱいに積み重なっていた。四月の初め、ジャンヌの要請によって、王は、その土地の教会財産管理人に剣を持ってこさせようとする。最初、彼らは何のことかわからないと言う。しかし、ジャンヌは、そこにあるのを自分が見たことはないが、自分は剣がどこにあるかを知っており、識別もできると言う。さらに、かつて誰がその剣を持っていたかもちゃんと知っている。この剣は、祭壇の後方ないし前方の地面を少し掘ったところで発見された。ジャンヌは、「声」によって剣がそこにあると知ったのだった。ここでは、剣が見えないものから見えるものへと変化していることが重要である。ジャンヌは、王を識別したように剣を識別する。そして、剣がどこにあるか、それはかつて何であったか、そして将来、ジャンヌにとって何になるべきかを知っている。ふたつの場面は互いに補完しあっている。

サント＝カトリーヌ・ド・フィエルボワ教会
（出典）Minella / Foley, *op. cit.*, p.37.

　ポワチエでもまた、女預言者はみずからの使命に意味を与えねばならなかった。ジャンヌによれば、オルレアンの包囲を解かせ、王に王国を返し、そこからイギリス人を追放することができるだろうと、「声」が彼女に約束していたのだった。私たちが知っている唯一の質問は、スガン修道士によって伝えられたものである。「どうして私〔ジャンヌ〕がやって来たかですって。《声》は私にフランスの民のひどい惨状を告げ、フランスに行かなければならないと言ったのです。〔……〕私は妨害されることなく、王のもとに到着しました」。他の質問はこうである。「もし神がフランスの解放をお望みなら、兵士は必要ないではないかですって。兵士たちが戦うのです。そうすれば、神が勝利をもたらすでしょう[45]」。最後に、「おまえは神を信じているか。〔……〕《声》の約束とは何であり、何語で話したのか」という質問である。実際、しるしと使命の認証は未来にならないとわからないという事実に神学者たちは困惑していたが、王国における王の復権が高貴で有用な目的であることを認めるのにやぶさかではなかった。言い換えれば[46]、ジャンヌの預言は、すべての真の預言と同じく、共同体の利益を目指していたのである。

王の顧問官と神学者の最後の仕事は、新しい告知と関連づけられる、過去の預言の書（あるいは、そのようなものとして提示された文書）を明らかにすることだった。しるしは問題含みだっただけに、「書き記されたもの」がより必要とされた。それらはジャンヌによって導かれていたのだろうか。別の言い方をすれば、ジャンヌは、自分のことが含まれた預言集について何を知っていたのだろうか。

遠く離れたジャンヌの村では、かなりの数の預言が流布していた。実際、ジャンヌがデュラン・ラクサールに次のように思い出させたのは、村を離れる以前のことである。「かつて、一人の女性によって荒廃させられたフランスは、一人の乙女によって復興されるだろう、と言われていなかったでしょうか」[47]。また、ヴォークールールの宿の女主人カトリーヌ・ル・ロワイエに、ジャンヌはこう言った。「あなたはこんな預言を聞いたことがありませんか。フランスは一人の女によって破壊されるが、ロレーヌの辺境出身の一人の乙女によって復興されるだろう、と」[48]。ジャンヌは、この『言い伝え』のなかに自分の姿を見出しているが、その『言い伝え』は典拠のはっきりしたテクストに基づいてはいない。聖書関連の文書にも、マーリン関連の文書にも典拠はないのである。この言い伝えは複数の形で流布しており、十四世紀のあいだに、だんだんと入念に仕上げられていった。もともと、この格言は聖母マリアにあてはめられていった。十三世紀を通じて、聖書注釈学者と神学者たちは、イヴとマリアの平行した関係をつくりあげ[49]、類似点（二人とも神の要求を受け入れるか拒むかは自由であり、二人とも母親である）と対立点（一方は反抗して堕罪を引き起こし、もう一方は受け入れて救済への道を開く）を挙げていった。ダンテの天国では、イヴは自分の罪を償ってくれたマリアの足下に座っている。時が経つにつれて、マリアの役割は増した。マリアは、もはや生身の人間に救済をもたらすにとどまらず、キリスト教世界を絶えず見守り続けたのである。普遍的な仲介者にして弁護人として、聖母マリアは死に臨んでの最後の頼みの綱、そして時代の不幸に対する防壁となったのだ。マリアは、実際のところ、十四世紀と十五世紀のすべての女預言者――スウェーデンのビルイッタ、シエナのカタリナ、さらにはマリー・ロビーヌやジャンヌ＝マリー・ド・マイエも――のもとに現れ、キリストの傍らでとりなしを行い、憐れな民に慈悲を与えるようキリストに頼んでいる。

しかし十四世紀には、マリアは、もはやキリスト教世界の守護者というよりも、フランス王国の守護聖人だった[50]。「ガリアの王国はマリアの王国」との言い習わしがある。聖母マリアは、自身の象徴に百合の花を持ち、それゆえフランス王家の繁栄を保障していた。マリアは森で迷った若き日のフィリップ尊厳王を救い、ブーヴィーヌでの勝利を約束しなかっただろうか。ノートル＝ダム・ド・ラ・ヴィクトワール〔勝利の聖母〕修道院は、この勝利の記憶を連想させる。ついで、聖母は一三〇四年にモンス＝アン＝プヴェールでフィリップ四世の命を救い、一三二八年にはカッセルでフィリップ六世に大勝利をもたらした。シャルル六世は、処女宮（あるいは処女の上昇宮）の生まれだった。王の父〔シャルル五世〕は、マリアにある祈願を捧げた。一三九二年、最初の狂気の発作ののち、シャルル六世自身がその祈願を新たにすることになる。つまり、それぞれの王が、聖母マリア、あるいは一人の処女に、王国の救済を期待していたのである。

もう一人の女救世主を待望することは可能だったのだろうか。預言者の意見は、この問題についてははっきりと分かれている。十四世紀末、コンスタンス・ド・ラバスタンは、王を救いに行く若き騎士（ガストン・フェビュス）[51]の救援をなおも待ち望んでいた。しかし、女救世主の概念は、すでにフランドルやイタリア諸都市ではおなじみで、女性の神秘主義者たちは都市軍の成功のために祈り、そうやって彼女たちが予言した勝利を勝ち取るのだった。ジャンヌ・ダルクが知っていた格言のなかで決定的地位を割り振るべきは、スウェーデンのビルイッタである。十四世紀の中頃、クレシーの戦いとペスト大流行のあと、ビルイッタは、教皇のアヴィニョン捕囚でとても苦しんでいるキリスト教世界の運命について予言する。しかし、彼女はまた、スウェーデン王国や、フランスとイギリスの戦争のことも気にかけている。[52]聖母は数度にわたって、みずからが選んだ、信仰に篤く、純朴で無学な女性（ビルイッタは未亡人である）のもとに現れ、救済への道筋を明らかにした。『天啓の書』[53]のふたつの章が取り扱う一三四七年の幻視は、フィリップ六世とフランスの「真の継承者」であるエドワード三世のあいだの戦争が平和裡に解決することを目的とする。二人の王が争う気の毒な王国を憐れんでくれるようキリストに懇願するビルイッタのもとに、聖母と聖ドニが現れる。フランスが真の後継者のもとにふたたび戻るときまで、皆が辛酸をなめるであろう。その目的のために、この女預言者はフランスとイギリスの結婚を提唱した。それが神の怒りを静めるだろう、と。つまり、ビルイッタにあっては、論理の展開はジャンヌの方策と正反対である。

フランスとイギリスの結婚という考えは一三七七年以降何度も検討された。イギリスの後継者リチャード二世は、幼いとはいえ、少なくとも理論上はフランス王女と結婚できる年齢だった。シャルル五世の娘イザベルとの結婚は失敗したが、リチャードは一三九六年の二度目の結婚で、シャルル六世の娘イザベル[iii]と結婚した。彼女はとても幼く、まだ七歳だった。この婚姻によって、平和が永久に続くことが期待された。フィリップ・ド・メジエールなど、この結婚の交渉をおこなった人々は、『天啓の書』を持っていた。この本は、明らかな政治的理由のために、フランスではあまり出回っていなかった。ところで、サン＝ドニ修道院の修道士[54]にとっても、ジュヴネル〔ジャン・ジュヴネル・デ・ジュルサン〕にとっても、百合の花文様の衣装をまとった無垢な処女、この幼いイザベルこそが、エドワード二世と「フィリップ四世の娘イザベルとの結婚（一三〇八年）によって開かれた戦争の奈落をふたたび閉じて下さるだろう」。無垢な少女が悪しき女性の埋め合わせをするのだが、二人とも同じ名をもっている。言い換えれば、ジャンヌ・ダルクが引き合いに出す預言的な格言は、十四世紀の最末期にスウェーデンのビルイッタの言うことを移し換えることによって生み出されたのではないだろうか。悪しきイギリス王妃イザベル[iv]がイザボー・ド・バヴィエール以前に存在したように、処女イザベルはジャンヌ以前に存在したのである。

一三九六年から、この格言はふたつの異なる形式で流布する。王国と、のちに王太子に服従した地域では、預言者と女預言者は、ビルイッタの預言のように、対立のない王位継承の図式に忠実であり続ける。たとえばコンスタンス・ド・ラバスタンは、聖母マリアがコンスタンスこそ自分の使者であり、封印を開ける者であると認めるのを見る。マリー・ロビーヌの幻視は三重の継承によって成り立っている。聖母は既婚女性であるマリーのもとに出現し、彼女、つまりマリーは、それゆえに将来もう一人別の処女が到来することを告げることができるのである。王の取り巻きはそのことを知っており、オルレアンの史料群もそれについて語っている。ジャンヌは、かつてマリアがキリスト教世界を救ったように、王国を救済すべく遣わされた処女なのである。ジャンヌは、同じく女預言者である、もう一人のマリア（マリー・ロビーヌ）によって到来を告げられた。ロワール渓谷[55]やブリュージュ[56]、もっとあとではドーフィネ[57]で流布する格言は、イザボー王妃の断罪をいっさい含まない形のものである。

ジャンヌが示した格言の解釈は、これよりのちのものである。その格言は、幼いイザベルに王妃イザボーが取って代わったこと、王シャルル七世の母親の嘆かわしいイメージの流布を前提としている[58]。この格言は三つの異なる文書によって知られている。そのうち二点は一四二九年六月から七月のものである。あるシュパイアーの聖職者によれば、人類は一人の処女によって救われ、一人の既婚女性によって滅びたのだから、「一人の既婚女性の美貌」が原因で破滅した王国は、一人の処女によって再建されるだろう。偽バルバロによれば[59]、あらゆる災厄を癒す聖母は、イザボーの不貞を償うために、代理人たるいま一人の処女をフランスに遣わした[60]。もっと後年のもので、より曖昧な、サン＝チエボーの主席司祭によって書かれた『メッス年代記』では次のように主張されている。「ジャンヌは王に、王国は破壊され滅亡したのだから、自分のような一人の乙女によって再建され、回復されるのがふさわしい、と言った」[61]。したがって、この政治的な形式の格言は、メッス（ジャック・デクスの年代記が書かれた場所）またはブルゴーニュから流布し、ライン渓谷、フランス東部とイタリア北部へも伝播していったと推測できる。こうした論法は必ずしも簡単に利用できるものではなかった。いずれにせよ、王が広めたジャンヌの使命に関する預言書の類は、これにいっさい言及していないのである。

王の顧問官たちによって選別され、国王尚書局によって流布された書類すべてのなかに含まれた預言は、モンマスのジェフェリによる『ブリタニア列王史』から借用されている。『ブリタニア列王史』では、マーリンが次のように述べる。

樫の森からやって来た一人の処女が
弓兵らの背に跨るだろう
そして無垢な花を秘匿するだろう

この難解な一節は占星術から着想を得ているが、そこではジャンヌは処女宮に相当し、イギリス人は、腕の良い弓兵という評判に鑑みて、射手に相当する。より明確な別の異本では、三行目に次の詩句が入る。「*Et expellet inimicos regni*」。すなわち、彼女は敵を王国から追放するだろう、と。ここで問題となっているのは、モンマスのジェフェリの著作中の二ヵ所の文章からとられたモンタージュ作品である。もとになった文章は別のページにあるが、そんなに離れてはいない。これらの文章は、十二世紀にはイギリスの国内史を語る部分にあった。百年戦争によって、マーリンものの預言集は大陸に広まり、イギリスの勝利もフランスの勝利も預言した。これらの預言の文書はかなり曖昧だったので、たやすく意味を転じることができた。マーリン[62]はイギリスの占い師というよりは、国際的な占い師だった。ウスタシュ・デシャンやクリスチーヌ・ド・ピザンは、シャルル六世やシャルル七世の勝利を予言するために、競ってマーリンの預言を引用していた。いずれにせよ、マーリンはブリテン人〔イギリスの先住民〕の占い師であり、イギリス人の侵攻によって打ち負かされ圧倒されたブリテン人には、イギリス人に好意的である理由など何もなかった。

この十二世紀の文書をジャンヌと王国にあてはめるためには、ジャンヌは「処女《プエラ》」（シノン到着以後がこの事例にあたる）に、フランス王国は百合の花（一一三〇年代以来、百合の花が王家の紋章の基本だった）に、そしてイギリス人は射手に準《なぞら》えられる必要があった。かつてクレシー、ポワチエ、アザンクールの戦いでは、フランスの騎士に対する「長弓《ロング・ボウ》」の優越がはっきりと示された。歩兵が高貴な騎士を打ち負かしたのだ。弓は騎士道的な武器ではなかった（そもそも弓は教会によって禁じられていた）が、有効な武器だった。フランス人は、弓をなんとなく不名誉なものと考えていた。しかし、マーリンの預言の射手は歩兵ではなく、ケンタウロス、または半身で振り返って矢を放つ騎馬の王、あるいは占星術の人馬宮だった。かりにヘンリ六世がこの射手だったとすれば、彼は弓兵の王[63]として、ニムロドのように、神によって罰せられた数多くの暴君のあとを継いでいたことになる。不名誉な武器は暴君のものだったのである。これに対して、真の王たるシャルル七世は、離れたところから、あるいは振り向きざまに打撃を与える空威張り屋ではなく、英雄同士での一騎打ちの武器である剣を振り上げるのだった。

『森から』はジャンヌが到着してからすぐさま利用された。ジャンヌ自身が一四三一年にそのことを証言している。「彼女がフランスにやって来たとき、老樹《シュニュ》とかいう森のことを彼女に話した人たちもいた。というのも、森の近くから奇蹟をなすであろう一人の乙女が来るに違いないという預言が、この場所にはあったからである」[64]。ヴォークールール到着以来、国境から来る娘[65]のもとで起こると告知されたこれらの驚異をジャンヌが知っていてもおかしくはない。彼女は、それをカトリーヌ・ル・ロワイエに話しているのだから。しかし、ジャンヌはこうした定式化を拒んだ。おそらく彼女の好みからすれば、あまりに占星術に近すぎたのだろう。「彼女はそれを信じなかった」[66]。

この預言はふたつの陣営に流布した。オルレアンのイギリス人は、一人の乙女がフランスの外へ自分たちを追い払うという預言があると語り合っていた[67]。ジャルジョーの戦いのあと、四行詩の覚書が、当時囚われていたサフォーク伯のもとに送られた。その覚書は、老樹《シュニュ》の森から来た「乙女《ラ・ピュセル》」[68]が、イギリス人に抗して射手に跨るであろうと書いてあった。マチュー・トマサンは、『森から』[69]が大量に出回ったことをポワチエの調査の影響であるとする。ノルマンディ人の神学者ピエール・ミジェは、マーリンの預言のなかから、「老樹の森から出てきた」[70]ロレーヌ出身の乙女が来るに違いないという、「書き記されたもの」を発見したという。しかし、この古いマーリンの書をいつから彼が知っていたのか、私たちにはわからない。『森から』は、王自身によって広められるよりも前に、ロレーヌ地方やオルレアン・ルーアン・パリで流布していたと考えられるのではないか。

一四三〇年から一四五六年のあいだ、『森から』は消えることなく[71]、引用され続けた。たとえば、ジャンヌの家族の弁護人がそうである[72]。無効裁判のために諮問を受けた法学者や神学者も、そのことについて語っている。ジャン・ド・モンティニによれば、ジャンヌは預言者としての資質を証明するために、しるし、ないし「書き記されたもの」を持っており、「これが老樹の森の預言であると信じる者もいた」[73]。ジャンヌの預言の書類を丹念に検討しているブレアルによれば、『森から』にはふたつの異本がある[74]。第一は「太古の時代から口頭で伝承された」もので、老樹の森が、のちに偉大なことをする「処女《プエラ》」を生み出すに違いないと語る。第二は知的な文書『マーリンの預言』のなかに姿を現しており、ブレアルは（「処女は跨る」の箇所に移ることなく）、立て続けに一二行ほどを引用し、（最初の五行は）ジャンヌに、（残りの行は）王に割り振っている。はじめの行だけが、伝統的な方法で読まれている。要するに、以下のように語られている。「辺境の老樹の森から、乙女がやってきて、王国を癒すだろう。そして、彼女は王と大貴族たちに面会に行き、名高き諸都市を解放するだろう。裏切り者を一喝し、貧者と王国の災禍のために涙するだろう。彼女の勝利の噂はイギリス中に溢れるが、そのとき一〇歳の若きヘンリ六世は、彼女の死をかち得るだろう。しかし、それは処罰なしでは済まされないだろう。というのも、イギリスとノルマンディの反乱によって、結局シャルル七世がふたつの王冠を戴くことになるだろうから」。この解釈が一四二九年から一四五〇年までを扱い、火刑台ではなく、光り輝く未来に通じているという利点があるとしても、その解釈は時間的にはあとのもので、ジャンヌ同様、占星術に対するためらいを表していることは明らかだ。

国王尚書局の預言の書類のなかに頻繁に登場するもうひとつ別の預言は、一般にベーダによるものと見なされている。ベーダは六世紀イギリスの最初の歴史家で、実際にはそうした預言の類をいっさい書いていない。実際に問題になっているのはクロノグラム、すなわち、単純な暗号化を通じて日付を示す文書である。[75] Mは千、Cは百、Lは五〇を表わす。占星術の黄道十二宮は月を示す。この記憶術的な方法は中世を通じて非常によく用いられた。たとえば、一四〇七年は「罪人の腕を砕く」（M IV C V II）に相当する。[76] ジャンヌの冒険によって、いくつかのクロノグラムが生み出された。たとえば、一四二九年は次の文書に相当する。

力は力と〔合わさり〕七の二倍、カッコウ〔尻尾〕たちが
互いに結びつくだろう
雄鶏の雛が金牛宮で新たな戦いを準備するだろう
見よ、戦いが幸いをもたらす、そのとき処女が旗を捧げる

「処女は跨る」に次いでときどき登場するこのテクストの意味は、故意に曖昧にされている。詩句は、エドワード三世の息子であるエドワード黒太子のために、イギリス人のアウグスティヌス会修道士であるブリドリントンのジョンが書いた預言から借用されたものである。[77] テクストの前半はもっとも暗示的で、フランスとイギリスの戦争にあてられている。カッコウがお互いに仲間になるが、（牡牛座か、金牛宮の下で）小さな雄鶏があらたな戦争をするだろう。預言の語彙のなかで、フランス人はガリア人に由来するから雄鶏だというのはさほど独創的ではないとしても、イギリス人を「*culi*」（尻ないしカッコウ）ないし「*conculi*」（野ウサギ）に見たてるのは、より独創的である。たしかに、噂では長いあいだ聖アウグスティヌスを愚弄したせいで、イギリス人には尻尾があるということになっていた。また、いくつかの詩はイギリス人に「尻尾のある人々」[78] という烙印を押している。そのうえ、ランカスター家の紋章のなかにはキツネの尻尾が載っている。カッコウには他の鳥の巣に卵を産みつけて正当な所有者を追い出すという恥ずべき評判がある。ウサギは臆病さの象徴ではあるが、野ウサギに遭遇することは不幸をもたらす。そして、最後の行では、女預言者デボラについて聖書が述べたことをふたたび取り上げ、ジャンヌに当てはめて述べている。「彼女は軍旗を持ち、彼女がおこなった戦争は、神の民を幸福にした」。

ジャンヌ・ダルクの冒険に関しては七つのクロノグラムが現

存している。クロノグラムは、双魚宮の下でのジャンヌのシノン到着から（金牛宮の下での）救援部隊の派遣までと、双子宮の下でのオルレアン包囲の解除、巨蟹宮における六月一九日のジャルジョーとパテーにおける勝利、七月の聖別式、双子宮の下におけるコンピエーニュでのジャンヌの捕縛と彼女の死である。クロノグラムにいちばん完全な（六か七）見本を提供したのは、一四六二年頃に完成されたモン＝サン＝ミシェルの年代記である。[79] 十六世紀には、『徳高き婦人鑑』[80]がそのクロノグラムを解読し、さらにふたつを解釈している。

とはいえ、ジャンヌ関連のクロノグラムのなかでいちばん流布したのは、『力は力と』である。それは、クリスチーヌ・ド・ピザンやブリュージュのアントニオ・モロジーニの著作のなかに描かれているほか、神聖ローマ帝国[81]やスコットランドでも見つかる。この著作の流布はおそらく組織的なものだった。その成功は多分、難解さとも関係がある。難解さゆえにその後何度となく取り上げられたのである。十五世紀半ばに遡るラテン語写本三五九八番では、雄鶏の雛が、ペリカンと同一視されたフランス王に取って代わられる。ペリカンの寓意はキリストを表すのに頻繁に用いられている。[82] 雛のためにわが身を犠牲にする親鳥の姿が、他者の救済ためにみずからを犠牲にしたキリストに重ね合わされているのである。

『カロルスの息子カロルス』[83]は、フランス王家のメシア思想を象徴する文書であるが、本来、ジャンヌとは何の関係もない。というのも、はるかに昔の文書だからである。事実、この文書を遡れば、ふたつの異なる原型に行きつく。そのひとつは四世紀の、後期のシビラの文書群で、複数の王の統治を告知する。その最後の王が、「Cからはじまる王」で、一一二年のあいだ平和と繁栄のうちに統治するであろう。そして、この王はユダヤ人と異教徒を改宗させたあと、エルサレムで退位するだろう。かくして、ローマ帝国は終焉を迎え、キリストが復活して、生者と死者を裁くだろう。偽メトディウスの預言はそれとは異なり、七世紀にアラブ人の圧力に苦しむビザンツ世界で生まれた。曰く、輝くばかりに美しいギリシアの皇帝が、不信心者を打ち破り、約束の地を奪回し、ユダヤ人と異教徒を改宗させるだろう。すべての地上の王は、彼の前にひれ伏すだろう。そして、平和と繁栄と豊かさが千年間続くだろう。つぎに、王はゴルゴタの丘に登り、そこで退位するだろう。そのとき反キリストが出現する。この東方起源の文書は十世紀に西ヨーロッパに伝播した。モンティエ＝アン＝デルの修道士アドソンは、それをカロリング朝の諸王に当てはめた。カロリング朝の王が存在する限り、この世は続くであろう。初期カペー朝の王たちは、フィリップ尊厳王以前には、最後の皇帝と見なされることはあまりなかった。フィリップ尊厳王の治世のもとで、フランス王はふたたびカール大帝〔シャルルマーニュ〕の後継者となったのだ。それ以後、あらゆる十字軍と、神聖ローマ帝国〔の皇帝選挙〕におけるフランス人の候補者のすべて（王の兄弟、あるいは次男以下の子ども）が、預言の文書の対象になった。

シャルル六世[84]、シャルル七世、シャルル八世、そしてシャルル九世に当てはめられたような、最終的な形式の『カロルス』は、シャルル六世の治世のはじめに登場した。そのあいだに、フランス版メシア思想は進むべき道を見出していた。そこでは、皇帝はシャルルの息子シャルル（実際にそうであるだけでなく、後継者であり、あの偉大な皇帝の美徳に倣うことを約束した）と呼ばれている。偽メトディウスの預言書よりももっと曖昧な短い人物描写のあと、王は一三歳で王位につく。それから王は国内の敵やイギリス人に対して最初の一連の勝利を得、それによって真のフランス王になる。外敵に対する勝利は、王がフィレンツェ、ついでローマへの道を辿ることを可能にする。シャルルは全ヨーロッパの皇帝となるのだ。あとは、聖地に到着し、エルサレムをふたたび占領するだけだ。シャルルが近づくと、異教徒やユダヤ人、不信心者は改宗する。そして、シャルルはゴルゴタの丘の上で退位して、世界の終末を引き起こす。『カロルス』には、いくつもの有利な点がある。すなわち、記憶するのが簡単な三段階の構造、敵のリストおよび一三歳と三三歳のあいだの統治における教会暦法のきわめて簡単な適用、そして不変の要素（王の名）である。豊穣との結びつき、そしてすべての者への正義の約束は、フランスでもイタリアでも、この文書の人気を確実にするのに貢献した。

ジャンヌは『カロルス』を知っていたのだろうか。復活祭の期日算定を更新するラテン語写本三五九八番[85]や、治世のメシア信仰的終末にとても長い記述を割いた一四四五年のジャン・デュボワの著作[86]のなかには、シャルル七世にあてはめている用例がいくつか見られる。しかし、一四二九年には、クリスチーヌ・ド・ピザン『ジャンヌ・ダルク頌[87]』だけが『カロルス』の筋書きをフランス語で詳しく説明している。ただし、それは巫女の名のもとになされていた。この預言が、農民の娘にとってあまりに知的にすぎることは確かである。それでも、一四三一年三月一七日、ジャンヌは、自分が神から「フランス王だった（他の写本によれば、王になるであろう）シャルルの息子シャルル[88]」に遣わされたのだと宣言する。神はシャルルに大勝利をもたらすだろう、と。他のところでは、ジャンヌがシャルルにもたらす王国は千年続くと断言している。『ランスの聖別についてのバラード[89]』と『オルレアン包囲についてのラテン語詩[90]』は、「第二のカロルス」としてのシャルル七世という主題をふたたび取り上げている。よりはっきりした『モロジーニ年代記』は、王の頭上にまずフランスの王冠が、次いでローマでふたつ目の王冠が受け継がれることを示している。最後に、王は聖地の征服をなしとげるが、そこでは、皆がジャンヌのとりなしによって王を崇めにやってくる。しかし、『カロルス』の原本では、王は戦いの勝利と三重の王冠の唯一の責任者であった。それでも南フランスのいくつかの異本では、王はすでに「天使の牧者」に伴われている。もちろん、ここで取り上げられているのは、フランチェスコ会修道士が一二八〇年以来待ち望んでおり、彼らがケレスティヌス五世に、次いでもう一人のフランチェスコ会出身教皇アレクサンデル五世に見出したと信じた、天使のような教皇である。しかしながら、ジャンヌは牧者（あるいは羊飼いの娘）であり、かつ天使ではなかっただろうか。彼女の支持者はそう主張した。ジャンヌもそう信じた。ジャンヌは神の使者で、若き王に王冠を授ける使命を担っていたのではなかったか。

　したがって、ジャンヌがシノンに到着するよりも前に、特徴のはっきりしない一人の戦う処女の到来を告げるさまざまな預言書の詩節が、口頭や文書で広まっていたのである。その一方、預言集は、宮廷や、その近くにあるマルムーティエ修道院では珍しいものではなかった。トゥール図書館の写本五二〇番には、ブリドリントンのジョンの預言、フランスとイギリスの結婚に関するスウェーデンのビルイッタの要約、マリー・ロビーヌの『天啓の書』、そして百年戦争と教会大分裂に関するマーリンものの一連の短い文書すべてが、ポワチエの審判の際に引き合いに出されたほかの題材とともにひとつにまとめられている。この選集は一四二五年から一四五〇年のあいだに作成された。[91] 預言に興味があったことで知られる王の聴罪司祭ジェラール・マシェが、この書物を参照し、発注さえしたと推測することを禁じるものは何もない。これらの預言書の何節かのうち、ジャンヌはヴォークールールを出発する以前に、少なくともふたつを知っていた。すなわち、一人の既婚女性によって失われた王国は、一人の処女によって救済されるであろうというものと、森の乙女が驚異を起こすであろうというもの（『森から』の口述版かもしれない）である。口頭で伝えられたふたつの俗語の預言のうち、最初のものはどの文書にも典拠がなく、二番目のものはずっと複雑な知的文書を要約したものである。実際のところ、預言の流布は聖職者階級や権力の座にある者の集団を超えていた。すべての預言（とりわけ『カロルス』）には、フランス語版があった。ウスタシュ・デシャンやクリスチーヌ・ド・ピザンは預言を素材に物語詩をつくった。

　そのかわり、ジャンヌは知的な形式の『森から』（これはジャンヌの気に入らなかった）と、クロノグラム『力は力と』を知らずにいた。ともかくも、年代の計算と占星術の星座はジャンヌに疑いを引き起こしていた。宮廷の聖職者と同じように、彼女は、王国を救う奇蹟的な乙女がやって来るに違いないことを知っていた。ジャンヌは、これから王に会いにくる人、あるいはすでにやって来た人のなかで、自分こそが待望の「乙女」であると説得せねばならなかった。だが、これらの文書のうちのどれも、待望の「乙女」を確認する手段を与えてくれなかった。たしかに、ジャンヌは軍旗を持っていただろうし、森から出てきたのでもあったろう。また、弓兵隊を打ち負かしたかもしれない。しかし文書は、いかなる名前（「乙女《プエラ》」という単語は総称語であり、固有名詞としてその名を指定したのはジャンヌである）

ジャンヌの審問がおこなわれたポワチエ城

も、いかなる外的特徴も、人物像も、服装も、意味のはっきりした品（軍旗以外に）も与えてくれなかった。

ポワチエの神学者たちは、六週間の尋問と検証ののちに、ジャンヌが正しいと認めた(92)。あらゆる部類の人々――聖職者、篤信家、兵士、未亡人やその他の女性――が、彼女と話したり、彼女を観察したりすることができた。彼らはジャンヌのなかに、善良さ、謙譲、純潔、そして信心を見出した。彼女の生まれと人生について、いくつかの驚くべきことが真実として述べられた（『森から』から予測される「偉業」）。それでもまだ、しるしが欠けていた。明確に満足させうる「書き記されたもの」が欠けていたのである。王と家臣には、神が勝利を約束したアハブとギデオンがおこなったように、しるしを要求する正当な資格があった。「乙女」は彼らにオルレアンの前でしるしを見せることを約束する。「彼女の約束は、ただ単に人間の行うことである。しかし、それを信じないことは、聖霊を疑い、神の救済に値しないということだろう」。ポワチエの結論は、最終的にガマリエルを参照する。この人物は、神のもとからやって来たという使徒たちを、他の偽救世主たちと同じように、行かせるままにせよと助言したのだった。つまり、疑いは残していたのである。「もし彼らの企てが人間に由来するものならば、それは自滅するであろう。しかし、もし企てが神に由来するものならば、あなた方はそれを破壊することはできないだろう。神に対して戦争状態になる危険を冒してはならない」。それゆえ、すべては、しるしが実現するか否かにかかっていた。三月末、王はジャンヌと軍隊をオルレアンに派遣することを決定した。復活祭、すなわち再生の祝祭が近づいていた。

国王尚書局は、一四二九年三月末から七月のあいだに、ポワチエの神学博士らの決定や、明らかに当時編纂された三から六の預言を含む文書を流布させ、必要な「書き記されたもの」を提示しようとする。[93]それらの文書は、対立するふたつの陣営ばかりでなく、ブリュージュや神聖ローマ帝国にも広められた。そのいくつかは、必ずしも本来の受取人ではない公証人や王の下級役人を介して保存された。たとえば、サンスの奉行《プレヴォテ》管区の印章官ニコラ・デュ・プレシ、グルノーブル高等法院評定官マチュー・トマサンや、A・ド・ケリメルである。それほど形式ばらないものでは、クリスチーヌ・ド・ピザンの『ジャンヌ・ダルク頌』やアントニオ・モロジーニの書簡集、さらにエーベルハルト・ヴィンデッケの『年代記』が、三月二二日よりもあとにこれらの文書が流布されたことを証言している（なぜなら、文書に『イギリス人への手紙』が含まれているのだから）。また、文書が聖別式（これについては一般に言及されていない）まで等間隔に並んでいることもわかる。これらの文書は、ジャンヌに先立つ「書き記されたもの」を提示するにとどまらない。それらは当然のことながら、期待にきちんと沿った新しい女預言者の人物像も提示しなければならなかった。女預言者は枠組を提供していたが、それを脚色する必要があった。選ばれた「乙女」は、きちんと特定されねばならなかった。

シャルル七世の顧問官たちは、ふたつの違ったやり方で処理した。ジェラール・マシェの補佐官である聖職者ジャン・ジラールは簡単な人物像を作成した。すなわち、ジャンヌは処女で控え目で、毎日告解を行い、毎週聖体拝領をして、すぐ泣いたり笑ったりする。彼女は動物たちの友人で、とりわけ小鳥たちは、彼女が子どもの頃から手のなかにえさをついばみに来るほどだった。ここで取り上げられたのは、フランチェスコ会の強い影響下にある道徳的な人物描写であり、「乙女」と認めるには不十分だった。

その一方で、乙女の人物像がいくつも生み出され、ジャンヌ・ダルクのために書かれた新たな預言のなかに組み込まれた。『カロルス』も同じように、名前と家系のあとに、終末の日の王に適合的な人物描写を挟み込んだ。これは、ブレアルのただひとつの証言によって残されている『おお名高き百合よ』[94]の著者がおこなったことである。人々がそこに読み取ったのは、「乙女」は（内乱という）毒をもたらした地方の出身で、右耳の後ろに赤くて丸いしるしがあり、首は短く、寡黙で、声は優しいということだ。もうひとつの人物描写は、とりわけ国王尚書局によってとくに広められた文書のなかに現れる。すなわち、「娘らしい、かよわい四肢に男の服をまとった処女」[95]である。イギリス人がオルレアンの町の攻撃準備をしていたときに書かれた一六の詩からなるこの文書は、ジャンヌの描写から始まる。男のような衣服を着た乙女。兵士たちを率い、神が勝利を約束した聖なる若い娘。そのあとで、呪われた敵に対して総攻撃を呼びかける。この記述がもっとも効果的である。男性の衣服と甲冑は目に見えるものである。しかし、この視点を選択したということはまた、早くもポワチエで、王の陣営がこの異常性を説明しなければならなくなることに気づいていた証拠である。神学者たちは、「申命記」へのこの違反によって、ひどく困惑させられる。たしかに、聖人や預言者には、信徒の注意を自分たちに向けるために、風変わりな行動をとる権利がいくらかあった。もちろん、彼らは例外だったが、他の人々と同様に、教会の枠組みは彼らにも課せられたのである。

したがって、ジャンヌの冒険は、その最初から預言的で神話的な場のなかに組み込まれているのである。神によって遣わされた預言者には奇蹟が期待された。預言者は、戦争にとりつかれた社会の期待と夢に焦点を合わせる。誰もが、王国の解放と、キリスト教世界内部の和合、そしておそらく約束された地の再征服（誰が知っているのだろうか）さえ熱烈に望んでいた。この世界は意味をふたたび見出すために、改革せねばならなかった。ジャンヌ以前にも何人もの預言者がやって来た。そのメッセージはジャンヌのものと大して違いはなかった。しかし、これほどのものはかつてなかった。はじめて、預言者が預言を自分自身で実現できると言ったのだ。ジャンヌに先行するすべての女預言者たちは、（ジャンヌのように）神の啓示を得ていた。しかし、彼女たちは、祈禱あるいは王や教皇への助言にとどまっていた。時として彼女たちは、自分たちのメッセージを象徴的に実現するところまではこぎつけた。しかし、その後これらカリスマのある人たちは、行動を実際に起こす段になると、制度的に権限を有する王や聖職者の手にその行動を委ねた。それゆえに、このジャンヌの野望は驚きである。この娘が預言者であると認めた神学者や兵士たちは、彼女が自分たちの幸運の女神になること、そして軍旗を持つことを期待していた。ところで、一四二九年三月二二日、ジャンヌは次のように書いたのである。「私は軍隊の指揮官である」と。

訳注

［ⅰ］アンジュー公・プロヴァンス伯ルイ二世（一三七七～一四一七年）の妃ヨランド・ダラゴン（一三八一～一四四二年）のこと。ルイ二世がシチリア（「シチリア王国」と称したシチリア島とイタリア半島の二つの王国のうち、「ナポリ王国」と呼ばれたイタリア半島の方を指す）王を称したため、ここでは「シチリア王妃」と呼ばれている。シャルル七世の妃マリー・ダンジュー（一四〇四～一四六三年）の母。

［ii］「ブルゴーニュ公国」は、ブルゴーニュ公領、ブルゴーニュ伯領、シャロレ伯領、フランドル伯領、ブラバン公領等からなる領邦国家を指す。

［iii］シャルル六世とイザボー・ド・バヴィエールの娘イザベル・ド・フランス（一三八九〜一四〇九年）のこと。一三九六年、カレーでイギリス王リチャード二世と結婚した。リチャード二世の死後、フランスに帰国（一四〇一年）。一四〇七年オルレアン公シャルルと再婚した。

［iv］フィリップ四世の娘で、イギリス王エドワード二世の妃イザベル・ド・フランス（一二九二〜一三五八年）のこと。カペー朝断絶後、息子のエドワード三世がフランス王位の継承権を主張したことから、百年戦争が勃発した。

第7章

羊飼いの娘の作戦

Opération bergère

ジャンヌは羊飼いの娘ではない。彼女はそのことを何度もはっきりと述べた。ジャンヌが選んだイメージ、それは「乙女《ラ・ピュセル》」のイメージである。しかし、ジャンヌは存命中から、彼女の意に反して、味方の陣営でも、他の陣営でも、たしかに羊飼いの娘と呼ばれていた。その例をふたつ挙げよう。一四三五年以降に何度か書かれた『オルレアン包囲戦の聖史劇』のなかで、鍵になる情景のひとつは縫い物をしながら羊の番をするジャンヌへの天使のお告げである。ジャンヌは貧しい羊飼いの娘、若くて無邪気な少女として描かれている。このうえない優しさと純真さが彼女のなかに息づいている。神がジャンヌに与える困難な使命を天使が語る八行詩は、すべて次のようなリフレインで終わっている。

いつも胆に銘じよ
神にとって羊飼いの娘であることを(1)

ジャンヌは、ボードリクールからも同じような助言を受けている。「おまえは一介の子ども、貧しいただの羊飼いの娘にすぎない」、と。その言外の意味するところは、お前はどうやってイギリス人に立ち向かい、騎士や権力者たちが失敗したまさにその場所でうまくやっていけるのか(2)ということである。この羊飼いへの助言と同じような場面は、マルシァル・ドーヴェルニュ(3)やヴァルラン・ド・ヴァランヌ(4)など十五世紀末の著述家の作品にも登場する。

騎士となる羊飼いの女*

その他の証拠としては、図像的なものがある。十五世紀末、サン＝ヴィクトール修道院長ニケーズ・ド・ロルム（在位一四八八〜一五〇六年）は、無効裁判に関するジャンヌ・ダルクのさまざまな文書を筆写させた。その写本のなかで、「*Exigit*（「終わり」の意）」のEが、羊飼いの小娘がどのようにして「乙女」になったかを示すみごとな情景の額縁(5)となっている。遠方の谷あいの牧歌的な風景はムーズ渓谷と王国の境界を表わしている。葉むらは『森から』を想起させるし、堅牢な城の開け放たれた門は王国を表わす。ジャンヌはこの図像の中央に立っている。ジャンヌは人差し指をぴんと立て、神の声が行くようにと励ました王国を指し示す。彼女の左手は剣の柄頭を掴む。ジャンヌの右側、すなわち王国の側では、地面に突き立てられた羊飼いの娘の黒い杖が黒い矛槍に変わった。眠っている家畜の番をしながら草原に立つ小柄な羊飼いの娘。彼女は羊飼いの服装をし、いまだ長い髪を隠す白い粗末な頭巾を被り、白い服の袖はふくらんでいる。その上に、フランチェスコ会の僧服によく似た、無地の粗末な褐色の上着《コット》をはおっている。白は純潔、褐色は下層身分ないし召使の身分の象徴である。しかし、（昼間だというのに）星空に満ち溢れる天使たちの声によって、この服装は変貌する。星々は、日常的で静穏な情景のなかに、それを一変させる超自然的なことが不意に出現するしるしである。実際、羊飼いの長い服の下に、脛当てと金色の拍車がついた緋色の足用防具が見えるではないか。腰のところでは、赤い帯が緋色の鞘に収まった剣を支えている。赤と金は騎士道の世界に関わるものである。騎士だけが金の拍車をつける権利がある。燃えるような赤は皇帝のマントの色であり、騎士叙任の日の騎士のマントの色でもある。それは、聖職者や寡婦や孤児を守るために流すことが認められた血の色であり、かつ皆に可視化されるべき権力の色でもある。だからといって、身分の低い者に禁じられた色ではなく、農民の新婦は赤い服装をすることができるし、ジャンヌはヴォークールールで粗末な赤い服を着ることになる。その服はすっかり傷んでいるが、おそらく彼女のいちばん上等な服である。しかし、赤は農民の衣装としては例外であり続け、ここでは（羊飼いから騎士への）身分の移行を示し、社会的、性的な境界の移動（腰から上は女性、下は男性）を示すのに役立っている。

　ジャンヌが羊飼いの娘だったのは、彼女が実際に[6]そうだったからでもなければ、彼女が形式の上で公現祭の日（一月六日。羊飼いと東方三博士が秣桶《まぐさおけ》のなかの幼子キリストを崇拝して認める）に生まれたことに準拠したからでもない。ジャンヌは、その必要があったからこそ羊飼いの娘だったのだ。

羊飼いの選出

羊飼いは聖書のなかで抜きんでた地位を占めていたが、旧約聖書と新約聖書では、まったく異なる役割を果たしていた。[7] 旧約聖書のなかで、神は農民のカインよりも、羊飼いのアベルの清らかな供物を好んだ。[8] イスラエルの族長と預言者は、彼らの民の保護を委ねられる前はしばしば本当の羊飼いだった。神は、預言者アモス[9]とダヴィデ王[10]を羊の群れのなかにまで探しに行ったのではなかっただろうか。神自身が、彼の民の牧者ではなかったか。

主は私の牧者である〔……〕
主は私を緑の牧場に囲われ
主は私を憩いのみぎわに伴われる〔……〕
主は私を正しい道に導かれる[11]〔……〕

　それに対して、新約聖書のなかでは、牧者の役割はかなり周縁的になっていた。その役割は、実際に「ルカによる福音書」に基づいている。[12] 幼子イエスが秣桶のなかで誕生したばかりのとき、牧者たちは野原で寝ずの番をしており、羊の群れに注意を払っていた。そこに主の天使が現れ、彼らは恐怖におののく。天使は彼らにベツレヘムの家畜小屋で救世主が誕生したことを告げる。羊飼いたちは急いで幼子を礼拝しに行き、そのあいだ、天使の聖歌隊が神の栄光を歌い、善意の人々に地上における平安を約束する。「ルカによる福音書」では東方三博士への言及はなく、「マタイによる福音書」だけが羊飼いの礼拝に対応する三博士の礼拝について語っている。[13] 羊飼いの到着は（ビザンツ世界では）クリスマス、（西ヨーロッパ世界では）公現祭に設定されており、要するに、羊飼いは狼（もしくは悪魔）の攻撃に対して寝ずの番をし、他の者たちよりも神の言葉に対して注意を払う、慎ましい信徒だったのである。

キリスト教の聖書釈義は、まずもって羊飼いを改宗したユダヤ教徒と同一視していた。改宗したユダヤ教徒は、非ユダヤ教徒や異教徒（東方三博士の後継者）と並んで、初期キリスト教会の信徒の一団をなしていた。キリストは彼の羊の群れを使徒に託していたので（「ヨハネによる福音書」第一七章二七節）、〔羊飼いの役割は〕在俗聖職者にかなり早くから移っていった。村の教区を受けもつ司祭は、類推によって、導き守るべき羊の群れの牧者とされた。司牧生活の役目を担う司教については、彼らの司牧杖は、旧約聖書における預言者である羊飼いの曲がった杖を想い起こさせる。そういうわけで、教皇自身がキリストの後継者たるよき牧者を体現しており、キリストのように、なんの危険もない九〇頭の羊の番をするよりも、一頭の迷える羊を見つけ出す方が幸せだったのである。

十二世紀と十三世紀には、羊飼いが教会の長たちと同一視されることはそれほどなかった。シトー派の説教師は羊飼いを自分たちの先駆者とした。つまり、孤独のなかで祈り、現世の虚飾に無関心で、キリスト生誕の神秘の特権的な証人である貧しい修道士としたのである。十三世紀の神学者にとって、羊飼いは神学博士であり、その注意深い言葉は、正しい道から俗人の群れがはぐれないようにし、迷える羊（および異端）を神の家に連れ戻した。しかし、もっとも重要な変化は、羊飼いの選出を貧者の選出と関連づけたことだった。たとえば、修道士たちと歩いていた聖ベルナールは、野原で若い羊飼いたちに出会った。聖ベルナールは羊飼いたちに祈りと祝福を求めた。というのも、貧しい無垢な者の祈りは修道士自身（彼らもある種の職業的貧者であるが）の祈りよりもよく天に聞き届けられるからだ、と聖ベルナールは言っている。神の目から見ると、階層秩序はさかさまだった。素朴で忍耐強い羊飼いは、王や戦士よりもよく〔神に〕耳を傾けてもらえた。羊飼いはまた、一番やすやすと天の王国に入ることができるとされた。というのも、彼らの心は童心のように無垢だったからだ。このイデオロギーは均衡のとれたもので、天国を知る貧しい子どもたちを称える一方、地上の楽園に生きる金持ちや権力者は来世で楽園に生きる権利をもはやもたないだろうとされた。しかし、こうしたイデオロギーは皆を納得させたわけではなかった。一二〇〇年頃、主の公現に関する説教のなかで、シトー派修道士エリナン・ド・フロワドモン[14]は、キリスト生誕のときの羊飼いと、自分と同時代の羊飼いをともに厳しく非難した。彼らは神を敬うことさえせず、無知で不信心のとるに足らない田舎者にすぎない。彼らは神に語りかけることができず、いかなる贈り物ももたらさず、すぐにその場を立ち去り、おそらくは、この貧しく、家畜小屋でのお産を強いられた母親を馬鹿にさえしたのである。高貴な身分の東方三博士だけが礼儀をわきまえていた。とはいえ、フロワドモンのあとに続く者は現れず、羊飼いが優先的に選ばれた存在であるという見解が優位を占めるに至ったのである。羊の群れに見守られ、牛とロバのあいだに置かれた飼葉桶で誕生した幼子を、王たるキリストであると最初に認めて礼拝したのが彼ら羊飼いであると教会は認めたのだった。一三三〇年頃、ニコラ・ド・リールの目に映った羊飼いは、純朴で、狡猾さがなく、善良で、気前がよい。彼らは現世よりも神に従う賢者である。彼らは東方三博士と肩を並べるにふさわしい。というのも、神のしるしを見張り、救世主の誕生によって始まる平和と歓喜の時代を第一番目に告げることができたからである。世界の終末のとき、彼らはしるしと秘密を解読し、よき牧者の再来に気づく最初の者となるであろう。現世の社会的序列において最下位だった彼らは、キリストの再臨によって創造された世界では最上位になるだろう。とくにクリスマスと聖ヨハネの祝日（洗礼者ヨハネは羊飼いの羊毛を身につけていた）においては、羊飼いを待望することに終末論的な意味が付与された。十二、十三世紀の典礼劇を引き継ぐ『キリスト生誕の聖史劇』[15]では、預言者の後継者であり、預言者として神の秘密を語る能力がある羊飼いたちが夜明かしをする場面が描かれた。ジャンヌを羊飼いの娘と呼ぶことは、この最初の意味で彼女を認めること、すなわち、彼女が貧しく、無垢で、神の声を聴くことができ、おそらくは試練のあとに正義と豊饒への回帰を示す時代へと導くことができると認めることだった。そして、ジャンヌが羊飼いの娘であったとすれば、彼女の王は牧者でなければならなかった。

牧者としての王

ここでもまた、典拠は旧約聖書にある。預言者エゼキエル[16]が羊を弱らせる悪しき君主を批判する場面だ。君主は一番よく太った羊の肉をむさぼり食い、乳を飲み、羊毛の服を着ている。しかし、誰も病める羊の面倒を見ず、迷える羊を探さない。しっかりと管理されていない羊は散り散りになり、狼の餌食になる。あるいは、痩せて病弱になってしまう。そういうわけで、神は彼の羊の群れに牧者（ダヴィデ王、救世主）を与えるべく介入するだろう。キリスト自身、みずからの生命を羊に捧げ[17]、羊をひとつの群れにまとめて永遠の生へと導くよき牧者であると断言するだろう。よき牧者とは、狼を前にして逃げ出す金で雇われた羊飼い、あるいは羊小屋の戸口を避けて侵入してくる盗人とは正反対の存在なのである。

聖書のなかで、牧者と王の務めには多くの共通点がある。外敵や内部の暴力行為からの保護、羊の群れをひとつにまとめる気遣い、務めの無償性である。しかし、十四世紀以前に君主がみずからの民の羊飼いに譬えられることは一度もなかった。エチエンヌ・ド・ブルボン[18]とトマ・ド・カンタンプレ[19]のどちらに依拠しても、牧者はつねに魂の牧者である。彼らは敬虔な信徒を救済へと導く。その際、指針となる笛の音は、その時どきの状況に応じて説教師の言葉であったり、よき模範であったりする。たとえば、ジャン二世のためにティトゥス＝リウィウス（古代ローマの歴史家。『ローマ建国史』を著す）を翻訳したピエール・ベルシュイールの一三六〇年頃の著作『道徳を回復する者』[20]でも事情は同じである。ベルシュイールの説明によれば、羊は真のキリスト教徒である。その貧しい生活、忍耐強さ、臆病さが、彼らをよき道にふみとどまらせるという。牧者の模範に倣うこれら貧しい俗人は、平和を愛し、喜んで犠牲になる。群れの外では、彼らは貪欲な狼、つまり、生まれたての仔羊さえ喰らう、決して満腹しない強奪者の餌食となる。仔羊が善の象徴であるとすれば（「神の仔羊」キリスト、彼もまた犠牲になることを約束されている）、狼は獲物をつねに待ち構えてうろつく悪の象徴である。しかし、ベルシュイールにとって、羊飼いはいつも群れに信仰の水を飲ませる高位聖職者であり、群れに福音という塩を贈る説教師である。この図式のなかで、王は何をするのだろう。よき王でもせいぜい牧羊犬どまりで、悪しき王なら強奪者の狼の側にいる。

王を羊飼いと同一視する最初の事例は、一三一〇年代から一三三〇年代にまで遡り、すべてルイ九世（一二九七年に列聖された）の神話化された記憶に結びつけられる。かの王は、よき王であると同時によき牧者として描かれる。一二七〇年の十字軍では、東方《オリエント》の救済に向けて民が聖王に付き従った。王は彼らの「牧者」[21]であり、霊的な面でも世俗的な面でも案内役である。こうした考えは、一三二七年、ワトリケ・ド・クヴァンの『君主鑑』[22]のなかで素描されている。そこでは、聖王ルイをモデルに創作された理想の王が実際の王位継承者と対比されている。理想の王だけが牧者と呼ばれるのである。神は理想の王にその民を託し、彼らを守らせ、彼らが平和に暮らせるようにした。ここでは、狼は貪欲な貴族や役人である。というのも、イギリス人をいつものやり方で狼と同一視する百年戦争は、まだ始まってなかったからだ。よき王は司祭と同じく、民の模範となる。王はまた、終末の日に、神が託した羊の群れのことを報告するだろう。

王が牧者に譬えられるまでには、半世紀という時間と、田園詩《パストゥレル》[23]という新しい文学形式の成功が必要だった。十三世紀以降、宮廷風恋愛は田園詩の旋法で歌われうるものになっており、そこでは勇敢な騎士が羊飼いの娘に愛を捧げていた。羊飼いの娘は説得されることもあれば、貧しい婚約者に忠実であり続けることもあった。たとえば、これらの田園詩のなかのひとつ[24]では、若い娘が杖でイギリス王を打ちのめしている。この田園詩という枠組みによって、ウェルギリウス〔紀元前一世紀、古代ローマの大詩人。『牧歌』、『農耕詩』を著す〕の記憶の再利用と、理想化された平和な世界の演出が可能になった。その世界は現在の困難を埋め合わせること、ひいては逃避の気持ちをかきたてることに役立った。王の宮廷で生活する人にとって、ロバンとマリオン〔十三世紀創作の音楽劇の登場人物〕の幸福はなんと甘美なものに映ったことだろう。羊飼いロバンは仲間や恋人と踊り、歌い、草上で食事をとる。彼には今では失われた素朴なものへの嗜好がある。かくして、クリスチーヌ・ド・ピザンは「わが牧草地へ戻り、羊を見張る[25]」ことを夢見ている。

しかし、このような幻想的な愛の夢には、長いあいだ政治的な色合いはなかった。政治的な田園詩が体系化された言語として認められ、ほとんどすべてを語ることができるようになるのはフロワサール[26]とウスタシュ・デシャン[27]からである。たとえば、王あるいはイザボー王妃のパリ入市式（一三八九年）では歓喜に沸くなかで羊飼いたちがとても楽しそうに御馳走を食べ、ミュゼットを奏でている。マリー・ド・ベリーとルイ・ド・ブロワのような王侯の結婚式（一三八六年）も同様である。さらに、イギリスの狼に対して怨恨があるにもかかわらず、「羊飼い」が望む和平交渉の場面がある。「羊たちはまだ夕食にありついていなかった」。貨幣の改鋳や徴税といった財政の問題は、もっと稀にしか取り上げられていない。もっとも、羊飼いは新しい貨幣よりも自分の仔羊のことをよく知っているようだ。それに、長いあいだ、彼らの羊毛の糸は、無償の贈り物とか、生産の余剰分から出される施し物の類義語であり、税の圧迫への言及はまったくない。

転換期はシャルル五世の治世末期に訪れた。シャルル五世は、一三七九年末、羊飼いジャン・ド・ブリー[28]に一冊の書物を求めた。その書物は、おもに羊飼いの仕事に関する手引き書である。すなわち、どうやって時間を知るか、どうやって病気の治療を行い、分娩させ、剪毛をするのか、どうやって番犬を選び、家畜小屋を清掃するのか、といった内容である。しかし象徴的なレヴェルが存在する。羊飼いは第三身分を表わしており、羊飼いの杖は司教の司牧杖や騎士の剣に対応する。羊飼いの名誉はとても大きなものである。なぜなら、それは聖書にまで遡るからである。彼らは品行がよい。それに貞節で、さいころ賭博はしない。彼らの仕事は重要で、公益《ビアン・ピュブリック》に役立つ。それでも、この論説を締めくくる詩は、慣例に従って、司教杖と司教冠を身につけた牧者に訴えかけている。実際にいる羊飼いから霊感を得て、牧者が、強奪者の狼から自分たちの羊の群れを守ってくれるように、と。王はまだ登場しない。

逆説的に、シャルル六世は最初の羊飼いの王だった。

一三八九年から一三九〇年にかけての冬、若き王はラングドックを旅する。ベリー公ジャンの苛斂誅求によって引き起こされた、課税に対する反乱を鎮めるためである。[29] もちろんスケープゴートが必要なので、財務官ベティザックがトゥルーズで焚刑に処される。王は、この出来事を利用して、フォワとベアルンの伯を兼ねるガストン・フェビュス[30]と和解交渉をおこなった。ガストン・フェビュスは年老いているが、自分は神の恩寵によって君主であると称しているため、王にまったく臣従を誓わなかった。[1] しかし、不幸なことに、彼は、(これは事実だが、自分の毒殺を企てた) 嫡子で唯一の継承者を扼殺してしまい、王といくつかの細かな協定に同意しなければならなかった。一三九〇年一月五日、トゥルーズで条約が結ばれ、公現祭に続く週に、(ガストン・フェビュスが逗留していた) マゼールで王の入市式が企画される。伝統にのっとれば、テーマを選び、式典の費用を負担する (ここでは六万フランがかかった) のは主催者である。入市式の構成はあまり変化がない。住民が王の前を進み、隊列を組んで王を市中に導くのである。街路は飾り立てられ、四辻にはさまざまな活人画が設けられる。夜には誰でも参加できる大宴会が催される。祝祭という外見をとってはいるが、それはつねに高度に政治的な祝祭であって、最初の入市式でもあればなおさらのことだった。ところで、自立の気風が強く、ときにイギリスに接近しがちなこの領邦を、王は一度も訪れたことがなかった。あらゆる予想に反して、ガストン・フェビュスは奇妙奇天烈で、そして結局のところ、たいそう滑稽な前代未聞のテーマを選ぶことになる。王とその一行がマゼールに近づくと[31]、一〇〇人の高貴な家系の貴族が王を迎えにやって来たが、彼らは牛飼いや羊飼いに変装し、丸々と太った羊一〇〇頭、牛一〇〇頭と馬を取り囲んでいた。家畜には銀の小さな鈴がつけられており、観衆を驚嘆させた。それらはすべて王に献上された。夕べの饗宴のとき、百合の紋章入りの外套をはおった同じ羊飼いたちがふたたび現れて、シャルル六世のためにミュゼットとフラジョレット〔フルート系の木管楽器〕の演奏会を催した。この突飛な選択は大成功を収めた。

　このテーマは主の公現の典礼と関連がある。このとき羊飼いたちが王に仔羊やフラジョレットなどの慎ましい贈り物をする。そのようなテーマはキリスト降誕祭のミサにおける、キリストが生まれた馬小屋の秣桶から着想を得ていた。供物は王に対してなされた無償の贈り物であり、しかも王は、トゥルーズに対する過激な徴税政策をこれみよがしに放棄したばかりだった。領邦内の納税者たちは税を納める意思はあるが、それを強制されたくはないということを強調するのに、これは巧妙なやり方である。最後に牧者らは、彼、すなわち羊飼いのなかの羊飼いたるガストン・フェビュスの家臣団を象徴している。そして、ガストン・フェビュスも同様に、王に「牛飼いたちが彼らの主人に従うように従うことを」約束をする。ピレネーの山岳地帯では、政治的共同体としての羊の群れや羊飼いの集団というイメージは、よりなじみ深いものである。王は、神の名において地上にやってくる御方、秣桶のなかの幼子、そしてよき牧者キリストに準えられる。王は、王国の特別で最後の守護者になるのである。

一三九〇年以降、すべての王の入市式、あるいはそのほとんどで、牧歌的な場面が上演された[32]。一四三七年のシャルル七世のパリ入市式、一四七六年のルイ十一世のリヨン入市式、あるいはシャルル八世の治世当初におけるルーアンとパリの入市式である。羊飼いは次のように歌った。「神の御名において来たる、祝福された者よ」。あるいは、偉大なる牧者の到来が彼らに約束する平和と豊穣を寿いだ。その一方、身分の低い羊飼いたちは、慎ましい祈りを彼に捧げた。

牧者たる王シャルル六世には、王国を防衛し、他所から羊の群れを王国に連れてきて他人の牧草を食ませたがる外国人の羊飼い（イギリス人）に抵抗する義務があった。しかし、王はまた、徴税の誘惑にも抵抗しなければならなかった。隠喩《メタファー》が増殖した。羊が夏の暑さを乗り切りやすくするため、春ごとに余分な毛を刈らねばならないとしても、剪毛を何度も繰り返してはならなかった。メッセージは明快だった。すなわち、三ヵ月に一度、剪毛を行うのは自然の道理に反することであるし、毎月剪毛を行えば羊を死なせてしまう。羊の皮を剥いだり、毛を刈り尽したりしてはならなかったが、優しく毛を取り除き、余分な羊毛を減らす必要があった。

したがって、政治面において、羊飼いのイメージはさまざまな用途に適していた。ブルゴーニュ公の臣下で名前のよくわからないある著者は、一四二二年から一四二五年のあいだに『田園小詩[33]』を書き、名人芸の域でこのイメージを利用した。たとえば、フランスの歴史全体が次のように滑稽に改作された。シャルル六世はお人よしの牧者となり、軽薄なベリジェール（戦争を引き起こした王妃イザボー）と結婚する。トリスティフェル（オルレアン公）は、田園詩のコンクールでレオネ（ブルゴーニュ公）と対戦したが、負けてしまった。王の狂気、諸侯間の対立、一四〇七年のオルレアン公ルイの暗殺、一四一九年のブルゴーニュ公暗殺、それから外国の侵略といった出来事は、いちばん美人の娘やいちばん上等な牧草地をめぐる羊飼い同士のさまざまな争いになった。家畜を帰すことを忘れたり、狼のなすがままだったり、牧草地の草を駄目にする悪しき羊飼いに対して、レオネに付き従うよき羊飼いが対抗する。羊たちは寒さに震え、散り散りになり、みな囲いが修復されることを期待するが空しい。垣根は打ち壊され、泉の水は濁り、ミュゼットは台無しになってしまうのだ。

預言者と聖なる羊飼い

預言は、旧約聖書でも、新旧ふたつの聖書をつなぐ人物である洗礼者ヨハネにおいても、重要な役割を果たす。ヨハネは荒野に引きこもり、そこで改悛と洗礼を呼びかけた。ヨハネにより到来を告げられたキリストは、ヨハネが処刑される少し前に、ヨルダン川の水中で、彼から洗礼を受けた。ジャンヌは、ヨハネの名をもっている〔ヨハネはフランス語でジャン、その女性形がジャンヌ〕。この点について、ジャンヌは自分ではほとんど言及していない。彼女は一度もヨハネの名において誓わなかった。[34]その理由のひとつは、守護聖人ならば名付け子に与えてくれるはずの助けを与えてもらえなかったことが不満だったことだ。しかし、洗礼者ヨハネにはジャンヌと多くの共通点があった。図像では、獣の皮衣を着て、杖を手にし、右手に神の仔羊を抱く羊飼いとしてヨハネを表現している。日曜日ごとに繰り返される典礼の常套句をつくったとされたのは、洗礼者ヨハネである。「これが神の仔羊、これが現世の罪を取り除く御方である」、と。したがって、ヨハネはジャンヌのように羊飼いであり、ジャンヌのように改悛を呼びかけ、救世主たる王を見分けた。ヨハネの任務は、キリストに道を用意することだった。[35]

しかし、ジャンヌと洗礼者ヨハネの対比[36]は、無効裁判に先んじる神学書ではほとんど行われていない。もっとも完全な対比は、ブレアルの著作[37]のなかで描かれている。洗礼者ヨハネのように、ジャンヌは神から遣わされ、ヨハネのように彼女の到来を告げるいくつもの文書[38]が現れた。彼女は当初、奇蹟もしるしも成し遂げることはできなかった。それにもかかわらず、二人とも預言者だった。シャルル七世という人物を救世主とみなす先触れの者としてジャンヌが提示されることは稀である。年代記作者の著作では、普通、ジャンヌの冒険はヨハネ個人にではなく、六月二四日の洗礼者ヨハネの祝日に結びつけられる。[39]夏のはじめの最大の祝祭であるヨハネの祝日は、キリスト降誕の半年前にヨハネが誕生したことを強調している。これらふたつの祝祭で、羊飼いたちは寝ずの番をして啓示を受けるのである。六月二三日の夜に焚かれる聖ヨハネの火は、ヌフシャトー近辺のほか、パリやオルレアネ地方で確認されている。聖ヨハネの火から灰を集めると、幸運がもたらされ、家畜は癒される。[40]同様に、その夜に民間治療薬として用いる草を摘んだり、草を編んで冠にしたりすると、嵐や盗人、呪いから農家を守り、毒麦をではなく小麦を芽生えさせ、仔羊を増やす。また、聖ヨハネの祝日は、新しい賃貸借契約の期間や、新しい奉公人が務めに入ることを表示する日でもある。つまり、この祝日は繁栄や豊穣、あるいは治癒と結びついているのである。それゆえ、四旬節の悔悛の時期にはじまった使命が、この日に奇蹟的に〔またたく間に）成し遂げられるのを見ても誰も驚かない。『モロジーニ年代記』では、この二日間に、ジャンヌの使命がいかにして絶頂のうちに完了するかを示している。[41] 一四二九年六月二三日、聖ヨハネの祝日の前夜に、王と「乙女」はルーアンに入るだろう。イギリス人は、奇蹟によってその町から逃亡するだろう（疥癬や毒麦が聖人の功徳によって追い払われるように）。そして、二四日に二人は揃ってパリに入り、そこで王は戴冠され、フランス全土から承認されるだろう。同様に、ジャンヌは裁判のときに次のように断言する。「今から七年後に」イギリス人は追われ、「私はそれが聖ヨハネの日の前であることを願います」[42]。そして、一四三〇年に、ムランで神の「声」がジャンヌに、汝は聖ヨハネの日の前に捕えられるだろうと言ったのは[43]、そのことについてあまり心配しないように伝えるためである。すべての人は次のように思っている。すなわち、その日に多くの預言が成就されるが（聖ヨハネは最後の預言者なのだから）、そのどれもが悪いなんてことはありえないだろう。なぜなら、「恩寵に満ちた」という意味の名前をもつキリストの先駆者（聖ヨハネ）は、キリストの時代を切り開くからだ。

　最後に、ひとたびキリスト教が確立されると、羊飼いと女羊飼いはまた、別の意味で神に選ばれた者になりえた。彼らは、殉教者、証聖者、聖人あるいは福者として、天の軍勢のなかに姿を現した。キリスト教は、はじめは都市にしか根づかなかったので、羊飼いが職業の殉教者は少なかった。数少ない例外の一人は、広く典拠が疑われている殉教者、アンティオキアのマルガリタ（マルグリット）である。彼女はジャンヌ・ダルクのもとに現れた。このギリシアの殉教譚は[44]一一六七年頃に翻訳されて大成功を収めた。七月二〇日は彼女の祝日として西洋各地で認められた。マルグリットという名は、聖王ルイの妻（マルグリット・ド・プロヴァンス（一二二一〜一二九五年）。プロヴァンス伯レモン＝ベランジェ四世の長女）からジャンヌ・ダルクの姪に至るまで、あらゆる社会階層でつけられた。ドンレミ教会には、勝利を収めて龍の口から出てくる聖マルグリットの像が収められていた。

　マルグリットの『聖人伝』では、ふたつの異なる主題が展開されていた。そのひとつは、もっとも恐ろしい数々の責苦のなかで、一五歳の処女が冷静に立ち向かう受難である。すなわち、鉄の爪、熱湯、笞、一匹の龍の形をした地獄の敵の出現であるが、龍は十字のしるしを見るだけで退散してしまう。彼女の範例によって五〇〇〇人の目撃者が回心したという。そしてこの処女の最後の祈り——天国に至ること——はもちろん叶えられる。女性の身体を引き裂くこの苦痛の象徴は、すぐさま生みの苦しみに結びつけられた。一二六〇年代以降、ヤコブス・デ・ウォラギネ（一二三〇年頃〜一二九八年。ジェノヴァ司教）『黄金伝説』[45]では、神がマルグリットの最後の祈りに応えて、彼女に祈る女性は危険なく子を授かるだろうと約束している。初産で四人に一人の女性が亡くなる時代、これは重要な約束である。若き処

聖マルグリット*
ルーヴル美術館所蔵

女は奇蹟によって龍のなかから脱出するのだが、その龍が新生児を取り巻く危機に多かれ少なかれ譬えられる一方で、祈ったり、腹帯を用いたり、妊婦の腹にマルグリットの『聖人伝』を置いたりすることは、ありふれた慣わしである。もっと後年のマルグリットの『聖人伝』は、十四世紀末のピエール・ド・ナタリによる『聖人伝』のように、マルグリットを、大勢の女性と子ども、すなわち彼女がアンティオキアで回心させた人々と、彼女が毎日救済し続ける人々の守護聖人にする。しかも、次第にマルグリットの〔加護の〕範囲が拡大する。聖マルグリットの帯や祝日表[46]は、失明、悪魔、地上の敵に対しても効果がある。一四〇〇年頃、マルグリットはあらゆるものごとを保護しており、十四救難聖人に加わった。そして、これらの聖人のとりなしを、神は決して拒むことができないのである。

『聖人伝』の冒頭にあるもうひとつのテーマは、時が経つにつれて一篇のすばらしい田園詩に変化した。十二世紀の聖人伝では、この若い娘は、アンティオキア近郊のキリスト教徒の乳母の家で育てられたと暗示的に述べられている。その聖人伝は、父と娘のいざこざを強調していた。彼女の父親は異教の祭司で、娘の改宗を認めなかった。羊はほんの短いあいだしかそこに顔を出さない。たいそう高貴なその処女は、謙譲の心からしばしば他の娘たちとともに乳母の羊の群れの番を引き受けたものだった。だが、ああなんということだろう、総督オリブリウスが通りかかり、処女の輝くばかりの美貌に目がくらんで、身請けしたい、あるいは結婚したいと望んだのだ。しかし、マルグリットは総督よりもキリストを愛していた。一方『黄金伝説』では、ある別の説明を採用した。改宗によって父親の憎しみが確実になったので、羊飼いの娘になるよりほかによい将来は期待できず、貧しい乙女は乳母の羊の番をしていた。ピエール・ド・ナタリの場合は、家族のいざこざへの言及をすっかり削除して、マルグリットを、村のほかの子どもたちのように野に送られた、ありふれた羊飼いの娘にした。(47)

ジャンヌはどんなマルグリットを知っていたのだろう。殉教者だろうか、それとも羊飼いの娘だろうか。聖マルグリットは、フランス北東部一帯では次のふたつの図像で知られていた。オーセールの大聖堂で休憩をとったときにジャンヌが見た大ステンドグラスには、殉教のエピソード群が描かれていた。だが、ドンレミから七キロメートルの、フレベクールにあるサント＝マルグリット牧草地は、マルグリットの羊飼いの身分を思い起こさせる。(48)ジャンヌは話のなかで、いつも三人の守護聖人であるミカエル、カトリーヌ、マルグリットを結びつけている。ジャンヌが聞いたすべての「声」のなかでもっとも控え目な声の持ち主であるマルグリットは、しとやかで、慎ましく、優雅である。マルグリットは、おそらくジャンヌに妖精の木の下で語りかけた。年齢、性別、そしてさまざまな苦しみにもかかわらず保ち続けた純潔への願望が、ジャンヌとマルグリットを近づけていた。シャルル七世の神学者らは皆そう語るだろう。

十五世紀の社会において、このように羊飼いの身分の評価が高まったので、ほかの聖人についても羊飼いのエピソードが付け加えられるようになった。(49)パリの守護聖女の聖ジュヌヴィエーヴは羊飼いの娘になった。それと並行して、新しい聖人はしばしば羊飼いの娘だった。たとえば、シーニャのジャンナは、隠遁生活に入る前はフィレンツェ近郊の羊飼いだった。一三九六年以前に書かれた彼女の『聖人伝』(50)では、父親の羊の番をするジャンナが描かれた。彼女が祈ると雹は遠ざかり、羊も幼い仲間たちも事なきを得たのだった。ドンレミの何人かの住民は、ジャンヌについて同じことを語るだろう。(51)一三八三年、ロンバルディア地方のノヴァラ司教区でパネジアという幼い娘が継母に殺された。彼女が祈っているあいだ羊を放置していたからである。彼女の墓に対して、自然に崇敬が生まれた。この同じ十四世紀末、聖母マリアが数多くの身分の低い羊飼いのもとに出現しはじめた。(52)まず、カスティリャ人に（一三九九年ブルゴス近郊のサン・ガデア、一三九〇年のセゴヴィア近郊、一四三〇年のハエン）、ついで十五世紀にはカタルーニャ人のもとに現れる。羊飼いのもとに聖母が現れるのは、今日でもなおよくあることである。

貧しく身分の低い羊飼いと権勢ある王は、主の公現のときに、似たような、補完しあう役割を果たしていたため、その後の相関関係、とりわけ終末における相関関係がすぐに考え出された。一二一二年、一二五〇年および一三二〇年には、世界の終末が近いと思われた。そのときは正式の十字軍が行われていた。スペインでは、一二一二年はナヴァス・デ・トロサの戦いの年で、羊飼いの衣装をまとった聖ヤコブが、ムーア人に対する勝利への道をカスティリャ人に示した。一二五〇年、聖王ルイはマンスーラの敗北のあと捕虜になり、一三二〇年にはルイ・ド・クレルモン[53]が東方に出発した。三度にわたって、貧しい羊飼いの集団が、自分たちに約束された聖地を手に入れるために集結した。彼らの指導者は牧者だった。クロワのエチエンヌ〔一二一二年の少年十字軍を主導した羊飼いの少年〕は、キリストが現れたときに羊の番をしていた。ハンガリーの指導者と[ii]、一三二〇年の二人の聖職者は杖を持ち、羊の皮衣を身に着けていた〔「牧童十字軍」は一二五〇年と一三二〇年の二度起こった〕。いずれの場合も、彼らは神のメッセージをもたらすために王に会いに行った。たとえば、クロワのエチエンヌは、フィリップ尊厳王《オーギュスト》宛ての、天から降りてきた手紙を手に携えていた。というのも、すべての遠征はパリで始まり、王の暗黙裡の支持を必要としていたからだった。そこで、彼らは王に援助を申し出た。彼らは勝利に加わるよりも、王が勝利を収めるあいだに自分たちの苦しみを捧げたいと願っていた。

ジャンヌには、これらの牧者たちと共通点がある。彼女は若く、謙虚で、田舎の出である。牧者たちと同じく、ジャンヌは父母の同意なく出発した。彼女もまたメッセージを伝えている。ジャンヌは〔天からの〕手紙を持っているのか。一四三一年には、彼女にその質問がなされる。問いへの回答は否定的である。牧者たちと同じく、ジャンヌは王に面会しなければならない。告解を行い、讃美歌を朗唱する聖職者に先導されるジャンヌの軍団は、羊飼いの行列を連想させる。しかも、羊飼いの行列には少女も含まれていた。なぜなら、この世の終末においては、性の区別はもはや通用しないだろうから。牧者たちと同じく、ジャンヌは十字軍と、エルサレムでの死を夢見ていた。しかし、ジャンヌの行動と羊飼いの集団の行動のあいだには、はかりしれない違いがある。羊飼いの集団の行動は、無秩序と野放し状態、そして最終的な能力の欠如によって、最初は好意的だった当局をついにうんざりさせてしまった。それに対して、ジャンヌが率いようと考えた軍隊は、たとえ彼女が軍隊に告解と賛美歌を押しつけるとしても、現実の軍隊である。たしかに、ジャンヌの使命は宗教的（浄化、改革、十字軍）であり続けたが、政治的・王朝的な面が前面に出てくる。聖地の再征服をふたたび可能にするためには、イギリス人をフランスの外に追い出す必要がある。そしてとりわけ、ただ一人の羊飼い、すなわち王と、ただ一人の羊飼いの娘、すなわちジャンヌしかいないのである。

羊飼いの娘の肖像《イコン》

ふたつの裁判は、ジャンヌが羊飼いだったかどうかを知ろうとするだろう。一四三一年、この質問は二度行われた[54]。ジャンヌは、自分は羊飼いではなかったと答えている。ジャンヌは、普段は羊やほかの動物を伴って野原に出かけることはなかった。おそらく、分別のつく年齢になる前（私たちにとっては物心のつく年齢）には、ときどき動物の番をしていた。また、おそらく羊の群れをリルの城館の避難所〔村が外敵に襲われたときの逃げ込み城〕に連れて行くこともあったが、成人したあとは、もはやそんなことはしなかった。しかし、裁判官は勝負を諦めない。このことに関して、彼らには次のような確信があった。ジャンヌの羊の群れは従順な羊だけからなっていたわけではないに違いない、と。そして田園生活では、他者の目、すなわち、あらゆる社会の統制から離れて、少女にとって不法なことをたくさん学べたに違いないというのである。彼女は、乗馬を学ぶために田園生活を利用したのではなかったか。

ドンレミの住民には、この質問は直接的には行われなかった。しかし、ジャンヌが少女時代（質問の七）や生活様式（質問の五）のなかで実践したであろう活動を通して、この質問に手をつけている。二人の女性を含めて一四名の証人が、動物の番に触れている[55]。村の農民たちは、戸主たちの家畜すべてを集めて共同の群れができると、なんの屈託もなく説明している。そして、それぞれの家は、休耕地や牧草地で家畜の群れの番をするために、数日間家族の一人を輪番制で派遣するのである。ただし、これらの動物は必ずしも羊とは限らない（羊という言葉は現れない）。注意力はいるが、体力をそれほど必要としない羊番という仕事に、家々が年長の子どもや若者を送ることは十分にありえただろう。ドンレミ村には、牧畜専門の農民も、賃金をもらって働く専業の羊飼いもいなかったようである。ジャンヌの父親は、ほかの有力者と同じく何頭かの動物を飼っているが、それ以上ではない。

一四五五年頃に、オルレアンやルーアン、あるいはパリで証言している人々にとっては、羊飼いへの言及はもはや自明のものではない。彼らは一度もドンレミに足を踏み入れたことがなかった。ルーアンで証言したジャン・モロー[56]だけが多少のことを知っていた。モローはヴィエヴィル＝シュル＝ムーズの出身で、一四三〇年から一四三一年にかけて、イギリス人の要請によってドンレミで実施された「評判」に関する尋問の責任者の一人と話すことができた。「ときどき、彼女は父親の動物の番をしていました」。したがって、ほとんどの者は、王を救うために、ただの羊飼いの娘、貧しく身分の低い羊飼いの娘、さらには羊飼いの小娘がやって来たと聞いて、驚きを述べるだけである。羊飼いとみなされたのは束の間のことだった。というのも、このテーマは、一四三〇年ないし一四三一年にジャンヌを知った人々によって、もはや触れられていないからである。そして、ギヨーム・ド・リカルヴィルが次のように述べているように、羊飼いの娘の下にすでに「乙女」が見えはじめていた。「一人の羊飼いの小娘がジアンを通過したという知らせが届いた[57]が、なんとこの娘は《乙女》と呼ばれているのだ」。

ドンレミ村の羊たち

一方、年代記のなかでは、一四二九年春以来、羊飼いの娘への言及は珍しくない。王の陣営では、シャルチエ[58]やクリスチーヌ・ド・ピザン[59]が、最初の勝利のときから、ただの羊飼いの娘がどんな勇者よりもよくやったと断言している。羊飼いの身分は、状況に応じて、純真さ、正義[60]、若者の無垢[61]と結びつけられる。パリでは次のような噂が広まった。「彼女は自分が生まれた村で羊の番をしていた。彼女はとても無垢だった」[62]。ブリュージュのヴェネツィア商人たちにも、同じ自然への郷愁が感じられる。ジャンヌは「身分の低い羊番の娘、村人の娘」[63]だったというのである。このような表明は、オルレアンに由来する文書にとりわけ顕著である。すなわち、たいそうウェルギリウス風な『ラテン語詩』[64]、『籠城日誌』[65]、あるいは『乙女年代記』である。曰く、「村の女、羊の番に慣れた羊飼いの少女、ただの羊飼いの娘」[66]である。羊飼いの娘としてのジャンヌは、イタリア[67]、神聖ローマ帝国[68]、スコットランド[69]などヨーロッパの至る所で見出される。

ジャンヌの敵の側では、ブルゴーニュ派の諸年代記に倣って、このテーマはしばしば修正されている。ルフェーヴル・ド・サン＝レミ[70]によれば、「乙女」は七歳か八歳の頃に野原で羊の番をさせられた少女である。そして、長いあいだ彼女はこの仕事をした。それは明らかに特別な仕事である。イギリス人はといえば、ジャンヌを牛飼い娘と呼ぶ[71]のになんの遠慮もない。その呼び名は多かれ少なかれ売春婦と同義語だが、それはおそらく「*vaccaria*〔牛飼いの娘〕[iii]」と、あらゆる悪徳の母である無為を意味する「*vacatio*」という言葉が似たように聞こえることが原因である。身分の低い羊番の娘は、ここでは大人の貧しく軽薄な女性になっている。

神学者のなかでこの主題に言及する者はあまりいない。それが話題になったのは一四二九年春から夏のあいだの数ヵ月と短く、典拠はほとんどどこも同じで、「ルカによる福音書」と預言者アモスによる羊飼いの選出をめぐってのものである。[72] そのいずれもが、羊飼いのもとに天使が現れるという、たったひとつの場面を特別扱いする。羊飼いへの天使の出現はジャンヌへの天使の出現と比較され、たとえばアンリ・ド・ゴルクムによって用いられている。[73] 神学的な論拠は、クレモナのロランのあまり専門的でない手紙の論証の土台にさえなっている。[74] すなわち、ある王国を再建するために、神は羊の群れの後方で一人の羊飼いの娘を選んだ。というのも、羊飼いの身分は無垢の象徴だからである。旧約聖書も同様で、ヤコブもモーセもダヴィデも羊飼いである。福音書によれば、イエスは羊飼いの住まいで誕生し、羊飼いの家の出身であり、また彼自身、選ばれた民の羊飼いだった。ジャンヌについては、羊飼いというアイデンティティが最終的に取り入れられなかったので、このテーマは一四三〇年以降に目立たない役割しか果たさなかった。シャルル七世の神学者たちはこの問題には関心を示さない。ベリュイエ[75]だけが牧者の選出というテーマをふたたび取り上げている。神はイスラエルを救うために羊飼いダヴィデを選んだように、羊の群れのなかからジャンヌを選んだ。しかし、天使によるお告げのときがひとたび過ぎ去ると、ル・マン司教〔ベリュイエ〕はジャンヌと羊飼いの役割のあいだのあらゆる比較を明らかに控えている。一四五〇年頃には、考えうる唯一の羊飼いは王だけになった。

それでもなお、一四二九年以来ジャンヌの人物像をふくらませていた羊飼いの想像界《イマジネール》は簡単に消えなかった。たがいに区別される四つの場面が徐々に現れ、のちに集合的な想像界のなかに刻み込まれることになる。場面は年代順にジャンヌの子ども時代と最初の落胆のあいだに設定されている。最初のエピソード（奇蹟の羊番）はペルスヴァル・ド・ブーランヴィリエ[76]の著作と、『パリ一市民の日記』[77]のなかに記述されている。ジャンヌは七歳まで仔羊の番をしており、彼女が見張っているあいだは一匹も死ななかった。家庭でも同じように、ジャンヌは安全と平和を保障した。あるいは「まだ小さいとき、彼女は羊の番をしており、彼女が呼ぶと、膝の上に野鳥がえさをついばみにやって来たものだった」。したがって、神がこの並はずれた羊飼いの娘を、ほかの群れ、すなわちフランスの民の見張り番にするために召命したのは、じつに理に適ったことだった。

ジャンヌになされたお告げは、これらの場面とは別のものである。お告げは「ルカによる福音書」から着想を得ている。田園という場所の設定は相変わらず同じである。ジャンヌが裁判でいつも主張していたこと（「私は自分の父の家の庭にいました」[78]）に反して、天使ないし天使の声が現れるとき、彼女は野原（あるいは牧草地）[79]で自分の羊の番をしている。「ルカによる福音書」の羊飼いと同じく、最初ジャンヌは声の出現に大きな恐怖を覚えた。[80]その後、羊飼いのように天命に従い、幼子の王を認めるために、急いでベツレヘム、すなわちシノンにたどり着くのである。[81]

　他のふたつの場面はむしろ田園詩《パストゥレル》から着想を得ている。野外での祈りにリズムを与えていた村の鐘楼にジャンヌは別れを告げ、それまで送ってきた平穏で幸福な人生を懐かしむ。そして、裏切りと偽善が支配する、混乱に満ちた世界へと立ち去ってゆく。ジャルジョーで、軍の指揮官たちがジャンヌの助言に従うのをためらっていたとき、彼女はアランソン公ジャンに次のように言ったという。「もし神のお導きがあると確信できないでいたら、私は自分の羊の番をする方を選んだでしょうし、こんなに多くの危険に身を曝すこともなかったでしょう」。[82]一四二九年八月、クレピィ＝アン＝ヴァロワでも、パリの包囲戦がふたたび問題になったとき、同じような郷愁が彼女をおし包んだ。ジャンヌの運命は死ぬことだろうか。それとも、武器を置いて帰郷し、羊の番をしながら父母に仕えることだろうか。[83]たしかに、ジャンヌが戻ってくれば、兄弟や姉（ないし妹）はおおいに喜ぶだろう。迷える羊は羊小屋に戻るものである。このような文学的テーマのなかに、どれほどの真理があるのだろうか。この郷愁がジャンヌのものなのか、それともむしろ証人のアランソン公ジャンのものかを知ることはたいへん難しい。

　ジャンヌをめぐる羊飼いの比喩は、一四二九年に現れて数ヵ月間続いたが、そのあと立ち消え、一四五〇年以後になって人気を回復する。ノルマンディ、ついでギュイエンヌで勝利を収めた王は、典型的な羊飼いとなった。[84]繁栄し平和な治世の末期は、黄金時代への回帰のように体験される。シャルル七世の死は文学的な悲歌の流行をもたらし、そこでは羊飼いのテーマが非常に現代的な問題となった。一四六一年の『シャルル七世の悲歌』では、イギリスの狼どもを打ち負かし、国中の平和を守ることができたよき牧者が亡くなったことを、「忠実な心」という名の羊飼いが悲しんでいる。納税者という羊の皮を剥ぐことをためらわなかった、シャルル七世の息子ルイ十一世の治世期を通じて、よき羊飼いは惜しまれ続けた。一四八三年にルイ〔十一世〕が亡くなると、牧者である王と、王をおおいに助けた身分の低い羊飼いの娘の記憶は、ふたたび一緒に称揚されるようになった。マルシァル・ドーヴェルニュの著作がその例である。

　ジャンヌを羊飼いの娘として提示することは、王の陣営の一部で好まれた、政治的に慎重な解決策だった。そうした解決策には利点があった。ジャンヌは預言者〔洗礼者ヨハネ〕の名をもっており、羊飼いは「ルカによる福音書」以来、選ばれた者であり、かつ神の使者だった。羊飼いは優しさと謙譲、そして平和を喚起し、神の声でもあった身分の低い者の声を擬人化してもいた。「乙女」が亡くなるとすぐに、ランス大司教で大法官のルニョー・ド・シャルトルは、ジェヴォーダン出身の聖痕をもった身分の低い羊飼い[85]を「乙女」の代わりに据えたが、同じような成功を収めることはなかった。しかし、このモデルには不都合な点もあった。きわめて消極的なのである。使命の始まりからして、すべてが明白だった。羊飼いないし羊飼いの娘は、自分の羊の群れを見捨て、身を隠した王に会いに来て、王を見つけ出し、聖別させた。しかし、そのあと、羊番はじつに静的な理想であることが明らかになった。その役目は、時代の不幸に譬えられうる荒天から羊の群れを守ること、内外の捕食動物から羊の群れを守ること、そして、散り散りになった羊をふたたび集めることである。とはいえ、羊飼いの娘の服装をして、どうやって現実に兵士を率いるのだろうか。羊飼いの少年たち〔一二五〇年と一三二〇年の牧童十字軍〕はすでに失敗していた。非常に若く、温和である、女性という性は、勝利よりはむしろ殉教に通じていた。羊飼いの娘という肖像は、両性のあいだの境界と社会の階層秩序を尊重し、急激な身分の上昇を敵視していた。ジャンヌは、もっと能動的で、もっと危険を伴うアイデンティティを選択したのだ。

訳注

［i］南仏の領邦君主ガストン・フェビュスの所領はフランスの封土（フォワ伯領など）とイギリスの封土（ベアルン副伯領など）からなっていた。クレシーの戦い（一三四六年）でフランス軍が大敗した翌年、ガストン・フェビュスはフランス王フィリップ六世に対して、ベアルン副伯領は神のみに属すると通告した。なお、原文では「フォワとベアルンの伯」となっているが、正しくはフォワ伯・ベアルン副伯である。

［ii］ハンガリー人のシトー会修道士ジャコブ（ジョブ、ジャックとも呼ばれる）のこと。一二五〇年、ルイ九世がマンスーラで捕虜になった。摂政ブランシュ・ド・カスティーユの呼びかけに応えて、翌年ジャコブは「牧童《パストゥロー》」と呼ばれるフランドルの羊飼いや農民からなる十字軍を組織した。やがて一団は暴徒と化してオルレアン、トゥール、ブールジュなど各地を荒しまわった。「異端者」や「魔術師」の烙印を押されたジャコブは、ヴィルヌーヴ＝シュル＝シェールで捕らえられ、殺害された。

［iii］「vaccaria」は牛の群れ、牛舎、牛の放牧場という意味の女性名詞だが（rf. Du Cange, *Glossarium mediae et infimae latinitatis*）、ここでは牛飼いをさす男性名詞「vaccarius」に対し、女性名詞を用いて「牛飼い女」を意味していると思われる。

第8章

「乙女《ラ・ピュセル》」

La Pucelle

　中世における人格《ペルソナ》は、今日の私たちが一人の人物について思い描く概念とは大きく異なっている。二十一世紀[1]において、人物とはまず身体的・精神的特徴をもつ個人のことである。たとえば、ジャンヌはさして大柄ではなく[2]、褐色の髪をもち、頑健で[3]、そこそこ美人といった具合である。また、彼女は右耳のうしろに赤いあざ[4]がある。たとえ時どき腹を立てることがあっても、彼女は気骨があって大事を恐れない。ところが、いかなる年代記作者も、ジャンヌの人物像を、大雑把なものですら私たちのために描く必要性を感じなかった。個人としてのジャンヌは、フランス語の調書の正本に書きとめられた、いくつかのさりげない言及と、彼女が発する言葉を通してしか捉えられない。

　個人的特徴がこのようにほとんど関心をひかないのは、人物の定義が名前や衣服、社会で果たすべき役割に左右されているからであり、通常それらは一致していなければならない。ジャンヌは、現実であると同時に規範でもある乙女《ピュセル》（若い娘）というカテゴリに含まれる。乙女はみな、モデルにぴったりと一致しなければならず、規範に合致することは称賛に値する。聖王ルイが聖なる王でなければならなかったように、ジャンヌは模範的な乙女でなければならなかった。ところが、ジャンヌはこれらの規範の一部しか尊重しなかった。ジャンヌは期待どおりの年齢と処女性をもちあわせている。彼女はしばしば慎み深く振る舞う。しかし、ジャンヌがまとった衣装は二重のゆがみを引き起こす。それは男性の服装であって女性の服装ではなく、またそれは華々しい若い貴族の衣装であって、農婦の服装ではない。服装における性と社会の境界は覆され、両性具有的で社会的な位置づけのできない独自の役割がもたらされる。

名前

名前はアイデンティティを構成し、社会では名前がアイデンティティを示す。名前は、性、所属する家、さらには身分や人が求める生き方を表さなければならない。「乙女」は、ある現実を反映もしくは正当化するような、これらの選びとられた名前の一部である。百年戦争もまた、根底においては名前の問題である。すなわち、イギリス王はフランス王を名乗ることができるかという問題だ。

したがって、ジャンヌの名前は、彼女にとっても他の人々にとってもひとつの争点である。まず、ジャンヌが決して名乗らなかった名前を除外せねばならない。たとえば、彼女は決してジャンヌ・ダルクではなかった。というのも、彼女にこの名前を与えるふたつの史料（貴族叙任状および一四五三年のカリクトゥス三世の教皇答書）は考慮に入れるべきではないからである。前者はおそらく加筆されたものであり、後者は教皇庁尚書局の慣用である。そもそも三月二四日の調書で[5]、ジャンヌは、自分の姓はむしろロメかもしれない、なぜなら故郷では、娘は母親にならってみずからを呼び慣わすから、と述べている。事実、幼い村娘たちはファーストネームしかもっていない。また、ジャンヌは決してオルレアンの乙女[6]でもなかった。この呼称が用いられはじめるのは、〔ジャンヌの死後〕十五世紀の末からである。

ジャンヌは自分の村[7]ではジャネットと呼ばれており、その後、王の宮廷でジャンヌと呼ばれた。ジャンヌより先に現れた女預言者のほとんどが、ジャンヌもしくはマリー、さらにはその両方の名だった。たとえば、ジャンヌ・ド・マイエは、純潔の誓いをおこなったときにジャンヌ＝マリーになった[8]。ジャンヌが「乙女」という呼称を選んだのは、おそらくかなり後のことだろう。実際、村では誰もその呼び名を知らない。村人がジャンヌの長所について列挙するとき、「貞潔」[9]という言葉は四番目にしかでて来ない。わざわざ言わずとも、若い娘が貞潔であるのは自明のことだ。まだ自覚的に人生を選ぶところまでいっていない。「声」はジャンヌを「乙女」と呼んだ（しかし、他の名

ドンレミ村のジャンヌ
パリ・パンテオン所蔵

前もあった)。ジャンヌがジアンを通過するという噂を聞いた王の配下の者たちは、「乙女」[10]と言っている。したがって、名前の選択は一四二四年(誓願)から一四二九年春のあいだに行われている。おそらくジャンヌが服装を変え、使命を公《おおやけ》にする決心をしたときにこの名前が選ばれたのだろう。修道士は、正式な誓いを立てるときに、ほぼ決まって新しい名前を選ぶ。たとえば、修道士ボナヴェントゥーラは、彼がかつてそうであったところのジョヴァンニ・ディ・フィデンツァと共通するものはもはや無かったのである。

　裁判官たちによってなされた最初の質問はこうである。「お前の名前は何か。――故郷ではジャネットと呼ばれておりました」[11]。異名について、彼女は何も知らない。三月二四日にその点についてふたたび尋問されたとき、彼女はもっと多くのことを知っている。彼女はふたつの異名(アルク、ロメ)を斥け、不意に別の種類の名前を挙げている。「私は《乙女》といいます(他の人々はもはや私をそう呼びませんが)」[12]と。書記はこの言葉をラテン語で「*Virgo*」ではなく「*Puella*」と記している。また、パスクレルによれば、ジャンヌがシャルル七世に述べた最初の言葉は次のようなものである。「気高き王太子様、私は《乙女》ジャンヌと申します」[13]。これは『イギリス人への手紙』のなかに記された唯一の名前である。ジャンヌの陣営では、彼女がシノンに到着した際は〔単に〕一人の乙女(une Pucelle)と呼んでいたが、徐々に(唯一の、真の)「乙女」(la Pucelle)へと呼び名が変わってゆき、この呼称がごく普通に用いられるようになった。しかし、ジャンヌという名前も使われ続けた。それに対して、複合形の「乙女ジャンヌ」はめったにない。

　名前と現実が一致しなければならなかったとすれば、乙女とは何者だろうか。中世の百科事典の著者たちは、人間のさまざまな年齢を扱った巻のなかで、決まって乙女に一章を割いていた。十三世紀半ばの百科事典の著者バルテルミ・ド・グランヴィル[i]から十四世紀後半のピエール・ベルシュイールまで、その情報にはほとんど変化はない。百科事典の著者たちは、いつも語源の問題から書き起こしていた。語源が事物の根源にある性質を明かしてくれるものと考えたのである。さて、「乙女」には語源がふたつあった。すなわち、「*Puella*」は、「*pulla*」

（動物の仔の女性形）、または「*purullus*」（「*puritas*」〔「純粋な真実」の意〕の指小辞）に由来するらしい。場合によっては、年齢分類や年齢ごとの美徳が問題になった。若い娘はまず、きわめて曖昧な年齢分類に属した。それは、八歳（慎み深い年齢）に始まり、一六歳か一八歳頃に終わる。ひとたび結婚すると、「*Puella*」は「*mulier*」（成人女性）になり、思春期は、娘たちにとって、いつも早くに終わってしまうのだった。しかし、「*Puella*」という用語はしばしば、もっと年若い娘や、貞潔なままであるもっと年上の女性にも適用された。聖人伝のテクストのなかでは、娘は一二歳から一六歳のあいだにあり、「*puellae*」（三分の二の割合）と残りの「*virgines*」からなっている。「*pueritia*」（子ども時代の第二期）の次に来るこの漠然とした時期は、セビリアのイシドルスによる六つの世代の分類ですでに知られていた。すなわち、人間の生涯は「*infantia*〔幼年期〕」、「*pueritia*〔少年期〕」、「*adolescencia*〔思春期〕」（「*puella*」はこの時期に当たる）、「*juventus*〔青年期〕」、「*maturitas*〔熟年期〕」、「*senectus*〔老年期〕」、これら六つの時期からなるのである。

乙女という時期を特徴づけるのは、特殊な身体の状態、魂への際だった愛着と、年齢に見合った生活態度である。乙女の身体は、近寄りがたいだけに、幻想を抱かせるものだった。グランヴィルによれば、乙女なるものは優しくてか細く、なよやかで、面差しは美しく、華奢でしなやかである。乙女の髪は長くなめらかで、肌は白く、頸は長く、手足は柔軟でほっそりしている。また、乙女の体質はすべての女性と同じく熱く湿っている。乙女の心は内気で臆病である。すぐに笑い、絶えず意見を変える。言葉は軽薄でころころ変わり、歩幅は小さくて狭く、服装は質素で地味である。傷つきやすい年齢であるから、乙女はほとんどの時間を家で忙しく過ごし、しっかり監視されねばならない。男性のもとへ通ったり、通りや集落を抜けて出歩くなどもってのほかである。その上、将来男性に気に入られて結婚するために、家庭の空間を離れず、寡黙で、黙っているかほとんど喋らずにいなければならない。なぜなら、権威ある神学者ジル・ド・ロームの『君主の統治の書』が、「乙女は共同体全体に関することを行おうとしたり、統治しようとしたり、公共善に関わることをとりしきろうとしてはならない」と注意を促しているからである。最後に、道徳的な面では、乙女は処女で慎み深く、従順、控え目で、聖書に出てくる結婚前のリベカのように、神と両親に従う善良な人である。

ジャンヌは、こうした人物像とは部分的にしか一致していなかった。年代記作者は、神によって選ばれる子どもの性質がまだ備わっているこの不安定な時期に、ジャンヌが属していることをしばしば強調する。それは年若い乙女、一六歳から一八歳、あるいはもう少し年長の乙女である。若い娘のようにジャンヌは寡黙である。そもそも何も話さない方がよい。誰もが、ジャンヌが若い娘のような身のこなしも地味な衣装も持ち合わせていないことをよく知っている。しかし、この名前〔乙女〕が採用された。なぜなら、その名前は道徳的な意味と関連があったからである。ジャンヌはまさしく処女で、そのことはポワチエの審理で証明されており、ルーアンでは、彼女は自分の名前への権利を証明するために、検査を受けることを改めて申し出た。処女であることがこの名前を選んだただひとつの理由だ、と彼女は言うのである。

しかしながら、他の呼称もいくつか用いられた。十五世紀には、ピウス二世や異端審問官ニデール、年代記作者ウィリアム・バワーによって「*virgo*」〔処女〕という言葉が用いられるが、彼らはまた「*Puella*」も用いている。「*virgo*」には、道徳的な意味を強調する利点があるが、少々ジャンヌを聖母マリアに準《なぞら》えすぎるという難点がある。実際、ある人々は、マリアがジャンヌを遣わしたと考えていた。もちろんこの不釣り合いな対比は、あらゆる処女の模範であるマリアに対し[14]、ジャンヌが抱いていた揺るぎない信仰心に基づいていたのだろう。ジャンヌは、ドンレミではマリア像の前で祈り、毎週土曜日にノートル＝ダム・ド・ベルモン教会に行ったものだった。ヴォークールールでは、ノートル＝ダム＝デ＝ヴート教会の前でみずからの使命に意を強くしていた。のちには、手紙を「イエス・マリア」から書き出している。村に到着すればすぐに彼女は教会に祈りに行き、床につく前にも司祭に聖母の先唱句を朗誦させる。彼女は、一四二九年九月八日の聖母マリア生誕の祝日にパリ攻撃を試みる。また、いつの日かマリアが、天国のあまたの処女のなかに自分を迎え入れるだろう、とジャンヌは信じて疑わない。

名前の類似に人生の類似がつけ加わる。ジャンヌと同じく、マリアは下々の出であり、一三歳で純潔の誓いを立て、天使のお告げを受け（ミカエルではなくガブリエル。ガブリエルも、ジャンヌ・ダルクのもとに、ミカエルほどではないがたまに現れた）、のちにはユダヤ人の王である救世主《メシア》を出産し、識別する運命にある。同様に、ジャンヌはシノンで隠された王を識別し、多くの子どもに自分や王の名を与えているので、霊的な母性を知らないわけではない。ロベール・ド・ボードリクールとのある途方もない会話[15]が、ジャンヌによるものとされている。そこでは、ジャンヌはボードリクールへの奉仕を拒んで次のように告げる。自分の使命が終われば、聖霊が自分を三人の息子の母親にするだろう。一人は皇帝、一人は教皇、そして一人は王になる、と。つまり、改革されたキリスト教共同体がよく機能するために必要な三人の指導者である。最後に、魂だけが天国へ行く他の信徒たちとは逆に、マリアは聖母被昇天の日に肉体と魂を天国に引き上げられた。ジャンヌもまた、早くも子ども時代から（霊的な昇天という意味で）被昇天を夢見ている。「天使たちが私のもとから去ったとき、私は泣いて、彼らが私を天国に連れて行ってくれればいいのにと願ったのです[16]」。また、九月八日のパリでは次のとおりである。「もし彼女が死ぬようなことになれば、一〇〇万あまりの天使が彼女を天国に連れて行く準備ができていた」。種々の預言は、聖母マリアがキリスト教共同体にもたらしたのと同じ救済を、ジャンヌが王国にもたらすだろうと主張していた。

しかし、待望の「乙女」は、正確には聖母マリアではなかった。「乙女」へのお告げは、その使命と同様に公的な領域に位置づけられていた。一三五〇年から一四五〇年のあいだにすべての女預言者、あるいはフランドルやイタリアの聖女のもとに実際に現れたマリアが、ジャンヌのもとに現れないというのは非常に奇妙なことである。たしかに、『オルレアン包囲戦の聖史劇』では、ジャンヌのもとにミカエルが遣わされるには、王国の守護とイギリス軍に荒らされたクレリーの聖堂の守護をつかさどる聖母マリアが、二度にわたってキリストにとりなしをする必要があった。しかし、史実に照らせば、聖母マリアが直接ジャンヌのもとに現れることはない。後世の年代記だけがジャンヌのもとにマリアが出現したと述べるだろう。別のいくつかの年代記によれば、ジャンヌの剣はシャルトルのノートル＝ダム大聖堂で発見されたという。少なくとも、ジャンヌの長三角旗、王軍の騎士の所有物たるこの三角形の旗――「乙女」によって選ばれた大型の軍旗とは異なる――には、受胎告知の場面が描かれていたようである。そこでは一人の天使が聖母マリアの前に跪き、彼女に百合の花を一輪差し出していた。フランスの紋章の盾形紋地のなかに描かれた聖霊の鳩は、吹き出しを帯びていた。そこには、他のすべての受胎告知におけるように「幸いなるかな、マリア様、恩寵に満ちた御方よ」ではなく、「天の王の名において」と記されている。したがって、その言葉はガブリエルがマリアに向けたものではなく、この天使が、「第二の処女」であるジャンヌに述べたものだったのである。

「乙女」はまた、別の名前ももっていた。一四三一年三月一二日の裁判調書は、謎めいた神の娘について証言する。「声」がジャンヌを「神の娘」、「教会の娘」、あるいは「高貴な心をもった娘」と呼んだのではないかと質問されて、彼女は最初、そうだと答える。「オルレアン包囲の前と、その後毎日[17]《声》は頻繁に彼女を《乙女》ジャンヌ、神の娘と呼んだ」。神によって創造され、神によって救済されるすべての人間は、神の子であり、毎日『主の祈り』を暗誦するのだから、そこに異端を匂わせるものは何もない。神の娘という呼称は『モロジーニ年代記』[18]によって知られている。そこでは、「声」のひとつがその呼称を口にしている。当時、この名前にはふたつの意味が考えられる。そのひとつとして、「神の娘たち」とは、改悛した売春婦を収容するために十三世紀に創立された修道会のことである[19]。その後この修道会は、世俗にとどまりながら禁欲を誓った貧しい俗人に開かれた。この組織は、一二二六年にパリで設立されると、とくにシャンパーニュ地方で多大な成功をおさめた。たとえ中世末に「神の娘」が伝統的な修道女を意味するようになったとしても、その名称は苦行信心会の女性やベギン会修道女の類義語であり続けた。貞潔に生きるすべての俗人女性は「神の娘」だった。もうひとつの意味は、ジャンヌの使命と、長三角旗が表す彼女の銘の出典である。「神の娘」とは、神によって遣わされ、神のもとに戻るであろう娘である。旧約聖書の女預言者たちは、すでにこの名前をもっていた。最後に、ジャンヌの戦士仲間は、しばしば彼女を「天使《アンジェリック》のような娘」と呼んでいる。つまり、天使に取り巻かれた娘、あるいは天使のように神に遣わされた娘という意味である。

一方、敵方では、臆することなく敵〔であるジャンヌ〕に名前をつけるために多くの想像力が競われる。あまりにも評価を高める「乙女」という呼び名は受け入れられない。つまり、ジャンヌは「乙女」を自称しており、彼らによれば、「我らの敵であるアルマニャック派が乙女と言っている」にすぎないのだ。オルレアン包囲戦のときには、イギリス人たちがジャンヌを娼婦ないし売女呼ばわりしているが、これは純潔の選択を裏返した表現、あるいは「神の娘」という呼び名への当てこすりだったろう。有罪判決のあと、イギリス側の文書群は「*mulier*〔成人女性〕」や「*femina*〔女性。既婚女性も指す〕」という語を選択している。語源学的にみて、評価を大きく上げるものは何もない。「*mulier*」という語は軟弱さによって特徴づけられ、「*femina*」は信仰と美徳への関心に乏しい。これらふたつの語は、失われた純潔と、男性に対する劣等性を意味する。王シャルル七世の神学者と二度目の裁判〔無効裁判〕は、これらふたつの語を黙殺している。罪を宣告されたあと、ジャンヌは「乙女」であり続けることができなかったのだろう。有罪宣告が取り消されて、ジャンヌはふたたび「乙女」になる。

処女性

家族と系譜にきわめて注意深い旧約聖書とは対照的に、キリスト教は部分的にセクシュアリティの拒絶の上に構築されている。ヒエロニムスやアウグスティヌスのような教父たちは、結婚に対する独身の優越性を立証した。結婚の唯一の利益は童貞《ヴィエルジュ》を生むかもしれないことである。純潔《ヴィルジニテ》(20)は、堕罪以前の人間の性質であり、死後に復活した人々の栄光ある身体や、天使の群れの性質でもあった。〔十四世紀以降、スウェーデンのビルイッタのように何人かの未亡人が列聖されてはいたが、〕聖母マリアと、聖人聖女の大半は童貞である。現世では、在俗聖職者と修道士が童貞の義務を負っている。貞潔は、聖職者階級の優越性と、彼らを取り巻く敬意の根拠になる。清らかであればあるほど、彼らは神に近いのである。

物質的なもののなかで身動きがとれず、結婚によって規定される俗人にとって、純潔は逆説的な理想である。結婚生活の只中で、貞潔は困難なわざであり、多くの場合、やもめ暮らしだけが純潔の尊重を可能にする。結婚の拒否は、家族の圧力を受ける若い娘にとっていつも悩みの種である。中世社会は、神に身を捧げること以外に独身を認めなかった。しかし、中世末期にも純潔は修道士・修道女の美徳であり続けてはいたが、一一五〇年から一二五〇年のあいだに、純潔はとりわけ女性の理想的な姿となり、修道院の戒律に従っているか否かを問わず、キリストの花嫁は増加した。

中世末期における純潔とはなんだろうか。まず、純潔は身体に関わる現実である。女性の純潔な身体は封印された身体であり、祈りさえすれば純潔を回復できる男性とは違って、女性が純潔を失った場合、修復することはできない。破られた処女膜は、罪へと開かれた扉なのだ。純潔は壊れやすいガラス容器に封じ込められた芳香、あるいは黄金よりも貴重な宝物に譬えられる。しかし純潔はまた、個々人の生活様式によって培われる道徳的な性向の総体でもある。処女は心根が謙虚で、あらゆる穢れ、虚言、悪行を避けながら、はかない現世の歓びに見向きもせず、霊的に天上の祖国へと進む。もしみずからの誓いを尊重することに成功すれば、最終的に宗教上の大罪を犯さずにすむ。処女は質素な身なりをして、伏し目がちに、人里離れて暮らすことで美徳を積み重ねる。そうすれば、天国で「聖処女」の栄冠に至るだろう。マリアのように祝福されて、処女はイヴの運命から逃れるのである。言い換えれば、純潔は完璧な状態であると同時に生理学的な現実である。純潔のおかげで、女性に特有の不幸、すなわち産みの苦しみと男性への服従から逃れることができるのだ。

ジャンヌは一三歳のとき、神が望む限り純潔を守るという選択における先達の聖人たちに誓いをおこなった。私的な誓いが有効であるためには、一三歳である必要がある。思春期にあって、自由意思を行使できなければならないのだ。聖トマス・アクィナスは、私的な誓いを、頭のなかで行われるもの、言葉によって行われるもの、そして証人を前にして行われるものの三つに区分していた[21]。ジャンヌの誓いは、最初のふたつのカテゴリに属している。ドンレミでは、誰もジャンヌの誓いについて聞いたことがなかった。ジャンヌは家族にも主任司祭にも誓いのことを打ち明けなかった（それゆえ家族はのちに彼女を結婚させようとした）。ジャンヌの所作と決まり文句は、おそらく、同年齢で個人的に神に身を捧げた幼いマーキエイトのクリスティナ[ii]のものとよく似ていたろう。誓いは教会で行われる。クリスティナは教会で、心のなかで次のように唱える。「ああ、全能なる主よ、汚されることのない無垢と純潔を私にお与え下さい。かくしてキリストの似姿になりますように」。ついで彼女は、みずからを捧げた象徴として祭壇の上に一デナリウス貨を置く。

したがって、ここで問題になっているのは、ジャンヌ＝マリー・ド・マイエや他の者たちが司教の前でおこなったような、荘厳かつ永続的な公的な誓いではない[22]。処女奉献の儀典は、十三世紀末にデュラン・ド・マンドの『典礼説明書』のなかで定められていた。それは、司教と多くの人々の臨席が必要だった。処女奉献の典礼は、結婚の典礼に非常に近かった。と

聖カトリーヌ
（出典）A.Bournazel, *Jeanne d'Arc*, Paris, p.69.

いうのも、テルトゥリアヌス〔二世紀の教父〕以来、処女は「キリストの花嫁」だったからである。彼女たちは、誓いを公《おおやけ》にして指輪、冠、新婦のヴェールを受け取った。そして、彼女たちは死ぬまでみずからの誓いを尊重した。修道院で暮らしていようと俗世で暮らしていようと、彼女たちを誘惑する者はすべて破門され、制裁されるべきだった。もしみずから誓いに背けば、彼女たちは「キリストの姦婦」になり、地獄に落ちた。

　ジャンヌは公式に聖別された処女ではなかったが、私的な誓いは完璧に有効だった。最初の裁判の裁判官たちは、その誓いから道徳的帰結（謙譲と慎み深さの面）をなんら引き出さなかったと彼女を非難したが、一四五六年の裁判官たちは反対に、彼女は最期まで霊魂の純潔（前裁判では問題とされた）と身体の純潔（疑いの余地はなかった）を守りぬいたと主張した。一四三一年五月二三日水曜日、ジャンヌを促して罪を認めさせたピエール・モリス師は、「汝の創造主にして汝の夫である神[23]」について言及しているが、このことからもジャンヌが「神の花嫁」であったことがわかる。ところで、聖別された処女や花嫁が、人間との婚礼あるいは神との婚礼のあとで、その記念に身につけていた唯一のしるしは結婚指輪だった。さて、ジャンヌの指輪のひとつは、まさにこの機能を果たしているように思われる。三つの十字架と「イエス・マリア」という語を刻んだその指輪は、父母から彼女に贈られた。聖人が現れたとき、「ジャンヌは指輪を指にはめて、目に見える姿で現れた聖カトリーヌに触れた」。ジャンヌがキリストの許婚であるカトリーヌの手と指輪に触れ、カトリーヌのとりなしによって、いわばキリストと結婚したと理解すべきなのだろうか。

　聖カトリーヌは改悛後に幼子キリストから指輪を受け取る。この神秘的な結婚は、一三三七年にはじめて言及される。その後、一三七二年にピエール・ド・ナタリの著作に書き記され、ランクリエの『聖カトリーヌ伝』でも一場面が割かれている。聖カトリーヌだけでなく、彼女と同じように最良の夫（キリスト）を選んだ多くの処女たちも、天から指輪を受け取ったという。一二三〇年には早くもジュエット・デュイが、十四世紀にはシエナのカタリナが受け取っている。十五世紀のイタリア宮廷で、預言や奇蹟をなす才能を発揮した「生ける聖女」のほとんどは、キリストから与えられた指輪を持ち、禁欲の誓いを尊重しており、それが神秘的な結婚のしるしだった。

現世での結婚の拒否は、純潔の誓いの結果である。現世の夫と天上の夫を同時にもつことは重婚行為であろう（天上の夫が魂のためで、現世の夫が肉体のための夫であると考えることができるとしても）。その主題は古くからある。聖カエキリア、クリスティナ、モンタウのドロテアは、結婚から逃れるために一三歳ごろにおこなった純潔の誓いをよりどころとし、さまざまな成功を収めた（結婚を免れたり、結婚を遅らせたり、結婚後も貞潔を守ったりしたのである）。ジャンヌの誓いは秘密にされていたので、彼女が一五歳か一六歳のとき、両親は長女のために夫を選んだように彼女に夫を選んだ。一四二八年、ジャンヌは結婚問題でトゥール教区裁判所の法廷に召喚された。ジャンヌの言に従えば、その男性とは何の約束もしていなかったという。[24] しかし、男性は結婚の約束についてはっきりと聞いていた。一四三一年の裁判官たちの解釈では、ジャンヌがトゥールに召喚されたのは、許嫁の悪評に怖気づいた婚約者の男性が婚約の解消を要求したためであった。[25] ジャンヌはその訴訟に勝った。証拠は失われてしまい、年代記作者も一四五六年の証人も、この件については完全な沈黙を保っているので、もはやその若者との結婚が問題でなくなったのか、それとも、誓いが認められ、結婚自体がもはやまったく問題にされなくなったのかはわからない。

ジャンヌにとって、純潔とはまず（そしてほとんど唯一）身体に関わる現実である。ジャンヌは自分の仲間と同じように、自分を特別な存在にする身体の閉鎖性〔処女性〕を公然と口にする。彼女は清廉で、堕落しておらず、汚されていなかった。それは検証可能であり、ポワチエとルーアンで医師や評判の申し分ない貴婦人たちによって何度も繰り返し検証された。この身体の閉鎖には、外部との交流の制限が伴っていた。こうした交流にはいつも危険がつきまとう。身体を閉ざすことは、男性よりも女性に必要なことである。女性の身体にはぽっかりと穴が開いており、また多孔質でもあると考えられていた。[26] 男性の身体がその逞しさを見せつけるのは、まさにそこである。女性の身体に開いたそれらたくさんの入口から罪悪は忍び込むことができたのだ。しかし、公的な場からほとんど遠ざけられていた女性にとって、自由を行使できるのは自身の身体にほぼ限られていた。結婚するか否か、着飾るか否か、食べるか無為に過ごすかは、彼女たち次第だった。したがって、彼女らの聖性や罪が身体に刻まれていたのは当然のことだったのである。

まず、血について考えてみよう。ジャンヌは月経がなかった。一度もなかったか、あるいは野営地での運動の多い生活が月経を止めてしまったのかはわからない。ところで、経血は（旧約聖書によれば）女性の不浄のしるし、あるいは（アリストテレスにとっては）女性の劣等性のしるしである。しかし、このイヴの烙印は将来の出産に必要である。聖母マリアは月経があったのだろうか、それともなかったのだろうか。[27] 無原罪説のフランチェスコ会修道士はないと考えたが、ドミニコ会修道士はあったと考えていた。なぜなら、月経はマリアが完全に人間の本性を帯びていた証しだからである。ただし、無月経は必ずしも呪いであるとは考えられていない。中世の医師は、とくに食糧の欠乏（飢餓と断食）と相関関係にあると知っている[28]。いち早くジャンヌを魔女呼ばわりしたドミニコ会修道士ニデールによれば、多くの聖女[29]は無月経によって身体の漸進的な霊化を示したという。しかしそれゆえに、この不浄な浸出液は象徴的な代替物によって取って代わられる。経血に代わることができるのは、聖痕の発現や、意図的あるいは奇蹟によって流される血だけである。男性だけがみずからの血、もしくは他人の血を流すことを決めることができる。それに対し、経血は精神によって制御されることなく流れ出る。ジャンヌはこの血をめぐる主題群に取り巻かれている。彼女の身体は、右耳の後ろに赤いしるしが刻まれている。右耳は「声」を聴く耳だ（聖痕発現の兆しだろうか）。しかしジャンヌの身体は、病や苦しみによって神に至る他の聖女たちの身体とは違っている。それは、負傷をものともしない、活動的かつ頑健な身体である。ジャンヌはある金曜日（受難の日）に、自分は明日（聖母マリアの日）オルレアンの城壁の前で血を流すだろうと予言する。負傷した箇所（胸の上）の典拠は、次のどちらだろう。キリストの脇腹の傷だろうか、それとも聖母マリアの血の乳だろうか[30]。この流された血は勝利を予告し、可能にする。一四二九年九月八日、パリでジャンヌは二度目の負傷をするが、この勝利の連鎖は起こらなかった。さらに、ジャンヌは流血をひどく嫌った[31]。十戒は次のように主張する。「汝殺すなかれ」と。そして、残忍の罪（血を流させること）は、生命を与え、生命を守るように定められた女性にとって、とりわけ重いと判断される。ジャンヌは概して人間の血を流すことを忌み嫌っており、フランスの血が地面に流れるのを見たときは、「彼女の髪の毛は頭上に逆立ったものだった」[32]。奇しくも、「乙女」のもっとも近しい戦士仲間の一人ジャン・ド・ロンによって用いられた決まり文句〔「フランスの血」〕は、一四〇八年にセリジー大修道院長が、フランスの血を流すことを恐れなかったジャン無怖公《サン・プール》[33]を非難して発した言葉を思い起こさせる〔ジャン無怖公が一四〇七年に王族（シャルル六世の弟）で従兄弟にあたるオルレアン公ルイを暗殺した事件を指す〕。これは王国の歴史を通じて前例のない醜聞だった。ただし、ジャンヌにとってフランスの血とは、もはや単に王侯の血であるだけでなく、すべてのフランス人の血である。

　彼女にあっては、他の体液は、ほとんどないに等しかった。汗もかかなければ、尿も出ない。「彼女は決して生理的欲求のために馬を下りなかった」[34]。逆に、ジャンヌはしばしば涙を流す。ジャンヌは自分自身の不幸に落涙し（一度だけ）、両陣営の負傷者や瀕死の者[35]のことを嘆き悲しむ。これらの憐憫や哀悼の涙[36]は、ラザロのことを嘆き、オリーヴの園で死を恐れるキリストの涙に似ている。ジャンヌはまた、天使によって啓示を受け、フランス王国の大いなる悲惨について涙を流した。『森から』

の預言は、王国の災禍と不幸を嘆く、情け深い一人の乙女を待ち望んでいた。のちにジャンヌは、自分を死に追いやるルーアンの町のために涙を流すが、これはキリストが自分に刑を言い渡したエルサレムの不吉な運命について予言したのに似ている[37]。別の涙は信仰心に結びついている。その涙は、罪を思い出して、あるいは天国を希求して流される。ジャンヌは祈るときに涙を流し、告解を行うときにも涙を流す[38]。こうやって、彼女は秘蹟の効果に欠かせない痛悔を示すのである。そしてまた、聖体拝領のときにも涙を流す。さらに、聖別された聖体パン《ホスチア》[39]を礼拝するたびに、あるいは、彼女の聖人たちが彼女のもとを去ったときにも[40]、天国への憧憬ゆえに涙を流すのが見られる。涙もろさは、非常に古くからある霊性で、キリストの例および「山上の説教」でのキリストの約束にまで遡る。山上の説教では次のように語られていた。「おお、涙を流す汝らよ、悲嘆にくれる汝らよ、汝らは慰められるだろう[41]」。したがって、涙もろさは神の恩寵を感知できるしるしであり、いわばジャンヌの心と身体の純粋さのある種の証しである。しかし、神のため、あるいは他者のために流されたこの愛の涙はまた、政治的な武器でもあった。サン＝ブノワ＝シュル＝ロワールでジャンヌは、間もなく戴冠され王国を取り戻すことを疑わないよう王太子を説得するが、それは泣きじゃくりながらであった。こうして彼女は、ランスへ出発する許しを得るのである[42]。

シエナのカタリナ、フォリーニョのアンジェラ、あるいはその他の多くの聖女のように、ジャンヌはほとんど食べ物を口にしない[43]。同時代人[44]は皆、ジャンヌがきわめて活発であるにもかかわらず、ほとんど飲まず食わずであることに驚嘆した。さらには「彼女が、朝から晩まで完全武装で、下馬することなく、飲んだり食べたりすることもなく騎行した[45]」ことにも衝撃を受けた。ジャンヌにとって、食べ物は未来と結びつく。彼女は葡萄酒を取り寄せて、（ギィ・ド・ラヴァルに向かって）間もなくパリでこれを飲ませてあげましょうと言った[46]。同様に、オルレアンの市民によって提供されたニシンダマシも、橋がフランス人の手に落ちるまでとっておかれるだろう。「私たちはゴドン（イギリス人）〔英語の「*goddam*」に由来するイギリス人の蔑称〕を一人連れてきましょう。彼には自分の取り分を食べさせてあげましょう」。もっとも、ここでの問題は、単に典礼上の規則を尊重するかどうかである。ジャンヌは（牢獄のなかでさえ）つねに四旬節の断食や他の断食を尊重した[47]。裁判官たちは、ジャンヌにはじめて「声」が現れたとき、彼女が前日に断食をしていたと踏んでいたが[48]、彼女はそれをきっぱり否定する。ジャンヌがシノンに到着したのは四旬節の時期である。彼女は必要とあらば、さらなる節制も厭わない。「もし自由に振る舞えるのなら、私はもう二度と葡萄酒を飲みません[49]」。彼女が消費する唯一の食べ物はきわめて象徴的である。それは、水、葡萄酒、魚である。オルレアンでは、ジャンヌは毎晩、水を混ぜた一杯の葡萄酒に一切れのパンを浸すだけで満足している[50]。ニシンダマシについて言えば、これはフランス人とイギリス人がひとつに集まって食卓を共にした食べ物だが[51]、そこにあらゆるキリスト教徒の糧であるキリスト（*ichtios*）[iii] を連想せずにはいられない。キリストとその母のように、ジャンヌは完全に菜食主義者のようである。（仔牛）肉の消費に関して私たちが知っている唯一の言及は、拒絶である。ジャンヌは自分の配下の者たちに、金を払わずに農民から取り上げた獣肉を食べることを禁じる。不法に得られた食べ物は、それに手をつけることを受け容れた者の良心を汚す。「範例」は十三世紀中葉の聖エリザベト・フォン・テューリンゲン伝のなかにすでに存在し[52]、デュラン・ド・シャンパーニュはフィリップ四世の妻ジャンヌ王妃に同じ慎重さを説いている。食べ物の供給者であり管理人でもある女性は、自分自身のためにも他人のためにも、違法な食べ物を消費しない責任があるというのだ。

ジャンヌが先を争って食べる唯一の肉は、聖体パンの形をとったキリストの肉だけである。しかも十三世紀以降の多くの聖女[53]と同じように、彼女は聖別された真の聖体パンからただのパンを識別し、ふさわしくない司式者を見破ることができる。彼女の聖体パンへの渇望は、明らかに教会の規定を越えている。もちろん、彼女は毎年復活祭に聖体拝領をおこなっている（一二一五年以来、これはすべての信徒に対する決まりである）。［しかし、それだけではない。］「お前は他の祝祭日にもキリストの肉を受け取っていたか」。こう聞かれてジャンヌは「そのまま続けてください［次の質問に行ってください、答えたくありません］」[54] と答えているが、実際は肯定的な答えとなるはずである。たとえば、ジャンヌはオルレアンで、キリスト昇天祭の日に聖体拝領をおこなった。「彼女がみずからの創造主を受け取らずに祝日が過ぎ去ることはほとんどなかった」[55]。一般信徒はたいてい年に一度、もっとも信仰深い人々は年に四度から七度聖体拝領を行う。ベネディクト会修道士は毎日聖体拝領をおこなっており、それが世間一般の俗人と彼らを別のものにしていた。中世末期、女性たちは何よりもまず聖体拝領を頻繁に行うことを求めるようになった。しかし、神学教授の多くは、自分たちのとりなしという枠組みをとっておきたいがために、それを拒絶する。過度に聖体拝領を行えば、敬意も熟慮もなく神に近づくようになり、それによって聖体パンがありふれた食べ物になるかもしれないというのだ。タウラーやジェルソンのような別の神学者たちはもっと妥協的で、週に一度、日曜日のミサで一般信徒の聖体拝領を企てる。改革派である聖クララ会の一七の修道院の創立者で、大修道院長のコルビーのコレットは、彼女の聴罪司祭ピエール・ド・ヴォーによれば、生涯のうちの一年間、毎日聖体拝領をおこなった。ジャンヌは何度聖体拝領をしていたのだろうか。多くの証人は「しばしば」[56] あるいは「頻繁に」[57] と言うにとどめており、私たちに多くの情報を与えてはくれない。詩人のアラン・シャルチエ[58]や、無効裁判の証人シモン・ボークロワ、ギヨーム・ド・リカルヴィル、シモン・シャルルのような人々は、「毎週」[59]と述べている。アランソン公は、ジャンヌが「週二回聖体の秘蹟を受けていた」[60]と主張することを恐れないが、それはもちろん、オルレアン包囲からジャンヌの捕縛までのことである。ルーアンでは、聖体拝領は脅し（復活祭に聖体拝領できるように自白する）や告発条項の対象になる。しかも裁判官たちは、聖体の秘蹟の用途がまず信心に基づくものであるとしても、他の用途もあると考える。

『サン＝ドニ修道士年代記』のなかのある短い調査は、共同の聖体拝領が実際に同盟を強化し、[61][iv]紛争状態の者たちを和解させるのに役立つことを証明している（一四〇六年の末に、ブルゴーニュ公とオルレアン公は一緒に聖体拝領をおこなった）。パリのサン＝ポル宮で行われた聖体行列は王[62]〔シャルル六世〕の狂気を治さなかったけれども、身分の高い病人たちは毎日聖体拝領をする。ギィ・ド・ロワ『知の教義』は、突然死に対する聖体拝領の効果を強く主張している。ひとたび消化されても、聖体の加護は続くのだろうか。いずれにせよ、兵士が攻撃の直前に聖体拝領を行うのはしきたりだった。ブーヴィーヌの戦いでも、一四二九年五月八日〔オルレアン解放の日〕でも、それは変わらない。もっとも興味深いのはアルベール・ドゥルシュの証言である。彼は、王軍がサンリスの城門を開けさせようと骨を折っていたときに、二日続けて（一四二九年八月一八日と二三日のあいだ）「クレルモン公、アランソン公とともに聖体を拝領する」[63]ジャンヌを見た。聖体拝領は、王軍が神の側にいることを証明する公的な行為となりうる。それゆえ、内奥の宗教的欲求からであれ、危機に立ち向かうためであれ、また軍の指揮官たちの一体性を誇示するためであれ、ジャンヌはよく聖体拝領をおこなった。おそらくジャンヌは、キュドのアルパイドやワニィのマリーのように、聖体だけで生きることを夢見ていた。天の食べ物をいったん知れば、腐敗しやすく危険をはらんだ地上の食べ物など、どうして口にしえよう。

実際、天啓を受けた女性の清純な身体は[64]、絶えず災いの攻撃を受ける塔や、ひびが入る恐れのつきまとう神の恩寵の封印と比較することができる。たしかに、純潔の誓いには脅威がつきまとう。そうでないとしたら、どこに純潔を守る価値があるだろうか。聖マルグリットや聖カトリーヌは強いられた結婚よりも死を選ぶ。ヤコブス・デ・ウォラギネの『黄金伝説』は多くの処女の殉教者の伝記を集めた。彼によれば、女性にとってもっとも崇高な完徳は、自分の純潔を守って死ぬことである。それゆえ、死は永遠の純潔と魂の救済を保証する。強姦の危険はジャンヌの歴史《イストワール》＝物語に絶えずつきまとう。彼女は身体の接触を好まないが、野営地で、ついで牢獄で、男性に取り囲まれて暮らさざるを得ない。彼女の純潔に対する試みは多い。ヴォークールールからシノンまでの道中は、敵の陣営の野武士が彼女を待ち伏せており、彼女は服を着たままで眠る習慣がつきはじめている。オルレアン包囲戦のときは、ある放蕩者の若い貴族が処女喪失の手助けをすると申し出る。ボールヴォワールでは、エモン・ド・マシィが捕虜のジャンヌを相手に女たらしを演じる。ルーアンの牢獄では脅威が増す。仮縫い作業につけこもうとした仕立て職人ジャノタン・シモンは、きつい平手打ちをくらう。その後、ジャンヌはあるイギリス人の大貴族に、ついで看守たちに脅かされていると感じる。彼女は警戒しすぎだろうか。中世の司法は、ごく若い娘と聖別された処女の強姦を非常に厳しく罰する。しかし、抵抗しなかったり、叫んだり助けを呼ばなかったりした被害者は、合意しているとみなされる。もっとも、この身体の純潔を防御するという点では、神は奇蹟によって処女たちを救う。例の若い貴族は「突然の非業の死」に見舞われなかっただろうか。他の者たちは、彼女のひとにらみで、その場で動けなくなったり、麻痺したり、性欲あるいはもっと一般的に悪事を働く欲望すべてを失ったりする。若きアランソン公は次のように証言する。「時たま野営地で、私は藁の上でジャンヌや兵士たちと眠った。ときどき私はジャンヌが身支度をするのを見、また時折私はジャンヌの胸を見た。彼女の胸は美しかった。しかし、私は彼女に対していかなる欲望も決して抱かなかった[65]」。

また、霊的な脅威もあった。というのも、身体の純潔は魂の純潔によって補完されなければならないからである。ジャンヌは、身体の純潔を聖別された処女に向かう完徳への階梯とは見なしていない。神への服従や神への愛の進展と同列には扱っていないのだ。彼女はまた、身体の純潔と徳の実践を結びつけていないようである。彼女の観念は純粋に防衛的である。身体を強姦から守らなければならないように、魂を宗教上の大罪から守らなければならない。十三世紀は、（神との絆を断ち切り、地獄に突き落とす）七つの大罪の一覧表が確定すると同時に、この断たれた絆を回復するための告解に関する神学が確立した時期である。そしてまた、神の友たる少数の者たちだけが大罪を免れうる、という考えが整えられた時期でもある。

〔その少数の者とは〕まず聖なる王たちである。ルイ八世は、自分を癒してくれる一人の処女との同衾を拒み、宗教上の大罪よりも死を選んだと伝説は主張する。ブランシュ・ド・カスティーユ〔ルイ八世の妃、聖王ルイの母〕が、宗教上の大罪を犯すよりは息子の死を選んだであろうことはよく知られている[66]。魂の死は永遠である。しかし、皆がこの考えを共有するわけではない。年代記作者ジョワンヴィルは、癩病患者になるよりは、三〇の宗教上の大罪を犯す方がよかった。まして死ぬことについては、尋ねるまでもない。

十三世紀初頭の福者ワニィのマリー以来、決して十戒に背かなかったとみなされる女性たちもいた[67]。これらの処女は淫乱ではなかった。彼女たちは他者の不幸を望まなかったし、偽の神を崇めることもなかった。また、安息日を尊重し、神を冒瀆しなかった。彼女たちは偽証を行わず、盗みも殺人も犯さなかった。しかし、そう語るのは彼女たち自身ではなく、彼女たちの聴罪司祭だった。自分の救済や無謬性をみずから確信することは不可能である。いずれにせよ、告解（一二一五年以来、年に一度義務づけられる）のおかげで、神と和解し、恩寵の状態と洗礼の純粋性を取り戻すことができた。どの信徒も好きなだけ告解をすることができた。王侯や聖職者にとって、ことはより簡単である。彼らには、昼夜を問わず、つねに聴罪司祭が側に控えていた。病気や危機の場合には告解は増え、ピエール・ド・リュクサンブール枢機卿のようなもっとも生真面目な人々は、日に数度告解の秘蹟をしていたのである。

ジャンヌのただ一人の聴罪司祭、アウグスティヌス会修道士パスクレルは一四五六年に証言を行うが、告解の問題については曖昧なままである。ジャンヌが週二回告解をしたことを私たちが知っているのは、ヴォークールール以来の戦士仲間であるベルトラン・ド・プーランジィを介してである。これに対して準騎士シモン・ボークロワは、ロワール川方面での戦いのあいだ、彼女が一日おきに告解の秘蹟を受けたと証言している。その後、ジャンヌは牢獄で、イギリス人の悪意から故意に司祭を奪われる。そこで彼女は、裁判官たちが疑うこの魂の純潔《ヴィルジニテ》を保つために、自分の聖女たちに罪を打ち明ける。

この純潔はなんの役に立つのだろうか。たしかに、死ぬまで魂と身体の純潔が保たれれば、天国に行くことができる。しかし、争点はジャンヌというとるに足りない個人の問題をはるかに超えている。まず、純潔は預言の使命の真正性を証明する。旧約聖書の預言者や中世の幻視者は、童貞《ヴィエルジュ》もしくは禁欲者である。預言は、神の使者のよき品行と、神が使者に託したしるしに立脚する。最初の時期、ジャンヌにはしるしがない。飢え、渇き、疲労、恐怖を知らない、この清純な身体しかないのである。[68]

第二の時期、純潔は勝利を可能にする。実際、神学者にとって純潔は、聖霊の七つの賜物のひとつ、勇気という賜物に結びついている。純潔は、死刑執行人を前にした聖マルグリットや聖カトリーヌを支える。そして、頑な家族に修道女になるという選択を認めさせたいと願うすべての娘に、必要欠くべからざる抵抗力を与え、救済する。しかし、身体的な力も重要である。「ユディト書[V]」は次のように言っていないだろうか。「あなたが力強く振る舞い、あなたの心が力づけられたのは、あなたが貞潔を愛したからである」[69]。ドミニコ会修道士エチエンヌ・ド・ブルボンは、この格言を、生涯女性と交際することを慎んだ初代エルサレム王ゴドフロワ・ド・ブイヨンにあてはめる。[70] 彼は、剣の一撃だけで馬を真っ二つにできた。ハーレムから出て来たどんなサラセン人もトルコ人も、とても真似できなかった。同様に、童貞の修道士であるとともに騎士でもあるテンプル騎士団員だけが、聖地を防衛できると長いあいだ考えられていた。そして、テンプル騎士団の破滅は、しばしば仲間内での性的な罪の増加に原因があるとされた。ジャンヌは、彼女なりのやり方で、もうひとつの聖地を防衛する。彼女の頑健な身体は野営生活の苦痛と労苦をものともしない。

負傷が予告され、望まれる場合を除いて、純潔はしばしば身体を無傷にすることさえできる。パテーの戦いで「乙女」の兜にぶつかり、粉々に砕け散る石がもっと見事な例である。その上、この無垢な身体は、火刑の炎によって月並みな腐敗と腐乱を免れる。ジャンヌの心臓は、灰のなかで血をたたえたまま、つまり生命に満ちて、無傷の状態で発見されたという。死を飛び越えるこの身体は最終的な勝利を約束するのである。

裁判で、裁判官たちがジャンヌに、もし処女を失ったり結婚したりしても相変わらず幸運かと尋問すると、ジャンヌは返答を避ける。しかし裁判官たちは、純潔が神に選ばれた者だけを特徴づけるのではないということをよくわかっていたし、おそらくジャンヌもわかっていただろう。純潔は、魔術の行使においてもまた重要である。魔術師は、精霊たちを支配するために、断食をしたりみずからの身体と道具を浄化したりする。また、民衆の魔術は無垢な身体の救済機能を信じる。言い換えれば、ジャンヌの身体と精神の純潔は、たとえ誰もそれを疑っていなかったとしても、善の領域のなかにも悪の領域のなかにも、自動的におさまる場所はない。

誇示された身体、すなわち衣服の問題

この純潔な身体は、皆の視線を集める特別な衣服を媒介として、他者の目に見えるものになる。早くもヴォークールールから、ジャンヌは男性の装束（短く切られた髪、衣服、剣）を身につけており、それが彼女の性の両義性を強調する。この男装の娘を迎えた王の側近は、迷った挙句、儀式のあとで、彼女に武具、剣、軍旗を与えることによって、よりいっそう、女性から隔てることに決めた。もちろん娘は騎士になれなかったので、その儀式は騎士叙任式ではない。しかしジャンヌは、武具を手渡されたとき、新たに騎士叙任を受けた者のように馬を巧みに操れることを公衆の面前で示した。

性的にも社会的にも普通ではない外観を選び取ることで、ジャンヌは独自のアイデンティティを獲得した。実際、中世において、衣服は単なる個人的嗜好の問題ではなかった。[71] 身分と外観は一致しなければならず、違反すれば詐欺で告発された。年齢、性、社会階層は、教会法や都市法によってしっかり枠をはめられた衣服の慣例に反映された。他者の衣服を身につけることは本性を偽る、あるいは変装することであり、[72] 教会はカーニヴァルによる年に一度の大々的なうっぷん晴らしのとき以外は認めていなかった。

しかし、衣服に関する聖書の記述は比較的乏しい。エデンの園ではアダムとイヴは裸であり、当惑と羞恥心で一杯になって自分たちの身体を隠そうとしたのは、彼らが罪を犯したときである。したがって、隠されるべきものを隠す衣服は、人間の罪のしるるし、つまり過ちを日々思い出させるものである。[73] 旧約聖

書の別の文書は、祭司の装束と一般信徒の装束、王の装束と民の装束を区別することに心を砕いている。男性と女性が、同じ衣服も同じ役割ももつ権利がないことは言うまでもない。女性の衣服は、弱き性の必然的な従属と、慎み深さをわかりやすく示さなければならない。「首を伸ばして流し目をつかって歩くシオンの娘に災いあれ。彼女たちは、装身具、宝石、スカーフとともにエルサレムを失った。神は彼女らの芳香を悪臭に、晴れ着を粗末な衣に変え、彼女たちの髪は剃り落とされるであろう……」(74)。女性の贅沢と厚かましさは諸都市の敗北の原因である。また、「申命記」は次のように命じる。「女は男の衣装をまとってはならないし、男は女の衣服を身につけてはならない。このようなことをする者は誰であれ、神にひどく嫌われる(75)」。その後も繰り返し取り上げられるのは、後者の文書である。三四〇年、ガンジュ公会議は、この典拠によって、男性と女性、富者と貧者に似たような服を着せていたエウスタティオス派の異端者を断罪した。十二世紀、この文書は、普遍教会にとって法として効力をもつグラティアヌスの『教会法』のなかに入る。そして、あらゆる聖書注解学者と十三世紀のあらゆる神学大全によって注釈がつけられる。新たな戒律が古い戒律にまさる以上、ユダヤ教社会によって規定されたこの儀礼的な戒律は、どの程度キリスト教社会のなかで有効なのだろうか。それらの戒律は、また新たな状況のもとで異教徒の迷信やさまざまな狂信と闘うために表明されたのである。

福音書は衣服にほとんど関心を示さない。キリストの弟子たちは、救世主《メシア》に従うために自分の衣服を脱がなければならない。「山上の説教」は服装に頓着しないよう促す。「神は野の百合のようにあなた方を装い、養うだろう……何も思い悩むな(76)」。それに、初期のキリスト教徒は貧しい身なりをしていた。どんな装飾も、どんな鮮やかな色彩も、誘惑へと導く。ただし、これらの義務は原則として両性に適用される。聖パウロの一説(77)だけが問題である。聖パウロは女性に対し、自然が羞恥心を保つために与えた髪の毛を長いまま保ち、もし髪の毛が十分でなければ、「服従のしるしに」頭にヴェールを被ることを命じている。聖体を分かち合う集会で、女性はヴェールを被らねばならない。男性は同じ状況において頭をむきだしたままである。もっとも、キリスト教時代初期のほとんどの社会は女性にヴェールを被せており、ここではパウロは社会の習慣に従わせただけだった。

いずれにせよ、男性と女性は、着衣(78)と髪を通して異なっていなければならなかった。雄ライオンが雌ライオンと異なり、雄鶏が雌鶏とは反対に色鮮やかな羽毛で飾られているのと同じである。しかし、「着衣」の正確な意味はなんであろうか。たしかに、衣装が問題であっただろうが、同時に衣装の付属品も問題であった。装飾は衣服の一部だった。要するに、すべての衣服は所作、慣習、風習を前提としていたのである。男性の衣服は力、権力、戦士の役割を前提としていた。女性の衣服は慎み深さ、羞恥心、家庭内での役割を反映していた。どんな衣服の交換も、色欲を助長し、世界の不変の秩序に対する反逆を意味していた。その秩序は、女性が男性に服従し、男性によって服を決められることを要求していた。[79] 早くも三世紀に、聖アンブロシウスの書簡八九は、そのことをはっきりと明らかにしている。

　しかしながら、教会は長いあいだ、この原則の適用にきわめて柔軟だった。たしかに男性が女装をし、軟弱になるのは忌まわしいことであった。そうした軟弱さは、次第に同性愛と同一視された。しかし、神に近づくために男装をする女性[80]は、至高への憧れであることから、もっと容易に許された。

　ビザンツ教会[81]は、おもに六世紀と七世紀に、使徒パウロの女弟子聖テクラに倣って髪を切り、純潔の誓いを立て、女性に禁じられた修道士や隠者の装束をまとった一連の女性を列聖した。死のときまで彼女たちは別の名前で節制して暮らしていた。神の目にはもはや男性でも女性でもなかったのである。秘密はしばしば彼女らの葬儀のときまで明かされなかった。彼女らのうち四人はヤコブス・デ・ウォラギネの著作〔『黄金伝説』〕に載っている。父親の傍らで暮らすため修道士の姿をしていたマリナは、下女を孕ませたと不当にも告発される。〔同じく修道士として生きた〕テオドラも、自分が孕ませたとされる幼児を養う。もっと興味深い二人はマルガリタ＝ペラギアとペラギア＝マルガリタというアンティオキアの娘で、彼女たちは財産を貧者に分け与えて貞潔の誓いを立て、死ぬまで修道士の衣をまとって生きた。ペラギア＝マルガリタは結婚を拒み、女子修道院の主管者、次いで隠修士になるために、修道士の衣をまとう。ジャンヌ・ダルクのもとに現れた聖女と同じ名をもつ。彼女は聖マルグリットと多くの共通点がある。すなわち、名前、出身地、結婚拒否、聖性についての名声である。ただ、男性の衣服をまとい修道士の身分になることが殉教の代わりになる。

　しかし、西ヨーロッパの聖女はほとんどこのモデルに従っていない。モデルに従った数少ない聖女は、もっと後の時代に現れる。聖ウィルゲフォルティス[82]はシチリア王と結婚することを拒む。伝説によれば、修道院を選べるように、神は彼女を男性に変える。一二二〇年ごろにハイステルバッハのカエサリウスが書いた聖人伝のなかで、聖ヒルデゴンドは、とある外国で戦争によって捕らえられた哀れな孤児である。ライン地方にふたたび戻るために彼女が男装するのは、異教徒から逃れるためである。ライン地方では相変わらず支援が得られないので、彼女は修道院に入る。聖ヒルデゴンド以外にも、西ヨーロッパでは、一時的な変装の事例をいくつも付け加えねばならない。両親がたてた結婚計画に逆らって、若い娘が別の選択をして実家を去ろうと思えば、〔男装の〕効果と秘密を選択する必要がある。男装は匿名性に一役買う。たとえば一一〇〇年ごろ、のちのマーキエイトの聖クリスティナは召使に身をやつして、自分を無理矢理結婚させようとするハンティンドンの裕福な実家を去る。そして、「キリストの花嫁」になり数年間人目を避けて暮らす。

さらに十三世紀になると、女性聖職者のテーマがもはや神話（女教皇ヨハンナは一二四〇年ごろ現れる）[vi][83]や幻想でしかなくなるのに対して、神学書は衣服の規則における一時的な例外の問題に集中する。たとえば、聖トマス・アクィナスは『神学大全』[84]のひとつの問い全体を、衣服が悪徳と美徳の原因になりうると証明することに割いている。あらゆる女性にとって衣服は罪と結びつく。というのも、女性は衣服で男性を挑発し、淫欲のきっかけとするからだ。着飾った女性は必ず糾弾される。染めた髪、小さな巻き毛、化粧（夫のために個人的にする以外）は、どんなものであれ地獄への門である。なぜなら、人間は神のわざである被造物を変えることはできないはずだから。自分の身なりへの不満は神を不快にするだけである。しかし、衣服はまた、社会的地位に適っていて、どんな贅沢品も避けていれば、有用性がある。高位の人々（王、高位聖職者）は、その地位にふさわしい盛装をしなければならない。それに対し、悔悛を説く預言者は、質素な身なりをしなければならない。

したがって、女性、とりわけ若い娘は、場所と状況にきちんと合わせて、質素な服装をする義務があるということになる。女性は必要な場合にしか男性の衣装を着用することができない。自分の裸体を覆い隠すためか、危険に立ち向かうためにしか身につけてはならない。遠くの土地を旅したり、敵から身を隠したり、あるいは強姦から逃れるためなら、女性は男装をすることができる。しかし、それは結局、一時的な解決策か最終的な手段にすぎない。言うなれば、状況が女性に男装という選択肢を強いるわけだが、それが唯一の手段というわけではない。美徳を守ることは正しい目的であり、だからこそ例外を正当化する。

シャルル七世の宮廷の神学者たちは皆、その難問に敏感であり、トマス・アクィナス以来彼らが論じてきた有害な結果を予想することができた。ジャンヌがポワチエで審理を受けているとき、ジャンヌの衣服の問題はジャック・ジェリュの『到来について』[85]によって取り組まれている。「申命記」第二二章を引用していないとはいえ、ジェリュの結論では、〔ジャンヌの男装は〕不可避の状況だった。ジャンヌは男性のなかで暮らさなければならないし、男性の衣服は彼女の使命に適っているからである。それは彼女の品位と貞節を守ってくれる。最初の込み入った論証は、一四二九年五月、ジェルソンの作とされる『驚異的な勝利について』[86]のなかに記載される。ここでは三つの点に関して弁明がなされているが、今度は明らかに「申命記」第二二章が想起される。古い戒律〔モーセの立法〕の禁忌は、新しい戒律〔イエスの教え〕のなかにすべてが残されたわけではなかった。福音書は「申命記」第二二章を繰り返していないが、節度への関心は両方の戒律に共通する。したがって、必然性、明白な有用性、公的に認可された慣習ないし権威書に基づく慣習、あるいは修道院の上長による権限と特別許可によってしか、男性の衣服は身につけられないのである。もっともここで、ジェルソンは、必然性、実際的な有用性、神の意思を同時に弁護する。神の意思は規則に例外を設ける。そしてまた、状況や善良な目的が期待されるときにも例外は正当化されるのである。

しかし、ジャンヌに敵対する陣営では、逆の論理が表面に出る。『パリの聖職者の反駁』は、教会法が男装を禁じていることに注意を促す。曰く、男の衣装は「女性に姦淫の罪を犯す機会を与え、色欲を助長する」、と。ところで、トマス・アクィナスは男装が必要な場合も認めていた。だがジャンヌの敵対陣営は、戦争への参加という男性の務めを女性に禁じた、同じ聖トマスによる別の文書を見つけ出す。早くもジャンヌの使命が始まって数ヵ月のうちに、のちの裁判で取り上げられることになる論拠のすべてが出揃っていた。男性の服装を着用すれば破門に処される。そのことは皆知っていた。それに対し、無効裁判では、古い戒律であれ新しい戒律であれ、あるいは異教の古代文明であれ、先例が列挙されることになる。

自分の自発的な行動が引き起こした神学上の難題について、ジャンヌは何を知っていただろう。その問題はポワチエの調査のときに言及されている。ジャンヌは自分の決意を次のように正当化したという。曰く、これらの服装は、王太子に仕えるのに適しているし、必要でもある。兵士たちは欲望を抱かないだろうし、自分は思考と行為において、よりよく純潔を保つことができるだろう。それに、自分が男たちに交じって、女性の衣装で騎行すれば、かえって奇妙に映るだろう（議論の反転）、と。この弁明には、トマス・アクィナスの言う男装の必然性、すなわち（処女のままでいるという）正しい目的因を確認できる。[vii] 彼女に男性の衣装を着用するよう命じたのは神である（上長者による免除）。言い換えれば、ポワチエの神学者たちが、ジャンヌの直感に、彼女に欠けていた神学的な典拠を提供したことはおおいにありえよう。それゆえ、オルレアンで、「教養ある人々が、彼女にその事柄について話したとき、彼女の返答は彼らをとても満足させた」。王の顧問官たちは、オルレアンの解放についてのみ武器の携行を認めたつもりだった。彼らが予想できなかった唯一のこと、それは例外がその後も続いていくだろうということだった。そして、一四三一年、処刑裁判の前夜にトマス・アクィナスの言う男装の必然性を持ち出して弁護することは、ほとんど不可能だった。というのも、ジャンヌは数年間にわたって男性の衣服を身につけていたからである。

「乙女《ラ・ピュセル》」はすぐに彼女の衣服と一体になり、衣服を介して識別された。数々の預言は軍旗を持つ一人の「乙女《プエラ》」、あるいは次のような一人の処女の到来を告げていた。

> 娘らしいかよわい四肢に男の服をまとった処女が
> 神の命令により、倒れた者を再び立ち上がらせんと急ぐ

年代記作者たちは、神学者たち以上に男装に当惑している。

王の陣営のなかのある人々は、男装について話さずにすませ、別の人々は、男性の衣服を、ある有力者の承認ないしは発意のためであるとしている。かなり後になって書かれた『ロレーヌ年代記』は、この役割をロレーヌ公シャルル二世に与える。それによれば、シャルル二世は「彼女を武装させた。彼女は足を鐙に乗せずに鞍に跨り、男性よりも巧みに槍を構えて突撃した」[87]。ロベール・ド・ボードリクールも何度か引き合いに出される。このヴォークールールの指揮官は、「彼女に男性用の衣服と頭巾、袖付きのチュニカ《ジポン》、革脚絆と拍車をつなぎ留める脚衣をつくらせ、そして彼女に一頭の馬を与えた」。他の年代記作者によれば、彼女に男装をさせ、武具を提供したのは王自身である。ジャンヌの発意や神の意思が引き合いに出されることはほとんどない。女性は男性になりたいと願ったり、男性の衣装を身につけたいと望んだりすることができない。だからこそ、強制される必要があるのだ。ブルゴーニュ派では、ジャンヌの男性の衣服に関する記述はより頻繁で、勇敢さと同じくらい衣服の豪華さが強調されている（コンピエーニュでは、彼女は真っ赤なビロードの外套を着ていた）。「彼女は髪が短く、切れ込みが入った帽子と、袖付きのチュニカ、たくさんの飾り紐で留められた真っ赤な脚衣を身につけていた」。あるいは、癇の強い軍馬に乗った「立派な身なりの男性であるかのように、彼女は武装して馬に乗っていた」。『フランチェスコ会修道士のパリ年代記』はもっと批判的である。「武装していないときも、彼女は騎士の服装をまとっていた。すなわち、紐靴をはき、胴衣《プールポワン》とぴったりした脚衣を身につけ、頭に小さな帽子を被っていた」。シノンに到着したときの黒いラシャ地のみすぼらしい衣装とはすっかりかけ離れている。十五世紀末、このみすぼらしい衣服は幻想になった。たとえば、ジャコポ・フォレスティは、豪華な輝く甲冑を身につけ、長い金髪で溢れた頭に兜を被った「乙女」を描いている。

糸巻き棒と剣

「乙女《プエラ》」であり処女であるジャンヌは、成人女性にはまだ属していなかった。性行為を断った人、あるいは未経験の人は、厳密な意味では男性であるとも女性であるとも言えない。しかしながら、男性も女性も、それぞれの性に固有の装飾品や道具を衣服に添えていた。男性なら剣、娘なら糸巻き棒と錘《つむ》である[88]。糸紡ぎは、聖書以来、女性に固有の務めである。「箴言」では完璧な女性を次のように描写する。「彼女は自分の労働が役に立つことを知っており、灯は夜も決して消えることがない。手を糸巻き棒に伸べ、手のひらに錘をあやつる」[89]。彼女は家族にも、貧しい人々や窮した人々にも服を着せる。聖母マリアは驚くほど細い輝く糸でキリストのチュニカを織った。「泣き、おしゃべりをし、糸を紡ぐ。それらが女性の仕事である」。クリスチーヌ・ド・ピザンの『婦人の都』も、同じ仕事を取り上げる。曰く、「糸巻き棒に関しては、神はそれが女たちの好みになることを望んだ。というのも、それこそが神の奉仕に必要な仕事、そしてあらゆるしっかりした家計の維持に必要な仕事はそこにあるのだから」[90]。糸を紡ぐことによって、女性は神の栄光と近親者たちの充足に協力するのである。しかし、女たちがこの長く先の尖った棒のまわりに巻きつける糸は、性的な暗示と無縁ではない[91]。断ち切られた糸は純潔の喪失を、結び合わされた糸は男性の性的不能を意味しており、あまりにもせっかちな女たらしは、この攻撃的な道具で拒絶されかねない。

　糸巻き棒と剣は、互いに裏返しの禁忌の対象となる。女性が夫に剣を与えることができなければ、夫はもはや身を守ることができないだろう。騎士が糸を紡ぐ女性に出会えば、それは凶兆である。「申命記」第二二章に注釈を付けるにあたって、ニコラ・ド・リール[92]は、男性が糸紡ぎや洗濯をすれば、男性としての資質を失ってしまうと主張する。これに対して、ジャン・ド・モンティニィは女性の武器携行について考えをめぐらせる。男性は錘や鍵を帯につけることはできないし、してはならない以上、どうして女性が帯剣できるだろうか、と。

　ところでジャンヌは、切っ先鋭い防御用の剣をとったからといって、糸巻き棒をすっかり手離したわけではなかった。彼女はルーアンの他のどの女性よりも巧みに糸紡ぎができたし、そのことをたいそう誇らしく思っている。ジャンヌは糸の紡ぎ方と下着の縫い方を母親に教わった。ヴォークールールを立ち去る前に、ジャン・ド・ヌイヨンポンに次のように告白している。「もし神の御心でなかったならば[93]、私はフランスになど行きたくないし、私の大好きな母の傍らで糸を紡いでいたいのです。だって、それが社会における私の『居場所』、私の地位、私の務めですから」。一四五六年、ドンレミの多くの住民がこうした錘への関心を証言するだろう。二四の回答が、「女たちと若い娘たちの仕事」にジャンヌが参加したと述べる。ジャンヌはしばしば、嬉々として、たいへん上手に糸紡ぎをしたものだった。糸紡ぎはすべての家庭で必要な仕事のひとつである。実際、糸紡ぎは集団での仕事だった。証人の一人ジャン・ド・サン＝タマンは、自宅で自分の娘と一緒にジャンヌが糸紡ぎをしているのを見た。マンジェットはいつもジャンヌと一緒に糸紡ぎをしていたし、カトリーヌ・ル・ロワイエは、ジャンヌがヴォークールールに滞在したときにその機会があった。ジャンとマンジェットは、夜の活動、つまり夜の集いでのことを話している。運命の女神《パルカ》は夜に人間の運命を紡ぐので、ジャンヌは、夜の集いで決して悪いものは見なかったと付け加える必要性を感じる。ジャンヌは、軍事作戦の合間や、捕虜になったあとはボールヴォワールの城でも、糸を紡ぐ機会をもつだろう。ジャンヌが意気消沈した時期、父母に仕えるためにすぐに帰郷しようと考えたときには、おそらくこれらの糸紡ぎの夕べに郷愁を覚えたことだろう。

風刺的なやり方の論法も、面と向かって用いられる。一四二九年六月、ウィンチェスタ枢機卿によって率いられたイギリス軍がベドフォード公の救援にやって来る。枢機卿の一五〇〇人の兵士は、白い布地の巨大な軍旗をひとつ掲げる。背景には「錘がちりばめられ、横には亜麻糸が巻きつけられた糸巻き棒があり、そこに糸が巻きつけられた錘がぶら下がっていた。そして、金色の繊細な文字で次のように書かれていた。『さあ、美女がやって来る[94]』と。それはイギリス人がこれで糸を紡げとジャンヌに与えるしるしである。実際、彼らはそれを与えた。というのも、ルーアンの広場で彼らはその糸巻き棒を粉々の灰になるまで焼き尽くさせたからである」。

ジャンヌは錘を手放そうとはしなかった。彼女がしたくなかったのは、鍋に触れることだった。ジャンヌは、ライヴァルのカトリーヌ・ド・ラ・ロシェルに軽蔑を込めて鍋を送りつけている。中世において、厨房は既婚女性と家の女主人の専有物である。若い娘は厨房には近寄らない。

大多数の娘たちの世界は家庭という狭い枠組みに制限されていたが、ジャンヌの世界はこの枠組みを越えている。とはいえ、ジャンヌは完全に女性の世界から立ち去ったわけではなかった。ポワチエやオルレアン、あるいはトゥールで、ジャンヌは名士の家に泊まっている。あるじの妻や娘と一緒に眠っている。彼女たちは連れ立って浴場に行ったり教会に通ったりする。評判の良い女性と同じように、ジャンヌは誰かと連れだって行動し、年配の女性よりも若い仲間を好む。ジャンヌは女性の連帯意識を自分の村で知った。村では同じような「乙女たち」が彼女の友人だった。ただし、その関係は近しいと同時に疎遠だった（オーヴィエットはジャンヌの出発を知って泣くが、ジャンヌは彼女に出発を打ち明けなかった）。オルレアンでも、次いで聖別式への騎行のときも、ジャンヌは何度もあらゆる社会階層の女性（貴婦人、未婚の貴族女性、都市の女性）の集団を迎え入れ、ともにおしゃべりをし、祈り、泣いている。また、下層民の女性が癒しと受胎を期待して指輪や手に触れることも許している。ラニィの子どもの逸話は女たちの語り種《ぐさ》だった。洗礼のときに生き返るこの新生児の性別は問題ではない。赤ん坊は聖母像の前に運ばれる。ジャンヌは乙女の集団に加わり、奇蹟を求めて祈り、赤ん坊が動いたときに洗礼を授ける。

ジャンヌが崇敬する聖人の大部分は女性である。聖ミカエルは両性具有の戦士で、マルグリットとカトリーヌは処女である。聖アニェスやマリアにもときどき言及している。しかし、ジャンヌが聖王ルイや、一度出現したとされるカール大帝に祈っているのを見た者は一人もいなかった。イギリス方に行った聖ドニは言うまでもない。ただし一四二九年の九月に一度、ジャンヌは自分の甲冑のひとつを聖ドニに奉納している。

ジャンヌは何人かの女性を特別に尊崇しており、それらの女性は甲斐甲斐しく彼女を援助することになるだろう。それは、母親、公妃マルグリット・ド・ロレーヌ、王妃マリー・ダンジュー、ジャンヌ・ド・リュクサンブールである。これらの女性のうち、公妃マルグリットと王妃マリーは夫に顧みられない妻であり、最後の一人は俗世で貞潔に生きる半聖半俗の女性である。しかし、ジャンヌは、時には妻たちの心配事に応えることもできる。ジャンヌは新婚の若きアランソン公妃に、愛しい夫を無事連れ戻すと約束した。「ジャンヌ、と裁判官たちは尋問する。まさかお前は男になりたいと望んでいたのではないか。――私はその問いにすでにお答えいたしました」。その答えは失われているが、間違いなく否定的なものだっただろう。ジャンヌは、みずからの性を拒絶することは神の意思を拒絶することであり、大罪を犯すことだということをよく知っていた。彼女は乙女という女性のひとつのアイデンティティにとどまることを望み、決して諦めなかった。しかし、ジャンヌは、社会が男性の務めと女性の務めのあいだに設けた境界の一部しか受け入れなかった。彼女は、男性のように公的な発言と戦争への参加を望んでいたのである。これに対して、聖職は、ジャンヌが男性の教養人にあっさりと譲った領域である。神がジャンヌに託した使命は例外的な命令だったのだから、この男性の空間への侵入をジャンヌはおそらく他の娘にまで広げようとは考えていなかっただろう。神はジャンヌを「神の娘」と呼ばなかっただろうか。「神の子にとって、ユダヤ人も、ギリシア人も、奴隷も自由身分も、男も女もない」(95)のである。聖パウロによって約束されたこの神の前における性の消滅は、ジャンヌが切り開きたいと願っていた新たな時代の特徴だったのかもしれない。

訳注

[i] 現在ではバルテルミ・ラングレ（一一九〇年頃～一二五〇年より後）が著者であるとされている。Rf. «Barthelemy of England | Arlima - Archives de littérature du Moyen Âge», http://www.arlima.net/ad/barthelemy_of_england.html, 二〇一〇年一二年二七日取得。

[ii] マーキエイトのクリスティナ（一〇九五年／一一〇〇年頃～一一五五年よりあと）は、イギリスのハンティントン生まれの聖女。若くして純潔の誓いを立てたが、両親から結婚を強いられたため、ハーフォードシャーのマーキエイトに住む隠修士ロジャーのもとに逃れた。

[iii] 「*ichtios*」はギリシア語で「魚」を意味するが、「*Iesous Christos Theou Yios*（もしくは*Uios*）*Sôter*〔イエス・キリスト、神の子、救世主〕」というキリストを象徴する折り句《アクロスティッシュ》でもあり、古くは二世紀から用いられた。四～五世紀より、魚は聖餐の象徴にもなる。中世においては、水中に生息する魚は肉・卵・乳製品のような動物性たんぱくとは見なされておらず、四旬節に口にすることを許

されていた。

［iv］イギリス王リチャード二世に反旗を翻し、亡命先のフランスからイギリスに上陸したヘンリ・ボリンブロク（のちのイギリス王ヘンリ四世）らがトマス・アランデル（カンタベリ大司教だったが当時リチャード二世に追放されていた）から聖別を受けた挿話を指す。

［v］原文では「申命記」になっているが、引用文の出典は『ウルガータ』の「ユディト書」。

［vi］中世の伝説によれば、女教皇ヨハンナは九世紀に実在したとされる。ドナ・W・クロス（阪田由美子訳）『女教皇ヨハンナ』（草思社、二〇〇五年）を参照。

［vii］アリストテレスが説いた、事物が生成するための四原因（形相因、質量因、作用因（動力因）、目的因）のひとつ。事物がなんのために存在するか、行為がなんのためになされるかを示す目的が、その事物の存在やその行為を理由づけるもの。

第9章

戦争は女性の顔を持ちうるか

La guerre peut-elle avoir un visage de femme ?

騎士姿のジャンヌを最初に描写したのは、ギィ・ド・ラヴァルである。[1] それによれば、ジャンヌは白一色の鎧を身にまとい、兜はかぶらず、小さな斧を手にして、癇の強い黒毛の軍馬に跨っていた。ジャンヌの傍らでは、気品のある小姓が折りたたまれた彼女の軍旗を持ち、ついで兄と兵士たちが続いた。この日（一四二九年六月八日）、ジャンヌはもう数週間前からこの装備を身に着けている。それはポワチエで、神学者たちがジャンヌの使命が本物であると認めたときに与えられたものだった。[2] 王はトゥールで百リーヴルかけて完全な武具一式を作らせた。この新参の騎士は、オルレアン遠征に出発する前に、アランソン公との騎馬槍試合《ジュスト》で自分の機敏さを存分に披露したり、[3] 毎日のように王家の騎士たちと馬に乗って出かけたりした。[4] 騎行に際して、「彼女はあたかも今まで他のことをしたことがないかのように、きわめて巧みに武具一式を身につけていた」[5]。

同時に王は、地位と俸給、二人の小姓、二人の伝令官、そして小規模の護衛隊をジャンヌに与えた。しかしジャンヌは、騎士にはならなかった。[6] 騎士になるのは男性で、その多くは貴族身分に属している。彼らは長い訓練を受けるか、華々しい武功を立てたときに、騎士になるのだった。ジャンヌは農民の女にすぎず、戦いの経験もない。武功をたてるのは、まだ先の話である。そのうえ、騎士叙任式も、武具が儀礼的に授与される宗教的な儀式も行われなかった。徹宵の祈りも、騎士の宣誓も、頸への一打ちもなかった。それでも、甲冑、軍旗、剣は念入りにあつらえられた。それらの武具は、普通行われるように、祝別されたのだろうか。ジャンヌは一四三一年にそれを否定している。いずれにせよ、剣はある教会からもたらされ、軍旗はまったくの宗教行列用の旗だった。ごく少数の文書が、あたかも神みずからが騎士を選んで叙任したかのように、ジャンヌを天の騎士と呼んでいる。

ジャンヌ・ダルク（アングル作）
ルーヴル美術館所蔵

たしかに王は、最高権力者の名において、平民を、さらには農奴身分であってさえも、新しく騎士にする権利があった。騎士の肩帯を身につけることは、十五世紀初頭においては小貴族になることを意味し、この戦争の時代、王軍には彼らの息子たちがあふれかえっていた。ジャンヌの家族や彼女自身にとっては、あらたな社会的地位が、ほかの富や責任と一緒に開けたのである。

騎士の服装[7]は、単なる衣服ではなかった。それは、男性の名誉と切り離せない、一連の美徳を象徴していた。騎士は優先的に白（身体と魂の純潔を保たなければならないから）と赤（聖地を防衛し、寡婦と孤児を守るためにみずからの血を流すことを受け入れていたから）の服を身につけていた。正義の剣は十字架の形をしており、その刃は象徴的に忠誠と公正を意味していた。兜は理屈のうえでは外部の罪と誘惑から保護してくれた。鎖帷子は、悪徳や敵に対して発揮されるべき勇気の象徴だった。盾は誓約のしるしであり、すべての騎士にとって自分の主君を守る義務を意味していた。いずれの旗も、王の名誉を維持するよう励ましていた。だが、これらの美徳の大部分は、女性の手に届かなかった。ラモン・リュル『騎士道の書』[8]が強調するように、女性は騎士叙任を受けることができなかったのである。神学の伝統、あるいはアリストテレスの伝統の重みが、女性の戦争参加をほとんど不可能にしていた。女性は、被害者になるか、戦士の妻か母になるしかなかった。たしかに十四世紀の半ば以来、文学は架空の女戦士の登場人物を生み出し、「男性の心をもった[9]」女傑やイスラエルの女預言者の記憶を思い起こさせていた。しかし実際は、男性の務めである戦争のなかに女性の存在を受け入れられる者など、一人もいなかった。ジャンヌの出現は、皆に驚愕と好奇心をもたらした。さらにある人々には、物事の秩序を脅かす醜聞を前にした拒絶反応を引き起こした。

　そのうえジャンヌは、女兵士であることだけで満足しなかった。早くも一四二九年三月二二日には、「私は戦闘の指揮官である[10]」と宣言したのである。そこに傲慢さと思い上がりがあった。神学者たちは、男女の役割がどんどんひっくり返されていくのを正当化するのに、とても苦労した。彼らは前例を利用したり、神の意志という便利で恣意的な手段に頼った。法学者たちも、正当化の方法を見つけた。こうして、十五世紀半ばから、新たなジャンヌ・ダルクの構築が可能になった。女傑が女預言者にまさったのである。

問題含みの戦争参加

　戦争は、女性の顔をもたなかったし、もつべきではなかった。その理由はたくさんあったし、当時の人々にとっては当たり前すぎて、定式化されることはほとんどなかった。女性は身体も精神も弱かった。この女性の劣等性の起源は、天地創造にさかのぼる。神は性がふたつあることを望んだが、まずは自分に似せて、より強く徳の高い男性をつくった。語源論は男性の優越性を強調した。男性（*viri*）は、力（*vires*）と徳（*virtus*）を有する[11]。女性は二番目に、男性の伴侶として創造された。アダムから生まれたので、女性は彼に敬意を払い服従しなければならなかった。女性（*femme*）という呼称は、無能力（*femina*）と軟弱さ（*mulier*）を強調してさえいた。男性は言葉であり、理性であり、地上を支配するように定められていた。それに対して女性は、生命の永続に欠かせないが、受動的な存在である。過ちは女性からやって来た。女という性は誘惑に負けやすいので、結婚生活や市民生活のなかで、男性に従属させられた。イヴは「*in adjutorium*」、すなわち男性を助けるために生まれた。女性が男性に提供するこの助けといえば、何よりもまず男子を産むための腹だった。それ以外に何があるだろうか。女性の助言は風よりも変わりやすかった[12]のだから。

　アリストテレスの思想は、十三世紀に大学を通じて聖職者の伝統的な女性蔑視[13]を強化した。神ではなく自然が種の存続のために性の区別を望んだ、と考えられるようになった。自然は、男性には頑健な身体を、女性にはか弱い身体を、男性には発達した理性を、女性には論理の乏しさ（性の愚かさ）を、男性には自己を制御する力を、女性には自己を制御する力の弱さを与えた。そこで、男性には公共的な空間、都市の政治、戦争の義務が与えられ、女性には家庭の空間、夫への服従、そして子どもたちの養育が委ねられたのである。

十世紀から十二世紀にかけての騎士社会の形成は、性の役割分化を強化した[14]。男性には、あらゆる男性的な務めが与えられた。すなわち、裁くこと、統治すること、戦争をすることである。甲冑は次第に重くなり、馬は操るのが難しくなった。戦士たちは専門職となり、はじめは封土が、次いで俸給が与えられた。女性には、戦士の妻か母である以外の選択肢はなかった。女性は、婦人の部屋に閉じ込められることに対し、象徴的な代償を受け取った。すなわち、男性の武勲は、女性たちの美しい眼差しに帰されたのだ。騎馬槍試合の褒美を決めるのは女性ではなかったが、褒美を手渡すのは女性たちだった。紀元千年の少し前、最初の神の平和運動が起こったとき、女性は戦いの枠外におかれた。それまで、独り身の女性は、司教、次いで王に委ねられる弱者に属していた。それ以後は、戦士が平和を結ぶとき、次いで騎士叙任のときに、寡婦と孤児を保護することを誓うようになった。もはや戦争をしなくなった女性は、戦争の犠牲になる可能性が一番低くなければならなかった。女性は本質的に「無力」な存在、一族の男性か、さもなくば真の騎士に委ねられるべき、無防備な存在となったのである。それとは逆に、真の騎士にとって戦争は、肉体の力と勇気を結びつけることで、貴族としてのアイデンティティと男らしさを証明する場になった。逃げるのは軟弱な男性だけだ。それゆえ、女性が戦争に参加するなど考えられなかった。というのも、ルイ・ド・ブルボン[15]が、自分の家来が捕虜にしたブルターニュ公妃を釈放したときに誇らしげに述べたように、騎士たるものは、当然のことながら女性とは戦争をしないからである。そんなことは、平民出身の野武士どものやり方である。大領主で騎士のなかの騎士であるブルボン公は、従妹の夫の裏切りを証明する書類はそのまま取ったが、荷物と宝石は彼女に返還した。ワトリケ・ド・クヴァン『貴婦人の騎馬槍試合』[16]（一三二七年）は、女性と戦争をするという考え自体に、同じような反感を示している。ブロワ伯のために建立された最初のシャンボール城のステンドグラスには、貴婦人への愛に打ち負かされて落馬した騎士たちが描かれていた。ステンドグラスのなかの、盾を持ち甲冑を身に着けた女性たちは、男性に立ち向かい、見事勝利を収めたのだった。折よく現れた真理の貴婦人は、これらの女性が、何人もの男性の魂を躓かせる肉欲だと説明する。ところで、魂（と男性）は通常、「統治」しなければならない。その逆はなんとも惨めである。女性への降伏[17]（自分より劣る人に対し、自分の方が劣っているとか負けたとか認めること）が問題になるとき、反発はいっそう強まる。

しかし、女性に戦争や武器の携行を禁じる明確な法は存在しない。十二世紀に、教会法の基礎であるグラティアヌス『教令集』は、女性を男性的な務めから遠ざけるにとどめている。弱き性［女性］にとっても聖職者にとっても、考えられうるのは、宗教上の罪に対する精神的な戦いだけである。彼らの武器はこの世のものではなく、血を流させることもできない。血を流すことが許されているのは公権力の保持者だけであり、女性たちには許されていないのである。聖トマス・アクィナスは『神学大全』のなかでこの解釈を確認した[18]。十四世紀末、オノレ・ボネの『戦争の木』[19]も、次のことを繰り返す。すなわち、封土をもつ女性も、女であるゆえ、戦場に姿を見せるよう迫られることなどあってはならない。たとえ、自分の兵士を派遣しなければならないとしても、と。

統治術を教えるために君主に献呈された『君主鑑』のなかで、このテーマが取り上げられることはめったにない。それでも、『君主の統治の書』では、次のようなタイトルでひとつの章全体の対象になっている。「女性の戦闘参加がいかに自然と道理に反しているか」。そのうえフィリップ美男王《ル・ベル》の顧問官ジル・ド・ロームは、女性が夫について戦場に行くだけでも、戦闘に参加したものとみなしている。彼によれば、「戦いには深い熟慮と先見の明が必要である。ところで、女性の助言は価値がなく、熟慮に乏しく、男性ほどに賢明ではないので、戦列に加えてはならない。戦いに行く者には、大いなる勇気と勇敢さが必要である。なぜなら、彼らは身体を死の危険に曝すからで、いっぽうの女性はもっとも臆病で、冷たい体質である。もし戦わねばならないときには、軍団から女性を排除すべきである。なぜなら、勇士や豪胆な者にとってさえ、恐怖は伝染するからである。大打撃を与え、武器を取るには、しっかりした腰、頑健な肩、がっしりした腕が必要である。女性は肉体が脆弱で、身体の力を欠くので、戦いをさせてはならない[20]」。

つまり、女性は戦争に向いておらず、身体は弱く、論理の乏しさのために戦略家にはなれず、臆病な性質（しかし、女性の生来の優しさや平和の前提となる愛を主張することはできる）は戦争を思いとどまらせる。女性が軍隊を率いるのはもっと向いていない。永遠の未成年者である女性は、成人男性を率いることも、彼らに権威を及ぼすこともできないだろう。人々の偏見は、聖職者の論理と同じ方向に向っていた。姦淫の罪を犯した勝利者はみな、次の日に打ち負かされるだろうし、女性が触れた剣はすべて、その持ち主の男性を臆病者にしたのである。

書物のなかの女傑たち

騎士道物語は虚構の作品であり、そこでは想像力が君臨しているとしても、当時の社会が実践している性の役割分担は大筋で尊重されている[21]。男性は戦い、舞台の前面を占め、女性、まして乙女は、より控え目な目立たない位置にいる。ロランの死の知らせを受けると、麗しきオードは死んでしまった[22]。彼女については、シャルルマーニュの甥〔ロラン〕の婚約者であること以外にほとんど何もわからず、名前とぼんやりとした輪郭しか与えられていない。妻は、夫に助言したり（ときには戦場においてさえ）、わが子を守ったりと、明らかにより積極的な役割を認められることも多い。しかし、いかなる妻であっても、自分が戦士であると認めるなど、もってのほかである。妻は一時的に戦士になることもあるが、それは、彼女らを武装させるように仕向ける状況に迫られてのことである。それにそれらは物語の二義的なエピソードにすぎない。エルドリ・ド・コルヌアイユ『シランスの物語』(23)や、パリで一三四〇年から一三八〇年のあいだ金銀細工商のギルドによって上演された『著名人による聖母の奇蹟劇』(24)は例外である。

夫と子どもたちを救おうとしたエィ・ダヴィニョンを除けば、これらの戦う娘(25)はほとんどが非常に若い処女である。彼女たちを守ってくれる一族の男(26)は一人も登場しない。危険の原因は、ときに父親でさえあって、あまりに早く死んだ妻の代わりにするために、娘たちを強姦したり、結婚したりしようとする。たとえば、「鋼の心臓をもつ乙女」(27)は、彼女が望んでいない、無慈悲な王によって脅迫される。これらの娘にとっては、みずからの命を救い、素性を知られないように逃亡しなければならず、女性の名誉（純潔）の防御を、戦いで得られる男性的なタイプの名誉の追求に置き換える必要がある。熟慮の末の決定として衣服と性の境界の越境が提示されているのは、ふたつの事例だけである。コルヌアイユ伯家は、男性の後継者を必要としたため、幼い娘シランスを遠方で男子として育てさせることに決める。一五年のあいだ、老いた代官《セネシャル》がシランスに騎士道の掟を教え、それによって相続人は封土の継承が可能になる〔なお、シランスには「秘密の保持」の意味がある〕。『フロール王〔i〕と美女ジャンヌの物語』(28)では、夫につき従って聖地に行くため武装して自分の馬に鞍をつける決心をするのは、中傷された妻〔ジャンヌ〕自身である。これらの戦う娘たちのなかに、騎馬槍試合や戦争への特別な好みを申し立てる者はいない。男性の衣装を身にまとうことは、名前の変更をもたらす。エィ・ダヴィニョンはガンディオンに、モーガリーはフォルケールに、ネロンヌは「鋼の心臓をもつ乙女」に、ブランカンディーヌはブランカンダンに、そして美女ジャンヌは準騎士ジャンになる。

男性への変身は急激であることもあれば、一種の閨室《こうしつ》の役割を果たす時空間が先行することもある。その空間では、女主人公はまだ男性ではなく、まったくの女性というわけでもない。騎士になるには、才覚と多くの訓練が必要である。たしかに、彼女たちはいずれも高貴な家系の出身だが、それだけでは十分でない。シランスは男性の教育を受けた。「自然」と「環境」による寓意的な長い対話は、次のように問題を提起する。すなわち、性を作り上げるのは生まれか、それとも教育か。男性として育てられた娘シランスは、最終的に貴婦人になるのか、それとも勇敢な騎士になるのか。「鋼の心臓をもつ乙女」はといえば、すべてを学ばなければならない。ある経験豊かな老女が彼女の世話をし、近習としての振る舞い方を教える。それで、彼女は家畜の番と槍投げを学び、準騎士として奉仕することが可能になる。『聖母の奇蹟劇』では、王の娘を経験豊かな騎士にするのは、臨終の母親の願い（「彼女が勇敢な女性になりますように[29]」）と神の加護である。

　ついに男性の空間に到達すれば、これらの女戦士はじつにさまざまな役割を占める。ある者たちは、友人や夫になくてはならない準騎士になるが、武勲の点では彼らのお伴をするにとどめている。たとえば、美女ジャンヌは、自腹で忠実に主君に仕え、七年にわたる道中、食事、宿泊、あるいは馬の世話を引き受ける。「鋼の心臓をもつ乙女」も同じことをした。戦闘も起こるが、彼女たちの騎士が、よりたくましく経験豊かな存在として、彼女たちの代わりにその役を引き受けてくれる。その一方で、エィ・ダヴィニョン[30]のように、勇敢で雄々しい騎士として名を上げた女性もいる。戦争指揮官になり、多数の男性からなる軍を率いたのは二人だけだ。シランスは叛徒に包囲されたイギリス王を解放し、『聖母の奇蹟劇』に出てくる王の娘は、コンスタンティノープルの皇帝に仕えて並外れた武勲をたてた。とくに後者は男以上に男性的で、彼女が敵に浴びせる罵声の一斉射撃は驚くべきものである。そのうえ彼女はいくつもの土地を征服し、捕虜をたくさん獲得し、トルコ人を打ち破る。そしてコンスタンティノープルを救ったあと、彼女（ないし彼）は皇帝軍の元帥になる。

戦いのあと、これらの女性戦士の大部分は、ジャンヌ・ダルクとは正反対に、女性の空間に戻る。もっとも、神はブランカンディーヌをブランカンダンに変えて結婚できるようにしたが、こうしたことはほとんどなかった。危機や中傷する者が消え去り、家族のもとに帰還すれば、男性から女性に戻ることができる。それはしばしば自分の意志とは無関係に起こる。シランスはマーリンによって告発されるが、それはマーリンが自分は女性にしか捕まらないことを知っていたからだ。他の女性たちは、不貞を疑われたり、別の女性と結婚させられそうになったりする。男性から女性への通過儀礼は、同じような予備作業を必要とする。すなわち、香入りの風呂、衣服の交換、手のたこを磨くことである。最後は夫婦が再会を果たすか、処女の戦士がもとの身分以上の結婚を手に入れるかする。シランスは勇敢さによってイギリス王妃になり、『聖母の奇蹟劇』の娘はコンスタンティノープルの皇后となった。

　ジャンヌの同時代人は、これら後年の物語を読んだり、朗読を聞いたりしている。『聖母の奇蹟劇』の王の娘は、聖母マリアと二人の大天使ガブリエルとミカエルによって保護されており、それによって神の加護と勝利が約束され、試練の時には慰められる。「鋼の心臓をもつ乙女」は、国境で生まれた。というのも、彼女の父親は不思議な辺境《レトランジュ・マルシュ》の王なのだ。この国では、すべての娘が魔法使いである。例の乙女は魔法の指輪をはめていて、彼女の体は、火による焼けつくような痛みをものともせず、勇気は無限大である。彼女と結婚したいと望む黄金の騎士のなかに、いかなる王を見出すべきだろう。『ペルスフォレ物語』の地理はそれほどはっきりしない。いずれにせよ、ジャンヌの裁判官たちはこれらの物語を知っている。三月一三日、彼らは次のように尋ねる。「お前の《声》は、お前を高貴な心をもった乙女と呼んだか[31]」。ジャンヌはそれを否定する。ブルゴーニュ派の年代記作者も、しばしば同じフィルターを通してジャンヌの行動を読み解いている。たとえば、フランケ・ダラスは、「乙女《ラ・ピュセル》」と腕比べをすることを望んでいたらしい。というのも、ジャンヌは自分を打ち負かす男性以外とは結婚しないからだ（アタランテ〔ギリシア神話の登場人物〕や『アスプロモント』のガリシエッラのように）。結局、ジャンヌは勝ってフランケを斬首刑にする。

　これらすべての女傑は、必要から生み出された。長期にわたり好んでこうした男性の務めを果たす女性戦士を見つけるには、起源神話にまでさかのぼる必要があった。起源神話は、遠く離れた時空間、すなわち、キリスト教国とは構造上何の共通点もない異教時代の外国に設定されていた。伝承によれば、ほとんどのヨーロッパの民を生み出したのはトロイアである。フランシオンとアエネイアスは、トロイアを追われた人々を導き、フランスとローマ帝国を建てた。トロイア戦争[32]はフランスの前史であり、一四二九年の諸事件は、一人の女と貴顕たちの裏切りによって滅亡した都市トロイアの籠城戦の、いわば繰り返しだった。トロイアのプリアモス王は亡くなる少し前に運命の輪が回るのを見たというが、彼の子孫であるシャルル七世は、辛酸をなめたあと、運命に名誉と勝利をふたたび見出す。つまりは、十五世紀の知識人にとって、祖先であるトロイア人はなじみ深い存在だった。フランス人の勇気を呼び起こしたり（汝らの祖先を思い出せ）、イギリス人を中傷したりする（遅れてやって来て、トロイア人と同様、ブリテン人の廃墟の上に勝利をうち立てた連中）ために、トロイア人が引き合いに出されたのである。ところで、トロイアの神話では、女戦士ペンテシレイアが重要な役割を演じていた。

　ペンテシレイアは、もっとも名の知れた「女戦士《アマゾン》」である。「女戦士[33]」ないし女性の王国は、トロイア戦争、ヘラクレスの偉業、そしてアレクサンドロスの東方遠征と関連をもつ勇壮な伝説である。この王国は、ギリシア世界の境界、もしくは異界の象徴である島に位置している。オロシウス[34]は、トロイア戦争の話のすぐ前の章で、次のようにまとめている。スキタイで[ii]、二人の若き王と彼らの軍隊が滅んだ。保護のない状態で取り残された彼らの妻と娘たちは、復讐のために男性の甲冑をまとい、勇気を奮い起こした。したがって、この王国の誕生は、傲慢の罪ではなく、状況に結びつけられる。その後、これらの「女戦士」は男たちを追放し、もはや自分たちの幼い息子たちを守らなくなった。彼女たちは、もっと楽に弓が引けるように娘たちの左胸を切り取り、娘たちに戦争の技術を身につけさせた。そして彼女たちの王国は、ヨーロッパとアジアで最強の国のひとつになった。王国を建て、エフェソスの礎を築いたのは、勇敢で文明の担い手である女王、マルペシアとラムペトーである。メナリッペーとヒッポリュテーは、ヘラクレスとテセウスに立ち向かった。しかし、もっとも誉れ高いのは、トロイア戦争のあいだ、プリアモス王の傍らで名を上げた処女ペンテシレイアである。彼女はヘクトールの死後に戦争に加わり、彼女の挫折によってトロイアの焼亡は避けがたいものになった。ヘクトールの名声にひきつけられて、一〇〇〇人の乙女《ピュセル》からなる軍隊の先頭に立ち、この処女はトロイアに赴いたのだった。ヘクトールの死の知らせを受けて、ペンテシレイアは復讐を決意し、主だったギリシアの指揮官たちに立ち向かった。美しく、勇気があって純潔なこれらの女戦士たちは、悪徳と贅沢にまみれているほかの女性とは違っていた。彼女たちは何も恐れず、恐怖を振り撒いた。「あれらは女だ。彼女たちがわれわれの陣地を奪わないように守れ」(35)。しかし結局、男性が勝利をおさめ、ペンテシレイアはピュロスによって打ち倒されてしまう。ピュロスは、卑劣にもペンテシレイアの首と右手首を切り落とす（考えを抱く頭、それを実行する手）。彼女の亡骸は細かく切り裂かれ、スカマンドロス河に捨てられた。

美しきカミッラは(36)、ローマの歴史のなかで、トロイア史におけるペンテシレイアと同じ役割を果たしている。実際、ウェルギリウスは、ウォルスキ族の王女がいかにして森のなかで戦争の手ほどきを受けたかを語っていた。ついで、カミッラは、アエネイアスとその仲間に対抗するトゥルヌスを助けに行った。カミッラは、兜の下から髪をなびかせ、黄金と象牙の馬具をつけて、一〇〇人の乙女の先頭に立って戦った。敵は部下たちを次のように励ました。「恐れることは何もない、あれらは女だ。女が戦うのは夜の寝床でだ。寝床でなら女は男に勝てる。戦争はお前たちの仕事ではない」(37)。そう言って、敵はカミッラに羽根布団の下で対決するために黄金を提示した。それからカミッラは武勇を示したが、黄金の兜を拾い上げようとしたためにあっさりと殺されてしまった。トゥルヌスは彼女のために壮麗な葬儀を行うことを認めた。

これら二人の女性は武勲をたてた。彼女たちは二人とも処女の女戦士で、男性の地位を占めている。十四世紀のイタリアに、こうした類の娘が見つかるだろうか。ボッカチオは見つからないと考えている。今時の娘は、無駄話をしたり、贅沢な服装をしたり、恋人を探したりすることしか考えず、彼女らの先人たちの規律や節制、貞潔さからはほど遠い、と彼は言う。しかし、同じ時代にアンドレア・ディ・バルベリーノ(38)は、みずから望んで女戦士になった最初の人物、ガリシエッラを生み出している。ガリシエッラは、あらゆる点から見て辺境に生まれている。彼女は、異教徒の王アゴランの庶出の娘である。彼女が武器と戦闘をあまりにも好むので、異母兄弟は、彼女が騎馬試合《トゥルノワ》に参加できるように騎士叙任をおこなった。すると彼女はその騎馬試合に勝つ。ところが、騎馬槍試合《ジュト》ではあるキリスト教徒の騎士に破れたので、彼女は洗礼を受けてその騎士と結婚する。しかし、キリスト教に改宗しても、夫や子どもの意に反して、彼女は手柄を立て続けていく。アリオスト、ボイアルド、タッソの筆によって、ガリシエッラのあとには別の多くの女性が続くだろう。(39) しかし、フランスではこのテーマは成功しなかった。

条件付きの戦争

戦争は多様な活動である。開けた原野で戦闘を行うこともあるが、城塞を防御することもある。武器や糧秣を蓄え、それらを兵士に届けなければならない。兵士は食べたり飲んだりする必要がある。夜には、眠って力を回復しなければならない。どんな戦争にも、司祭の説教、祈り、神への感謝のしるしの行列がつきものである。さらに銃後では、耕したり、租税を受け取ったり、店を切り盛りさせたり、世襲財産や家族を安全に守ったりすることが絶対に必要だ。百年戦争期は虜囚生活が長い。それゆえ、こうした〔銃後の〕事柄がよりいっそう必要になる。戦争は男性の活動であるが、その周辺で女性が成し遂げることのできる一連の活動が行われることを前提としている。(40) すなわち、連れそったり、食事を提供したり、看護をしたり、あるいは神に祈ったりすることである。

そういうわけで、クリスチーヌ・ド・ピザンは、女城主や女君主のために、軍事教育(41)一式を準備する。そして彼女たちに、ウェゲティウスの第四の書『補給について』の講読を勧める。さらに女性は、紋章集、系譜学、勇士と騎馬試合《トゥルノワ》に関する文書を手にする。一四四五年には、クリスチーヌの『騎士道の書』(42)の豪華な写本が、未来のイギリス王妃〔ヘンリ六世妃マルグリット・ダンジュー〕に婚約の贈り物として献上されている。〔クリスチーヌ・ド・ピザン曰く〕女性は城に武器と食糧を補給し、兵士が何人いて彼らの能力がいかほどか知っておかねばならない。兵士たちが立派に振る舞えるように勇気づけたり、彼らを和解させたり、彼らに報償を与えたり、あるいは遠くに行った夫の身代金を集めたりするのは女性である。クリスチーヌ・ド・ピザンによれば、(43) 戦争に関して女性と男性の役割は補完的で、女子が父親を亡くしたり妻が夫を亡くしたりすれば、女性が男性の代役を務めることもある。

実際、女性も参加できる特別な戦争の形態がふたつある。そのひとつは十字軍である。聖戦は理屈の上では男女混成であり、(44) 神は男にも女にも救済をもたらす。終末のときには、もはや男も女もないだろう。十字軍は戦争であると同時に、罪ほろぼしの巡礼でもある。身分の高い女性（アリエノール・ダキテーヌやベランジェール・ド・ナヴァール）は、夫に同行したり、遠征の費用を出したり、軍隊を派遣したりする。一二一六年、インノケンティウス三世の大勅書『というのも大諸侯よ』は、「十字軍戦士」[45]のすべての特権を受ける権利を彼女たちに与えている。もちろん、女性はめったに戦わない。だが、重大な場面では話は別だ。たとえば、一〇九六年のアンティオキア包囲や、一一八七年のサラディンによるエルサレム包囲のときである。実の兄弟トマ・ド・フロワドモンが書いた、マリー・ド・ブヴェルレー伝[46]は、巡礼から戦闘への移行をはっきりと示している。サラディンによって包囲される少し前に、単なる巡礼者としてエルサレムに到着したマリーは、〔エルサレムが包囲されると〕「男とそっくりに、兜を被って、城壁を巡回する」。そのあとマリーは、敵に立ち向かい、イスラーム教徒に捕らえられてしまう。一三七六年頃、シエナのカタリナは、修道士と第三会員〔世俗生活を送りながら、修道院の規律に従う信者〕[47]から成る立派な軍団を東方世界に派遣したいと、なおも計画している。彼らの祈りと彼らが流す血が、人々に勝利をもたらすだろうというのだ。

　女性にできる戦争のもうひとつの形態は、籠城戦である。自分が生まれた都市や相続した城は、家の壁の延長である。それらを防衛するのは妻や娘の務めである。籠城戦は典型的な防衛戦であり、正しい戦争のお手本である。そして住人全員にかかわる問題である。作戦は家のすぐ近くで展開され、防衛する人々は決して多くない。女性は、糧秣や水、煮えたぎる油、そして城壁の割れ目を修理するのに必要な石を運ぶ。籠城戦は、すべての社会的機能の規則が一時的に脇にやられる緊急事態であり、籠城戦が続くかぎり持続する例外的な状態である。

　この籠城戦という枠組みのなかでの女性の活動について、比較的よく史料が残っている三つの例[48]を取り上げてみよう。すなわち、一三四二年のエヌボン籠城戦、一四〇五年のモルターニュ籠城戦、そして一四一八年のラ・ロシュ＝ギヨン籠城戦である。これら三つの事例では、城は女性の責任のもとに置かれている。子どもたちは幼く、夫は不在である。〔エヌボン城主の〕モンフォール伯[iii]はルーヴル宮に投獄され、モルターニュ領主[49]はイギリス軍に仕えており、ギィ六世ラ・ロシュ＝ギヨンは三年前にアザンクールで戦死していた。城には食糧、糧秣、兵士の備えが十分にあり、女城主に鼓舞されて、城は激しく抵抗する。[50]はたして女城主は城壁の上に姿を現すだろうか。エヌボン以外については、何もわからない。いずれにせよ、食糧が尽き、救援を受ける見込みもなくなれば、女城主が降伏について折衝する。都市が明け渡されるときに、襲撃を受けることはない。つまりは当然予想される強姦、殺人、略奪を免れる。一四一八年のラ・ロシュ＝ギヨンでは、城塞はウォーリック伯に開かれたが、奥方[iv]とその子どもたちは、財産をもってシャルル七世の陣営に合流している。男性の城主ではなく、女城主が存在することによって、何か変わっただろうか。攻撃側は抵抗が少ないと思い、城壁越しに嘲笑の言葉を投げかけ〔女に命じられて戦わされるとは、なんたる恥辱か〕、交渉役たちは籠城する女城主の再婚さえ企てる〔しかし女城主は、裏切者と結婚して自分の子どもから相続権を奪うことを拒む〕。だが再婚は、別の意味でもそれほど簡単なことではなかったに違いない。新しい夫を受け入れることは、女性にとっては、新しい主君を受け入れることでもある〔男性は妻の主君である〕。男性にとって、新しい妻はたいした影響をもたらさない。二人の妻〔ラ・ロシュ＝ギヨンの奥方とモルターニュの奥方〕は、村人と守備隊の命を救うために降伏する。年代記作者たちは〔みな同じで〕、彼女たちがおこなったことに特別な判断を下していない。親フランス派のラ・ロシュ＝ギヨンの奥方は、ジュヴネル・デ・ジュルサンからも〔サン＝ドニの〕修道士からも、その気高い勇敢さについて称賛されているが、親イギリス派であるモルターニュの奥方は、神が嫌う強情者である。彼女の娘は、ベッドにまで達した投石器の弾によって殺された。神がモルターニュの奥方を罰するのは、親イギリス派だからであって、戦ったからではない。男性でも、それほどうまく対処できなかっただろう。そして、ひとたび籠城戦が終われば、この二人の若き妻たちは、女性の伝統的な役割という匿名性のなかにふたたび戻っていく。そして、ペレット・ド・ラ・ロシュ＝ギヨンが見捨てることを拒んだ息子〔ギィ七世ド・ラ・ロシュ＝ギヨン〕が、二〇年後に、戦いによって城塞を奪い返すのである。

一三四二年のエヌボン籠城戦は、別の重要性をもつ出来事である。この都市は、ブルターニュ継承戦争におけるモンフォール派の拠点であり、彼らはイギリス人と同盟を結んで、フランス王の支援を受けたシャルル・ド・ブロワ〔フィリップ六世の甥〕と戦っていた。のちのブルターニュ公ジャン四世の母であるモンフォール伯妃ジャンヌ・ド・フランドル[51]は、装備を整えた大勢の王軍に包囲される。伯妃は海からイギリスの援軍の到着を待つ。そのためには、長い間もちこたえねばならない。フロワサールがジャン・ル・ベル〔リエージュの年代記作者〕の記述に従って述べるところでは[52]、勇敢な伯妃が男たちだけでなく女たちにも都市を防衛するよう呼びかけると、女たちは石と石灰の壺を運んだ。伯妃は立派な軍馬にまたがって、市中を叱咤激励して回った。「さらに彼女は勇敢な活躍をしたので、しかと記録しておかねばならない」。彼女は見張り塔に登ってフランス側の野営地が無人であるのを見てとるや、出撃して行って敵陣に火を放つ。そして五日後の夜、彼女は部隊とともにエヌボンへ戻ってくる。籠城戦が長引くと、士気が下がってフランス軍とひそかに交渉する者も現れる。伯妃はそこを堪えさせ、塔に上って沖合にイギリス艦隊の帆を見る。戦いに勝った伯妃は、戦争をよく知るとても勇敢な奥方と呼ばれる。それでも「自分たちの奥方がどうしてそんなことを思いつき、試みたのか十分に想像できなかった」エヌボンの人々は、仰天する。ジャン・ル・ベルも、ほとんど同じ話をしているが、その前にひとこと付け足している。「これまでどんな女性もやらなかった、もっとも驚くべきことを聞きなさい[53]」。いや、まったく驚くべきことである。

なぜなら、『フランス大年代記』[54]も、フランドルの諸年代記も、同時代のブルターニュの諸年代記[55]も、エヌボンでのジャンヌの武勲について何も触れていないのだから。

さらにフロワサールは、熱狂に突き動かされて、エヌボン籠城戦の話を、その翌年ガーンジー島沖で伯妃が勝利をおさめたみごとな海戦の話で裏打ちする。「伯妃は同じように武装し、まさに男同然だった。というのも、彼女は獅子の心をもち、とても硬く鋭利な両刃の剣を持ち、その剣でとても勇敢に戦ったのである」[56]。敵の船に接舷して戦うモンフォール伯妃は、フロワサールの写本のすばらしい細密画によって知られている。そこには宮廷の衣装をまとい、頭に輪金をはめ、剣を手にし、大きな帆を張る船の舷《ふなべり》にいる一人の女性が描かれている。伯妃のおかげで、艦隊はヴァンヌ付近に接岸することに成功し、〔フランス王が支援する〕ブロワ派への攻撃が再開される。問題は、他の史料では〔モンフォール伯妃〕ジャンヌが病気にかかり、一三四三年になってもそれ以降も、イギリスから戻ってくることはなかった、とされていることである。十九世紀の歴史家ラ・ボルドリは、手厳しいことを言う。曰く、「エヌボンの戦いのあと、神経質で壊れやすい女性のか弱い肉体は、揺るぎない心をもちながらも、かくも多くの苦難に翻弄されて、狂気に陥った」[57]。つまり、戦争は女性によい結果をもたらさないのである。物語の締め括りの言葉は、ジャン・ル・ベルによって与えられる。「私はこれらの冒険のすべてを語らないだろう。（……）それらを私はある吟遊詩人が書いた韻文の書物のなかで見つけた。それらはでたらめだらけ、うそだらけなので、私は敢えて語らないだろう」[58]。つまり、ジャンヌを女傑に仕立てたのは文学なのである。中世末の歴史家ピエール・ルボーとアラン・ブシャール[59]、そして十六世紀のブルターニュの歴史家アルジャントレ[60]は、さらなる神話を付け加える。そこでは、ジャンヌはアンヌ・ド・ブルターニュ〔ブルターニュ女公、シャルル八世とルイ十二世の妃〕の到来を告げ、かつ補完する。彼らの著作以降、ジャンヌは腕に幼いジャン四世を抱いて、エヌボン市中の女性たちに長広舌をふるうことになる。

籠城戦は女性のヒロイズムを認める領域ではあったが、一二〇〇年代以降、野戦に女性はいっさい登場しなくなった。戦闘には、専門的な軍隊が自分たちの地盤から遠く離れてあいまみえた。もちろん、女領主は戦いの管理を組織化し、戦争指揮官を指名した。

戦いのあいだ、女性は敵の動きを監視し、超自然的な能力によってかどうかはともかくとして、しばしば敵の接近を最初に感知する。たとえば、一三八二年のローゼベケでは、フィリップ・ファン・アルテヴェルデ[61]の恋人であるヘント〔ガン〕出身の女性が、眠れずに天幕の外に出たとき、霧のなかにフランス兵が灯した火を発見する。ポントルソンでは、デュ・ゲクランの妻で魔術師のティフェーヌ・ラグネルが、トーマス・フェルトン率いるイギリス軍の到着に気づく。しばしば女性は神に祈るが、神の決定は勝利のこともあれば、敗北のこともある。フランドルやイタリアでは、地元の聖女が神の赦しと都市の勝利を獲得する。たとえば、一二一九年、フィリップ尊厳王《オーギュスト》と同盟するリエージュの人々が〔ブラバン公率いる〕連合軍とステップスで対峙したとき、祈禱をおこなっていた聖女オディールは、リエージュの守護聖人、聖ランベールが現れるのを見る。すると聖ランベールは、都市を危機から解放すると彼女に約束し、戦闘に介入する。女性戦士というテーマがとてもはっきり表れているという点で、もっと興味深いのは、ロレーヌ公妃『マルグリット・ド・バヴィエール伝』である。この伝記は、一四三四年頃に、列福の目的で、公妃の聴罪司祭であるカルトゥジオ会修道士アドルフ[62]〔エッセンのアドルフ〕によって執筆された。ジャンヌ・ダルクは公妃に会い、彼女の夫に妻と復縁するように促した。〔夫に〕不貞を働かれた、この敬虔な妻は[63]、病人の世話や修道院（カルトゥジオ会、聖クララ会）の設立に打ち込んでいた。彼女のおかげで多くの治癒や回心がなされている。しかし、公妃にはまた「男性の心」、つまり彼女の民と夫への気遣いがあった。アドルフは公妃と自分とを比較し、自分には女性の心があって、とても彼女のようには振る舞えないと告白する。一四〇七年（シャンピニュールにおいて）と一四〇九年（ポン＝タ＝ムッソンにおいて）の二度にわたって、彼女の夫が数で勝る軍勢と対峙したとき、公妃は「天の武器によって[64]」勝利を得た。実際には、彼女は自分の個室で祈っていたのだが、みなは「〔ロレーヌ公〕シャルル二世の軍隊と軍旗の前で」彼女の鬼のような形相を見た。敵は公妃の聖性のきらめきに耐えられなかった。女性のわざによって不死身になったロレーヌ軍を、その後、誰も攻撃しようとはしなくなる。しかし、ジャンヌ・ダルクが女性にふさわしい身なりや振る舞いをしたかどうかということを問題にした有罪判決の直後（一四三四年から一四三九年のあいだ）に執筆したわれらが聴罪司祭〔アドルフ〕は、マルグリットは実際には戦場に赴かなかった、と付け加えている。巷間に流布した公妃の伝説的な武勲を、ジャンヌが耳にしたかどうか知ることは不可能である[65]。同時代の年代記作者たちも何も語ってくれない。

戦闘が始まると、女性たちは象徴的な役割に限定される。その例も少なく、すべてフランドルもしくはその周辺の地域である。女傑は、ここではもはや貴族の婦人ではなく、農民の女や反乱を起こした都市の女である。この犠牲になった女性の身体のなかに、共同体の感情のほとばしりが体現されるのである。

最初の事例は、一三九六年のフリースラント[66]である。アルブレヒト公〔下バイエルン公アルブレヒト一世（一三三六〜一四〇四年）、エノー伯、ホラント伯、ゼーラント伯も兼ねる〕が、雑多な徴集兵で構成された貴族の軍隊を率いて、船出しようとする。対岸のフリースラント側では、貴族たちが、抵抗せず、沼沢地や堤防をそのままにしておくよう、〔農民たちに〕勧告する。だが農民は、自由なフリースラント人でありたいと望み、あたかもシャリヴァリを行うかのように、手に入るものすべて（革の上着、錆びた鎖帷子）で武装する。そして教会の旗を軍旗や旗印に見たてて、堤防へと向かう。すると、青い衣装を身にまとった一人の女性が突如現れ、気の触れた者のように、船団へと向かい（船上のエノーの人々〔アルブレヒト一世の兵士たち〕は、彼女が何をしたいのかがわからず、困惑する）、堤防の真ん中で立ち止まり、船団に背を向け、身をかがめ、服とシャツをたくし上げ、臀部をあらわにして、次のように言う。「さあ、歓迎のしるしだよ」[67]。彼女は矢でさし貫かれ、その後すぐに切り刻まれる。まったく騎士道的でないやり方で、この農民の女は伝令官の役割を、つまり型通りの戦争における果たし状の使者の役割を果たしたのである。

別の二人の女性は、一三八二年にフランドル諸都市の軍旗の旗持ち役を果たした。一一月にコミーヌ橋[68]で、マリー・ジェトリュ（もしくはマリー・トリス）は、聖ジョルジュの旗印を持って、イープルの指揮官ピエール・デュ・ボワに同行した。臓物商の娘で売春婦のこの女魔術師は、フランドル人に勝利を約束して、こう言った。フランス人に魔法をかけ、呪文によって彼らの力を麻痺させることができる、と。マリーは軍旗を手に最前線を馬に乗って駆けめぐり、フランス人に向かって大声でわめきちらした。戦闘が始まるとすぐに、彼女は打ち殺された。数週間後、ローゼベケで、大女マルゴという別の女性が、フィリップ・ファン・アルテヴェルデの傍らでヘントの旗印を持ち、「その場で立ち往生をとげた」[69]。勝利を予言し、勝利をもたらす女性というテーマをめぐるさまざまな話《ヴァリエーション》のなかで、マリー・トリスと大女マルゴは「軍旗を持つ女性」である。彼女たちはほかの人々よりもより直接的に女預言者デボラの前例をふまえている。デボラは、戦場でシセラ王の傍らに現れ、予言したとおりに勝利をもたらしたのだった。

したがって、女性の戦争への参加〔の仕方〕は、籠城戦であるか戦闘であるかによって異なっている。〔ただし、いずれの場合も〕彼女らの介入は、つねに緊急事態である。絶望的な状況が、彼女たちを手当たり次第に武装させる。だが、武装の必要がなくなると、徐々に、あるいは急速に、彼女たちはもとの女性の役割に戻っていく。女君主や女城主には、一般の女性よりもより広い介入の余地がある。彼女たちの（間接的な）軍事的役割はみなに認められている。しかし、一般女性の戦争参加は、悪魔にそそのかされた忌まわしい醜聞、この世の秩序をひっくり返す醜聞として、いつも表現される。封土をもつ女性は、やむを得ない場合、自分に従属する男性たちに命令を下すことができるのに対し、一般の女性は戦争で権威ある立場に立つことはできない。一般の女性にとって、考えられうる唯一の闘いは、娼婦のように、寝床のなかで、男性を体の上にのせることである。事実、セックスをすることは「戦うこと（*pugnare*）」とも言われる。

しかしながら、ペトラルカからジョヴァンニ・コロンナに宛てた手紙[70]によって、ひとつの例外が知られている。マリア・ディ・ポッツォーリは、職業的な女戦士である。神はマリアがたくましく頑健で、敏捷であることを望んだ、と言われている。彼女は、多くの戦士よりもずっと巧みに槍を投げたり、馬に乗ったり、剣を操ることができる。そのうえ、疲労、飢え、寒さをものともせず、つねに勝利を得る。おそらくその理由は、彼女が注意深く純潔を守っていたからだった。敗北したときには、彼女カエサルやハンニバル、あるいはスキピオの偉業を読む。彼女が率いるのは、地元の雇い主が俸給を支払う、ごくわずかな兵士の部隊である。この奇特な人物を一目見ようと、あるいは彼女と対戦しようと、あちこちから人々がやってくる。ナポリ王ロベール・ダンジューも、ペトラルカと同様やってきて、マリアの堂々たる武勲を前に驚きを禁じえない。このありさまは、誰に、何に帰せばよいのか。神が頑健で無垢な身体をマリアに与えることで驚異をなし、鍛錬と教育がその仕上げをした。マリアを見れば、女戦士《アマゾン》の冒険や、カミッラの冒険はより信用できるものになる。「彼女は今の時代でも生きている」。とはいえ、マリアはボッカチオが有名な女性にささげた一〇八の伝記にも、クリスチーヌ・ド・ピザン『婦人の都』にも姿を現していない。この種の選集が、エキゾチックで分類不可能なマリアを組み込むのは、十五世紀末を待たねばならない。一五〇八年ごろ、アントワーヌ・デュフールは、アンヌ王妃〔ルイ十二世の妃アンヌ・ド・ブルターニュ〕のために興味深い『伝記』[71]を書いている。そのなかでマリアとジャンヌ・ダルクは似たような運命をたどり、二人とも祖国防衛のために死んでいるのだ。

女戦士としてのジャンヌ

ジャンヌの戦争参加は反発を引き起こし、この女預言者がはっきりと戦争指揮官になったとき、反発は一段と大きくなった。ポワチエでもルーアンでも、「女性が持つべきものを、彼女がすべてきちんと有しているか」検査された。パリの一市民は、次のように自問する。「女性の形をとった被造物であるが、それが何者なのかはわからない」[72]。ジャンヌの陣営には、基本的に女性に対する男性の敵意をうかがわせるような議論はほとんどない。たしかに、ジャンヌの使命は王国を防衛すべき男性たちの無能力を、暗に批判している。クリスチーヌ・ド・ピザンによれば、ジャンヌは「一〇万人の男たちができなかったこと」[73]を成し遂げた。多くの年代記作者は、聖別式の遠征以来、他の隊長たちの嫉妬を告発する。ギヨーム・ド・フラヴィが裏切ったとされるのも、嫉妬のゆえであるという。ジャンヌは他の指揮官たちの影を薄くしたが、ただそれだけのことだ。ルイ・ド・クートは、オルレアンのイギリス人がジャンヌに降伏することを拒絶したのは、女性に降伏することを望まなかったからだと主張する。[74] 一四三〇年、コンピエーニュでブルゴーニュ公は軍隊をみずから率いることを拒んだようである。女性を相手にすることなどできなかったからである。

翌年、ルーアンの神学者たちは裁判において、男性が男の仕事を独占するのであって、女性は家事を任されているのだということに注意を促した。それが、神と自然が望んだ秩序なのである。〔『七〇ヵ条の告発状』の〕第五三条と第一二条は、ジャンヌが戦争行為に参加したこと、さらに悪いことに、大勢の男性から成る、しかも貴族の軍隊に号令する立場を傲慢にも引き受け、神と教会の掟の範囲を超えたことを非難した。彼女が女性の務めに戻ることを拒んだのは、二重の不服従である。しかし、最終的に『一二ヵ条の告発状』では、このような議論を繰り返すことはなかった。

一四二九年から一四五六年にかけてジャンヌの一件を弁護する任務を負った神学者たちは、同じ問題にぶつかった。いかなる聖書学ないし教父学の権威も女性の戦争参加を禁じていなかったが、戦争参加を正当化する者もいなかったのである。ではどうすればよいのか。みなが同じ前提から出発する。『到来について』のなかで、ジャック・ジェリュ[75]は、女性のもろさと愚かさを持ち出す。若い娘たちは、慎み深さと謙譲ゆえに、武器を持ったり、戦争指揮官になったりすることが禁じられている。女性に男性の役割を託すことは、自然の理法の突然変異であり、そんなことは例外的であるべきで、神の意思によってのみ正当化できる。二〇年後に神学者ベリュイエが語ることも[76]、それとなんら変わらない。女という性には生まれつき理性が欠如しており、身体は軟弱で、疲労に耐えられない。内気なので、敵の攻撃の前では風に吹かれる木の葉のように震える。普通ならば、戦争では経験豊かな男性が戦う。そんなときに、一人の娘が軍旗と槍を持ち、軍隊を率い、戦陣の疲労に耐えたのである。神の命令でなければ、それは傲慢とうぬぼれであろう。エリー・ド・ブルデイユも同様に次のように主張する。「女性は男性から取り出されたので〔イヴはアダムの肋骨から作られたことを指す〕、女性は男性より劣っている。また、女性は軟弱で、虚弱であるがゆえに、物理的、精神的に多大な力を必要とする困難な仕事に身を入れることはできないだろう[77]」。さらにシブールは次のように言う。「ジャンヌの行為は、自然が女性に与えた役割を超えている。世界の秩序は普通、女性が戦いのことに口出しするように仕向けたりしない[78]」。しかし、神にはなんでもできる。女性や子ども、あるいは下々の人々を媒介とする場合、神の勝利は、よりはっきりと目に映る。したがって、神学者たちは、娘の能力ではなく神の能力を拠り所とすることで、他の女性の地位に重大な影響を与えることなく、ジャンヌ・ダルクに例外としての地位を築き上げた。戒律の保持者たる神は、戒律を変更することが可能だった。かつて神は、ユディト、エステル、さらにデボラを選ばれた民〔ユダヤ人〕の救済に遣わしたとき、戒律の変更をおこなっていた。神はもう一度そうすることができたのだ。

これらの先達は、大部分は聖書の登場人物である[79]。彼女たちは権力の不在を埋め合わせることを運命づけられていた。これら三人の逞しい女性は、ユダヤの民の救済を成し遂げていたが、聖母マリアとジャンヌを先取りしている。三人とも、神の命令によって行動し、神は彼女たちに勝利をもたらした。みながそのことでユダヤの民から称賛され、批判されることはなかった。しかし、この〔聖書の女性の〕集団には、違いも若干みられる。ユディトとデボラは寡婦だった。デボラが知性と経験を有していたのに対して、ユディトにはまったき若さの輝きがあった。クセルクセス王に対して影響力をもつ妻であったエステルとは異なって、ユディトとデボラは禁欲的な生活を送っていた。デボラだけが女預言者で、他の二人は神の命令に従うにとどまっていた。ジャンヌがこれら三人の女性と全体的に比較され、「もう一人の」ユディト、エステル、そしてデボラになるのは、女性による救済の可能性を強化するためである。早くも一四二九年に、クリスチーヌ・ド・ピザン『ジャンヌ・ダルク頌』とジャン・デュピュイ『歴史概説』で彼女たちは比較されている。神学者たちも黙してはいない。「いにしえの模範的なやり方によって、民の救済がユディト、エステル、デボラによってなされた」[80]。二度目の裁判〔無効裁判〕のときには、法律家〔モンティニィ、バザン[81]〕と神学者〔ブルディユ、シブール、ブレアル〕が参照系を共有している。

これらの女性のうち、エステルには弱みがあった。クセルクセスの美貌の妻であった彼女は、王をなびかせてユダヤ人の助命を得るために、まさに女の武器を用いたのだ。エステルの冒険にはジャンヌのそれと比べて、たいして見るべきものがなかったので、二人がひとつひとつ比較されることはない。象徴として有効な三つのものを対比的に示すことに忠実であろうとする多くの著述家たちは――三位一体のなかに三つの位格《ペルソナ》〔父と子と聖霊〕があるように、三つの予兆が必要であった――、エステルを他の事例に置き換えている。もし預言者としての性格を強調したいのであれば、ジャック・ジェリュや『フランスの巫女』のように、古代の巫女がふさわしい。スウェーデンのビルイッタは、すでに北国の巫女と呼ばれていた。『驚異的な勝利について』は聖カトリーヌを選んだ。女性の救済者では、剣よりも言葉の役割が強調されていた。あるいは、もし作戦の軍事的性格を前面にだしたければ、旧約聖書に登場する多くの男性の救済者の一人をデボラとユディトのあとにつけ加えればよかった。たとえば、ジャンヌはユダ・マカバイ、ヨシュア、ギデオンあるいはモーセと対比された。ギデオンは、神の呼びかけを受けたとき、貧しい農民にすぎなかったし、ユダは天使の訪問を受けて、天の剣でニカノルの軍勢を打ち負かした。モーセは軍旗を掲げて勝利をおさめ、神はヨシュアの勝利を容易にするために太陽の動きを止めた。

比較という点においては、十五世紀を通じてもっとも頻繁に用いられたジャンヌの「分身」はデボラである。「士師記」[82]は、罪を犯したために神に見捨てられ、（一四二九年のフランスのように）二〇年間カナーン人の圧政の下におかれたユダヤ人の大きな悲惨について語っていた。そして、神はイスラエルの士師デボラにメッセージを伝えたのだった。すなわち、バラクは部隊とともにタボル山に登るように。そうすれば神は彼に、カナーン人に対する勝利を与えるだろう、と。そこで、デボラは戦場に姿を現し、その戦場でバラクは残忍なシセラ軍を壊滅させたのである。シセラは逃亡中に、もう一人の女性ヤエルによって殺された。そのとき、ユダヤ人は神とイスラエルの母の栄光を謳った。そして、この国は四〇年間平和を見出したのである。デボラの記憶は、聖書注解学者だけのものではなかった[83]。ボッカチオやクリスチーヌ・ド・ピザン[84]もデボラの物語について語っていたし、誉れ高き女傑に関する中世のリストのなかにもデボラの記憶を利用するものがあった。ジャンヌとデボラには多くの共通点があった。二人とも女預言者で、女戦士だった。二人とも男性の仕事をおこなった。すなわち、デボラは士師で、ジャンヌは指揮官だった。真の女預言者として、彼女たちは予言を行い、そして自分たちの民の勝利をかち得た。「勇敢な者らは死に絶え、神はあらたなる戦いを選んだ[85]」と『ウルガータ』[v]は述べていた。権力者は力を失うだろう。そして神はあらたな戦いを準備する。そこでは、奇蹟によって、一人の女性が男たちを打ち負かすだろう。ジャンヌの預言はこれらの言葉をふたたび取り上げ、軍旗を持つもう一人の娘の到来を告げたのである。二人とも戦場にいた。彼女たちはそこで、勇気をもって抵抗するよう民を励ました。彼女たちは、武具を身につけ、軍旗を持った。デボラはもっと先まで進んでいただろうか。『歴史概説』は、デボラがみずから「手を下して」戦うことはなかったと考えた。しかしシブールは、じつは「士師記」第四章を扱ったニコラ・ド・リールの『難語注解』に倣っていたのだが、『歴史概説』とは違う意見だった。すなわち、デボラは盾と棒（槍か軍旗）を身につけた。こうして神は男性にするように、女性にも武器と甲冑を与えた。「必要に迫られれば、みな戦いにおいて勇気と力をもつことができる」。イスラエルの士師というデボラの役割について、神学者は沈黙している。とにかく、ニコラ・ド・リール[86]が（必要性によって正当化できない）この〔士師という〕地位におおいに困惑し、デボラが裁くとき神が彼女の口を通して語っていたのだと主張しているのは確かだ。どのように理解すべきだろうか。男性原理たる神が裁くのか。それともデボラは実際には裁かず、女性ができることを預言しているととるべきだろうか。

しかし、デボラとジャンヌは年齢が異なっていた。ジャンヌが思春期の処女だったのに、デボラは寡婦だった。『難語注解』では、デボラをバラクの母とし、彼について戦場まで行ったとみなしている。というのも、一般に母は自分たちの息子を守るからである。「士師記」では、デボラにイスラエルの母の役割を与えた。ジャンヌの母性は、霊的な面以外では想定しにくかった。事実、『ジャンヌ・ダルク頌』だけが、勝利のあと、王国の住民に平和の甘い乳をふんだんに与えるジャンヌを描き出している。

年齢でみると、ジャンヌはよりユディトに近かった。[87] 聖書のひとつの書がまるごと、マナセの寡婦で貞節なユディトの武勲に割かれている。ホロフェルネスによって率いられたアッシリア軍が、ベトリアを包囲した。この都市はユダヤ地方に通じる山越えのすべての通路を守っていた。都市にはもはや食べるものがなく、貯水槽は空で、絶望した住民たちは神に祈った。そのとき、神によって見出されたユディトは美しくなり、アッシリア人の野営地へ出向いた。彼女はホロフェルネスを誘惑し、彼女が都市を開城させると信じ込ませた。安心しきったホロフェルネスは眠り込んだ。ユディトはホロフェルネスの首を彼の剣でかき切って、その首をベトリアに持ち帰った。翌朝、彼女がこの首を城壁に吊るすと、アッシリア人は逃亡し、ユダヤ人に追撃された。なぜなら、神は女性の手によってアッシリア人の傲慢さを挫こうとしたからである。この点で『ウルガータ』は、聖書のテクストにまったく従わない。聖ヒエロニムスはまさに強い女性の典型をユディトにみており、そのうえ彼はそうした強い女性をほめそやしていた。処女のユディトは、男性的な心をもち、神に近しかった。聖ヒエロニムスは、〔物語に〕何人かの天使をつけ加えて、彼女に警告を与えさせ、ホロフェルネスの陣営まで付き添わせ、汚れから彼女を守らせ、彼女がベトリアまで帰れるようにした。『ウルガータ』の、仲間を励まして勝利に導く天使に囲まれた女戦士は、ジャンヌに似つかわしかった。神学者たちは、ユディト（ユダヤ女）がすべての女性を象徴し、ベトリアが実在の都市というより象徴的な都市であることを知っていた。ベトリアのなかに、世界の包囲された都市すべてが体現されていた。飢えて絶望に打ちひしがれたオルレアンも、そのような都市のひとつだった。

ところで、ユディトとジャンヌの同一視は、一四五〇年以前にはそれほど一般的ではなかった。厳密に言えば、ユディトは女預言者でも女戦士でもなかった。また、ホロフェルネスの幕舎は、戦場ではなかった。『トゥルネ年代記』[88] はジャンヌの冒険に関する同時代の文書で唯一、王が「乙女」に与えた信頼をユディトの記憶に結びつけている。この誘惑と殺人の物語は、王の陣営の神学者たちを悩ませた。ブルディユ[89] は、対症法的に、『ウルガータ』が聖書の記述から切り離した箇所だけを用い、天使にしっかり守られた貞潔で強い女性を称賛することを可能にした。しかし、美貌の寡婦の贅沢で芳香ただよう衣装と、ジャンヌの男性の衣装を比較できただろうか。さらに、ふたつの点がとくに厄介だった。ユディトは敵を欺いている。彼女の装いは策略でしかなく、彼女の言葉は心地よいが、偽りである。たとえ正しい目的であったにせよ、女性の嬌態と虚偽については弁明しなければならなかったのではないか。さらに、

美しい衣裳をまとうジャンヌ（作者不明、1591 年の作品）
（出典）A. Bournazel, *op. cit.*, p.164.

ホロフェルネスの切り落とされた血まみれの首を正当化するのは、もっと難しい。シセラの息の根を止めたのはデボラではなくヤエルだった。それに対し、ユディトはみずから手を下した。切られた首は、当然ジャンヌの記憶に重くのしかかっていた。一四三一年の処刑裁判で、裁判官たちは、「乙女」の命令によるフランケ・ダラスの死刑執行を重く見た。神は「汝殺すなかれ」と言っていたではないか。アッシリアの将軍〔ホロフェルネス〕の斬首とフランケの死をあえて対比したのは、実際のところ、ブレアルだけである[90]。ジャンヌは快楽からではなく正義への愛ゆえに殺したのだろうし、その際、ユディトのようにこう言っただろう。「主よ、どうか彼自身の剣によって、彼の傲慢さが断ち切られますように」。したがって、ユディトとジャンヌの組み合わせの成功は、かなり時代を下ってのものである。この取り合わせによって、女戦士が前面に出てきて、女預言者としての側面はいくぶん忘れられることになっただろうし、「乙女」の活動はオルレアン包囲戦だけに限定されることになった。一五八〇年にオルレアンの助役《エシュヴァン》が注文した肖像には、ユディトのように羽飾りをつけた豪華な衣装に身を包み、手に剣を持つジャンヌが描かれているが、それはジャンヌ像の変遷の重要な一段階を示している。

聖書に記されていない前例は、神学者や教会法学者にとって価値が低かった。それを利用することは認められていたが、二義的なやり方によってだった。単独では〔前例として〕十分でなかった。しかし、当を得た補足を提供してはいた。一四二九年にはすでに、『奇蹟について』[91]が、世俗の歴史にも教会の歴史にも「カミッラや女戦士《アマゾン》のような」[92]女性戦士が存在することを肯定していた。法律家のモンティニィは、もし詳しく述べる時間があったならば、この論法をふたたび用いていただろう。男性とともに戦争をする女性がいるし、女戦士《アマゾン》やその女王ペンテシレイアのように、女性だけで戦争をする者もいる。そこで、モンティニィは一連の典拠を列挙しているが、それらは十四世紀中葉の説教者のための辞典であるピエール・ベルシュイール『道徳を回復する者』[93]からすべて引用されたものである。ブレアルはもっとも完成度の高い説明を加えているが、その際、女性戦士としての武勇が感嘆と称賛をもたらした「女戦士とクレリア」を、ユディトとデボラの事例に関連づけている。

法学者のモンティニィと神学者のシブールは、同じ先例を取り上げながらも、ジャンヌの戦争への参加に、より堅固な根拠を、すなわち理論的な秩序を与えようと努めている。百年戦争はまず、原因において正しい戦争である[94]。というのも、王シャルルは侵略された領土を回復し、イギリスの侵攻を押し戻すために戦っているからである。防衛戦争はあらゆる戦争のなかでもっとも正当なもので、オルレアン包囲のときも、防衛することが喫緊の課題だった。この戦争は、王の権威のもとで行われ、その目的は復讐でも殺人でもない。他にどんな解決法があったろう。正しい戦争の基準五つのうち四つ（出来事、原因、精神、権威）が自明のものだった。しかし、五番目の基準（人物）は、他の基準と同じく十三世紀中葉に枢機卿ホスティエンシス[95]によって定義されたが、疑わしさが残った。戦争の種類によって、参加者は同じではなかったからである。攻撃を目的とする戦争は、おもに封臣や傭兵によって行われた。防衛を目的とする戦争においては、外敵の侵入という差し迫った状況を誰も逃れられないので、戦争に関わる人間の範囲が拡大する可能性があった。もっとも、ホスティエンシスが関心をもっていたのは聖職者の事例についてだけである。聖職者は、〔敵の〕血を流さなければ、防具（甲冑や盾）で自分の身を守ることが認められていた（自然権がそれを許している）。同様に、彼らの信徒は、「火急の必要」があれば、君主の了承を得て自衛することができる。オノレ・ボネ『戦争の木』[96]は、おそらくここでジョヴァンニ・ダ・レニャーノ『戦争について』から着想を得ているのだが、君主が攻撃された際に救援に駆けつける義務がある人々の資格を次のように明示した。すなわち、親族と封臣、これは驚くにはあたらないが、君主に属する隷属民もそうである。しかし、女性の場合についてははっきりとした言及がない。クリスチーヌ・ド・ピザン『騎士道の書』も、女性が戦争に参加する条件を規定するというより、戦争の被害から聖職者や罪のない哀れな羊飼い、既婚や未婚の貴婦人を保護することの方により関心をもっている。クリスチーヌ・ド・ピザンにとって、戦士は「戦争に召集され」ていない「ほかの諸身分の人々の砦であり避難所[97]」である。都市民や農民らが支払う戦争のための税が、求められる唯一の義務である。都市が包囲されたとき、女性は何ができるだろうか。ある者は食糧を購入したり配布したりするために宝石を供出する。またある者は、弓の弦を作るために三つ編みにした金髪を犠牲にする。ジャン・ド・モンティニィ[98]は、戦争に必要なものを両性に広げた最初の人物である。オルレアン籠城戦は防衛のための正しい戦争であり、ジャンヌは王に続く者である。王国の状況はまさに悲劇的、それゆえ戦いの必然性は明らかである。籠城戦のとき、女性は自分たちの生命、名誉、子どもと同様に都市も守る。彼女たちは作戦に参加できるが、できる限り流血は避けねばならない。神学者のシブールは

書記フォーカンベルグが描いたジャンヌ*
パリ国立公文書館所蔵

次のように補足する。女性は共同体のメンバーなのだから、[99]都市を防衛し、救援し、都市を圧迫する敵を押し返すことができる。そうであれば、この素晴らしい示威作戦の領域を、不当に奪われた領地の回復を目指す再征服というもうひとつの正しい戦争の形態に拡大することは、もはやそれほど難しくなかった。それゆえ、ランスへの遠征と、ジャンヌのその後のすべての活動は正当化されたのである。しかしながら、ブレアルとシブールは、この点について躊躇している。彼らには、もっと消極的で血なまぐさくない戦争参加が好ましかった。結局、彼らは例外の拡大をめぐって意見が分かれている。どんな女性であっても〔戦争に参加することが〕できると、シブールは主張する。反対にブレアル[100]は、事実上すべての同僚と意見を同じくし、極限の必然性を引き合いに出す。国家の救済がかかっていて、かつ、神がそう望むときにしか、女性は戦うことができない。この尺度に照らしてみると、ジャンヌは例外的な地位を得ていた。ただし、そうした地位は一般化できないし、将来再生産することもできない。

　軍旗を持つ女性、戦争指揮官、模範的な騎士。ジャンヌの軍事的役割の本質は、正確には何だったのだろうか。もし軍隊に随行する旗持ちの女性を選ぶなら、社会の秩序に対する違反はごくわずかなものである。デボラもそうだったし、若いフランドルの女性もそうだった。軍旗を持つ者は位階秩序的な役割をもたず、厳密に言えば戦闘に加わらない。軍旗は、血を流すかもしれない攻撃用の武器とは見なされないだろう。軍旗はアイデンティティや、神が約束した救済を象徴する。軍旗を持つ女性は、女戦士というよりはむしろ女預言者である。一四二九年、王の宮廷がジャンヌにこの役割だけを与えようと考えていた可能性はある。同時代人の目には、ジャンヌはまず軍旗を持つ娘であり、しばしばそうであり続けた。いくつかの預言もそのように告げていた。パリにいたクレマン・ド・フォーカンベルグは、「旗を手にした、たった一人の乙女[101]」による〔vi〕オルレアン解放について詳しく記しているが、余白に兜をかぶった長い髪の、脇に剣を携えた女性の横顔を描いている。〔彼女が手にする〕軍旗は頭上でたなびき、戦闘でのようにはためいている。これがはじめて知られたジャンヌのイメージである。ジャルジョーについても、その都市は「旗を持った一人の乙女[102]」によって占領された、とクレマンが再度言及している。「軍旗を持つ一人の武装した乙女」という同じような記述が、『パリ一市民の日記』のなかにもある。ラ・ロシェルの書記によれば、オルレアン包囲からランスの聖別式まで、ジャンヌが持っていた唯一の武器は軍旗だった。さらに、一四三一年の処刑裁判のとき、軍旗は、ふたつの有名な返答の対象となっている。曰く、「乙女」は軍旗が剣よりも四〇倍好きで、攻撃のときは人を殺さないように、みずから軍旗を持っていたという。ランスでは、ジャンヌの軍旗は祭壇の傍らで翻っていた。「苦労のなかにあったのだから、軍旗に敬意が払われるのは当然だった」。そして無効裁判では、何人かの裁判官が、女性の戦闘に関するあらゆる問題を免れさせるこの預言をいつも用いている。ギヨーム・ブイエによれば、敵を押し返し、貧者に元気を取り戻させ、傲慢な人々を打ち負かすために、神はジャンヌを「旗手」として選んだのである。ジャンヌのもとに現れた聖ミカエルもまた、神の旗手ではなかっただろうか。

　しかしながら、正確には軍旗か剣かの選択が問題でなかったことを、神学者たちはわかっていた。王軍のなかでは、軍旗もまた指揮権のしるしだった。ジャンヌの軍旗の下に、彼女の兵士たちは結集した。その上、聖別のための遠征のとき、ジャンヌは王の旗を持っていた。「旗手」から「指揮官[103]」への変化は段階的だった。ジェルソン[104]は次のように自問する。兵士たちを武装させて女性（の旗手）と一緒に戦わせてよいものだろうか。ましてや女性の（指揮官の）下で戦わせるべきであろうか、と。後者の選択肢は、ジェルソンにとって明らかにずっと危険に思われる。というのも、もし敗北すれば、イギリス人の嘲笑と、フランス人の恥辱をもたらしかねないからである。さて、一四二九年三月二二日、『イギリス人への手紙[105]』は誇らしげにこう断言している。「私は戦争の指揮官である」と。しかしこの問題について、処刑裁判では、ジャンヌの態度は非常に曖昧である。二月二二日、そもそも「私は戦争の指揮官である」という表現を使ってなどいないと、彼女は用心深く否定している。彼女は、戦闘で最初に部隊が編成されたとき、自分はいなかったと力説する。自分は貧しい娘で、馬に乗ることも、戦争を指揮することもできなかった、という。ところが五日後の二七日には、不意を突かれて、オルレアンを解放しに行くために、王が一万人の兵士を彼女に与えたと答える[106]。聖書は同じく一万人の兵士をデボラに与えていた。これらふたつの相反する証人尋問の記録から、三月二八日、きわめて曖昧な回答が得られた。「戦争の指揮官であるという事実については、かつて彼女はそれを請け合った。彼女が戦争の指揮官だったとすれば、それはイギリス人と戦うためだった[107]」。

　もっとも、この厄介な問題について、一四二九年から一四五六年のあいだに王のために書かれた論考は、はっきりとした態度を避けている。ジャンヌを経験豊かな指揮官として描くより、神の力のもとにあると描く方が都合良かったからである。ジャンヌは「ほぼ熟達した指揮官[108]」である。彼女には、そんな様子や力がある。本当にジャンヌは熟達した指揮官だったのだろうか。一四二九年七月、『ジャンヌ・ダルク頌』にはもはやそうした慎重さはない。

敵を逃亡させる将軍なる、
彼女は城塞や都市を取り戻す
してまた勇敢で鋭敏なわれらが兵士たちの
頂点に立つ将軍なり[109]

ふたつの陣営の年代記作者も、ほとんどためらいがない。ペルスヴァル・ド・カニィの作品では、ジャンヌは一人称（このことは指揮官の役割を暗示する）で次のように告げる。「私は要砦《バスティーユ》を攻略し、王をランスにお連れするつもりです[110]」。また、ブルゴーニュ派である『フランチェスコ会修道士の年代記』では、ジャンヌを「王太子が多くの要塞を占領するのに貢献した指揮官[111]」と呼んでいる。モンストルレは、オルレアンの軍隊に関して問題を提起する。「彼女が軍を指揮したのか、それとも、彼女と一緒にいた経験豊かな隊長たちだったのか[112]」。そして、一四三〇年に彼はこう付け加えている。「この乙女ほどに恐れられた戦争指揮官はいない[113]」。

すべての戦争指揮官は、当然ながら模範的な騎士である。神は彼らに恩寵として、困難に耐え、飢えと渇きに負けずに苦痛と逆境に耐え忍ぶ、強靭な身体を与えた。腕力と忍耐力によって特徴づけられる騎士は、政治的身体の手と腕であることが求められた。ジャンヌは頑丈で、やすやすと馬を操った。彼女はかなりの数の馬を所持した。一四三一年にジャンヌは、軍馬五頭とほかの馬七頭をもっていたと述べており[114]、それはほぼ標準の範囲内である。ジャンヌの騎士としての長所は、ペルスヴァル・ド・ブーランヴィリエの手紙のなかに記され、ほぼすべてのイタリア語の文書（カミッラと対比されている）と、オルレアンの証人たちによって強調されている。ジャンヌは「黒毛の気性の荒い大きな馬」を乗りこなしたと、ラ・ロシェルの書記[115]ははっきりと述べている。このエピソードは、セル＝アン＝ベリーで彼女を目撃したギィ・ド・ラヴァル[116]によって、もっと詳しく語られている。それによれば、一人の小姓が一頭の黒毛の軍馬をジャンヌのもとに連れてきた。軍馬は棒立ちになった。「乙女」は馬を四辻の十字架像の近くに引っぱっていき、そこで跨った。馬はすぐに落ち着いた。口角泡を飛ばすこの動物のなかに、悪魔を見ないほうが難しい。最後はその動物も、神が遣わした女性を通じて、神によって手なずけられる。ほかの年代記作者は、馬上で重い槍を操り、敵の軍隊をかき分けて進む彼女を描いている。

ほぼ同時代のふたつの文書、クリスチーヌ・ド・ピザン『騎士道の書』とジャン・ド・ビュエイユ『若者』が示すような、騎士に求められる道徳的資質は、三つの能力に集中している。

すなわち、勇気、忠誠、そして富にまさる名誉の追求である。ジャンヌは恐れ知らずであった。人々はすぐにそれがわかった。ヘルマン・コーナーによれば、ジャンヌの勇敢さは伝染性のものだった。オルレアンで、ジャンヌは「退却することも休憩をとることもなく、騎士のように[117]」第一線に立った。彼女は、神が注意してくれるので、怪我も死も恐れなかったようだ。だがジャンヌは、たとえ冷静さを保つことはできても、他の人々と同じく恐ろしかったと述べている。それでも彼女は雄々しく勇敢な「男性の心臓[118]」をもっているのだ。つぎに、主君への忠誠がくる。彼女は、自分の守護聖女たちに、決して王の秘密を明かさないと誓った。そして、すべてのよき騎士のように、富よりも名誉を求める。『歴史概説[119]』によれば、ジャンヌは福音書が命じるように、自分の俸給だけで満足していた。自分のためには何もとっておかず、仲間たちに気前良く分け与えた。ジャンヌは欲望にかられて戦争をしたのではないのだ。彼女は本当に物惜しみせず気前のよさを示したのだろうか。ジャンヌは少しずつ、貴族の交換の輪のなかに入っていった。オルレアン家から贈られた銘の入った衣服を身につけ[120]、アランソン公から与えられた軍馬に乗った。ジャンヌは、ギィ・ド・ラヴァルの祖母である、デュ・ゲクランの二度目の妻に金の指輪を贈った。こうして、一三七二年の救国の英雄（デュ・ゲクランはポワチエをイギリス軍から奪回した）と、彼に続いて救国の英雄となる彼女自身のあいだに象徴的な絆がうまれる。パリ攻撃のあとには、騎士が戦闘後にするように、サン＝ドニ修道院に自分の甲冑を奉納する。

軍の指揮権を得ようとすれば、慎重さ、経験、鋭敏な意識、戦いでの駆引きもまた求められる。ジャンヌはこれらをあっという間に身につけた。「彼女は騎士や準騎士がそうするように、戦争について語った。そして、彼女はずっと戦争のなかにいた[121]」。無効裁判は、オルレアンの証言者たちの記憶という間接的な手段でこの軍事的な経験に言及している。しかし話は、聖職者か俗人かによって、民間人か軍人かによって異なっていた。聖堂参事会員ロベール・ド・サルシオは、たいしたことを知らない。「戦いのことについては、彼女はとてもよく知っていたが、ほかのことについては月並みだった[122]」。高等法院付弁護士エニャン・ヴィオルは、ジャンヌが部下を戦闘隊形に配置させるのを見た。「彼女はまた、戦闘における部隊配置に関して、これ以上ないほどに熟練していたといわれている。熟練した指揮官でさえ、それほどうまくはできなかったかもしれない[123]」。また、四人の軍事指揮官も証言しているが、彼らの意見はまちまちである。最小限度に評価する（神の摂理と捉える）立場のデュノワ伯は、ジャンヌの戦争のやり方に、いかなる人間的な才能も熟練も見ず、神の助けだけを見た。デュノワ伯にとって、ジャンヌはほかの指揮官たちとオルレアンに同行しただけだったが、それでもトロワ包囲戦のとき、彼女が「二、三人の名の知れた経験豊かな軍事指揮官ですら及ばないほど、慎重を期した[124]」こ

デュノワ伯の肖像*

とを認めている。一方、チボー・ド・テルムとアランソン公ジャンは、二人とも、「まるで三〇年来経験を積んだ、世界でもっとも勇敢な指揮官であったかのように[125]」兵士たちを意のままにし、戦闘を準備するジャンヌの腕前を褒めたたえている。また、無効裁判の最終的な記録が作成されているときと同時期に書かれた『オルレアン包囲戦の聖史劇』は、顰蹙をかうことなく、毅然とした乙女を舞台の上に登場させている。そこでの乙女は、率先して突撃したり、追撃したりし、カルバリン砲、弩《おおゆみ》、軍槌といった武装を調え[126]、戦闘隊形を定め、自軍を率いて勝利を収める。そして他の指揮官たちが全軍の指揮をとるように求めたとき、ジャンヌは謙虚にこの申し出に同意する。この場面を締め括るのは、〔ジャンヌの〕次の台詞だ。「わが隊はあなたがたのご威光に服します[127]」。〔このような台詞が置かれたのは〕貴族の戦士にとって一介の女性に従うなど、受け入れにくいことだからだろうか。必ずしもそんなことはない。同じような手続きが『若者』のなかで推奨されている。いずれにせよ、この十五世紀半ば[128]には、すでに「乙女」はオルレアンを解放した神話的な司令官、あるいは王シャルル七世の中心的な指揮官[129]、さらに少しあとにはイギリス人に対する戦争の「女性最高指揮官[130]」になっていた。

　ジャンヌは当時の騎士道の慣わしから決して逸脱しなかったということだろうか。ある程度の曖昧さはあるが、ジャンヌは騎士道の慣わしを知っていた。彼女がそれを知ったのは、紋章や紋章使用権に関する論考からではなく、物語を通じてである。彼女の認識と他の貴族の認識のあいだには、無視できない隔たりがある。ジャンヌは紋章に無関心である。兄弟たちとは違って、ジャンヌは王から授けられた紋章を決して身に着けなかった。たしかに、ジャンヌは色彩の象徴的な参照系を知っている（彼女の軍旗がそれを証明している）が、そのためには、日曜日の典礼で十分だった。聖職者の服装が、同じ規則に従っている。ジャンヌは自分の軍隊が農民を略奪することを全力で止めようとした。俸給の支払いを受けていない軍隊、あるいは敵地で行動する軍隊は、住民から徴発する。しかし、王国の地にあって俸給をきちんと支払われている軍隊は、悪しき振る舞いをしてはならない。クリスチーヌ・ド・ピザンは、もし一羽で十分ならば、一二羽の鶏を殺してはならないと強調している。そのうえ、鶏の代金を払う必要があるのだ。正しい戦争は適切に遂行されねばならず、ジャンヌは、盗まれたとみなした肉は食べることを拒む。同様に、絶対にではないにせよ、たいていジャンヌは祝祭日の戦闘の禁止を守る。これは神の平和、すなわち紀元千年にさかのぼる禁止事項であり、いつも教会法に記されている。オルレアンでは、ジャンヌはキリスト昇天祭を尊重したが、ロワール川の戦闘のあいだは日曜日に戦うことがあった。その後、九月八日の聖母マリアの生誕祭に、パリへの攻撃を試みている。たしかに、トマス・アクィナスはすでにこの問題〔祝祭日の戦闘禁止〕に疑問を抱いていた。医者は、必要があれば、もちろん日曜日でも患者を救う。なぜ、戦士が同じようにしてはならないのか。クリスチーヌ・ド・ピザンはまた、旧約聖書にあるように、日曜日に戦争ができると述べていた（たしかに、旧約聖書は土曜日の戦闘を禁じていた）。戦略的な利益は自明のことである。九月八日、パリ市民はミサに出ていて不意打ちだったが、攻撃は失敗した。

最後に、ジャンヌは和議による降伏と捕虜の買戻しという複雑な仕組みをとてもよく理解している。ジャルジョーとトロワでは、ジャンヌの和議の概念は、戦士仲間よりもはるかに限定的である。ジャンヌはイギリス人に退却の猶予期間をまったく与えなかったので、彼らは馬と胴衣《プールポワン》、上着《チュニック》のほかは何も持たずにすぐにその場を離れなければならなかった。トロワでは、彼女はイギリス人が捕虜（フランス人）を連れてゆくことを拒絶する。それゆえ、状況を打開するために、最終的に王が捕虜の身代金を支払うのである。ジャンヌ自身にも捕虜がいた。そこで、彼女は敵との捕虜交換を企てた。オルレアン公を解放するために、彼女は「公を取り戻すため、あるいは買い戻すために、こちら側のイギリス人をたくさん捕虜にする」[131]ことを望んでいた。ジャンヌは「そのとき捕虜だったこれらのイギリスの領主たちを」、王が自由に扱わせてくれることを望んでいたのかもしれない。のちに、フランケ・ダラスとあるパリ市民との捕虜交換を試みている。ジャンヌ自身が捕えられたとき、彼女は誰とも約束していなかったと述べているが、身代金が支払われるか、捕虜の交換がなされるかして、釈放されるものと信じていた。通常、戦争捕虜は命を保証されるが、それはまた、捕虜をつかまえた者の影響力と権威次第である。ジャンヌは、彼女を捕えたブルゴーニュ人に誓約することを拒んだ。というのも、彼女は神にしか誓約をしなかったからである。

すでに模範的な騎士として知られていたジャンヌを、誉れ高き勇士、いやむしろ、誉れ高き女傑にすることは可能だったろうか。九人の誉れ高き女傑[132]は、戦いにおける勇敢さによって、歴史に名を残し栄光に到達した。かなり遅い時期につくられたこの女性集団は、一三一〇年から一三一二年のあいだに現れた九勇士のリスト[133]、すなわちユダ・マカバイ、ダヴィデ、ヨシュア、アレクサンドロス、カエサル、ヘクトール、アーサー王、シャルルマーニュ、ゴドフロワ・ド・ブイヨンと釣り合いをとるのに役立った。三つの世界〔旧約・異教・新約〕の規範のそれぞれが、若い貴族に模範的な振る舞いの手本を示すのにふさわしい、三人一組の英雄を生み出していた。男性の勇士のリストは、女傑のリストより安定しており、かつ人気があった。勇士たちの成功は、都市でも宮廷でも、北フランスでとても大きかった。フランス宮廷のタピスリーと、ピエールフォン城やクーシー城の室内装飾は、勇士たちに着想を得ていた。女傑のリストは、一三八〇年から一三八七年ごろ、ジャン・ド・レッソンの『喜びの書』[134]という女性擁護の書物のなかに登場し、聖カトリーヌのような教養ある女性や、聖マルグリットのような殉教者、そして女兵士を列挙する。五人の女戦士《アマゾン》〔ペンテシレイア、シノーペー、ラムペトー、ヒッポリュテー、メナリッペー〕の他に、バビロニア女王セミラミス、イリュリア人テウタ、ローマ人たちと対決したマッサゲタイ族の女王トミュリス、そしてテーバイ人デーイピュレーが加わっている。したがって、九人の誉れ高き勇女はみな、古代の異教の神話の女傑だった。戦場でこれらの女傑に倣うよう、貴族の若い娘に勧めるようなご時世ではまったくなかった。この〔女傑という〕主題は、ウスタシュ・デシャンの著作や、一四三一年の幼王ヘンリ六世のパリ入市式[135]に登場している。十五世紀半ば、『若者』やS・マムロの著作はこの主題を用いているが、フランスではいにしえの女傑のリストだけが出回っていた。それに対し神聖ローマ帝国では、三人一組で構成された、フランスと競合するリストが登場しており、そこではユディト、エステル、デボラ、聖ヘレナ、エリザベト、そしてスウェーデンのビルイッタの名があげられている。つまり、男性の勇士のリストを数えあげるのは比較的容易だが、女傑のリストは数えあげるのが難しく、中味が変わりやすく、構造も閉ざされている。一〇人目の勇士役の候補者は数多くいた。一〇人目の勇士は、九人の前任者たちの徳を要約し、完成させる、完璧な勇士だった。ピエール・ド・リュジニャンやロバート・ブルースの名前があがったあと、一三八〇年代から一三九〇年代はデュ・ゲクランが幅を利かせるようになる。一三七二年の救国の英雄〔デュ・ゲクラン〕の栄光は、待望の一〇人目の勇士の特色のもとに、すぐさま具体化されたのである。

　ジャンヌは誉れ高き女傑だった。年代記作者はジャンヌに才覚と武勇を認め、彼女の評判も高かった。年代記作者はジャンヌを、彼らのリストの一部にあったユディト、エステル、ペンテシレイアとすぐに比較した。しかし、はっきりとジャンヌを一〇人目の女傑にする者は稀だった。たしかに、『ジャンヌ・ダルク頌』は早くも一四二九年に、ジャンヌが「どんな勇士よりも見事だった」と主張している。一四六〇年、ルイ・ド・ラヴァルは、デュ・ゲクランの伝記で終わる『九人の勇士の物語』[136]と、古代の『九人の女傑の物語』を、セバスチャン・マムロに注文した。その序文は次のようにはじまる。「九人の誉れ高き女傑と、簒奪者のイギリス人に対して神から遣わされ、王を聖別させた乙女の物語」。ルイ・ド・ラヴァルは、デュ・ゲクランと、ジャンヌ・ダルクの戦士仲間ギィ・ド・ラヴァルの両方の子孫だった。だが、なんということだろう。ウィーンに残されているマムロのこの著作の唯一の写本では、ジャンヌの伝記が抜け落ちている。おそらくそれは一度も書かれたことはなかったのだ。

ジャンヌと誉れ高き女傑の対比がイタリアとフランスで増えるのは、一五〇〇年代から一五一〇年代を待たねばならない。デュフールは、王妃アンヌ・ド・ブルターニュのためにジャンヌの伝記をものするが、そこでは、女戦士《アマゾン》や女傑との比較は表だっていない。この著書の画家が物語の挿絵に選んだのは、服従した都市の前に立つ、金髪の、輝く鎧を身にまとった、古代風の女戦士である。ほぼ同時期の一五〇六年、ジャン・マロは、またしても王妃アンヌのために『女性の真の擁護者といわれるお方』[137]を書き、そこでジャンヌをペンテシレイア、トミリュス、ユディト、エステル、デボラになぞらえているが、一〇人目の完璧な女傑は、この本の注文主、「すべての女性の模範である、名誉ある王妃」[138]である。この伝説の転換には利点があった。というのも、この転換によって、ジャンヌは名高く輝かしい集団のなかに組み込まれたからである。しかし、不都合な点もあった。「乙女」を軍事的英雄という姿に昇華することで、ほかのすべての側面を徐々に消し去り、ジャンヌの神秘性を過度に単純化したのである。

ジャンヌ・ダルク騎馬像
ナント・ドブレ美術館所蔵

訳注

［i］美女ジャンヌの最初の夫である騎士ロベール殿のこと。騎士叙任を受け、ジャンヌと結婚した翌日、ロベール殿はかねてからの誓いを守るため、サンティアゴ・デ・コンポステーラに巡礼に出かける。夫の不在中、ジャンヌはラウール殿に言い寄られるが拒絶する。巡礼から戻り、ラウール殿に欺かれたロベール殿は、妻が不貞を働いたと信じる。領地も騙し取られたロベール殿は、絶望して

当て所のない旅に出る。ジャンヌは男装してジャンと名乗り、夫のあとを追う。二人は聖地（エルサレム）ではなくマルセイユに向かい、そこでジャンが商売をして一財産築く。実際に聖地に行ったのは、二人を陥れたラウール殿である。

［ii］スキタイは、歴史的には紀元前八世紀末から前三世紀まで、黒海北岸の草原地帯に強大な遊牧国家を建設したイラン系の遊牧民族を指し、ヘロドトス『歴史』などで言及されている。ただし、ここでは女戦士《アマゾン》というギリシア神話に登場する部族の起源が問題にされているため、歴史上のスキタイ民族との実際の関連は不明である。

［iii］ジャン・ド・モンフォール（一二九一～一三四五年）。ブルターニュ公アルチュール二世の子。一三三〇年よりモンフォール＝ラモリィ伯。異母兄のブルターニュ公ジャン三世が継子を残さずに没したため、ブルターニュの継承をめぐって、フランス王家が後押しする姪のジャンヌ・ド・パンティエーヴ（一三一九～一三八四年）と争った。（ブルターニュ継承戦争、一三四一～一三六四年）。ジャンは一三四一年五月にブルターニュ公になるが、同年一一月にナントでフィリップ六世とノルマンディ公ジャン（のちのジャン二世）に捕えられ、パリのルーヴル宮に幽閉された。

［iv］ギィ六世ド・ラ・ロシュ＝ギヨンの妻ペレット・ラ・リヴィエールのこと。父親はシャルル五世の主席侍従ビューロ・ド・ラ・リヴィエール。フランス王家とつながりが深く、アルマニャック派だった。

［v］四大ラテン教父の一人ヒエロニムス（三四〇年頃～四二〇年）らによるラテン語訳聖書。中世の西欧世界で広く用いられた。聖書の原典と内容が異なる部分があり、人文主義の影響などにより、ヘブライ語やギリシア語の原典が盛んになると、『ウルガータ』は批判の対象になった。これを受けて、一五四五年に始まったトリエント公会議においてラテン語訳聖書の公式版と定められた。

［vi］実際のクレマン・ド・フォーカンベルグの挿画のジャンヌは兜を被らず、頭はむき出しである。

第III部　一四二九年オルレアン

イギリス軍によるオルレアン包囲（パリ国立図書館所蔵）
（出典）P.Contamine, *op. cit.*, p.88.

1429年のオルレアン包囲戦図

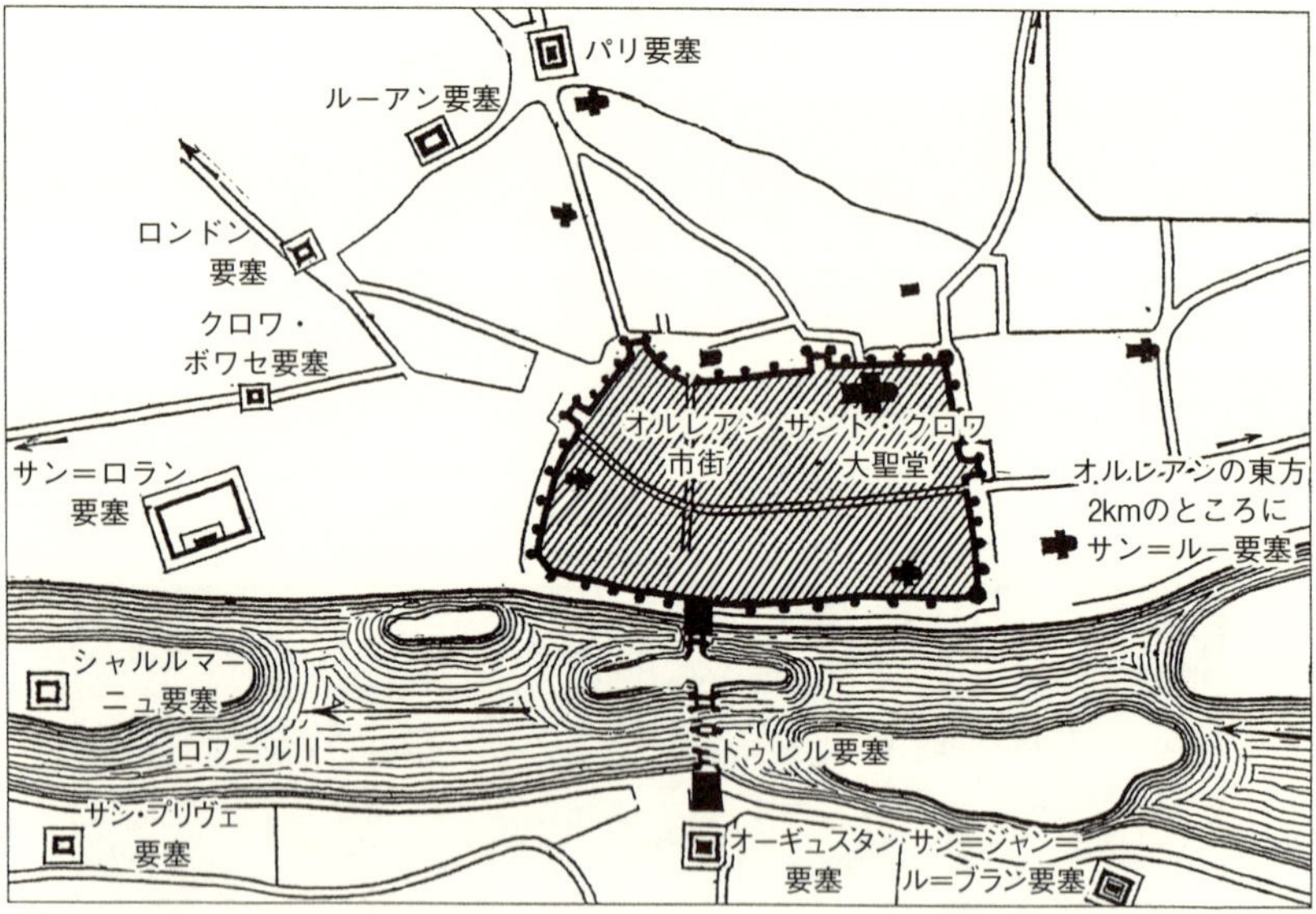

（出典） A. Bournazel, *op. cit.*, p.52. をもとに作成。
（注） ▣ イギリス側の要塞
▨ オルレアン市街

序

オルレアンからトロワ、そしてコンピエーニュまで、実のところ、ジャンヌは包囲戦しかしなかった[1]。包囲された都市（オルレアンやコンピエーニュ）を救出するか、どちらにつくかの選択をためらっている都市（トロワ）、あるいは王に反抗する都市に入城するといった具合である。包囲戦は、ラテン語作者のウェゲティウス[2]によっても、クリスチーヌ・ド・ピザン[3]やジャン・ド・ビュエイユ[4]によっても、野戦とは基本的に区別される戦闘形態のひとつである。たしかに包囲戦は野戦ほど華々しくはないが、神の審判が現れるその荘厳な典礼劇はめったに見られるものではない。一四二九年五月八日のオルレアンでも、七月のモントピロワでも、イギリス人はこれまでポワチエやアザンクールの戦いで自分たちの優位を見せつけてきた野戦を拒否する。その一方、ジャンヌはイギリス人を決定的にフランスから追い払う大会戦を夢見ている。そのときにこそ、イギリス王に不当に占領されていた諸都市が取り戻されるのだった。中世末期において、戦争はその大半が奇襲戦や包囲戦であり、都市が策略や不意討ちで占拠されないときに包囲戦は長く続く[5]。

包囲戦では、強固な城壁とか自然の障壁（河川）で守られているかぎり、利は原則的に籠城する側にある。同じく籠城側には、城内に井戸や食糧の貯え（穀物、四旬節の時用に燻製にしたニシン）をもち、地元の出身で、忠実で、戦う動機のはっきりした守備隊をもつことが肝要である。オルレアンは籠城戦に長く耐えるためのあらゆる切り札を先験的にもっていた[6]。イギリス＝ブルゴーニュ派と王太子派という対立するふたつの支配領域の境目に位置し、公領の首都であるオルレアンは、大きくて、戦略的にも（ロワール川にかかる橋でソローニュ地方に通じている）、象徴的にも重要な都市だった。この町はカペー王朝時代の古都であり、オルレアン家の親王領の要石である。よく手入れされ、絶えず強化されてきた城壁は右岸地帯のすべてを守っていた[7]。城壁は二・七キロメートルで、防備を施した三一の塔と五つの門が塁道によって補強されていた。橋それ自体もトゥレル要塞のおかげで堅く守られていたが、その左岸の出口にはオーギュスタン要塞があった。十四世紀末以来、都市当局は都市に頑強な砲兵隊（三五門の大砲）を配置し、二〇〇人の守備隊に加えて、都市民兵団を賄うために支出を増やしていた。イギリス人に占領されたボース地方の諸都市の守備隊がオルレアンに撤収してからというもの、王の増援軍も不足してはいなかった。エモン・ラギエの計算によれば、一四二九年春、オルレアンには一八〇〇人の騎兵、一三〇〇人の弓兵が数えられ[8]、それらが非常に不揃いな六〇ほどの中隊に分かれていた。

当初、イギリス人はクレリィやジャルジョーに拠点を構えて

ジャンヌ・ダルク騎馬像（オルレアン・マレトロワ広場）

いたが、やがてオルレアン方面に向かい、[9]〔本格的な戦いより〕六ヵ月ほど早く一四二八年一〇月初めにはそこに陣地を築いた。一四二八年一〇月二四日、彼らはトゥレル要塞を奪った。橋は分断されたが、そのとき指揮官ソールズベリはそこから四〇〇メートル離れたノートル＝ダム塔から発射された大砲の弾で頭を撃たれて致命傷を負い、指揮をタルボットと交代した。イギリス人は長期戦の構えをとった。彼らには、補給や援軍を阻止するために都市全体を封鎖し、城壁の守りを弱め、住民たちの士気を削ぐために砲兵隊を配置することが必要であった。包囲された都市側からの射撃や、予想される救援軍の到来に備えるために、彼らは木と土でできた要塞を網の目状につくった。要塞と要塞は徐々に塹壕で結ばれた。左岸では、サン・プリヴェ、オーギュスタン、サン＝ジャン＝ル＝ブランの要塞が続いた。右岸では、イギリス側の要塞はとくに市の西側と北側を担当し、サン＝ロラン、クロワ・ボワゼ、ロンドン、ル・コロンビエ、パリ、ルーアンといった名をもっていた。市の東側には、城壁から二キロメートルのところに大きなサン＝ルー要塞があった。それでもイギリス側の人数は守備側をそれほど上回らなかったので〔しばしばイギリス領ギュイエンヌ出身の騎兵が八〇〇人と、弓兵が四〇〇〇人〕、〔オルレアン方の〕伝令官や訪問者は防衛線を突破し続けた。

オルレアンの人々は、フランス王と、自分たちの本来の領主であるオルレアン公に忠実だった。オルレアンの私生児《バタール》はロワール川方面の国王代理人で、この都市では増強された守備隊を頼りにできた。守備隊長はラウール・ド・ゴークールだった。王は都市を救援する義務があったが、都市側も、裏切り者だと非難されないためには、何ヵ月間かは抵抗する義務を負っていた。王が冷淡な態度をとったり、無能ぶりを示したりした場合、とくに万一にも兵糧が尽きたとき、住民は交渉の自主権を取り戻すこととなった。[10]事態が急を告げたのは一四二九年二月である。フランス王は最初の救援軍を派遣した。イギリスのオルレアン包囲軍に補給するためのニシンの輜重隊を途中で待ち伏せするために、オルレアンの部隊と共同作戦をする手筈だった。しかし、オルレアンの私生児《バタール》とシャルル・ド・クレルモンの部隊は共同作戦に失敗し、イギリス人に防禦態勢をとる時間を与えてしまった。こうして、二月一二日、ニシンの日の悲劇的事件のとき、フランス王に仕えていたスコットランド人の多くの兵士が殺され、シャルル・ド・クレルモンはオルレアン方面に退却し、少しあとにはオルレアンから出て行った。

イギリス人は自分たちのニシンを確保し、オルレアンの守備隊は勢いが衰えた。そのとき、気落ちしたオルレアン市民はブルゴーニュ公と交渉し、彼の庇護のもとに走ろうとした。だが摂政ベドフォード公がこの協定を阻んだので、四月一七日、それまでオルレアン包囲に加わっていたブルゴーニュ公の派遣部隊は持ち場から立ち去った。ほかに選択の手立てもなく、包囲されたオルレアンの人々は、できるだけ都市に兵糧を運び入れるために小競り合いを続けた。王はこのメッセージを了解した。もし王がオルレアンの人々にイギリスとの和議を結んでほしくないのなら、王はなんとしても悲劇的なニシンの日の記憶を帳消しにし、彼らに新たな兵糧と援軍を送る必要があった。ジャンヌ・ダルクは、自分の意思とは関係なく、すでに決定されていた遠征軍に加わったのである。包囲はすでに八ヵ月も続いていた。

最初の場合と同じく、王軍はブロワに集まり、ロワール川の南岸からソローニュ地方を経由する道筋を選んだ。オルレアンが遠くに望める場所で王軍は南に大きく迂回し、オルレアンの東にあるシェシィと向き合った地点でふたたび川筋に出た。オルレアンの私生児《バタール》はル・ポルトローで救援軍の指揮官たちと出会った。兵糧の運搬を最優先させる決定がなされ、川の流れに乗って、平底船がシェシィからオルレアンに向けて兵糧を運ぶことになった。しかし、風が反対の方向に吹いていた。信じられているところでは、ジャンヌの存在が風向きを変えたという。それまでとても懐疑的だったオルレアンの私生児《バタール》は強い感銘を受けた。一四二九年四月二九日の夜、松明の明かりのもと、ジャンヌは、軍旗を先頭に、白馬に跨って、彼女に味方したオルレアンで入市式をおこなった。その一方、救援軍は道を引き返して、ブロワで橋を渡り、ロワール川の北岸から戻って行った。オルレアンの人々は「まるで天から神が彼らのなかに降臨するのを見たかのように歓喜したが、それもそのはず、彼らはこれまで多くの仕事と苦労をしてきたからであった。彼らは勇気づけられ、包囲から解放されたように感じた」。雑踏のなかで松明のひとつから長三角旗に火がついたが、ジャンヌがそれをすぐに消し止めた。オルレアンでは、四月末の午後八時はそんなにも暗かったのだろうか。それとも、オルレアンの人々は宗教行列でもするかのように松明の数を増やしていたのだろうか。ひとつ確かなことがある。一四二九年という時点では、俗人をこれほど厳粛に称える慣習はまだなかったのである。光明（この世では稀である）は、聖なるものの発顕と結びつけられた。

はじめの日々は穏やかだった。ジャンヌは城壁を巡視し、市内の通りを馬で駆けめぐった。オルレアンの人々が彼女と出会うのを楽しみにしたとすれば、イギリス人は意図的に彼女を罵

オルレアンに入城するジャンヌ・ダルク
（出典）P.G. Girault, *Jeanne d'Arc*, Luçon, 2012, p.11.

倒した。救援軍はとうとう五月四日朝に到着し、時間をおかず、その隊長の一人はサン＝ルー要塞に対する攻撃を始めた。事前に知らされてなかったジャンヌは、戦いの最後の瞬間にこれに加わった。攻撃は完全な成功だった。

翌日、キリスト昇天祭の日の木曜日、軍事作戦は中断した。ジャンヌは招集されてなかった作戦会議に出席し、イギリス人への最後の降伏勧告状を書き送った。〔翌六日〕ジャンヌと彼女の戦士仲間ラ・イールは、市の東側から市外に出て川を渡った。彼らはサン＝ジャン＝ル＝ブラン要塞が放棄されているのを見て、オーギュスタン要塞に方向を転じ、それを奪った。生き残ったイギリス人の兵士はトゥレル要塞に遁走した。

五月七日は決定的な日だった。攻撃はトゥレル要塞と橋のまわりで一日中続いた。その朝、ジャンヌは予言していたとおり、敵の矢を受けて負傷した。彼女は傷口の痛みを魔法の力で治すことを拒否し、戦いに舞い戻った。日が暮れたとき、ジャンヌは最後の攻撃を主張した。そのとき軍旗の尻尾が城壁に触れた。攻撃は成功した。イギリス人は多くの戦死者を出して、無秩序に退却した。ある者はグラスデールのように溺死し、またある者は捕虜となった。

一四二九年五月八日の日曜日の朝、フランス人とイギリス人は都市の西側にある双方の防衛線を挟んで向かい合った。雌雄を決するつもりだったのだろうか。整然と戦うことにかけて、イギリス人は経験を積んでいた。だが結局、彼らはボージャンシー方面に後退した。勝利は申し分のないものだった。オルレアンの包囲が解かれたからである。オルレアンの人々は皆、そこに神の奇蹟を見た。それは、一週間もしないうちに都市を解放するのに成功したジャンヌの存在によるものだった。しかし、彼らはクレリィの聖母や、オルレアンの聖人司教たちの活動をも忘れなかった。五月七日、聖ウヴェルトや聖エニャンがオルレアンの住民たちに加勢するために城壁までやって来るのが見られた、という人もいる。聖人たちはかつてこの都市をアッチラ〔五世紀、西ヨーロッパに侵入したフン族の族長〕の手から救ったのではなかったか。より生臭い人間のレヴェルでは、勝利は、自分の手柄を主張していた守備隊隊長ラウール・ド・ゴークールや、王の救援軍や、それに加わったジャンヌに帰すこともできた。

第10章 オルレアンの包囲

Le siège d'Orléans

中世の戦争はすべて[1]、多かれ少なかれ罪の所産であり、すべての勝利は神の審判の結果であると考えられた[2]。すでに旧約聖書のなかで、軍の神であるヤハウェは、神との契約を疎かにするかどうかで民を罰するか守るかした。〔たとえ処罰されても〕王の忍耐と民の悔悛があれば、いつの日か、神はその恩寵をふたたびイスラエルに与える方向へと導くであろう。兵士の力や数ではなく、ただ神のみが勝利を与え、勝利が正義を告げるのである。勝利は、戦っている陣営の一方をよき人の砦とし、もう一方を暗闇や不正の側だったことにする。

百年戦争の初めには、一三四〇年と一三六五年のあいだにフランス側の悲劇的な敗北があったが、それをきちんと説明する必要があった。神の意思は、罪がはびこっていた神聖なフランス王国を罰するための鞭としてイギリス人を用いたのである。戦争の当初、フランチェスコ・ダ・モンテベルナの『悲劇の論証』[3]が社会のすべての階級への批判を一般化したとすれば、他の人々はむしろ高位聖職者の贅沢や騎士エリート層の無気力をやり玉にあげた。立派な手本を失ったので、貧しい人々も美徳から遠ざかった。これと同じ問題がアザンクールの戦いのあとに起こった。教会分裂と王の狂気（すべて組織は頭から腐っていくものである）もまた神の怒りの結果とみなされたのである。すでに一三七八年、オノレ・ボネは『戦争の木』のなかで、「誰が戦いで勝つのか、正しい人か、罪のある人か」という問題を提起した。[4]彼は、残虐でありながら月桂樹の冠を被った征服者たちの嘆かわしい一連の例を挙げた。たとえば、ニムロデ、アレクサンドロス、オクタウィアヌスである。正しい人の側では、ダヴィデが巨人ゴリアテをみごとに打ち負かし、一般的には試練を経た正しい人が勝利することになっていた。もっともボネにとって、イギリス人は大罪人だった。ブルターニュ地方のある格言は、イギリス人は男色に耽ったので、野蛮で、信仰心が薄く、戦いで抵抗する能力のない子孫が生まれるだろうと明言した。ただ二〇年後の一四〇〇年代になると、このような願望はもはや通用しなくなった。かつてはカトリック信仰の篤かったフランス人もまた、罪に身を委ねていたからである。その結果、彼らの子どもたちは堕落し犯罪者となってあらゆる悪徳に耽った。神はフランス人から恩寵を引きあげてしまい、フランス人はもはや敵に抵抗できなくなった。その後、サン＝ドニの修道士は情勢についてひとつの診断を下しているが、[5]それはジャンヌの診断と多くの共通点をもっている。というのは、彼は放蕩、絶えざる神の冒瀆、誓いの不履行を次々と批判しているからである。一四三一年三月一七日、これらについて尋問を受けた乙女は、イギリス人が「フランスで隆盛にあったとき[6]」（一四一五〜一四二九年）、神がフランス人を憎んでいたかどうかはわからない、と答えている。もし王の兵士たちが罪の状態にあるのなら、神は彼らがその罪のゆえに敗れてもよいとお認めになったのです、と彼女は述べる。それ以来、軍隊と民に唯一勝利を可能にする道徳的な改革を促すために、神は彼女を送り込んだのである。

戦いの法

大陸において、イギリス人は必ずしも敵とか罪人と考えられていたわけではなかった。[7]プランタジネット帝国は十二世紀に[8][1]英仏海峡の両岸に広がり、ジャンヌ・ダルクの時代にオルレアンを包囲したイギリス人は、[9]その多くがノルマンディやアキテーヌの生まれだった。聖杯を称える騎士道物語はイギリスでも部分的に人気を博し、イギリスの学生は十四世紀末までパリの諸大学に押し寄せていた。百年戦争がゆっくりとふたつの国民のイメージを変えた。サン＝ドニの修道士にとって、[10]お互いの憎しみは一三七二年と一四〇〇年のあいだに現れた。シャルル五世による再征服のとき、イギリス人は大陸の領土を失ってしまい、フランス人に恨みを抱いたのである。それに臆することなく、フランス人の側も、自分たちの同盟者でシャルル六世の娘婿にもあたるリチャード二世をイギリス人が廃位し、一三九九年に殺害したことを赦さなかった。

実のところ、ジャンヌや無効裁判の証人たちが見たイギリス人は、アルマニャック派の文書がいうようなイギリス人ではない。[11]そこには、（イギリス人が聖アウグスティヌスの教説に従うことを拒否してからというもの）あれこれと尾ひれをつけてイギリス人を醜悪に描いている夢想的な神話の形跡がまったくないのだ。イギリス人はもはや自分たちの聖人司教たちの殺害（トマス・ベケットの例がそれを証明している）や、二〇人以上の王の殺害を常習としてきた者ではない。一三九九年のリチャード二世の殺害は、そうしたテーマに改めて現実味を与えたにもかかわらず、である。[12]また、葡萄酒や血を暴飲するイギリス人とか、男色のイギリス人といった形跡もまるでない。

ジャンヌが抱くイギリス人のイメージは、かなり漠然としたカテゴリである。イギリス人はイギリス王に従い、特別な言語をもっており、[13]聖カトリーヌや聖マルグリットはその言語を知らない。そもそも彼女たちがどうして英語を話すだろうか。彼女たちはイギリスの支持者ではないのだから。その他のイギリスに特有の文化的慣習（たとえば料理や葬儀の慣習。それらの違いはしばしば注目されている）も触れられない。ジャンヌの心のなかでは、イギリス人は別の国であるイギリスで生まれたのだから、そこに戻るべきなのである。つまり、彼らは外国人ということだ。[14]もちろんジャンヌは、イギリスの陣営に大陸生まれの人がいることを必ずしも知らないわけではない。『イギリス人への手紙』のひとつの版は、フランスから外に追放すべき人々だけでなく、「裏切り行為をしようとするすべての人々」に狙いをつける。それは、イギリス王に仕える大陸の臣民か、それとも、どこにも追い払う場所のないブルゴーニュ公の臣民を暗示しているのか。いずれにしても、彼女が名指しするイギリス人（ベドフォード、グラスデール、サフォーク、タルボット）は、すべてブリテン島生まれである。

たしかにイギリス人は致命的な重大な罪を犯しているが、結局のところ、フランス人だって犯すかもしれない罪である。ふたつの陣営では強姦と神の冒瀆がともに広がっている。イギリス人は大陸で多くの娘たちと門を閉ざした都市を侵犯する。[15]頑丈な城壁のおかげで難攻不落のいくつかの都市は、メッスやペロンヌのように「乙女《ピュセル》」と渾名される。一四二九年の問題は、オルレアンがこの「乙女」というカテゴリに入るかどうかを知ることである。ジャンヌ自身、ルーアンの牢獄のなかで、あまりに厚顔無恥なイギリス人のある大貴族からやっとのことで難を逃れることになるだろう。そのうえ、イギリス人は最初から最後まで神を冒瀆している。パリの一市民やその他多くの人々と同様に、ジャンヌはイギリス人を「ゴドン」（ゴッド・ダム、つまり「神に呪われよ〔地獄に落ちろ〕」という意味）と名付けている。オルレアンで彼女は、宿の女主人に今晩捕虜の「ゴドン」を連れてくると予告する。ルーアンの牢獄で、これと同じ非難が彼女を荒っぽく扱ったスタフォード卿とウォーリック卿の目の前で再現される。「今いる人に一〇万人のゴドンを加えても、あなたたちはこの王国を保てないでしょう」[16]。しかし、イギリス人の側だって負けてはいない。無効裁判の証人たちが、イギリス人のもつ豊富な語彙のちょっとした見本を示してくれる。それによれば、ジャンヌは「アルマニャック派の淫売」呼ばわりされ、「売春婦よ、牝牛の世話でもしろ」と罵られる。グランヴィルの私生児《バタール》はジャンヌ配下の兵士に向かって、「無信仰の淫売ども」と憐れむような言葉を投げつける。人が罵るのは、皆が理解できるように、いつもフランス語であると思われる。そもそも、理解できない罵詈雑言は、他人の名誉を傷つける目的を果たせない。それらが投げつけられるのは、軍事作戦中ではなく、戦いの合間である。しばしばジャンヌは泣き喚いたが、彼女の一党はそれに反駁していないようなのだ。一四三一年の彼女の説明によれば、イギリス人は聖人や聖女に嫌われ（彼らの人格のせいではなく、その行為のゆえに）、そして神に嫌われる。グラスデールのように、罪を犯し、罪のなかで死んだ人の魂を神はどうするのか。ジャンヌはそれについて何も知らないと述べる。それでも、彼女の成功はイギリス人の罪によって部分的に説明できる。つまり、イギリス人の方こそ迷信的であって、ジャンヌには何かしら不吉なものがあると怪しんでいるのだ。トマ・マリーを信ずれば、イギリス人の迷信深さには定評がある[17]。

罪人であることに飽き足らず、イギリス人は大陸で大義のない不当な戦いをしている。彼は何の理由もなく王国に侵入した。さらに戦いは不正に行われている。オルレアン派の文書は、とりわけ戦いの二次的な被害を主張する。オルレアンを包囲する前に、ソールズベリが率いる軍隊は多くの村と修道院を略奪したが、そのうちにはオルレアンから西に数キロメートルのロワール川河畔にあるノートル＝ダム・ド・クレリィ修道院があった[18]。この巡礼の聖所は十三世紀の最末期に奇蹟を起こす彫像をめぐって発展した。オルレアンの私生児《バタール》はその地の領主で、のちに彼もルイ十一世や〔王妃〕シャルロット・ド・サヴォワと同じようにそこに埋葬されることになるだろう。この地は神聖である。「その時代、ここで何かを奪って、すぐさま罰せられなかった人はいなかった」。イギリス人はただ一人で教会を守っていた哀れな聖職者を意地汚く嘲笑した。そのとき聖母は審判を下した。一四二八年一〇月二四日、ソールズベリはノートル＝ダム塔から発射された砲弾で殺された。「彼はクレリィの善良な聖母の教会をひどく荒らした。それは神の審判である」[19]と『オルレアン包囲戦の聖史劇』は記している。

教会財産の冒瀆的な略奪に加えて、人の権利の無視がある。イギリス人は伝令官のギュイエンヌを投獄し、火炙りにすると脅している。もちろん伝令官は、双方の陣営のあいだの行き来を認める一種の外交的な免責権で守られている。さらにイギリ

アザンクールの戦い（1415 年）
（出典）A. Bournazel, *op. cit.*, p.27.

ス人は、彼ら自身の戦争捕虜の財産も尊重しない。オルレアン公シャルルとアングレーム伯ジャンは一四一五年のアザンクールの戦い以後イギリスで囚人となっている。オルレアン公シャルルはオルレアン地方の正真正銘の領主である。イギリス人はすでにオルレアン公の身柄を確保しているのに、彼の都市まで差し押さえるのは正当なことなのか。捕虜の権利の原則は明白である[20]。かつては捕虜を殺したり、隷属させることは認められていたとしても、今ではもはやそうではない。勝者は敗者と同じく約束をするのである。勝者は敗者に鄭重な取り扱いを保証し、騎士の慣行や地方の慣習に従ってしかるべき身代金を敗者に請求する。原則としては、その際、好機到来とばかりに捕虜の家族すべてを破産させるほど大儲けをしてはならない。身代金が支払われるまで捕虜は戦争の局外におかれ、彼の財産は中立化される。捕虜の財産を略奪するのは論外である。なぜなら、それらはすべて身代金支払いの元手なのだから。

現実はしばしばそれほど満足のゆくものではない。身代金は重く、戦争捕虜の市場は活況を呈していた。捕虜は必ずしもひどい扱いを受けたわけではないが、身代金は三〇年間にわたって家族を破滅させる。すでにアザンクールの戦いの直後、意地悪な、または現実主義的なヘンリ五世は、オルレアン公の子どもたちに次のような言葉を投げかける。「私は強く期待するのだが、戦争のすべての費用を支払うのはあなたたち、わが親愛なる従兄弟たちである[21]」。となれば、イギリス王は暗黙裡にオルレアン公の財産の保証人である。さらに出陣を前に、ソールズベリはオルレアン公シャルルに彼の土地と都市をきちんと取り計らうことを聖遺物にかけて厳かに約束したという。オルレアンの市民はこの議論を思い起こしたし、この話に必ずしも無関心でないブルゴーニュ公は、それらの中立的な財産の管理を引き受けようと試みた。しかしイギリス人は聞く耳をもたなかった。ソールズベリは自分の約束を守らなかった。それゆえ、ただ神のみが、主君が捕虜となっている都市を保護することができたのである[22]。

フランスの陣営が勝利をおさめたいと思うのなら、よき人の陣営として現れなくてはならない（また原則的にそうである）。旧約聖書は、戦いを前に、効力が明らかな軍隊の清めや、神と軍隊の和合といった、きわめて多くの事例を提供した。たとえば、祈り、「レヴィ記[23]」にあるような過ちの告白、そして断食である。神の民がベニヤミンの子孫と戦ったとき、サウル王はすべての戦士に太陽が沈むまで断食するよう命じたという。『戦争の木』のなかでオノレ・ボネは自問する。「たしかに断食は神に近づき、精神を清らかにする。しかし、それは身体を衰弱させる[24]」。だから自制しながらそれを用いる必要がある。このように、中世の軍隊はどれも、戦士に覚悟を決めさせ、勇気づけるための手段をいくつも有し、それを思いのままに使っていた。告解し、臨終の聖体拝領をして、人々は普通以上に戦った。ジャンヌが一四二九年春の遠征の初めにおこなった軍隊の清めの試みは[25]、彼女のやり方の独創性よりも、組織的でこれ見よがしの性格に特徴がある。聴罪司祭パスクレルはブロワからオルレアンに行く軍隊にお供する聖職者の一団を組織した。朝と夕、彼らはジャンヌや、同じ日に告解した人々を前に聖母への先唱句を唱えた。昼間、彼らは軍隊の先頭に立ち、自分たちの旗を取り囲み、「魂の創造主よ、来たれ[26]」と歌いながら行進した。それでもジャンヌは、このような悔い改めた善の兵士たちがオルレアンの町のなかに宿営するのをためらっている。彼女は誘惑を恐れ、娼婦や神の冒瀆を繰り返し非難する。決戦の日の朝、ジャンヌは、彼女の全軍を神の加護のもとにおくため、告解とミサを命じたようである。断食ははっきりと証明されていないが、聖体拝領をした人は断食した。もし兵士がすべて不品行をやめれば、神が彼らを助けるであろうと彼女は約束した。

フランス王は「正義の喧嘩[27]」をしている。彼は正統な王位継承者であり、自衛の戦いをおこなっている。誰かを傷つける意図はなく、金持ちになる欲望もなく、残忍さもなくて、彼は正しく戦っている。彼は平和しか望んでいない。ジャンヌの軍隊は聖職者と同じように教会（たとえば、元は教会だったサン＝ルー要塞）を大切にする。逃げるために聖職者に変装したイギリス人でさえ、命だけは証拠不十分で助けられた。彼女は典礼的な祝祭（五月五日のキリスト昇天祭、五月八日の日曜日）を重んじ、略奪をしない。

以上のように、戦いの規範は双方の陣営とも同じである。なぜならイギリス人もフランス人もキリスト教徒だから。キリストは自分自身と同じく隣人を愛するように命じた[28]。愛はキリスト教徒のあいだで不可欠なので、イギリス人が憎まれることはないだろう。イギリス人の罪は憎まれるかもしれないが、彼らによき模範を示し、彼らを正しい道に連れ戻すよう努めることが肝要である。ジャンヌはそのように試みるのだが、彼女の勧告は大きな成果をあげない。環境が整っていないのである。イギリス人を愛することは義務ではないとしても（ただ選ばれた者《エリート》としての魂が敵を慈しむ）、彼らを許し、腹を立てないで、とくに捕虜や負傷者には同情をもって助けとなってやる必要がある。乙女は、その所有者からひどい扱いを受けた捕虜を守る。彼女は敵陣の多くの哀れな兵士たちを身代金なしで解放する。彼女は、フランス人であれイギリス人であれ、傷ついたすべての者をできるかぎり慰めては告解させる。彼女は双方の陣営の死者に涙する。彼女を侮辱したグラスデールでさえ、彼女には憐れみを誘う。彼女はすべての人の魂の救済のために祈らせる。なぜなら、イギリス人もフランス人もあの世で、つまり、選ばれた者は天国で、そうでない者は地獄で出会うのだから。

　このようなイギリス人と「隣人」のあいだの合一性から、オルレアン包囲戦のときには二度にわたって、ジャンヌはふたつの意味を合わせもつ象徴的な行動をとっている。最初の事例は、ただひとつの証言[29]、オルレアンの一女性コレット・ミレの証言だけが触れている。橋の要塞の攻略の日、ある人が一匹のニシンダマシを持ってきたが、ジャンヌはそれを一緒に食べることを謝絶する。彼女はそれを夜、勝利のあとに、彼女が捕虜として連れ帰った一人のイギリス人と食べることになる。そこでは、キリスト教徒のあいだで共にする聖体拝領（キリストの肉体を象徴的に食する食事）のイメージを考えない方が難しい。自分の敵と一緒に食事をするとは、さらに平和を回復することを意味する。第二のエピソードは一四二九年五月八日の日曜日の朝に設定されている。ふたつの軍団は面と向かい合っている。ジャンヌは二度のミサを祝別させたばかりだ。これから戦いを始めるためか。多くの人はそう考える。ジャンヌはそれに反対する。その日は日曜日である。「彼らを行くがままにせよ。彼らを殺してはならぬ。私には彼らの退却だけで十分である」。第七番目の日は平和の日である。この決定は戦略的にみて適切なものだったが（イギリス人は、大砲も荷物も捕虜も残して退却する）、実際にひとつの象徴でもある。ここでイギリス人がオルレアンの町を去ったのは、のちに神聖な王国〔フランス〕を立ち去ってイギリスに舞い戻るかのようである。もちろん彼女は、フランスからの撤退を条件に平和を約束した。たしかに戦いは善と悪の対抗だったが、それは所詮キリスト教世界の内でのことである。たとえイギリス人は敵であり、他者であり、反対者ではあっても、同時に隣人でもあるのだ。

『イギリス人への手紙』

オルレアンを包囲したイギリス軍の指揮官とジャンヌの最初の公式のやりとりは、手紙によって行われた。一四二九年三月二二日の『イギリス人への手紙』にはどのような原本も残っていないが、一四二九年の春や夏の初めにフランス王によってばら撒かれたプロパガンダの文書や、年代記のなかに多くの写しが残っている。[30] たとえば、ラ・ロシェルの書記の裏記録、E・ヴィンデッケやヘルマン・コルナーのドイツの年代記、トゥルネの年代記、オルレアンの年代記である。しかし、この手紙は多くの問題点を投げかける。第一には、使用された言葉である。二月二二日、三月一日、三月二七日の三回の尋問がこのテーマを取り上げている。[31] ジャンヌはこの手紙を口述筆記させて王太子派の面々に示し、オルレアンの前面にいるイギリス人に送ったことを認める。裁判官たちがひとつの文書(検事デスティヴェの告発状の第二二条に入っている[32])をジャンヌに見せると、彼女は全体としては肯定するが、三つの言い回しについては、そこに傲慢な性格をみずから感じ取って、否定する。すなわち、彼女は、「それらの都市を返せ」とは、「乙女に」としたのではなく、「王にそれらを返せ」と書いたという。また、彼女は「私は軍の指揮官である」とか「取っ組み合う[ii]」と言ったことを否定する。あとになってみれば、そうした表現は、おそらく彼女にはあまりに血なまぐさいと思われたのである。現実には、王の陣営側の多くの文書はそのような表現を含んでいる。

『イギリス人への手紙』は裁判上のひとつの大きな争点である。それがジャンヌに有罪判決を下すのに寄与したからである。デスティヴェの告発状の第二一条と第二二条は、「邪悪で、有害で、カトリック信仰に反する」内容を批判する程度にとどまっている。それに対して、『一二ヵ条の告発状』の第四条と第六条[33]は、手紙の内容をはっきりと非難する。曰く、キリストの名のもとに送られた手紙のなかで、ジャンヌは、「彼女の警告に従わない人々を死でもって脅している」。干戈《かんか》(=戦い)を交えれば、天の王とあなた方の王のどちらが最良の権利をもつかがわかるだろう、とは何ごとか。また曰く、彼女はその手紙で勝利を予言しているが、その通りのことが必ずしも起こらなかったではないか。言い換えれば、裁判官たちは手紙の脅迫的な性格を攻撃している。そもそも神の名をあげて、誰かを死で脅すことができるのだろうか。

ところで、『イギリス人への手紙』が、無効裁判の証人たちがその存在を知っているイギリス軍への三通の勧告状より以前の行動計画書だったのか、少しのちの概括書だったのかを知ることはかなり難しい。三月二二日の最初の勧告状——奇しくも『イギリス人への手紙』と同じ日付である——は、ポワチエのジャン・ラバトーの家で起草された。ふたつの証言がそれに関係し、ポワチエでジャンヌを調査したすべての人々を巻き込んでいる。オルレアンの前線に赴く前、ジャンヌはイギリス人にひとつの訓戒文を作成しようとした。それに関して、スガン修道士はジャンヌの果たすべき使命を四点にまとめている[34]。すなわち、彼女はオルレアンの包囲を解き、王を聖別させ、パリを王への服従に立ち戻らせ、オルレアン公をイギリスから帰還させようとした、と。その場合、スガン修道士は、聖別式が触れられていない『イギリス人への手紙』のことを語っているのか、それとも、それとは少し異なる簡単な勧告状について語っているのか。ゴベール・チボーの証言は勧告状の作成状況についてもっと詳しい。それによれば、ピエール・ド・ヴェルサイユとジャン・エローという二人とも神学者でジャンヌを支持する者が彼女を訪ねてやってくる。ジャンヌは彼らに、王をランスに導くため、天の王の名において自分は遣わされたのです、と述べる。ジャンヌは彼らに、紙とインクを持っていますかと尋ねた。「次のように書いてください……[35]」。証人は次のような文言を思い出す。「汝らサフォーク、グラスデール、ラ・ポールよ（ベドフォード公とイギリス王を名指しした『イギリス人への手紙』とは異なる宛名である）、私は汝らに天の王の名においてイギリスに立ち去るように勧告する（『イギリス人への手紙』はこのような出だしで始まっていない）」。この場合、件のヴェルサイユやエローが他にどんなことをしたのか、証人チボーは覚えていない。それゆえ、二人の神学者はこの文書の存在を引き立たせることに貢献した。しかし、ゴベール・チボーが語る文書は、勧告状そのものというより、むしろオルレアンを包囲しているイギリス軍の指揮官に宛てた手紙の前半部分の要約であろう。

第二の勧告状は、一四二九年四月三〇日の日付のようである[36]。オルレアンに到着した直後、ジャンヌはサン＝ロラン要塞にいるタルボット卿に、彼女のロレーヌ地方訛りの言葉で綴った簡単な小さな手紙を送りつけた。それを届ける役目の二人の伝令官ギュイエンヌとアンブルヴィルは違った運命を辿った。アンブルヴィルはなんら問題なく戻ってきたが、ギュイエンヌは捕虜になったのである。実際のところ、イギリス王の代官のもとに、名前がフランス王のギュイエンヌ地方に対する支配権（十二世紀以来のイギリス領）を思い起こさせるような伝令官を派遣するのは、とても趣味の悪い挑発だった。この勧告状はオルレアンの私生児《バタール》と三人の市民の証言によって知られ、彼らは次のような内容を伝えている。すなわち、イギリス人はオルレアンの包囲を解き、イギリスに立ち去らねばならない、さもなくば、彼らは総攻撃によってそのように強いられるだろう、と（P・ミレだけは、『イギリス人への手紙』と同じ「大きな鬨《とき》の声をあげる」という言葉を選んでいる）。

第三の勧告状は、キリスト昇天祭の五月五日の日付である。それは聴罪司祭のジャン・パスクレルの証言によって残されており[37]、おそらく彼がその文書の代筆者である。「汝らフランス王国に何の権利ももたないイギリス人たちよ。天の王は、私を通して、汝らの要塞を捨て、汝らの国に帰るよう、汝らに警告し命令する。さもなくば、私は汝らに大きな鬨の声をあげ、それをこのあとずっと思い知らせることになるだろう。私がこれを書くのもこれが三度目で最後である。以下のとおり署名する。イエス・マリア、乙女ジャンヌ」。この手紙の末尾では、伝令官〔ギュイエンヌ〕とサン＝ルー要塞のイギリス人捕虜との交換が提案されている。ジャンヌはこの勧告状を弩の矢に結んで、「読みなさい、これが新しい知らせです」と叫びながらイギリス人の陣営に放たせた。

誰が警告状を送るという考えを思いついたのだろう。それはジャンヌ自身なのか。年代記作者にとって、彼女は乙女であることに変わりがなかった。「イギリス人はこの乙女をたいそう恐れており、彼女は、もし降参しないと攻撃をかけるだろう、と言った」。それとも彼女の取り巻きなのか。事実、騎士の世界では、挑戦状が忠誠誓約の破棄と結びつくのに慣れっこだった。配下の伝令官が持参する挑戦状は、とても脅迫的な言葉で決闘の日取りを定めていた。降参するか、武力で係争の地から追い払われるかである。しかし、明らかにこうした挑戦状は神の意志にはまったく触れなかった。(38) それに対し、神学者たちは「申命記」の次の一節を確実に知っていた。(39)「汝が攻撃するため都市に近づくとき、都市に和平を提案することを忘れてはならない」。「もし都市がその門を開けば、都市は貢ぎ物を払う。さもなくば、汝は攻撃してよい。汝の神であるヤハウェは汝の力のままに都市を開かせるであろう。……もし都市が和平を拒否すれば、汝はすべての人々を刃にかければよい。……汝は、汝の敵から戦利品を分捕品として取ればよい」。さらに、イギリス王ヘンリ五世は、アザンクールの戦いを前に、命のやりとりをする〔苛烈な〕戦いを約束するこの種の警告状をフランス人に送りつけていた。『イギリス人への手紙』は神のための戦いという考え方を今一度取り上げたもので、そこでは神の処罰は血なまぐさいものでしかありえなかった。「もし彼らが降伏を望むのなら、私は彼らに慈悲をもって臨むだろう。それを望まないのなら、私は彼らを皆殺しにするだろう」。あるいは、最後の言葉。「もし汝が和平をしないのなら、まもなく大損害を汝に思い知らせることになるだろう」。ここでは旧約聖書の二項対立的な局面が重んじられている。全面戦争と和平のあいだには何もなく、和平はなんら交渉でなく（人は神と交渉しない）、無条件降伏を意味する。要するに、文章の脅迫的で難解な預言の形式は（文面の三分の二は未来形で書かれている）、ジャンヌを女預言者と認めた神学者にだけなじみ深いものだった。

しかし、『イギリス人への手紙』は、とりわけひとつの行動計画書でもあって、そこでジャンヌは自己の確信と願望を列挙している。まずは、彼女自身に関する確信についてである。「乙女」という言葉は三〇行のなかに七回、代名詞の「私」は六回出ている。こうした言葉を含まない文は命令形である。曰く、彼女はイギリス人が占拠した都市を回復し、彼らをフランスから追い払うために神によって遣わされた。神は彼女に必要な力を与えるであろう。「干戈《かんか》を交えたとき、私たちには天の王と汝の王のどちらが最良の権利をもつかわかるだろう」。同じように、確信は天の王によって選ばれた「真の継承者」である彼女の王と関係しており、イギリス王はフランス王の資格が認められない。ベドフォード公はフランスの摂政を自称しているが、そんなはずがない。なぜなら、イギリス人は、侵入し不正な戦いをしているフランス王国でどんな権利ももたないからだ。

　このような状況に直面して、ジャンヌは二種類の戦略を提案する。最初のものは、預言を政治的な武器として用いることである。神の啓示によって、ジャンヌはイギリス人がオルレアンで敗れ、大損害を受けてこの地を去らざるをえなくなることを知っている。そのあと、シャルル王はパリに一同打ち揃って入城するだろう。フランス人は大きな勝利をおさめ（過去千年来最大のもの）、それによって、イギリス人はフランスですべてを失うだろう。それらの諸事件は日付を記されてないが、三月一日の尋問で、ジャンヌはイギリス人のパリ放棄、すなわちオルレアン以後の「最大の証」[40]を七年後としている。イギリス人が打倒される最終的な勝利について、ジャンヌはその日時を知らない。しかし、ある定められた未来のうちにイギリス人が敗北するのは確かなのである。

　しかし、かなり理屈の上での議論ではあっても、ジャンヌは和平を提案する。和平の条件は何だろうか。自発的かどうかはともかく、神の名においてイギリス人が故国に帰るだけで十分である。どんなに勇敢であっても、フランスに誰一人イギリス人がとどまってはならない。和平は交渉の席ではなく、槍と剣によって獲得される。そこに、あまりに単純で極端な戦争についての考え方を見出すべきだろうか。

　実を言えば、中世において、平和は「各人が各人のところで」ということでしか達成されないという考え方はジャンヌだけのものではない。ただし、それはかなり新しい考え方だった。古代は、人民とその領土のあいだにどんな関係もつくらなかった。市民のいるところが国家だった。サラミスの船団（ペルシア軍と戦ったギリシア軍）は都市国家アテナイのすべて（の支配地域）を含んでいた。ローマ人については、世界すべてが彼らの領土だった。中世前半期においては、帝国と教会はふたつとも普遍的権力であり、古代の概念に忠実なままだった。「教皇のいる場所がローマである」。この格言は、教皇庁がアヴィニョンに移ることを可能にした。領域国家が現れ、安定してくると、それらの国家にとって古代的な考え方は大きな助けとはならなくなった。もっとも、聖書は、ユダヤ人に聖地が約束されたように、ノアの息子たちの各々に大陸を与えていた[41]。すでに百年戦争が始まる前の一三二四年、哲学者であるパドヴァのマルシリウスは次のように称えた。「地理的ないし道徳的な境界で隔てられたさまざまな地域のなかで、それぞれの共同体は、それにふさわしい統治が与えられる」[42]。この単純素朴な真理が平和を維持し、血を流すことを回避するのである。ただ残念なことに、それぞれの世代はそれに固有の経験をつくろうとし、同じ過ちを繰り返した。一三九五年、フィリップ・ド・メジエールはリチャード二世への手紙で、結局のところ、格言が言うように、「ロンバルディアはロンバルディア人、スペインはスペイン人、フランスはフランス人、イギリスはイギリス人のものである」と書き記した[43]。一世代が経って、ジャン・ド・モントルイユは同じリチャード二世をして「よく考えると、フランスはつねにフランスであり、イギリスはイギリスである」と言わしめた[44]。ジャンヌの死後四年たった一四三五年、アラスの和平交渉のとき、ジュヴネル・デ・ジュルザンは『天よ聴きたまえ』[45]のなかで、イギリス王はフランスでもつすべてを放棄し、その臣民をイギリスに連れ戻すことを提案している。「結局、それぞれフランスはフランスであり、イギリスは別個にイギリスである。なぜなら、両国は並び立たず、同じ場所や国でお互いに結びつき、あるいは苦しむことができないからである」。一見したところお目出度いこの提案は、国民国家への進展のきわめて正当な意識を証言している。そこでは王権への臣民の同意が必要とされ、王権はこれに依拠するのである。

平和が取り戻されれば、フランスとイギリスは一致団結して「かつてキリスト教世界のために一丸となって行われたもっとも麗しい行動をとる」こと、すなわち、トルコ人の軛から聖地を解放することができるだろう。しかし実際には、一三三七年以来、すべての十字軍計画は事前の段階で躓いていた。それゆえ、ジャンヌの行動は最初から政治と宗教のふたつの異なる計画に賭けていた。対象は確かにフランス王国であるが、同時にとりわけ全キリスト教世界でもあったのだ。

しかし時間の経過とともに、『イギリス人への手紙』はだんだんと煩わしいものとなった。王はすでにパリを奪い返し、イギリス人をフランスから追い払っていた。それに反して、十字軍は実現されず、ジャンヌが見込んでいた道徳的な改革は中断されたままだった。それに、無効裁判のときにシャルル七世から諮問を受けた神学者たちは、そうした側面に沈黙したままだった。手紙は単なるイギリス人への警告書となり、やがては彼らが敗北や死さえも避けるための説得力に満ちた慈愛的な訓戒となった[46]。幾人かはそこに和平提案を見出すほどである。「彼女は慈悲深い手紙によって行動を起こし、イギリス人に神の名において和を結ぶこと[47]、立ち去ること、不当に占領していたものを戻すことを優しく諭した」[48]。要するに、愛の手紙とでも言ってよいものだろうか……。

ジャンヌの武器

ジャンヌは、他の何人かの女預言者と同じように、人間の武器よりも神の武器が好きだった。一四二九年六月二日、シノンで作成された証書によって、王は彼女に紋章を与えた。[49]乙女ジャンヌの勇敢さと、ジャンヌが神の賜物と助言で得られた勝利を称えた王は、アランソン公に付き従ってジャルジョーを包囲する任務を彼女に授ける前に、「彼女の軍旗と彼女を飾りたてる盾形紋章」を彼女に与えた。この紋章の雛型は以下のように、「濃紺の地に二輪の金色の百合の花、その百合の花の中央には銀色の剣、その剣には金色の鍔が付いた柄、剣の切っ先は上向きで、その先に金色のひとつの冠」である。ジャンヌの剣は王国を支えたが、これからも支えるだろうという意味である。この紋章は、色彩の一致といい、文様の一致といい、明らかに王家の紋章の性格を帯びている。百合の花は同時に処女性と王権の象徴である。王と血縁にある親王たちの大半はそれをもっている。一四三一年の裁判で、裁判官たちは、ほぼ王家のものといってよいこの紋章を軽薄さや虚栄のしるしであると解釈することだろう。[50]彼らは、この贈り物を乙女側からの申し出によるものとした。それを誇張して、一四三一年の高位聖職者たちに宛てたヘンリ六世の手紙は、次のように告発している。「彼女と彼女の兄弟たちは、フランスの紋章をもつことを望んだ」。[51]そのうえ、一三四〇年に公式にフランス王の称号を用いて以来、イギリス王は豹をフランス王家の紋章に付け加えていた。自己の紋章に対するジャンヌのこのような横領は、王の名誉を傷つけるものである。

ところで、ジャンヌは、自分の兄弟たちとは正反対に、このような紋章を決して身につけなかったと証言している。彼女もまた、紋章に預言者という役割にふさわしくないこの世の虚栄のしるしを見ていた。同じようなエピソードが、神の霊感を受けた同時代の女性たちの生涯のなかにも姿を現している。たとえば、スウェーデンのビルイッタ、ジャンヌ＝マリー・ド・マイエである。二人とも紋章をもつ家の生まれだったが、回心のとき、それを捨てた。ジャンヌ＝マリーは、「そのとき、彼女が以前に用いていた個人的な紋章を捨て、キリストとその受難の文様が描かれた別のものに取り換えた」。[52]人間の「紋章」は神のそれの前では色褪せるはずである。紋章をいっさいもたなかったジャンヌの場合、状況はやや異なっていた。

もちろんジャンヌは、フランス王の武器よりも神の武器が好きだった。旧約聖書のなかで、軍の神であるヤハウェは、選ばれた民を保護し、イスラエルの族長に渡された杖、旗、剣といった聖なるものを媒介として彼らに勝利を与えた。もっともよく知られるふたつのエピソードは、「出エジプト記」と「マカベア書」からとられている。モーセがユダヤの民の先頭に立って砂漠を横切ったとき[53]、アマレク人が彼らをレピデムで攻撃した。モーセは軍隊をヨシュアに任せ、神の杖を持って丘陵に登った。戦いは彼の足もとで激しくなっていた。彼がその杖を天の方に振り上げるとユダヤ人は勝利したが、腕を下げるとアマレク人が勝利した。そこで、人々は彼の腕を日没までじっと固定した。するとユダヤ人が勝利者となったのである。第二のエピソードは、安息日に交戦した不信心なニカノルと、それほど多くない軍勢を率いる敬虔なユダ・マカバイ[54]を対比させている。戦いの前夜、ユダ・マカバイは夢で大祭司オニアがユダヤの民のために祈っているのを見る。その一方、預言者エレミヤは彼に黄金の剣を一振り与える。「この聖なる剣を受け取るがよい。それは神の贈り物である。その剣で汝は敵を倒しなさい」。この武器を一目見ると、ニカノルの兵士たちは恐怖に襲われ、逃亡するか、剣の一撃で倒された。このように、聖書は手本となる多くのエピソードを提供していた。そこでは、たとえ軍隊の人数や武装の点で劣っていても、神の武器は正しい者に勝利をもたらした。

勝利をもたらす天の旗は、ローマ帝国がキリスト教に改宗したとき、最初に現れた。ミルヴィウス橋での勝利をもたらす遠征の途中、コンスタンティヌスは夜に幻を見たといわれ、その幻は兵士たちの盾にキリストの名を刻むよう彼を促した。神聖な名に守られて、軍隊は勝利することになるだろう、と。カエサリアのエウセビオスの説明は少し違っている。真っ昼間、空に燃えさかる十字架がはっきりと現れる。そして「夜、皇帝のもとに、キリストの銘をもったキリストが現れる。キリストは、軍隊の先を行く軍旗の上にある帝国の徽章の赤い炎の上にこの銘を据えるよう皇帝に命じる」。「ラバルム」[55]旗〔コンスタンティヌス大帝の軍旗〕が生まれ、それは勝利を確かなものとした。

フランス王もまた天の軍旗をもっている。伝承によれば、シャルルマーニュのオリフラム旗は、コンスタンティノープルの皇帝〔コンスタンティヌス大帝〕の夢の結果として、彼に与えられた。別の伝承では、シャルルマーニュ自身がその旗を夢で見た。この深紅の方形の旗は、王の十字軍のほぼすべてで持ち出され、一一二四年から一四一八年のあいだに敵の襲来を何度か防いだ。オリフラム旗が掲げられたのは、公式の戦いのときと王みずからが出陣するときだった[56]。ブーヴィーヌでも、ローゼヴェケでも、この旗は勝利や、さらに平和な時間を保証した。サン＝ドニでは、旗を奪取したときや旗が帰還したときに、さまざまな典礼式がとり行われた[57]。オリフラム旗の祝別は、聖ミカエル〔神の旗持ち役〕のことも、ガリア人に布教した使徒〔聖ドニ〕のことも思い起こさせた。一三〇三年のギヨーム・ド・ソクヴィル、一四一四年のフィリップ・ド・ヴィレットの説教のように[58]、そのときに述べられて現存する説教は「マカベア書」を引用し、「聖なる剣を取れ……」から始まっていた。貧しく、勇敢で、経験豊かな騎士に委ねられて、この旗は、戦いでは王の間近で他の旗よりも一段と高く掲げられた。ところで、ジャンヌが「オリフラム旗」と呼んだシャルル七世は、この旗を用いなかった。たしかに、この旗は百年戦争の内乱のあいだにその輝きを失ってしまった。さらにサン＝ドニはイギリスの支配下にあり、王はパリの人々を信頼していなかった。王はむしろ百合の花をあしらった旗の方が好きだった。その旗は、ジョワヤンヴァルの伝承によって、十四世紀初め以来、天から授かったという起源（コンフランの戦いを前に、天使がその旗をクローヴィスにもたらした）が主張されていた。また、王は銘の入った軍旗（白い十字架、聖ミカエル）を好んだ。それでも、古い時代の旗の記憶は消えなかった。『オルレアン包囲戦の聖史劇』のなかで、ジャンヌ自身が次のように評されている。「あなたは王のオリフラム旗であり、信頼がとても厚い旗であると私には思われます[59]」。このように、ジャンヌは天の旗に王その人や彼女自身を重ね合わせていたのだろう。

　にもかかわらず、オルレアン包囲戦のときには一種の空白があった。つまり、オリフラム旗はサン＝ドニにあって手が届かなかった。ジョワイユーズの剣（シャルルマーニュの剣）はおそらく一四二二年のラ・ロシェルの事件のときに焼けてしまった。新しい聖なる軍旗を掲げ、もうひとつの天の剣を発見しようとするジャンヌ・ダルクのイニシャティヴは個人的なものではない。一四二九年六月二五日、パテーの戦いのあと、ポワトゥ地方のタルモン近くのシアンの守備隊は大きな火のなかに一人の天の騎士を見たが、その人は手に抜き身の剣を持ち、「そんなにも迅速に」空中を駆け抜けていったので、「天がすべて燃えあがっているように思われるほどだった」。のちほど調査が行われ、次のような証言が確認される。「白い帯を身につけて武装した人々がブルターニュの方に向かっている……」のが空中で目撃され、「そして、それらの武装した人々はみな、彼（騎士姿の聖ミカエル）のおかげでその目的地を知っている」。ここには、一四二〇年以来王がもつ、武装した聖ミカエルを描いた旗の、光り輝き神々しい実体化がある。この旗にある銘は「彼は我を救いに来た」、あるいは「彼は我が唯一の守護者」である。王が取り上げるもうひとつの標章（ただし十四世紀中葉から確認される）の白い十字架は、二〇年後の一四五一年八月六日の昼頃バイヨンヌに現れたが、その時刻にイギリスの守備隊がフランス王に降伏した。「白い十字架のある黒雲が一五分ほどその都市にかかった。それは、この国が白い十字架を持つ人に降伏するのを神が望んでいたという意味である」。他の人々は都市の上方に王冠と百合の花を見た。

　それゆえ、ジャンヌが「天の武器」を持ちえたという考え方は、彼女と同時代の人々にとってありそうもない話ではなかった。騎士道物語は、しるしを持つ選ばれた者が自分の使命を果たすために用いる魔術に読者を慣れ親しませていた。ジャンヌの軍旗と剣はふたつとも天のものだが、その理由は異なっていた。ジャンヌが軍旗を手にしたのはポワチエであり、オルレ

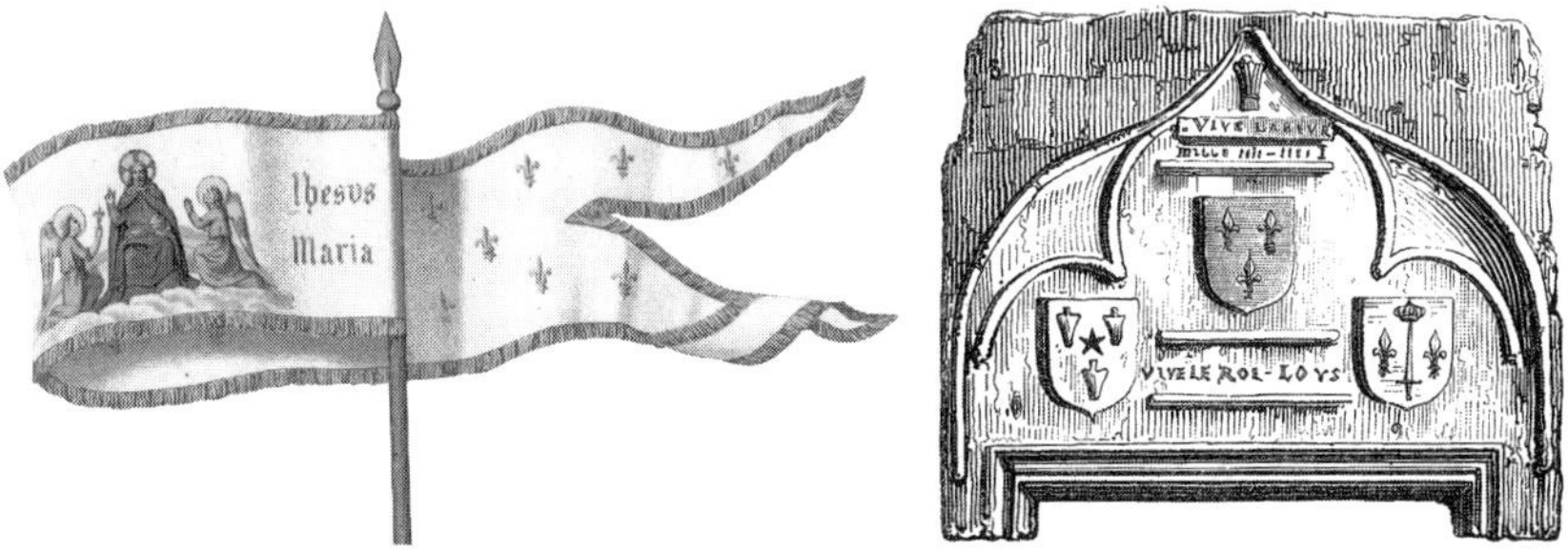

ジャンヌの軍旗（エタンダール）とダルク家の紋章
（出典）（左）P. G. Girault, *op. cit.*, p.22.
（右）A. Bournazel, *op. cit.*, p.211.

アンの町を救援する遠征軍の集結のときにブロワで掲げられた。一四二九年四月、会計文書が軍旗の代金の支払いを確認している[60]。乙女はこれを待ち焦がれていた。「あなたは主なる神の軍旗を持つのです、と声は彼女に告げた。そうした理由から、彼女は自分の軍旗をつくらせた」。一四三一年三月一〇日の尋問で、彼女は聴罪司祭パスクレルの後年の証言を裏づけている。それによれば、聖女たちは軍旗を持つよう彼女に命じていた。軍旗はすべて神や、聖カトリーヌと聖マルグリットの声によって命じられていたのである。「天の王の名において軍旗を受け取りなさい……」。彼女が勇敢に旗を掲げれば、神が彼女を助けるだろう。この場面は「マカベア書[61]」からそのまま着想を得たもので、まったく同じような命令がそれを証明している。そこでは聖カトリーヌと聖マルグリットがオニアとエレミヤの代わりを果たしている。聖ミカエルは現れない。要するに、軍旗は天からやって来てはいないが、神の命令に基づいて作られたのである。

それは、家紋の入った旗ではなく、銘の入った軍旗《エタンダール》だった。ところで、十四世紀末からとくに頻繁に出てくる銘入りの軍旗には三つの要素がある。すなわち、銘か言葉、ひとつか複数の色、中央の図像である。そのため、銘入りの軍旗の描写はなかなか複雑で、見る人はそれらの要素のひとつしか注視できなかった。そのうえ、軍旗がはためくことはめったにない。先端が二又状に分かれることもある三・五メートル×八〇センチメートルの大きな三角形の旗は、一方の端を旗竿に結わえつけたとき、風が吹かなければ、何を描いているのか読みとることができない。すべての隊長は、自分の兵士たちを集め、彼らを戦いへと率いていくために、このような自分の軍旗を持ち、あるいは持たせている。同じく隊長は、自分の騎士としての身分を示す明らかにより小さな長三角旗《フノン》を掲げている。ジャンヌは両方とも持っていた。旗はふたつとも白地の絹布にウーヴ・プルノワールによって描かれたもので、このトゥールの細密画家には、ふたつで二五リーヴルが支払われた(62)。その出来栄えに非常に満足したジャンヌは、そのあと、画家の娘に持参金を与えるようトゥール市の助役に掛け合った(63)。この画家の作品はひとつも残っていない。

　重要性の点では劣るけれども、長三角旗は、イエス・マリアという言葉、白い色、天使の存在という点で軍旗と共通の要素をもっており、そのせいで軍旗との混同を長らく引きずった。軍旗と同じく、長三角旗の尻尾は金色の百合の花をあしらった濃紺地である。長三角旗には受胎告知の聖母が描かれており、旗竿側では、聖母の前に天使ガブリエルが跪き、彼女に百合の花を捧げていた。もう一方の尻尾の側にかけては、濃紺地（百合の花の飾りが付いている）の上に白い鳩がいて、鳩はその嘴に次のように書かれた巻物をくわえていた。それは「天の王の名において」であり、そのような場面が原則的に求めるアヴェ・マリアではなかった。ジャンヌとマリアはともに主の使いだった。めったに叙述されることはないが、長三角旗はおそらく小さな軍旗に相当するもので、その旗は一四二九年四月二九日夜にジャンヌが松明のなかをオルレアンに入ったとき、もう少しで燃えてしまうところだった。ジャンヌの巧みな手綱捌きが、この旗を消滅から救った。失われていれば、とても不吉な前兆となっただろう。

　ジャンヌの大きな軍旗《エタンダール》(64)は多くの、そして矛盾にみちた描写の対象となった。それを実際に目撃しなかった人々は、金色か白色の文字で一方の端に書かれたイエス・マリアという言葉しか手がかりを与えてくれない。パリの人々の証言の大半がそうである(65)。もっとも古い描写は一致をみない。『モロジーニ年代記』は七月九日の項で断言している。「彼女は白い軍旗を持ち、そこには三位一体の我が主を描いている。我が主は一方の手で球体を持ち、もう一方の手で祝福している。主の両側に天使が、フランス王が持つような色の百合の花を捧げている」(66)。エーベルハルト・ヴィンデッケによれば、軍旗は「白い絹で、そこには我が主である神が傷口を示し、両側に百合の花を手にした天使を従えて描かれていた」(67)。もっと曖昧なオルレアン派の年代記は、我が主とか王のイメージを語っている(68)。ペルスヴァル・ド・カニィがその用例をふたたび取り上げる。

　一四三一年の裁判では、軍旗は三度の尋問の対象となっている(69)。二月二七日、ジャンヌは、軍旗は百合の花を散らした白地で、言葉はイエス・マリアだった、と述べる。中央には球体、両側には二人の天使が描かれていた。三月一〇日、彼女はコンピエーニュまで持参していた軍旗しか持ったことがないと明言する。彼女はその旗に天の王と二人の天使を教会のなかで描かれているとおりに描かせたが、その意味について彼女は何も知らないとする。それでも三月一七日、彼女は天使を聖ガブリエルと聖ミカエル、中央の人物像は球体を持つ神であると特定する。裁判官たちは、天使はもっと多くいたはずだと主張したことだろう。それが証拠に、球体の四人の守護聖人が問題となるからである。しかし、ジャンヌは、それらの天使は神を称えるためにいると彼らに反論し、この問題はこれ以上明確にならない。だとすれば、彼女は旗の意味を正確には知らず、信心によって持っていたことになるだろう。

一四五六年の無効裁判のとき、ジャン・パスクレル修道士には「我が主の軍旗」[70]の中央のモチーフを隠し立てる理由はもはやない。〔彼によれば〕そこには天の雲の上で裁判官の姿で座したイエス・キリストが描かれていた。同じく主の祝福する手の側には、百合の花をもつ天使がいた。神学的な理由から、その手はつねに右手なので、受胎告知の百合の花をもつ天使である聖ガブリエルは旗竿側にいたことになる。パスクレルはもう一人の天使については何も語らない。彼には、そうした天使はいないかのようだ。同じく、彼は第三の旗が一時的に存在したことを知らせてくれる。それはキリスト受難のイメージを記した宗教行列用の旗で、ブロワとオルレアンのあいだで聖職者が利用した。少しのちに、『オルレアン包囲戦の聖史劇』[71]は白い軍旗をジャンヌに帰している。その旗の言葉は「アヴェ・マリア」で、居ずまいを正した神の足もとで、光り輝く金色の太陽が刺繍されている。この旗は二人の天使を含み、その一人は百合の花を持ち、もう一人は太陽を支えている。

このような難解なイメージのなかには、「ヨハネの黙示録」のキリストを読み取らねばならない。彼は虹と厚い雲の上に座し、最後の日の天の王として描かれ、金色の光を放つ後光の真ん中で、紫色のマントの下に白い衣服をまとっている。彼は右手で正しい人やよき人を祝福し、球体に置いた左手で悪しき人を罰している。ときどき彼は傷口を見せる。この種の図像表現はよく二人の天使を暗黙裡の前提とする。慈悲の天使である聖ガブリエルは百合の花を、復讐の天使である聖ミカエルは剣を持つ。大天使ミカエルは汚れのない人々の軍団を率いるが、時として、不正義をはびこらせた人々をペストや戦争によって殺戮する。そこではイギリス人とブルゴーニュ派が狙いの対象となっており、それがために、ジャンヌやパスクレルには〔肝心な質問のときに〕都合よく目が見えなくなってしまうことを説明している。

サヴォワ公が注文した「ヨハネの黙示録」[72]の図像は、まさしくジャンヌの裁判と同時代のもので、世界が終わる直前の災禍が広がるその上方で、雲の上に座し、王であり、再臨する裁判官でもあるキリストのいくつかの肖像を含んでいる。かくして、

トゥレル要塞を攻撃するジャンヌ
パリ・パンテオン所蔵

ジャンヌの軍旗は茫漠とした脅迫的なメッセージを持ち運んでいた。正しい人に対して、この旗はそこに刻まれたキリストの名において勝利を保証したが、必要な改革を求めてもいた。白い色は清めと同義語である。不正な人に対して、旗は魂と肉体の破滅を約束した。軍旗の表と裏は同じ図案だったのだろうか。ペルスヴァル・ド・カニィだけがそうでないと考え、[73] 裏側には言葉（何かはわからない）と二人の天使が持つフランスの盾があった、と述べている。そこでは、天使がフランスの紋章の供奉者の役割を果たしており、十四世紀中葉以来、その組み合わせの成功はジョワヤンヴァルの伝説の成功と関係していた。

銘の入った軍旗がすべてそうであったように、ジャンヌの軍旗も部分的には個人を特定するしるしだった。彼女の兵士たちは「彼女の軍旗」のもとにあり、彼女の戦士仲間は「彼女のものと類似した」[74] 彼ら固有の旗印《パノンソー》をつくっていた。ジャンヌは、他の部隊と区別するためである、と言っている。裁判官たちは、そこに別の動機を疑っている。それらの旗印は白い色だった。「イエス・マリア」と書いていたのではないか。ジャンヌはそれについて何も知らないと答えている。

新しい軍旗にせよ、旗印にせよ、それらはすべて祝別される必要がある。騎士叙任式の典礼やオリフラム旗の掲揚はそれ相応の儀典を含んでいた。ジャンヌは自分の軍旗や新しい旗印が祝別されたか、聖水を撒かれたかどうかは知らないふりをするが、軍旗はブロワのサン＝ソヴール教会で祝別されたように思われる。[75]

年代記作者のジャン・デュピュイが新しい「勝利の旗」[76] と呼んでいるものの働きをもっともよく把握できるのは、オルレアン包囲戦のときである。その旗は神が「いとも敬虔な王」（フランス王）に与えるもので、それによって、かつてのオリフラム旗のように、すべての勝利がもたらされる。ジャンヌの軍旗は、まず四月二九日、大衆の熱気のなかをオルレアンの私生児《バタール》に与してオルレアンで行われた入市式の際に翻った。すべての入市式は軍旗の掲揚を伴う。その旗は都市が歓迎する人々の政治的・宗教的な計画を知らせるのに役立つ。しかし、軍旗はとくに軍事的な機能ももっている。ジャンヌが持っていた軍旗、あるいは堀端にまっすぐ立てられた軍旗は、軍隊に活を入れる。そうして、勇気を取り戻させることで、退却しないように、あるいは、決戦に挑むよう、彼らを駆り立てるのだ。軍旗があるだけで敵を逃亡させるといわれ、敵はそのあと一生にわたって恐怖に怯える。旗がないときや、ジャンヌが休息をとっているときには、戦況は攻守ところを変え、抵抗が熾烈になる。旗はジャンヌの仲間を守り、そのとき、彼らはある程度彼女の不死身ぶりや彼女の戦いの強運をあてにできる。しかも軍旗は、シモン・ボークロワが述べるように[77]、乙女がいなくとも、あるいは他の人が旗を持っていても、幸運をもたらしたようである。旗がその効力を失ったとき、ジャンヌは皆から離れて祈り、攻撃を再開する。すべての軍事的な標章がそうであるように、軍旗は命令を伝えることができる。トゥレル要塞の占領のとき、ジャンヌは祈ったあと、次のように言ったといわれる。「私の軍旗の尻尾が塁道に触れたとき、すべてはあなた方のものです。突き進んで、なかに入りなさい[78]」。そのしるしが上がると、イギリス人は抵抗する力をまるっきり失い、フランス人は「まるで階段でも登るように簡単に山のような塁道を」登ったが、「神業でもなければ、どうしてそんなことができたか理解できなかった[79]」。『五月八日の祝祭年代記』は、この奇蹟についてもっと雄弁である。「そのとき、騎士たちはみな、白い鳩が軍旗の上を飛んでゆくのを見た。すると突然、彼女が、なかの子どもたちよ、神の名において、あなた方は私たちのものです、と言った[80]」。王がジャンヌの護衛につけたジャン・ドーロン[81]は、他の証人以上に魔術の疑いから逸らせることに注意を払っていて、このしるしの話を違ったように説明している。一四二九年五月七日の当日、彼は朝からこの旗を持っていた。疲れたので、彼はこの旗をル・バスクという名のもう一人の隊長に委ね、ル・バスクに塁道の下で追いつくからと言った。ル・バスクは道を進み続けたが、これを知らされてなかった乙女は、突進して、旗の端を引っ張った。彼女は叫ぶ。「ああ、私の軍旗！」。皆はしるしを信じ、そして攻撃が再開され、勝利をもたらした。この神秘的な鳩のうちには、「ラバルム」旗をもたらした鳩とか、鳩を一羽含んでいたジャンヌの長三角旗とか、聖霊の存在との関係を見る必要があるのではないだろうか。

　それでも、裁判官たちによれば、軍旗は少なくとも二度にわたって魔術的な機能を果たした。聖別式をめざす遠征軍がトロワ市の前面に到着したとき、この町は門を開くかどうかためらった。そのとき、トロワの住民たちはジャンヌの軍旗のまわりを白い蝶々が飛んでいるのを見たが[82]、それはおそらく彼女の兵士たちの白い旗印だった。トロワの住民は奇蹟を信じ、門を開いた。数週間のちに、シャトー＝チエリを前に、彼女の軍団の兵士が軍旗に止まった「白い蝶々を捕まえた[83]」が、それはおそらく天の助けのしるしである。ジャンヌはこれを否認する。ランスでも、王に将来の幸運と幸福がもたらされるようにと、乙女は王のまわりを旗の尻尾でひと廻りさせたという[84]。

一四三一年の裁判官たちは、剣よりもこの軍旗の方にとり憑かれている。彼らはそれを魔術的なものと考えた。〔彼らによれば〕その明々白々な力は、悪魔祓いや妖術に由来するとされる。ジャンヌは、自分の軍旗の幸運は神に由来すると答える。誰が勝利をもたらすのか。ジャンヌなのか、それとも彼女の旗なのか。彼女は他人の軍旗（あるいは王の軍旗）でもこれと同じ幸運に巡り合えたのか。そして、彼女の旗を他人が持ってさえも、勝利を確保できたのか。デスティヴェの「告発状」のふたつの条項[85]がまるごとこの点に向けられている。そのひとつは、旗を「とても幸運」にした天運、もうひとつは、パリ攻撃のとき、また、彼女が捕えられたコンピエーニュ出撃のときに、魔術を信頼するジャンヌがおこなったとされる不用意な約束である。

　シャルル七世を支持する神学者の側では、奇蹟を主張したり、モーセの旗の事例を引き合いに出すことになんらためらいがない。「出エジプト記」は、ジャック・ジェリュの『到来について[86]』や、『ある乙女について[87]』、『驚異的な勝利について[88]』のなかで引用されている。それとは逆に、シブール[89]は、ジャンヌとユダ・マカバイを対比する方を選ぶ。というのも、ふたつとも同じ幻想があり、同じ神聖な剣があるからだ。他の人々は、むしろマカバイの別の一節を用いる[90]。たとえば、エリー・ド・ブルデイユ、ジャン・ボシャール、ブレアルにあっては、「戦いの勝利は兵士の多さではなく、天の助けによっている」。そこでは、物質的な事柄への言及は宗教的な原理の背景に退いてしまう。

　軍旗は直接的に攻撃する武器ではない。それは剣とは違って人を殺さない。ところでジャンヌは、剣をいく振りか持っていた。最初のものはロベール・ド・ボードリクール[91]によって彼女に与えられた。もうひとつはパリの前線で（一人の捕虜から）得られ、サン＝ドニ[92]教会に奉納された。さらにもうひとつの剣[93]はラニィでブルゴーニュ派の兵士から奪い、乙女はコンピエーニュまで身につけていた。「これは戦闘用のすばらしい剣で、打ち合うにも、切れ味にも優れている[94]」。この剣がどうなったかについては裁判の知るところでない。そのほかにも、ジャンヌは別の剣を持つことができた。剣は評価の高い戦利品であり、都市が自分たちの高貴な保護者に伝統的に与える贈り物でもあったからだ。

　問題となった剣[95]は、奇蹟によってサント＝カトリーヌ・ド・フィエルボワの聖所で発見された。トゥールの南方にあるフィエルボワはかなり新しい聖所で、礼拝堂については一三七五年以後に、施療院については一四〇〇年以後にブシコー元帥の出費で再建された。ニコポリスの戦い[iii]のあと、聖カトリーヌがブシコーを捕囚の身から解放してくれたという。事実、カトリーヌは十三世紀以来、戦争捕虜の守護聖女だった。彼女自身投獄を経験しており、そこで天使たちが彼女を元気づけてくれた。十四世紀には、剣を持つ聖女（カトリーヌは斬首された）の軍事的な使命が際だっている。たしかに、カトリーヌは常に戦傷者を治癒する使命をもっているが、アザンクールの戦い以後、治癒の奇蹟を授かった人々のなかで戦争捕虜や兵士の比率が例外的に増大する。巡礼者は一四三〇年頃にほぼ王国中からやって来ている。フランス中西部からがもっと多かった。それに対して、彼らのなかにイギリス人は（ひとつの例外を除いて）姿を見せない。聖所は王の支持者のため以外にはあまり機能していない。聖所は王軍の兵士のような人々の抵抗力を活気づける。ジャンヌ自身フィエルボワに立ち寄ったが、[96]シノンに到着する前のわずか一日のあいだにミサを三度も聞いた。礼拝堂にはかなりの数の軍事的な奉納物（捕虜の鎖、剣）と武勇で有名な騎士のいくつかの墓石が収められていた。実際、死に臨んで、[97]多くの騎士は自分が永遠の眠りにつくために選んでいた教会に、戦闘や槍試合の装備一式を寄進した。そのあと、それらは葬祭用の礼拝堂に安置され、死者の命日のときに用いられた。しかし、フィエルボワに保管された剣で、この聖所の建造以前に遡るものはあまりない。

王が新しい剣をジャンヌのために作らせようとしたとき、彼女はこれを拒み、フィエルボワに剣を探しにやるように求める。その剣は誰も見た者はいないが、[98]彼女は声によってその所在を知っている。彼女が言うには、剣は「祭壇のうしろの地中」か、おそらくその前に「埋まっている」。その剣はイギリス人を王国から追い払い、王をランスへと導くはずのものだった。この話の文書はいくつか異説を含んでいる。ちなみに、剣を探しに行くよう決定するのは王か乙女である。手紙か伝言が教会の聖堂管理委員会に送られる。別の例では、ある武具製造人がジャンヌの資財帳をもとにみごとな剣を見つける。彼は剣の錆を落として剣を研ぐ。剣が見つかった正確な場所もまた異なっている。[99]地中とか、聖女の聖遺物の近くの大きな祭壇にある箱とか、単純にひとつの墓の上とか、「古さびた屑鉄のあいだ」[100]といった具合である。それがどうであれ、この発見は皆に奇蹟とみなされた。

勝利をもたらす剣について、ジャンヌは刀身と柄の部分が交差する場所の近くに五つの十字架が刻まれていると述べている。[101]他の人々はそこに小さな五つの剣を見る。[102]そこではキリストの五つの傷〔聖痕〕への参照が仄めかされている。しかし、『モロジーニ年代記』では九つの十字架、[103]他の文書では八つの十字架が語られる。百合の花の剣については、[104]一五〇〇年代、年代記作者フィリップ・ド・ヴィニュールが語ったのが最初のようで、その剣が十六世紀には一般にジャンヌ・ダルクと結びつけられる。ラ・ロシェルの書記によれば、本物の剣というよりは奇蹟的なものであるこの剣のために、まるで聖遺物用でもあるかのように「教会の装飾用の布地でひとつの鞘」がつくられた。[105]実際それらはいくつかあった。フィエルボワの聖堂管理委員会が最初の鞘をつくり、トゥールの武器製造人が別にふたつの鞘を献呈した。そのひとつは真紅のビロード、もうひとつは金色のラシャで、ジャンヌ自身も非常にみごとな皮製の鞘をつくらせた。

娼婦を追いかけるジャンヌ*
パリ国立図書館所蔵

この剣は誰のものだったのか。それはとても古い剣だった。それは少なくとも二〇年間は箱に入っていた。ジャンヌ自身が、自分より前に誰がこの剣を持っていたか知りたがっていた。それでは誰のものと考えたらよいのだろうか。聖カトリーヌか、デュ・ゲクラン〔中世の騎士道の鑑とされる武人〕か、それともこの聖所と関係の深い戦士仲間の一人（ブシコー、クリニェ・ド・ブラバン）なのか。この剣の起源はすぐさま作り話めいたものとなった。つまり、勇士や偉大な君主や王の時代の起源説であり、漠然とではあるがカロリング時代の叙事詩と結びつけられたのである。しかし、十七世紀になると、シャプランの詩『乙女』は、この剣をポワチエでサラセン人を撃破した最初の救世主であるカール・マルテルのものとした[106]。なんと都合のよい一致であることだろう。

勝利の剣はジャンヌの遠征のある限り、彼女の盛運がある限り続き、ついで、剣が折れたときに運が傾き、消滅した。本当のところは、なかば錆びついていた古い剣は、おそらく偶然に折れてしまい、その破損が悪い前兆のように解釈されたのである。ジャン・シャルチエはこの事件の発生をパテーの戦い（一四二九年六月一八日）[107]のあと、E・ヴィンデッケはジアン（六月二五～二九日）、マルシァル・ドーヴェルニュとジャン・ド・ロワはオーセール（七月一～八日）[108]でのこととした。無効裁判において、ジャンヌの小姓だったルイ・ド・クートは、この出来事をシャトー＝チエリの宿営で（八月九日）とするが[109]、アランソン公[110]はジャンヌと同じくサン＝ドニ（八月二五〜二八日）のことを記憶にとどめた。以上のように、剣の破損はすべて聖別式の遠征の途中であり、聖別式の前後に設定されている。それに対して、剣が折れた状況についての証言は一致する。つまり、ジャンヌは軍隊から評判の悪い女性たち、（あるいは）彼女たちを口説く色男たちを追い払おうとするのである。ジャンヌは行軍の道筋でそうした男女を見つける。女性たちの一人を剣で激しく打ちすえたとき、ジャンヌは剣を毀してしまう。なぜか。女性の一人が殺され、剣はそうするために作られなかったからである、とされる。けれども、ジャンヌは女性を追いかけ、女性にやさしく警告しただけだった[111]。マルシァル・ドーヴェルニュによれば、ジャンヌはただ王の命令を守らせようとしただけだった。「兵士は結集せよ。遊び呆けてはならぬ[112]」。このエピソードの意味は曖昧なままである。剣が折れたのは、剣が罪に触れたからだったのか。自分に従わない兵士に喚き散らすジャンヌの思い上がりを考えるべきか、それとも、軍隊のなかにはびこる恐ろしい淫乱を考えるべきか。いずれにしても、折れた剣は挫折の意味をもっている。つまり、その後の軍事的な挫折と、おそらくジャンヌが望んでいた道徳的な改革や浄化の挫折である。この話が伝えられると、王はいい気持ちがしなかった。どうしてどこにでもある棒を使わなかったのか、と。剣の修繕を任せられた職人はどうすることもできなかった（それはまさに剣が神のものである証拠である。なぜなら、天上の材質はこの世とは違う規則に従うのだから[113]）。剣の破片は、乙女の兄弟たちが貴重品でも扱うように保管したようである。裁判において、ジャンヌは再製された剣がどこにあるかを言うことを頑なに拒む。彼女はその在処をおそらく知っていたのだ。

一四三一年の裁判官たちは、この剣をとても不可解に思う。コーションからみれば、剣の発見は詐欺まがいでしかない。フィエルボワに滞在したとき、ジャンヌはそこで剣の在処に目印をつけておくか、彼女自身で剣を隠せば十分だった。もっと意地悪く解釈すれば、彼女は占いで悪魔と談合して剣を置くこともできた。さらに、彼女は否定するが、剣に幸運がもたらされるように、彼女は剣を祝別させたり、祭壇の上に置いたともいわれる。剣は祭壇に置かれたのだろうか。彼女の知る限り、そんなことはない。少なくとも剣がさらなる幸運に恵まれるためではなかった。裁判官たちはこの祭壇に剣を置くというエピソードをクーランジュ＝ラ＝ヴィヌーズで起きたこととしているようで[114]、そこに魔術的なやり方を疑っている。本物の魔術師もまた、黒魔術の典礼の際に本当に剣を用いていた。それらの剣は悪魔の手から熟練の魔術師の手へと渡ってゆくが、剣を得た魔術師は、剣のおかげで降霊させた悪魔たちを意のままに指図できるようになるという。

裁判官たちは、ジャンヌが少なくとも三度にわたって（おそらくオルレアン、パリ攻撃を前にしたサン＝ドニ、捕虜となる前夜のコンピエーニュにおいて）、彼女の兵士たちを鼓舞するために

剣を引き抜くガラハッド（14世紀の細密画、大英図書館所蔵）
（出典）*L'Histoire*, N°36, Juillet-septembre 2007, p.19.

この特別な剣の運勢を用いたのではないかと疑っている。剣は兵士全員に勝利と不死身を約束したのではなかったか。ブルゴーニュ派の年代記作者は、この論拠を一四三〇年五月のコンピエーニュでのこととしている。

しかし、この並外れた剣は、十二、十三世紀の文学作品とも関係づけてみる必要がある。[115] ジャンヌがロレーヌの国境の出身だけに、これまで長いあいだ、この剣の解釈はニーベルンゲンの物語に特別の地位を与えてきた。[116] ヴォータン神はバルムンクの剣をブナの木の幹深く突き立てた。大公の息子ノートゥングだけがそれを引き抜くに至るが、剣はラヴェンナの戦いのあいだに折れてしまう。ノートゥングは殺され、ワルキューレがこの剣の砕片を拾い集め、一世代ののち、この剣は英雄から生まれた子どもであるジークフリートの手に蘇る。彼が裏切りによって殺されたとき、ハーゲンが剣を奪う。夫の仇を討とうとしたクリエムヒルトは、この魔法の剣でついにハーゲンの首を刎ねる。手段はどうであれ、英雄の剣であるバルムンクの剣は彼女の勇敢さを称える。神に由来するものではあっても、それは血の逆る剣である。

もっとも、ジャンヌの剣は、むしろ神霊的な意味の強い聖杯物語の作品群に出てくる魔法の武器と関係づけた方がよい。その剣は、聖杯伝説に登場する、この世界でもっとも優れた三人の騎士（ボゥホート、パーシヴァル、ガラハッド）にとっておかれた三本の剣の性格を受け継いでいるのだ。石の階段の剣も、ジャンヌの剣と同じく、地中に突き立っていた。それはこの世でもっとも優れた騎士を指し示すのに用いられる。宮廷の大公たちは皆それを引き抜くのに失敗する。剣もないまま宮廷にやってきたばかりの青年ガラハッドが——ジャンヌと同じように——ただ一人それに成功する。その剣は、のちに彼を勝利や冒険へと向かわせる。しかし、このタイプの剣はまた、しばしば「神の選出によって王となるべき人」をも指し示す。ちなみにウーサー王が継承者をもたずに亡くなったとき、教会の前に石の階段が現れる。そこには、のちのエクスカリバーの剣が突き立てられている。ウーサー王の隠し子であるアーサーだけがこの剣を引き抜くのに成功し、祭壇に奉納する。そのとき、素性の知れないこの子どもを皆は王として歓呼の声で迎える。パリの一市民がジャンヌを選ばれた騎士と同一視し、そこから、彼女がシャルル七世にもうひとつの剣を与えるだろうと結論づけたのは[117]、きわめて妥当な解釈である。もっと当惑させるのは「不思議な留め具のついた剣」で、それを正当な資格でもつ人には幸運を、それがふさわしくない人には不幸をもたらす。この剣はかつて勇敢なダヴィデのものだった。ダヴィデの子ソロモンは、この剣を聖杯や王冠とともに船に乗せた。この世でもっとも優れ、もっとも純粋な騎士であるべき彼の家系の末代まで、父ダヴィデの名声が伝わるようにと考えてのことである。この剣もまた「驚異の剣」と呼ばれる。なぜならそれは銘をもち、真紅のラシャ地の上に安らいでいるからである。信仰をもつ者だけが何の危険もなくそれを引き抜くことができるだろう。その剣は、「聖杯探求」が終わる直前にガラハッドの手に渡る。パーシヴァルの姉妹である乙女は、彼に剣を与え、彼にしかるべき件の留め具を提供するために、彼女の髪と血を捧げる。その剣で、彼は色欲の象徴である癩病の女性を打ち負かす。

最後の剣である、毀れて接合される剣は『聖杯物語』[118]のなかに登場する。この危険な剣は、あの世で鍛えられていた。それはかつて王を傷つけ、大地を不毛にした。それはきれいに接合されたが、まだ脆いままである。パーシヴァルは、聖杯の行列を前に黙ってしまう少し前に(そして、そのようにして王国の救済を妨げてしまう少し前に)、不具の王からこの剣を受け取る。剣を二度打ち合わせると、彼の従姉妹の予言どおり剣は折れる。パーシヴァルはこの剣を接合するが、剣には亀裂が入ったままで、ゴーヴァンも彼の仲間の騎士たちも亀裂を無くすことができない。ただガラハッドだけがそれに成功し、王国の呪いや罰に終止符を打つ。そのとき、彼は、ボゥホートにその剣を委ねる。ボゥホートは、意図せざる過ち(剣の破損)を犯していたが、その罪を贖っていた(剣の接合)。ジャンヌは自分の武器の修復に成功しない。そして、彼女が心ならずも犯したかも知れない罪――それは処女性喪失の罪ではないが――について、私たちは何も知りえないだろう。ただ純粋な剣の所持者だけが、もっとも優れた騎士、神に選ばれた王、あるいは救世主となることができる。「ヨハネの黙示録」のキリスト自身は、終末の日の王と同じように光り輝く剣を持っている。言葉を換えると、意味の点で、剣は軍旗とそれほど隔たったものではなかった。軍旗のなかで、剣は天使の手のなかに姿を見せていた。

以上のように、善の陣営はその導き手と標章を見出していた。善の陣営は告解と祈禱によって強化されていた。とはいえ、この陣営は期待された勝利を獲得できるのだろうか。ジャンヌの使命にとって賭の部分は大きかった。彼女はオルレアン包囲の解除を神からの約束のしるしと同じと見ていた。もし遠征が失敗に帰し、あるいは遠征がだらだらと長引けば、もはや誰もこの新しい女預言者を信じはしないだろう。逆に、彼女の成功は王軍のなかの彼女の地位を正当化し、短期間で王の聖別へと道を切り拓くだろう。象徴的な面では、この賭はよりいっそう大きかった。包囲された都市をぐるりと取り巻く城壁のなかに、政治的共同体〔フランス王国〕がこれほど視覚化されたことはこれまでになかった。全体的にいって、政治的共同体はそこで外部の敵と対峙し、その運命を決定した。一四二九年春、囚われている臣民に王が保護を約束したこのオルレアンのうちに、危機に瀕した王国の諸々の共同体がすべて具現化されていた。王にとってもまた、何かを証明する必要があった。すなわち、王がその使命にふさわしい人物であること、そして、フランスの真の王であることである。

訳注

〔i〕アンジュー伯アンリは、イギリスでノルマン王家が衰微したのに乗じて一一五四年プランタジネット王朝を樹立し、ヘンリ二世を称した。このあと、イギリスとフランスに跨る広大な王国は、百年戦争の敗北やバラ戦争による荒廃によって、一四八五年にテューダー王朝に取って代わられるまで続いた。なお、プランタジネットの名は、帽子にさしたエニシダの小枝に由来している。

〔ii〕『イギリス人への手紙』には、いろいろな版があって、確定することができない。本書末に訳出した『イギリス人への手紙』には、「軍の指揮官」はあるが、「取っ組み合う」の文言はみられない。

〔iii〕ニコポリスは現在ブルガリアの小都市であるが、一三九六年九月、十字軍活動の一環としてドイツのジギスムントが率いるヨーロッパ連合軍は、バヤジット一世が率いるオスマン・トルコ軍に大敗を喫し、多くのヨーロッパ側の騎士が捕虜となった。この戦いを境に、オスマン・トルコ帝国はバルカン半島に支配権を確立した。

第11章 王か皇帝か

Roi ou empereur ?

聖別式と戴冠式は、最初からジャンヌの使命のうちに入っている。ジャンヌはそれが第一の使命であると彼女の村で話しているが、オルレアンの差し迫った危機が都市の解放を優先させるのである。また、聖別式は、彼女の使命を扱った現存文書のすべてで言及されているが、それらの文書は二つ、三つ、あるいは四つの段階を含んでいる。すでに王との最初の会見のとき、ジャンヌは王に聖別式の実現を予言した。そしてロワール川方面の勝利で遠征が有望になったとき、ほかの人々は戦略的にみてより重要なノルマンディやパリへの進出が望ましいとするのに対し、彼女はランスへの遠征を試みるよう主張する。エリート階層にとって、ランスはイギリス人の脅威のもとにある遥か彼方の象徴でしかなかった。王が「ランスへの旅行」(1)を承諾するために、ジャンヌは王の膝下で泣き、その成功を約束せねばならなかった。

事実、王をつくるためにジャンヌは聖別式の必要性を信じている。ランスで聖別式が行われるまでジャンヌはシャルルを王ではなく「王太子《ドーファン》」(2)と呼んでいる。神聖ローマ帝国領であったドーフィネ地方は、一三四九年にフランス王によって購入

ロッシュ城（この建物内でジャンヌはシャルル７世にランス行きを承諾させた）

され、伝統的に王の長男の親王領に指定されていた。シャルル七世は（彼以前の三人の兄たちと同じように）すでに王太子で、一四一七年四月に王冠の継承者となった。当時の人々の心のなかでは、親王領〔ドーフィネ〕の所有と王国の継承の資格とのあいだの同義性が徐々につくり出されていた。一四二〇年のトロワ条約がこのふたつの局面に断絶を生じさせた。シャルル・ド・ヴァロワはもはやフランスの王位を継承する資格をもたなくなったが、彼の親王領の継承にはあまり反論がなかった。これに異論を唱えるには、神聖ローマ帝国の同意を必要としたであろう。シャルル六世が一四二二年に亡くなると、シャルル七世は（ヘンリ六世と同じく）ただちにフランス王の称号を名乗り、それ以後は、ドーフィネ地方がのちのルイ十一世に与えられる一四四〇年まで、「フランス王にしてヴィエノワの王太子[3]」と呼ばれた。

　実際、この呼び名の問題は――そこでジャンヌは逆説的な地位を占める――正統性の問題である。一四二二年以来、シャルル七世を支持する年代記作者たちは「王」について語るが、彼の敵対者は「王太子」、「自称王太子」、「フランス王を名乗るシャルル」と言い、さらに「シャルル・ド・ヴァロワ」とも言っている。神聖ローマ帝国ではふたつの名前が共存する。ところで、ジャンヌはドンレミ村にいた頃から「王太子」と言っている。彼女の従兄弟デュラン・ラクサールは次のように証言する。「彼女は王太子を見つけに行こうとしていた[4]」。この証言は、ヴォークールールでジャンヌを宿泊させたル・ロワイエ家の人の証言「彼女は王太子がいる場所に導かれることを望んでいた[5]」とも、彼女に付き添ったベルトラン・ド・プーランジィの証言[6]とも一致する。皆が「王」と呼んでいる宮廷に到着したとき、「王太子」という呼び方は突飛なものだった。そのうえ、公式的な『イギリス人への手紙』はフランス王という呼び名を当然のこととしている。「王太子」という表現を通用させるために、ジャンヌは「高貴な人」とか「優しい王太子」とも言っている。しかし、このような言葉の用法のずれは、ジャンヌが用いる言葉に忠実であろうとしながらも王と呼ぶ証人たちに気づかれないはずがない。「彼女は王に次のような言葉で話しかけた。高貴な王太子様、と」[7]。あるいは、「私は王の傍でジャンヌが次のように言っているのを見た。私は王太子様のもとに派遣されてきたのです、と」[8]。もっとも無遠慮な人がその説明を求めると、ジャンヌは次のように答える。「私が彼を王と呼ぶのは、私が彼のお供をするランスで彼が戴冠され、聖別されるときです」[9]。そこから、『オルレアン包囲戦の聖史劇』は以下のようなややこしい結論を引き出している。

王太子はフランス王となろう
そして、今も王でもある
彼が塗油されんことを
それが神の喜びなのだから[10]

ジャンヌに特有のこのような立場をどのように説明すればよいのか。乙女はランスの神聖な伝承を子どものときから知っていた。彼女が生まれた村は聖レミを守護聖人とし、毎年一〇月の最初の日曜日、司祭はメロヴィング王朝の諸王の守護者であり、彼らをキリスト教に改宗させ、洗礼を施した聖レミの名声を称えていた。聖油の入った小瓶は「今日すべてのフランス王が聖別されるのに用いられ、聖レミが埋葬されているランスの教会のなかに保管されている」と『黄金伝説』は述べた。その本の著者であるヤコブス・デ・ウォラギネ[11]〔十三世紀のジェノヴァ大司教〕は触れていないが、聖レミの約束は、当時、司祭の説教のときのテーマとしても用いられた。聖霊に満たされたクローヴィスの洗礼の前夜、司教のレミは、王が罪に陥らない限り、王国に相続人が絶えないことを約束した。曰く、真理と信仰の道にとどまる限り、王の子孫は何も恐れるものはないだろう、と。一三七〇年から一四〇五年にかけて、聖レミの約束に偽りはなかったが、それ以降、この言葉は茫漠とした脅迫のように鳴り響いた。そして、塗油の期待される効果について、ジャンヌはダヴィデの聖別のあとのサムエルの言葉を自分の信条としていた。「ダヴィデの家が強くなる一方で、サウルの家は弱まっていった」[12]。ジャンヌにとって、「ひとたび王が聖別されれば、王の敵の力はずっと弱まっていくだろう」[13]。

たしかに聖別は重要であるが、ランスで王の頭上に戴くことになる聖なる王冠もまた重要である。神聖ローマ帝国において、ローマ人の王〔皇帝〕はローマで帝冠を頭上に被る必要があった。戴冠の旅行はしばしばとても危険だったので、すべての皇帝がそのようにしたわけではなかった。それでも、そのあと聖なるもの〔冠〕の所有は正統性の証だった。他の皇帝僭称者を屈服させるためには真の冠が必要だった。帝冠を被った者が帝国を支配した。ジャンヌがフランス王国に持ち込んだのは、こ

サン・レミ修道院（ランス）

の理屈である。ランスの王冠をもつ者がフランスの真の王となるだろう。

素朴な人々の王

しかし、ジャンヌの心のなかでは、ランスでの塗油と戴冠は、王に示された予兆と神による王の選出を結びつける複合的なプロセスの最後に起こるのである[14]。きわめて例外的な最初の場面は、一四二九年三月か四月の復活祭のあと、シノン城の王の部屋で繰り広げられたようである。その年の祝祭日は三月二七日にあたる。夜遅くなって、松明が焚かれ、宮廷人は広間にひしめいていた。ここでジャンヌが与えたしるしは、ものであり、彼女がすでに告知していたオルレアンの解放というもうひとつのしるしとしての出来事ではなかった。それについて乙女は、誰にも話さないことを自分の聖女たちに約束していたので、裁判の何回かの尋問のあいだ（一四三一年二月二七日、三月一日、三月一〇日）、できるだけそれを言わないように努める。彼女が語るのは、ようやく三月一三日である[15]。

ジャンヌは、自分の宿舎で神が彼女にしるしをもたらしてくれるように祈りを捧げていた。すると、天から天使が降りて彼女のもとにやって来て、階段を昇って王の部屋まで彼女を連れて行った。王冠を持った天使が先に入る。ジャンヌは王に「陛下、ここにあなたのしるしがあります。これをお受け取りください」と言う。そのとき天使は、王がジャンヌの助けを得て王国をすべて統治するだろうと約束する。ちょうどそのとき、アランソン公、シャルル・ド・ブルボン、ラ・トレムイユ、その他多くの高位聖職者や聖職者が見守るなかで、ランス大司教が王冠を受け取り、それを王に渡した。天使や、聖人、聖女たち、なかでも聖カトリーヌと聖マルグリットがこの場面に出席している。そして、天使はやって来たところから戻っていったが、ジャンヌ一人は小さな礼拝堂にとても寂しくとり残された。王冠は王の宝物庫に安置される。この情景は集団的な幻視として描かれている。ただし、そこにすべての人が同じように関わっているわけではない。王とジャンヌだけにはすべてが見え聞こえる。王には自分の前で跪く王冠を持った天使が見えるし、天使の約束も聞こえる。ルニョー・ド・シャルトル、アランソン公、ラ・トレムイユ、ブルボンにもまた天使が見えるが、その他の列席した聖職者には王冠しか見えない。彼らには約束が聞こえたのだろうか。ジャンヌはそれについて一言も言わない。この共有された幻視によって、ポワチエの聖職者たちはもはや彼女を困らせないことを、そして王は彼女に信頼をおくことを決断したようである。一四三一年の裁判官たちにとって、そこでの問題は、傲慢で妄想的な考えによって、一人の妖精が宮廷を誑かすためにでっちあげた詐欺話でしかない[16]。しかも、この幻視は神学的にみても議論の余地がある。天上の大天使がどうして地上の王の前で膝を屈めなくてはならないのか。そこから、告発状は、声はすべて偽りの作り話か単純な妄想にすぎないと結論づけた。『事後の証人訊問』[17]〔ジャンヌの死後、彼女が死の間際に述べた言葉を集めた記録書〕のなかで、ジャンヌは自分自身がその天使だったと告白するだろう。正確に言えば、王冠の授与が実際に行われたのではなく、単なる戴冠の約束があったのである。

一四五六年の無効裁判において、証言を求められたアランソン公はこの問題について沈黙する。シャルル七世の弁護人たちは困惑する。トマ・バザンにとって、こうした情景はあまりありそうもない[18]。シブールはそれについて語るのを避ける。残りの四人（筋書きを好き勝手に創作するルリイス[19]、それとベリュイエ、ブルデイユ、ブレアル[20]）は字義どおりではなく、寓意的な解釈を選択する。彼らが言うところでは、悪意のある裁判官たちを前にして、ジャンヌはある種の寓話を盾に自分の使命を隠したのであり、その寓話は逐語的に解釈する必要がある。つまり、神から遣わされたジャンヌは、神の命令により王に王冠と王国とを返しにやって来た。それは、ある不思議なイメージとして簡略化され、とても平明な類似した表現となっていて、そのイメージはふたつのモデルを結びつけている。すなわち、受胎告知（部屋のなかで天使は跪き、選ばれた女性に約束する）と、きちんと整列した天の宮廷の前で行われる天使による聖母の戴冠である。

なぜなら、物語のそれぞれの要素が意味をもっているからである。ちなみに王冠は純金である。この世のどんな金銀細工師も王冠をそれほど美しくはつくれないし、また、誰もこの王冠にちりばめられた宝石を数えあげ、勘定することはできないだろう[21]。「天使が王冠を受け取ったとき、ジャンヌは神に委ねる[22]」。宝石は天のものの性質をすべて有している。それは明るく輝き、「神聖なすばらしい香気[23]」を放ち、時間を超越する。王冠は千年長持ちするだろう[24]。ブレアルは正当にも、それを「死なない者の手でつくられた[25]」という聖女エリザベトの予言によって、シャルル七世に約束された王冠と結びつける。ただこの王冠は、ランスで聖別式のときに王が頭上に被ることになる物質的なもの〔王冠〕と比較すると、たいして見るべきものがない。天の王冠は約束にとどまった。必要になるまで、それは宝物庫のなかで大切に保管される。

天使はその役目柄、神の使者である。[26]全能の神が人々にメッセージを伝えようとするとき、神の天使が預言者の口を借りて語る。そして、神がその民を救いにやって来るとき、神は民のもとに同じく天使を遣わすのである。ちょうど祈っているユダ・マカバイのもとに現れ、彼の勝利を保証した天使のように。女預言者であり、彼女の陣営にとって勝利の証でもあるジャンヌは、王側の神学者たちには「彼女の任務において」すぐさま天使と考えられた。[27]実際、神は天使を遣わすことができるだろう。神は、天使に似つかわしい娘、つまり、清らかで、純粋で、処女で、初々しい娘を選んだ。神学者でない人々は、役目と人格とのあいだの区別をあまりしない。「愚かで素朴な人々は、彼女を天使《アンジェリク》と呼び、彼女を素材にして奇蹟の詩歌、寓話、作り話をものした[28]」。『裏切りの書』から引用したこの告発は根拠がないわけではない。「彼女は民の贖罪と王国の復興のために遣わされた神の天使である、と私たちは心の底から信じている[29]」。オルレアンの勝利は、この世評を強固にした。「オルレアンでは、彼女はまるで神の天使でもあるかのように受けとめられた[30]」。一一月、リオンの住民たちは「神の使者ジャンヌ[31]」に手紙を書き、一四二九年一二月一三日、ペリグーの説教師は善良なフランス人に「神の天使に従う」よう求めている。それに対して、デスティヴェの『告発状』は、「ジャンヌは一女性というよりも天使である[32]」と公然と述べるすべての人々を非難し、そのように説教させたかどでジャンヌ自身を告発する。もっとも最終的には、シャルル七世に忠実なすべての臣民はジャンヌが天使だと信じていた。彼らは乙女が神から遣わされたことを認めていたからである。

王冠を被ったり、王冠を手にもつ天使は、天国を描いたいくつかの場面で数多く見られた。そこでは、天使は神がマリアの頭に被せる王冠を支えており、また、キリストの磔刑図や、供儀が祈りを繰り返す祭壇のまわりで、天使は棘の冠を捧げ持つこともあった。しかし、そのとき、それらの王冠がこの世界を変えることはなかった。ジャンヌの幻視のなかでは、王冠は天から地上に降りて来て、その受取人の選出を行うのだ。

フランス王家の神話は、この種の形態のものに事欠かなかった。聖霊（たしかに天使以上のものである）は、クローヴィスの洗礼のときに聖油の入った小瓶を運んできた。のちの時代の表象は、百合の花の伝説との混交をもとに、聖霊を天使に置き換えている。[33]十三世紀末には逸話的に、ついで、ジョワヤンヴァルの伝説が決定的な評判を勝ち取る十四世紀中葉にはもっと一般的に、救い主の天使は祈っている隠修士のもとに勝利と回心のしるしとして三本の百合の花をもたらす。そこから王家の紋章が着想された。それ以降、二人の天使が、王冠を戴く三本の百合の花をあしらった盾を捧げ持つ役割を担うのである。フランスでは、一四〇〇年頃、神の天使は第二の贈り物をもってクローヴィスに会いに来たという観念が現れた。それがオリフラム旗であり、これまでサン＝ドニ教会の伝承がむしろシャルルマーニュと結びつけていたものである。

しかし、天使によってフランス王のもとに伝えられたすべての聖なるもののうちには、どんな王冠もなかった。それでも古代には、凱旋式にあたって翼のある勝利の女神が勝利した将軍を戴冠した。ローマ帝国がキリスト教に改宗したとき、神は天使を介してコンスタンティヌスやシャルル禿頭王を戴冠した。(34)天使は神から選ばれた人の頭上に勝利や栄光を表わす無形の王冠を被せた。神のしるしを垣間見させる王冠は、無形の王冠と幾分か似ている。聖女エリザベトの予言は、ローマの勝利者の王冠と同じく、天からやって来た月桂樹の冠を描いており、ジャンヌの家族の請願が述べるところも、それとなんら変わりがない。「ジャンヌ、すなわち神から遣わされた天使は、王冠と棕櫚を王にもたらしたのです。それによって、王は勝利を得ることになるのです(35)」。それゆえ、ジャンヌの話に出てくる王冠は、たしかに勝利のしるし（聖別式の騎行の危険に立ち向かうのに必要なもの）であるが、それだけではない。

シャルル七世に先立つ諸王に王冠をもたらした天使を見つけるには、カロリング時代の武勲詩の作品群を参照する必要がある。それらの武勲詩は、それほど多くの戴冠の場面を含んではいないが、シャルル王に有利に働くように、そこに天使がしばしば登場する(36)。場合に応じて、天使は神の伝言者であったり、聖なる武器の運搬者であったりする。問題は王冠の贈り物が少ないことである。それでも、一二〇〇年頃、『サクソン族の歌』は明言する。「神はその命令により、最初のキリスト教徒の王を、威風堂々と歌う天使によって戴冠した。そして、神は王を地上で正しい裁きを行う神の代理人に任命した……(37)」。

同じように、吟遊詩人によれば、神は他の誰よりも愛したアンセイス、ピピン、シャルルマーニュを天使によって戴冠した。『フランク人の事績』[i]はサン＝ドニにおけるカロリング王家の戴冠を描写しているが、天からやってきた冠は王国と帝国の両方の冠である。

そしてこのカールは帝国で選ばれた
同じく天使は彼を戴冠しにやってきた
この驚異が語る出来事を聞くがよい(38)

『ハンガリーの神の贈り物(39)』のような後世の物語が、このテーマを改めて取り上げている。その当時は異教徒でハンガリー王だったのちのシャルル禿頭王は、神に選ばれ、フランス王となって、それにふさわしくない競争者と対抗した。光明の天使が一二人の諸侯のもとに現れ、選ばれた人の名を明らかにする。そして、天使はその人をランス大聖堂の祭壇の前へと導く。そのとき、聖油の入った小瓶をくわえた鳩が塗油の場所にいるシャルルの右肩に止まる。こうして、天使は選ばれた人を指し示し、その聖別を許可する。異議申し立てを受けた君主は、ここでも王シャルルである。一三六四年に書かれたこの物語の著者は、その時点で、聖別がまだ自明のものでなかったシャルル五世を念頭においていた。シャルル五世が一三六五年に編集させた『儀礼の書』は、聖別式の典礼に次のような応唱を付け加えた。「あなたを先導し、あなたを救うために、私は私の天使を遣わす。私はあなたの敵の敵であり、私の天使はあなたを先導するだろう」。したがって、〔王国の〕起源（クローヴィスとシャルルマーニュ）の時代にも、危機や断絶の時代にも、神の天使は王冠を王シャルルにもたらすことができた。武勲詩はそれを語り、王の入市式は一三八〇年以来それを演出する。[40]

このような儀式のなかで、ずっと以前から天使は王の栄光を謳い、また、上演される聖史劇に参加する。しかし、のちに大成功を約束される王冠をもつ天使がそこに登場するのは、王妃イザボーがパリで最初に入市式を挙行する一三八九年である。[41]パリのサント＝シャペル教会で戴冠され聖別されることになる王妃は、まだ公式に冠を持っていない。彼女はサン＝ドニ教会からノートル＝ダム大聖堂へと導く儀礼的な道筋に従って、サン＝ドニ門からパリに入る。最初に設えられた門のところでは、歌う天使が子どもを抱く聖母を取り巻いている。第二の門のところでは、父なる神が天国に座しており、そこから二人の天使が冠を捧げ持って出て、百合の花の王妃の栄光を称えつつイザボーの頭上に冠を被せる。少なくとも年代記作者フロワサールが語るのがそれである。[42]ジュヴネルの年代記はもっと華々しく、ノートル＝ダム大聖堂の塔からサン＝ミシェル橋まで降りてくる綱渡りの芸人を、まるで線上の天使のように語っている。天使は、翌日に催される聖別と戴冠のしるしとして、王妃の頭上に冠を被せた。王妃はこの象徴的な授与に優雅に参加した。

ジャンヌの幻視は、聖母マリアの聖史劇の上演のような宮廷の祝祭から着想を得たものである。彼女の天使は、教会のフレスコ画にあるように、[43]翼、長い髪の毛、白い衣服をもっている。しかし舞台は絵画ではない。それは三つの次元からなる。舞台の場所は複数あり、それぞれ高さが異なっている（天空、王の部屋、家、礼拝堂）。距離については、ジャンヌが詳しく述べている。王冠などの装飾品もあれば、とても単純な動作や、口にすべき台詞もある。一四二九年の状況は宮廷の祝祭や演劇の上演にそれほど適していないとしても、乙女はそれが話されているのを聞くことはできた。『聖母の聖史劇』のなかでは、天使が膝を屈して約束している受胎告知と、天国の天使、聖人、聖女たちの行列に囲まれた聖母の戴冠が描かれている。そして、受胎告知でなされたのは、まさに王の誕生の告知である。

ジャンヌにとって、約束された王は、そのあと神によって直接的に選ばれることになっていた。神聖ローマ帝国のすぐ近くに生まれた乙女は、王の選出に嫌悪感をもってなかったが、その選出は一二人のフランス同輩衆《デュク・エ・ペール》や諸身分の会議〔全国三部会〕

による行為であってはならなかった。彼女の目からは、神が唯一考えられる選出者であり、神は奇蹟を介して王を指名した。なぜなら神はふたつのことを知っていたからだ。つまり、誰が王の使命をもっともよく成し遂げるために神の真の代理人でありうるのか、また、誰が真の継承者なのか、ということである。というのは、ジャンヌは選挙を信じていたとしても、血統権をも信じていたからである。奇蹟は、誰が王の血を受け継いでいるか、誰が王冠にふさわしいかを明らかにする。ジャンヌにとって、シャルル七世は「真のフランスの継承者であり、王の息子である」[44]。そしてジャンヌは、フランスの血を非常に気遣っていた。彼女は王家の人々について、「全体として、彼らの数がもっと多くなれば、それはもっとよくなるでしょう」と述べている[45]。オルレアン公の解放もこれに貢献するだろう。この血統について、彼女は古い時代の威信（天の高みからシャルルマーニュと聖王ルイが包囲された都市のために祈っている）と近年の難題を知っている。フランスの血がもうこれ以上流されてはならない。シャルル七世が王であるのは、彼がシャルル六世の唯一の生き残りの息子であり、彼が王冠にふさわしいからである。

　こうして、神による新しい王の選出は聖別式の騎行の過程で明らかとなった。遠征途上にある諸都市が次から次へと奇蹟的に王軍の前に門を開いていったのである。決定的なエピソードは、一四二九年七月六日、王軍によるトロワ包囲のときである[46]。それはオルレアン派のすべての文書や、シャルル七世統治期の公式の年代記作者であるジャン・シャルチエによって語られる。当然のことながら、ブルゴーニュ派の文書は黙して語らない。この出来事を理解するには、何ヵ月か前の一四二八年一二月初めに遡らねばならない。そのとき、フランチェスコ会修道士のリシャール[47]は忠誠都市《ボンヌヴィル》トロワで、待降節のよき言葉をもたらすように都市当局から任務を与えられて説教した。彼は「善良なる人々よ、種を蒔きなさい。種を蒔きなさい。なぜなら来たるべき人が間もなくやって来るからである」と言った。この「論題」は聖書のなかに該当する文言こそないが、種を蒔く人の寓話から着想を得ており[48]、この四週間にわたって頻繁に用いられた別の論題（「あなたは、まさに来たらんとする人である。あなたの王が、あなたのもとにやって来るのを見よ」）とも関係している。それらの論題は救い主の誕生を告げ、また同じく、ヴァンサン・フェリエ[49]〔十四～十五世紀に活動したドミニコ会修道士〕の信奉者にあっては反キリストの到来を告げている。反キリストはすでに生まれ、間もなくやって来る。こうした見通しのなかでは、すぐさま告解をし、善行を多く積むことが望まれる。

　もうひとつ可能性のある意味としては、王の到来がある。待降節や枝の主日（キリストのエルサレム入城を称える）の説教は、十三世紀初め以来、この世の王とキリストの入城とを比較参照して論じている。しかし、一四二八年末において、リシャール修道士が王の到来を予言したという可能性はあまりない。

　そのあと、このフランチェスコ会修道士は一四二九年四月一六日から二六日にかけてパリで四旬節の説教をおこなった。パリの一市民[50]は、トマ・バザンや三万人のパリの人々と同じように、彼が聖なる名を崇め、反キリストの到来に備えるよう促しているのを熱心に聞いた。リシャール修道士は五月の第一週にパリを密かに立ち去る。パリ大学神学部が彼に論争を挑み（誰もその日時を知らないのに、時の終末をあまりに語りすぎる）、また、都市当局が彼をあまりにアルマニャック派的とみなしたからである。四月二六日、彼は「一四三〇年に見るであろう大いなる驚異」について説教した。それと同じ週に、ジャンヌ・ダルクはオルレアンに入城する。その後、フランチェスコ会修道士とジャンヌは聖別式のための遠征軍で合流する。リシャール修道士は七月四日付の乙女の手紙をトロワの住民たちに持参したと思われる。「神聖な王国の他の都市と同じく、彼らが王を真に承認し服従する」ためである[51]。それでもなおトロワは逡巡する。イギリス＝ブルゴーニュ派の守備隊は数が多く、司教は王側に傾くものの、住民たちは真っ二つに分裂する。

王軍は五〇〇〇から六〇〇〇の兵士を数えたが、トロワを攻囲するに足る物資がない。兵糧は不足し、パンも少ない。「もし十分なソラマメがなかったら、彼らはすべて飢死していただろう」。ソラマメは、リシャール修道士の滞在のあとに蒔かれていた。歴史はすんなりとは進まないものだ。この都市を占領する手立てがないので、国王顧問会議の大半の人々は撤退を選択するように求める。ジャンヌはとどまりたい。彼女はこれみよがしに戦闘の準備をし、粗朶束を濠のなかに積み重ねさせ、馬に跨って城壁の外を一周する（市内では、リシャール修道士がジェリコの前例を持ち出してこそいないが、乙女には軍隊に城壁を飛び越えさせる力があると主張する）。脅迫的なこの攻勢がトロワの住民たちに和平交渉を決断させる。王はジャンヌに与した都市に入城する。住民たちは王に祝福あれと叫び、大聖堂でリシャール修道士は新しい説教を行う。その内容は何もわかっていないが、一四三一年の裁判官たちに鋭い関心を引き起こさせることになろう。ジャンヌは慎重で、それについて何も思い出せないと言う。おそらくフランチェスコ会修道士は、やって来るはずの王がやって来たのであり、「すぐさま」フランス王もしくは最後の日の皇帝として聖別されるだろうと、そこで説教したと思われる。一四二九年七月六日から一〇日にかけて一種の公現祭が、すなわち、ソラマメによって指名された新しい王の最初の公的な祝祭が執り行われたのであった。事実、シャルルはトロワで君主権のすべての儀礼的な行為、つまり、戦争、特権の譲渡、入市式をおこなった。

シャルルがトロワの町で身に帯びるこのソラマメに由来する王権は、多くの民間伝承を基盤としている。中世末期には、一月六日、すべての家族はソラマメ入りの菓子を一緒に食べる[52]。その菓子は、切り分けられたあと、一人の子どもによって無作為に皆に分配される。菓子のなかにソラマメを見つけた人は、たとえもっとも若く貧しくても――またそうあるべきである。なぜなら公現祭は秩序転倒の祝祭なのだから——その日一日の王であり、王としてすべてを行う。飲み、食べ、裁き、模擬試合を主催し、入市式を挙行するのである。宮廷では、とくに小姓たちやその他の召使たちを集めて、気晴らしの娯楽が行われる。もちろん君主はその日一日の財政を賄い、必要な物品を提供しなければならない。実際、ソラマメの王に選ばれるには、飼葉桶のなかの幼子のように、無力でなくてはならない。

ところで、シャルルはもはや何者でもなかった。彼の王国は彼の手を離れていたし、国庫は空っぽで、トロワの人々は彼や乙女を嘲笑した。この状況にぴったりの、あるいは故意の侮辱の手はジャンヌを介して奇蹟を起こす。ここで神は、神の意思がはっきりと現れることを可能にする。ここで神の手はジャンヌを介して奇蹟を起こす。ジャンヌは羊飼いの女であり、最初に幼子〔イエス〕を見つけたのも羊飼いである。ジャンヌは一月六日生まれなので、生まれながらにしてソラマメの女王だったのであり、その力は毎年更新された。そして、ソラマメの女王は王を選ぶことができた。選ばれた者は、自己の民を狼の群れ（イギリス＝ブルゴーニュ派）から守る真の羊飼いとなるだろう。狼どもは彼によって目にもはっきりと遁走させられるだろう。

ここでは、軍事作戦はきわめて不確かな王冠とソラマメしか必要としない。一方で、ソラマメは実際的な食べ物である。このマメ科植物は厳寒期のあとに種が蒔かれ、たいていは八月に収穫される。他方で、ソラマメは多義的な象徴である。聖書によれば[53]、ソラマメは地上の楽園から外に出た人間の主たる食べ物であり、ネブカドネザル王の宮廷で王の豪勢な食卓の料理を拒絶した預言者ダニエルの食べ物であり、祈るエゼキエルの場合もそうだが、砂漠を横切るためのダヴィデ王の食べ物でもある。別の言い方をすれば、ソラマメは告解の観念と結びついた清純な食べ物である。中世の聖書辞典のなかでもっとも普及したピエール・ベルシュイールの『道徳の帰謬法』[54]は、この植物に四つの欄を充てている。ソラマメの花（黒、白、赤。その花の色はシャルル六世の色で、一四二九年にシャルル七世が再興したばかりだった）と、その実について で、後者は善行の象徴であり、たしかに種を蒔く必要はあるにせよ、最後の審判までもって行くことができる。最後に、キリスト自身がソラマメであり、神であり、神から選ばれた人でもある。この聖書辞典のなかには、王の菓子にはっきりと言及した箇所はない。それでも、ソラマメはふたつの補完的な観念と結びついている。告解と、神による王や預言者の選出である。

この公現祭の出来事が起こった場所は、それなりに由縁のあるところである。遙かなる昔、トロワもパリも、フランス王の祖先にあたるトロイア人によって建設されたとされる[ii]。したがって、トロワは王国発祥の地として通っている。しかし同時に、この場所はシャルル七世の尊厳が一四二〇年五月二一日に傷つけられたところでもある。シャルルの母后イザボーの政府は、ここでシャルルを「彼の恐ろしい犯罪と違反行為のかどで」

（モントロー殺害事件への彼の関与）王位から排除する条約を結んだ。トロワ条約はイギリス＝フランス二元君主制の法的な拠り所である。この都市に神から指名された王として入城することで、シャルル七世は象徴的にイギリス王の力を打倒し、自分に向けられた批判を無効にする。王国の継承権が不当にも覆えされたまさに同じ場所で、シャルル七世はその継承権を取り戻すのだ。

神学者と法学者の王

政治の問題や権力の移譲を考えるために、ジャンヌのような無学な人々は王冠を持つ天使や王の菓子に頼った。そうしたやり方は、彼らがそれぞれ血統、聖別、神による選出に対応した関係を考えることを可能にした。その一方、諸々の大学で教育を受け、いろいろな権力をもとに論理化ができる人々にとって、ものごとはまったく異なっていた[55]。たしかに、権力はいつも神から由来していた。神は天と地の王であり、主権者であり、すべての王国の公正な主人であり、自分の意のままに王国を与えたり、取り上げたりする。しかし、その根源において、権力は罪の結果である。悪い人を罰し、善良な人に報償を与えるために王は必要である。すべての王は神から選ばれているが、王を指名するために、神はじつにさまざまな方式を用いる。たとえば、神籤（神が導く）、ダヴィデの場合の聖別、ソロモンの場合の父からの継承である。選挙（そこでは選択は神のものと見なされる）は聖職者が好むもので、別の理由からアリストテレスも優先権を与えている。帝国と教皇庁というふたつの普遍的な権力は選挙に依拠している。それとは別の次元で、司教、修道院長、聖堂参事会員も原則的に聖霊から着想を得たさまざまな団体によって選出される。選挙はすでに力量を発揮した人を選び、少数派を避けることを可能にする。しかし、それは実際的な運用の問題を引き起こす。選挙人集団の規定、状況次第で起こる選挙人の裏工作、候補者のとてつもない公約、あるいは重複選出である。神聖ローマ帝国は選挙制にとどまった。フランス最初の王〔伝説上の王とされるファラモン〕は四人のフランク族の賢人によって選ばれた。人民の同意は、たとえ人民の歓呼が儀礼的なものになっても、つねに聖別式の儀式の一部をなしていた。他の大半の王国と同じく、フランスは権力の強化と安定の保証となる世襲王朝制を採用した。それでも、フランス王が選ばれた人であるという考え方は、もし王がたまたま欠けるようなことがあれば、再燃してくる余地があった。フランス同輩衆、貴族の集会、全国三部会といった具合で、選挙人の集団を明確に規定するどのような規則もなかった。一三一六年と一三二八年にはその場凌ぎの集会があり、それぞれフィリップ五世とフィリップ六世を王に選んだ。その集会はのちにサリカ法を施行する諸身分を形づくった。けれども、それはどれほどに神の選択だったのだろうか。[iii]フィリップ五世とシャルル四世には息子が生まれなかったし、イギリス人はクレシィの戦いでフィリップ六世軍を打ち破った。一四二九年において問題はやや異なっていた。シャルル七世とヘンリ六世という二人の王が対立したが、二人とも継承権が生まれながらのものであると断言していたのだ。

法学者にとって、父から子への継承は世襲財産の移譲の正常な形である。各人は、とくに王は他の人以上に、自分のあとを子息に委ねる権利を有している。そうしてこそ、確実で、皆によく知られた、直接的な後継者が確保される。父は自分の長男を入念に教育する時間があったので、臣民にとって長男は自然な継承者のように思われる。「この父にしてこの子あり」と言わないだろうか。フィリップ美男王の時代から、王の血は特別な血と考えられていた。[56]第一にその時間的長さによってである。その血はフランスの起源に遡り、時の終わりまで続くだろう。各々の世代ごとに継承者を保証することに神は余念がなかった。第二に王の資質についてである。この世でありうる最良の血が、フィリップ尊厳王の軍事的栄光と聖王ルイ九世の神聖さという王家の美徳を伝えていた。この優れた血は王にふさわしくない血の保持者をまったく経験しなかったし、異端者や庶出子を世に送り出すこともなかった。こうした血の神学はフランス王国に特有のものだった。イギリスでは、王妃の美徳はあまり問題とされなかった。しかしフランスでは、十三世紀末から、次いで一三一四年にフィリップ四世の三人の息子たちの妻全員が投獄されたときから、王妃はほぼすべて不品行を疑われた。なかんずく王妃イザボーである。王の血は王家の男性にとって力だった。幼い王や発狂した王でさえ追放される危険がなく、権力の座にとどまった。実際、一四〇七年までは、誰もあえて王の血に手出しをしなかった。王家の女性にとって、フランスの血は少しばかり毒入りの贈り物だった。一三一六年における王位からの王女の排除、ついで一三二八年の王女の息子の排除は慣習に則っており、そしてイギリス王はこれを承認しなかった。イギリス王はヴァロワ家よりも「もっと聖王ルイに近い」とつとに主張し、それは必ずしも間違ってはいなかった。こうして一三四〇年以来、イギリス王はフランス王の称号を名乗った。たしかに、ランカスター家の登極は王の血の近さをより不明瞭なものにした。けれども、一四二〇年のトロワ条約は現実的な問題を提起した。シャルル六世は自分の娘カトリーヌの夫であるヘンリ五世を養子とし、彼を自分の継承者と認めたのである。それと同時に、シャルル六世は王太子シャルルを殺害のかどで廃嫡した。私法の分野では、父は家族の名誉を汚した子供を実際に廃嫡することができた。公法の分野でも、ナポリのアンジュー王国における王の指名のように、血統による近親者の養子縁組はすでに行われていた。同様に、神聖ローマ帝国の皇帝も自分の後継者を養子とした。それでは誰がフランスの真の継承者だったのか。

選ばれるにせよ、血による権利にせよ、中世のすべての王は、即位したことを儀礼によって表明していた。フランク族の王は盾の上に乗り、他の王は自分たちの「象徴物」を皆の前ではじめて掲げ、最後に、より威信のある王は聖別されたのである。七五一年以来のフランス王の場合がそうである。聖書に登場する王や皇帝のように、彼らは崇高な塗油によって神の恩寵を授かると同時に王冠を受けた。こうして、新しい王は皆の目に神聖にして選ばれた者となった。ダヴィデは眠っているサウルを生かしておかなかっただろうか。三つの場面（王が皆に平和と正義を約束する教会と人民への誓約、塗油、そして王冠やその他の象徴物の授与）を軸とする儀礼の体系化には数百年もかかった。聖レミが最初のキリスト教徒の王であるクローヴィスを聖別したとされるランスの選択も同様である[57]。このフィクションを利用して、ランス大司教は儀礼についての自己の優越性を確立した。歴代のランス大司教は、九世紀末以来、最初の王〔クローヴィス〕に洗礼と聖別を施した天から送られた油を所持していると主張した。キリスト教世界のなかで、フランス王は尽きることのない天上のバルサムの恩恵に浴するただ一人の君主だった。それは、王がいわば血の潜在力を働かせながら世襲的に奇蹟を起こすことを可能にした。聖別式の直後、王ははじめて瘰癧《るいれき》病患者に触れ[58]、そのうち多くの人が治って帰郷した。それに較べると、イギリス王の聖別は形無しだった。戴冠の方に優先権をおいていたからである。ランカスター家が用いた聖トマス・ベケットの油は十四世紀初めまでしか遡れず、大陸では、イギリス王はどんな治癒能力ももたないと誰もが確信していた。ヘンリ六世の顧問官たちはやろうと思えばできたのに、一四二二年から二九年までのあいだ、ランスで若い王を聖別しようとはまったく試みなかった。

フランスでは、王の聖別式はおそらく秘蹟ではなかった（ローマ教皇がそれを拒絶した）が、それは「神秘」ないし「奇蹟」であって、聖別された王は地上における神の姿を具現していた。キリストの名は「塗油された人」という意味ではなかったか。王は単なる俗人ではなく、多くの宗教的な特権を付与されたほとんど聖職者といってよい存在だった。シャルル五世の統治のあいだに儀典の重要性が強調された。

しかし二世代経っても、見解は分裂したままだった。ジャンヌのように、聖別式なくして王はいない、と相変わらず考えている人々がいた。フィリップ四世とルイ十世のあいだの空位はさまざまな思惑を引き起こしていたが、アンゲラン・ド・マリニィにとっては命取りとなった。王の寵臣によくある尊大な気性から、彼は「自分が死ぬのは教会に教皇なく、帝国に皇帝なく、フランスに王がいない時だ」と王に予言したそうである。一三一五年、そのような条件がひとつに合わさって、彼はパリのモンフォーコンの刑場で絞首された。事実、「ルイ（十世）が王冠を得るまで、誰も彼を王と呼んでいない[59]」。聖別されなくては、王はどんな決定もできない。誰も彼に従う義務がないからだ。一〇〇年ほど経っても、何も変わらなかった。教皇庁の駐フランス大使だったのちのローマ教皇ピウス二世は、次のように断言する。「フランス人は塗油を受けなかった人が真の王であることを否認する」[60]。したがって、王となるには聖別式が必要であると神学者も人民もつねに信じていた[61]。

とはいえ、十三世紀末以来、行政上の必要性と法的な慣行とは、時に応じてかなり異なったものとなった。一二七〇年、聖王ルイ九世が北アフリカのチュニスで亡くなったとき、〔息子の〕フィリップ三世が王の称号を受け、ランスで聖別されるまでの一年間、王としての実務を執り行う必要があった。一三七八年に『果樹園の夢』は、はじめて王の成人の規則を定めた一三七四年の王令を説明して、次のように定式化している。「王が亡くなったとき、戴冠やその他の儀礼がなくても、次の王はただちに継承し、十全たる支配権をもつ」[62]。たとえ未成年であっても、王の息子は父王の死とともに、真の王としてどんなこともできる。彼はすぐさま王と呼ばれ、王は「自分の都合に合わせて」塗油を受けることになる。なぜなら、息子はいわば父と同じ人格であり、父の右に座すからである。「父が死ぬとき、父はあたかも死ななかったかのようである。なぜなら、彼は自分のあとに自分とそっくりの息子を残すからである」[63]。言葉を換えると、聖書やアリストテレスに由来する父と子の同一実体性の考え方が、王の継承者の権利を保障するために、一三七四年から一四〇七年にかけて、法学者によって復活していたのである。それは一四二〇年にはおおいに役立てられた。なぜなら、シャルル七世は彼の父の存命中にすでに王だったので、誰も彼からその権利を奪えなかったからだ。この見解に立てば、聖別はそれほど必要ではなかった。祝祭であれ、荘厳な儀礼であれ、聖別式は民衆の情愛を高め、王を皆の視線にはっきり指し示した。しかし、それは敵地のなかをランスまで、その聖油瓶のある場所まで何百キロメートルも遠征する危険を冒してまで行う値打ちがあったのだろうか。法学者の議論に敏感なエリート階層以上に、ジャンヌは、異議申し立てを受けている王の血の権利を視覚化するために、聖別の必要性を痛感していた。遠征の道中でもたらされる勝利と、塗油とによって、誰が権利をもつかを神だけが告げるだろう。このようにして、神は聖なる王国についてその代理人を選ぶだろう。聖別式のあと、シャルルは皆にとっての王となるであろう。

シャルル七世の聖別式[64]は、彼に先立つ諸王の伝統のなかにはっきりと刻まれようと努めている。年代記作者たちは相違点には沈黙する。つまり、王が七年間待たされたこと、『儀礼の書』は一三六四年の儀式の通りではないこと、サン＝ドニ教会に保管されている「王の象徴物」とフランス同輩衆がともに不在であること、はあまり問題視されなかった。年代記作者はすべて聖別式の連続面を強調する。

聖別式が挙行される場所と儀式を執行する高位聖職者の選

シャルル７世の聖別式
パリ・パンテオン所蔵

定には連続性がある。シャルルは「善良な大司教[65]」であるルニョー・ド・シャルトルによって戴冠された。「フランスでは非常に古い法がこの都市以外で王を聖別することを禁じている。というのは、まず天から送られた聖油瓶をはじめ、すべての《王の象徴物》がここに保管されているからである[66]」。正確さに欠ける部分もあるフィリップ・ド・ベルガムのこの証言は、ひとつの現実を表わしている。サン＝ドニにある「王の象徴物」は王をつくるのに必要不可欠とはいえないが、天のバルサムは、王は「聖油瓶で戴冠される[67]」という見立てをする人もいるほどに、不可欠なものだった。

　儀典の出席者にも一致が見られる。王に喝采し、人民の同意の儀式に端役を演じるため、王役人、王軍の兵士、ランスの住民が多く出席した[68]。儀典のあいだ、「王の象徴物」を供奉するフランス同輩衆は典礼に不可欠である。伝承によれば、フランス同輩衆はシャルルマーニュの勇士たちの後継者であり、そのリストは十三世紀初めに固定された。六人の聖職者（ランス、シャロン、ボーヴェ、ラン、ラングル、ノワイヨンの各司教）と六人の俗人（ギュイエンヌ、ブルゴーニュ、ノルマンディの各公、シャンパーニュ、トゥルーズ、フランドルの各伯）である。フランス同輩衆は王冠の花形飾りであり、聖別式のとき、王冠を手で支える。さらに、若きシャルル七世に好意的な論考は、フランス同輩衆は一三二八年には召集されていたけれども、一四二〇年には召集されなかったと説明した。ジャンヌがこの同輩衆のことを知ったのは、おそらくロランや大司教テュルパンがシャルルマーニュに献身的に仕えた騎士道物語を通じてであった。たしかに聖別式のとき、同輩衆の出席は慣例的なものとなっていた。儀典の始まりとなる同輩衆の点呼が、一二二四年の『儀礼の書』に登場しているからである。しかし、それは正確には制度的なものでなかった。それでも、彼らのうちの二人、つまり、儀典を主宰する大司教と、同輩衆の筆頭で王冠を支え持つブルゴーニュ公がいないと、あまりさまにならなかった。他の同輩衆については、出席は儀式次第だった。聖職者の同輩衆が継承の問題を引き起こさなかったとすれば、俗人の同輩衆の大半は一二〇〇年から一四二九年のあいだに消滅していた。トゥルーズ、シャンパーニュの各伯領、ノルマンディ公領は王領に編入されていた。イギリス王はギュイエンヌ公だった。『儀礼の書』に変更はなかったので、欠員となった同輩衆を上級貴族の代役に頼らざるをえなかった。いずれにしても、一四二九年の聖別式のとき、アランソン公はブルゴーニュ公の役を務めた。クレルモン伯、ヴァンドーム伯、ラヴァル卿（そのとき伯に昇格する）、

ランス大聖堂

ラ・トレムイユ卿が招請に応じ、その他の役割を演じた。聖職者のなかでは、ランス大司教、ラン司教のみが出席した。『モロジーニ年代記』は、七月の項に「一二人のフランス同輩衆がランスでもサン＝ドニでも出席する必要がある」[69]と改めて論じている。ジャンヌはものごとのそうした局面に敏感だった。ジャンヌはルニョー・ド・シャルトルに天使がもたらした王冠を委ねたが、それは彼が王に王冠を被せるためだった。しかし、彼女と、シャルル七世の大法官でもある大司教との関係は不安定なものだった。ルニョー・ド・シャルトルはすでにポワチエの調査委員会を主宰しており、ランスへの出発を支持し、トロワではためらった。生まれついての外交家である彼は、ジャンヌを簡単に取り換えることができると思っていた。そこで、乙女はブルゴーニュ公フィリップに手紙を書き、王の名でフランス同輩衆の筆頭として聖別式に参列するよう求めた。フィリップが来ないのは確実だったが、招待状が来なければ、彼は立腹していただろう。

儀典で用いられるものにも永続性がある。ただ永続性は不完全なものだったので、王側は、あらゆる噂を流して、聖別式用の王冠がないとしても、ランスには聖油瓶があると釈明した。サン＝レミ修道院に保管されている聖油瓶は、式典の最初の行事として天蓋の下を運ばれ、大聖堂の祭壇に安置された。一四二九年には、ジル・ド・レがこの護衛の任についた。その時点で彼はフランスのもっとも有力な家系のひとつの相続

人にすぎず、ジャンヌの戦士仲間の一人だった。そこには同様に、サン＝レミ修道院領の領民であるシェーヌ・ポピュルーの住民たちも加わった。噂によれば[70]、一四二二年から二九年のあいだにランスやサン＝ドニを支配したイギリス人は、ヘンリ五世、ヘンリ六世、さらにベドフォード公といった君主の一人を聖別させようとした。一四二九年の七月初め、この聖油瓶がブルゴーニュ公の支配領域に持ち出されなかったのは、ただ神の意思とシェーヌ・ポピュルーの住民の介入があったためだとされる。しかし他の噂によれば、真の王でない人に対して、聖油瓶は空になったか、なかの液体が涸れてしまった[71]。それとは逆に、真の相続人に対しては、奇蹟によって聖油瓶に油が満たされ、油は瓶から溢れ出すのだ[73]。

一四二九年において、聖別式で用いるふたつの王冠――シャルルマーニュの王冠と聖王ルイの王冠――は、ひとつはサン＝ドニに、もうひとつはパリにあった。シャルル七世はその場で発見された王冠を用いた。一四四五年、聖別の出来事から一六年たって、パリの一市民は、イギリス人が王国を支配していた遥かな昔、サン＝ドニの一人の修道士が聖なる釘と王冠を取って、それらをベリー地方のブールジュにいたシャルル七世にもたらしたと語っている[74]。同じく戦争の全期間を通じて、聖なるものが人の手の届かない地中に隠されていたともいわれた[75]。イギリス人の一人の兵士がこれを奪おうとして、失明してしまった。E・ヴィンデッケの文書の加筆部分は[76]、神聖ローマ帝国内で流布した第三の解釈を伝えている。それによれば、ランス大司教が「王の象徴物」を地中に隠したようだが、それらを元に戻すのをあまり急がなかった。しかし、ジャンヌが願をかけると、荒れ狂う風と雨が王の象徴物の隠されている場所を指し示した。ブルゴーニュ公家でも平行して用いられていた、金羊毛伝説とギデオン神話からのこの念入りな翻案は、ほかの伝説と同様、以下のことを証明しようとしている。すなわち、聖別式のとき、王は「王の象徴物」のすべてを所有していたこと、そして不浄な者には危険なこれら象徴物にイギリス人は決して触れることができなかったこと、である。最後に、百合の花をあしらった旗など王の軍旗は、フランス同輩衆が持つかどうかはともかく、聖別式にはいつもの通り存在した。式典のあいだジャンヌは祭壇に近いところで自分の旗を掲げた。「その旗はたいへんな苦労をした。それが敬意を受けたのは正当であった[77]」。かなり慎ましい聖別式の祝宴が祭典を締めくくった。

もっとも、まだ一四三〇年代には、想定される神聖なもののすべてが新しい王の頭上に収斂されていたわけではなかった。それに、王はコルブニィに巡礼に行かねばならなかった（原則的には聖別式の翌日であったが、各地から多くの代表団が到着したため、この儀式は遅れて四日後の木曜日となった）。そこでは、ジャン二世以来、新しく聖別された王がはじめて瘰癧《るいれき》病患者に触れた。まだまだ三世代しか経ってなかったが、コルブニィへの巡幸は、すでに記憶にないほど古い時代からの慣習であるかのように考えられていたし、その地で奇蹟を起こす力を示すのは王に課された義務と見なされていた。コルブニィでは、聖マルクールもまた同じ病をみごとに治癒していた。フランス王は紀元千年頃からこの病気の治癒能力をもっており、王の力は十二世紀にこれに専門化した。すでにルイ六世は瘰癧病患者を治癒していた。「王の病[78]〔＝瘰癧病〕」は首にできる腫れ物に特徴があり、王はそれに触れたのである。のちの聖王ルイのもとで式次第が定められた。神聖であるとの王の評判が成功をより大きなものにした。王は跪いた病人に触れる。病人は予め王の侍医によって選別がなされていた。王は彼らに向かって十字を切る。あとに続く施し物の分配が会計文書をもとに王の奇蹟の成功の測定を可能にする。たとえば一三〇七年から一三〇八年にかけて[79]、フィリップ四世の評判に魅了されて、王国中から、さらにはそれを超えて、数百人の患者が押し寄せた。十四世紀には、状況次第で、多くの記述が王の奇蹟を聖別式や王の血の美徳と結びつけている。十三世紀のなかで聖マルクールの聖遺物がこの病気に特化したとき、この聖人との関係が強化される。病気の専門化は、同音異義語によるにすぎなかったかもしれない。聖クレール〔フランス語で「クレール」は「明るい」という意味〕が盲人を癒すように、マルクールは首に病のある人を癒す〔フランス語で「マル」は病気、「クー」は「首」の意味〕。しかし、民間伝承的な理由が働いたかもしれない。マルクール（Mark-Wulf）[80]とは森の狼という名である。王がこの狼に遭遇するかどうかで、王国が不毛になることもあれば、再生することもあった。あるいは、コルブニィはコルベニクと混同されたということもありうる。『聖杯探求』のなかでは、不具の王がコルベニクで選ばれた人の到着を待ち望んでいるが、その人は不具の王の病気を治し、不毛の地に豊穣をもたらしてくれる。理由がどうであれ、サン＝マルクール〔コルブニィ〕は重要な聖地となり、一四二九年には、聖地と王の奇蹟の結びつきを誰も疑わなかった。王は「聖マルクールの功徳で[81]」病気を治し、王が「その尊厳[82]」を得るのもここである。ところで、フランスでは、ずっと以前から、聖マルクールを除いて、もはや誰もこの病気を適切に治せなかった。シャルル六世の狂気が王の奇蹟を崩壊させ、聖別されていないシャルル七世は一四二二年から一四二九年にかけて誰にも触れなかった[83]。たしかに、真の王でもないのに患者に触れる者は聖レミの病に罹って地に倒れると言われていた。多くの年代記作者がサン＝マルクールと呼んでいるコルブニィにシャルル（この名をもつ第七番目の王。七番目の息子はすべて人を治す）が到着したとき、「彼に対してある勤行と秘儀が行われた。それによって、フランス王は瘰癧病患者を治すといわれている」、あるいは、「修道院のなかで、大きな勤行ととても厳粛な《叙品》が王のために行われた。なぜなら、この供儀によって、王は瘰癧病患者を治すからである[84]」。おそらくは、修道院長が聖マルクールの頭骨〔聖遺物〕の入った箱をもって王の前に進み出たのだと理解する必要がある。王は自分自身の手で聖遺物を祭壇にもってゆき、特別な祈りの言葉が朗誦されるミサに出席した。祈りに続いて、王は病人に触れた。一四〇〇年頃、エチエンヌ・ド・コンティ[85]は触手儀礼を次のように描いている。水が一杯入った瓶が王の前に持って来られる。そこで王は右手を洗う（触手のたびであろうか）。そのあと病人は祈りと断食の九日間この水を飲む。そうすると他の薬がなくても、患者は癒される。触手の儀式は「秘密の言葉」[86]で補足され、すべてのフランス王は、原則としてその言葉を死の床で後継者に漏れ明かすことになっていた。フィリップ四世はそのようにしてルイ十世に瘰癧病の秘儀を伝えた。シャルル七世は父王の死の床に居合わせなかった。けれども、彼は秘密の言葉を唱えることができ、彼の祖先マルクールのように病人を治した。年代記作者のギヨーム・クジノ[87]だけは、王と聖人との親族関係（擬制的で新しいもの）に言及している。たとえ彼がマルクールとカロリング家のアルヌールとをおそらく取り違えているとしても、この考え方は興味深い。そこでは、ランスの塗油以上に王の血が奇蹟を生みだすのだ。

コルブニィのあと、新しく聖別された王は、パリに入る前にサン＝ドニで王の会議を開くことになっていた。シャルル七世がこの修道院に到着したのはようやく八月二五日のことで、そこに三日間滞在した。サン＝ドニの儀式は、聖別式の儀典を補い完了させるものである。シャルルは、一四二二年以来王の墓所に眠る父王の魂のために荘厳な葬儀用のミサを行わせた。そのミサは本来的に相続人で継承者の義務だが、一四二二年にはベドフォード公が葬儀を主宰し、葬礼行事の任務を引き受けていた。王はまた、聖王ルイの王冠など先祖伝来の「王の象徴物」の一部を手に入れた。それゆえ、サン＝ドニにおける王の祝祭行事はいつも以上に重要性をもち、何人かの年代記作者はそれを王の最初の戴冠とみなした。たとえば『モロジーニ年代記』は次のように述べる。「王はブルゴーニュ公にマドレーヌの日にサン＝ドニに来るよう命じた。なぜなら王はランスで聖別され、サン＝ドニで王冠を被るからである。そして、一二人のフランス同輩衆もそこにいなくてはならない」[88]。トマ・バザンにとっては、ランスの式典はまずもって聖別式であり、そしてサン＝ドニで「新しい王についての慣例どおりに王は戴冠された」。その際、シャルル七世は聖王ルイの王冠をこれ見よがしに被り、そのあと王冠を聖なる釘とともにブールジュに慎重に送った。パリ攻撃失敗の少しあと、ジャンヌは自分の武器をサン＝ドニ修道院に寄進した。ジャンヌは、一度も自分の目の前に現れたことのない司教の聖ドニに対してどのような意識を抱いていたのか。古くからのフランス王の守護聖人である聖ドニは、ベドフォード公やヘンリ六世などパリの人々を保護してきた。シャルル七世は猜疑心と形式的な尊崇とが入り混じった形でこの修道院に接した。ジャンヌもおそらくこの感情を王と共有していたのである。それでも八月の終わり、サン＝ドニの儀式のあとでは、シャルル七世は真のフランス王だった。

メシア願望

ジャンヌの使命は、確実に、そして第一に、フランス王国に関するものだった。とはいえ、ランスでの聖別とイギリス人の追放が目指すべき最終的な段階だったのだろうか。いくつかの手がかりが、彼女の使命が実際にはキリスト教世界全体に向けられ[89]、聖地に向かうために結集し、和解し、浄化しなければならないと考えさせる余地を残している。事実、ジャンヌの軍旗は、王国の百合の花と普遍的なキリストの再臨とを並置している。『イギリス人への手紙』は、間もなく（王シャルルがパリに入り、イギリス人が正気に戻ったとき）、フランス人が「これまでのキリスト教世界ではなされたことのない未曾有の功業を」行うと約束している。ランスで王はひとつの王冠（乙女が約束した第二の贈り物[90]）を発見したが、もし王が望めば、もっと権威のある別の王冠が約束されたのである。当惑する裁判官たちは、それは何のことかと尋ねている。そこに天使の冠、あるいは、普段はローマ（ランスはローマに重ねられる）で被る神聖ローマ帝国の冠を見る必要があるのだろうか。ジャンヌはそれ以上の説明をうまくはぐらかしているが、十字軍の夢は彼女から消えなかった。一四三一年の処刑裁判のとき、フランス人はやがて大きな仕事をするだろう、それで神は王国中を震撼させるだろう、と彼女はいつも予言している。

五月と九月のあいだの最初の勝利のとき、メシア願望の熱気がフランスや神聖ローマ帝国の諸地域を席捲した。フランスでは三つの文書がそのことを証言している。『オルレアン包囲についてのラテン語詩』[91]、『ランスの聖別式についての賛歌』[92]、そしてクリスチーヌ・ド・ピザン『ジャンヌ・ダルク頌』[93]である。これらの作品は、キリストの名において、乙女の助けを借りて戦争を指導する、第二にして最後のシャルルマーニュの栄光を謳っている。この王はイギリス人とブルゴーニュ派の人々を打倒し、フランス王として戴冠されるだろう。パリは城門を開くだろう。そのとき、この最後の日の王は、聖なる教会のなかで融和をはかろうとし、異端者や異教徒を討伐するのだ。第三の局面はオリエントと聖地に関するもので、そこでは、「サラセン人の土地を開墾するだろう／聖地を征服することで／彼こそは聖地を征服すべき人」とされる。なぜなら、彼はすべての王のなかの王であり、最終的には世界全体の皇帝なのだから。そこでクリスチーヌは、預言により王であり皇帝であると告知された、シャルルの息子であるシャルルによる三つの勝利の遠征を改めて取り上げる。一四二九年七月において、「カロルス（＝シャルル）の息子たるカロルス」は実現の途上にあると思われた。

これから始まる「カロルス」の第二の段階は、ヨーロッパすべての教会と帝国に関わるはずのものであるだけに、文書が多く流布しているブリュージュ、イタリア、神聖ローマ帝国では、期待感はまた特別の調子を帯びている。それは、おそらく乙女が当初に抱いた夢により忠実であったであろう。勝利はつねに最終的な到達点であるが、それに先立って、王自身の意気消沈と隠忍自重の期間がある。このシナリオでは、王は「もう一人のカロルス」であるよりも「もう一人のキリスト」である。事実、一四二九年に王シャルルはほとんど忠実な臣下や土地をもっていなかった。彼は王国から追われたも同然で、年若く、敵に包囲され、ブールジュの町を支配するだけになった。一ソリドゥスの金もないので、彼はお抱えの理髪師に金を払うことすらできず、使い古しの靴をはき、[94]その色を染め直さねばならなかった。この象徴的な意気消沈は、しばしば自発的なものとして示される。彼は残された最後の宝石を貧しい人々に施し、[95]王の豪奢さとは無縁の暮らしをし、ただ神に辛抱強く祈った。[96]それから嘲笑がやってきた。彼はブールジュの王とか、愚かで間抜けな王と渾名された。王は貧しく、苦しめられ、彼の栄光は消え失せ、彼の力は隠れた。まさにそのときジャンヌと神が介入するのだ。ヴォークールールで、ベルトラン・ド・プーランジィは彼女が「王国は王太子ではなく、神のものであり、神が彼を王にするのです」[97]と言っているのを聞いていた。アランソン公の方はといえば、彼女はシノンで王に次のように要望したと述べている。「あなたは王国を天の王に与えるのです。この献上のあとで、神は、あなた以前の諸王のためになされたように振る舞われるでしょう」[98]。一四二九年七月、教皇マルティヌス五世の傍らでフランス王の代理人を務めていたドミニコ会派の司教〔デュピュイ〕がローマで書いた『歴史概説』はもっと詳しいことを知っている。「彼女は王に対し、自分にフランス王国を贈り物としてくれるよう求めた。王は王冠を彼女に与え、彼女は王国を神に与えた。そのとき、王は世界で一番貧しい騎士となった。神はジャンヌの手によってそれを王に返した。四人の公証人がこの贈与を正式の書類にした」[99]。エーベルハルト・ヴィンデッケは次のように記している。「彼女は王に三つの約束をさせた。彼の王国を放棄すること、それを断念すること、それを神に返すことである……」[100]。したがって、この新しい王冠は隠忍自重の成果である。それは本当にフランスの王冠なのか。四人の証人は他の場所を探すように促す。たとえば〔「ヨハネの黙示録」によれば〕、キリストの再臨のとき、二四人の長老は、世界の境界をしるす四人の天使がいる前で、自分たちの王冠を玉座の足もとに置いた。神学者のデュピュイは「ヨハネの黙示録」をよく知っていたし、日曜日のミサの典礼は、「なぜなら、支配、権力、栄光はあなたのものだからである」という言葉で終わる一節を毎週繰り返し唱えていた。試練のあと、ジャンヌのような慎ましい信徒のために、神は彼女の王に千年は続く最後の日の皇帝の冠を約束したのである。

この統治は、反乱を起こした騎士や、パリなど反抗的な都市といった不服従な態度をとる臣民をすべて赦免することから始まるだろう。王はあらゆる復讐心を捨て、貧しい人も金持ちも、友も敵も、親族もそうでない人も、各自が相手を許すことが必要であろう。そうすれば、王の恩寵が新しい時代を切り拓くことになるだろう。「すぐさま、もうひとつの世界を期待することができる」[101]。この新しい世界は回心と罪に対する内なる戦いに基づいている。それは、戦場でというよりも自己のなかで獲得される。たとえば『モロジーニ年代記』は、ジャンヌが待ち望むフランスとイギリスの和解の始まりを次のように述べている。「一年間にわたって、フランス人とイギリス人は、彼らの領主たちも同様に、小さな十字架を付けた灰色の衣服を着て、毎週金曜日にはパンと水だけを食し、肉欲としては妻とだけ床を共にし、いかなる不和に対しても、戦争は用いないと神に約束するだろう」[102]。要するに、断食、貞潔、告解がローマやエルサレムへの最終的な出発を可能にするのである。

したがって、シャルル七世とジャンヌは、自分たちにはこの世界の「改革」の責務があると感じ取っていた。それを述べるための言葉は非常に多様である。そのいくつかは政治的である（解放、回復、「統治の修復」）が、復興する、修復する、（以前の状態に、あるいは、もっとよく）復原する、回心する、慰める、といった言葉もみられる。『聖ヨハネの騎士の書簡』は医学的な用語と政治的な用語のあいだでためらっている。ジャンヌは「全面的に治療し、王国を改革するために派遣された」[103]。改革という観念は、キリスト教世界の数ある大きな神話のうちのひとつである。それは使徒や教父のところに現れる。彼らにとって、洗礼された人は新しい人を生みだす義務を負っている。そのとき、改革は自己についての努力、罪や異端との戦い、脅威となる最後の審判への準備と考えられる。このまったく個人レヴェルでの現象でしかなかった改革は、カロリング時代に、次いでグレゴリウス改革の時代に徐々に教会まで広がった。十一世紀、教皇たちは教会を浄化し、俗人の手から教会を解放しようと望んだ。十三世紀、彼らは教会を再編成し、托鉢修道会のおかげでキリスト教のメッセージをもっと接しやすいものにした。十四世紀において、教会の改革はまだまだ現実的な課題だった。富裕で権力のある高位聖職者は、任地に赴かないまま聖職をいくつか兼務し、俗人のように暮らし、彼らの信徒が無知なまま取り残され、しばしば異端や迷信によって誘惑されているのを顧みようとしなかった。このような厳しめの見立て（そして過激でもある。というのも、改革は危機的な状況の結果であると同時に、精神性が高まった欲求のしるしでもあるのだから）は、ジャンヌの世代にとても広く共有されていた。教会大分裂（一三七八〜一四一七年）は改革をより必然的なものとしたが、現実には改革を頓挫させた。実際のところ、バーゼル公会議は、依然としてばらばらなキリスト教徒を教皇庁のまわりに団結させるための改革を論じるにすぎなかった。パリの諸大学はもっとも活動的だった。

教会改革[104]は、明らかに、とりわけ高位聖職者や知識人の問題だった。一般の信徒は、たとえ改革を望んでいても、それにあまり加わらなかった。それに、俗人の女性はそのような責任を託される機会がほとんどなかった。事実、偽バルバロだけがジャンヌは「ローマ教会を復興させるだろう」[105]と考えている。教皇権や教会行政に関してほとんど権限をもたない乙女は、それでも、おそらく托鉢修道会士の説教を介して知っていた教会改革の対象のいくつかに共感している。聖職者を尊敬しなくてはならないが、彼らは尊敬されるべき人でなくてはならない。オルレアンで、彼女はイギリス側に与した聖職者を解放している。また伝説によれば、ちらっと視線を投げかけただけで、彼女は妻妾を囲う聖職者を見破り、告発したという。

ジャンヌは、自分なりのレヴェルで、迷信に対する闘いにも加わっている。彼女は妖精を信じないと言い、戦いのときに用いる護符を持っていない。オルレアンで負傷する事態が生じたとき、彼女は傷口の痛みを魔術で鎮めることを断固として拒否する。事実、武人としての職業柄さらされる危険に打ち克つため、兵士たちは伝統に従って、薬、包帯、魔術の祈願を混ぜ合わせていた。ジャンヌは油と包帯で満足する。[iv]

一四一五年にヤン・フスが火刑台上で死んでから、ボヘミアでの異端運動の高まりはキリスト教世界でもっとも大きな関心事のひとつだった。ジャンヌが「異端者を撲滅するだろう」と思い描く文書はかなり多い。フス派に対する十字軍は、ジャンヌがまだ若いときにトゥール(Toul)司教区内で何度も説教されていたし、彼女がモントピロワで対峙したイギリスの兵士は、十字軍の目的で召集されていた。したがって、ジャンヌのフス派打倒の熱意は必然的なものだった。異端運動がヨーロッパ世界を蝕み続けていては、「総出の行軍」など到底見込めなかったからである。『フランスの巫女』は、「ボヘミアを回復する」[106]ローマ出身のもう一人の聖女の到来を乙女の口から告げさせている。とうとう一四三〇年三月三日、乙女はフス派への手紙を書いたようで、彼女の聴罪司祭ジャン・パスクレルが署名した。この手紙は神聖ローマ帝国中を駆けめぐった。異端審問官ジャン・ニデールの『蟻』は、この手紙に触れて、その傲慢さを批判している。彼女はその手紙で、ボヘミアで蔓延していた信仰の腐敗や教会の破壊を次のように非難しているからである。ジャンヌはイギリス人とけりをつけるとすぐに、フス派を処罰し、彼らを正しい信仰へと連れ戻すために、彼女の軍隊をフス派に差し向けるだろう。あるいは、たとえフス派の人々が彼女に使者を送っても、彼女は神の声に許しを乞うよう彼らに言うだろう、と。

十三世紀中葉以来、王国の改革[107]は教会の改革を補完していた。双方とも共通点をもっていた。教皇庁の保護者である王は、いとも敬虔な君主として、あらゆる教会改革を支持した。伝統に従えば、フランス王は他国の王以上にその任務を負っていた。そして、王が王国を改革するとき、同時に王は、聖職者を称えることしかできない臣民の振る舞いを道徳的、宗教的に改善しようとした。王国改革の最初の大王令は、一二五四年、十字軍遠征から帰還した聖王ルイによるものであった[108]。十字軍の失敗が神の意思に帰されたのである。それゆえ、祈って、この国を神の恩寵の状態に戻さねばならなかった。大王令には政治的な決定（王役人の権利の濫用や徴税から臣民を守る）と、道徳的な掟（瀆神、さいころ賭博、売春婦に対する戦い）が入り混じっていた。大王令は十四世紀に二四回も繰り返して布告され、王令の条文は誰もが（ジャンヌでさえも）知っている一種の常套句となった。それと並行して、新しく厄介な問題が出てきた。租税、その決定ないし徴収の条件の問題である。さらに改革の大王令はシャルル六世時代の一三八九年、一四〇五年、一四〇八年、一四一三年、一四二〇年に公布された。改革はすぐさまブルゴーニュ派に対するアルマニャック派の反乱のお題目のひとつとなった。徐々に両陣営の顧問官たちは改革モデルを入念につくりあげていくが、それぞれのモデルには共通点（改革は望ましく、改革は道徳的な原理に則り、臣民を慰撫するものでなくてはならない）も相違点もあった。ブルゴーニュ派の側では、改革は自分たちの手から離れた権力に対抗する手段である。そこで、彼らは改革を「肢体のなか」（一般の民衆）でも「頭のなか」（権力の上層部）でも構想する。王権は諮問機関の権限によって枠をはめねばならない。課税は最小限度に圧縮されるべきで、王役人はできるだけ少なくすべきである。ジャンヌの主席裁判官であったコーション自身、一四一三年の有名なカボシュ王令の起草に参加した。この王令はすぐさま廃止された。

アルマニャック派の側でも、改革の考え方は知られていないわけではない。ただし、一四一三年の虐殺事件〔カボシュ一揆〕[v]のあとでは、この言葉それ自体に漠然とした胡散臭いものがある。『議論と和解』はこの言葉を使っていないし、ピエール・ド・ヴェルサイユの『書簡』[109]は浄化、回心、復興という言葉を合わせて使っている。これらふたつのアルマニャック派の行動計画は一四二〇年代のものである。ふたつとも一四二九年のジャンヌの改革案とはっきりした共通点をもっている。アルマニャック派の改革は、完徳者と評される君主にはあまり関心を示さない。王の権力は制限されないのである。『議論と和解』はそれについて語るのを避けているが、ピエール・ド・ヴェルサイユは真理、正義、寛容といった美徳を称える。若き王はすでにこれらを有し、王はそれらに実を結ばせるだけで十分である。この問題について、ジャンヌは見解を変えた。最初の時期のドンレミ村で、彼女は「王は身をきちんと正さねばなりません」と言っているが、裁判では「私の王はもっともカトリック的です」と明言する。ジャンヌの登場が引き起こしたかも知れないすべての罪に王はいっさい関係しない。ヘルマン・コルナーだけは「頭のなか」の改革をジャンヌに帰している。「彼女は王に言う。もしあなたが神に従い、あなたの生活態度を改め、あなたの王国を改革すれば、神はあなたの敵を打ち負かしてくれるでしょう。もしあなたがすべての悪い行いを放棄し、もしあなたが私の助言に従うならば、あなたは勝利を得るでしょう、と。……王は生活態度を変えた。……」[110]。『モロジーニ年代記』についてみれば、ジャンヌの約束が実現されるのは、「王が悔い改めるならば」そのときだけである。王は他の人にとって模範でなくてはならず、善良な王のもとでは、あえて悪いことをする人はいない。

回心への努力は、とりわけ王国の臣民に関わっている。まずは戦争と政治に責任をもつ人たちからである。それゆえ、改革の初めに手をつけるべきは軍隊と宮廷である。そこでは最初に、聖王ルイの政治を適用し、冒瀆、賭博、売春を禁じ、貧民を労わらねばならない。最初に冒瀆が来るが[111]、それは聖なるものへの侵害であり、ジャンヌと同世代の人々の強迫観念である。事実、神、聖人、聖女を冒瀆すること、秘蹟に不満を述べることは、生命に関わる罪であり、最後の日に釈明しなければならない魂にとって危険である。しかし、冒瀆はまた、集団的な危険でもある。神を悪しざまに言うことは、王を悪しざまに言うことであり、嘘をつき、誓いを守らないことである。冒瀆は王との関係と同様に、神との関係を覆す不敬である。それは邪悪な臣民と同様に、邪悪なキリスト教徒をもつくる。それは堕落した王国に対してと同様に、諸個人に対する神の怒りを引き起こす。皆は、この世代の人があまねく冒瀆者であると思っているのだ。若い人も老いた人も、男も女も、俗人も聖職者も、すべての身分の人が冒瀆的な言葉を吐いている。教皇庁も王の宮廷以上にそれを免れているわけではない。冒瀆は危機と敗北を説明する。終末の恐怖と東方におけるトルコ人の進出も冒瀆という問題に収斂する。なぜなら、不信心者は最悪の冒瀆者（異端者の一歩手前）なのだから。

宗教上の罪である冒瀆はまた刑事的な罪[112]でもあり、一二五四年以来の改革大王令やフィリップ尊厳王の統治以来の特別な王令によって訴追されていた。しかし、歴代の諸王がそれぞれの治世に一度か二度、つまり権力の座につくか――そうすれば聖王ルイと結びつく――、政治の難局時に法を制定したのに対し、シャルル六世は四二年間に四度、シャルル七世は三九年間に四度（一四二〇年、一四二八年一〇月一日、一四三七年一二月、一四六〇年）、法を制定することになる。王は、「冒瀆の増大が神の怒りを引き起こしている」と繰り返している。

ところで、一四三一年の裁判でジャンヌが瀆神の罪人（ここでは、諸々の規範との衝突という意味においてである）と認定されたように、この問題は一四五六年の無効裁判でも取り上げられた。回答はとても多く、文書化され、簡略化されている。そこでは、冒瀆は浅ましい誓いという意味でのみ取り上げられている。証人たちのもっともなこの用心深さに反して、ジャンヌの冒瀆に対する戦いはより広い文脈のなかに刻みつけられている。すなわち、この世界では、言葉と現実は一致すべきであり、また、そこでは、無益で、虚偽の、神への尊崇や王への敬意に反するどんな言葉を発してはならない。彼女の預言は絶対的に真であり、たとえどんなに辛くとも裁判官には本当のことを言わねばならない。そしてシャルル七世は真の継承者で真の王である。真理という観念は[113]、たしかに創世の象徴である七からなる基本的な七つの美徳のひとつではなかったけれども、それが現われた一三八〇年代は、教会大分裂が真の教皇と偽の教皇を対立させ、百年戦争が真のフランス王と偽のフランス王を対立させていた時期である。フィリップ・ド・メジエールやクリスチーヌ・ド・ピザンと同じく、ジャンヌは、教会分裂や戦争を終わらせ、新しい世界の樹立を可能にするのは、ただ真理という女王のみと考え、みずからはその女王に仕える召使いであるにすぎなかった。

真理と冒瀆との関係は密接である。というのは、冒瀆は神にふさわしくないものを神に帰すとか、神の卓越した善良さを否定することと規定されていたからである。ジャンヌ自身は神を冒瀆していたのだろうか。一四三一年の裁判官たちは、彼女が何度も平常心を失い、腹立ちまぎれに浅ましい宣誓をしたことで彼女を告発した。たとえば、彼女がイギリス人に引き渡されることを知ったとき、ボールヴォワールでの飛び降り事件のとき、ソワソンの町がブルゴーニュ派に引き渡されたとき、さらにコンピエーニュの住民の運命を心配したときである。だがジャンヌによれば、牢番は自分の言うことをよく理解しておらず、自分は「神の意のままに、聖ヨハネにかけて、聖母にかけて[114]」と、当たり障りのない言葉しか言わなかった。二月二七日の尋問でも、彼女は同じような言葉を使っている。「天使が王の頭の上にいたとしても、私はそこに聖母を見ませんでした[115]」。質問はドンレミでも、オルレアンでも発せられる。彼女の村の九名の証人は[116]、彼女は神を恐れて誓いを立てなかったと断言する。ジャネット・ティスランはジャンヌが「過ちなく[117]」と言うのを聞いたことはあるが、どのような理由や機会であろうとも、彼女は誓わなかったという。彼女の戦士仲間やオルレアンの市民たちもそれを追認している。それでも何人かは、彼女の命令に力を添えるために、彼女が「神の名において」とか「私の棒《マルタン》にかけて」と言っているのを聞いた。すでにポワチエでの調査のとき、冒瀆に対する彼女の戦闘的なまでの敵意は、彼女を取り調べた人々にはよいしるしのように思われた[118]。のちほど彼女は、たとえアランソン公[119]のような諸侯であっても、神を冒瀆した戦士仲間を糾弾した。彼女は彼らを批判し、彼らが意固地になれば、彼らを罰するか、彼女の仲間から追放した。ラ・イール[120]のような普段から神に誓って〔罵って〕ばかりの連中に対して、彼女はそれに代わる文言を勧告する。事実、兵士たちは彼女の面前で罵るのを控え、何人かは身を誤るのを恐れて、彼女が皆によき模範を与えている限り沈黙を守ってさえいた。

それを補うふたつの『説話集』が現れた。ルノード・ユレ[121]が語るそのひとつはこうである。ある大領主がオルレアンの通りの真っ只中、ジャンヌの目の前で神を冒瀆し、彼女はそれでひどく取り乱す。彼女は彼の首根っ子を掴む。「神の名において、私がここから出発するまでに、それを取り消しなさい」。彼は後悔し、それ以後悔い改めた。もうひとつのポワチエでのこととされるエピソードはパスクレルによって語られる。馬に乗ったある男が、もし自分がジャンヌを捕まえたら、彼女を乙女のままにはしておかないだろうと神に誓った。ジャンヌは彼に言う。「神の名において、あなたは神を否定したのです。ですから、あなたはそれほどに死に近いところにいるのです」(122)。一時間のうちに、彼は水に落ちて溺死した。この溺死した冒瀆者は、グラスデールと彼の一党の運命を予告している。彼らは神を否定し、乙女を嘲笑して、トゥレル要塞の攻撃のとき、ロワール川に沈んだのだった。事実、一一八二年のフィリップ尊厳王の大王令は、冒瀆者を水に投げ込むことを予め定めており、多くの地方の慣習法がその記憶をとどめていた。さらに、その紋切り型の表現によれば、イギリス人は冒瀆者であり、十三世紀の『説話集』の選集は、あまりにも神を否定したためにブルゴーニュ派の多くの居酒屋の主人、馬車屋、牛飼いが川に沈んだ例を数えあげている。したがって、冒瀆との戦いは政治的なニュアンスを欠いたものではなかったが、メシア的な含意ももっていたのだ。曰く、もしキリスト教世界で冒瀆が敗北すれば、習俗も精神も純化されるだろう。人は神の道を辿ることができるだろう。もし冒瀆がいたるところで敗北すれば、異端者も、ユダヤ人も、不信心者もいなくなるだろう。東方世界は昔の信仰に立ち戻るだろう。ただひとつの羊の群れと、ただ一人の司牧者だけになるだろう。神は新たに全世界で称えられるだろう。

改革の観念は、きわめて伝統的な性の浄化をも含んでいた。結婚の法は守られねばならない。なぜなら、姦通はスキャンダルで、相続人の正統性を疑わせるからである。姦通は公共の無秩序や財産の偶然的な移転をもたらす。その責任を誘惑する女性やけばけばしい装身具のせいにする托鉢修道会に対して、ジャンヌはむしろ男性の姦通者を批判する。ジャンヌは女性の衣服や、淫らな女性とみなされる媚態を決して攻撃しなかった。聖王ルイと同じように、彼女はふしだらな女性と戦うが、それは売春宿にいる女性ではなく、軍隊につきまとう女性である。神は不浄な兵士に勝利を与えることはないだろう。この解けない難問に彼女はさまざまな解決策を検討する。たとえば、戦闘以前に娘たちを遠ざけること、彼女たちを決定的に遠ざけるか、彼女たちの愛人と結婚させることである。彼女たちを処罰するか、回心させて、よき妻にならせるか、そうしなければならない。というのも、彼女たちは乙女の状態にはまず戻れないからである。この性の規範化には、生まれてくる子どもへの関心が交っている。ジアンで兵士と一緒に移動している一人の妊娠した娘に出会ったとき、ジャンヌはもっと穏やかに妊娠期間を過ごせるようにこの娘を実家に送り返している。ここでは生命の保護がスキャンダルの恐怖に勝っている。

ジャンヌの改革は、聖王ルイの改革と同じく、三つあった。

すなわち、冒瀆、性の無秩序、賭博との戦いである。実際、ジャンヌはさいころ賭博を毛嫌いしていた[123]。それは無暗に神に呼びかけるので、喧嘩騒ぎと神の冒瀆の恰好の機会となる。くだらないことで神に祈るのは適当でない。それに、神を冒瀆し、娘を追いかけ、呑気に遊んでいる輩は大半が富裕者と権力者である。ところで、ジャンヌは他の多くの人々と同様に、神による貧しい人の選別を信じていたように思われる。彼女自身が「貧しい娘[124]」で、「貧しい人を慰めるため、彼らのもとに遣わされた」のである[125]。そうした貧者への配慮は、さまざまな様相を帯びる。まだ小さいとき、彼女は貧しい人にベッドを貸し与え、父からもらった金を与えた。一四二九年以後、「彼女は困窮した人や貧しい人を支えるのが好きだったので、とても気前良く施物を与えた[126]」。貧しい人は彼女のまわりに押し寄せ、彼女の足や衣服に口づけをした。彼女は彼らとの触れ合いが好きだったので、彼らが不幸に耐えるのに同情心をもって助け[127]、彼らに話しかけ、彼らを不愉快にさせなかった。『フランスの記録』は「彼女は力の限り彼らを支えた[128]」と明確に述べている。したがって、彼女は兵士が貧しい人を邪険に扱い、わずかの財産を奪うのを禁じた。おそらく彼女は、権力者の傍らで、あるいは貧乏を経験した王の傍らで、貧しい人々の弁護人であろうとしたのだ。いずれにしても、千福年〔神の国の到来〕のときには、貧しい人も苦しむ人もいなくなるだろう。シャルルに体現されているはずの理想的な王は、キリスト教世界のすべての敵を打ち負かすだろうが、同時に彼は平和と正義と繁栄が永遠に続くようにするだろう。そのとき、預言者たちによって求められた改革を適用した王は、「彼の敵に勝利をおさめるだろう。……百合は永遠に花を咲かせるだろう」。

ジャンヌが取り組んでいるメシア的なシナリオの到達点はあまり明確でない。十字軍は成功し、ユダヤ人は不信心者と同じく回心する。平和と和合がこの世界を支配する。ジャンヌはシャルルに付き従って聖地に赴き、そこで、彼女の言葉の力によって、また、彼女の要請で神によってなされる奇蹟によって、彼に勝利を与えるだろう。そしてそのとき、自分の使命を成し遂げた乙女は聖地で死ぬのだ。それは、彼女が可能にした千福年が始まる前である。

一四二九年九月八日まで、シャルル七世と乙女はユートピア的な再生の希望を具現化した。天使に助けられた最後の日の皇帝は、第一の旅程〔王権〕と、おそらく第二の旅程〔神聖な帝国〕に成功し、あとに最後の第三の旅程を残した。一四二九年九月のパリを目の前にした挫折が、千福年の希望に弔いの鐘を鳴らした。ジャンヌの使命はそれ以降、王国という枠組のうちに縮小化された。なぜなら、まったく単純に、それが実現された唯一の部分だったからである。そのうえ、ジャンヌは一四三一年の裁判でそれについて話すことを避ける。そこでは、彼女は自分の無知を盾として口を閉ざしてしまう。

一四五六年、こうしたジャンヌの預言をよく知っているシャルル七世側の神学者たちは、その範囲を実際にあった事実に関わることだけに押しとどめようとする。そのとき、「キリスト教世界のなかでもっとも偉大な功業」は、もはや最終的な十字軍ではなく、ギュイエンヌとノルマンディを支配するイギリス人に対する再征服となる。ジャンヌは王国のためにだけ活動したのである。彼女は「キリスト教世界のなかでもっとも高貴な部分〔＝フランス〕」を救い、そして、そのために間接的に働いたとされる。ジャンヌに通じる預言の真実を証明するという関心のなかで、王側の神学者たちは実際に起こらなかった十字軍を切り捨てるだけにした。彼らにとって、ジャンヌの使命は説明可能であり、合理的で、現実的なものであって、神話ではなかったのだ。

訳注

［i］アンセイスは、ロランやオリヴィエなどとともに、シャルルマーニュ〔カール大帝〕のもとで活躍した勇猛な騎士で、『ロランの歌』に登場する。

［ii］中世末期のヨーロッパ諸国では、その起源を古代のトロイアに求める学説が広く支持されていた。その場合、フランスのトロワはトロイアに、パリはトロイア戦争の原因をつくったパリス王子に由来するとされた。

［iii］十四世紀に入って、フランス王家では、王を継承すべき男子がいない事態がしばしば生じた。一三一六年にルイ十世、一三二二年に次弟フィリップ五世、一三二八年に末弟シャルル四世が相次いで亡くなったのである。ただし、それぞれの王に女子はいたので、彼女たちを女王に推戴する可能性はあった。だが、まだサリカ法が「発見」される以前だったにもかかわらず、王位継承者たちの野心によって、女子の王位継承は排除された。そのひとつの結果として百年戦争が勃発したのである。

［iv］フス（一三六九頃～一四一五）はボヘミアの宗教改革者でプラハ大学学長となる。教会を批判して一四一四年コンスタンツ公会議に召喚され、翌一五年に異端として火刑に処された。その後ボヘミアでは、フスの教説を支持する人々が反乱を起こしたので、ジャンヌが生きた時代は、まさにフス戦争（一四一九～三六年）の時期と重なる。

［v］カボシュ派とは、シャルル六世治世期に肉屋のカボシュを頭領としたパリの民衆派のことで、ブルゴーニュ派を支持し、一四一三年にパリで反乱を起こして、アルマニャック派を無差別に殺し、バスティーユをも奪った。これに恐れをなしたアルマニャック派によって、一四一四年、カボシュ派は鎮圧された。

第12章

アルマニャック派の淫売

La Putain des Armagnacs

オルレアンの城壁でグランヴィルの私生児《バタール》がジャンヌ・ダルクを「アルマニャック派の淫売」[1]呼ばわりするとき、歴史家たちはそれに懐疑的である。ジャンヌは淫売ではなかったし――彼女の純潔はまったく疑いようがない――、アルマニャック派でもなかったはずだというのだ。[2]それゆえ、外国を別にすると、[3]この疑問に取り組まれることはほとんどない。それほどにフランスにおいては、乙女とカトリック的で国民的な伝統との一体性が強い。そのうえ、中世の〔主従関係に集約される〕政治的党派[4]は長いあいだ評判が悪く、あるいは、その構造についても、そのイデオロギー、もしくは世論に及ぼした影響についても十分に理解されてこなかった。十四世紀半ばのナヴァール派の活動に関しての研究[5]が最初に始められたのは、ようやく一九六〇年代である。オルレアン公家についての研究[6]は、紋章の銘についての包括的な研究[7]と同様に、きわめて最近のものである。オルレアン派[8]ともなると、ブルゴーニュ派〔の研究〕と比べて明らかにあまり知られていない。ブルゴーニュ派は、長く続いた活動とフィリップ善良公《ル・ボン》の喧伝家たちによる効果の恩恵に浴した。ジャンヌの党派性に関する問題がたまたま提起されても、それは、ジャンヌが操られていたと結論づけるためである。オルレアン派はジャンヌを利用したのだろうか。どうして、彼女がオルレアン派を信頼したかどうかを問わないのだろうか。

もちろん、難しい問題は多い。一四〇〇年から一四二九年にかけては、党派の名もその現実もすぐさま変わる。ジャンヌの政治文化は、大学で養成され、アリストテレスやトマス・アクィナスに親しんだアルマニャック派のエリートのものと同じではない。ジャンヌには、合理的に考えるというよりも政治的な直感がある。彼女の王国観は、説教や騎士道物語だけではなく、彼女のとても短い個人的経験、彼女の聴罪司祭の助言といったものからも培われている。それに、一四三一年の裁判は、彼女が政治的見解を表明するよう促してはいない。それは裁判の主題ではなく、たまたま答弁のなかに見えてくるだけである。それはパズルのようなもので、私たちはその全体像を描くことができないし、一四三〇年の世代に共通した土壌と、ある党派の文化により直接的に属しているものとを分けるのは難しい。

オルレアン公家の人々

乙女はフランス王国の国境《くにざかい》の内側で生まれた。というのは、ムーズ川が伝統的にフランスと神聖ローマ帝国を分けているからである。「彼女の国籍《ナシオン》はどこかというのなら、彼女は王国の出身である[9]。彼女の故郷《ペイ》はどこかというのなら、彼女はヴォークールールの出身である」。ドンレミはふたつの封建的な所領に分かれている。村の一部は王国に直接的に属し、ジャンヌの家があったところはバール伯領の従属地であった。しかし、ジャンヌの子ども時代には、村はふたつの政治党派が相対立する思惑のあいだで揺れ動いている。ヴァロワ家出身のブルゴーニュ公は、こちら側の国《ペイ》（ブルゴーニュ公領）と、あちら側の国《ペイ》（フランドル伯領）の両方を統治しており、それらを結ぶ戦略的な道路がムーズ渓谷を貫いている。ヴァロワとポルシアンの伯であるオルレアン公ルイは、敵をふたつの領国に分断しようとこの地域に駒を進め、またロレーヌをフランス王国に組み入れようとする。メッスやヌフシャトーは、オルレアン公の軍に安全に守られて、王国の庇護下に入る。

ジャンヌの父はアルマニャック派の名士である[10]。乙女の子ども時代は、彼女を非常な恐怖に陥れたブルゴーニュ派の野武士団による略奪で特徴づけられる。ジャンヌは、自分の政治的立場の形成の面で父の影響をいっさい否定する。彼女はそれをフランス王を愛する「声」のせいにしている。幼少時から、彼女はブルゴーニュ派の人間を憎んでいる。彼女がアザンクールの戦いのあとのオルレアン公捕囚の話を聞いたのも、モントローの殺人事件[11]（不幸な出来事であるが、王太子が責任者だと彼女は思っていない）、あるいはトロワ条約（彼女はよく理解していない。この条約はシャルル七世の正統性を否定してはいない）について聞いたのもこの村であった。ドンレミでは、ジェラルダン・デピナルを除いては、全員がアルマニャック派である。ジャンヌは、もし自分が彼の息子の代母でなければ、すすんで彼の首を刎ねたことだろう。村の少年たちは隊列を組んで、ブルゴーニュ領に属するマクセー村の腕白小僧たちと喧嘩をしに頻繁に出かけるが[12]、もちろん少女たちはそこに行かない。

　ジャンヌの使命が始まるのは一四二九年の四旬節のとき、すなわち、オルレアンがイギリス人によってすでに八ヵ月ものあいだ包囲され、攻撃されるか、降伏をのむかの瀬戸際のときである。実際の首都で、同じ名をもつ党派の象徴でもあるオルレアンは、イギリス人に囚われているオルレアン公シャルルのもうひとつの身体である。イギリス人が公の身体と都市の双方を所有することなど、どうして座視できるだろうか[13]。オルレアンの占領はオルレアン派の消滅をしるすことになるだろう。なぜなら、もはや公は自分の身代金を払うことができなくなるからだ。ある意味で、公の支持者にとって、オルレアンの陥落は、王国以上に重大な結果をもたらすのである。ジャンヌの使命は二つから四つの段階を含んでいる。第一段階はオルレアンの解放である（それは、彼女が神から遣わされたことを証明する）。第三段階は公シャルルの解放である。言葉を換えると、ジャンヌの使命は、フランス王に関するもの（第二段階である聖別式と、第四段階であるイギリス人の追放というふたつの義務）と、オルレアン公に関するものにはっきり分かれている。シャルルは「オルレアンの善良公」[14]であるが、その当時、このような呼び名は誰もが認めていたわけでない。神は彼の優れた資質を見抜き、彼を王に次ぐ他の誰よりも、もちろんジャンヌよりも愛するのである[15]。ジャンヌの方も、もちろん王の次にだが、彼について神から啓示を得た[16]。彼女は状況に応じて、〔フランス側の捕虜となった〕イギリスの領主たちと公との人質交換、奇蹟による公の帰還、さらには公を取り戻すためにイギリスとの戦い[17]を考えている。彼女は公に好感を抱き、公の利害に対する忠誠心をもっている。

　中世の党派は、第一に君主との主従関係の上に成り立っている[18]。党派は、順調にいっているときには君主を権力の座につけようとし、さもなければ、君主を守ろうとする。ジャンヌとオルレアン公の血をひく一族との関係は多岐にわたっている。オルレアン公シャルルの庶出の弟であるデュノワ[19]は、ロワール渓谷方面の国王代官《リュートナン》[20]を務めている。何人か、とりわけブルゴーニュ派の年代記作者は、オルレアンの町を救うために、ボードリクールが、ジャンヌをデュノワのもとに遣わしたと考えている[21]。乙女は、シャルルの女婿である美男のアランソン公を高くかっている。彼女は、彼の若い妻であるジャンヌ[22]（シャルル六世の娘である元のイギリス王妃〔イザベル・ド・フランス。イギリス王リチャード二世と結婚していた〕の娘）を訪ねてソミュールへ出向き、彼女に夫の無事帰還を約束している。事実、彼女は戦争のあいだ、アランソン公の命を救うことになる。そして最後に彼女は、彼らに味方してオルレアン公領の諸都市に入城する。オルレアン公シャルルは、一四一〇年、ボンヌ・ダルマニャックと再婚していた。ジャンヌはアルマニャック伯[23]や、テルム領主のチボー・ダルマニャック[24]のもとによく出入りした。チボー・ダルマニャックは、一四五六年の二度目の裁判の際、法廷で証言している[25]。最後に、シャルルの従姉妹であるボンヌ・ド・ヴィスコンティは、自分のミラノの所領を取り戻すために、『天の王から遣わされた敬虔なジャンヌ』に宛てて手紙を書いた。

党派を構成するのは、血縁と同盟関係である。さらに、霊的親族関係もその一端を担っている。ジャンヌはラヴァル家ともっとも親密な関係を築いているが、それは、ラヴァル家当主の祖母が、オルレアン公ルイの代父でもあったデュ・ゲクランの寡婦だったからである。ジャンヌはこの女性に金の指輪を贈っている[26]。いうなれば、王国にとっての第一と第二の救国者を結ぶ絆である。さらにジャンヌ自身も、オルレアン公領内のシャトー＝チエリにおいて、〔王やオルレアン公の〕忠臣の子どもたちの代母役を引き受けている。ジャンヌは子どもたちにシャルルと命名する。それは王とオルレアン公の名前である。

どの家門もそうだが、オルレアン公家は、自分の利益を守り、調停役として党派を構築する。ジャンヌを取り巻く人々のなかにオルレアン公家が果たした役割をみることはそれほど難しくない。シノンにおいて、ジャンヌは、公の評定官であり、のちにトロワの代官《バイイ》となるギヨーム・ベリエ[27]のもとに宿泊している。オルレアンで彼女を迎えるジャック・ブシエ[28]は公の財務官であった。二〇年間にわたって、彼は、公の身代金支払いに関する交渉にあたって中心的な役割を果たしていた。ジャンヌは、そこでオルレアン公の未来の解放を保証して、彼女の宿の女主人を激励している。ポワチエでは、彼女は公の評定官であるジャン・ラバトーの家で『イギリス人への手紙』[29]を書き取らせている。公の小姓のルイ・ド・クートは、シャルルへの奉公のさなかの一四二七年に父を失い、それ以来、公が彼の一族の面倒をみていた。ジャンヌの名声は、とりわけシャルルやアランソン公に仕える書記官や法律家たちによってもたらされた。すなわち、ペルスヴァル・ド・ブーランヴィリエ、アントニオ・アステザーノ、ギヨーム・クジノ、ペルスヴァル・ド・カニィといった面々である。

場所と象徴

この中世の政治的な党派〔オルレアン派〕は、領域的な現実とは部分的に異なっている。たしかに、長期にわたって継承され所有されてきた土地において、君主〔オルレアン公〕の支持者は多数派以上のものがある。ブルゴーニュ派は、敵の親王領の中心地にあたるオルレアンやヴァロワでは、いつも少数派だったに違いない。コンピエーニュのように〔オルレアン公領に〕近い王党派の大きな都市もまた、多くのオルレアン公の支持者を数えている。オルレアン公に属する土地は、ジャンヌの遠征に大きな役割を果たすのである。オルレアンを解放したあと、彼女はオルレアン派の都市であるジャルジョーやボージャンシーからイギリス人を追い払う。遠征を前に、彼女が自分の軍旗を祝別させたのはブロワ、それもブロワ城の第一前庭に建つサン゠ソヴール教会のなかであった。そこには、ヴァランチーヌ・ヴィスコンティ、イザベル・ド・フランス、フィリップ・ド・ヴェルテュといった公シャルルの母、妻、兄弟の墓石が納められている。すぐ隣のブール゠モワイヤン修道院には、公の姉妹の名をもつ聖マルグリットの聖遺物が納められている。より東側にあるフィエルボワにおいては、巡礼者ジャン・ブシェ（おそらく公の親族）が乙女の武運を聖カトリーヌに祈願しに行くことになる。

オルレアン公領のもうひとつのまとまりは、パリの北、クレピ゠アン゠ヴァロワ、シャトー゠チエリ、ソワソンのあいだにある。ジャンヌは皆の前や、アランソン公の傍らで公的に聖体を拝領し、「神に栄光あれ」と叫ぶ群衆のなかを彼女に味方した都市に入城する。彼女の奇蹟が起こるのも、選ばれたこの地においてである。すなわち、シャトー゠チエリの白い蝶々や、ラニィでの死産の子どもの蘇生である。彼女はデュノワに、王にこれほど忠実なこの土地に、善良な人々の近くに埋葬してもらいたいという願いを打ち明けたという(30)。中世においては、祖先の傍らで永眠することが理想的な選択であったが、ジャンヌは生まれ故郷の村や無名の親族よりも霊的家族の方を選ぶのである。同様に、彼女はオルレアンの司教座聖堂参事会から六〇年間にわたり家を一軒借りることになる。彼女の母親とオルレアン公シャルルに仕える兄たちの一人は、この地に居を構えるが、オルレアンと公はジャンヌが報いてくれた数々のすばらしい奉仕を称えて、彼らに贈り物と年金を与える。

中世の諸党派(31)は、自分たちの人気になくてはならない可視的なものをも求めている。党派の支持者は、自分たちの主君の紋章と銘のすべてか、その一部をもっている。一四一一年以降、諸党派は自分たちの標章を、個人の居館を越えて、町なかの住民たちにまで配る。すべての党派には、それぞれの色彩と合言葉、それに声がある。

ジャンヌが使用した、軍旗の尻尾の先端にある、濃紺地に金色の百合の花をまき散らした紋様は、おそらくはオルレアン公家の紋章に由来する。王はシャルル五世以来、三枚の金色の百合の花の紋章図形をもっている。百合の花を散らした紋章は「いにしえのフランス」に由来するものである。軍旗のテーマ（最後の審判）は、オルレアン派の合言葉でもあった正義と結びつけることが可能であろう。一四二九年六月、財務官ブシェはエキュ金貨一三枚を、真紅とうす緑色のブリュッセル産の織物であつらえた衣服の代金として与えているが、その衣服にはジャンヌ用の、白の裏地がつき、金色のイラクサの葉〔ブルゴーニュ公が用いていた意匠〕の刺繍が施されていた。[i] ブルゴーニュ公に対して辛辣な意味をこめた銘句は一四〇〇年以来、オルレアン公ルイによって採用されていた。節のある棒は、その少しあとに登場した。[i] ペルスヴァル・ド・カニィやパリの一市民が伝えるジャンヌが手にする大きな棒は、ブルゴーニュ派に向けられたこの棒と同じものだろうか。銘の入った衣服は、すべての人が着ることができる。すなわち、同盟を結んだ者、封臣、公の親族のような家人たちである。布地はさまざまである。王もまた、一四二九年に百合の花と三色〔赤、緑、白〕の衣服を身にまとったが、イラクサや棒は取り入れていない。それに準拠したのは、むしろオルレアン派である。

党派の合言葉は、衣服に刺繍されたり、住居の壁一面に書かれたり、戦いのさなかに叫ばれることもある。オルレアン派の銘について、裁判官たちは、ジャンヌがもちえた知識を推し測ろうと努める。いくつかの尋問と告発状の第五二条は、正義、平和、団結という図像が横並びに描かれていたジャック・ブシェの館のフレスコ画に関するものであった。正義は、オルレアン派のもっとも古い合言葉である。彼らは、一四〇七年のオルレアン公ルイの殺害者であるブルゴーニュ公の処罰を要求するためにこれを採択している。[32] ここでは、この手法は、〔オルレアン派の〕正義を諸党派と王家との和解に結びつける。叫び声や守護聖人への信心についても同じ曖昧さがある。すべてがまだ明確な系列化を必ずしもとっていない。乙女の方も、敵方の守護聖人である聖《セント》アンドリューを正確には知らない。彼女は自分の甲冑をサン゠ドニ修道院に寄進している。というのも、「それがフランスの叫び声」〔フランス王の軍隊の叫び声は「サン゠ドニ」であった〕だからであるが、この聖人はイギリス人やブルゴーニュ人がパリを奪うがままにしたので、王はほとんど聖ドニを見限って、聖ミカエルを守護聖人に選んだ。聖マルグリットはアルマニャック派の守護聖女の一人であり、アルマニャック派は、ひな菊の花〔フランス語でマルグリット〕を自分たちの標章である白い帯に刺繍していた。聖カトリーヌはジャンヌの前に現れる。十五世紀末の『国王一覧表』は、ジャンヌの兵士たちに「神よ、聖ミカエルよ、聖カトリーヌよ」と叫ばせている。言い換えれば、一四二九年のオルレアン派の視覚と聴覚によるアイデンティティはいまだ曖昧であり、王家の軸とオルレアン派の軸のあいだでためらいをみせている。

すべての党派は、擬制的家族とか「盟友《アミティカ》」と考えられている。そこでは愛は、ふたつの方向に向かって流れることになる。そのひとつは、よき統治ということで、主君から臣下へと向かい、もうひとつは、主君自身と彼の利益に対しての忠誠と献身ということで、臣下から主君へと向かう。ある党派の支持者や戦士の大半は、自分たちの生来の主君に付き従う。それに反すると、疑いがかけられる。たとえば、「ランス生まれであるにもかかわらず、コーションはイギリス人の党派に強く傾いていた」のであり、特別な事情（同盟、宣誓、宮廷への出入り）によって説明される。そのときから、同じ愛情、同じ憎しみを有する者たちと、あらゆる分野における奉仕を取り交わすこともまた望まれる。たとえば、物質的な奉仕の面でみると、ジャンヌは、自分のために旗をつくった画家の娘を結婚させるためや、確実にアルマニャック派であったパリの宿屋の主人を解放させるために仲介役を買ってでている。また、精神的な奉仕の面では、党派の内部において、ジャンヌは高位の者にも下位の者にも叱責と助言を与えている。なぜなら、共通の名誉が皆の道徳性にかかっているからである。彼女は危険な状況にあるコンピエーニュの善良な人々のために祈り、彼女の党派の人々は、勝利のときも苦境のときも、彼女のために祈る[33]。彼らは彼女のためにミサを行い[34]、彼女はそれをよしとする。もっとも、天は、天上の社会の対立を〔現実にも〕映しだす。聖カトリーヌと聖マルグリットは、イギリス人やブルゴーニュ派が好きではない（神だってまたそうなのだ）。聖ミカエルが王とジャンヌを保護するとすれば、もう一方のイギリスの側にいる聖《セント》アンドリューと聖《セント》ジョージは、赤い十字架をまっすぐに、あるいはX字状に立ててもっている。

　イギリス人とブルゴーニュ派が憎しみの的となり、その憎しみが諸党派〔アルマニャック派・オルレアン派・王太子派〕のアイデンティティをひとつに固めさせる。中世の党派というのは、政治的な計画との絡みでというよりも、ある個人に反対することによって明確にされる。定義のうえで、アルマニャック派とは反イギリス人、そして反ブルゴーニュ派だった。ジャンヌのいうブルゴーニュ派とは、アルマニャック派のいうブルゴーニュ派だったのだろうか。子どものとき、彼女はブルゴーニュ派を恐れていた。三月二二日付の『イギリス人への手紙』のなかで、名指しはされないけれど、彼らは「裏切りと、よからぬ事柄と損害を王国にもたらそうとする輩」として登場している〔この文言は、本書末尾に訳出した手紙にはない〕。イギリス人とは異なり、ブルゴーニュ派は他の言葉を話す外国人ではない。神はジャンヌに彼らを王国から追放するよう厳命した。ジャンヌはブルゴーニュ公に宛てて二通の手紙を書いた。最初の手紙は現存しないが、一四二九年六月末に公を王の聖別式に招待するものであった。忠実な臣下であり、ましてや王の象徴物の授与に大きな役割を果たす筆頭の世俗諸侯は、そこに列席し、王に臣従礼を捧げなくてはならない。シャルル七世を父の暗殺者の黒幕とみなしていたフィリップ善良《ル・ボン》公は、どちらもする気がなかった。〔のちの〕アラスの和平条約が、彼からこの問題を取り除いた。第二の手紙は一四二九年七月一七日付で、これまで流されてきた血を悼んで、あらためて和平と相互の赦免を提案するが、その手紙は、はっきりとブルゴーニュ公を脅している。曰く、もしイエスや聖なる王国に対して戦いを起こせば、敗れるだろう。自分の軍隊を引き揚げて、むしろサラセン人を攻撃しに行くのがよろしかろう。手紙の後半になると、彼女は、槍と剣で獲得する以外に、ブルゴーニュ派との和平の可能性をもはや信じない。曰く、ブルゴーニュ派が義務を果たさないのなら、汝らは戦うはめになるだろう。ブルゴーニュ公や王国の他の臣下が服従しないのなら、王は汝らを力ずくでそうさせるだろう。

どうしてブルゴーニュ派との和平の可能性が信じられないのだろうか。なぜなら、ブルゴーニュ派は、和平を誓っても、それを守らないからだ。彼らの側のどのような約束も守られたためしがない。「嘘つきのブルゴーニュ派」というのがアルマニャック派の基本的なテーマである。マルシュノワールで、その地のブルゴーニュ派が、よき忠実なフランス人となることを約束したあとで敵側に寝返ったとき、ジャンヌもこの言葉を使ったようである。トロワでは、彼女は作戦会議のときにトロワの占領を予言する。「嘘つきのブルゴーニュ派ども」は、それでびっくり仰天するだろう、とジャンヌは言った。早くも十三世紀に『説話集』のなかで広まっていたこのテーマは、一四〇七年にジャン無怖公《サン・プール》が、和平と友愛を誓った直後に彼の従兄弟〔オルレアン公ルイ〕を暗殺したときに、政治の分野にも現れた。最悪だったのは、この唾棄すべきユダが、その後、服喪を装ったことである。[35] スリジ師の言説から一四一〇年の「アルマニャック派の隊長たちの宣言」[36] に至るまで、すべてのアルマニャック派の文書は、この考え方を取りあげている。ブルゴーニュ派は自分の誓約を踏みにじり、いかなる和平も尊重しない、というのである。ブルゴーニュ派によるトロワ条約の受諾がこの非難をふたたび活発にする。[37] ブルゴーニュ公が、王に果たすべき忠誠に背いてイギリス王に誓約をおこなっているとき、アルマニャック派のような正しく忠義を尊ぶフランス人は、この裏切り行為を容認できない。「嘘つきのブルゴーニュ派」に言及することは、信義に立脚する正常な政治社会のなかにブルゴーニュ派が受け入れてもらえないことを意味する。とはいえ、ジャンヌは誓約にはとても敵対的である。誓約の禁止が、道徳改革を掲げる彼女の政策の前面に出ている。裁判の尋問のとき、彼女自身は、誓約の危険を冒すぐらいなら、むしろ宣誓することを拒否する。神こそが真の言葉なのであって、人間社会はそれほど完璧なものでないとしても、偽りの言葉に依拠することはできない。嘘つきのブルゴーニュ派に対応するのが、瀆神のイギリス人である。

しかしながら、ジャンヌにあっては、ブルゴーニュ派のイメージにはふたつのレヴェルがある。尋問のとき、彼女は慎重な態度を示している。『死後の訊問記録』[38] だけは、人を殺し、敵を追い散らし、多大な損害をイギリスにもブルゴーニュ派にも与えたことに対する彼女の後悔に言及している。しかし、コンピエーニュでのジャンヌの捕縛を伝えるブルゴーニュ派の年代記は、もっと攻撃的である。「気持ちのうえで、乙女はブルゴーニュ派に対して感情的になっていて、彼らに対する戦いをしかけるようフランス人たちを焚きつけることだけをいつも望んでいた」。捕えられる日の朝でさえ、彼女はコンピエーニュの人々に、聖カトリーヌのお告げによって、ブルゴーニュ公がこの地で敗れ、捕虜になることを知っていると述べたそうである。

ブルゴーニュ公に仕え、ヴァロワ伯領で略奪行為をおこなった野武士団に対しても、ジャンヌには同じ敵意がみられる。一四三〇年五月、彼女は、すでに捕虜にしていたフランケ・ダラスを、新たに任命されたサンリスの代官《バイイ》に命じて処刑させる。「彼女は憎しみと怒りに任せてそうした」と年代記は述べた。それらの年代記は、そのときフランケがジャンヌの保護下にあったと主張している。その一方、彼女は「正義に基づいて」そうした、と言っている。なぜなら、彼は人殺しであり、盗賊であり、謀反人であることを白状したからである[39]。ここでも言葉の同じ役割が見出される。つまり、告白は魂を解放するが、それは犯罪の証拠にもなるのである。

感情面の共有に支えられた中世の党派は、政治的な合理性をももっている。〔オルレアン派の〕攻撃的な対外政策と国内での重税政策は、イギリス人とブルゴーニュ派への憎しみに由来するものである。

政治的な計画

内政に関するオルレアン派の計画の主たる独自性は、効率的な中央集権体制と、イギリスとの戦争を賄うための重税政策に基づいている。ブルゴーニュ派は、オルレアン派による課税のやり方をこの世も終わりだという風に描写する。すなわち、それは宮廷の祝宴の浪費に充てるために、聖職者さえも対象とした、臣民の同意のない課税である。もっとも権力の座についていないブルゴーニュ派の方は、王領さえうまく管理すれば、直接税を課さなくても統治できると嘯いている。

一致する手がかりからは、ジャンヌの見解とオルレアン派諸侯の見解とのあいだに、ずれのあることが認められる。ジャンヌには課税を制限しようとする意志がある[40]。彼女が一四二九年七月ランスにとどまることを望まなかったのは、兵士たちが住民の重荷となるのを避けるためだった。彼女は、たとえ自分のためや家族のためでなくとも、王に何も要求しなかった[41]。王自身の財布から彼女に与えられたものはすべて戦費に充てられた。彼女は課税の伝統的な考え方[42]にとても執着している。すなわち、王は自分の収入で生活を賄い、自分の収入のうちから報償を与える、ということである。課税が正当化されるのは戦時だけである。戦争のときでさえ、彼女は徴発に敵対的である。カトリーヌ・ド・ラ・ロシェルが[43]、ジャンヌの兵士たちに金を支払うために、都市が隠した宝物（白い衣服の貴婦人が見つけることができる）を探しにいこうと提案するときも、ジャンヌは面と向かって嘲笑している。ジャンヌは贈与に訴え、封建社会の原則となってきた無償交換を守らせようとする。ブルターニュ公は主君（フランス王）に無償で兵士を差し出す義務のあることを思い出させられたし、聖別式の遠征では王軍に多数の志願兵が数えられた。自分たちの生来の領主への愛によって、臣民はわが身を差し出すのである。税は義務なのだろうか。ジャンヌが自分の村について免税権を獲得している点を考慮すると[44]、彼女は戦争のための人頭税はおそらく認めている。

実際のところ、ただひとつ徴税の制限が彼女の関心をひきつけた。それは徴発権である[45]。戦時において、兵士たちは、（金を払いさえすれば）その土地で物資の補給を受けることができる。金を払わないときには、それは暴力であると同時に窃盗である。徴発権はとても不人気だったので、フランスでも、イギリスでも、法的な規制の対象となり、一定の生産物や納税者に限定し、償還にはより理にかなった価格と期間が設定された。正しい戦争をしていることに注意を払う君主はみな徴発権を禁止する。たとえば一四一八年のヘンリ五世や、ノルマンディ再征服のときのシャルル七世である。ジャンヌの軍隊も、物資を調達するときは必ず現金を払った。無効裁判の証人と同じく、『モロジーニ年代記』[46]はそのことをはっきり述べている。ジャンヌの聴罪司祭[47]によって確認されるのだが、証人の一人S・ボークロワ[48]の証言はもっと詳しい。それによれば、ジャンヌは自分の「戦士仲間《ソキエタス》」の誰であれ、略奪することを決して望まなかった。食べ物が盗品だとわかると、彼女はそれを食べようとしなかった。ある日、一人のスコットランド兵が、自分が盗んだ仔牛をジャンヌが食べたと遠回しに仄めかすと、彼女は怒り狂い、彼を打ちすえようとした。スコットランド兵は彼女の予見能力を台無しにしてしまい、合わせて、貧しい人々に暴力を働いたことになったからである。事実、ここで問題となっているのは、十三世紀以来広く行われていた信心の慣行である。「トビア書」では、失明に襲われたトビアの父が、それでもアンナに提供された仔山羊を拒む。「この仔山羊はどこから来たのか。盗まれたものではないのか。私たちは盗品を食することはできない」[49]。こうした考えは、そのあと、聖女エリザベトの『伝記』のなかにも現れる[50]。聴罪司祭が尋ねたとき、聖エリザベトは、宮廷で供される食べ物は、王領に由来するものであって、不当に得た封建的な収入や租税に由来するものではないと明言した。フィリップ美男王《ル・ベル》の妻の聴罪司祭であったデュラン・ド・シャンパーニュは、『貴婦人の鏡』[51]に、かなり似通ったひとつの「説話」を挿入した。王の食卓に支払いのすんでいない食べ物が出されたことを知って、良心の呵責にさいなまれた王は、被害者たちに賠償金を払い、貧しい者たちに肉を配る。ジャンヌに先立つこと二〇年、もう一人の女預言者ジャンヌ＝マリー・ド・マイエもまた、出所の疑わしい肉を食べることを拒んでいた。[52]

しかしながら一度だけ、ジャンヌは、筋金入りのブルゴーニュ派で、パリに逃亡したサンリス司教ジャン・フクレルが所有する、みごとな馬の魅力に負けてしまった。この件について、彼女は二度にわたって自己の正当化を試みた。そのひとつでは、この馬は戦闘用としてあまり頑丈でなかったので、司教に送り返した、と彼女は断言した。[53]もうひとつでは、司教はサリュ金貨二〇〇枚の馬の代価を受け取った、と彼女は述べた。[54]実際に彼に金が支払われたかどうか彼女は知らない。王国の会計簿によれば、金が支払われた可能性はある。ただし、その価格は通常の半分以下だった。ところで、聖職者の厩舎のなかでの徴発は一二五四年の大王令によって禁じられており、そして、一三〇八年の徴発権についての立法直前までのフランス改革のすべての大王令で繰り返された。それゆえ、司教の馬を奪ったのは、よい選択ではなかった。

租税を忌み嫌う農民出身のジャンヌは、租税を払わないアルマニャック派のエリートたち〔特権階級〕が抱く徴税観を共有することが容易にできなかった。彼女にとって、租税は、公共の利益と結びついた財政上必要なものというより、感情と信仰の問題だった。

その代わり、対外政策に関しては、王国への忠誠と同じく、ジャンヌはアルマニャック派と見解をともにしていた。たしかに〔捕縛されて以降も〕、彼女は死なないことを強く望んでいたし、自分は捕虜交換されると長いあいだ信じていた。だが、他のどんな場所よりも、戦争で人が死ぬことを彼女はよく知っている。彼女はデュノワに、[55]神がそう決めたときには、この信仰の篤い地に埋葬していただきたいと打ち明けていた。彼女は、聴罪司祭パスクレルに、[56]もし自分が死ぬようなことがあれば、自分のために、神に祈るための礼拝堂付司祭職を王につくってもらいたいと何度も述べた。王国の防衛のために戦争で死んだ人には祈る必要があるのだ。このような基金は、彼らの記憶の永続と、彼らの魂の永久の救済の条件である。

ところで、今日では国家レヴェルでみられるこうした観念は、一四〇〇年から一四三〇年の世代の人々には、党派的レヴェルでのひとつの選択だった。[57]ただ、アルマニャック派の理論家たち（ピザン、ブロンデル、シャルチエ、モントルイユ）だけは、その必要性と栄光とを論じている。彼らは、こうした死者たちに天国を切り拓く。アルマニャック派はアザンクールやヴェルヌイユの戦いでたくさん死んだ。アザンクールの死者たちに天国が開かれるのを見た、とクリスチーヌ・ド・ピザンが断言したのも、マリー・ド・ベリーのためである。[58]一四二四年のヴェルヌイユの戦いの惨敗のあと、[59]戦いで死んだ人々のために祈りが王国中で捧げられたし、グルノーブルの司教区では、マントを広げた聖母が跪く戦死者たちを包みこむ〔祭壇画が描かれた〕。そしてとうとう一四二二年には、ピレネー地方のある私生児《バタール》

モントローの暗殺事件（1419年）
（出典）B. Bove, *Le temps de la guerre de Cent Ans*, Paris, 2009, p.259.

が登場する。[60] 彼は、モーの包囲戦で、王太子に忠実であり続け、イギリス人に忠誠を誓うよりも死ぬ方を選んだ。

それでは、王は何をすべきなのだろうか。不幸が起こったとき、父は子どもたちのために、君主は家来のために、信心会はその会員のために祈らせていた。家族であってもなくても、あらゆる集団はこのようにして祈っていた。一四二五年にシャルル七世の義母〔ヨランド・ダラゴン〕にあてられた匿名の論考は、君主〔シャルル七世〕の怠慢を非難しているようにみえる。「戦いがあり、王が血縁者や騎士や準騎士、その他の者たちを失ったとき、彼らのために葬儀を行うべきである。死者の友人たちはそれで満足し、彼らの子どもたちは武勇へと励まされるであろう」[61]。それこそ、まさにジャンヌが求めていたことである。ただし彼女は、ただ一回きりの葬儀の名誉ではなく、戦いがあった場所で永遠に祭祀が行われることをおそらくは望んでいる。これに対処する礼拝堂付司祭は集合的なもので、哀れなジャンヌを、彼女の戦士仲間たち、さらに彼女の傍らで戦死した指揮官たちと同じく、ひとまとまりにする。

内乱の歳月のあいだ（一四〇五〜一八年）、アルマニャック派、ブルゴーニュ派、王党派は、明らかに異なる三つの選択肢を形づくっていた。もっとも、公と王の双方に仕える者もいた。一四一八年の虐殺とその後のトロワ条約は、アルマニャック派と王党派のあいだに急速な接近をもたらした。オルレアン公シャルルが長いあいだイギリスに捕らえられたままだったので、多くのアルマニャック派の官僚や高位聖職者は、ブールジュの王国に忠実に仕えた。ブルゴーニュ派とイギリス人への共通の罪悪感と共通の敵意のなかで、モントローの殺人が、ふたつの陣営を接近させた。

極論を言えば、一四二九年には、王党派の内部に、本来的なアルマニャック派という以上に、アルマニャック派的な感情があった。シャルル七世の顧問官であり、かつアルマニャック派であるジャック・ジェリュは次のように述べている。「イギリス人は、フランスの人民がオルレアン派とブルゴーニュ派に分かれているのを眺めながら、ブルゴーニュ公の支援を得て王国に侵入した。戦いによって、イギリス人は、フランス王が自分の頼みとしていたオルレアン派の力を弱めた。……王党派は弱体化してしまった……」[62]。ジャンヌの登場はこの見方を強めた。すべての見解が混然一体となって、ジェリュの党派も、王の党派の人々も彼女を信じ、王とオルレアン公の救助を同時に目標とする彼女の使命に信頼を寄せた。ジャンヌは自分の背後にふたつの党派が存在するとは決して思っていない。彼女の勝利は、彼女の党派には喜びを、他の党派には疑惑をもたらす。彼女のおかげで、「他の党派を支持していたピカルディやその他の王国の人々は、イギリス人を見捨て、彼らを憎み、彼らをけなし始めた」。多くの都市がフランス側になった。

　党派〔王党派とオルレアン派〕間の不一致はまったくなかったのだろうか。一四二九年の夏のあいだ、王はブルゴーニュ派とも平行して交渉を進めている。ジャンヌがそれに全面的に納得したわけでないことは、ランスの住民宛てに書いているとおりであるが、王の名誉は臣民の服従にある。九月初めのパリに対する最初の攻撃のとき、アランソン公とアルマニャック伯は、「殺し、焼き尽くすため[63]」にパリの占領を望んだ。一四一八年の虐殺の記憶がふたつの陣営のうちに依然として残っている。ジャンヌも、彼らと同様、二度目の攻撃を望むが、王はこれを拒む。パリでは、町が根こそぎ破壊され、女も子どもも殺されるだろうという噂が駆けめぐった。しかし、王の側からすれば、そんなことは信じがたいことだった、と王党派とアルマニャック派の利害の違いを明らかにしつつ、クレマン・ド・フォーカンベルグは述べている[64]。とうとうその月の終わりに、アランソン公は、ノルマンディの領地を奪回するために、ジャンヌを連れて行こうとしたようである。乙女はこの遠征にはたいそう困惑していたが、国王顧問会議は、彼女をダルブレ大元帥とともにラ・シャリテの包囲戦へと送りこんだ。一四三〇年に、ジャンヌが捕虜となったコンピエーニュをめぐる軍事作戦が、王の直接の命によってなされたかどうかは定かでない。

党派《パルティ》から国民《ナシオン》へ

　一四三一年の裁判は、異端に対する教会の裁判である。裁判官たちは、みずからの権限（次席審問官の権限も、ルーアンやパリの神学者や教会法学者の権限も）が明確な異端裁判という分野にとどまり、自分たちの公平さとキリスト教世界の全般的な利益という関心を大っぴらにすることに気を配っている。このような原則的な立場にもかかわらず、党派的な現実は、予審のときから顔をのぞかせている。「この王国の敵対者どもが乙女《ピュセル》と呼んでいる女性」という被告人の身元確認からして問題を投げかける。二月二二日になると、まずジャンヌは「自分の党派の人々[65]」と申し立てる。ジャンヌの語彙力はとても乏しく、「私の党派」とか「敵の党派」という語を頻繁に用いている。味方とか従属者という語は一度しか登場しない。聖カトリーヌと聖マルグリットは敵〔イギリス方〕ではないと[66]、彼女は言う〔聖女に対して党派というのはよく思われないのではないだろうか〕。彼女は、神がフランス人を助け、「フランス人に属する諸都市[67]」をしっかりと守ってくれることを知っている。裁判官たちは、より変化に富み、より適応力のある語彙をもっている。たしかに「党派」とか「従属する人々」も使っているが、俗人とか、相手側の教会（あるいはポワチエの教会）の人々とか、「彼女の党派の領内に住み、世俗の権威に従属する[68]」人々、あるいは「王の支配領域内で生まれた人々[69]」という語も使っている。

にもかかわらず、ふたつの党派（ジャンヌの党派と裁判官たちの党派）は、曖昧な遠回しの表現を除くと、実際には党派の名をあげないという共通性をもっている。それにはいくつかの理由がある。みずからが（進んで）名乗る方式が、相手方の好む方式であることはめったにない。年を追って党派の名は変わり、ジャンヌの党派は、オルレアン派あるいはオルレアネ派、一四一一年からはアルマニャック派、一四二〇年からは王太子派、王党派、フランス派と呼ばれた。ただ一四二九年には、少なくとも異なる三つの呼び名が可能である。結局のところ、そのいくつかの名は繰り返し王の禁令の対象となった。一四一一年と一四一九年のシャルル六世の大王令[70]は、アルマニャック派とブルゴーニュ派という言葉の使用が、重大な侮辱、蜂起への呼びかけ、公的秩序への障害であるとして禁止する。それらの言葉は、犬畜生、私生児、裏切り者と同じ意味である。事実、アルマニャック派呼ばわりされるのは最悪だった。フランス大元帥〔アルマニャック伯ベルナール七世〕支配下の粗暴で無学な野武士団は嫌な思い出を残した。アルマニャック派の白い帯は、庶子たちの紋章に引かれた帯と同一視された。それは、償われるべき漠然とした原罪を証言するものである。たしかに、一四二〇年以後、タルモンを除いて、この帯を身につけることはなくなる。しかしアルマニャックという語は重大な侮蔑であり続ける。ブルゴーニュの方はまだましだった。ブルゴーニュ地方には活気ある都市がたくさん数えられ、またクロチルド〔クローヴィスの妻〕生誕の地でもあったからである。彼女のおかげでフランスはキリスト教国となったのだから。

一四三一年における裁判官たち〔の例〕はどうなのだろう。二元君主制の忠実な臣民である彼らは、ヘンリ六世をフランスとイギリスの王として認めている。彼らはトロワ条約以後のフランスに生きているので[71]、彼らの教会は、彼らの視点からいうと「ガリア教会」である。彼らがイギリス人とかブルゴーニュ人と称するいかなる理由もない。生まれによっても従属によっても、そうとは言えないのだから。彼らは、自分たち自身と、公国の臣民であるブルゴーニュ人、イギリス人をかなりはっき

りと区別している。[72]

裁判官たちはジャンヌをアルマニャック派呼ばわりはしていない。一四二九年の文書で、アルマニャック派という語を用いているのは、次の三つの例外だけである。すなわち、イギリスの傭兵はオルレアンの前線で彼女をそう呼んでいた。また、ブラバンの書記官によれば、「みずから乙女《ピュセル》と名乗る女は、アルマニャック派や王太子派を支持する者たちとともにやって来た」[73]。『パリ一市民の日記』[74]では、著者はアルマニャック派という語を〔王太子が〕パリに入城する直前の一四三五年まで、敵対した連中に対して用いている。パリでは、アルマニャック派は王党派となり、ついでフランス人となるのである。もっとも、ジャンヌのオルレアン派への親愛の情は、フランス王国から少しでも離れると、稀にしか言及されない。つまるところ、ジャンヌは王と王太子の党派である。

それでは、ジャンヌはどのようにみずからを名乗っていたのか。アルマニャック派だと罵られると、彼女は悔し涙を流した。曖昧ではあるが、ジャンヌはフランスとフランス人という語を用いる。フランスとは何よりも彼女の王が住んでいる地域であり、セーヌ川とロワール峡谷、ブールジュ、ポワチエのあいだに位置している。「彼女はフランスに来る必要があった」[75]、あるいは、「彼女はロレーヌ公にフランスに行きたいと言った」[76]。「ラ・シャリテの包囲戦ののち、彼女はフランスへ戻り[77]、そして、コンピエーニュで捕えられた」。この意味では、フランスは王国内の数ある地域のひとつである。彼女が王国について話そうとするとき、彼女は「全フランス」（十一世紀のように）とか、「天使は自分にフランス王国に降りかかった不幸を語った」[78]と言っている。彼女がフランス人という語を軍隊や王党派の意味で使うのは稀である。彼女はオルレアン派と王党派をあまり区別できない（あるいは、したくない）ようだ。

このような党派の分裂は、被告人であるジャンヌに有利に働いたかもしれなかった。事実、裁判官たちは、王太子とのしるしの会見についての情報をもっていないし、敵方の陣営の論理づけを外部からしか知らない。彼らはポワチエにおける尋問の報告書の概要を入手していないし、証人にも欠けている。しかし、それは同時に彼女に不利な告発ともなりうる。というのは、世論や大学は総じて党派の分裂に反対しており、（ふたつの陣営とも）[79]和平と統一を求めているからである。政治面でみると、内部に分裂をきたした王国はすべて滅びるだろう。[80]たとえば、ローマ帝国は蛮族によって破壊され、イタリアの諸都市は僭主の圧政の軛の下におかれた。しかも、トロイア人（フランス人の神話上の祖先）も、そのようにしてギリシア人に敗北した。ガリア人（もうひとつのフランスの祖先）については、彼らの軍事的資質はそんなにも大きかったので、唯一彼らの分裂だけが彼らを敗北へと導いたかもしれない、とユスティヌス〔紀元二世紀のキリスト教護教論者〕は述べなかっただろうか。内乱は万人の目に集団的な自殺行為であり、パリ大学学務総長ジェ

ルソンは一四一八年に、剣でみずからを刺し貫いたある都市国家を素材に『哀歌』を書いている。分裂はイギリス人に繁栄を可能にするとともに、彼らを勇気づけもする。

　分裂は既成事実となり、臣民のあいだで忠誠心や愛を無にしてしまう。分裂は罪を繁殖させる。もっとも重大なのは反乱である。それは憎しみの娘であり、流血や闇と結びついた平和の継母でもある。反乱は、たしかに信仰に背く罪ではないし、致命的な罪でもない。なぜなら、人間と神のあいだの絆を必ずしも断ち切らないからである。だがそれは、共同体や市民の一致に反する罪だ。裁判官たちは皆、反乱は王国や人民の統一に反する罪であるというトマス・アクィナスの定義[81]を読んでいた。反乱は、陰謀を企て、謀反や不和に訴え、あるいは、ただ他人に追随することである。それは喧噪や戦争を導く。共同体の利益から逸脱して、個人やある集団の利益を打ちたてようとするかぎり、また、統一やこの地上の平和を損なうかぎり、反乱はとても重い罪である。

　検察官デスティヴェによる『七〇ヵ条の告発状』は、この反乱を取り上げる。まずは前文のなかで、ついで第六三条、第六六条、第六七条で言及する[82]。曰く、ジャンヌは反乱の「張本人」である。なぜなら、彼女はイギリス＝ブルゴーニュ派に対する戦いを呼びかけたのだから。彼女は平和を乱し妨害する扇動的なことを語った。領主や名士に対して、さらにはすべての国民《ナシオン》（すべての訴訟を通して一度だけ、ジャンヌはこの言葉を用いている）に対して、彼女は呪いの言葉や嘲りの言葉を吐いた。彼女は、自分の手紙に従わないイギリス人やすべての人を、死をちらつかせて脅迫した。彼女の預言や幻視は、彼女の党派に利益となるように創作された。ジャンヌは人々を偽りの誓いや謀反へと唆し、君主も素朴な人々も誘い込んだ。狂った女さながらに、彼女は戦いを繰り返し、人の血を撒き散らした。したがって、醜聞、大損害、不幸な出来事が国を蝕んだのだ。

　この意図的な転位によって、ジャンヌは「人の血を渇望した」あるいは「人の血に飢えた」女性といわれる。アッシリア王のニヌスのように、彼女はかつて世話をしていた羊の群れの乳よりも人の血を好むというのである。もっと穏健な『異端放棄の宣誓』は、ジャンヌが流血を望んでいたと述べるにとどめている。イギリス人が敵の血を飲み、ブルゴーニュ公がオルレアン公の血を撒き散らしたのだから、これは正当な戦争なのだ、というわけだった。モントロー〔におけるブルゴーニュ公殺害〕とジャンヌ・ダルクとが、〔流血の〕釣り合いを同時に回復させる。裁判官たちは、得意とする論法のなかで、二元君主制の真っ只中でジャンヌが血をまき散らすことを望んでいたと批判するのである。彼らに言わせれば、彼女はその君主制に従うべき一臣民であるにもかかわらず、である。

　一四五二年と一四五六年のあいだに無効裁判が開かれたとき、政治の局面はすっかり変わっていた。勝利王シャルル七世はイギリス人を追い払い、ギュイエンヌとノルマンディを再征服し

た。彼は、ジャンヌがおこなった予言から七年たって、パリに入城した。ブルゴーニュ公との和解は一四三五年のアラスの和平以来、達成されていた。そして、ブルゴーニュ公は、もはやパリではなく、フランスと神聖ローマ帝国のあいだにあるブルゴーニュ公国の構築に目を向けている。オルレアン公シャルルは一四四〇年にとうとうフランスに戻ってきた。ブルゴーニュ公の姪の一人と結婚し、彼はもはや政治に介入することはなく（一四五八年のアランソン公の訴訟を除いては）、詩作と自分の財産の管理、それに家族の団欒に専心する。彼は無効裁判に関与しない。

　無効判決を勝ちとるためのひとつの解決策は、〔処刑裁判が〕信仰をめぐる裁判ではなく、信仰を裁くと見せかけた政治裁判だったと主張することだった。そのときには、〔処刑裁判時の〕裁判官たち（外交術を用いる必要がある）や、イギリス人（それはもっと簡単だった）を問題にする必要があった。当時の裁判官たちは、イギリスとフランスの聖職者による裁判を請求していたジャンヌから異議申し立てを受けていた。裁判官たちは交渉を行う自由裁量がなかったし、（何人かは拒絶したにせよ）圧力をかけられてもいた。ある者は恐れていたし、またある者は憤怒、報復、強欲の感情に駆りたてられていた。彼らは偏った質問を浴びせて、ジャンヌに不当な裁判をしたのである。憎しみに任せて、彼らは訴訟手続きさえ尊重しなかった。彼らは信仰によってではなく、党派的な熱によって導かれたのである。〔以上のような状況を斟酌して〕一四五二～五六年の裁判官たちは、〔処刑裁判に加わった〕裁判官たちのなかで選り分けを行う。たとえば、ブレアルは、「歪められた概要」に基づいて意見を述べねばならなかったパリ大学から、ほとんどすべての責任を免除する。大学人のなかには、ごく少数の親イギリス派がいて、偏った討議へと導き、彼らに固有の意見を大学のものとして示したのだというわけだ。「イギリス人に愛着をもち」、正しい意図を欠いていたこれらの裁判官たちのなかでも、最悪な人物はボーヴェ司教ピエール・コーションである。ルーアンで行われた審問は[83]、名指しでコーションに狙いをつける。当時の裁判官全員を対象にしているのは、第一二条[84]だけである。コーションはこの物語の悪玉の役割を受けもたされる。ブレアルは、長々とコーションに意趣返しをする[85]。コーションはフランス人（「ガリア人」）であり、言語においても、国（生まれた場所の意味で）においても、彼の司教区においても、フランス王の臣民であった。彼は王国に住む義務があったし、彼にとって本来的な主君である王に対して忠誠と奉仕を尽くさねばならなかった。事実、ボーヴェはフランス王国の一司教区であり、一四三一年の裁判のとき、シャルル七世はすでにその地を支配していた。コーションは主君を裏切って、敵対する権力者を選んだ聖職者である。彼はイギリス王の側近となり、国王顧問会議の一員となった。官職売買、虚栄癖、憤り（自身の司教区を失ったことによる）が彼にとり憑いている。さらにジャンヌの裁判は彼の野望に役

ジャンヌを裁くコーション*

立った。すなわち、リジユーの司教区が彼に与えられたのである。彼は死ぬまでイギリス人の党派にとどまった。その一方で、次席審問官のジャン・ルメートルは潔白を証明された。彼は遅れて裁判に加わり、しばしば欠席し、決定する裁量権もあまりなかった。したがって、裁判に関わった諸機関（パリ大学と異端審問所）は責任からうまく逃げおおせたのだ。それに、コーションをめぐって入念に練り上げられた暗黒伝説は、本人がもう死んでいるので、誰にも迷惑をかけない。

　コーションがカイアファ〔エルサレムの大司祭。イエスの罪が死刑に値するとして、ローマ総督ピラトに引き渡した〕となったので、イギリス人にピラト〔イエスの処刑を許可したローマ総督〕の役を割りふることが問題となった。ところで、一四五二年から五六年にかけての裁判官たちがイギリス人に演じさせた役割はもっと積極的である。イギリス人は乙女をジャン・ド・リュクサンブールから三〇デナリウス以上の値で買い取った。イギリス人は、彼女の身柄が自分たちに引き渡されるよう承認を得た。一四三一年の裁判はイギリス人がもっともよく支配していた都市のひとつで行われた。ルーアン城には、イギリスの地方政庁、守備隊、裁判所がある。イギリス人は牢獄も警備兵も提供する。彼らは、このとてつもなく長い訴訟にかかる費用の全額と裁判官たちへの報酬を支払う。彼らがジャンヌの死を望むのは、彼らが彼女を恐れているからだ。彼女が生き永らえている限り、どんな勝利も覚束ないことを彼らは確信している。[86] 彼らはルーヴィエ〔フランス側に奪回されたノルマンディ地方の都市〕を攻略できないだろう。[87] 彼女が彼らに予言したとおり、彼らはフランスで獲得したものすべてを失うだろう。彼らは、二万人の兵士よりも、さらには王の残りの兵士すべてよりも彼女を恐れる。[88] それゆえ、彼らは、彼女の有罪を得るためにできるかぎりのことをするのだ。ジャンヌは一人にされ、弁護人もつけられない。イギリス人たちは裁判に出席し、[89] 裁判官たちに影響力を及ぼす。ジャンヌを火炙りにしたのは彼らであって、フランス人ではない。彼らはルーアンで世俗の正義を代表していた。彼女は彼らに引き渡され、どんな世俗の判決文も作成されず、激情にかられた人々によって、荒々しく、怒り狂うままに、大急ぎで火刑に処された。ルーアンの代官《バイイ》、裁判官たち、一二〇人のイギリス兵に取り巻かれたイギリス王の聖職者たちが座していた桟敷席も、火刑台もすでに準備万端整えられていた。この裁判によって、ジャンヌの人格と名声を傷つけること、あわせて、彼女を介して、フランス王の人格と名声をも傷つけることをヘンリ六世が望んでいたことは、すべてが証明している。フランス王には、異端の女性によって操られていたとの嫌疑がずっとかけられるからである。このような考え方は、一四五二年のルーアンの最初の審問のときには表に出なかった。けれども、ギヨーム・ブイエにとって、ジャンヌの処罰は「フランス王の不名誉[90]」である。彼女は王の盾のもとで戦っていたのだから。ブレアルは、ギヨーム・エラールがサン＝トゥアン教会〔ジャンヌの最初の判決が行われたルーアン市内の教会〕でおこなった次のような公的な説教をより直接的に攻撃する。「おお、かつては、いとも信仰篤きと称えられたフランス王国よ。おお、かつては、いとも信仰篤きと称えられたフランス王たちよ。今や汝、ジャンヌによって、汝の発言に与した汝の王は、異端者、離教者となってしまったのだ」。これらの言葉は大逆罪に相当し、王だけでなく、王冠の名誉をも侵害する（これは一四二〇年以後、アルマニャック派の文書で繰り返される関心事である）。[91] ルーアンで行われた二度目の審問の証人たちは、この質問をまさに直接的に投げかけられる。この有罪判決によって、イギリス人はいとも信仰篤きフランス王に恥をかかせることを望んでいたのか、と証人たちは尋ねられる。一七名の証人のうち、四名は答えず、一名は知らないといい、三名は何の補足もなく、ただ、そのとおりとだけ答える。そして一名はこう断言する。「そのことはルーアンの町のいたるところで話されていました[92]」。このように、証人の半数が明言を避けている。他の人々はもっとニュアンスに富んでいる。「王を怒らせるためだった[93]」という証言もある。公証人たちと、イザンバール・ド・ラ・ピエール[94]だけが、今日では失われてしまった先述の説教〔エラールの説教〕のふたつの異なるくだりを長々と引用する。パリで尋問を受けた二名の証人は、たしかに現場にいたが、離れすぎていたので何を言っているのか聞こえなかったという。これはギヨーム・エラールの書記であったジャン・ド・レニズール[95]のために嘘を言っているにちがいない。二人とも他の場所にいればよかったと思ったことだろう。トマ・ド・クールセル[96]は、ギヨーム・エラール自身が「この女の傲慢さ」を告発したことを思い起こしている。王に忠実な臣民ならば、このような王を侮辱する言葉に異を唱えることなく、聞き流すことができただろうか。

この角度からの攻撃の選択は、シャルル七世を取り巻く神学者や法学者たちが、一四五六年の確信に照らして、一四二九年から一四三一年にかけてを再解釈することを促している。それによれば、ジャンヌは、内乱ではなく、フランスとイギリスの戦いに参加したのである。イギリス人は「別の党派」の単なる敵対者ではなく、外国人であり、公共の敵であり、「憎むべき者、敵ども」である。彼らは領土に侵入し、横暴に占領している。彼らの圧制は、所有欲と支配欲に駆られたものである。ただ暴力によってのみ、彼らはフランス王国のすべて、もしくは一部を支配し、住民たちを困窮へと追いやってしまった。住民たちは王国内で生まれ育った「王国住民」であり、王国の「定住の民」あるいは「土着の民」である。

こうした意識の表明にぴったりと合うように、意見書《メモワール》のなかでは「ガリア人」という語が、「フランク人」という語よりもよく用いられている。フランク人は外からやって来たのであり、フランス人は、それほど遠くない昔にある党派を指すものだった。その結果、党派的な語彙は後退する。もちろん、王党派への暗示は存在する。しかし最終的には、無効裁判の準備のための意見書は、裁判の場で提起される問題を予め調整するものであって、アルマニャック派とブルゴーニュ派という語にはほんの少ししか言及しない。

ブルゴーニュ派に関しては、意見書のなかにブルゴーニュ公フィリップはほとんど出てこない。ジャンヌは、たしかにブルゴーニュ派の手によって囚われの身となったが、誰もそのことを言わない。彼女は公に宛て和平を提案する手紙を書き、和平が実現されるだろうと予言した。ドンレミでは、村のブルゴーニュ派への感情についての質問はいっさいなされない。尋問[97]のなかでも、したがって、回答のなかでも、村を略奪した武装集団は、誰の責任にも帰されていない。ジェラルダン・デピナル[98]だけが村のブルゴーニュ派であったと、述べるにとどまっている。ジャンヌは彼に計画をいっさい打ち明けなかった。ルーアンと同じく、パリでは、ブルゴーニュ派という消しようのない過去をもつ証人たちは、そのことを忘れてしまった。オルレアンでは、ブルゴーニュ派の徴集兵は戦いが始まる一〇日ほど前に撤退しており、アランソン公やデュノワは、オルレアンでも、(もっと驚くことには)聖別式のための遠征途上でさえ、ブルゴーニュ派を見かけなかった。

このような意見書や二度目の裁判において、アルマニャック派への仄めかしは、さらに少ない。たしかに、オルレアン解放はいつも言及されるが、オルレアン公の解放(それはジャンヌが予言していた期限内やり方では実現しなかった)は立ち消えになっている。後者の点については、ブイエ、ブレアル、アランソン公ジャンだけが簡単に言及している。[99] オルレアンの解放は、たしかにその都市の善良な人々の利益のためになされるが、王国の利益にも貢献する。それ以後ジャンヌは、はっきりと「我が主君の王」の党派か、あるいは、イギリス人と対抗するフランス人の党派に属している。もはやひとつの党派しか考えられない。

それゆえ、ジャンヌを反乱のかどで告発することは、もはや不可能である。事実、彼女は、人民や王国のなかで分裂を増大させたのではなく、外部の敵と戦った。彼女は王国の一部の勢力を他の勢力に向けて蜂起させなかったし、自分の同胞や、彼女の「都市」あるいは「王国」の人々の平和を掻き乱すこともなかった。公共の敵であるイギリス人を追放することは、反乱ではない。たしかに戦争という行為によってではあるが、ジャンヌは王国の内部でもキリスト教世界でも平和を蘇らせようと望んだのだ。彼女は「平和と統一を愛した」。究極的には、一歩進んで、党派体制の終焉を彼女によるとみなすことだって可能であろう。彼女の使命は「公益」に基づいていた。彼女は、「王国の肢体」あるいは「王国の諸部分」である王国のすべての住民がなさねばならないことをおこなった。すなわち、自分たちを生み、自分たちを育ててくれた共同体を守ることである。

したがって、十五世紀半ばに党派的な現象はいわば外化〔外部へと排除〕された。それ以後、この内乱は、公益を委ねられるただ一人の人物となる王が神の助けをかりて導き、人の心を安んじさせる対外戦争として提示された。ジャンヌの人格は新しく適合させられた。ふたつの解決策が可能であった。そのひとつは、乙女の役割を最小限にとどめ、その代わり王の役割を増大させる方法である。もうひとつは、彼女の党派的な帰属意識を徐々に薄めることである。さらに、その党派的な帰属意識は再解釈された。十五世紀の末にはジャンヌをオルレアンの乙女と呼ぶ慣習が現れる。鮮明な地元の記憶はロワール川流域での五月八日の宗教行列のなかに根づいている。それ以後、ジャンヌは、オルレアンを救った女性であって、他の者たちのように、オルレアン派に加わったのではない。その間、たしかに、オルレアン公シャルルの息子はフランス王〔ルイ十二世〕となった。オルレアン派の記憶と王党派の記憶は、かつてなかったほどに結びついた。

ジャンヌを王党派やアルマニャック派と結びつけることから、より奇妙な解釈も生まれてくる。十九世紀の初頭、ボナパルト主義者のラス・カーズ〔『セント・ヘレナ日記』などナポレオン一世を称えた著作活動で知られる〕は、どうして乙女が王権側にあまりにも簡単に受け入れられたかを説明することに関心をもち、乙女をオルレアン公ルイとイザボー・ド・バヴィエールの娘（隠し子）とした。ここでは、現実にありえない血縁上のつながりが、忠誠心や政治的なつながりといった、実際に存在するものすべ

ての代わりに置かれている。[ii]

訳注

[i] オルレアン公とブルゴーニュ公との対立は、のちに紋章戦争と呼ばれるまでに発展する。「イラクサの葉」をブルゴーニュ派が意匠に用いると、オルレアン派は、その葉っぱを取り払うときに用いる「棒」を自身の意匠とした。それに対して、ブルゴーニュ公もまた、棒など削ってやるという意味で、「鉋」の意匠を身にまとったのである。

[ii] ジャンヌ＝王女説は、王党派やアルマニャック派を同一の集団とするシンプルな見方の延長線上に成立する。中世末の複雑な党派やその政治様式の違いを論じるよりも、王家の血統を持ち出す方がわかりやすいのである。

第13章

驚異の年

L'année des merveilles

オルレアンの籠城戦の成功とともに、ジャンヌと同時代の人々は、神（あるいは悪魔）が新たに人間の運命に関心を抱くきわめて特別な年に入ったことを意識した。希望の見えない日々の只中に、その超自然的な現象がついに現れたのだ。当時の人々は、感嘆、仰天、あるいは畏敬の念で一杯にするこれらの出来事をひとまとまりとして、一般的に複数形で「驚異《メルヴェイユ》」(1)と呼んだ。驚異は目に見える次元のものである。聖職者にとって、不思議《ミラビリア》〔＝驚異〕は、魔術《マギカ》や奇蹟《ミラクラ》とは一線を画すものである。この三つは、すべて超自然的な現象のカテゴリに入るが、そのうち、奇蹟だけが教会によって厳格に定義され、監督下に置かれる。しかし、同じひとつの出来事は、驚異、魔術、そして奇蹟でもありうる。大学に通わなかった人々は、こうしたニュアンスの違いにあまり関心を払わなかった。

ジャンヌのものとされる驚異は、自然の驚異ではなかった。驚異は、この世界の他の驚異と同じく、東方世界からやってきたわけでも、ケルト世界からやってきたわけでもなかった。それは、神によって導かれた戦いの内側で、人間の歴史に刻み込まれた。その意味で、それは旧約聖書に出てくる驚異にとても近かった。神は包囲されたユダヤ人の諸都市を何度も解放し、あるいは荒野のなかでユダヤ人を導いたのではなかったか。「主は私たちのために驚異を起こされた。その御名は聖なるかな」と詩篇の第七八篇ははっきりと述べている。詩篇のうちの一五ほどは、民のためにおこなった神の驚異を想起させた。ところで、フランスは選ばれた民としてイスラエルを継承しており、フランス王国は約束された地であった(2)。人々は詩篇をもとに読み解こうとした。いずれにしても、軍事的なテーマにまったく無関心である福音書は、戦闘の真っ只中に起こる驚異を考えるのにあまり役立たなかった。

　聖書は聖年を四九年ごとに認めていた。聖年の年は神に捧げられる一年ということで、奴隷は解放され、世界は刷新された。教会はこの考え方をふたたび取り入れた(3)。教皇ボニファティウス八世の時代から、定期的な聖年の布告によって、教会はローマへの巡礼を奨励していた。そのとき、教皇はローマのサン＝ピエトロ教会の開かずの扉を開いた。すると神の恩寵は全キリスト教世界に流れ出すのだった。しかし、聖年はフランス王国に特別のものではなかった。聖ミカエルの傍らで、ル・ピュイの聖母像が王国を保護していた。王妃たちは、子宝に恵まれるようそこに詣でた。相続人がなければ、王国は滅びてしまう。ところで、一四二九年、教皇は、聖金曜日がたまたま受胎告知の日である三月二五日と重なるすべての珍しい年にそうしたように、ル・ピュイの聖所に聖年の全贖宥を認めた。さて、この祝祭日の重なりは「驚くべき《ストゥペンダ》」(4)事柄を預言していた。一〇六三年、その年は、神聖ローマ帝国のなかで強いメシア願望とエルサレムへの多くの巡礼者の出発を引き起こした。直近の一四〇七年にはオルレアン公の暗殺を告知した。一四二九年の重なりは、何をもたらすのだろうか。ジャン・パスクレル(5)は、その日、自分はル・ピュイの聖所で、ジャンヌの何人かの戦士仲間や彼女の母親に出会ったが、彼らは自分に乙女の聴罪司祭になるよう促した、と明言している。〔フランス中央山地にある有名な巡礼地の〕ル・ピュイ（＝アン＝ヴレー）とトゥール〔Tours〕との距離は五四〇キロメートルもあるので、この聖所は〔トゥールに近い〕シノンの西にあるル・ピュイ＝ノートル＝ダムに付属した聖堂とみた方がいいだろう。いずれにしても、考え方は同じである。直接的にか、家族の媒介によってか、ジャンヌはル・ピュイの聖母が告知した恩寵に与ったのである。

　しかし驚異の年は科学的な現実でもある。三つの惑星の例外的な会合〔一直線に並ぶ事態〕が生じたとき、天文学者たちは驚異の年だと語っていた。たとえば、一三四五年、火星と木星と土星の会合は、ペストの流行とクレシィでの敗戦、さらにはジャックリーの反乱〔パリ近郊で勃発した民衆蜂起〕の始まりであった。また一四八四年、惑星の同じ結合がイタリア戦争〔一四九四〜一五五九年〕を予告し、ルターの誕生をもたらした。したがって、「不思議の年」はすべて、宇宙論的にも政治的にも動乱の年であった。一四二九年には惑星のどんな結合も見られなかったが、キリストの死んだ日と彼の受胎の告知された日の重なりは、教会暦法の異常な事態として十分に意識されていたのである。

驚異の年はオルレアンの前面で始まった。そのとき、ジャンヌは予言していたとおり負傷した。「彼女の負傷は、イギリス人にとって不幸と混乱のしるしであった」[6]。たった一人が進んで流す血は、皆の救済を開く。その時代に理解されるような人類の驚異は、「話すこと」の領域（預言は奇蹟的なしるしによって支えられた驚異である）か、「行為」の領域に属するものである。ジャンヌの行動は意識的に超自然的な現象として示された。他のどんな女性も、もちろんどんな子どもも、彼女と同じことを行うことは決してできなかったし、できないだろう。彼女は、「普通以上に女性や少女の振る舞いを超えて」、「女性に共通する傾向や力を超越して」行動した（シブールの言）。もっとも、男たちでも、「人が行わない事柄」（ベリュイエの言）、「人の期待を超えた」行動はできなかった。すべての超自然的な現象と同様に、こうした驚異は、その突発性と斬新さという性格によって特徴づけられる。キリスト教世界や十字軍の観点から考える人々は、キリストの受難[7]以来、あるいは五百年来、こんなものは見たことがなかったと述べている。フランス王国の観点から考える人々は、マルコミール〔四世紀後半のフランク族の王〕、あるいはファラモン[8]〔最初のフランク人の王とされる伝説上の人物〕以来のことだという。例外的であり、永遠の記憶に値するこれらの出来事は、この世が終わるまで思い起こされるだろう。事実、こうした出来事は、時間の境界も空間の境界も越えている。驚異は、即時的で、情け容赦がない。そこでは、通常の時間が凝縮し、空間が狭まる。その日、わずか一日で、三都市（マン＝シュル＝ロワール、ボージャンシー、ジャンヴィル）[9]が陥落したとも言われるし、さらに、「イギリス人が服従させるのに三、四年以上かかったところを、ジャンヌはわずか三、四日で征服した」[10]とも言われた。

ジャンヌの棒《マルタン》

他の人からみると、ジャンヌは、自分のアイデンティティを構成する多くのものを所有していた。すなわち、彼女の使命の初期に現れるフィエルボワの剣や軍旗は、彼女のイニシャティヴに基づいている（彼女は剣を探しに行き、軍旗をつくらせる）。それらには、実際上の役割がある。つまり、剣は突き、軍旗は兵士を集めて攻撃へと導く。しかし、それらは、彼女に従った兵士たちの目には、すぐさま魔法のものとみなされ、魔術的な力が備わっていると映る。指輪が現れるのは処刑裁判のときである。ジャンヌは、そのひとつを兄たちから、もうひとつを父

ジャンヌの戦士仲間（ラ・イールとポトン）*。左側の人物の右手に指揮棒が握られている。
パリ国立図書館所蔵

と母からもらい、家族の名誉のためにそれらを身につけていると言う。裁判官たちは、指輪には他の使い道があるのではないかと疑っている。

処刑裁判では注目されないが、ジャンヌの指揮棒《バトン》あるいは棒《マルタン》は、もっと神秘的なものである。もっとも、棒は、一四三一年から少しのちに、両陣営の文書のなかに登場する。「彼女は男装し、王や多くの兵士と一緒に、手に大きな指揮棒《バトン》をもって馬に跨った」と『パリ一市民の日記』は記している。無効裁判のとき、スガン修道士もまた、ラ・イールと乙女のあいだでの会話として指揮棒の存在を明言している。一四三六年に、オルレアン公の義理の息子であり、ジャンヌに近しかったアランソン公ジャンのために書かれたペルスヴァル・ド・カニィの『年代記』は、ジャンヌの指揮棒を彼女のアイデンティティの大切な一要素としている。軍隊が平野部を移動したり、都市に入城するとき、他のすべての隊長と同じく、ジャンヌが高く掲げる実戦用の指揮棒がある。それは軍事的な地位を表すもので、あまり目にはつかない。攻撃のとき、指揮棒は剣や軍旗に場所を譲る。しかし、指揮棒はそれ以上のものである。

多くの年代記はジャンヌの誓約に関心を払った。彼女は同時代の多くの人々とは異なって、誓約をしなかった。十五世紀初頭において、すべての貴族、すべての兵士は、それぞれに固有の誓約の仕方をもっていて、誓約は自分の名前や紋章や銘と同様に、自分のアイデンティティを構成する。ジャンヌは名前をもっていたが、それは自分の名前ではない。彼女の兄たちは紋章をもっていたが、彼女はもっていなかった。彼女は誓約をしなかった。ペルスヴァル・ド・ブーランヴィリエは、彼女のあまりに厄介なアイデンティティを一般化するのに苦心している。「私の棒《マルタン》にかけて、というのが彼女の誓約だった」。このような選択なら、〔彼女には〕受け入れられる。なぜなら、神や聖人への呼びかけが除かれているからである。それはジャンヌに固有の語り方であり、つまるところ、勝利への必要な前提条件として、彼女が取り組んできた道徳改革について私たちが知っていることと完全に一致する。

指揮棒《バトン》の存在は、人間の行為をすべて見通し、人の心の秘密を読み解く神に、あまり頻繁に訴えないことを可能にする。それゆえ、この指揮棒は、ジャンヌが彼女自身や、他人に対して推し進める冒瀆に対する戦いと結びつけられる。もっとも、パリの一市民は多少なりともそのことを認識している。「そして、彼女の兵士たちの誰かが神を冒瀆すると、彼女は、猛り狂った女のように、指揮棒の上部をばちんばちんと叩いた」。スガン修道士の報告はより穏健なもので、人々が聖職者に期待するものと一致する。「ジャンヌは冒瀆をおぞましいものと考えていた。そして、神をないがしろにし、普段から多くの悪態をついていたラ・イールに向かって、もしあなたが神を否定したいのなら、あなたは私の指揮棒を否定しているのです、と言った。その後、彼は〔神を冒瀆しない〕習慣を身につけた」。したがって、指揮棒は道徳教育と結びついているとはいっても、軍隊の指揮権を端的に示す単なるしるしにすぎないということにもなるだろう。

問題は、ペルスヴァル・ド・カニィが、必ずしも物事をそのように説明してくれないことである。彼は、オルレアンの解放とパリを前にしての失敗のあいだ、ジャンヌの遠征を引き立てている六つの誓約の場面（オルレアン、ランス、パリの三都市について、それぞれ二場面ずつある）を提示する。[11] その半数は軍事的な事柄に関係する。「私の棒《マルタン》にかけて、明日、私は橋の要塞の塔を奪うでしょう」。「私の棒にかけて、たとえ命令が下されなかったとしても、その要塞は占領されたでしょう」。

残りの三つの場面は、まったく抵抗を受けなかったオルレアンからランスへの移動（聖別式への遠征）や、ランスからパリへの移動といった例外的な移動に関わっている。「私の棒にかけて、これまで見たことがないほど近くに寄って、私はパリを見たいのです」。また、ひとつの場面は、飢饉を豊穣へと変容させる食糧の補給に関するものである。「私の棒にかけて、私は彼らに食べ物をもたらすでしょう」。棒《マルタン》は（それに関して問題となっているのが祈願であることを私たちが理解するなら）、勝利をもたらし、食べ物を増やし、奇蹟的にふたつの方向へ（城壁の下から上へ、また、ある町から別の町へと）兵士を移動させる。

それでは、指揮棒《バトン》とか棒《マルタン》とは何か。旧約聖書では、神が奇蹟を起こすのは、大祭司や族長の杖《バトン》を媒介としてである。たとえば、エジプトを震撼させた一〇の奇蹟では、モーセやアーロンは杖を投げ、エジプトの大地や水の上に杖をねかせ、天に向かって杖を振りあげて雹を降らせる。あるいは、出エジプトのとき、岩に杖を打ちつけると、そこからは、選ばれた民にとって必要な水が湧き出てくる。『ウルガータ』〔ラテン語訳聖書〕のなかでは、杖は「virga」という語で表現される。大祭司の杖はよく驚異をひき起こすが、ジャンヌの棒と同じというわけではない。たとえその女性が「処女《ウィルゴ》」だとしても、「杖《ウィルガ》」を女性に帰すのは、あまり理屈にあわない。大祭司のこの杖からは、司教杖、王杖、軍隊の指揮官や使節、さらには伝令官たちが持つ棒のすべてが派生し、それらは、政治＝宗教的な権力の所有や、その部分的な関与をはっきりと示している。

　それとは別に、普通はマルタンとは呼ばれない、もうひとつの棒が存在する。それは魔法の棒《バゲット》[12]で、十二世紀末以来の騎士道物語のなかで、あるときは妖精や魔法使いのマーリンが、またあるときは小人のオベロンが持っている。もっとも、すべての中世の妖精がそれを持っているわけではないが（ペローの昔話の例がある）、黄金の魔法の棒《バゲット》やねじれた棒（バトンセル）は、妖精たちが騎馬試合を主催したり（『ペルスフォレ物語』のなかで、レ・パストゥローの泉の騎馬試合に参列したブランシェットのように）、堰き止められていた水を流したり（『ユオン・ド・ボルドー』）、食べ物を増やしたり（『バタイユ・ロキフェル』）、あるいは変身することを可能にする。この場合はキルケ〔ギリシア神話に登場する魔女。魔法で人を動物に変身させる力を有する〕とかけ離れたものではない。

　賢者や聖職者が用いる魔術に関して、その起源は、むしろ植物や石材の効力や、妖精たちが行う驚異にかなり類似した驚異を得ようとする祈願に依拠している〔繁殖、変身、未来の透視〕。そのうち、魔法の棒《バゲット》は十二世紀に登場するが、頻度はそれほど高くない[13]。大アルベール〔十三世紀のドミニコ会修道士で神学者。トマス・アクィナスの師としても高名〕のものとされる『秘密』や『驚異』〔十三世紀末の作品〕は、それに関して一言も触れていない。十五世紀初頭にキックヘーファーが編集したミュンヘンの魔法の手引き書[14]も、食べ物や兵士を増やし、祝宴や城やもっとも遠くの国々へ行く空飛ぶ馬を登場させたりするための処方を示してはいるが、魔法の棒を用いてはいない。唯一、一四四六年のミラノの宮廷のために書かれたイタリア語の写本[15]の一五二四だけが、これみよがしに魔法の棒を用いている。「もしあなたが軍隊をもちたいと思ったり、多くの兵士を出現させたいと望むのなら、汚れのない柳の木の棒を一気に切り取りなさい」。軍旗や馬も必要である。魔法の棒がきちんと操作され、その棒が地面と馬に交互に触れると、二万人の兵士たちが現れるという。

　ところで、ジャンヌに帰される多くの驚異[16]は、かつてはモーセが、そして今日では妖精や魔法使いが起こすことのできた驚異のなかにうまく入っている。もっとも人目をひくのは、自然の力と嵐を思いのままに操ることである。すでに旧約聖書のなかで、宇宙の諸現象を支配することによって、神は選ばれた民の勝利を保証するが、自然の力を支配することは、民間に広がる妖術の大いなる関心事でもあった。雨が収穫物を救うとすれば、雹は収穫物に壊滅的な被害を与えた。[17]天候の占い師《テンペスタリィ》は農村部では恐れられており、彼らの呪術的な処方が、時として今日まで伝えられている。天候の占い師は泉の水を棒でたたいて雨を降らせたが、予言をもっとおこなった。というのも、やろうと思えば、彼らは雲や風に乗って、それらを導き、雷鳴を轟かせたからである。

　こうした次元の逸話で、ジャンヌの英雄的行為のなかでもっともよく知られていることが、一四二九年四月二八日木曜日にオルレアンの前で起こった。オルレアン向けの兵糧の輜重隊はシェシィの前で向かい風によって妨げられる。ところが夜になって風向きが変わり、貴重な兵糧の輸送が可能となる。アルマニャック派の年代記やオルレアン派の文書は、そこにひとつの驚異を見出している。ジャンヌは言う。「少し待ちなさい。なぜなら、神の名において、すべては町のなかへ運び込まれることになるからです」。すると、突如として風の向きが変わった。[18]無効裁判では、デュノワとラウール・ド・ゴークールが、それと同じように、乙女の言葉ひとつで風が突然に向きを変えるのを見たと証言している。[19]彼女自身が城壁の上へ登ると、「すぐさま大きな激しい嵐がやってきた」。イギリス側の史料によれば、彼女がオルレアンの町に入ったとたん、雨と雷鳴が荒れ狂う。[20]

　安息日の木曜日に起こったこの奇蹟は、時が経つにつれ、何度も繰り返される傾向をもった。シモン・シャルルは、ヴォークールールを出発した時からこのようであったと考える。「彼女はほぼ奇蹟的に多くの川を渡った……」[21]。ランスでは、聖別式を前に、ジャンヌは雹を降らし、嵐を起こして、聖なる王冠が隠されていた場所を指し示したという。[22]その聖なる場所は乾いたままだったのだ。彼女が望めば、彼女は雷鳴を轟かせ、別の驚異を起こすことができるだろう。[23]しかし、もっとも異常な物語はエーベルハルト・ヴィンデッケによって語られる。ジャンヌは笑って、地面に水をまく。すると海を渡ってフランス王国に損害をもたらしにやってきた五〇〇人のイギリス兵は死んでしまう。[24]これは、ウィリアム・グラスデールと彼の兵士がトゥレル橋で溺死したこととの並行関係が明白である。というのも、占星術師ジャン・デ・ブイヨンが「汝は血を流すことなく死ぬであろう……」と予言していたからである。[25]

　伝統的に、女性は液体の要素と結びつけられる。しかし、驚異は「声」によって起こる。それが始まる要素は、神の名を発することである。「私たちは剣によって勝利するのではありません。あなたの御名によって勝利するのです」[26]。神は、自分の民から敵を追い払うために風や雲に命じるのだ。今日でもなお、水脈占い師の棒が証言するように、棒は水と結びついた驚異のなかにしばしば登場するとしても、ここでは、まず言葉ありきなのである。

ジャンヌの棒は天候を操るだけにとどまらず、食べ物や兵士を増やすこともできた。食べ物の増加は、砂漠のなかにマナを降らせる旧約聖書の神から、パンを増やすイエスに至るまで、驚異や奇蹟の古典となっている。食糧の不安定と欠乏の時代に、貧しい人々は桃源郷を夢見ており、そして魔法使いたちは、要求に応えて、食べきれないほどの食糧が用意される饗宴を出現させた。ジャンヌは、こうした欠乏から豊穣への突然の移行に三度関わっている。彼女はオルレアンで兵糧の輜重隊を導く。王の軍隊がもはや食糧もつきて「絶望の淵に」いるトロワで、彼女はトロワの開城を約束する。そのとき、リシャール修道士の要望ですでに蒔かれていたソラマメが兵士たちの糧食となる。ランスでは、ストラスブールの市民ジョルダンと同じく、E・ヴィンデッケも、一四二九年七月、聖別式の直前に、葡萄の花が咲き、聖マルタンの日にしか収穫されない葡萄の実がたくさんなっているのを見ている。[27] より一般的には、何人かの証言は、彼女が軍隊とともにいる限り、その軍隊は兵糧不足を経験しなかったと明言している。王国にはいつも十分な食糧の蓄えがあり、この国では食糧にこと欠くことはなかった。[28]

兵士の増加は、これと同じ驚異の論理に由来している。それは、まずは実際にあった増加で、王の会計文書がそれを証明している。一四二九年五月から九月にかけて、騎士、準騎士、戦士、それに平民は、王への奉仕に出向くことを拒まなかった。[29] 最初のうちは無給奉仕であったにもかかわらず、である。「軍役奉仕のため、四方八方から人々がやってきた。すべての人はジャンヌが望む場所へ行くだろう。彼らは無報酬であることさえ受け入れたのである。ガリア人のすべてが馳せ参じた」[30]。しかし、この増加は、軍隊の新しい士気とも結びついている。実際、オルレアンの解放以来、すべての人々が大きな勇気と大胆さを身につけていた。それ以来、たった一人のフランス人が一〇人のイギリス人を倒すことも、そのうちの三人を追い払うこともできたのだ。[31]「彼女の軍旗の下では、私たちのうちの一人が精鋭一〇〇人に匹敵するだろう」と『オルレアン包囲戦の聖史劇』は述べる。この勝利の約束に元気づけられ、王軍は一種の集団的な不死身力をもっていると思っていた。より正確にいえば、世評が乙女に認める不死身の力を〔自分たちも〕分かちもっていると思ったのだ。

このような増加は半ば幻想化されてもいた。面と向き合ってみて、イギリス人は、フランス人の方が人数が多く、予想以上に手強いという印象をもった。「トゥレル要塞で、イギリス人は、驚異と、多くの人々とを目にした。そこには、すべての民が自分たちを打ち負かすために集まっていた」[32]。恐怖と驚愕がイギリス人にとりついた。イギリス人はもはや抵抗のためのいかなる力もなかった。彼らは屠殺場の豚のように殺されるがままだった。[33] 彼らは剣と矢を取り落とした。[34] 彼らは盾を投げ捨てて逃げ出し、イギリスへ戻ることを願った。一四三〇年の五月三日と一二月一二日のベドフォード公の手紙[35]は、時折このような事実を確認するものとして解釈されている。実際には、そこにむしろ、厳しい戦いのなかでの脱走に対する古典的な対策を見た方がよいだろう。驚異は、ここでは聖書風であり、選ばれた民の敵は、ジャンヌをちらっと見ただけで地にひれ伏す。盲目になった人もいる。[36]パテーの戦いでは、イギリスの兵士の目は奇蹟的に見えなくなる（神あるいは神の使者のまなざしと向き合って、耐えられたものは誰もいない）。士気、視力、さらに生命の喪失は、要するに、イギリスの力の決定的な衰退を確信させるものである。しかし、この兵士の増加というテーマは、また別の解釈を可能にする。妖精や魔法使いは騎士道物語のなかで戦士を増やすことができた。そして魔術の手引き書は、それがよくなされる要求であることを示している。

とはいえ、兵士の増加は、必ずしもジャンヌ・ダルクをめぐって証言される白の軍団という華々しい姿をとるわけではない。旧約聖書のなかで、天使は、数でまさる敵に立ち向かった選ばれし民の側について戦った。ローマ帝国がキリスト教国となり、東方に拡がったとき、戦いの天使や聖人が現われ、異教徒に対してローマ側に味方した。本来的な白の軍団は第一回十字軍と結びつけられる。一〇九八年、キリスト教徒がアンティオキアを前に苦戦を強いられたとき、白い装束を着た戦士たちが丘陵を降りてくるのが目撃された。彼らは、すべての戦いにおいて、キリスト教徒に救いの手をさしのべに駆けつけた。この軍団は、天使たちと、聖なる遠征の初めのうちに戦死した十字軍兵士たちからなり、戦いの聖人である聖ジョージ、聖モリス、聖ディミトリによって率いられていた。十四世紀には、ドーフィーヌ・ド・サブランもまた、天使の軍団の援助を得て、自分の所有するアンスイの城を防衛した。[37]ジャンヌと彼女の軍隊は、今やそれ自体が白い軍団である。というのも、ジャンヌの色は白であり、彼女の軍旗は、彼女の兵士たちの長三角旗や、彼らの槍先につけられた吹流しと同じく白色だからである。さらに、処女によって告解し、導かれたジャンヌの兵士たちは無垢な人々の軍団である。彼らは善のために戦い、神は白い旗印のもと、彼らに道を開く。

このテーマが最初に現れるのは、ロワール渓谷の戦いのときである。マルタン・ルフラン（十五世紀のフランスの詩人で、『婦人の擁護者』の著者）も教皇ピウス二世も、天使たちがオルレアンやパテーで王軍の側について戦ったと記している。[38]これらの天使は六月二五日のタルモンの幻視を先取りしたもので、よりはっきりと聖ミカエルと結びつけられる。ポワトゥ地方のシアンの守備隊は、「大きな火のなかに一人の天の騎士」を見た。「彼〔聖ミカエル〕は抜き身の剣を手にし、馬で空中をそんなにも迅速に駆け抜けていったので、天がすべて燃えあがっているように思われるほどだった」。[39]もうひとつの証言がある。「大きな白い馬に跨って、甲冑に白い帯（アルマニャック派の記章）

をつけて、空を駆ける武装した兵士たちがこちらへやって来るのを私たちは見た。彼らはブルターニュの方へと向かって行った[40]」。この聖ミカエルと彼の天上の軍団の出現は、神の叱責をうけたブルターニュ公にシャルル七世に忠実であるよう忠告する狙いがあった。数ヵ月後、聖別式への遠征のとき、王軍がトロワ、ついで他の諸都市を包囲したとき、素朴な人々はみな「無数の白い蝶々[41]が彼女のまわりを飛んでいる」のを、さらに「現れては消えてゆく白い吹流し[42]」を目にした。こうした天の援軍は、死者の霊魂というよりも、おそらくは天使たちである。いずれにせよ、その効果はてきめんだった。諸都市は神の存在を確信して門を開いたのだ。

　もうひとつのエピソードは、一四二九年一〇月、攻撃する少し前のサン＝ピエール＝ル＝ムチエでのことである。王軍が予期しない抵抗に遭遇したとき、ジャン・ドーロンは乙女がわずか四、五人の兵士しか連れていないのを見て、安全な場所に避難しないことで彼女を咎めだてる。「彼女は、自分は一人ではなく、さらに五万人の兵士がおり、その町を奪取するまで、そこから立ち去るつもりはない、と彼に答えた[43]」。そのようなことが、ほどなく起こったのである。つまり、ジャンヌは自分が目にする白の軍団を信じている。その一方、平凡なジャン・ドーロンには何も見えない。さらに、ジャンヌは、天使がとても頻繁に兵士たちのなかにやって来るが、皆にはそれが必ずしも見えない、と述べている。すべての人にとって、神から遣わされた女性が、自分と使命を共にする諸天使を目にするのは、また、諸天使を人々に見えるようにしたと考えるのは、理にかなったことであった。ついにパリを攻撃するとき、ジャンヌは新たにこれらの一団の天使を目にするだろう。それらの天使は彼女を助け、もし彼女が死ぬことになったら、彼女を天国へ連れて行く準備を整えていた。ここでは、天使は、戦士というより、死者の霊魂を導く者である。

　しかし分類の上でみると、ジャンヌの指揮棒《バトン》は魔術的なものでも、預言的なものでもない。その棒はマルタンと呼ばれる。棒のマルタンは、粗暴な男と彼の妻のあいだの諍いを面白おかしく描いた笑話《ファブリオ》に由来する。男は妻を殴りつけるためにそれを使用し、彼がもつ鞭や棒の優位性を彼女に実感させるのである。マルタンやラモン、あるいは、その他のよくある個人名は、男性の優位性を象徴している（女性を敬うとは、「棒で叩い」たり「足払いをくわせる」ことであるというほどに）。場合によっては、

箒に乗ってサバトに行く魔女
（出典）J.M. Sallmann, *Les sorcières françaises de Satan*, Paris, 1989, p.79.

妻が夫を叩き、世界の秩序を逆さまにする。こうしたテーマは騎士道物語のなかに見出される。そこでは、妖精ヴィヴィアンが眠っているマーリンの魔法の棒を盗み、その棒で描いた輪のなかに彼を閉じ込める。それとは違った別の棒、もしくは、とても一般的な箒の柄は、明らかにより不吉な災いをもたらすやり方に用いられる。貴婦人や月の女神ディアーヌの侍女たちの夜間飛行は非常に古く、妖術から独立した伝承であった。妖精たちはどこにでも姿を現すことができたし、魔術師たちは風の翼に乗って空を飛ぶと言い張っていた。魔女が空を飛ぶという考え方は、夜の集い《サバト》の存在、つまり、悪魔を崇拝するために夜間に集まる必要性を前提とする。その一方、棒《マルタン》以外の方法も可能だった[44]。『ペルスフォレ物語』のなかでは、夜の集いに赴く髭を生やした老女たちは、風の精霊の首につかまって運ばれていく。そのほか、魔女たちがそこへ赴くのに犬や黒猫に跨って行ったり、体に膏薬を塗りつけたりしている。魔女の棒は一四三五年頃の『カタリ派の誤謬』のなかに登場する。そこでは、箒や膏薬が魔法のようにすぐさま移動することを可能にする。しかし、魔女の棒は、まやかしであるとも述べられている。一四三六年、法学者トロサンの論説のなかで、この棒は「棒《ウィルガ》」として言及される。一四四〇年、『婦人の擁護者』は、「自由意志」とその「反対者」〔「鈍重な悟性」367頁参照〕とのあいだではじめて論争を示す。つまり、魔女が空を飛ぶというのは本当かどうか、というのである。「反対者」にとっては、魔女は棒に跨って、幾晩か鳥のように空中を飛行し、風のように戻ってくる。つねに棒（ここではラモンと名づけられている）に跨って。「自由意志」にとっては、誰も棒に乗って、身体的に飛ぶことはできない。それは、単に錯乱した老婆の幻覚にすぎない。フィリップ善良公《ル・ボン》〔ブルゴーニュ公〕がもつ写本の余白には、夜の集会《サバト》に行く年老いた農婦が箒に馬乗りになる姿がはじめて描かれている。

以上のことから、一四三一年以前にジャンヌの棒《マルタン》の重要性は確認できる。ジャンヌは、彼女の生まれ故郷のロレーヌ地方で、魔女が夜の集会へ出向くため木曜日に空を飛ぶことを知っている。けれども、彼女にとって、それは空想上の出来事にすぎない。三月三日の土曜日、フランチェスコ会修道士のリシャールがトロワで彼女に対しておこなった歓待についてジャンヌが裁判で尋問を受けたとき、彼女は、彼が十字を切り、彼女に聖水を振りかけたと答えている。そのとき、彼女は彼にこう言い放った。「勇気を出して近寄りなさい。私は飛んだりしませんから[45]」。一四二九年の日々の出来事や噂を書きとめているラ・ロシェルの書記は、この出会いについて別な解釈を下している。それによれば、このフランチェスコ会修道士〔リシャール〕は、実際、次のように断言したという。「彼女は神の秘密に通じていた。彼女はそうしたければ、王の兵士全員に城壁を乗り越えさせる力があった[46]」。ペルスヴァル・ド・カニィが述べるのも、これとまったく同じである。カニィは、ジャンヌが棒《マルタン》の力で空中を駆け巡り、あるいは塔や城壁の先端までよじ登るのを認めている。同じような次元の見方にたって、十五世紀末のいくつかのイタリアの文書は、天からやってきた翼のある馬をジャンヌが駆っていたとした[47]。

したがって、ジャンヌの指揮棒《バトン》（実在するもの）は、彼女を見た人々の目には魔法の棒とか魔女の箒となる。ある人々は危険性を感じた。ペルスヴァル・ド・ブーランヴィリエは、一四二九年六月、乙女は神の声を聞いた一二歳のときから空を飛んでいたと記している。彼からみれば、それは、他の聖女について彼が知っているのと同じように、人体浮揚の現象なのだった。この場合は、棒に対するどんな仄めかしもない。さらに、ジャンヌを天使《アンジェリク》と名づけたり、天使たちに囲まれている彼女を描くすべての文書は、暗黙裡に彼女が空を飛ぶことを想定している。彼女はたしかに「神から遣わされた者」である（ヘブライ語で天使という語は、神の使者を意味する）。しかし、天使は棒がなくとも空を飛ぶ。トマ・バザンは、このやっかいな棒の物語から非常に手際よく抜け出す。バザンによれば、クレシィやポワチエの戦いよりも前に、イギリス人はフランス人の犯した罪が原因でフランスに送り込まれた。そこでフランス人は改悛した。すると神は、フランス人を罰するためにイギリス人に与えていた鞭棒《フレイゲル》を取りあげた。それから、ジャンヌがやってきた。彼女は「処女《ウィルゴ》」であり、「棒《ウィルガ》」であり、ゴドン〔イギリス人の蔑称〕の思い上がりを懲らしめるための神の道具である。すなわち、彼女は処女《ウィルゴ》であり、かつ棒《ウィルガ》なのだ。……ジャンヌはもはや棒を持つ必要などない。彼女はいつも空を飛んでいるのだろうか。慎重なバザンは、この問題には取り組んでいない。

奇蹟

奇蹟は、驚異と同じく、人間の世界に神の突然の出現を刻みつける。それは、神の力のきわだった顕現である。奇蹟は、驚異と同じく、聞かれたり、味わわれたりする以上に見られるものである。神に不可能なことは何もないので、奇蹟は、どんな場所でも、いつでも起こりうる。社会階級の上から下まで、すべての人がそれを認める。しかしながら、イエスが、来たるべき聖人たちすべての奇蹟のモデルとなる蘇生や治癒の奇蹟を起こしたとしても、また、初期キリスト教会がすぐれて奇蹟の時代であるとしても、聖人たちの奇蹟はそれほど多くはなく、さらに、それほど必然的でもない。神が時の終わりまで教会とともにあるとしても、カトリック教会はキリスト教世界で拡大の一途を辿った。したがって、奇蹟は、つねに信徒を力づけるものではあるが、もはや異教徒の改宗に必要不可欠ではない[48]。おそらく信仰心の弱まりは、奇蹟の希薄化に責任がある。

神学者や彼らの頂点に立つ教皇庁は徐々に奇蹟の規定を明確にするが、その規定はどんどん厳しくなる。中世初期には、大衆的な聖性は治癒の奇蹟に基づいていたが、十三世紀に力を得てきた列聖された聖性は、「死後」の調査によって証明され[49]、模範的な生涯に基づいている。そして、記憶にとどめられた奇蹟（最終的には、もはやほとんどない。生者が列聖されることは、もはやほとんどない。そして、記憶にとどめられた奇蹟（最終的には、聖人は奇蹟をまったく起こさなくてよい。トマス・アクィナスの場合がそれで、彼の著した『神学大全』が唯一の奇蹟である）は篩にかけられる。本物の奇蹟は超自然的（どんな自然の説明もつかない）であるべきで、神によって突然にかつ完璧になされなくてはならない。奇蹟には、恩寵を求める祈りのように、神への事前の祈りが伴う。奇蹟は、それを行う人と、それを受けた人の信心を前提としている。そして最後に、奇蹟は教会やキリスト教世界の利益に貢献し、「有用性」をもつ必要がある。

ジャンヌが奇蹟をおこなったかどうかを知る問題は、一四二九年の五月にはすでに提起されている。たとえば、ジェルソンの著作とされる『驚異的な勝利について』[50]は、オルレアンの解放を最初の奇蹟とし、他の奇蹟にも期待を寄せている。奇蹟を起こすには善き生活と品行が必要である、と彼は明言する。また同様に、よい目的（王国の解放）と神への感謝も必要である。世俗的な目的しかもたないものはすべて、虚栄、好奇、見栄のためになしたことで、奇蹟ではない。

その後しばらくして、あるフランス人聖職者〔ジャン・デュピュイ〕によってローマで書かれた『歴史概説』[51]は、以下のように述べる。奇蹟は神の手によってなされるものであり、敬虔な行為者を想定し、教会や王国にとって実益とならなくてはならない。奇蹟は、無益でも、楽しむものでもなく（相手を動けなくしたり、動けるようにしたり）、あるいは他者の破滅を目的とするものでもあってはならない。たとえば、もしジャンヌが僅かばかりの兵士とともにオルレアンに勝利をもたらしたとすれば、それは奇蹟である。反対に、彼女が兵士の数を増やしたとしたら、それは「不思議であり瀆神的」となろう。言葉を換えると、ジャンヌが奇蹟を起こすとか、オルレアンの解放が奇蹟であると断言することは、ジャンヌが善良で敬虔であり、神は彼女を介して働きかけること、そして最後に王国の解放とイギリス人の追放が「よい目的」であることを認めることである。敵の陣営では、誰もこの見解を共有しなかったのは当然である。そこでは、擬態や魔術によって起こされた驚異の行使があることを競って告発する。パリの一市民にとって、ジャンヌについて言われていることはすべて、「信憑性に乏し」く、虚偽で、作り話である。パリの大学人であるアンリ・ド・ゴルクムなど多くの人々は、ジャンヌの功績が奇蹟になりうる理由と、そうならない理由を順次あげている。彼は結論を差し控える。

一四二九年の七月中旬以前に書かれたすべての文書を読み返してみると[52]、奇蹟は稀である。五月一〇日と六月四日の王の手紙は、「神の恩寵により、私たちに起こった驚異的な出来事」を知らせるにとどまっている。五月一〇日には、「乙女によって私たちにもたらされた高潔な出来事と驚異的な事柄[53]」が話題となり、六月四日には「神の思し召しによって与えられた勝利……この出来事は人間というよりも神の業である」[54]とある。奇蹟という語は、オルレアン派、あるいはアンジュー派の人々から発せられた文書のなかでしか見出せない。ペルスヴァル・ド・ブーランヴィリエは、オルレアンとパテーの勝利を「神の恩寵によってなされた奇蹟……」によるとし、「神の許しによって、彼女はさらに多くの事柄をなすだろう。……彼女は、オルレアン公を奇蹟によって解放しなければならない、と言った」[55]と述べる。オルレアンの市民たちはこの見解を共有する。たとえば、G・ジローによれば、五月四日、「ジャンヌは神によって遣わされた。……サン＝ルーの要塞は、奇蹟によって占領された。……五月七日、オルレアンの包囲が解かれた。……キリストの受難このかた、もっとも明らかな奇蹟によってである」[56]。『オルレアン包囲戦の聖史劇』とか、『乙女年代記』といった、のちのオルレアン派の文書はすべて、こうした説明の仕方に忠実である。アンジュー派の人々の側でも、ギィ・ド・ラヴァルは、母親への手紙で「ジャンヌの行為や、彼女を見聞きすることは、まったく神秘的な事柄です」[57]と断言する。さらにアヴィニョンからブリュージュへ届いた手紙は、「件の年若い女性によって、フランスで次々となされている偉大な奇蹟について」とても雄弁である。「それは人間の徳からもたらされたのではありません。それは、神が望まれたものです。……すべての情報は、この乙女が奇蹟を起こすということで意見が一致しています」[58]。

にもかかわらず、最終的には、オルレアンの包囲戦について、イギリス人によって聖所を荒らされたクレリィの聖母のとりなしや、ロワール川沿いの都市〔オルレアン〕の二人の守護聖人である聖エニャンや聖ウヴェルトのとりなしに頼るのが、もっと納得しやすいものだった。さらには、匿名性を選ぶこともある。誰がソールズベリを殺害した大砲の照準を定めたのかは誰も知らない。神の手はいたるところにあって、どこにもない。奇蹟は存在するものなのか、起こすものなのか。一四六〇年頃、『貴紳の園』[59]は、アングレームの国王代官《セネシャル》のために「フランスの奇蹟」を列挙する。すなわち、百合の花、聖油瓶、オリフラム旗、瘰癧病患者の治癒、……そしてジャンヌ・ダルク。彼女は、神がいとも信仰篤き王たちに授けた「その他の恵みや恩寵」のひとつに納まっている。

しかし、裁判官たちは、一四三〇年三月二九日、ラニィで洗礼を受けないで死んだ子どもを生き返らせ、その魂が天国に入れるように、ジャンヌが秘蹟を授け、祝福された土地への埋葬を許可したことを知っている。赤ん坊の身体は、遺体安置所の聖母像の前に運ばれ、その町のすべての若い娘や母親の友人たちが、子どもが生き返り、洗礼を受けるには十分であるよう、少し動くまで祈りを捧げた。子どもは死んだが、両親には慰めとなった。ジャンヌはこの出来事を説明するに当たり、両親に頼まれたのだという点、および祈禱が集団で行われた点を強調する。彼女はたしかに一定の役割を果たした。だが、子どもを生き返らせはしなかった。もっとも、裁判での彼女の弁論は完全ではない。ラニィは教会がその存在とその人気に寛大に対処していた孩所《がいしょ》（新生児の一時的な蘇生に特化された聖所）[60]のなかには数えられていない。十四世紀末から十八世紀末にかけて知られているそうした聖所はすべてフランスの東部にある。ラニィの聖母は、ただ一度、新生児を生き返らせただけのように思われる。またその出来事は、ジャンヌがこの町にいたことで試みられただけのようでもある。ジャンヌは子どもを生き返らせたと町中で言われた。そうなのかもしれないが、裁判官たちには噂の信憑性を確かめることはできない。

ジャンヌが異端の宣告を受けたとき、すべての人の目には、彼女はまったく奇蹟を起こさなかったことが明らかとなった。彼女がおこなったことのすべては、まやかしの驚異でしかなかった。一四三三年『フランチェスコ修道会のパリ年代記』が、その出来事を次のように紹介している。「彼女はとても純粋無垢のように思われていた。神の啓示によって、彼女は王太子を王国の所有者としたのである。オルレアン包囲戦のあと、彼女が奇蹟を起こしたとの名声はローマにまで伝わった。そのあとの彼女の挫折は、彼女の性悪さを証明した[61]」。少しあとに書かれた『オルレアン包囲戦の聖史劇』は、同じような主旨を裏返しにして示す。イギリス人はジャンヌを次のように侮辱する。

お前は奇蹟を起こすと信じている
それはお前の言葉を人が信じるため
しかし解毒薬はよそへ売りに行け
私たちは魔法使いなどではない[62]

勝利はジャンヌにこう答えさせる。

それは奇蹟的なこと
手段をお持ちの神によるもの……
神が私たちを率い、導いてくださったのだ[63]……

無効裁判に備える論説は、奇蹟《ミラクラ》について明確でない。しかしながら、それらの論説にはいくつかの原則がある。ジャンヌは有徳の処女であり、決して個人的な利益を追求したり、才能をひけらかしたり、蓄財に励むことは考えなかった、と。彼女の意図は正しく、彼女が目指した目的――イギリスの専制政治によって抑圧されていたいとも信仰篤きフランス王国の解放――は、いっそうすばらしいものであった。一四五六年にも同じことがいわれた。ジャンヌの「功績《ファクタ》」が神の命令によってもたらされたものであったことは、全員一致して認められた。したがって、おそらく直接性と完璧性を除けば、奇蹟のすべての要素が揃っていた。実際には、王がノルマンディとギュイエンヌを取り戻すには、一四五〇年から五三年のあいだを待つ必要があったが、ジャンヌは、それにも「精神面において[64]」協力した。

しかしながら、ジャンヌがおこなったことは何ひとつ古典的な奇蹟とは合致しない。病気の治癒はないし、議論の余地のある蘇生が一回あるだけなので、それについて話すのを避けた方がよいほどだ。それゆえ、一四五六年、法学者や神学者たちは、ジャンヌの行為は「不思議な、驚嘆すべき、また驚くべきものであった」というだけにとどめている。ジャンヌの行為は、「このような驚嘆すべき出来事の新しさゆえに」恐れと茫然自失を生じさせた。それらは、イギリスの専制政治の「不思議《ミラ》」な停止と、世界の「突然の変動」によって「正義の回帰」を引き起こした。ジャンヌを論じる作者たちは、慎重であって、明らかに異端の臭いを感じさせる「不思議《ミラビリア》」という語を使用するのを避けている。同じようなニュアンスをもつ「奇蹟《ミラクルム》」を用いたのはギヨーム・ブイエだけである。ブイエは次のように述べる。「神の奇蹟がはっきりと示されるように、神は、慎ましく、無知な、何もできなかったし、何も知らなかった《乙女》を選んだ[65]」。それは確かに奇蹟であるが、ジャンヌは、そこでは何でもなく、創造主を前にすると存在感を失ってしまう。

　驚異の年は、実際には一四二九年四月から九月までの六ヵ月しか続かなかった。驚異の年はパリを前にして、突如として中断させられた。ある人々にとっては、もっと早く驚異の年は過ぎ去っていた。フィエルボワの剣は折れた。日付には異論があるが、パリ到着以前なのは確実だ。パリの城壁の前でジャンヌの小姓が殺されたとき、軍旗は横倒しになった。ところで、ジャンヌは、王は彼女のおかげで首都に入るだろう、と本当に告げていた。もっとも、この入城は聖別式の最終段階にあたっていた。『イギリス人への手紙』は、アルマニャック伯宛ての手紙と同様に、王のパリ入城を彼女の使命のひとつの段階としていた。イタリア商人たちによく知られた預言ははっきりと述べている。「王は、パリには、洗礼者ヨハネの祝日（六月二四日）以前に入ることになろう。その一方、イギリス人とブルゴーニュ人は裏門からパリを立ち去るだろう[66]」。反抗的で、忠告を受けつけないパリへの処罰は、メシア的な筋書きの一部に入っていた――『ジャンヌ・ダルク頌』がそれに言及している――。それは、パリ市民たちをまったく納得させなかった。それに、ジャンヌは足に重傷を負った。それは彼女が予見しなかったことである。兵士たちは、「彼らの乙女を強く呪った。〔なぜなら〕彼女は、『あなた方は、パリを力ずくで占領するでしょう。そして、私は夜には寝所で休めるでしょう。皆は金持ちになるでしょうし、住民は殺され、彼らの家は焼かれるでしょう[67]』と、彼らに約束していた〔からである〕」。彼女と同時代の人々の目には、神が突如として彼女からすべての権限を取り上げて、彼女を見捨てたかのように思われた。デュノワのような人々は、彼女の使命がパリを目前にして中断させられたこと、ランスでの聖別式が使命の終わりをしるしたことを認めた。パリに関する預言は成就しなかったので、多くの人々は、長いあいだ待ち望んでいた救世主が密かに過ちを犯したのではないかと疑った。ジャンヌは過ちを犯したのだろうか、それとも最初の成功をあまり鼻にかけすぎたのだろうか。ラ・シャリテの包囲戦のとき、彼女が死んだとの噂が駆けめぐった。もっとも楽天家の人々だけは、驚異の年がギュイエンヌとノルマンディの再征服まで、あるいは予想された使命の終わりまで続くことを信じたがった。なぜなら、「それからというもの、イギリス人はフランスで隆盛にならなかったからである。かくして、イギリス人には大きな恥辱で、戸惑いでもあったのだが、神の審判によって、イギリス人はフランスや周辺の国々から追い払われた(68)」。こうして、ジャンヌは、実際のジャンヌよりもさらに生きながらえたのである。

第Ⅳ部 パリからルーアンへ

マリー・ドルレアン作「ジャンヌ・ダルク」（オルレアン市庁舎前）

ジャンヌの火刑（ルーアン）*
パリ国立図書館所蔵

序

一四二九年九月のパリ攻囲の失敗のあと、聖別式の遠征軍はジアンに戻り、ロワール渓谷で解散した。ヨーロッパ全土で数多の年代記作者が注目してきたジャンヌの冒険は、以後、鳴りをひそめる。「乙女《ラ・ピュセル》」の使命は大部分完了したように思われたし、迫りくる冬は軍事遠征には不都合だった。

王はジャンヌをサン＝ピエール＝ル＝ムチエの攻囲に向かう軍隊に同行させた。この作戦は成功だったが、続くシャリテ＝シュル＝ロワールの攻囲には失敗した。彼女はおそらくアランソン公ジャンに従ってノルマンディに行きたかっただろうが、〔王の命令に〕従った。イギリス王ないしブルゴーニュ公に対する大軍事作戦は、ジャンヌの向かった方面では行われていなかった。野武士によって占領されたニヴェルネ地方の要塞をひとつずつ取り返すのが仕事だった。実際、戦争のおかげで軍隊の指揮官たちは誰に憚ることもなく華々しい立身出世を遂げ、一国一城の主になれた。[1] ラ・シャリテのペリネ・グレッサールもその例だ。ペリネには、〔臣民の保護者である〕王も、ブルゴーニュ公〔ヌヴェール伯を兼任〕も、そしてシュリー＝シュル＝ロワール周辺に地盤をもつラ・トレムイユの一族も手を焼いていた。ペリネは〔王と〕協定を結んだようだが、王の軍隊が離れるやそれも忘れてしまった。

ジャンヌは冬のあいだ、シュリーとオルレアンを行き来して過ごした。一四三〇年一月一九日、オルレアンの町は彼女とその兄弟たちを豪勢に歓待した。四月が終わり、春とともに戦争がふたたび始まった。ブルゴーニュ公フィリップは休戦条約[2]を内心尊重しておらず、前の年に王軍に奪われたオワーズ川流域の諸都市を取り戻そうとした。五月の初めには、ブルゴーニュ公はイギリス人ないしブルゴーニュ人を三六〇〇人配置していた。そのため、コンピエーニュとソワソンの状況は緊迫したものとなった。そこでジャンヌはみずから進んでシュリーを離れ、コンピエーニュの救援に向かった。到着したのは五月一五日のことである。守備隊はわずか四〇〇名にすぎなかった。それを率いていたのはギヨーム・ド・フラヴィであった。

〔五月〕一五日から、ジャンヌがブルゴーニュ派の手に落ちた二三日の夕方までのあいだに、何が起こっただろう。戦いは混乱をきわめた。まずソワソンの周辺で始まり、次いでソワソンの北、オワーズ川沿いの小要塞マリニィで行われた。ジャンヌは突撃を試みたが、敵方の救援部隊が到着したので、コンピエーニュへと退却を余儀なくされた。部下たちが無事町に入った頃、彼女はまだ町の外にいた。ヴァンドンヌの私生児《バタール》の射手のひとりが、赤と金のビロードでできた綺麗な縁なし帽——それは莫大な身代金がもらえることを告げ知らせていた——に向

ボールヴォワールの塔（ジャンヌはここから飛び降りた）
（出典）Minella / Foley, *op. cit.*, p.82.

けて矢を放った。彼女は馬から落ちた。

　囚われの身となったジャンヌは、人手から人手へと渡った。実際、封臣はみな、重要な捕虜をその主君に届け出ねばならなかった。乙女はこうして大諸侯のひとり、ジャン・ド・リュクサンブールのものとなった。彼はブルゴーニュ公の忠臣であり、ヘンリ六世から年金を受け取っていた。リュクサンブール家傍流のこの人物は、きわめて大きな威信を有してはいたが――リュクサンブール家はフランス王とも神聖ローマ皇帝とも縁続きで、聖界に数多くの高位聖職者を輩出し、一人は聖人にさえなった――、それと同時に不安定な状況に置かれてもいた。彼らの封土はフランスと神聖ローマの中間に、つまりフランス王とブルゴーニュ公のあいだに位置しており、たしかに自律した封土ではあったが、数多の圧力を被ってもいた。彼らにとって、強大な隣人たちが背後で手を結ぶことだけは、どうしても避けなければならなかった。

　一四三〇年五月二六日から七月一〇日までのあいだ、ジャンヌはヴァンドンヌの私生児《バタール》が所有するボーリユー＝レ＝フォンテーヌ城に投獄され、[3] 次いで一一月までリュクサンブール家の所有するボールヴォワール城に幽閉された。捕囚の暮らしは、もっと酷いものになっていたかもしれない。〔しかし〕城の主人たち、リュクサンブール家の貴婦人たちは、囚われ人を温かく迎え入れた。三人いたリュクサンブール家の貴婦人は、全員ジャンヌという名だった（ジャンの叔母、妻、そして義理の娘である）。叔母は一家の権威だった。彼女はサン＝ポル伯領とリニィ伯領を所有しており、甥〔ジャン・ド・リュクサンブール〕がそれを継ぐことになっていた。彼女の亡くなった兄、枢機卿ピエールは、教皇庁により列聖されており、彼の聖性は彼女にも及んでいた。アヴィニョンにあるその若き枢機卿の墓は、数々の奇蹟を起こしていた。ジャンヌ・ダルクの到来を告げた預言者マリー・ロビーヌも、そこで病を癒してもらっていた。リュクサンブール夫人〔叔母ジャンヌ〕は兄〔枢機卿ピエール〕にとても近しく、彼女自身、貞潔の誓いを立て、半ば隠遁生活を送っていた。彼女も、彼女の姪も、姪の娘も、フランス王に敵意を抱いていなかった。〔叔母〕ジャンヌはシャルル七世の代母の一人だった。ジャンの妻のジャンヌは、最初の夫ロベール・ド・バールをアザンクールの戦いで亡くしていた。それでも「乙女」は不安だった。ジャンがあちこちの領主と虜囚の譲渡を交渉していたとき、パリ大学が彼女を異端のかどで裁くことを求めてきた。王シャルルには、交換できる重要な捕虜は一人もおらず、お金もほとんどなかった。ジャンヌが異端として告発されてしまったせいで、彼女のために行動することは〔王シャルルにとって〕危険なものとなった。一〇月中にジャン・ド・リュクサンブール、ブルゴーニュ公、イギリス王のあいだで合意ができあがった。ジャンヌはそれに気づいた。不幸なことに、リュクサンブール夫人が巡礼先のアヴィニョンで亡くなったばかりだった。彼女の甥は彼女の財産を相続し、もはやジャンヌに手心を加える義務もなかった。イギリス人に引き渡されることを知ったとき、ジャンヌはボールヴォワール城の塔の上から飛び降りた。逃亡しようとしたのか、それとも自殺を図ったのか。いずれにせよ、彼女は一命をとりとめた。一一月初旬、彼女はアラスに移され、その後ソンム河口の町ル・クロトワに移送された。そこで彼女はイギリス人に引き渡された。イギリス人は、監禁場所として、そして裁判の場所として、ルーアンを選んだ(4)。フランス第二のこの都市は、イギリス人にとってノルマンディ地方および占領地域の統治の拠点だった。ここは起こりうるあらゆる襲撃から守られた安全地帯だった。ジャンヌは屋根で覆われた塔の二階に幽閉されたが、その塔がある城はイギリスの大規模な守備隊によって守られていた。ルーアンはノルマンディ地方の全教区を束ねる司教座都市であり、大勢の教養ある教会参事会員がおり、たくさんの大修道院やいくつかの托鉢修道会系修道院もあった。〔ジャンヌの〕裁判のために判事や陪席裁判官を見つけるのは容易であったろう。そして〔町を流れるセーヌ〕川のおかげで、容易にパリの大学人に相談できただろうし、専門家に来てもらうこともできただろう。ジャンヌ・ダルクは、一四三〇年一二月二三日、クリスマス・イヴの前日にルーアンに着いた。彼女の命はあと四ヵ月しか残されていなかった。

第14章

異端者

L'hérétique

異端[1]は信仰に反する誤りであり、信じがたいほどの頑なさを伴う。異端者は〔カトリック〕教会とは別の知的選択を行う者であり[2]、教会から離れている。異端を狩り出すなかで、教会[3]は教義を練り上げる。謬見を告発するなかで、信ずべき真理を定義する。何世紀もかけて、絶え間ない〔議論・論争の〕積み重ねによって、異端はつくり上げられる。十五世紀の異端者は、二世紀前は必ずしも異端者だったわけではない。異端や異端者をつくるのは教会であり、教会が下す定義はつぎはぎだらけで曖昧である。

原理は単純だ。異端者とは、信仰ないし宗教に関して誤った振る舞いをする者、あるいは誤った考え方をする者のことである。正しい信仰は、いくつかの典拠に立脚している。ただし、それらの重みには差がある。第一が神の言葉たる聖書。次は「使徒信条」に含まれるがごとき信仰箇条。最後が公会議決議および教皇命令で、もっとも古いものがもっとも権威あるものとされる。しかし、〔これら典拠を〕疑う者もまた異端者とされる。宗教への危害、つまりは全キリスト教徒を結びつける絆への危害は、輪郭をはっきりさせるのがもっと容易だ。異端者は秘蹟を軽んじるにせよ、破門されるにせよ、〔教会から〕遠ざかる。異端者はローマ教会への服従を拒否し、その権威ないし特権を認めようとしない。

　ジャンヌは異端者とされた。彼女は「異端のにおいのする」考えをもっており、それを撒き散らそうとしたというのだ。つまり、すでに知られた異端の単なる信徒ではなく、新説を考案する異端の開祖だった。裁判官たちは、ロラード派やフス派といった当時のその他の異端と彼女を結びつけようとは決してしなかった。しかしながら、彼らの目に映る異端は、永遠に生き返るヒュドラであり、全身を蝕み転移し続ける癌[4]だった。裁判官たちは恐れていた。キリスト教世界は内憂外患を抱える城砦のようなものだった。外はトルコ人に包囲され、内部は増大する謬説と偽の預言者によって脅かされている。それらはこの世の終わりの予兆だった。そのうえ、当時は百年戦争の只中だった。さらに一三七八年から一四一五年までは教会大分裂《シスマ》の時代で、初めは二人、のちには三人の教皇が並び立ち、キリストのチュニカを引き裂いていた。そのため、聖職者たちはこの世がどんどん壊れていく感覚に陥っていたのだった。異端は神の威厳[5]を傷つけ、異端の説を保持する者、異端に寛容な者に対し、神の怒りを引き起こしていた。異端は全キリスト教徒を脅かし、彼らが救済されるのを妨げていた。しまいには、哀れな人々の魂を破滅させていた。躓かせたり、信じ込ませたりするのはもっとたやすかった。

　それゆえ、異端を根絶することは、聖俗の権力にとって義務であった。信仰に関わることなので、裁く資格があるのは教会の法廷[6]だけだった。しかし、教会は命を奪うことができないので、世俗の腕の助けが必要だった。これまで長いあいだ、異端者たちは司教たちの法廷の前に立たされていた。が、司教の法廷はカタリ派の前では無力であることが明らかになった[7]。そこで教皇庁は、一二三一年に〔異端〕専門の裁判所たる異端審問所を設置し、その任をドミニコ会修道士に委ねた。十四世紀の初めには混合方式が採用され、それ以後、異端者は司教とそれを補佐する副異端審問官によって裁かれた。さらに、十三世紀の末から、重大な問題に際してはパリ大学の博士に意見を求める慣わしとなった。彼らの教義に関する権威は、公会議でも重要な役割を果たしていた。

　異端の訴追において、世俗の諸権力はたいした役割をもっていなかった。それでも、異端は王国にとって脅威であった[8]し、異端をはびこらせ、さらに大逆罪ともなれば、王にとっては恥辱であった[9]。聖別式のとき、王は騎士叙任式での一騎士のようにキリスト教信仰を保護し教会を助けることを約束してきた。もし君主が行動を起こさなければ、民衆は憤激した。逆に、君主が〔異端を〕罰したなら、民衆を感化しえたし、彼が暗にその正統性を要求する権威に民衆を屈服させられた。

異端の疑い

密告の増加、あるいは誰もが知る中傷の存在によって、異端審問は幕を開けた。被告人の「評判《ファーマ》」が悪とみなされるには、あっちこっちに広まっている必要がある。[10] また、誰のものであれ、最初の評判が発信された場所だけでなく、のちにその評判について話されるのを見聞きされたその他の場所もまた問題になる。ジャンヌの「評判」[11]は、一般的な被告人のそれが局地的なものだったのとは対照的に、王国全土、あるいはキリスト教世界全土にさえ知られていた。[12] おしなべて評判というものは、広く知られた噂からできるものだが、それだけでなく、そうした噂を裏づける経験豊かで権威ある人物の証言からもつくられる。評判はまた人口に膾炙していなくてはならない。みなが知っている噂は、言ってみれば、訴訟手続きの端緒となる告発や告訴の役割を果たしたのである。[13] 悪しき評判はすべて「評判」ということだろうか。裁判官たちは、「この女に関して、世間の噂が世界中に広めた作り話」を「徳と権威を有する人物の証言」から切り離すすべを心得ている。悪しき評判は第三者の立場から確認され、他者の視線によって形成される。ジャンヌの服装、彼女の熱烈な説教は、「犯罪をおかす」のと同じくらい物議を醸す。

たとえ皆が知っている「評判」で事足りたとしても、事前に証人尋問をおこなって、それを確認する慣らわしだった。一四三一年一月、司教コーションによって「悪評の調査」が数度にわたって提起された。そこでなされた質問のいくつかは、ドンレミ、ルーアン、その他、ジャンヌが拘留されていた場所で行われた証人尋問に基づいている。証人たちは名指しで召喚された。カトリーヌ・ド・ラ・ロシェルは、パリの宗教裁判所判事の前で証言した。ロベール・ド・ボードリクールは、いろいろなところで、高位聖職者や大貴族、あるいは有力者たちを前にして話しはしたが、厳密に言えば証言はしていないようだ。ドンレミの住民たちも何人か証言している。これらの証人尋問のすべてが保存されているわけでも、調書に加えられたわけでもないが、それらを疑う理由はない。たしかに、一四五六年には、ドンレミの住民たちの思い出はぼんやりしてしまっている。フランチェスコ会の修道士たちが証人尋問をしにやってきたようだが、[14] 自分たちは尋問されていないというのだ。[15] それでも、アンドゥロの奉行《プレヴォ》裁判所の証書係ニコラ・バイイは、ドンレミで一二〜一五名を尋問したこと、そしてイギリスに味方するショーモンの代官《バイイ》の要請で彼らが宣誓したことを、じつによく覚えている。彼はジャン・ブゴの家に宿泊し、そのブゴの他、エヌカン・ド・グルー、ジャン・モレル、ジャン・コラン、ジャン・ギユメットとその父親を「取り調べた」。ところで、最後に挙げた三人は、一四五六年に何も知らないと語った。おそらく、この意図せざる〔裁判への〕協力に戸惑ったことだろう。証人尋問の結果はジャンヌに有利で、代官は調査官たちを「アルマニャックの嘘つきども」[16]呼ばわりした。

ドンレミでのよい評判の出所はなんだろう。ある人物の「評判」はまず、その家族の「評判」である。父親は娘の名誉に責任があり、それを監視する。その名誉には宗教的な要素（教会にきちんと通う、結婚の秘蹟を尊重するなど）と世俗的な要素（誠実さ、富裕、勤労など）が混在している。「評判」は集団に認められた規則の尊重によって形作られるのだ。「評判のよい人物」は、同等の人物としか付き合わない。彼ないし彼女は、評判に基づいて、代父や代母、夫や妻を選ぶ。「評判」は貴重な財産であり、絶えず想起し、監視し、増加させねばならない。

ジャンヌの両親の評判は良かった。妖精を見た代母のジャンヌ・オーブリは、ジャンヌによれば、貞節で賢い女性だった。ジャンヌ自身、きちんと育てられ、のちの良い評判の兆しは幼い頃から見られた。彼女の振る舞いを悪く言う者はいなかったし、彼女のまわりにはいつも誰かがいた。

彼女が村を離れると、彼女の「評判」は危険にさらされ、それ以降、輪郭のはっきりしないさまざまな集団によって持ち出された。王は慎重に彼女を非の打ちどころのない家族のなかに住まわせた。ポワチエの審問官たちは、彼女の品行を良しとしたが、それは彼女に信頼を寄せるのに必要な条件だった。しかし、名声はたとえ公《おおやけ》に認められていても、日々の努力が求められる。脚光を浴びる者は、他の者たち以上に、手厳しい噂にさらされるものだ。オルレアンとパリの証人は、細心の注意をもって、この評判をつくり上げている。

もっとも単純な水準で言えば、良い評判とはまず、これといった悪習のないことにある。「非難されるようなことなど、彼女にはまったく起こりませんでした。懲罰に値するようなことを彼女がしたなんて、全然気づきませんでした。彼女を悪く言うのを聞いたことはありません」[17]。目と耳が協力し合う。誰もが「評判」を生み出す（集団の規則に応じて、隣人の裁判官ともなり監視員ともなる）。こうしてつくり出された「評判」が支持されるかどうかは、証人それぞれの社会的影響力によって変わる。しかしそれと同時に、証人は、名声をつくり出した信頼のできる人々が見聞きしたことを伝える。

「評判」は、ひとりの人物の生き方、振る舞い、会話、あるいは習慣に関わる。その原則は、君主であれ、軍隊の指揮官であれ、オルレアンの女性市民であれ、はたまたただの農婦であれ変わらない。「評判」は集団の規範に順応しているかを判断する。「彼女の全部が信仰にも道理にも適っていました」[18]。つまり、あらゆる観点から見て、彼女の全部が称賛に値したのだった。彼女は良きカトリック信者として教会に通っていた。彼女は純真で慎ましやかだった。彼女はいつも正しい言葉遣いをして、みなの模範だった。彼女は慎み深く純真で、悪習を憎んでいた。ジャンヌの評判が、同時代の他の女性たちのそれと同じく、純潔さ、慎ましさ、素朴さといったきわめて受動的な一連の美徳に立脚していたことは興味深い。他の女性たちとよく似た空疎な横顔。他の女性たちと同様、いつも傍に誰かいる。女同士集まって、一緒に眠り、教会へ通う。軍隊では二人の兄弟が合流する。そして誰よりも、ジャン・ドーロン。賢く、模範的な誠実さゆえ、彼女を守るため、王によって指名され、配置された騎士。彼が任命されたのは、「彼女の警備と監督のためである。彼はまる一年のあいだ、それを務めた[19]」。

一四三一年に裁判官たちがジャンヌのものとした悪い評判は、これとほぼ真逆である。悪い評判も〔よい評判と〕同じように規範に関わっていて、ここでは性的役割——この女は彼女の性の貞節を捨て、品位というものを忘れてしまっている——と信仰とが問題にされる。彼女は罪びとであり、信仰に反する主張を公衆に広めている。他人を唆して怪しい道に引き入れる彼女は、真のキリスト教徒にとって躓きの石である。ところで、トマス・アクィナスにとって躓きとは、他人に悪の道を選ばせるのだから、二重の罪である。

ジャンヌの取り調べが始まったとき、ジャンヌは宣誓を拒否している。裁判官たちは宣誓を要求する。被告および証人はみな、右手を聖書に置き、絶対に真実のみを話すと約束せねばならない。これから話されること、あるいは話されないことの立会人として、神にお呼びがかかるわけだ。もし誓いを破れば神に罰せられるだろう。嘘の証言をする者は、創造主を蔑にし、隣人に害をなし、裁判官を騙すわけだから、永久に蔑まれ、地獄送りになる[20]。

それでもジャンヌは頑なに宣誓を拒否し続けた。「これから先、私は宣誓しません。もうすでに行いました、十分宣誓しました。宣誓を行えば、それだけあなた方に話すのが遅れます。知っていることの全部について、宣誓はしません[21]」。この回りくどい言い方が、裁判官たちを苛立たせる。俗人はたとえ君主であっても、宣誓して証言する義務があるのだと、彼らはジャンヌに説明する。罪の意識があるからこそ、もっと厳しく罰せられるのが怖くなり、真実のすべてを話すことにためらいを感じてしまうのだ。しかし、それだけではない。裁判官たちは、この拒絶のなかに異端の臭いを嗅ぎ取る[22]。事実、カタリ派も、ヴァルド派も、苦行信心会も宣誓をおこなっていなかったし、十三世紀半ば以降、宗教裁判所での宣誓の拒否[23]は異端を予想させる手がかりとなった。宣誓の拒否は、その点で、福音主義の教えに立ち戻ることでもあった。旧約聖書が神の名の下での誓いを認め、誓いを破った者を厳しく罰していたのに対し[24]、「マタイによる福音書」は、「ヤコブの手紙」とともに、次のように勧めていた。曰く、「兄弟たちよ、地にかけても、天にかけても、エルサレムにかけても、汝の頭にかけても、宣誓してはならない。諾は諾、否は否である[25]」。キリスト教徒は、なんでもかんでも神に訴えたりせず、率直に真実を話さねばならなかった。『聖ベネディクトゥスの規律』もまた「偽証者にならないために、宣誓をおこなってはならない」[26]と命じていたし、十一世紀の半ばにはまだベネディクト会の修道士は宣誓を免除されていた。

そうこうするうちに、公的領域でも私的領域でも、宣誓の数は増えていった〔公的領域で言えば、聖別の宣誓、領主に対する忠誠の宣誓、平和の宣誓〕。〔私的領域における〕洗礼、結婚、そして修道院に入るとき、これらは結果として宣誓を伴っていた。中世末期には、社会階層の最上層部でも、市民のあいだでも、宣誓は珍しくなかった[27]。一四〇三年、一四一五年、一四一八年には、パリおよび各地の代官管区《バイイ》で、政府に対する集団宣誓が組織された。そのときは、既存の権力に服従し、しかじかの王令を尊重し、アラスの和約とトロワの和約を守ることが宣誓された。宣誓の増加には、宣誓違反の増加が伴ったことは言うまでもない。内乱や戦争の時期には、陣営を変える者は誰であれ、宣誓していた。戦時には、宣誓が人々をフランス人にしたり、イギリス人にしたりしていたのだ。

宣誓は存在価値を失い、国家の安定を脅かしさえした。ジェルソンなどの神学者は、結果はどうあれ宣誓を尊重するよう説き勧めることで、抵抗を試みた。〔曰く、〕レグルス〔古代ローマの将軍〕はカルタゴに戻って死に、ジャン二世はロンドンに戻って一三六四年に死んだ。たとえ相手が敵でも、暴君でも、はたまた卑劣漢でも、宣誓は守られねばならない。もし嘘をついたり宣誓に背いたりできるのなら、もはや信じうる政治社会もキリスト教世界もないことになる。これとは逆に、ジャン・プチら、ブルゴーニュ派の法学者は例外をいくつも設けた。宣誓は理性に逆らえないだろうし、死に至らしめることもできないだろう。要するに、宣誓は融通無碍なのだ。

ジャンヌは要求される宣誓をきわめて真剣に受け止めている。神の前で彼女は誓う、真実を話すか、「評判」を失って地獄行きか、そのどちらかだと。それに、裁判官たちがジャンヌに宣誓を強制し、彼女が恐怖か諦めによってそれを受け入れたとしても、彼女の宣誓は本人が見てもジェルソンが見ても有効であることに変わりはない。裁判官たちは彼女の敵だ。しかし、彼女には神の名において彼らに真実を話す義務がある。なぜなら彼女は宣誓したのだから。しかしながら、神と交わした約束は、人間と交わした約束に優る。ジャンヌは一三歳のとき貞潔を誓った。また彼女は、しるしについて話さないことを聖人たちに誓った。実のところ、諸聖人と交わした約束は、しばしば裁判官らの要求に対する防壁の役割を果たす。しかし裁判官は、それら約束の有効性を認めず、そこに「不正な宣誓」[28]を見る。

異端の宣告を受ける男女は、一連の告発状の対象となったはずである。それら告発状は、下す結論は同じでも、厳しさには軽重があり、裁判官たちの決定を左右する。いつでも法律違反と罪悪の総体が告発されるのだ。ジャンヌの場合、裁判官たちは二〇ほどの「罪状」を数え上げるに至った。そのうちのいくつかは罪悪、つまり道徳に関わる違反である。すなわち、傲慢あるいは非情、その他公序良俗に反する罪〔三つは服装に関する項目である〕。三つの条項は魔術と占いに関わり、四つは声に、二つは服従の拒否に関わった。その他の条項は新たな要素をもたらすというより、月並みな結論を導き出している。秘蹟を蔑にし、信仰を誤ったジャンヌは異端であり、背教者、離教者として教会の外にいるとみなされる。

演繹的な論法よりも、言葉を次々に積み重ねていく論法がとられた。実際は、声と服装というふたつの問題に攻撃が集中した。ジャンヌが傲慢で自惚れ屋なのも、未来を見抜くのも、神に遣わされたと誤って思い込んでいるのも、声の仕業。彼女が秘蹟と神の法を蔑にし、聖職者への服従を拒否して、服を脱ぎ捨てないのは、その〔男の〕服装のせい。このふたつの問題は結びついている。なぜなら、男の服を着るようジャンヌに命じたのは、その声なのだから。服を捨てることは、声を捨てることだ。

ジャンヌの聞いた声

ジャンヌは一三歳のときから声が聞こえていた。しかし、彼女はその点について完全に沈黙を守ったらしく、村の司祭にも父親にも打ち明けずにいた。彼女から使命〔王太子を救うこと〕をほのめかされて戸惑った、わずかな村人も、〔声の〕秘密を打ち明けられることはなかった。友だちのオーヴィエットでさえ声については聞いていない。ヴォークルールからシノンまで彼女につき従った者のなかで、ジャン・ド・ヌイヨンポンだけは、「四、五年前、天国にいる兄弟と主である神が、王国を奪回するため戦争に赴かねばならない、と彼女に話していた」[29]ことを知っている。非常に曖昧な証言である。声は内的なものなのか、外的なものなのか。それは繰り返し聞こえたのか、一回きりなのか。それに天国の使者の名は明かされないままだ。

ポワチエでの審問のとき、声は厳しさを増したように見える。そのときの審問では、神学者たちは預言をもたらす霊感の真偽を確かめようとした。神の声が神学者たちにためらいを引き起こす理由は何もなかった。旧約聖書でも新約聖書でも、神の声が聞こえたという話はたくさんあった。神は、モーセ、ギデオン、エレミアに話しかけていた。預言者は神の言葉を受け取り、恐れおののき、王に会いに行った。「私は何者でしょう。なぜ、王に会いに行き、エジプトの民を導き出さねばならないのですか。——行け、恐れるな、我は汝とともにある」[30]。同様に、新約聖書にもこうある。「雲の向こうから声が届き、こう言っていた。『聞け、この者はわが最愛の息子なり……』」[31]。神の声は選ばれた者を名指しし、使命を伝えていたのだ。神の声はまた、脅迫的な性格をもつこともあった。天から降る声は、ネブカドネザル王〔エルサレムを破壊した新バビロニアの王〕の失墜を予告していたし、「ヨハネの黙示録」では、この世の終わりを示す七つの災いの前に、怒れる神の恐ろしい声が聞こえていた。ときに、ジャンヌの軍旗は、この世の終わりを表現していた。

神の声は騎士道物語でもつねに出てきた。『聖杯探求』では、選ばれた騎士を導くために三回にわたって声が現れている[32]。絶えず傍らにある声はつねに正しく、危険を知らせ、騎士を聖なる都へと導くことで救済を約束する。送り手の姿の見えない天の声である。年代記には、声のテーマはそれほど登場しない。しかし神の声は、クレメンス五世の急死を予告していた。そしてまた、フィリップ四世の子孫を呪った。一三一三年の四旬節に、王の三人の息子の騎士叙任式が行われたとき、天からパリの町に声が降ってきた。その声はこう言っていた、「汝らに不幸あれ[33]」と。ジャン二世に会いに行っていた準騎士バシニィもまた、ポワチエの災厄〔ポワチエでの惨敗〕を予言する声を聞いていた。

ポワチエ〔での審問〕では、声に関する質問がよくなされた。修道士スガンはそれを覚えている。声はお前〔ジャンヌ〕に「神はフランスの民を解放しようとされている」と言った。「彼女が羊の群れを連れているとき、ときどき声が現れて、神は王国をおおいに憐れんでおられる、と言うのだった[34]」。しかしながら、ポワチエでの結論は、声に言及していない。また、処刑裁判の前に、声が話題になるのを聞いた者はほとんどいない。

声に関する最初の記述は、一四二九年の六月、七月に遡る。その記述は紋切り型で、ウェルギリウス風の回想と聖書風の回想をないまぜにしている。アラン・シャルチエやブーランヴィリエによれば、あるいは『オルレアン包囲についてのラテン語詩』が語るところでは[35]、天空ないし厚い雲から降ってきた声には、燃えるような光、あるいは光の筋が伴っている。その声は、忽然と現れ、忽然と消える。時間が経つにつれて、声は緊迫感を増し、より強く、よりはっきりと聞こえるようになり、ときに脅迫の色を帯びることさえある。ただちに王に会いに行かねばならない。しかし、その日その日に繰り返される声については、これらの記述では触れられていない。

ジャンヌの身近にいた戦士仲間しか、声について知らなかったようだ。アランソン公は実際は何も知らない。「彼女には声と助言者がいて、その助言者は彼女がせねばならぬことを伝えていた[36]」。デュノワとジャン・ドーロンはもっと好奇心が強く、もっと事情に詳しい。ジャン・ドーロンは努力したけれど、あまり情報を得られなかった。ジャンヌの助言者は、彼女が戦場でせねばならぬことを伝えていた。ドーロンは彼女に尋ねた。「助言者とは誰ですか」。彼女が答えるには、彼らは「三人の忠告者で、一人はいつも彼女とともにおり、もう一人はたびたび彼女のもとにやってきて、三人目は彼らと協議している[37]」のだという。一度彼は、その助言者に会わせてくれるよう彼女に頼んだ。すると彼女は、あなたは助言者に会うほど立派でも高潔でもありません、と答えた。それで彼はそれ以上そのことについて話すのを止めた。

デュノワにはもっとチャンスがあった。〔一四二九年〕五月末にロッシュ城で、それが問題になったからだ。そこでは王、クリストフ・ダルクール、そしてトリアー大司教の臨席のもと、ランス行きが話し合われていた。ジャンヌの助言者はランス行きを強く勧める。しかし、他の者たちは、どうしてそうなったのかを知りたがる。王でさえそれに関心を示す。誰にも言うことを信じてもらえないので、彼女は一人席を離れ、神に祈る。すると声が現れて、こう言う。「神の娘よ、行け、行け、私がお前を助けよう、行け……」[38]。彼女はと言えば、そうした助言がいつまでも続くことを望んでいたようだ。

修道士ジャン・パスクレル[39]がこの話を裏づける。彼女には神の使者（「*nuntii*」すなわち天使ないし使者）である助言者がいた。その助言者は彼女のもとに現れ、何をするかを伝えていた。彼女は、神に与えられた使命を、祈りを通じて、神に仕上げてもらうことができたのだった。「彼女は、どんな人間の助言者よりも、自分の助言者の方が好ましいと思っていた」。

それにもかかわらず、王の書簡、新しい預言、あるいは『モロジーニ年代記』が伝える噂は、神から送られた言葉に限定されている。『イギリス人への手紙』でも、『ジャンヌ・ダルク頌』でも、声には触れていない。ただ偽バルバロが天の声に言及し、シャルチエが天使の声に触れているばかりだ。それゆえ、声について私たちが知っていることはみな、処刑裁判に由来する。ジャンヌは、できるだけ声について話さないよう用心しているが、裁判官たちは、声がこの裁判で有罪の構成要素になることをすぐに理解した。

ジャンヌの回答によれば、最初に声を聞いたのは一三歳の頃で[40]、真っ昼間、父の家の庭でのことだった。眩い光を伴ったその声は、道の反対側、教会の方からやってきたのだった。聖母マリアと同じように、ジャンヌは怯え、天使の声だと思い込んだ。声は彼女をしっかりと見張り[41]、貞潔を誓うよう彼女を促した。声はきちんと身を処せるよう彼女を助けようとしただけだったのだろうか。それとも、初めから政治的な様相を帯びていたのだろうか。この現象は初め異例なことで、なんとなく恐ろしく思いながら耐えていたのだったが、そのうち声は当たり前のように聞こえるようになり、やがてジャンヌは声を聞く術を身につける。フランスに行かねばならなかったとき、声は週に二度、三度現れた。シノンへの途上、声は「たびたび」やってきた。捕虜になってからは日に三度[42]、一四三一年二月二四日の場合は、朝課、晩課、そして夜中に声を聞く。夜中に声が聞こえたときには、その声でジャンヌは起きる。というのも、声は夢とは次元がまったく異なるからだ。

声は場所を選ばない。野山でも、都市内の牢獄でも、庭でも、妖精の木の近くにある泉のほとりでも、あるいはオルレアン包囲の際に皆から離れて祈った葡萄畑でも、ジャンヌには声が聞こえる。ボールヴォワールの塔でも、ルーアンの城でも、誓絶〔異端放棄の宣言〕をおこなった説教壇でも、声は聞こえる。声はいたるところからやってくるとも言えるし、どこからもやってこないとも言える。ルーアンの牢獄で声を聞いたとき、ジャンヌはその声がその部屋にあるのか、別の場所からやってくるのか、わからない。声はいつも聞き取れるわけではないし、(43)ジャンヌがいつも理解できるわけではない。牢番のたてる騒音や喚き声で邪魔されることもあるのだ。

声(それは複数の場合も単一の場合もあった)を来させるためにはどうすればよいか、ジャンヌは知っている。金曜日ないし四旬節に断食したとき、ジャンヌはより頻繁に声を聞く。ジャンヌが一人でいるとき、あるいは彼女が両手を合わせ天を仰いで祈りに没頭できるとき、声はより頻繁に現れる。二月二四日の朝、声は触れることなく彼女を起こす。その前日の夕方、彼女は声に救いと援助を求めていたのだった。(44)ジャンヌは寝台に腰かけ、両手を合わせる。声はジャンヌに勇敢に答えるように言う。また、神が助けてくれるだろうとも。しかし彼女は最初の言葉がよく聞き取れず、すべてを理解できたわけではなかった。さらにジャンヌは、もし大罪を犯したのなら、つまり恩寵に与る状態でなくなれば、声を失うものと思っている。すでに何度か、声は彼女から離れ、突然消えることもあったが、そんなとき彼女は涙を流している。

沈黙と祈りが生み出す声は、逆説的ではあるが、鐘の音によって、(45)とくに朝課と終課の鐘の音によってもたらされることもある。それは、ピエール・モーリス師が推測するように、幻覚なのだろうか。(46)人々はときに鐘の音になんらかの言葉を聞き、それを理解したと思い込むことがある。ジャンヌの鐘の音への関心は、村で過ごした子ども時代に遡る。ドンレミの鐘は信者たちに日曜日のミサや典礼への参加を呼びかけていたが、ジャンヌの日々の祈りにリズムを刻んでもいた。ジャンヌが洗礼を受けたときにも、彼女の姉カトリーヌが亡くなったときにも、あるいはブルゴーニュ派の野武士が村を脅かしたときにも、鐘は打ち鳴らされた。(47)鐘は共同体を結束させ、かつ象徴していたが、それと同時に、罪悪や邪な心、あるいは災難の悪影響から共同体を守ってもいた。(48)鐘の音は丘陵に鳴り響く神の声だった。預言者ミカは鐘の音を聞いて人々の罪悪を見出し、将来の復興を告げ知らせなかっただろうか。彼と同じように幼いジャンヌも鐘が鳴るのを聞いていた(五人の証人がそのことについて話している)。(49)そんなとき彼女は教会に行くか、あるいは十字を切って跪くのだった。教会管理人はしばしば職務を忘れることがあったので、彼女は彼を捉まえて小銭を渡し、怠りなくきちんと鐘を鳴らすよう促していた。おそらく声は、鐘の響きによって振動する大気のなかに、すでに現れていたのだろう。神の別の声を通じて、彼女は神の声をそこに読み解いていた。オルレアン包囲のとき、ジャンヌは鐘の音の別の用途を発見した。実際、町の鐘楼はイギリス軍が(猛然と)攻撃を仕掛けたとき、あるいは守備隊が反撃したときに鳴り響いた。神の恩寵を感謝する行列に際しては、教会の鐘が町役場の鐘に唱和した。

ジャンヌ自身、攻撃を有利に進めるために鐘を用いた。コンピエーニュでは、町の教会の鐘をすべて鳴らさせ、彼女が出撃したことを知らせた。もっともそこで彼女は捕えられたのだが。裁判官たちは彼女が鐘を用いたことを非難するのを忘れなかった。「神聖な事柄」の領域に一般信徒がこんな形で侵入したことに、少々驚かされたのである。しかし鐘の音は何よりも声の役に立った。毎晩、晩課ないし夕暮時に、ジャンヌは教会に籠り、祈った。彼女は聖母を称える讃美歌を歌ってもらい、半時のあいだ、鐘を鳴らしてもらった[50]。すると声が現れるのだった。声を表すのに、ジャンヌは一般的な言葉も（彼女は声を感じた、声が彼女のもとにやってきた）、聴覚に関わる言葉も（声は語り、助言ないし許しを与える。声は約束し、あるいは教示する。ジャンヌは声を聞き、あるいは応答に際して助けを求める）、視覚に関わる言葉も区別することなく用いている。声は現れる。人々は声を聞くことも見ることもできる。声が語ることは啓示と形容されるが、ごくまれに幻視《ヴィジョン》とも形容される。

実際、声はいつも光の現象と関連づけられる。この世に天上的なものが現れるとき、いつもそうであるように、眩い光が声には伴っている。ジャンヌはその点に関してはっきり述べている[51]わけではない。しるしを見たとき、霊的な光が王を取り囲む五〇の松明の明かりに付け加わっていたことを認めているぐらいだ。〔ジャンヌの〕死後に行われた証人尋問によれば[52]、この光は無数の輝く粒子から成り、声を伴いつつジャンヌのもとへやってきたのだという。

この単数ないし複数の声（神と同様、声も単一にして三つから成っている）がただちに誰のものか同定され、身体性を付与されたかどうかは、まったくもってわからない。最後までジャンヌは声の描写に関しては曖昧なままだ。彼女には三人の助言者がいる。一人は彼女の魂の救いのためで、守護天使にちょっと似ており、最後まで彼女とともにいる。残る二人は彼女の使命の政治的な側面を分けもっている。一人は遠征に関わり、もう一人は神の名の下、王国諸都市の守護に貢献する。別の言い方をすれば、声は神の直接的な示現であることもあり、一人ないし複数の天使を媒介とする神の示現であることもある——大天使ガブリエルは、大天使ミカエルと同じように軍旗に描かれ、聖十字架発見の日に彼女のもとに現れた。最後に、声はしばしば聖人や聖女を介してやってくる。これら天上の兄弟たち〔天使および聖人、聖女〕にジャンヌが言及するのは、一四二九年の四旬節からである。声が次第に聖ミカエル、聖カトリーヌ、そして聖マルグリットのものとされていくのは、実際のところ、明確さを増していく裁判官たちの質問によってだった。

たとえ一般大衆がジャンヌと大天使ミカエルの密接な関係を信じるとしても、〔神学の〕専門家たち[53]はだんだん疑い深くなっている。たしかに、同時代のテクストは「乙女」を天使に囲まれた娘に、さらには天使のような娘に仕立て上げている。しかし、それらの天使は匿名かつ複数のままだ。一四三一年の裁判より前に、ジャンヌと聖ミカエルが関係していると考える者は一人もいなかった。ただし、オルレアンが解放された五月八日は、ふたつある大天使の祝日のひとつであり、きっとこのことが流れに棹さしたのだろう。ところが、数ある年代記は口をつぐんだままである。ジャンヌが大天使を登場させ、描写し、その天使がしるしを見たときの天使であるとするのは、二月二七日から三月一七日にかけて裁判官たちが発した一連の質問に答える過程でのことである。

モン＝サン＝ミシェル修道院と大天使ミカエル*
シャンティイ・コンデ美術館所蔵

ジャンヌと大天使ミカエルを結びつける客観的な理由には事欠かなかった。二人ともに若く、純潔で、軍旗を掲げていた。ジャンヌの故郷ロレーヌ地方では、四六の聖堂がこの大天使に捧げられていた。そのもっとも重要なのがサン＝ミエル大修道院であった。聖ミカエルがシャルルマーニュ〔カール大帝〕の軍隊を救った地である旧ロタリンギア〔ロレーヌの古名〕には、カロリング王朝時代の思い出が深く根づいていた。八一三年、皇帝シャルルマーニュは、聖ミカエル信仰を帝国全土に課した。騎士道物語やムーズ渓谷の伝説が主張するところでは、王国が危機に陥るたびに、神はミカエルを送り、神によって選ばれた者を探させ、王国を救ったという。ミカエルはその者に天上の武器を渡し、戦いで彼を援け、危機に際しては彼を励ますのだった。たとえば、一四〇〇年頃、リエージュの年代記作者ジャン・ドゥートルムーズは、[54] シャルルマーニュからフィリップ尊厳王《オーギュスト》の時代にかけて、騎士オジエと大天使ミカエルがフランス王のためになしたさまざまな援助について物語っている。

王朝と天使のこの古い結びつきは、[55] 十四世紀後半にゆっくりと強化されていった。ジャン二世は聖ミカエルの日に騎士に叙任され、新しい貨幣、天使金貨を鋳造した。シャルル六世はモン＝サン＝ミシェルに巡礼に行っている。彼の娘の一人は、大天使ミカエルを守護天使としていた。パリの市門のひとつもミカエルの保護の下に置かれたが、それはこの大天使が高所好きで、通行人を守るとされていたからだった。しかし、一四二〇年に、自己の権力をはっきりと大天使ミカエルの庇護下に置いたのは、他でもないシャルル七世である。彼は大天使を紋章として軍旗に描かせたのである。そこには、次の銘句が添えられていた。「彼は我が唯一の守護者」あるいは「彼は我を救いに来た」。大天使ミカエルはシャルル七世のためにいくつも奇蹟を起こした。一四二二年のラ・ロシェルでは、壇が崩れ落ちたとき、大天使はシャルル七世の命を救った。続いて一四二五年以降、モン＝サン＝ミシェルをイギリス軍から防衛した。言い換えるならば、一四三一年において大天使ミカエルは皆にとって、ブールジュ王国の聖なる守護者だったのである。

ジャンヌが王の旗に大天使ミカエルを見たとしても、彼女がミカエルに抱いているイメージは戦闘的ではない。ミカエルは彼女に最初に現れた人物である。白い服を着た彼には翼はあるが王冠はかぶっていない。その点、あちこちの教会の壁に描かれた絵とは異なる。彼は誠実な人物そのものといった風貌で、天使の言葉を話す。ジャンヌがミカエルに付与した政治的役割は部分的なものでしかない。たしかにミカエルは、彼女に「フランス王国への偉大なる敬愛の念」を啓示し、王に会いに行くよう背中を押す。しかし、ジャンヌに関わることでは、彼はむしろ守護天使の役割を果たしている。彼は彼女に「良き教義と助言」を与え、「自己統御の仕方」を話す。このわかりにくい言い方は、ふたつの解釈が可能だ。「うまく身を処する仕方[56]」のことだろうか、それとも「自分で自分を制御する仕方[57]」のことだろうか。第一の解釈の場合、ミカエルはジャンヌに信仰を深めることを許している。第二の場合、ミカエルは彼女が霊的に自立し、神と直接結びついていることを保証する。

いずれにせよ、ジャンヌの聞いた声を大天使ミカエルの声だと断定するのは、一四三一年の裁判である。少なくとも、「乙女」自身がそう言っている。ミカエルは最初の声の主で、第二、第三の声を予告する。しかし、彼は稀にしか現れない。一四三一年三月一三日、彼女はミカエルがしるしをもたらす天使[58]であると認める。しかし、〔三月〕一日に彼女は、ル・クロトワ滞在以来（すなわち四ヵ月前から）、彼を見もしなければ声を聞いてもいないと断言していた[59]。火刑台の上で、彼女はミカエルの加護を祈っただろうか。ミカエルは良き死を司る天使であり、天国の入口で死者の生前の振る舞いの善悪を計量する天使でもある。公証人ジャン・マシュー、医師ギヨーム・ド・ラ・シャンブル、司祭ピエール・ブシエ、これら三人の証人は[60]、ジャンヌが最期に聖ミカエルに加護を求めるのを聞いた。

一四五六年〔無効裁判終結の年〕、状況はまったく異なっている。大天使ミカエルは再征服を見守ってきた。サン＝ミシェル騎士団の創設は一四六九年のことであるが、大天使と王国との結びつきは自明の事柄となり、ジャンヌの聞いた声がとにかく何であれ、ミカエルを〔単なる個人の〕守護天使とする者はもはや一人もいない。天使の種類に関する学問上の区別や天使の序列にずっと詳しいシャルル七世の法学者と神学者は、大天使

〔ミカエル〕が占めていた地位を強調する。ミカエルは権天使である。[61] 天の軍団の旗手であることに加え、彼はまずユダヤ人の、次いで全キリスト教徒の運命を司った。最後に、神はいとも信仰篤き王国の保護を彼に委ね、これを守らせた。ただし、彼は個人としての王の天使ではない。王国の、ないしは王の尊厳の天使である。ミカエルは、神の天使がダニエルに向けた言葉を、王シャルルに繰り返した。[62]「私、ミカエルは、汝を救いにきた」。したがって、王には二人の天使がいたのである。ひとりは彼個人の匿名の守護天使、もうひとりは王という役職の守護天使。こうして大天使ミカエルはのちのフランス王全員の守護天使となった。なぜなら、王の尊厳は消えることがないからである。ミカエルは尊厳の天使としてジャンヌに現れたのだった。擬制的人格（王国）の守護を担う、この政治的かつ軍事的な天使は、それ以降、慰めと助言の天使というジャンヌのイメージから遠ざかっていく。いずれにせよ、彼はもはやジャンヌの天使ではなく、王の天使になったのである。

こうした軌道修正は、聖カトリーヌについても言える。彼女とジャンヌの結びつきは一四二九年の春には知られており、一四三一年の裁判で証言されたが、次第に薄れていく。アレクサンドリアのこの聖女は、紀元四世紀に生きたとされる半ば想像上の殉教者である。王の娘で、自由七学科を身につけた彼女は、貞潔を誓い、暴君マクセンティウスの薦める結婚を拒絶した。彼女は、皇帝の前に引き出されたが、異教徒の哲学者たち五〇人を前に、みごとキリスト教の信仰を守り通した。彼女は長期にわたって幽閉され、車刑によって四肢を折られた後、首を刎ねられた。彼女の魂は天使たちによって天国へと運ばれ、そこで聖処女たちの筆頭の地位を占める。ラテン語による最初の受難劇は、ギリシア語からの翻案で、一一〇〇年代に現れる。同様に、オリエント各地の聖域（とくにカトリーヌの墓所が設けられ、聖地パレスチナからたくさんの巡礼者を引き寄せるシナイ山）から、少しずつ聖遺物が西欧にもたらされる。たとえば、〔カトリーヌの〕指は、一〇五〇年頃、ルーアンのサント＝カトリーヌ＝デュ＝モン修道院に納められた。あるいは、シャンパーニュ地方のヴェルテュスには片方の手があると、十二世紀に確認されている。フランスでは、十二世紀の末まで彼女の肖像はひとつも伝わっていない。したがって、カトリーヌは新しい花形聖女なのである。中世末期の彼女の人気はすさまじい。西欧全体で八〇〇もの図像が描かれ、[63] その半分は現在のフランスの領域に存在する。それら図像に描かれる場面は、類型的であると同時に（カトリーヌは自分の象徴物である殉教の棕櫚の枝と、剣ないし本を手にしている）、物語的である。すなわち、一三〇〇年代以降、哲学者たちと対面し、殉教に打ち勝つ姿が描かれているのだ。そしてついに、一三三〇年頃のイタリアで、次いで一三九〇年頃にはフランスで、カトリーヌはキリストの婚約者となる。殉教の車輪は徐々に婚約指輪と見なされるようになっていく。こうした解釈によってアレクサンドリアの処女は、聖母マリアに次いでもっとも有力な仲介者に、そして結婚を控えた娘たちの保護者になる。この伝統は、一一月二五日の聖カトリーヌ祭として今日まで命脈を保っている。

　ジャンヌに最初に現れたわけではないけれども、カトリーヌはジャンヌの一生を通じて傍にいる[64]。ジャンヌはカトリーヌの聖人伝を、つまりは彼女の生涯を知っていると断言している。ジャンヌの姉の名はカトリーヌだった。二人の姉妹は、この聖女に花飾りをお供えしたものだった[65]。後年、ジャンヌは聖女のためにミサを挙げている。聖女がジャンヌのもとに最初に現れたのは、泉のほとりの木陰だった。ジャンヌがフランスにたどり着いたとき、聖カトリーヌはフィエルボワの聖所で見つかった見事な剣を彼女に持たせる。その後、聖カトリーヌは聖マルグリットとともに、しるしの会見に臨席する。ジャンヌの使命が本題に入り始めると、カトリーヌはいくつもの違った役割を果たす。まず預言者として、オルレアンでの負傷、コンピエーニュでの捕縛、そして最終的な解放についてジャンヌに明かす[66]。次いで治療医として、ジャンヌがオルレアンで危機に瀕したとき、ボールヴォワールの塔から飛び降りたとき[67]、ルーアンの牢獄で病に伏せったとき、彼女を癒す。最後に、カトリーヌはジャンヌの精神的な支えとなる。たとえば、苦難に喘ぐジャンヌを励まし、助言を繰り返し、裁判官たちにどう答えるかを示し[68]、立派に務めを果たすよう、あるいは告解をするよう促す[69]。ミカエルとは反対に、カトリーヌは日常的な存在、ジャンヌの分身のように見える。

　当時の人々は、二人〔ジャンヌとカトリーヌ〕の生涯がよく似ていることに、すぐさま気がついた。たしかに、ジャンヌは王女でも教養人でもなかった。しかし、二人とも貞潔を誓い、結婚を拒否した。また彼女たちは、大勢の学者たちによる審議に立ち向かい、説得を試みなければならなかった。彼女たちは長いあいだ、幽閉され、その間に天使の訪問を受けた。そして彼女たちは不当に命を奪われ、最後にはその魂はまっすぐ天国へと向かった。

　こうした類似を超えて、彼女たちは同じ役割を果たしてもいる。カトリーヌは剣を手にした聖女であり、いわば奇蹟の武器をジャンヌと共有している。ジャンヌの剣は、兵士たちがよく訪れる聖所、フィエルボワに由来した。カトリーヌの指輪は怪我から身を守ると言われていた。聖女カトリーヌは癒し、牢獄から解放し、勝利を予告した。ジャンヌは指揮官として、剣を手にした娘となり、守護聖女の庇護のもと勝利をもたらした。

　しかしカトリーヌは何にもまして「もう一人の使徒」、つまり公衆に向かって神を語り、説得する女性だった――マグダラのマリアを別にすれば、いかなる処女も聖女もそのような役割は担っていなかった――。女性にはほとんど認められていなかったこの役割を[70]、ジャンヌは引き受けた。キリスト教世界では、女性は不浄で男性よりも知性に劣ると見なされ、祭祀や政《まつりごと》に関して公的な発言の機会は制限されている。女性はそもそも司祭になることはできず、パンと葡萄酒をキリストの肉体と血に変える言葉を口にすることもできない。女性は教壇に立つことができず（なぜなら教職は学識と位階制に立脚した地位を前提とするからである）、聖職者の養成機関たる大学で学ぶこともできない。そしてまた、女性は説教もできなければ、公衆を前に発言することもできない。「人の集まるところでは、女性は口をつぐむべし」[71]、聖ペテロはこのように語っていたし、一二三四年の教皇法令集はこれら禁止事項を公理化した。

ところで、カトリーヌは生前、説教を行い、人々を回心させていた。聖書註解学者たちは、彼女のなかにある、女性の知的な弱さを超越した神の恵みを述べ立てた。そのうえ、当時は説教師に事欠いていた。カトリーヌ、あるいはマグダラのマリアは、「敬う存在であって、真似る存在ではない」のだった。

ジャンヌの世代にとって、現実こそが問題だった。女性の言葉に好意的な神学者たちは、預言能力が女性にも開かれていることを強調していた。もっとも、そこで問題にされていたのは、教会制度の外にある霊的な言葉だった。他の者たちは区別を設けていた。曰く、たしかに娘らは公衆を前に教育を行うことはできない。しかし、言うまでもなく、母親は子どもたちをしつけられるし、妻は夫にキリスト教の原則に注意を促すこともできる。女性は説教こそできないが、とくに内輪でなら道徳に関して近親や隣人を教導できるのである。そして最後は、論争して感情を高ぶらせたクリスチーヌ・ド・ピザンが、『婦人の都』で論争にけりをつけた。「もし、女たちが話すことを神が望まなかったのなら、神は女たちを唖者にしたはずでしょう！」[72]

ところで、神はジャンヌを唖者にはしなかった。女性に要求されるステレオタイプの沈黙がしばしば年代記のなかに見出されるとしても[73]──ジャンヌは言葉少なに、穏やかに、慎ましやかに話したと言われる──、実際の「乙女」は言葉巧みにずいぶんと話したようである。この領域における彼女の紛うことなき才能は、ドンレミで現れる。「ジャンヌはじつにみごとに話した」[74]。彼女は好奇心をそそったり、説得したりする術を心得ていた。シノンまで同行したジャン・ド・ヌイヨンポンは、「彼女の言葉に心をかき立てられ、その言葉を信じたのだった」[75]。彼女は仲間を励まして「恐怖を感じない」ようにしてあげることができた[76]。宮廷に着いたとき、この才能は確証された。「彼女に会って、話を聞くと、神がなさっているように感じられる」[77]。ジャンヌが預言者および指揮官として地位を得たのは弁舌のおかげである。彼女は悔悛を説き勧めることも、励ますことも、あるいは勝利を約束することもできたのだった。

ジャンヌの発言は、伝統が女性に割り当ててきた言葉の境界を何度も越えた。ポワチエでの審問が最大の試練となった。そこでジャンヌは、聖カトリーヌのように、博士たちに立ち向かう。「彼女はそこで気高く、高貴な人のように話した。……単なる小娘がこれほど見事に受け答えできることに、みなが驚嘆した」[78]。『モロジーニ年代記』によって、ジャンヌと聖カトリーヌの最初の対比がなされたのは、この折のことである。曰く、「彼女が注目すべきことをこれほど話すのを聞くと、この世に現れたもう一人の聖カトリーヌさながらに思われた」[79]。ポワチエ〔での審問〕以降、ジャンヌの言葉は彼女自身の陣営に受け入れられる。彼女の言葉は、オルレアンを前に開かれた軍議でも、トロワでの国王顧問会議でも、幅を利かせる。もっとも不可解な発言場面は、コンピエーニュでのことだ。捕えられる前の日、ジャンヌは教会に幼い男の子らを集めて、祈ってくれるよう頼んだという[80]。これは聖別された場所での、男性に向けた、公的な発言である。たしかに、子どもしか関わっていないし、ジャンヌは内陣ではなく支柱脇の外陣で話している。イギリス＝ブルゴーニュ派の陣営では、偽りの言葉（ジャンヌの預言のすべてが実現したわけではなかった）、疑わしく魔術的でさえある言葉を、遠慮なく非難した。「彼女はキリストの名において人々を叱責し……民衆を引き寄せるために説教をしていた……」[81]。言葉の選択は無垢なものではありえない。

ルーアンでの裁判は、カトリーヌと五〇人の博士との対決の繰り返しである。このとき「乙女」はミカエルやマルグリット以上にカトリーヌの加護を口にしており、間違いなくカトリーヌと博士の対決を意識している。一四五六年の王の顧問官たちにとって、カトリーヌは「性と処女性において」[82]ジャンヌに都合がよかった。そして女性たちは、どちらかと言えば、女同士で慰め合うものなのだ[83]。ただ一人ブレアルだけが、公的発言という厄介な問題に敢えて取り組んでいる。聖霊から霊感を授かった二人の娘に、「学者たちは異議を申し立てた。王国全土から集まった学者たちで、たいてい五〇名が居並び、四〇名のときもあったが、三〇名以下になることはほとんどなかった。彼らは、暴君マクセンティウスが召喚した学者同様、ありうる限りの学位を有していた。その人数と学識にもかかわらず、彼らはたった一人の娘を説得できなかった」[84]。ブレアルは用心深く、彼が焦点を当てるのは哲学者たちであって、彼らを論破した娘たちではない。

ジャンヌに現れた声は、たいていの場合、学者たちに不信を抱かせている。たしかに、彼らはその可能性を認めてはいる[85]。旧約聖書や聖人伝でも、声は頻繁に現れている。死者の霊は親族の夢によく現れたし、教会もその存在を認めている。しかしながら、ジャンヌの声は、それが本物で良い精霊のものであれば、裁判官たちを相当困惑させてしまう。裁判官たちは霊の分類に関する複雑な規則を適応しようと試みるが、ジャンヌは自分に現れる声を即座に確信する。彼女は声をいっさい疑わず、そのひとつひとつを聞き分ける。つまり学者たちが時間と論理的基準を必要とし、蓋然性にしか到達できないところを、彼女は本能的に声を判別しうるようなのだ。

その上、これらの声はじつに頻繁に訪れている。ジャンヌは牢獄で、一日に三度まで声を聞いている。四人ジャンヌの個人的な問題すべてを引き受けてくれる、特別な声だ。たとえば、質問に対する答えから、明日とるべき振る舞い、あるいは慰めに至るまで、その声は面倒をみてくれるというのである。人間であっても彼女を援助できただろう。つまり声に援助を頼むことは、必要もないのに神に懇願することである。些細な事柄のために神を試す、こうした声の出現の多くは、なんら目につく成果をもたらすわけではない。超越的かつ稀にしか現れない神、こうした観念に慣れていた裁判官たちは、神聖な事象に対するこうした馴れ馴れしさに面喰い、不敬な態度だと思う。曰く、「声が日常的に現れるなど、どんな本にも記されていないことであり、非礼である」[86]。一四五六年に、シャルル七世の神学者たちは、ふたつの先例しか見出すことができないだろう。すなわち、天使が若きトビアを砂漠へと導いたとき、天使は彼とともに飲み食いし[87]、キリスト教徒には絶えず守護天使がついていることを告げる。しかし、これは厳密に言えば、〔声の〕出現ではない。これとは逆に、聖カエキリアの「恋人」天使は[88]、ウァレリアヌス〔カエキリアの夫〕を嫉妬させるほど、頻繁に聖女に会いに来て、殉教のときまで彼女に寄り添っている。

これらの声は親密にすぎて「肉感的」でさえある。当時の神学にとって、これは見過ごせなかったろう。天使と聖人は、声を通じてしか信者を訪れることができない。そのとき信者は彼らの賢明なる意見に耳を傾ける。発せられるこの声を〔その場に居合わせた〕全員が聞くこともあれば、一人だけにしか聞こえないこともある。しかし声はまた、受肉し、身体をまとうこともできる。そうすれば、信者が五感を通じて認識することになる。ただし、声がまとう身体は、光でできた霊的身体であり、熱も重さもなく、人間の身体よりは死後に復活した人の栄光の身体と比較しうる。厳密に言えば、神の声は語りかけず、目に見えず、触れることができない。また、天啓を受けた者は、この過程において、身体感覚を通すことはない。ここでは見神と知的聴覚が問題なのだ。他の者には、何も見えないし、何も聞こえない。

ところで、ジャンヌは聖女たちを見、感じ、触れたと言っている。聖女たちは良い香りがし、温もりもある。ジャンヌは彼女たちに口づけすることもできる。つまりジャンヌは、自分も他人も聖女たちを見ることができると信じているのだ。しかし、必ずしも全員というわけではなかった。ジャン・ドーロンは、十分に純粋とは言えないので、「声」を見ることはない。しかし、王とその他何人かは、しるしをもたらす天使を見た。「彼の陣営の何人かが、声を見、認識した」[89]。さらにジャンヌ自身も、カトリーヌ・ド・ラ・ロシェルに現れた白い婦人を見ようと努めている。一夜目、〔ジャンヌとカトリーヌの〕二人とも起きていたが、婦人は現れない。二夜目、ジャンヌは眠り、彼女が寝ているあいだに、婦人が現れる。したがって、ジャンヌのライヴァル〔カトリーヌ〕の白い婦人は、声とまったく同じように、「身体的に」見えるのだった。一四五六年に神学者たちが出すことになる結論では、姿形のない精霊の現れ方や捉え方の違い

ルーアンで火刑に処されるジャンヌ
パリ・パンテオン所蔵

をジャンヌは認識できなかったのだという。しかし、このような知的で新しい事柄で間違いを犯しても、聖書や信仰箇条を危うくすることにはならない。聖書も信仰箇条もこの問題には沈黙している。無学な人々は、この分野に関して、明確な信仰をもつ義務はない。教会がそれについて言っていることを信じていれば、それで十分なのだ。にもかかわらず、一四三一年の公証人の一人は、起訴理由書上部の余白に「彼女は命運尽きた」と書いている。彼女は終わった（文字通り、焼かれるのだ）。

罪びとジャンヌ

異端は、それ自体では罪ではない。希望がそうであるように、信仰の美徳には、いかなる反対物も対応していない。しかしながら、異端の開祖は、「傲慢」（*superbia*）ないし金銭欲によって行動するものとみなされている。アウグスティヌスはそう言ったが、彼は教会への批判が単なる幻滅によって動機づけられることもあるとは思ってもみなかった。たとえ表に出ることはなくとも、異端者はみな、汚れて歪んだ魂の持ち主とされる。たしかに、異端者は自分を異端者であるとは言わない。ヴァルド派やカタリ派は、禁欲的かつ厳格な態度をとる。十二世紀以降、彼らは進んで肉欲と肉食を断った。謙虚で、無学、それゆえ福音に近い、と主張していたのである。

教会から見れば、この謙虚さはまがいもので、異端者はむしろ高慢な者たちだった。伝道の書以来、高慢は「あらゆる罪の始まり」であったし、大グレゴリウスないしカッシアヌスによる七つの大罪の一覧は[90]「傲慢」から始まっていた。高慢を引き起こしたのは、天使の堕落、そしてイヴの堕落であった。人間の性質には、初めから頽廃が刻印されていたのである。高慢な者たちは、富を求めない代わりに、優位や名誉、あるいは栄光を求める。自分に満足し、他人から称賛されたがる。高慢には、空しい栄光や自惚れだけでなく、不服従、諍い、強情、あるいは新奇さへの欲望が結びつく。思い上がった者らは、神が人間に与えた限界を認めず、現世での立場を過大に評価する。絶えず上へ上へと行こうとし、自分が得たものを神のおかげとは考えずに、いつも自分の手柄にしてしまう。社会的な上昇は高慢のしるしであり、運命の歯車は、男であれ女であれ、〔社会の階梯を〕上りすぎた者をふたたび下に連れ戻すだろう。ルシフェル〔傲慢によって神に背いた堕天使〕がそうであるように、思い上がった者らは、失墜＝堕落するはめになるのだ。

高慢（あるいはその娘、すなわち、虚栄、空しい栄光、自惚れ、厚顔、軽率）は、検事デスティヴェが挙げた七〇の条項のうち一七条に登場し、告発状（「思い上がっており」、「軽率である」）は最終判決にも含まれている。ジャンヌは、少なくとも行動面と同じくらい、言葉の面でも高慢だったと指摘された。つまり、ジャンヌは自惚れから厚かましく軽率な主張を口にしたというのだ。彼女の高慢は、預言者としての地位に原因があった。[91] 彼女は声の約束を吹聴してまわり、[92] 幻視や啓示があったと主張していた（裁判官たちはそうした経験をもったことがなかった）。彼女は不測の出来事を予言し、隠されたことを暴露することができた。おまけに、彼女は神が誰を愛しているか知っていると言っていた。[93] 神は彼女が他人に明かすこと（および明かすべきでないこと）を直接知らせていた。裁判官たちから見て、啓示から栄光と利益を引き出すのは、偽の預言者のみである。

そのうえジャンヌは、死に値する罪を犯してはいないし、救済を確信している、と断言してもいた。ところで、この問題に関して、[94] 自分自身や、恩寵によって天国行きを左右する神を信頼しきれる者などいるだろうか。一四五六年の神学者たちは、ジャンヌを本物の預言者と見ていたが（真実を言うことは虚栄ではない）、この第二の問題〔魂の救済〕には当惑してしまった。[95] もちろん、ジャンヌが頻繁に告解をしていたこと、つまりは少しずつ罪を消していたことを理由に挙げることはできた。ある者たちは、ここで話されているのは（正当な）希望であって確信ではない、と主張した。[96] そしてある者らは、この希望を条件法で表現した。もし彼女が身体と魂の処女性を保っているなら、彼女は救われるだろう、と。

高慢は、行動の面でも問題になった。ジャンヌは、金銭とまでは言わないまでも、現世での成功や栄光を求めていないか、というのである。『告発状』第五五条は、金銭への欲望、金銭的利益、そして贅沢の誇示に問題の範囲を広げようと試みている。[97]「乙女」は自分と兄弟のために、たくさんの馬や高価な武具や収入を手に入れなかっただろうか。兄弟が一万二〇〇〇エキュ相当の財産、馬、剣を保有していると、二月二七日に彼女は不用意にも断言している。[98] 三月一〇日には、こうも答えている。「戦争を指揮するためには、たいしたものではありません」。[99] 彼女の所有物は、王の個人資産に由来する。よってこのお金は出元がしっかりしており、正当かつ必要な目的のために用いられている。彼女は蓄財しようなどいっさい考えず、財宝も馬も増やさなかった。これらのお金は、ただただ欲深く退蔵されたわけではなかったのである。それは、自分ではなく他人のためのお金であり、恒久的な報酬を前にすれば無に等しい、儚い財産である。

それで、裁判官たちは空しい栄光へと話題を転じる。ジャンヌは倦むことなく自分を超えるものを得ようとしたというのだ。彼女は自分の境遇を越えようと欲し、『イギリス人への手紙』のなかで自分を軍の指揮官だと称した。彼女は、隊長のように紋章や軍旗を欲しがり、自分の武器をサン＝ドニ修道院に寄進し、それを高い所に置いて、不当にも戦士貴族の象徴財と儀礼を横領した。彼女の陣営の者たちは彼女を崇めていたし、彼女も彼らの崇拝を喜んで受け入れた。そのことが、彼女が自分自身を高く評価していることの裏づけとなった。

高慢な娘は、コンピエーニュの城壁の下で落馬した。図像解釈において、これは「傲慢」に対するよくある罰である。一四五六年の神学者および裁判官たちは、異端での告発を取り消すことに一生懸命で、本筋ではない罪にはあまり関心を示さなかった。しかしながら、多少は反論せねばならないとも感じていた。ジャンヌは高慢ではありえなかった。彼女が高慢であるなど考えられなかったし、道理に適ってもいなかったからである。彼女は哀れな娘、聖職者および貴族と隣り合わせに暮らす農民世界に生まれた娘にすぎなかった。どの点をとっても、彼女は慎ましかった。

怒りは、とりわけ女性と若者の悪徳である。彼らは、自分を抑えられず、怒りに身を任せる。女性も若者も辛抱ができない。世の中を実際に動かす力に欠けるため、胆汁が熱くなり、乱暴で理性に欠ける言動をとってしまうからである。ジャンヌは、囚われてもいたので、もってこいの人物だったわけである。裁判官たちは、彼女が怒りっぽい娘であることを期待し、それを利用しようとしていた。

しかし、「乙女」は正当な怒りの範囲にとどまるよう努めた。正当な怒りとは、他人が犯した過ちに対する反応で、美徳への生得的な情熱によって保たれている。正当な怒りは理性的で節度があり、罪人を矯正しようとはするが、彼らを根絶やしにしようとはしない。だからこそ、ジャンヌはブルゴーニュ派の野武士、フランケ・ダラスに対して行動を起こす。彼は「裏切り者、泥棒、人殺し(100)」であった。そこで彼女は、彼を正義へと連れ戻した。同様に、オルレアンやパリの証人の大半は、瀆神的な言動に対し、彼女が激昂したことを証言している。「冒瀆の言葉を聞いたとき、彼女はとても怒りました」。王の聴罪司祭はそこに「良いしるし」を見ていた。彼女は叱責し、罪人を叱りつけ、売春婦を追い払い、さいころ賭博を禁じることで我慢していたようだ。実際には、何人かの罪人は呪われたようであるし、フィエルボワの剣は必ずしも偶然折れたのではなかった。

何度かジャンヌが怒りの発作に襲われたという記録が残っている。ルイ・ド・クートは叱責されたことがある。彼が語るには、一四二九年の昇天祭の前日、彼がすぐには出撃しないことに決めたため、ジャンヌはとても怒っていた。妊婦が感じるみたいに、時間は過ぎていった。彼女は寝ようとして、突然飛び起き、彼を「血も涙もない男」[101]呼ばわりした。というのも、彼が戦闘再開を彼女に知らせていなかったからだ。あるいは、ジャンヌ・ドーロンによれば、〔ジャンヌは〕デュノワに次のように語りかけたという。「私生児《バタール》殿、あなたに命じます、ファスタッフ〔イギリス軍の隊長の一人〕が来たとわかったら、それを私に知らせなさい。もし私の知らないうちに彼が通り過ぎてしまうことがあれば、あなたの首を刎ねさせることになりますからね」[102]。

同じ言葉の暴力でも、今度の言葉は牢番たちが伝えるもので、ソワソンの町をイギリス人に引き渡したギズラン・ブルネルに対するものである。「もし私が彼を捕まえたら、四つ裂きにするでしょう」[103]。少なくとも彼女は隣人の不幸を願っている。牢番たちは他にもジャンヌの暴力的な言葉をいろいろ聞いた。おそらく、彼らは少々耳が遠く、外国語に疎い。しかし、彼らはジャンヌが「神様の思し召しのままに」とか、「聖母様」と言っているのを聞いている[104]。

言葉から行為への道のりは短い。怒りはあらゆる暴力の母であり、他人に対してと同様、自分に対しても向けられる。人は怒りに駆られると、分別を失い、自分の命にさえ危害を加えることがある。「絶望」は自殺に至る。悪徳の行列[105]のなかでは、怒りっぽい人は自分自身を刺し貫き、そして地獄では刃が身体を切り刻む。ところでジャンヌは、捕まったあと、すでに自殺を試みており、牢番たちは彼女が同じ間違いを犯さないよう注意深く監視していた。ジャンヌが自殺を図ったのは一四三〇年の秋のことで、イギリス人に引き渡されることを知ったときだった。このことを私たちに教えてくれるのは、処刑裁判だけと言っていい。ジャンヌは閉じ込められていたボールヴォワールの塔の上から飛び降りた[106]。その高さは二〇メートルから二五メートルある。彼女は相当な衝撃を受け、三日間何も食べず一言も口をきけなかったが、少しずつ回復していった。裁判官たちの考えでは、彼女は（自殺するほど）絶望していたのであり、抑えがたい衝動に駆られて頭から飛び降りたのだった。彼らはそこに悪魔の誘惑を見ている。かつてジャンヌは、イギリス人を憎むあまり、イギリス人の手に落ちるくらいなら死んだほうがましだと、何度も言っていた。飛び降りた本当の理由は恐怖であって、憎しみではないだろう。飛び降りたあと、ふたたび話し始めるようになると、彼女は怒りのあまり、聖女や神さえも非難するほどだった。「なぜ神様はこんな酷いやり方で、コンピエーニュの善人たちを死なせたのでしょう」。

ジャンヌの説明は、裁判官たちの述べるところと必ずしも矛盾しない。というのも、彼女は絶望に駆られての衝動を認めているのである[107]。声は彼女に飛び降りてはならぬと言っていた。

彼女は声に許しを乞い、自分が死に値する罪人であるのは十分承知していると告白せねばならなかった。中世においては、自殺は殺人と同列に置かれており[108]、自殺者は破門され墓地に埋葬してもらえなかった。もちろん彼女は、このとき瀆神的な言葉を口にしたとは認めず、神と聖母に加護を求めて彼らに救われたのだと主張している。ボールヴォワールで飛び降りたのは、単に脱出を試みて、失敗しただけなのだろうか。ジャンヌはそう断言しているし、危機を逃れてコンピエーニュまで行けると期待していたとも言っている。一四五六年の神学者たちは[109]、彼女は脱走して生き延びようとしていたのだと、口を揃えることになろう。しかし、脱走は死に値する罪ではないし、もしそれがしっかりとした計画であるならば、聖女たちの許しは必要なかったろう。「自分自身に対する残虐行為」に当惑したブルデイユやブイエは、彼女が神に抱く信頼を拠りどころとする。彼女は生きようと思っていた、なぜなら彼女は神の加護を求めたのだから。彼女が飛び降りたのは自分自身のためではなく、彼女を必要としていたコンピエーニュの善良な人々のためだった。そこで彼女は、すべての規範を一時的に失効させるのである。結局のところ、それは「命知らず」の罪であったかもしれないが、許されるものだった。しかしながら、ボールヴォワールで飛び降りたことを説明するのが難しいことに変わりはない。意識的に殉教を受け入れたのだという、忍耐強いジャンヌのイメージを築こうとする神学者たちにとって、自殺はそぐわないのだった。

十戒

中世においては、どちらかと言えば七つの大罪の一覧を通して罪が検討されていたが、十三世紀初めから、十戒[110]も徐々に用いられるようになった[i]。神はモーセに律法を刻んだふたつの石板を渡した。その石板は、最初の三つの条項で神に対する義務を、残る条項で社会のなかで正しく生きるために守るべき義務をまとめていた。キリストが現れたのは、律法を廃止するためではなく、それを実現するためである。十の掟は救済に不可欠であり続けた。十戒とその掟はきわめて明確な禁止事項の一覧を提示していた。それに対し、大罪のほうは堕落的傾向でしかなく、あまり目にはっきりと見えるものではなかった。主要な罪悪を何十ものカテゴリに段階づけた樹状図よりも、十戒の方がわかりやすかった。司祭は信徒に教示すべき大事なこと、すなわち信仰の真理の簡単な要約を、十戒に見出すことができた。

七つの大罪から十の戒律への移行が、いくつかの問題を引き起こしたことは間違いない[111]。貪食、妬み、あるいは怠惰など、いくつかの罪は十戒にはない。高慢を第一の戒律（「汝の神、主を崇めよ」）と同一視することには問題があった。それにもかかわらず、説教師たちはふたつの体系を一緒に用い始めた。ジェルソンにとっても、ジャンヌの裁判官たちにとっても（そしておそらく、ジャンヌにとっても）、死に値する罪とは十の戒律への違反から生じるものであった。

十戒についてジャンヌは何を知っているだろう。彼女は、「主の祈り」、「アヴェ・マリア」、「使徒信条」を暗誦できると言っている。[112] 十戒も、大罪の一覧も、言及されることはない。必須の知識はそこで問題になってはいないが、司祭たちはこの主題について説教することに一生懸命である。十戒はフランス語の韻文となって流布し、教会のなかに掲示されていた。ギィ・ド・ロワ、ジェルソン、ニコラ・ド・キュといった人々は、一般人のために十戒の注釈を流布させている。学校の教師は幼い児童に十戒を教えている。ジャンヌは学校に通っておらず、読むことができない。それゆえ、十戒に関する彼女の知識は、むしろ頻繁におこなっていた告解からもたらされた。というのも、告解者〔ジャンヌ〕に対する主任司祭の質問は、しばしば十戒から着想を得ていたからである。

少なくともジャンヌは、瀆神的な言葉と宣誓の濫用を禁じた第二の戒律をよく引用する。「汝、むやみに神の名を唱えることなかれ」。第五の戒律「汝、殺すことなかれ」と同様、第四の戒律「汝、父母を敬え」もジャンヌは知っており、正確に引用している。第三の戒律〔「汝、主日を聖とすべし」〕は、曖昧にしか述べられていないので、彼女が正確なテクストを知らなかった可能性もある。エリー・ド・ブルデイユとは違って、ジャンヌは戒律に番号をふることができない。

異端裁判を司った一四三一年の裁判官たちは、明らかに、神に対する義務の方に関心を寄せている。彼らから見れば、ジャンヌはそれに（つまりは最初の三つの戒律に）違反していたのだ。ジャンヌが捕まったときから、彼らは偶像崇拝の嫌疑をかける。この非難は、大学からブルゴーニュ公およびコーションに宛てた手紙で度々言及されている。すなわち、「汝、我以外の神をもつことなかれ。汝、いかなる偶像も作ることなかれ。汝、偶像にひれ伏し、仕えることなかれ」、と。このように神は語り、モーセは黄金の仔牛を破壊させたのだった。ところで、ジャンヌの見た幻影はまさに「偶像」であって、ジャンヌがそれに崇敬の念を示したことに裁判官たちは関心を抱く。その幻影に向けた動作について、六つの質問が出される。その動作とは、両手を合わせて跪いたこと、帽子を脱いだこと、できるだけ頭を下げたこと、である。しかしまた、彼女は、幻影の足や膝を抱いたり、彼らが去ったあと、彼らが居た場所に接吻したりもした。幸いにも、彼女は声に直接、花飾りや蠟燭を捧げることは一度もなかった。教会にある彼らの像には捧げたが、（妖精の木に花飾りを供えるのでなければ）それらの捧げものは正統な教義に合致したものである。〔にもかかわらず、『七〇ヵ条の告発状』〕第四九条は「こうした崇拝や礼拝」を偶像崇拝として告発する。それは悪魔との契約のしるし、あるいはジャンヌ個人による悪魔への献身のしるしだというのである。評議の大半と最終判決はこの嫌疑に立ち戻り、最終的にジャンヌは罪有りとされたのだった。

一四五六年、無効裁判は、声に対する崇拝を長々と論じた。声は良い精霊であった。なぜなら、ジャンヌが十字を切ったとき、それは逃げ出さなかったのだから。声はまさしく天使であり、聖女たちであった。いずれもが神の友人であり、彼ら固有の卓越性と神への協力ゆえに、彼らを崇拝することは許されている。たしかに、（礼拝の奉納によって示す）最高者礼拝は神だけにとっておかれるが、聖人、預言者、あるいは天使に対して行われる聖人天使崇拝も許されている。それは聖人や天使に払うべき尊敬の念を示しているにすぎないし、教会自身も聖遺物など彼らの記憶を崇めている。こうしてジャンヌは、慎ましい信仰心を示したのである。しかし彼女は、神にとっておかれるべき身振りを用いて、声に対して過度な崇拝を示さなかっただろうか。たしかに旧約聖書では、跪拝、すなわち（足への口づけを伴う）礼拝は認められていた。マムレの樫の木の下に現れた天使をアブラハムが拝んだように、預言者ナタンはダヴィデ王を拝んでいる。しかし、「ヨハネの黙示録」はこの身振りを神にしか認めていなかった。さらにヨーロッパでは、ずっと昔に、宮廷の慣行から跪拝は消えていた。跪拝を課せられたのは、ビザンツやイスラーム世界に派遣された大使ぐらいだったろう。でも実際は、西洋において、〔キリスト教の〕信者たちは聖ペテロの像およびその後継者〔ローマ教皇〕の足に口づけをするのが常だった。司教はと言えば、権力のしるしとして、信者に指輪をはめた手を差し出した。それゆえ、解決策は、それまで身振りと結びついていた礼拝を切り離すことにある。教会の死すべき首長〔ローマ教皇〕がいつも額《ぬか》ずかれていたならば、ジャンヌが聖女や天使の足に口づけしても問題なかっただろう。膝を抱くという行為に関して言えば、君主に恩恵や許しを求める者の決まった振る舞いだった。ジャンヌ自身、ランスへ出発する許しを得るため、シャルル七世の膝を抱いていた。

同じような考え方から、裁判官たちの非難は、ジャンヌが神の名を偶像のように崇拝したこと、神の名を一種魔法の護符と見なして手紙や軍旗に記したことに向けられた。最後に、第三の掟「汝、主日を聖とすべし」は、あらゆる宗教上の祝日の遵守に幅広く適用される。ところで、ジャンヌがパリの攻撃に失敗して負傷したのは、一四二九年九月八日、聖母マリア誕生の祝日だった。裁判官たちはそこに神の非難のしるしを見る。ジャンヌは死に値する罪が何であるかをよくわかっており、そこに声を巻き込まないよう注意を払う。「祝日だったですって？次の質問にいってください……。聖母の祝日は、はじめから終わりまで守られるのがよいと思います」。聖母生誕の祝日は三日続く祝日で、世俗の活動は三日間禁じられる。より正確に言えば、この三日間は神に捧げるべきであり、戦争のような神の喜ばない活動をすべきでない。日曜日を聖なるものとすることは、この日、すべてのキリスト教徒は働かず、裁判を行わず、市場に行かないということを意味する。つまりは、たとえ法に適っていても宗教と関係のない事柄は行わないのである。戦争に関して言えば、紀元千年以降、日曜日に行うことは禁じられている。ジャンヌは日曜日に、パリへの攻撃を容易にするため、堀を柴の束で埋めさせた。安息日に柴束を運んだために、モーセの命によって、石で打たれ殺された者らの悲しい運命を、ジャンヌは知っているのだろうか[113]。

パリを攻撃するジャンヌ
パリ国立図書館所蔵

　秘蹟の軽視は、この第三の掟に結びつけられるだろう。ジャンヌは「瀆聖者」、つまり秘蹟において神を蔑ろにしたのである[114]。ここで裁判官たちは、聖体の秘蹟に照準を合わせる。ジャンヌは三つの異なるやり方で、聖体パンを蔑ろにしたというのだ。まず、ジャンヌは聖体拝領を頻繁にしすぎていた。次いで、男性の服装で聖体を拝領した。最後に、一四三一年の四旬節に際し、復活祭に聖体を拝領しなかった。というのも、男装を改めなかったので、裁判官が聖体パンを彼女に認めなかったからである。ところで、「最後の晩餐でのユダのように、そんな資格がないのに聖体を拝領した者は、地上での命を縮め、隣人を憤慨させ、みずからの地獄墜ちを準備する[115]」。それゆえ、どの信者も規則に従って聖体を拝領し、復活祭には聖体拝領台まで行って、魂と肉体を清めねばならない。教会は一二一五年以来、年に一度、「決められた時[116]」に聖体パンを拝領するよう定めていた。この義務を怠るものは破門される[117]。聖体の秘蹟を頻繁に受ければ、恩寵と徳が増すので、善人のためになる。熱意と尊敬の気持ちが伴えば、頻繁に聖体の秘蹟を受けても断罪されない。「資格もないのにキリストの身体を飲み食いする者は、己の罪を食べているのである」。しかしながら、そのときの聖体

ジャンヌ・ダルク騎馬像（フレミエ作、パリ・ピラミッド広場。この地でジャンヌは負傷した）

拝領がふさわしいか否かの基準は、告解の義務を除けば、中世末の段階では未だはっきりしていなかった。良い聖体拝領が心からの改悛と信仰心の深まりによって見分けられるのに対し、ふさわしくない聖体拝領は神から遠ざけられ罪へと落とされる。しかし、どうやったら即座にそれがわかるというのか。

聖体を拝受するときには、各自沈黙を守り、きちんとした身なりをしてなければならない。戦士は武器を身につけたままで聖体を拝領できないし、女性は頭にヴェールをかぶらねばならず、肩を露出させてもいけない。ところで、ジャンヌはヴォークールール以来、いつも何もかぶらず、薄汚れた服装で聖体パンを拝受していた。聖体を受けるにふさわしい服装を重視していた裁判官たちは、躓きのもととなる価値観の転倒（神よりもぼろきれを好む）と、異端へと通じる背徳的な趣味をここに見出す。

良き社会秩序としての家族の平和は、第四の掟「汝、父母を敬え」に基づくが、この戒律はあらゆる権威を正当化するのに役立てうる。たとえば、一族内での両親の権威、兄の弟に対する権威、男性の女性に対する権威、君主の臣民に対する権威、そして聖職者の俗人に対する権威などである。第四の掟は、あらゆる階層において秩序の基礎であり、農民の息子から君主の子息まで、すべての身分に対し効果を発揮する。従順な子どもは、長ずるに及んで、敬虔なキリスト教徒にも良き臣民にもなる。幼年時代は未来の選択を育むと同時に象徴しているのである。

第四の掟は、家族に関する他の数多いテクストによって強化される。父母を敬わない者、父母を呪う者、父母を打つ者、彼らは死に値する。使徒パウロによれば、子どもは主《しゅ》に結ばれた者として、父母に従順でなければならない。そうすれば、満ち足りて、徳を積み、地上での長寿を得ることになる。敬虔の美徳は、両親に払うべき尊敬を、全人類の父である神に払うべき尊敬に結びつける。ジャンヌには、この美徳が欠けていたのだろうか。実際、自分自身の衝動に駆られて、両親の同意なくフランスに向けて出発した。普通の娘なら、ましてや未成年の娘なら、そんなことはすべきでなかっただろう。ジャンヌは違反を恐れない。たしかに、彼女は両親を苦しめたくなかったし、両親は彼女の出発をとめたことだろう。しかし、「神がお命じになったのですから、たとえ父母が一〇〇人いたとしても、私は出発したでしょう」。声はそのことを話すか黙っているかを彼女に任せていた。のちに彼女は両親に手紙を書き、両親は彼女を許した。この出発劇に裁判官たちは、愛情と尊敬の念の欠如、不信心、そして第四の戒律に対する明らかな違反を見出す。

この問題は一四五六年に持ち越され、そのうえこのたびは、ドンレミの住民にはっきりとした形で提起される。半数以上の住民は、何も知らないと答えている。本当に何も知らなかったのか、それとも当惑を感じていたのか。ジャンヌをヴォークールールまで連れて行った従兄のデュラン・ラクサールは、ジャンヌの父に向かって、ジャンヌは彼の妻の出産を手伝いに行くのだと話していたようである。ジャンヌの義兄コランによれば、こうやってラクサールはジャンヌの父から出立の同意をとりつけたのであって、明らかにフランスに行くことへの同意ではなかったという。ジャンヌの両親は何も知らなかった。ジャンヌは父の家の前を通ったとき、次のように言ったらしい。「さようなら《ア・デュー》、私はヴォークールールに行きます」。近隣住民は、誰かが何も言わず、慣例となっている推薦状も持たずに、たった一人で出かけられるなど、思いもよらない。神のもとへ《ア・デュー》行こうとしていたジャンヌなら、出立に際して、家族と親友マンジェットを守ってくれるよう神に祈ったことだろう。

シャルル七世の神学者たちにとって、答えは異なる次元に属している。たしかに、彼らは事実説明を無視することはない。ジャンヌは幽閉されるか、叱責される恐れがあった。彼女は両親を大騒ぎさせたくなかったので、あとで言い訳を書き送った。しかしキリスト自身は、マリアとヨゼフに向かってこう言わなかっただろうか。「私は我が父の問題に尽くさねばなりません」。また、使徒にこう言わなかっただろうか。「父と母のもとを離れ、私に従いなさい」。人間に従うよりも、神に従う方がよい。多くの聖人が、結婚させようとする両親に逆らって、純潔を選んだ。別の聖人は、神のために家族と国を離れた。第一の場合については女性の事例がたくさんあるのに、第二の場合に関しては、告白せねばならないが、我らが神学者たちは、聖アレクシスからトマス・アクィナスまで、男性の事例しか見つけなかった。

選ばれた花婿を拒絶し、家を出て両親を捨てたジャンヌは、両親にとって「良き娘」だったのだろうか。ドンレミの人々は、〔ジャンヌが〕受けた教育については口をきわめて称賛しているが、教育の当然の代償たる娘の従順さや尊敬の念については、何も語らない。たしかに、ジャン・ド・ヌイヨンポンが断言するところでは、ジャンヌはしぶしぶ家族を離れたのであり、いつか家に戻って、ひとり年老いていく哀れな母の傍で糸を紡ぐ日を夢見ていた。デュノワもそれを裏づけている。しかしながら、ジャンヌは両親の期待に応えなかった。これは確実に言える。ジャンヌは結婚を拒否し、子どもをつくらなかった。家族の財産を受け継ぐことも、後世に受け渡すこともしなかった。そして彼女の短い人生は、両親にとってすれば、老後の杖となることも、病気を看護することも、最期を看取ることも許さなかった。ジャンヌの父が死んだのは、彼女が幽閉されているあいだのことだったらしい。

一四三一年の聖職者たちは、こうした子どもの不服従のなかから他のあらゆる不服従を引き出す。父や母の助言も、主任司祭やその他どんな位階の聖職者の助言も、彼女は誰の助言も決して聞き入れなかった。戦う教会への服従の拒否は、父親の権威への抵抗から生まれる。実際、全キリスト教徒はふたつの家族をもつ。生物学上の家族は出自に立脚し、精神的な家族は洗礼の上に成り立つ。これらふたつの家族は共に類似した義務を負う。すなわち、子どもを成長させ、指導し、必要があれば誤りを正し、そして最終的には立派に生きて救済を得られるようにするのである。ところでジャンヌは、ポワチエの審査官と彼女の聴罪司祭を除けば、声のことを村の主任司祭にも他の聖職者にも話さなかった。彼女は声のことを何人かの俗人には明かしていたのに(その一人は王である)、声の専門家たる聖職者に対しては秘密にし続けた[118]。この(裁判官にとっては高慢に映る)沈黙が表しているのは、声の問題に関して彼女が「自分の無知で無教養な頭」しか信用していなかったという事実である。中世においては重要な言葉はすべて助言によって言われていたところを、ジャンヌは誰の助言も求めず、それを拒否すらする。そして、天からもたらされる助言が他のどんな助言よりも優れている、と断言する。

不服従のしるしは、最初の審問のときから現れている。彼女は、自分の心の秘密も王の秘密も裁判官に話すのを拒む。旧約聖書がこれらふたつの点について根拠を与えていた。心の秘密と王の秘密は、神にのみ属している[119]。一二一五年まで、罪びとの考えは聴罪司祭にはわからないままだった。神だけが悔い改めた告解者に対し、かつての考えを直接許すことができた。年に一度の告解の義務が罪の告白を強制し、司祭の権力は増大した。罪を許すも許さないも司祭だけがその権限をもつ。それゆえ、心のもっとも奥深くに秘めた考えであっても、決して行動に移されることのない抑圧された欲望であっても、すべてが告白されねばならなかった。聖職者たちは、なされたことを裁くだけではもはや満足できず、なされるかもしれないことまで裁こうとした。一四〇〇年よりあとになると、聴罪司祭や裁判官に対して、「心の内に隠しておくこと」によって対抗することは、もはやできなくなった。考えること自体、嫌疑をかけられるようになった。告白の拒否は、救済の拒否となったのである。

ところでジャンヌは、啓示ないししるしに関する裁判官たちのほとんどの質問に、答えることを拒否した。何も話さないと聖女たちに誓った、というのが理由である。「あなた方は何も知りえないでしょう。あなた方にすべて話すくらいなら、首を切られた方がましです」。たしかに、質問攻めにあい、はじめに予想していた以上に話すことにはなった。しかし、（聖女たちの年齢や、彼女たちが話した順番など）私たちにとってそれほど重要でない点に関しても、（聖ミカエルの最初のメッセージのような）私たちには重要と思える点に関しても、彼女は沈黙を守り続ける。王の秘密に関しては、質問をかわすのはもっとたやすい。それは世俗の事柄であり、この教会裁判の範囲を越える。それに、王の封臣、顧問官、あるいは役人たちまでが権力の秘密を守る旨、誓約していることを、裁判官たちはちゃんとわかっている。敵に主人の秘密をばらす臣民は、裏切り者だ。王に関わる事柄に関しては、裁判官たちは制約を受け入れる準備ができている。「あなた方は、フランス王に関することを、私に話してほしいのですか。ならば王に聞きに行きなさい」、ジャンヌはこのように意地悪く反論する。実際、裁判官たちは、啓示およびしるしの受け手としての王にしか言及しない。彼らが何より関心を抱いているのはこの点に関してである。しかしジャンヌは、啓示やしるしについて話しすぎないよう、あらゆる引き延ばし作戦をとる。[120]「次に行ってください」、「あとでお話しします」、「知りません」、「忘れました」といった具合に。最終的に話すよう強要された際の彼女の表現は、曖昧だったり比喩に満ちていたりする。謎めいたしるしをもたらす天使について何を理解すべきか。日常的に教会に通っていたジャンヌは、たいてい聖なるものがいくつもの位相をもつ言葉で表されることを知っていた。たとえば、日曜の説教の主題のために選ばれた福音書の一節では、しるしをもたらす天使には文字通りの意味（ジャンヌは天使である）と、倫理的な意味（良き王の美徳）と、寓意的な意味（王に約束された玉座）と、彼岸的解釈の意味（最期の日の王冠）とがある。

最終的に、ジャンヌは裁判官たちの良心に訴えかけもする。この質問は信仰に関わる事柄であり、質問は裁判の成り行きとじかに関係しているのだと、良心に恥じることなく誓うことが裁判官にはできるだろうか。質問をするとき、裁判官は無理やりジャンヌに答えさせる。被告は裁判官の任務を楽にしようとはこれっぽっちもしない。そして、彼女は機会があれば、自分には自由なところがあると断言する。「できることなら、脱走することでしょうし、もしあなた方が私の告解を聴くのでなければ、祈りの言葉をあなた方に聞かせはしないでしょう」。

戦う教会に服従することをジャンヌが拒否するなら、裁判官の考えでは、その不服従は異端になる。もっとも、ジャンヌは戦う教会に関して、きわめて曖昧な捉え方しかしていないのだが。キリスト教徒は全員、戦う教会に服従する義務、[121]すなわちすべての言動を戦う教会に従わせる義務がある。なぜなら、戦う教会は彼らの母であり、助言者であり、監督者でもあるからだ。一人ひとりの救済に責任をもつ者として、戦う教会は道に迷った巡礼者を正しい道に連れ戻す義務がある。必要があれば、教会は裁判官にもなる。

戦う教会は、現世において、罪と戦うすべての人々を含む。

神の代理人たる教皇、枢機卿団の枢機卿、高位聖職者、大学〔神学部〕の博士、公会議、そして洗礼を受け、全体の一部として戦う教会に服従する、すべての良きキリスト教徒たち。天上では、勝利をおさめた教会が、神と天使たちのまわりに、聖人や聖女、そしてすでに救済されたすべての魂をひとつにまとめる。戦う教会と勝利をおさめた教会とで、唯一の教会を、すなわち普遍的教会を成しているのである（裁判官たちは、このことをジャンヌに説明していない）。実際、裁判官たちは、自分たちを戦う教会の尊敬すべき代表とみなしていた。戦う教会はキリストに由来していた。つまり、罪を許すか許さないか決める権限を、キリストから受け取っていたのだった。したがって、戦う教会には裁く権利、信仰に反することを明確にし伝える権利があった。聖霊に守られているので、戦う教会は誤ることがないし、その判決は無謬である。

一般信徒に対し、教会は命令し裁く権限を有する。命令権によって、教会はジャンヌに秘蹟を禁じ、告解や聖体を拒絶することができる。同様に、墓地の祝福された土地への遺体の埋葬を許可しなくてもよい。教会はその慈悲深い説諭にもかかわらず、裁判権によって、強情を張る者を裁き、従わない者たちを罰する権利をもつ。一四一七年、バーゼル公会議のときにはすでに、ジェルソンの手になる論説『教会の権能について』(122)が、「教会に逆らって服従しない者らと、手に負えない異端や罪びとを」同一視していた。個別的な信仰の過ちとはいっさい関係なく、不服従はそれ自体が異端となるのだった。実際、不服従は「使徒信条」の一節「われ唯一の聖なる公教会を信ず」への違反、あるいは第四の戒律への違反と見なされなかっただろうか。現実の異端の脅威にとりつかれ、そしてまた、教会分裂とその再現に脅かされ、教会は服従の要求を増大させることで対抗するが(123)、その矛先はむしろ俗人に向けられた。実際、聖職者の階層内部では、ジェルソンの世代の者たちが高位聖職者と〔神学〕博士を集めた合議制を主張し、その体制は公会議で絶頂をきわめていた。ジャンヌが裁かれたとき、聖職者たちの最大の関心はバーゼル公会議〔11〕の開催に向けられていた。

ところで、単なる俗人、無学な小娘のジャンヌは、彼女が戦う教会とみなした裁判官たちに服従するのを拒んだ。彼女は神と勝利した教会の前でしか自分の言動について答えようとはしなかった。声に関して何も尋ねられないならば、彼女はきちんと教会に、第一の主人たる神に、服従しようとしていた。声はジャンヌを教会の娘ではなく「神の娘」と呼んだ。目の前に立つ聖職者たちに、ジャンヌは信頼感をまったく感じない。彼らは公会議に上訴するよう彼女に提案する（しかしジャンヌは、公会議の権限についても、公会議と教皇庁の対立についても、いかなる知識ももち合わせていない）。反対に、ジャンヌは教皇に上訴することは受け入れる。公会議派の人々と同じく、通常の権限にとても敏感な裁判官たちは、彼女の要求に答えることはなかった。したがって、ジャンヌは教会の権威を拒むことで、教会から離れたところに身を置き、他の信者全員を憤慨させるのである。教会から離れることを選ぶというのは、計り知れぬほど深刻な事態だった。いかなる個人も、神によって照らされた教会に敵対する理由はなかった。キリストは使徒たちに、こう言わなかっただろうか。「あなた方に従う者は、私に従い、あなた方を蔑む者は、私を蔑む」[124]。また、一四三一年五月二四日に説教師ギヨーム・エラールは、「乙女」の前で、「ヨハネによる福音書」の美しいが威嚇的なテクストについて、注釈を施している。「私は葡萄の木で、あなたは若い枝である。私につながっている者は誰であれ、たくさんの実をつけるであろうし、枯れる恐れもない。私から離れる者は誰であれ、実を結ばず、切られて燃やされるであろう」[125]。葡萄の木から切り離された枝は、物質的にも霊的にも死ぬ運命にある。そして教会から離れた者は、たった一人であっても、離教者と呼ばれる。

一四五六年、事態は大きく変わった。服従は揺るぎない価値をもち続け、再編された王国の役人たちによっても、公会議運動に勝利した教皇庁によっても支持された。無効裁判は、王と教皇特使の同意によって許可された。それゆえ、ジャンヌを反乱者とすることは問題になりえないだろう。

複雑で舌足らずな裁判官たちの説明を、ジャンヌはどれほど理解できただろう。教会は、複数の意味をもつ言葉である。教会という言葉には、教会の神秘体（普遍的教会）以外にも、ジャンヌが行くのを好んだ石の教会、聖職者の位階制度、信者の総体などの意味がある。ブレアルは少々誇張している。ジャンヌは教会それ自体に服従することは拒まなかったが、彼女を裁く聖職者には服従しようとしなかった。裁判官たちは戦う教会全体を代表してなどいない、とジャンヌは異議を申し立てた。なぜなら、彼らは全員イギリスびいきで、彼女の宿敵だからである。ジャンヌはローマ教会や教皇に服従することを拒まなかった。もし裁判官たちが本物の司法官だったならば、これほど厄介な問題はローマ教皇に移譲すべきだったろう。

異端者は死なねばならぬ。ダタンとアビラム（モーセに反抗したイスラエルの民。神の怒りに触れて地に呑み込まれた）のように、異端者は（神の怒りに触れて）身体的にも霊的にも死ぬ運命にある。地獄が異端者を捕える。なぜなら、異端の過ちは、無傷のまま永久に保たねばならない普遍的《カトリック》真実を脅かすからである。異端は神の尊厳を傷つける。こうして異端は、分派を増殖させて教会を危険にさらし、反逆者を先導して国家に危難をもたらす。ロラード派やフス派が、まさにこの図式の通りだった。

しかしながら、審問官があのような有罪判決を下したとき、間違いなく牧者としての役割に違反していたし、失敗を示していた。異端審問の目的は殺すことではなく、迷える羊を教会の懐へと連れ戻すことである。審問官は彼女に繰り返し説明するべきだった。かつて審問官は、長いあいだ、異端を無知の娘と考えてきた。一旦蒙《もう》を啓《ひら》かれ注意を受ければ、異端者は母親と教会の懐に戻ってきたものだった。裁判官の務めは、過ちを一掃することだった。なぜなら、もし過ちが消え去っていれば、そしてまた、もし被告が異端を棄てることを受け入れれば、つまりは被告が過ちを認めれば、そのとき審問官は異端の構成要素たる過ちを、それと対をなす頑迷さとともに、消滅させたことになったからである。その場合、教会と和解した悔悛者に対し、パンと水だけの禁固刑、あるいは恥辱となる徽章の携行を命じるなど、あまり厳しくない刑罰を科せば、それで十分だった。こうした結果を得るために、裁判官は拷問にかけると脅すこともできたし（この種の裁判では一二四六年以来行われてきた）、ジャン・ド・シャチヨンやギヨーム・エラールが優しさをもっておこなったように、「慈悲深き訓戒」に訴えることもできた。こうした手を変え品を変えてのやり方は、普通は成功をおさめた。というのも、一〇〇件の異端裁判のうち、被告の死に至ったのは一〇件から一五件しかなかったのだから。しかしながら、ジャンヌのときには、裁判官は失敗したのだった。

訳注

［i］新共同訳聖書「出エジプト記」第二〇章一―一七節では、以下の順で「十戒」が挙げられており、本訳書の原著とは順番が異なっている。

一、「わたしをおいてほかに神があってはならない」。
二、「いかなる像も造ってはならない」。
三、「主の名をみだりに唱えてはならない」。
四、「安息日を心に留め、これを聖別せよ」。
五、「あなたの父母を敬え」。
六、「殺してはならない」。
七、「姦淫してはならない」。
八、「盗んではならない」。
九、「隣人に関して偽証してはならない」。
十、「隣人の家を欲してはならない」。

［ii］原著は「コンスタンツ公会議」となっているが、処刑裁判の年に開かれたのは「バーゼル公会議」（一四三一〜四九年）である。

第15章

聖女か、女魔術師か、それとも魔女か

Sainte, magicienne ou sorcière ?

ジャンヌが捕えられるずっと前から、彼女に対しある種の困惑を表明する同時代人は数多い。王太子にきわめて好意的な人々のあいだでさえ、疑念は大きい。たとえば、パトリツィオ・ジュスティニアーニは、一四二九年七月に、こう書いている。「〔ジャンヌに対し〕ここで言われていることを信ずべきか、わからない。反対のことを信じている者たちもいる」[1]。一一月二〇日になっても、彼の立場は変わっていない。「彼女を信用する者も、信用しない者もいる」[2]。敵対陣営のジョルジュ・シャトランが明言するところでは、一四二九年には「乙女《ラ・ピュセル》」の名はすでに広く知られており、「誰もが、良くも悪くも評価できないものとして、彼女のことを思い描いた」[3]。誰もが思い思いに〔ジャンヌの像を〕作り上げて脚色し、どう目に映るかによって褒めたり貶したりしている。〔ジャンヌの評価には〕政治的要因が大きく作用しているのだろうか。しかし、それだけではない。

ここで年代記作者は、神学者たちが一四二九年の春以来広く共有する立場を反映させるだけである[4]。アンブラン司教ジャック・ジェリュは、幻視に関して確実なことは何もないと考えている[5]。ジェルソンは「乙女」を擁護しているが、彼女の使命を信じることを私たちの信仰に絶対必要な真実とはせず、単に敬虔な信じる気持ちであるとする。[6] つまり、信じるかどうかは自由なのだ。一四二九年の六月に書かれた「乙女」に有利な『六つの命題』について言えば、「乙女」に不利な六つの命題がそのあとに続いた。そのいずれもがしっかりした根拠をもつ。そこから引き出される結論は以下の通りである。「乙女が神から特別な使命を受け取ったことを、神が彼女を通じて働きかけていることを、彼女の言葉を信ずべきかどうかを、十分に証明することはできない」[7]。

裁判とそれに続く火刑台での死によって、両陣営では曖昧さが増した。シャルル七世の側では、神はこの異端裁判を最後まで行わせることで、ジャンヌの言行を信用できないものにしたと映っていた。ブルゴーニュ派の側では、『パリ一市民の日記』[8]と題されてはいるが、きわめて党派色の濃い作品が、民衆のあいだに流れる相矛盾する意見を伝えている。それによれば、民衆のなかに「乙女」を殉教者とみなす者はいないが、彼らは次のような結論を下していたという。「この日、みずからがおこなったなんらかの悪行ないし善行のゆえに、彼女は焼かれた」。

実際、聖女と、女魔術師や魔女とのあいだに、ほとんど違いはない[9]。そのいずれもが、神の言葉にとりわけ感応しやすく、男性よりも幻視能力に恵まれた女性である。彼女らは神（あるいは悪魔）に身も心も捧げる。聖女を神に結びつける誓いは、魔女を悪魔に結びつける契約に相当する。聖女の聖痕は、魔女の赤い痣に対応する。彼女たちは聖別されることで、他の者にはない特別な能力を帯びる。彼女たちは、「秘術」および「占い」に通じた良い天使や悪い天使のおかげで、男性には知りえないことを知っている。彼女たちは未来を語る。預言による啓示と予見には、たくさんの共通項がある。天使ないし悪魔を呼び出して、助言してもらったり質問に答えてもらったりするためには、断食によって備え、性的な欲望を抑え、そして祈る必要がある。カトリーヌ・ド・ラ・ロシェルが隠された宝物を見つけ出したように、あるいは、ジャンヌ゠マリー・ド・マイエが紛失したり盗まれたりしたものを見つけ出したように、ジャンヌはフィエルボワの剣がどこにあるかを知っている。聖女や魔女は、男性にはできないことができる。呪いは奇蹟のもうひとつの顔である。聖女も魔女も、自然の力に働きかけたり、パンや黄金を増やしたり、罪を許さなかったり許したり、富を与えたり無力にしたりできる。外面から見た限り、相違点よりも類似点の方が多い。そのうえ、相違点はしばしば隠される。外面的には、魔女や魔術師は自分の信心を見せびらかす。それは、慎重さからであったり、術を施すのに必要な祭壇や聖体パン《ホスチア》や聖油に近づきやすくするためであったりする。部分的に呪術は、完全に正統的な祈りである。正統的な祈りでも、聖人は未知の力と共存している。呪術は、聖女の祈りと同じように、有効な言葉として現れる。そして隠れたことを明かしたり、病を癒したりする。ただし、一方は神によって他人のために働くのに対し、もう一方は悪魔のおかげで自分の利益のために働く。最終的には〔祈りや呪術の〕効果は違ってくるが、その瞬間においては、聖女を魔術師や魔女から区別するのはとても難しい。そのうえ、中世の末期には、たくさんの聖女が神の召使いとしてではなく、悪魔の召使いとして告発された。聖なるものは、その本質として、曖昧なのである。

聖女

ジャンヌの陣営では、彼女が捕虜になるまで、しばしば彼女を聖女と形容し、いくつかの奇蹟が彼女のものとされた。けれども、一四三一年には、裁判官たちは別の攻撃角度から問題を検討する。彼らから見れば、ジャンヌの奇蹟は、自分の立場を強固にするために用いられた、人を欺く、思い上がりも甚だしい、作り話でしかない。奇蹟を行う能力は、キリストと、使徒および聖人たちのものだった。ミカエル、カトリーヌ、あるいはマルグリットは、教会が列聖した者たちと同様に、奇蹟をなす。しかし、その全員が死者だ。したがって、何人《なんぴと》であれ生者は、自分が奇蹟を行う者だと言い張ることはできないのである。そのうえ、世俗の素朴な農民の娘がいつか列聖されることも、奇蹟を行うことも、まずありえない。それができると主張するのは、高慢であり慢心であろう。「私は奇蹟をなす」とみずから言う者はいない。しかし、他人が「あの人は奇蹟をなす」と言うことはありえる。

ジャンヌは盗まれた物も、銀の器も、聖別式のときに配られた手袋も、[10]見つけることはなかった。彼女が手や指輪で触れて誰かを癒したことは一度もない。にもかかわらず、使命が始まったときからジャンヌは、民衆の狂おしいまでの期待に取り巻かれていた。民衆たちの考えでは、未来を見抜く者は病を癒す。なぜなら、その者は病の経過を予言することや、按手することができるのだから。村では、彼女の見ている前で熱病患者が何人か泉の水を飲んでいるが、彼女は彼らが治るかどうかはわからないと言っている[11]。健康の回復について尋ねるロレーヌ公に対しては、その点については何もわからないと答え、有効な精神的助言を与えるにとどめている。彼女の手に触れようと群衆が殺到するが、「彼女は彼らが何を考えているのか、何を意図しているのかわからない[12]」。裁判官たちは、一四三〇年三月二九日にジャンヌがラニィで子どもを生き返らせたのを知っている。[13]これはキリストの行う種類の奇蹟であり、聖人でおこなった者はほとんどいない。ジャンヌが子どもを生き返らせたと、ラニィ中の人々が言っていたが、[14]ジャンヌは祈ったことしか認めていない。ジャンヌは、素朴な人々が彼女に認めていた奇蹟を起こす能力をほのめかしながらも、その能力をはっきりとは容認しない。こうしたためらいそれ自体は、いくつかの面で説明がつく。すなわち、呪術の嫌疑をかけられた被告に必要な慎重さから、政治の前面に立たされたため（ジャンヌが行おうとした唯一の奇蹟、それは王国を救うことである）、あるいは宗教上の要請に従って、ジャンヌは奇蹟を起こす能力をはっきりとは認めなかったのである。ジャンヌ＝マリー・ド・マイエは謙虚さから自分がおこなった奇蹟を隠している。ドーフィーヌ・ド・サブランは奇蹟を起こそうとはしないが、彼女の意に反して、駕籠の縁に置いた手が奇蹟を起こす。実を言えば、彼女ら二人はともにフランチェスコ会の修道士から教育を受けており、今や聖性をもたらすものは、模範となる美徳であって、奇蹟を数多く起こすからではないことを知っている[15]――おそらくジャンヌもそれを知っていただろう――。しかし民衆は、いつでも奇蹟を求める。

裁判官たちにとって、ジャンヌは呪術をおこなった罪人だった。それゆえ彼らは、彼女を取り巻く尊敬のしるしに驚くしかなかった。彼女は「人々が彼女を熱愛し、崇めるのを許した……[16]」。たくさんの人々が彼女のためにミサと義捐金を懇願し、鉛製のメダル型をした「肖像画」を持っている。こうした民衆によるジャンヌ崇拝は、無効裁判のときにあふれ出た証言によって確認される。ロッシュでは、民衆がジャンヌの手や足に触れようとしたり接吻しようとしたりした。また、彼女の乗った馬の脚にしがみつく者もいた。女たちは、ロザリオやメダルに触れてもらおうと、〔ジャンヌの滞在する〕家までやってきた。こうした類の衝動的な崇拝に、ジャンヌはためらいがあったのだろうか。マルグリット・ラ・トゥルールドとシモン・ボークロワは、次のように言いきる。「それは彼女を怒らせる類の信仰だった[17]」。あるいは、「彼らに触れてあげなさい。あなたも私と同じくらい上手にできるでしょうから[18]」。しかしながら、ピエール・ド・ヴェルサイユは、このことでジャンヌを厳しく批判したようである。「こうしたことは彼女に似つかわしくなかった。それを許したのは彼女の間違いだった。人間を偶像にするようなこうした振る舞いを、彼女は警戒すべきだったのである[19]」。ジャンヌが捕えられる前にも捕えられた後でも、彼女のためにミサや行進が行われていたことが、〔彼女を刻んだ〕メダルの使用と同様、確認されている[20]。本当のことを言えば、ジャンヌが確実に聖性を有していたとは、これらの事実のいずれもが必ずしも証明しているわけではない。神に感謝を捧げ、難局にある信者のために祈ることは良いことだ。ある党派の内部でなら、互いに祈ることは、統率者に関する紋章のついた徽章を身につけるかどうかと同じように、当たり前の行為である。シャルル七世ないしベドフォード公の紋章を身につけることは、彼らへの忠誠を意味しこそすれ、彼らの聖性に対する信仰はまったく意味していなかった。一四三一年の裁判官たちは、これらの紋章と、巡礼者が巡礼の聖地から持ち帰る鉛のメダルとが、その形態と素材の点で同じであることにつけ込む。

ただし、ジャンヌの党派の何人もが彼女を女性というより天使だと思っていたと、裁判官たちが言うとき、彼らは必ずしも誇張しているわけではない。天使たちは純潔であり、使命を帯びていた。ジェリュはジャンヌが天使でないことを残念がった。[21]「アンジェリカ」という異名も確認されているし、しるしの会見のときには、ジャンヌは天使をじつに巧みに演じた。彼女が聖母に次いで、他のどんな聖人よりも偉大だった、つまりはもう一人の聖カトリーヌだったと語ることに関しては、ラ・ロシェル市書記の記録のなかに、そうした表現が存在する。[22]神学的に見るとアクロバティックではあるが、この比較によって彼女は二人の守護者といともたやすく同化する。

一四五六年、シャルル七世の神学者たちにはジャンヌの聖性を証明する必要はなかったし、彼らもそれを信じていなかった。ジャンヌが異端でなかったこと、彼女が死に値する罪を犯してはいなかったのに許してもらえなかったこと、このふたつを証明するだけで十分だったのである。シャルル七世の神学者たちがしなければならなかったのは、ジャンヌの美徳を数え上げることよりも、あらゆる批判から彼女を解放することだった。たとえ、一四三一年に批判されたジャンヌの高慢さと怒りっぽさは、謙虚さと辛抱強さによって埋め合わせられたとしても、である。ジャンヌがおこなったことのすべては、誰かのため、あるいは誰か別の人物を通してなされたことだった。神学者たちは〔ジャンヌの〕確信や精力ではなく、この自己の消去のなかに、美徳を見出したのだった。要するに、彼らは実際のジャンヌよりも、実際とは異なるジャンヌの方が安心できた。彼らの困惑は「乙女」の死によってしか終わらなかった。それは彼らのジャンヌ理解の枠組みによりしっくりおさまるのだった。

疫病と戦争に苛まれた中世末期は突然死の危険が増加した時代であり、こうしたあらゆる恐怖に直面した教会は、穏やかな死の理想を作り上げていた。[23]正しく生きた者は、教会の秘蹟を得て、家族に囲まれて、正しく死ぬことが期待できる。天国の門は開かれるだろう。不正に生きた者は、路上か戦場で孤独に死ぬだろう。待っているのは地獄の責め苦だ。

ジャンヌの死は穏やかな死だったのだろうか。死ぬ前、ジャンヌはすべての者に許しを乞い、聖職者の祈りとミサでの祈りを懇願した。彼女は、キリストがエルサレムに対してしたように、ルーアンを許すよう神に願った。「ああ、ルーアンよ、あなたが私の死で苦しむことを、私はおおいに恐れます」[24]。それから、彼女は良きカトリック信者として告解と臨終の聖体拝領をおこなった。彼女は孤独に死んだのではなく、涙を流す大勢の群衆に囲まれて死んだのだった。いまわの際までイエスの名前を叫んで死んだ彼女は、魂を神に返した。一四五六年のふたつの証言は、さらに先まで行く。あるイギリス人は聖女を焼き殺したと悔やんだという。また裁判官の一人は、この女性の魂が行ったところにいつか自分も行きたいと心から願ったという。こうした敬虔で信心深い死は、ジャンヌに天国を約束した。そして、シャルル七世の神学者たちは逆方向に考える。おお、な

ジャンヌが幽閉されたと伝えられる塔とその内部（ルーアン）

んという逆説だろう。この穏やかな死は、彼女が正しく生きたことの最後の決定的な証拠である。彼女は最後の日々を「聖人のように、カトリック教徒として、きわめて敬虔に」[25]終えた。最後の日々は最初の日々の反映なのだから、彼女が悪しき精霊に動かされたなどありえない。人となりは死に現れる。そしてこの死は、彼女が「予知者」ではなく、善良で無垢だったことを証明している。

それでもジャンヌは奇蹟を起こしたのだろうか[26]。奇蹟はジャンヌの無垢を証明するためには必要ないが、彼女の預言者としての資格を証明するためには要る。しかしながら、神学者たちは少々困惑する。というのも、ジャンヌが起こした奇蹟のいずれもが、病の治癒という一般的な奇蹟と一致しないからである。ラニィでの治癒について話すのは避けた方がよい。たしかに、奇蹟とは〔誰かを〕危難から救い出すことである。たとえば、聖ミカエルは、モン＝サン＝ミシェルに向かう巡礼者を満ち潮から救う。彼と同じように、ジャンヌは王国を危難から救う。しかし、多岐にわたる危難を前に、ひとつだけを切り離せるような奇蹟的な瞬間も振る舞いもいっさい存在しない。シブールなど、奇蹟をあからさまに嫌う者もいる。ギヨーム・ブイエとブレアルだけは[27]、彼女の勝利の全体を、神の奇蹟と形容するが、彼女の奇蹟とは呼ばない。控え目で無垢なその「乙女」は、何もできなかったし、何も知らなかった。奇蹟は「神に由来する」のであって、ジャンヌにではない。

それゆえこの問題は、無効裁判において、公式には取り上げられなかった。しかし、少なくとも身分の高い五人の俗人が、なんのためらいもなく奇蹟について話した。彼らはいずれも、オルレアンの籠城戦に立ち会った者たちである。シモン・シャルルによれば[28]、彼女は敵の領土を流れるいくつもの川を「奇蹟によってであるかのように」渡って、王に会いに行った。さらにその後、彼女はランスもトロワも門を開かせた。オルレアンでは、きわめて多くの人々によって、彼女の言動が包括的に奇蹟と見なされている。デュノワとジャン・ドーロンは、彼女の言動を人間のものというより神の業《わざ》と見なしている[29]。用いられている奇蹟の観念[30]が、しばしば奇妙であることも確かである。シャルトルの代官《バイイ》であるテルム卿は[31]、「彼女の軍隊では一人も死なかった」という理由で、ジャンヌの功績のなかに奇蹟を数え入れている。アランソン公はと言えば、「一家を救った」奇蹟というびっくりするような観念をもっている[32]。ジャンヌは、かすり傷ひとつつけずに夫を連れ帰ると可愛い公妃に約束し、ジャルジョーで彼の命を救った。彼にとってこれは奇蹟なのだ。しかし、神学者たちは誰ひとりとしてこの危険な考えには乗ってこなかったようである。本物の奇蹟なら、誰も死なず、他人が身代わりになることもないだろう。それに、奇蹟というからにはキリスト教世界全体の利益に資するものであるはずだが、そのような利益をここに見出すのは難しい。それゆえ、ジャンヌの聖性および奇蹟に対する信頼が根づいていたのは、彼女の戦士仲間のあいだでのことである。しかし、これら俗人の聖性や奇蹟に関する定義は、とてもぼんやりしている。敬虔な人物も聖女であり、王太子陣営に都合のよい出来事は奇蹟である。神学者たちの一覧表では——もっと限定的であり——、聖性はそれほど明白でなく、奇蹟はもっと数少ないとしている。

ジャンヌが処刑されたヴィユー・マルシェ広場（ルーアン）

女魔術師

実を言えば、ジャンヌの敵対者たちは、彼女の陣営が奇蹟について語っているところに、魔術を見ている。一四三一年の裁判のときジャンヌは、幼い頃に魔法の術を訓練され[33]、それ以来魔法の術にのめり込んだのではないか、と疑われる。彼女は魔法の術を使って語り、行動するというのだ。『告発状』第一七条によれば[34]、ジャンヌは、イギリス人を王国から追い出すと、魔術を使って王と約束した。

旧約聖書は魔術を断罪していた[35]。幽霊、精霊、あるいは死者など、ヤハウェが嫌うものと交信した者は、石を投げつけられて殺されることになっていた[36]。魔術師の顧客もまた、神の民から追われる運命にあった。しかしながら、サウルはエン・ドルの魔女〔口寄せ女〕のもとを訪れて、少し前に死んだサムエルの口から戦いの帰趨を知ろうとした[37]。〔旧約聖書に比べ〕福音書が魔術に対しより好意的ということは、ほとんどない。キリストは、天使に支えられて飛ぶ力を、必要もないのにサタン〔悪魔のひとり〕に見せることを拒否していた[38]。魔術師のシモンは、使徒からその能力を買い取ろうとしたが、まっすぐな心も信仰ももっていなかったため、果たせなかった[39]。東方《オリエント》の境界域から、幼子イエスを言祝ぐために最初にやってきた三博士は、事情が異なる[40]。聖書註解学者たちの見立ては次々変化した。最初、学者たちは東方の三博士を占い師であるとした。なぜなら、彼らは神の子の誕生を知っていたからである。次に三博士は、星に導かれてやってきたので、占星術師であるとされた。最後に、占星術と占いが疑いの目で見られるようになると、三博士は王と見なされた――明らかに危険が少なかったのはこの解釈だった――。教父たちはこれら古代の慣習のすべてを有害なものとして断罪したけれども、ウァロ〔紀元前一世紀ローマの教養人〕が考えた占いのカテゴリの記憶は、セビリャのイシドロスによって継承され、ユーグ・ド・サン＝ヴィクトールによって数が増やされた。その占いとは、土、水、空気、火〔四大要素〕によるものである。これに降霊術が加わるが、十二世紀の半ばから、死者ではなく悪魔と交信する黒魔術に徐々にとって代わられる。アラビア世界の魔術書が大量に翻訳された十二世紀は、新しい学問領域が地位を獲得する。すなわち、夢判断の書物、手相占いの概説書、または、つるつるに磨かれた表面の上に、あるいは霊媒を介して、未来を読む方法などである。宮廷の読者は〔聖俗を問わず〕、最古の魔法の秘術を集めた健康法だけでなく、富、君寵、勝利、あるいは不死を追い求める。財産をもたない数多くの聖職者たちが、翻訳をしたり、十二宮図や魔除けをつくったりしながら、君主のために働く。教会の反応はきわめて遅い。一部の魔術、すなわち、占星術、そして植物や岩石の属性の研究（ギヨーム・ドーヴェルニュが自然魔術と呼んだもの）は、疑いの目で見られていない。これら一部の魔術は、徐々に悪魔の魔術から区別される。悪魔の魔術は、一二五八年に教皇アレクサンデル四世によってはじめて断罪され、「異端の気《け》あり」として異端審問に付されることになった。[41] トマス・アクィナスは、悪魔崇拝に訴えるもの、悪魔との契約に由来するものとして、あらゆる占いをはっきりと断罪している。魔除けを所持したり、偶像をつくったり、呪術をおこなったりして幸運を招こうというのは、悪魔が唆すことであり、悪しき行為にしかならない。パリ大学が最初に黒魔術を断罪したのは、一二九〇年のことである。

十四世紀は突然の方向転換を示す。教皇ヨハネス二十二世は、一三二六年に教書『かの高みの上に』のなかで、たとえ他にどんな突飛な信仰を伴っていなくとも、悪魔崇拝を魔術や魔法図信仰ともども、異端とする。そのうえ、魔術をおこなったかどで最初に告発されたのは、教皇ボニファティウス八世である。[42] 十四世紀最初の三〇年、フランスでは政治裁判が増加し、より現実的な告発を裏づけるために、じつにさまざまな形態の魔術の嫌疑が取り沙汰されるようになる。マオー、それにロベール・ダルトワ、アンゲラン・ド・マリニィ、ギシャール・ド・トロワなどがその対象だった。彼らはみな、あまりに華々しく、あまりに急速な出世を果たし、あまりに大きな権力、あまりに莫大な財産を有し、もはや出身身分に相応しい生活をしていなかった。それゆえ、彼らが君主の寵愛を得たのは、あるいは彼らが君寵を取り戻そうとしているのは、何か不正な手段を使ってのことだと疑われたのである。しかし、彼らの共犯者は闇のなかにとどまっている。「黒魔術師」が白日のもとに現れるには、世紀の半ばを待たねばならない。「人生の巡礼者」[43]は、禁書をたくさん所蔵する「魔術学校」にパリで出会う。他方、その少しあとには、シャルル五世の宮廷が占星術師や占い師をたくさん集めている。王の図書室は、当時のもっとも見事な魔術書収集施設である。ニコル・オレムなどの人々は、こうした類の知識は良き統治の役には立たないと見なしていたが、クリスチーヌ・ド・ピザンの父、トマ・ド・ピザンはイギリス人をフランスから追い払うため、魔法図を作って王に献じている。[44]

一三九二年から間歇的に現れるシャルル六世の狂気は、伝統的な医術に任せるわけにはいかなかった。当時、王の病は魔法か呪術のせいだと思われていた――王自身もそう信じていた――。サン＝ドニの修道士や、王を取り巻く他の聖職者たちは、そこまでしたくはなかったろうが、王にかけられた魔法を解くために、同じく魔法で対抗すべしとの考えが徐々に広まっていった。一三九三年、一三九八年、そして一四〇三年の三度、対抗魔法が試みられ、そのうち一三九八年と一四〇三年の対抗魔法の裏ではブルゴーニュ公がお金を出していたが、まったくもって無駄だった。一三九八年、パリ大学はジェルソン主導のもと、フィリップ豪胆公《ル・アルディ》に仕える黒魔術師ジャン・ド・バール師を火刑に処し[45]、その機会を利用して、異端と見なされる魔術行為の一覧を正式に再度知らしめた。その後、一三九八年のこの『決定』は判例となり、パリで教育を受けたジャンヌの裁判官たちはこの判例から影響を受けた。ジャン・ド・バールに対する二八の罪の宣告のうち、およそ半数がジャンヌにも適用されたのだった。たとえば、悪魔との契約、悪魔に捧げられた衣服の着用、悪魔との口づけ、指輪に悪魔を閉じ込めたこと、神聖な言葉や画像を用いて悪魔を拘束したことなどである。何度も異端に落ちたジャン・ド・バールは、実際には、彼の思惑を越えた利害関係に弄ばれたのだった。

火刑はまだ広まっていなかったけれども、内乱は魔術に対する非難をふたつの陣営のあいだでふたたび燃え上がらせた。非合法な手段（魔法、宗教的図像、呪い）や評判の悪い聖職者によって政治が動かされていただけに、政治に対する批判は常態化していった。一四〇五年以降は、魔術と全国レヴェルの政治が混同されるようになった。ジャンヌもその犠牲者の一人である[46]。実際、争いのリズムに合わせて不穏な空気が高まっていった。ジャン無怖《サン・プール》公はライヴァルのオルレアン公ルイを殺させたとき、その犠牲者が「魔法、呪術、迷信」によって王を殺そうとしていたのだと非難した。またオルレアン公は、悪魔に捧げられた品物（杖、剣、指輪、その他）を呪術師に作らせ、一四〇一年に王太子シャルルに毒を盛ったという[47]。そのうえ彼の妻は、すべてのイタリア人女性がそうであったように、魔法の心得があった。ヴァランティーヌ〔オルレアン公妃〕は一三九三年以降、宮廷から遠ざけられた。彼女の父、ミラノ公もまた、銀の画像を持っていて、「王を服属させていた」らしい。ルイのあとを継ぎ、党派の首領となったアルマニャック大元帥は、彼の敵によれば、「人間の姿をした悪魔」だった。

しかし逆に、ブルゴーニュ派もまた悪魔とみなされ、ジャン無怖《サン・プール》公の悪評は〔オルレアン公を殺害した〕一四〇七年以降、周知のものとなった。無怖公は、当時の自分が悪魔の操り人形だったと告白しなかったろうか。しかし、彼の悪魔的「評判」は、ずっと昔に遡る。一三九六年、ニコポリスの戦いのあと、〔捕虜となった無怖公が〕トルコ皇帝によって解放されたとき、あるサラセン人の占い師が、無怖公はトルコ人を全員集めたよりも多くのキリスト教徒を死なせることになるだろう、と予言したという。アロフルザン・ド・ロードのものとされる預言や、堕天使《ルシフェル》自身の手紙さえも出回り、ジャン無怖公はキリスト教国全域におけるサタンの手先の親玉とされた。そのうえ、無怖公の聴罪司祭でドミニコ会修道士のローラン・ピニョンでさえ、ブルゴーニュ公の宮廷にはあらゆる種類の占い師が集まっていたと言う。他の諸侯と同じように、〔ブルゴーニュ公〕ジャンもまた、競争相手の腹積もりや戦闘の帰趨を予め知りたいと思っていた。「蠟人形を作って敵に呪いをかける者もいる」と、そのドミニコ会修道士は告白する。もちろんピニョンは、主人の取り巻きの正確な活動内容をほとんど知らない。しかし、占い師の一派は宮廷で重きをなしており、ピニョンが言うには、説教師や正統派の神学者たちと権力争いをしていたらしい。

換言すれば、ジャンヌの裁判官たちは、魔術と政治を結びつけるのを慣わしとしていた。彼らは敵の陣営に、ある種の魔術師〔黒魔術師〕とその業を探し出す。魔術師の業か否かは、トマス・アクィナスの『神学大全』とそこから着想を得た一三九八年の『決定』によって識別される。

実を言えば、黒魔術師という言葉自体は、悪魔を呼び出して自分の望み通りに動かせると信じる人々を指す言葉としては、まだあまり用いられていなかった。ジャン・ド・バールその人と同じようにシャルル六世を治療しようとした二人の聖アウグスティヌス会隠修士は、いくつもの史料でそのようなものとして扱われている。その後、一四四〇年頃に登場したマルタン・ルフランは、イギリス人の口から黒魔術師と呼ばれる。[48]しかし、ジャンヌは「黒魔術師」としては現れない。〔ブルゴーニュ公の宮廷に関して「占い師」という語を用いた〕ローラン・ピニョンと同様、一四三一年の裁判官たちは、「女占い師」という呼称で満足している。実際、彼らにとって、黒魔術とは死者の口寄せのこと、つまり聖書のなかや古代に行われていた業であって、知識としてもち合わせてはいても、彼らの時代にはほぼ消滅していているとわかっているのである。

しかしながら、「占い師」の横顔は、ジャンヌの横顔とはまったく異なる。占い師のほぼ全員が聖職者の出である。つまり、ラテン語の読み書きの秘訣をすべて知っている男性であり、大学で学んだ者たちである。自由学科修得者であり、[49]医師であり、ときに占星術師である。しかし、彼らの誰一人として華々しい経歴の成功をおさめた者はなく、君主の命令に従って仕えるか、〔有力な〕私人の保護下に入って仕えるかしていた。裁判官たちは、自分たちにはやろうと思えばなしうることをジャンヌがしたのではないかと疑っていた。しかし彼女にそんなことはまったくできなかった。

黒魔術師は儀式として、また祭儀として魔術を執りおこなっていた。これらの魔術は、異端審問所に睨まれていたので、一三九八年の有罪判決と、司法による廃棄を逃れた十五世紀のわずかな手引書によってしか知られていない。呪術的と判断された作品は、呪術師よりも頻繁に燃やされたのだった。十五世紀について言えば、失われずにいた六種の手引書のうち、刊行されたのは、ミュンヘンのものだけである。[50]うまく悪魔を召喚するために、予め魔術師はみずからを祭儀に相応しい清浄な状態にしておかねばならない。多くの魔術師〔あるいは彼らの霊媒〕は童貞で、全員が普通九日間の厳しい勤行を課されている。すなわち、ミサに参列したり頻繁に聖体を拝領したりするときのように、貞潔を守り、断食をし、沐浴して身を清めるのである。そのとき彼らは、聖別された特別な衣装をまとうことができる。たとえば、ジャン・ド・バールは隠修士の毛糯袢を用いていた。ジャン・ド・バールの場合がそうであったように、聖別された衣装の多くは（黒魔術と呼ばれる通り）黒色だが、魂と身体の純潔の示す白い衣装も用いられた。[51] 一四三一年の裁判官たちにとって、ジャンヌの男装は悪魔に捧げられた衣装である。その衣装をずっと着つづけることを条件に、悪魔はジャンヌの魔術の成功を保証したというのだ。男の衣装は悪魔の援助のしるしであり、悪魔に対するジャンヌの好意のしるしなのである。ジャン・ド・バールが毛襦袢をまとってミサに参列するように、ジャンヌは男の衣装で聖体を拝領する。

この衣装は以前に悪魔と契約を結んだしるしで、その後のあらゆる祈願を可能にする。裁判官たちは、この契約の存在を信じている。[52] 聖職者テオフィルは、華々しい出世のため、悪魔に魂を約束し、みずからの血で署名した。聖母マリアが、最後の最後に彼を救った。説教にはこうした類の「範例」に溢れており、そこでは好奇心の強すぎる聖職者、貴婦人を欲する騎士、金持ちになりたい商人が、その目的を果たすため、有効な支援と引き換えに、悪魔に終生の忠誠誓約《オマージュ》を行い、その身を捧げるのだった。しかし、ジャンヌの裁判官たちは、『神学大全』によって示されたきわめて明確な契約の定義も、[53] 心にとめている。トマス・アクィナスは明示的な契約（協定、誓願）を暗黙の契約（祈り、護符の所持、悪魔への崇敬）から区別する。〔悪魔との〕契約は一三九八年の『決定』第三条でも告発されている。ジャンヌは、悪魔とのあいだに、暗黙の、あるいは明示的な契約を交わしたのだろうか。裁判官たちは迷いを見せる。教区裁判所検事デスティヴェの『告発状』第二条および第四九条では、契約は「明示的」と形容されている。彼女は悪魔とのあいだで交わした「契約、条約、協定を利用した」[54]。この記述は署名がなされたことを想定している。あるいはさらに、「彼女は悪魔に純潔を誓った」と言う。これは忠誠誓約の身振りと言葉しか想定していない。実際ジャンヌは、神にではなく自分の聖女たちにこの誓約をしたのだと告白するなど、不用意な言い方をしていた。したがって、〔裁判官の目に映る〕ジャンヌは、一三歳のときから、悪魔に身を捧げた玄人の黒魔術師なのである。契約は暗黙裡であり、守られ続けた。なぜなら、契約して以後、ジャンヌは悪魔に祈り、彼らを崇め、彼らに懇願し、彼らに恭しくお辞儀し、彼らに花輪と蠟燭を捧げているのだから。そうして、これらの行為によって、ジャンヌは予見したり呪いをかけたりする力を得ているのだ。

〔裁判官たちによれば〕他の黒魔術師と同様、ジャンヌは知識人には示されていないことを知ろうとした。「自分を超えたことを知りたいという慎みのない好奇心[55]」に駆られて、あるいは、空しい栄光や儚い利益という欲望に突き動かされて、彼女は契約を結んだ。この契約は彼女に宣誓を禁じている。それは、契約の存在や内容を暴露するよう仕向けられないようにするためである。ところで、ジャンヌは実際に宣誓することも、王の秘密を明かすのも拒否した。王の秘密は、悪魔の秘密でもあったのではないか。王は悪魔を見たと、彼女は言っていたのだから。

祭儀的な魔術の目的はさまざまである。ミュンヘンの手引書の秘法の三分の一は「幻惑」ないし幻影（城、馬、饗宴、大河）が占めているが、ジャンヌがこうした幻影をつくりだしたとして直接告発されることはなかった。聖別式に向かう遠征中の白い軍団や食糧の増加は、ルーアンの裁判所では無視されたようだ。いずれにせよ、「幻惑」は、その場に相応しくない、非現実的で、遊びのようなものを作り出す。ミュンヘンの手引書にある百の秘法の内、一九の秘法は、愛情ないし憎悪を生じさせることが目的である。死に至らしめたり、恐慌《パニック》を引き起こしたり、不能にしたり、あるいは狂気に陥れたり、はたまた他者の意思に働きかけてその好意を得たりするものもある。裁判官たちは、ジャンヌがこうした業を使って、イギリス人に害をなしたり、自分を不死身にしたりしたのではないかと疑う。最後に、手引書の秘法の四〇パーセントは予言と関係している。このことが、十五世紀に頻繁に見られた、占い師と黒魔術師の混同を説明する。魔術師はさまざまな手段でもって未来の物事や不可思議な物事を手に入れる。たとえば、夢に見たり、霊媒を使ったり、鏡や霊媒となった子どものきれいな爪の表面を読んだりするのである。もっとも人目を引くのは、直接悪魔に祈って彼らを呼び出し、司式者に従わせたり、司式者の質問に答えさせたりすることである。裁判官たちの頭にあったのはこれだ。

しかしながら、ジャンヌによれば、声は誰にも祈っていないのに彼女に現れるのだという。ならばそれは魔術だろうか。裁判官たちにとって問題は単純である。トマス・アクィナスに倣って、つまりはミュンヘンの手引書とは反対に、彼らは中立的な天使を信じていない。精霊は良いか悪いかのどちらかで、悪い精霊が光の天使の姿で現れることがあっても、その中間はありえない。一三九八年、ジャン・ド・バールは、自分が呼び出したのは邪悪な精霊ではなく善良な精霊だと思う、と語っていた。ジャンヌの裁判官たちは、精霊識別の規則を実行しなかったと言って、彼女を批判するのである。ジャンヌに現れる精霊はサタン、ベヒモス、ベリアルであって、ミカエルやカトリーヌ、あるいはマルグリットではないと、どうして彼らにわかるのであろう。彼らは、ダイイないしジェルソンが述べた規則を、誤って預言者を認証するのに適用している。占い師は、実際のところ、似非預言者と変わらない。似非預言者同様、彼らの品行は疑わしく、自己の利害で行動する。彼らに現れる精霊は邪悪で、そのうえ聖書によってもしるしによっても確認できない。その精霊は、司式者か司式者が狙う人物に対し、邪な助言しか与えない。彼らの目的は暴力と破壊である。彼らはときに意地悪から真実を言うこともありえるが、たいていの場合、彼らが申し立てることは偽りである。ラ・シャリテの奪取、あるいはパリ奪取を、コンピエーニュでの包囲軍突破に際しては勝利を、そしてジャンヌの解放を、彼らは偽って予言しなかっただろうか。そうしたことは、何度も繰り返されたのではなかったか。声はジャンヌを翻弄し、彼女を破滅させるために騙したのだ。女性、それも哀れな無学な娘でしかない彼女は、「軽率に」[56]、ひとりで、無鉄砲にしか信じられなかったのではなかろうか。声に従う前に、聖職者に相談すべきだったろう。裁判官たちは、ジャンヌが声をでっち上げたとは考えていない。彼らには、しるしの会見だけが、架空の作り話と映っている。彼らはジャンヌと同じように声を信じている。ただ、彼らにとって、その声は邪悪なのである。

反対に、ジャンヌが声を呼び出すときには、祈りと悪魔祓いが問題になる。裁判官たちはジャンヌが特別な天界の配置を選んで〔そうした行為を〕しているかどうか知ろうとする。『告発状』第三七条によれば、ジャンヌは天体決定論を信じており、「人間の自由意思を悪く考えていた」[57]。一四二九年の六月以降、シュパイアーの聖職者は[58]「フランスの巫女」の説教は天体の知識に基づいていると考えていた。同様の論理はライモンディの手紙にも見られる[59]。彼はジャンヌの冒険を恒星の効果と影響のせいと考える。恒星は、生まれによって高い地位を約束された者よりも、下層出身の者に効力を発揮するものなのだ。しかし、精霊は明らかに時を選ばず現れるので、裁判官たちはこうした痕跡を〔探るのは〕断念する。黒魔術の重々しく複雑な儀式には、聖別された物（杖、剣、指輪、蠟燭ないし蠟）、それも多少なりとも専門的な能力をもった物（軍隊を出現させる杖、悪魔が突如現れたときに魔術師を守る円陣を書くための剣）がつきものだった。軍旗だけは黒魔術で用いることはないが、軍旗に記された図像や名前は魔術に関わることもありうる。

ジャンヌは自分自身を、あるいは、ものを聖別させて、その力で（剣の刃や、指輪の石に）幸運や勝利を映し出し、それらを得ようとしたらしい。彼女は兵士たちの指輪、軍旗、剣、あるいは盾形紋章に呪いを移し、彼らに幸運をもたらしたり、持ち主に何も起こらないようにしたり、はたまた敵に災いをもたらした。裁判官たちは、〔ジャンヌが〕祭壇の上に上記のものを置かなかったかどうか、それらのものをもって祭壇を一周し、聖水をふりかけ、名前や図像を刻んでみなかったかどうかを、次々と問題にする。ジャン・ド・バールもこれとよく似たことをおこなっていたのだった[60]。彼は祭壇の上、聖体パンの脇に、聖別させたい画像かものを置かせた。こうして悪魔への祈りは、司祭の祈禱書の下に潜り込むのだった。悪魔の聖別と祝福とのあいだの違いはごくわずかしかない。これら〔聖別された〕ものには、魔術師が望むどんなことでも悪魔にやらせる力が宿った。しかしながら、牢獄に閉じ込められていたジャンヌはそうしたものを何ひとつ持っていない。それでも悪魔は現れている。

裁判官たちは、ジャンヌが長くて巧妙な祈りを用いていたのではないか、そうして神や聖人聖女だけでなく、黒魔術につきものの中立的な力あるいは不吉なあらゆる力の持ち主にも祈っていたのではないか、と推測する。しかし、〔ジャンヌが〕放った言葉は、彼らの期待を裏切る。「いと優しき神よ、あなたの聖なる受難を称え、あなたにお願いいたします。もし、あなたが私を愛して下さるならば、これら聖職者たちに答えるべきことを私に教えてください」[61]。その直後、精霊が素直にやってくるが、裁判官たちの目には胡散臭く映るだけである。

悪魔に祈るだけでは飽き足らず、ジャンヌはいつも手のなかに悪魔を一匹忍ばせていたといわれている。実際ジャンヌは、指輪を少なくともふたつ持っていた。そのうち、父親からもらったものは、ピエール・コーションの手に渡っていた。彼女はその指輪を教会に捧げるよう頼んだ。裁判官たちが関心を示したのは、ブルゴーニュ派に渡った、もうひとつの指輪である。それは、ジャンヌがドンレミで両親からもらったものである。したがって、彼女はその指輪をコンピエーニュまでずっと身に着けていたのである。彼女はそれを人差し指につけていた。そして、一人でいるときや、何か武勲をたてに行くときに、しばしばそれを見つめるのだった[62]。

裁判官たちは、この指輪についてすべてを知ろうとする。石はついているのか、純金製か、文言ないし文字は刻まれているのか。ジャンヌの答えは、あまりはっきりしない[63]。指輪には石がついていて、純金ないし真鍮でできていた。また、指輪には三つの十字架と、イエスとマリアの名とが刻まれていた。キリストの磔刑像やイエスの名前にお守りの力があることは、教会によって認められている。それに数多くの兵士が、戦闘で告解をせずに死ぬことがないよう、聖カトリーヌの指輪やいろいろなお守りを身に着けていた。たとえば、フィリップ・カルヴェが製作し、販売していたお守りがそうだが[64]、これは一四四二年に高等法院によって断罪されている。実際、ジャンヌの裁判官たちは、お守りを想定した。「ジャルジョーの戦いで彼女が兜につけていた丸いものは何か」[65]。ジャンヌの指輪は聖カトリーヌに関係していた。聖女はみなが認める軍人の守護者であり、捕虜の解放者である。それゆえ、戦闘のお守りであったかもしれない。どんな騎士道物語にも登場する魔法の指輪とじつによく似ている[66]。母親代わりの妖精、あるいは恋人となった妖精は、選ばれし者に指輪を授け、彼が試練に打ち勝てるようにする。指輪を指に嵌めているあいだ、彼は超人的な力を手に入れ、不死身になるのだ。あるいは、他人には見えなくなったり、年をとらなくなったりする。指輪は選ばれた者のしるしであり、超自然的なものと結びついたしるしである。

裁判官の質問に危険な企てを感じたジャンヌは、どちらの指輪でも傷を癒したことは一度もないと返答している。中世の人々は、石や金属にはお守りとしての力がはじめから備わっていると信じている。たしかに、それらの力をすべての人が知っているわけではない。しかし、信仰の篤いキリスト教徒ならみな、出産を楽にするための、中毒にならないようにするための、あるいは出血を止めるための石を身に着けていたようだ。王たちですら、こうした類の石を所有している。禁じられているのは、これらの石や金属に向かって――金の削りかすは寿命をのばす――聖別の言葉をかけて、それらの石や金属の属性を外部から不正に増大させようとすることである。そのとき指輪は悪魔的なものとの結びつきのしるしとなり証拠となる。ジャンヌの裁判では、裁判官たちはきわめて特殊なある種の魔法の指輪を、すなわち守護悪魔《デモン・ファミリエ》を収めた指輪のことを考えている。聖女マルグリットやソロモンは、精霊を飼い馴らし、囲い込む術を心得ていた。裁判官たちは、ジャンヌが悪魔ととても親しくし、日に何度も彼らに相談していたのではないかと疑った。

守護悪魔《デモン・ファミリエ》(67)は古典古代に遡る。ソクラテスは裁判のあいだ、自分の守護神《ダイモニオン》に助言してもらっている。その後、アプレイウスは自分の作品を守護神に捧げた。この〔守護悪魔という〕観念は西洋世界では十二世紀半ばに登場し、守護天使と真逆のものとして発展していく。ところで、最初に告発されたのは、教皇ボニファティウス八世である。(68)三人の守護悪魔を有し、呪術をかけようとしたとして、ギヨーム・ド・プレジアンに告発されたのだった。その内のひとりは、魔女によって作られたのだという。紀元千年の教皇ジェルベール〔シルヴェステル二世、フランス人最初の教皇〕は、のちになって、同じ次元の伝説の対象となった。フランスでは、守護悪魔は、フィリップ美男王《ル・ベル》の治世末期を特徴づける大がかりな政治裁判(69)のなかで登場してくる。エクス大司教リシャール・ド・モーヴォワザンとトロワ司教ギシャールもまた同じ嫌疑で告発された。シャルル五世治下では、『果樹園の夢』が、ある流行を批判している。(70)すなわち、出世を望む宮廷人や国王役人が、呪文が刻まれた指輪をユダヤ人から買っているというのだ。その指輪には悪魔が閉じ込められていて、その悪魔のおかげで、君寵や富を得たり、隠された事実を見つけ出すことができるという。逆に、ジャンヌ以前に、守護悪魔をもっていることで告発された女性は一人もいない。(71)女性の指に守護悪魔を見つけるには、その後、一四四〇年を待たねばならない。(72)

〔守護悪魔の〕慣行は、一三二六年以降、教皇勅書『かの高みの上に』によって禁じられた。一三九八年、魔術師ジャン・ド・バールに対し、パリ大学神学部が正式に有罪宣告を下したことによって、この決定は現在の問題として甦る。ジャンは水晶のついた指輪に守護悪魔を所持していた。ただ彼はそれが良い天使だと信じていた。その守護悪魔は彼のどんな望みも叶えてくれた。諸大学は、以下の事柄が禁じられていることに注意を促す。すなわち、石がついた、あるいは文字が刻まれた、このような指輪を作らせてはならない。そしてまた、そうした指輪を聖別してはならないし、指に嵌めても口に運んでもいけない。どんな質問にも答え、他人の意思に影響を及ぼすような天使を、指輪のなかに閉じ込めることなどできはしないのだ。

守護悪魔のついた指輪は、どのように作用するのだろうか。この主題に関する古典中の古典は、ピエトロ・ダバーノが書いたとされる『指輪の実験』である。その第三一番目の秘術「なんでも話し、あらゆる質問に答えてくれる、私的な悪魔を汝がもつ方法」(73)は、一四一〇年のオクスフォード写本にも見つかる。

ピエトロ・ダバーノの四一の秘術は、金、銀、銅、錫、鉛、そして象牙でできた指輪を用いている。それぞれの指輪は、月の二八宮いずれかひとつの下で作られ、聖別されたものでなければならない。それらの指輪は、馳走を盛りつけた食卓や大河などの幻影を作り出すだけでなく、加勢の騎士を出現させたり、勝利をもたらしたり、秘宝を見つけたりしてくれる。守護悪魔に関して言えば、彼には予知する役目が優先的に付与されている。第一九宮（天蠍宮の終わりと人馬宮の初め）の下で作られた守護悪魔は、くぼみのある純金の指輪を必要とする。指輪の内側にはマグラダリオ（バラバ――彼らは牢獄から出るのを助けてくれる――ないしロバンという名の別の悪魔）の姿が刻まれており、外側には鶏の砂嚢の石《アレクトワール》が嵌めこまれている。この石は古代から知られており、水晶のように透き通っている。夜明けに指輪を祝別するとき、お香で何度も薫蒸し、繰り返し祈りを捧げ、地面にしるしを描かねばならない。その後、指輪を注意深く高級な織物のなかにしまっておくか、指にはめるかする。指輪を働かせるためには、口に運べばよい。中世末期の悪魔の総目録にマグラダリオは載っていなかったので、裁判官たちはジャンヌに現れた悪魔を、神学部が認めるベリアル、サタン、ベヒモスだと推定する。(74) これら三人の悪魔が、聖ミカエル、聖カトリーヌ、そして聖マルグリットの姿で現れたというわけだ。おそらく、サタンが聖ミカエルである。ルシフェルの次に作られたサタンは、二番目に神に背いた天使であり、イヴに現れたのも沙漠でキリストを誘惑したのも彼である。彼は「みめ麗しく、人間の近く、北の方角に暮らしている」(75)。彼を呼び出すには、北の方角に顔を向けるだけでよい。サタンは、頼まれればどんな人間でも堕落させられるし、どんな災いでも起こすことができる。というのも、彼はその他大勢の精霊の支配者なのだから。王ベリアルは、ルシフェルの補佐役の一人である。彼もまた見た目がよくて、人の心を魅惑する話し方をする。ソロモンは彼を壺に閉じ込め、彼の助言に頼ったのだった。その後解放されても、ベリアルはあらゆる姿に身を変える能力をもちつづけ、彼の崇拝者たちの望みを叶えている。それゆえ、ベリアルは一流の守護悪魔である。「ヨブ記」に由来するベヒモスは奢侈を司る。つまりは、二級の悪魔だけが閉じ込められたようである。どんな指輪も、悪魔の君主ルシフェルを閉じ込めることはできないだろう。

裁判官たちが思い描くところでは、ジャンヌの指輪は金でできており、透明な石がついている。(76) 左の人差し指に嵌めているのは、精霊との交信に入っていくとき、口にもっていきやすくするためである。さらに、指輪には文字が刻まれているが、裁判官たちはそれを十四世紀末に教皇庁によって断罪された占星術の文言および図像と混同する。(77)

実際、ジャンヌは会話でも手紙でも、あるいは剣や指輪や軍旗の上でも、神の名に相当するさまざまな表現を頻繁に用いている。そうした表現の使用は、ユダヤ＝キリスト教起源の儀礼的魔術の基本である。ジャンヌの言説には、「神さの名前で《アン・ノム・デ》」すなわち「神の名において《オ・ノム・ド・デュー》」という決まり文句（のロレーヌ訛りでの表現）が散見される。ヴォークールールからシノンへと向かう途中、彼女は逃げ出そうとした護衛をこのような言葉で引きとどめた。また、ポワチエの神学者たちにもよく似た言葉を向けている。「神の名において、私はしるしをなすために来たのではありません」(78)。女預言者は神の名において話す。デュノワも(79)、オルレアンの住民たちも、トロワに展開する軍隊も、それを証言している。ジャンヌがイギリス人を追い払うのも、彼らを潰走させるのも、神を冒瀆した者の死を告げるのも(80)、あるいはトゥレル要塞やトロワの町の諸門を開かせるのも、神の名においてである。ここで神の名は勝利をもたらし、悪魔を追い払う。聖ヒエロニムスが言うように(81)、神の名の祈りが、預言を実現し、善をなし、悪魔を追放するのである。これらの行いは、〔神の名を〕唱える人物の資質によってなされるのでもなければ、その人物の利益をはかってなされるのでもない。神の名は他者の利益にのみ働くのである。つまりキリスト教徒は、日常生活のあらゆる行為において、神の名を唱えるよう（つまりは祈るよう）要請されていたのである。「汝が食べ、飲み、その他あらゆることを為すとき、われわれがそこに生き、そこからやって来る御方、神の名において行いなさい」(82)、こう使徒は助言していた。しかしながら、キリスト教徒同士の戦いにおいて、神の名を用いるべきだったろうか。十字軍兵士は異教徒に対し、「神の思し召し！」と叫ぶことができた。ジャンヌはこの名においてイギリス人をフランスから追い出せると思っていた。足元で死に瀕していた冒瀆者に向かって、彼女は「神の名において、前言を取り消しなさい」とも言っていた。言うことと行うことが同等であるくらい、言葉には効果があった(83)。これらの効果がジャンヌに宿る神の霊感のおかげなのか、それとも魔術の決まり文句を口にしたことの結果なのかを、当時の人々が知っていたかどうかを知るのはとても難しい。いずれにせよ、ジャンヌは牢獄のなかで、神の名をみだりに用いては危険が及ぶこともあるので十分注意を払った。「神の名において、戦場でイギリス人が殺されるのを見ていた」(84)のだと、彼女はJ・チフェーヌ師に語っている。リニィ伯には次のように話す。「神の名において、ご冗談でしょう。あのイギリス人たちが私を殺すだなんて」(85)。〔神の名は〕効果を発揮する言葉から、単なる敬虔な祈りの言葉に戻った。聖書や文学作品に典拠はあるだろうか。ジョワイユーズの剣には「神の名において」(86)と刻まれていたし、『ペルスフォレ物語』〔アーサー王伝説のひとつ〕では、選ばれし騎士が魔法の剣を操る際、「聖母の御子の名において」と声高に叫べば、敵は倒れている。

ジャンヌは自分の手紙に「イエス・マリア」と書いたり、人に書かせたりしていた。また、手紙の真ん中に十字を書きこんで、命令を取り消すこともしばしばあった。同様の祈願は、彼女の軍旗や指輪にも描かれていた——さらに軍旗には人物像も描かれていた――。彼女の剣には十字架が複数彫り込まれていた。彼女の兵士たちも彼女の例に倣い、盾に同じ文字を刻んでいたらしい。最後の日、彼女はイエスの名を叫んだ。すると、見事な黄金色をしたＪＨＳという文字[87]（*Jesus Hominum Salvator*〔人々の救い主〕の頭文字）が火刑台の上に現れたという。

磔刑像はそれを身につける人を守り、悪魔を遠ざける。聖像をもっとも嫌った時代であっても、十字架崇拝はいつも認められてきた。裁判官たちはここでしるしの否定的な側面しか非難していないが、それは彼らから見て肯定できるものであったかもしれない。逆に、イエス・マリア〔という文字〕の使用は、一四二六年から一四三二年の軍隊では、きわめて問題を含んでいる。ＪＨＳという略号は、中世初期から、典礼における礼拝ないし私的な礼拝で〔主《しゅ》に〕呼びかけるために用いられている。聖ベルナルディーノ〔一三八〇～一四四四年〕は、この聖なる略号のそれぞれの文字が奇蹟を行い、悪魔を遠ざけ、罪深い魂をいたわるものと解釈した。聖フランチェスコにとって、あらゆる喜びはこの名前に由来する。イエスの呼称の効果にあてられた論説が、十三世紀に増加していた。しかし、ジャンヌの指輪を注文したのがジャンヌの両親だとしても、彼らは『智慧の時計』以外はほとんど知りえなかった。この作品はハインリヒ・ズーゾーの書いた論説で、一三八九年にヌフシャトーのフランチェスコ会修道士によって翻訳された。ズーゾーはイエスとマリアの名を結びつけ、それらを瞑想によって心に刻んで死ぬまでその状態を保つよう勧めている[88]。そうすれば、これらの名があらゆる悪から守ってくれ、恩寵を与えてくれるだろう。ズーゾーは、瞑想しやすくするため、その名を刻んだメダルを用い、それを胸の上に身につけるよう勧める。

もし指輪がもっとあとに作られたものなら、シエナのベルナルディーノの影響も考えられる[89]。このフランチェスコ修道会の説教師はイタリアの北部や中部で群衆を集めて、彼らに向かって、悔い改め、神を冒瀆するような言動を慎み、市民同士和解するよう呼びかけていた。一四二四年のボローニャで、彼ははじめて銘板を用いたが、その銘板には、紺碧の地に浮き上がる一二の光線をもった太陽の上に、金色の文字でイエスの名が書かれていた。ベルナルディーノはそれを自分の旗にも描かせ、個人的な信心のために考案したその旗を使って、群衆を祝福するのだった。信者が魔術の呪文[90]や怪しげな薬を捨て、その代わりにイエスの名の銘板を用いるようになることを、彼は期待していたのだった。信者が亡くなったとき、この銘板が天国の門を開けてくれるだろうというわけである。

彼のライヴァルであるアウグスティヌス会修道士とドミニコ会修道士が教皇庁に訴えたため、一四二六年、ベルナルディーノ[91]は教皇マルティヌス五世によってローマに呼び出され、異端の罪を負わされた。〔教皇庁によれば、ベルナルディーノが提案する〕この信心は新しいもので、偶像崇拝をかきたて、不当にも十字架にとって代わろうとしていた。ベルナルディーノはこの信仰を提案することで、悪魔ないしユダヤ人の言いなりになっているのだった。それにもかかわらず、〔ベルナルディーノの信心が〕かなりの成功をおさめていたことに変わりはない。指輪やメダルに記されたＪＨＳの略号は、突然死から守ってくれるのだった。ベルナルディーノ自身、祭壇にそれを並べていた。そうした信心の実践は、急速にフランスに広まった。コルビーの聖コレット（彼女もまたフランチェスコ修道会の一員だった）は、手紙の冒頭に「ＪＨＳ、マリア」と書いている。また、説教師の修道士リシャールは、一四二九年の春にパリで説教をしたとき、パリの人々にこうした類の銘板を配っている。

一四三一年にはまだ、こうした信心の実践に異議が申し立てられていたのに、〔裁判官たちによれば〕ジャンヌはこれを公的に利用したのだった。実際、ベルナルディーノは一四三二年まで潔白を証明できなかった。またバーゼル公会議では、聖なる名を公衆にさらすことに、何人かの神学者が相変わらず反対していた。ルーアンの裁判官たちにすれば、ジャンヌはこれらの名を悪用し、魔術用の図像として使っているのだった。とくに軍旗に記されたものがそうだった。慎重なジャンヌは、こうした見解を否定している。彼女は、誰がそれを書かせたのか知らないと言っている。手紙に関しては、そこにキリストの名を書くよう助言したのは、彼女の党派の誰か（あるいは彼女の聖職者の誰か）である。「これらの名を書くのがよいとは誰も言っていません」(92)。軍旗に関しては、それは神の命令通りに作られたものである。ジャンヌはよくわからないまま文字や絵を描き、その意味はわからないと言っているが、裁判官たちはその軍旗が文字を伴った占星術の図像ではないかと疑う(93)。占星術の図像は偶像崇拝的として十戒によって禁じられており、『神学大全』も悪魔の業とみなしていた。実際、神秘的な図像やカバラ的なしるし、または、しばしばヘブライ起源の天使の名前、こうしたものを身につけている者は、それらを媒介として、健康や勝利、あるいは幸運を引き寄せるとされていた。こうした信仰の実践は教皇庁によって禁じられてはいたが、禁止の効果はなかった。というのも、数多くの魔術師や宮廷人がそれらのものを身につけていたからである。こっそりと見つからないようにすることだけが必要だったのである。

一四五六年、無効裁判のときには、イエスの名に関わる状況はすっかり変わっていた。今やベルナルディーノの銘板は教会によって承認されていたし、聖なる名の祝日はすぐあとの十六世紀初頭に典礼に加えられた。シャルル七世の神学者たちは、この点に関して、迷信ないし偶像崇拝といったあらゆる非難からジャンヌを解放する必要はもはやなかった。彼女はイエスの名を敬い(94)、神を称えてイエスの名をあちこちに記させた。彼女は、神の名のもと、信心深い行為しかしなかった。軍旗に関しては、そこに記された神の審判は、信心のための図像でしかなかった。教会は聖人や聖女を表現したり、絵画によって彼ら彼女らの生涯や美徳を顕彰したりすることを認めている。ジャンヌがしたのは、ただそれだけである。彼女の軍旗には聖なる名以外の文字はいっさいなかった。天使の名前も未知の悪魔の名前も。使用が認められていたのは、十字架および、イエス、マリア、旧約聖書に名の挙がる四人の天使、そして教会に承認された聖人聖女の名前だけだが、ジャンヌはこの正当な境界の範囲内にとどまった。

検事デスティヴェによる『告発状』の第五九条は[95]、ジャンヌが火占いをしたと断言し、非難する。ずっと昔から行われてきたが、珍しい魔術の方法である。「サン＝ドニで、彼女は蠟燭に火を灯させ、幼い子どもたちの頭に溶けた蠟を垂らさせた。そうやって、彼らの未来の運命を予言し、この魔法によって彼らに関わるたくさんの占いをおこなった」。これら燃えて溶けた蠟燭について、ジャンヌは覚えがないと言っている[96]。しかし、一四二九年の『パリの聖職者の回答』は、すでに同じ非難を含んでいた。「いくつもの有力な町で、彼女は幼い子どもたちを跪かせ、蠟燭を差し出させていた。彼女は彼らの頭に蠟を三滴垂らし、魔法によって彼らの将来を読み取るのだった。彼女が言うには、彼らはこの行為の効果によって、きっと幸福になるというのだ」。コンピエーニュでは、ジャンヌが捕まった日の朝、別の幼子たちが彼女にまわりに集まっている。ジャン・パスクレルの証言によれば、ジャンヌは聖体パンを受け取るとき、可能なかぎり、同じく祭壇に集まってくる托鉢会系修道院の子どもたちと一緒に受け取っている[97]。

その一方で、裁判官たちはジャンヌが蠟燭を「声」に捧げたのではないかと疑う。彼女は、ミサの際に司祭の手で聖カトリーヌに捧げただけだ、と答える。そのことは恐れるに足りない。裁判官たちはむしろ、彼女が声をやってこさせるために蠟燭を使ったのではないかと疑っている。非合法すれすれのこうした類のやり方は、中世末期には知られていた。それは、炎（その色、その動き、煙、火の粉のはぜる音、燃えている時間）を通して直接未来を読んだ、古代の火占いに起源をもっている。そのうえ、精霊はしばしば蠟燭の炎のなかに現れる。よく知られた別の手続きは、ランプ占いで、子どもの霊媒を用いて、精霊から返答を得るものである。裁判官たちの頭にあるのは、どちらかと言えば前者の方である。伝説の語るところでは、その占いを発明したのは、処女マントアである[98]。彼女は、ギリシアの船団がトロイアに向けて出発する際、追い風を得るためにイーピゲネイアを犠牲に捧げた占い師ティレシアスの娘である。彼女はどんな男よりも、精霊に質問に答えさせる術を心得ていた。晩年、彼女はイタリアに渡り、そこに自分の業《わざ》を伝えた。マントヴァの町は彼女の名に因んでいる。その後、この地に生まれたのがウェルギリウスで[99]、中世においては、詩人としてだけでなく魔術師としても認知されていた。次いで、マントアの思い出は、ダンテの『地獄篇』によって受け継がれる。そこでは、彼女は他の有名な魔術師たちのなかに入り混じっている。ボッカチオは彼女を『名婦伝』のなかに加える。その結果、『婦人の都』

を皮切りに、十五世紀を通じて不動の人気を得た。ここでの火占いは、女性が行う、知的で、異教的な活動であり、それゆえ断罪すべき活動ではないのである。

マントアがおこなったことを、キリスト教世界でふたたびおこないえたろうか。たしかに、教会にとって神は光であり、さまざまな蠟燭が典礼暦にリズムをつけていた[100]。たとえば、蠟燭祝別の日には、信者たちが家内安全を願って蠟燭を自宅に持ち帰った。また、死に対する生の勝利を表した復活祭の蠟燭、そして聖母マリアお清めの祝日の蠟燭というのもある。蠟燭は、洗礼から葬儀に至るまで、秘蹟には欠かせないものだった。キリスト教徒はみな、光が約束されていた。身体は真新しい蠟燭、魂はその芯で、人生が過ぎゆくにつれて燃えていく。蠟燭を捧げることは、自分自身を捧げること、あるいは己の純潔を捧げることを意味し、そうすれば神の決定が蠟の上に刻まれると考えられていた。それゆえ教会は、教区教会や巡礼の聖地、あるいは旅先で出会った教会に蠟燭を奉納することを推奨していた。教会は聖土曜日〔復活祭前日の土曜日〕に蠟燭を祝福し、その蠟燭をお金と引き換えに人々に配った。真新しい蠟燭は高価だった。俗人は、信仰の実践として、蠟燭の奉納が奨励された。しかし神学上、蠟燭の奉納に関する明確な規定はなかった。蠟燭は祈りの延長に位置していた。「永遠の光たる神のために蠟燭の灯火が燃えますように」。信者は蠟燭によってこの光に与るのであり、信者の祈りの言葉は蠟燭の煙の渦のなか、天に昇っていくのだった。

光の体系にジャンヌが与るようになったのは、ロレーヌでの少女時代に遡る。教会への出入りが問題にされていたので、光の問題が前面に出ることはなかったが、三四名中一一名の証人が三つの異なるかたちで言及している。幼い頃、ジャンヌは「喜捨ないし施し[101]」として貧者に自分の部屋を譲り、暖炉の下、火の近くに身を寄せた。その後、ジャンヌは教区教会の聖母像の前に蠟燭を運んだ。ドンレミには、家庭用のミツバチの巣箱が置かれていたのだろうか。また、蠟燭職人がいたのだろうか。いずれにせよ、村の中心部でミツバチの飼育や蠟燭の製造が行われていた可能性はある。ほぼ毎週土曜日になると、ジャンヌは丘の上にぽつんと立つ無人の礼拝堂、ノートル＝ダム・ド・ベルモン教会にのぼって行った。そこに行くとき、ついて来たのは、姉か別の少女たち、あるいは代母のジャネット・ティスランぐらいだった。ときにルビュアン氏が二人の姉妹について来ることもあった。証言はためらう。土曜日は聖母マリアの日で、マリアに捧げられた娘たちに優先権がある。〔教会に〕赴くことは巡礼である。娘たちは蠟燭を持って行き、奉献する。村から離れたこの場所なら、家族や聖職者に見られることなく、神に話しかけることができる。娘たちは、見返りに何を期待していたのだろう。ジャンヌはそこで声を聞いたとは言っていない。おそらく他の娘たちは、未来の夫の名前を知ろうとしたか、近親者からの解放を得ようとしたのだろう。その後も「乙女」

は、オーセールやフィエルボワで、立ち寄った教会に蠟燭を奉納し続ける。

しかし、蠟燭にはまったく別の用いられ方もあった。農村部では、収穫や病人の余命を予測したり、子どもにつける縁起の良い名前を選ぶのに、しばしば蠟燭を使っていたのだった。[102]蠟燭が不意に消えれば、悪いしるしとみなされた。知的な魔術においては、蠟燭は天使への祈りで用いられるもっとも伝統的な補助材のひとつだった。蠟燭の炎を介して行われる占いについて言えば、[103]少なくとも写本で残されたふたつの魔術書にその手順が保存されている。写本のひとつはエアフルトに、もうひとつは〔オクスフォード大学の〕ボドリーアン図書館に保管されている。霊媒としての魔術師は、予め心身を整えておかねばならない。断食によって鍛えた身体と澄んだ魂だけが祈りを成就し、蠟燭の炎のなかに三つの精霊を見、未来や秘術に関する質問に答えてもらえるのである。具体的に何に関して質問するかは記されていない。盗まれたものの在り処、犯人の名前、決闘の結末、個人や王国の未来の運命、こういったものを知ることが問題だったのだろう。

この魔術書でとくに興味深いのは、登場する精霊が三つであること、そしてそれらがみな王冠を持っていることである。祈りは純潔さ（無垢さ）の下、捧げられる。すなわち、蠟の無垢、司式者と霊媒の純潔、精霊および祈りの対象たる聖女の純潔の下、祈りが捧げられるのである。祈りが捧げられる聖女は、エアフルトの写本では、マリアとカトリーヌとアニェス、イギリスの写本ではマリアとカトリーヌとマルグリットである。逆にミカエルは、天使の一覧に姿を現さない。神の精霊は、エアフルトの写本では名前が上がらない。イギリスの写本では、巫女《シビラ》とその助手たちが取り上げられる。ジャンヌにはシビル〔シビラのフランス語形〕という名の代母がいたし、ジャンヌはある者にとってはフランスの巫女だった。これらの聖女たち〔カトリーヌ、アニェス、マルグリット〕はみな、当時の人々によってジャンヌ・ダルクに結びつけられた。また、そのうちの二人は、ジャンヌのもとに現れた。彼女ら三人はみな、それぞれ異なる火の扱い方を説明する。その火の扱い方とは、そもそも祈る処女に神が授けたものである。『黄金伝説』が語るところでは、[104]アニェスは総督の息子との結婚を拒んだため、売春宿に閉じ込められた。総督の息子が彼女を犯そうとしたところ、聖女の守護天使が彼を雷で打った。それで総督は次のように言う。「お前が魔法の術を悪用しなかったか、調べてみよう。息子を生き返らせてくれ」。アニェスの祈りで、その青年は生き返り、回心する。火は死であると同時に生でもある。妊婦はみんな、まったく別の理由からアンティオキアのマルグリットの霊を呼び出した。そのマルグリットにとって、火という主題は中心的な位置を占めてはいない。[105]それにもかかわらず、聖マルグリットの伝記を備えていれば、どんな家も火事にならない。実際、マルグリットが牢に閉じ込められたとき、火を投げつけてくる悪魔たちに打ち勝った。その悪魔たちはソロモンによって壺に閉じ込められていたが、財宝を探す男たちがその壺を壊したのだった。パンドラの箱に似たこの伝説は、[106]ピエール・ル・マンジュールやジェルヴェ・ド・チルビュリの作品にも記載されている。抑えるべき火は、この場合、地獄の業火を予告する罪悪の火である。三人の聖女のなかでは、カトリーヌがもっとも興味深い。ヤコブス・デ・ウォラギネによる〔カトリーヌの〕伝記には、火による占いをおこなったという挿話は出てこない[107]。だが、E・ランクリエの書いた『伝記』に倣った『婦人の都』[108]には、火占いの挿話が出てくる。カトリーヌの熱心な言葉でキリスト教に回心した五〇人の哲学者が、火刑台に上った。そのときカトリーヌは、永遠の楽園に迎えられるだろうと彼らに確約する。すると神が奇蹟を起こす。というのも、彼らの身体も衣服も燃えなかったのである。灼熱の炎が消えたとき、彼らの遺体も衣服も無傷なことを人々は確認する。

　ジャンヌの心のなかでも同じことが起こった[109]。おそらくジャンヌは、蠟燭の炎に天国行きの確証を読み取っていた。知的な魔術師向けのラテン語による長い祈りの言葉を、ジャンヌが知らなかったことは間違いない。しかしオクスフォードの写本は、大陸でシャルル七世と対立していたイギリスの指導者たちのあいだに流布していた。裁判官たちは、その写本に類するものを知っており、それが彼らの質問内容に指針を与えた。火占いは女らしさおよび純潔（処女性）に結びついていたので、聖職者たちがジャンヌと関連づけても無理はない。あるいは、おそらく聖職者たちは二月二七日の尋問の影響で、火占いとジャンヌを結びつけたのだろう。その尋問ではじめて、声が聖カトリーヌと聖マルグリットのものとされたのだった。

魔女

　裁判官たちは、目の前の女魔術師〔ジャンヌ〕を単なる村の魔女《ソルシエール》にしてしまうことにためらいを感じた。一四三一年の裁判官たちの語彙は、魔女という言葉を避けている。たしかに、イギリス人はオルレアンの前でジャンヌを魔女として扱った。また、異端審問所の目的は、（男性形で言えば）魔法使《ソルシエ》いを黒魔術師および異端として訴えることである。〔しかし〕尋問は魔女という言葉を用いていない。ジャンヌだけが、同じ種類の単語を使っている。曰く、夜中に空を飛ぶのは「魔法《ソルセルリ》によるものです[110]」。しかし、それを信じてはいない。『七〇ヵ条の告発状』序文は[111]、ジャンヌを「魔女」として告発しうると考えていたが、実行に移すことはなかった。判決もそこまで踏み込まないよう注意している。それゆえ、一四五六年の無効裁判は、魔法について反論する必要がなかった。しかしながら、ルーアンの証人の一人は[112]、ジャンヌがかつて「異端であり魔法に熟達している」

として非難されたと思っている。シャルル七世の二人の神学者が証明したところでは、一四二五年から一四五〇年に現れたような魔女の型に、ジャンヌは一致しない。〔神学者たちによれば〕ジャンヌは「魔女」ではない。つまり、昔から伝わる、悪魔にたぶらかされた罪人ではない(113)。また、悪霊につきまとわれた「ヴァルド派の魔女」(114)でもない。

それゆえ、ルーアンの裁判官たちについて言えば、言葉は観念同様にぼやけたままである。「魔法を使う男たち《ソルティレギ》、魔法を使う女たち《ソルティレゲ》」(115)、すなわち運命《ソール》を読むことのできる男たちと女たちは、呪い《ソール》をかけて人間や動物やものに魔法の効果を及ぼす。そこから派生した「魔法の行為《ソルティレギウム》」は、健康や豊かさや豊穣をもたらしうるが、また同時に、病や性的不能ももたらす。この場合、問題になっているのは呪術である(116)。しかし、大学はここでこうした区別をおこなっていない。魔法は得体の知れない力に頼るのだから、どんな魔法であっても悪いものと見なされる。たとえ、その魔法が魔術師やその近親を守るためであっても事情は変わらない。それゆえジャンヌは、ずっと幼い頃から訓練された「魔法を使う女《ソルティレガ》」である。彼女は魔法をつくりだし、処方した。彼女は魔法を用い、その効果を信じている。しかし、運命を読むことのできる女性は、黒魔術師なのだろうか。魔法や幻影を生み出す妖精、あるいは魔女と言えるのだろうか。同じ言葉でも三つの異なる側面がある。

妖精が正義の味方と見なされることはまずない。さらに神学者たちは、妖精を悪霊と同一視することに成功した。それゆえ、十四世紀を通じて異端審問官たちは、黒魔術師を訴追してきた。農村部における魔法使いや魔女の実践もまた、疑わしいものと判断されていたが、それ以上のことはなかった。樹木や泉水に対する崇拝は、最悪の場合、異教を連想させた。愛の媚薬が有毒だとわかることもあった（その場合は、正義に違反する）。ディアーヌの仲間たち、のちには「豊穣の女神」の仲間たちによる夜間飛行については、十世紀初めの『司教典範』でも、グラティアヌスの『法令集』でも言及されていた。しかし、神学者たちにしてみれば、そこで語られているのは、現実感を喪失した老婆の想像力や夢でしかなかった。実際、これらの慣わしが秘かに行われ、公式の典礼の範囲内に収まるかぎり、教会は黙認してきた。かくして、ドンレミの主任司祭は妖精の木の下まで「聖ヨハネの福音書」を読みに通っていた。

十四世紀最後の四半世紀に事態は変わる。少々古い研究だが、歴史家キックヘーファーの作成したグラフによって、魔女裁判の数が増えているのがわかる(117)。一三〇〇年から一三三〇年までは、訴訟の数は全ヨーロッパで一年間に一・三件あり、そのうち、三分の二はフランスだった。狙われたのは黒魔術師で、その裁判はきわめて政治的なものだった。一三三〇年から一三七五年にかけて、問題は広がりを見せるようになり、都市や農村部の住民が巻き込まれる。そしてドイツとイタリアが、フランスに代わって、特別な地位を占めるようになる。一三七五年から一四三五年にかけては、訴訟のリズムが速くなる（一年に二件の割合）。フランスでは、一三九〇年にパリで四人の魔女が、媚薬を用いて人をたぶらかしたとして裁かれた。そのいずれもが貧しい娘だった。だが、こうした類の裁判は、まだ珍しかった。フランスとは反対に、スイス、サヴォワ、ドーフィネでは、この時代以降、大がかりな魔女狩りが行われている。(118) ドーフィネでは、一三五〇年から一四一五年にかけて魔女裁判は二件であるのに対し、一四二四年から一四四〇年にかけては二五八件を数える。この大転換をどのように説明したらよいのだろう。アルプス渓谷では、異端審問官がヴァルド派の異端と同時に魔女も追跡している。教会権力（教皇庁ならびにバーゼル公会議）も、世俗権力（アメデ三世のサヴォワ公国）も、あらゆるアウトサイダーに対し、態度を硬化させる。権力者にとって、アウトサイダーの存在は、神および君主の威厳を損なうものと映ったのである。裁判に巻き込まれた女性の比率はどうだろう。キックヘーファーの研究によれば、十四世紀では男女にほとんど差はない。男性の被告八六名に対し、女性は八〇名だった。転換は世紀最後の一〇年間に起こり（男性九名に対し、女性二二名）、一四二五年以降、急速に加速する（一四二五年から一四五〇年まででは、七九パーセントが女性だった）。この比率は、近世における大規模な魔女狩りと同じである。

たしかに、一四三一年にジャンヌを裁いた裁判官たちは、農村部の魔法についてすでに話に聞いて知っていた。バーゼル公会議にはパリの大学教授が数多く出席しており、彼らの異端審問官としての経歴が会議の領野を変えることになる。彼らは注意を喚起されるが、それ以上のことはない。抑圧が強化されるにつれて、ステレオタイプな魔法のイメージが広がる。それに伴い、魔法は単なる民俗的実践から、秩序だって整理された儀式の総体に姿を変え、その全体が有罪宣告を受ける。さらに魔法は大衆のもの、それも女性のものとされていく。ドーフィネ地方の場合、十四世紀には男女に差はなかったが、一四二四年以降は有罪宣告を受けた者の七〇パーセントが女性になる。サタンの新たな手先のこうした特徴に、ジャンヌは一致する。ジャンヌは女性であり、農村の出で、王国の境界域に生まれた。山岳地帯のような境界は、統制の及びにくい場所で、怪しげな信仰や実践が増殖しやすいところと考えられていた。「これらの村々では、大昔から何人もの村人たちが呪術を行うと言われてきた」(119)。ジャンヌはずっと前から家族の援助も監視も受けずに暮らしている。ステレオタイプのイメージから完全に外れるのは、ふたつの要素だけである。彼女の家族はどちらかと言えば裕福だった。だが、ドーフィネ地方で訴えられた者たちの多くも裕福だった。彼らは隣人の妬みをかって訴えられたのだった。もう一点、ジャンヌはあまりに若い。とはいえ、彼女は幼いときから、魔法と占いのできる老女たちのもとへ足繁く通っていた。その筆頭にいるのが、彼女の代母である。(120) 実際、大半の魔女がその技術を家族の範囲で受け継いでいる。ジャンヌの代母、ジャンヌ・オーブリは妖精を見ており、裁判官たちの心証では、あらゆる不吉な「老婆らしさ」を備えている。[121] 罪深い人生、有害な知識、彼女がこれらを若い娘たちに伝染させるというのだ。もはや流れ出ることのない生理の血液が、あらゆる老女を潜在的に危険な存在にしてしまう。聖職者たちは、老女たちに対し、修道生活のような暮らしをするよう助言し、財産を貧者か教会に寄付するよう勧める。なぜなら、老女たちに箍を嵌めなければ、彼女らは人を堕落させるからである。[122] 実を言えば、聖職者たちは老女が伝える知識を恐れていた。老女の知識は、彼らにとっての真実を脅かすものだった。

　老若を問わず、魔女は悪魔と契約を交わした。無学な彼女たちにとって、問題は行為の総体だけである。すなわち、跪いての臣従礼《オマージュ》と〔悪魔の肛門への〕猥らな接吻である。聖女たちに対するジャンヌの態度は、裁判官たちには疑わしいものに映る。彼らにしてみれば、その聖女こそ悪魔にほかならない。しかし、教皇エウゲニウス四世が魔法には悪魔との契約が伴うと宣言したのは、やっと一四三四年になってから、すなわちジャンヌの死から三年後のことである。それ以降、魔女は〔悪魔との〕契約に際して信仰を捨て、そのしるしとして十字架を踏みにじり、以後ミサにも行かなければ、四旬節に聖体を拝領することもなくなる。サタンと契約を結んだ魔女はみな、契約の痕跡が体についている。その痕跡がサタンに従属していることの目に見えるしるしとなる〔洗礼のしるしが目に見えないことの裏返しである〕。契約の痕跡は、たいてい赤くて円い。[123] そして身体の見えにくい部分に現れる。中世には、追放された王子に刻まれた王家のしるしから聖女の聖痕に至るまで、痕跡の存在が信じられていた。[124] ジャンヌに好意的ないくつものテクストが、彼女の右耳のうしろに赤い痕跡があったと伝える。一四三一年の裁判官たちは、そのようなものを何も探していない。しかしながら、十五世紀初頭以降、痕跡のおかげで軽率な告白や拷問の苦痛を逃れられたのだった。だが、理論的なテクストでそうした痕跡に触れるのは、一四五八年のアラスのヴォードリーに関するものだけである[125]〔ヴォードリーはヴァルド派という言葉から派生した語で、十五世紀には「魔術」の意味で用いられた〕。それゆえ、ジャンヌは痕跡のことで告発されることはなかった。

　そのうえ、村の魔女は魔術師以上に日常的な事柄に関心を寄せる。[126] 天気を操作して収穫を増やしたり、作物を成熟させたりする。あるいは、動物だけでなく人間をも治癒したり、手なずけたりする。そしてまた、金縛りをかけたり解いたり、幸福ないし不幸を与えたりする。その際、魔女は簡単な呪文を唱え、聖ヨハネの日に摘んだ植物から作られる霊薬を用いる。病を治し、人を誘惑する村の魔女は、二つの顔をもつヤヌスの神として、[127] 隣人に恐れられた。年代記作者とは異なり、裁判官たちはジャンヌが風を吹かせたとか、雨や嵐を操ったとか疑ったりはしない。彼らは月並みな発想で、ジャンヌが魔法の薬を使って人々を治癒したのではないかと疑う。そういうわけで、ジャ

マンドラゴラ図*

ンヌはマンドラゴラを持っていると考えられた[128]。これは三月一日の尋問の対象となり、その後、『告発状』第七条でふたたび取り上げられる。マンドラゴラが怪しい目で見られていたのは、人間の姿そっくりの根の形のせいだ。ヒルデガルト・フォン・ビンゲン〔一〇九八〜一一七九年〕にとっては、その根の形のゆえに、マンドラゴラはもっとも悪魔に捧げられる植物である[129]。医者が言うには、マンドラゴラには少なくとももっと有用な属性がいくつもある。すなわち、眠らせたり、女性に子どもをたくさん産ませたりする〔マキアヴェリはマンドラゴラを主題にひとつの作品を書いている[130]〕。ただ、マンドラゴラは幻覚も引き起こす。縁起をかついでマンドラゴラを所持することについては、シエナのベルナルディーノが一四二五年以来、説教で取り上げていた。また、修道士リシャールも、パリの公衆を前に、マンドラゴラの所持について説教をおこなっていた。なんでも知っていると信じている老女たちは、自宅にマンドラゴラを置いておけば金持ちになれるという。このような有害なものは「まさしく魔法であり異端である」[131]。それゆえ修道士リシャールは、説教の締めくくりで、悔悛した聴衆〔女性の聴衆と言うべきだろうか〕に、所持しているマンドラゴラを燃やさせたのだった。したがって、マンドラゴラは当時の状況に即した問題だったのである。

　マンドラゴラについて、ジャンヌは二度答えている。曰く、自分はマンドラゴラを持ってはいない。一度も手にしたことがないし、見たことさえ一度もない。マンドラゴラを保持するのは危険かつ良くないことだし、マンドラゴラが何の役に立つのかもわからない。続いてジャンヌは、彼女の村の妖精の木の近く、ハシバミの下にマンドラゴラが生えているのを知っていることを認める。そのマンドラゴラはお金をもたらすと言われているが、彼女はそれをまったく信じていない。ジャンヌの説明は、修道士リシャールのそれとまったく同じである。〔ところが〕『告発状』第七条では話がまったく異なる[132]。〔それによれば〕ジャンヌは習慣的にマンドラゴラを懐に入れていたという。そうやって、富と世俗的な事柄での幸運を得ることを期待していたというのだ。ここで裁判官たちは、幸運という言葉にふたつの意味を込めている。すなわち、お金と、成功ないし勝利である。

　さらにジャンヌは、動物との関係も取り沙汰される。子どもの頃から、ジャンヌの膝には小鳥が集まっていた[133]。オルレアンでは白い鳩が彼女の頭上に現れたし、〔ルーアンでも〕火刑台の上に白い鳩が現れた[134]。トロワでは、標識として掲げた彼女の盾のまわりを複数の白い蝶が舞った。聖人は決まってドラゴンや獰猛な狼を飼い馴らす。妖精は勇者のために乗用の動物を呼び出す。魔術師もまた然り。馬を呼び出せば、旅人にも兵士にも役立つことができる。ギィ・ド・ラヴァルの手紙は、同時代人たちを驚かせたジャンヌの馬術の巧みさに言及している[135]。ルーアンの裁判官たちは、ジャンヌがヌフシャトー滞在中秘かに馬術を習ったと考えたが、別様に考えた人々もいる。馬は魔術師が呼び出し手なずけた精霊の現れだというのだ。セル＝アン＝ベリーの「乙女」の宿舎の門口には黒い大きな軍馬が待機していたが、誰が乗ろうとしても言うことを聞こうとしなかった。そこでジャンヌはその馬を四つ辻に立つ十字架のもとへと連れて行った。その四つ辻は死者に捧げられた特別な場所、つまりは絞首刑が行われる場所だった。理屈の上では、ここに十字架があるおかげで不吉な要素は相殺されている。「彼女〔ジャンヌ〕が乗ろうとしたとき、その馬は繋がれているかのようにじっとしていた」。ここで暗示されているのは、この黒い馬は悪魔だということ、そして白い服を着て[136]、十字架を操る処女がその悪魔を無力にしたということである。しかし、悪魔と結びつけたり、悪魔から解放したりするのは、〔悪魔祓い師と同様〕魔女の属性でもある。またピエトロ・ダバーノの『指輪の実験』[137]には、馬その他の動物を出現させるさまざまな秘術が記載されている。月の第三宮で行わねばならない六番目の秘術は、もっと興味深い。これを行うには、金の指輪、三人の悪魔の名前、そして燻した馬の敷き藁を用意せねばならない。そうしてある文句を唱えれば、指輪の精霊が大きな黒い馬の姿で現れるという。騎乗者がうしろを振り返らず、また十字を切りさえしなければ、その馬は一時間で百マイル駆けることができる。騎士道の世界では、馬術に関わる行為に、誰も無関心ではいられなかった。ジャンヌの馬は、黒かったかどうかはともかくとして、とても敏捷だという評判だった。十五世紀の末、ロレンツォ・ブオニンコントロはその馬が天からやってきたのだと言い張っていた[138]。

　サバト〔悪魔と魔女の宴〕に向かうとき、魔女は何か黒い動物に跨って空を飛ぶと考えられていた。あるいは、『ペルスフォレ物語』に出てくる髭面の老婆たちのように、風の精霊の首につかまって飛ぶと言われていた[139]。箒に跨って空を飛ぶ魔女がはじめて登場するのは一四三五年のことである。ところで、ジャンヌが空を飛ぶという噂が流れた。一四二九年六月のペルスヴァル・ド・ブーランヴィリエの手紙によれば、「乙女」は一二歳で神の声を聞いて以来[140]、空を飛ぶのだという。空中浮揚と法悦に彼が関心を抱くのは当然である。ジャンヌ以外の聖女たちについても、これらの現象が知られていた。そのうえ、天使と同じように神から遣わされた女性に、天使と同じ驚異的な移動能力を付与するのは理に適っている。ロワール川流域での成功があまりに早く成し遂げられたことに人々が驚いていただけに、なおさらのことだった。

空を飛ぶことには、軍事面での確かな利点もあった。ペルスヴァル・ド・カニィによれば、ジャンヌの「棒《マルタン》」は数キロメートルを一気に駆け抜け、「すぐ近くからパリを見に行く」[141]ことを可能ならしめた。ラ・ロシェルの書記もまた、ジャンヌが城壁の上を飛んだり、軍隊を飛ばせたりできるものと信じている。「ジャンヌは神の秘密を知っていた。城壁を越えて王軍の兵士をなかに入れようと思えば、それができた[142]」。だからこそ修道士リシャールは、トロワの住民を説得して、抵抗せずに王軍に都市の門を開くよう説得できたのだろう。軍隊を飛ばせるということは、包囲戦のときに高い効果を発揮するが、平坦地での戦闘にも役立ちうる。ジャルジョーでのことだが、徒歩でイギリス人と戦うより馬が到着するのを待つことを選んだ人々に対し、ジャンヌは次のように答えたという。「たとえイギリス人たちが雲にしがみついたとしても、私たちはイギリス人たちを捕まえるでしょう[143]」。

しかし、空を飛べば、多かれ少なかれ、魔女と同一視された。修道士リシャールがトロワでジャンヌに会ったとき、彼女を見るなり十字を切り、聖水をふりかけた。それに対し、ジャンヌはこう答えている。「勇気を出して近寄りなさい。私は飛んだりしませんから」。カトリーヌ・ド・ラ・ロシェルも、ジャンヌが空を飛ぶものと信じていた。カトリーヌはパリの教区裁判所に、ジャンヌをしっかり見張るよう訴え出た。悪魔が牢獄から彼女を容易に脱出させてしまうというのだ。こう訴えるとき、カトリーヌは暗黙のうちに〔ジャンヌが〕空を飛ぶことを想定している。魔女は二〇メートルの高さから飛び降りても骨を折らないと信じられていた。牢獄に入れられた魔女は、サタンが容易におぶって連れ出してくれるように、窓のすぐ下に寝台を置くのだという。

一四三一年三月一七日、裁判官たちとジャンヌは以下のようなやりとりを交わす。「ジャンヌは、妖精と一緒に空を飛ぶ者たちについて何か知っていることはないか尋ねられた。彼女はそんなことは一度もしたことがないし、何も知らない〔と答える〕」。ただ、彼らが木曜日に空に行くと、聞いたことがあるだけだった。しかし、彼女はそんなことを信じてはいないし、それは魔法でしかないと思っている[144]」。裁判官もジャンヌも、〔「魔女《ソルシエール》」ではなく「魔法使い《ソルシエ》」という〕男性形を用いている。なぜなら、フランス北部ではまだ、既成事実として魔法と女性が結びつけられてはいなかったからである。木曜日に行われる夜間飛行への参加を、ジャンヌは完全に否認している。ロレーヌ地方では、木曜日は魔法使いの集会が開かれる日とされていたのだった[145]。ジャンヌは現実に空を飛べると信じているだろうか。いいや、信じてはいない。魔法という言葉は、不吉な幻想の意味で用いられている。では、裁判官たちは信じているかと言えば、信じているとは言いがたい。夜間飛行は徐々に厳しく罰せられていくようになる。とはいえ、ニデール世代のドミニコ会修道士や、フランチェスコ会修道士シエナのベルナルディーノ、あるいはドーフィネ地方の法学者クロード・トロサンなどは、夜間飛行を想像力がもたらす幻覚とみなしている。一四四〇年にアメデ八世〔サヴォワ公〕の書記マルタン・ルフランがバーゼルで書いた『女性の擁護者』は、ここで話題となっているこの主題に関する最初の論争を提示している。魔女は空を飛ぶのか、飛ばないのか。[146]その論争では、「鈍重な悟性」と「自由意思」という名の寓意的人物が対話する。「鈍重な悟性」が描く夜間飛行では、老女たちが箒に跨りサバトに赴き、そこで悪魔の尻に口づけするか、あるいは宴会とダンスのあとで悪魔と交わる。それに対し、「自由意思」は疑い深い。「魔女は年老いてはいないし、軽率ゆえにつまらないことをする。……悪魔が魔女の方を向くと、彼女らはどこか別の場所に行った気になる」、それは彼女らが身につけている膏薬と杖のせいだ。ここで語られているのは、幻覚と亡霊である。裁判官たちがこうした見解を共有していた可能性はある。というのも、裁判官たちの説明の仕方はきわめて中立的で、飛行とサバトを必ずしも結びつけて捉えてはいないからである。それに対し、ジャンヌにとって空中浮遊とサバトのつながりは明瞭な事実だった。妖精と一緒の飛行には、長いあいだ、はっきりした目的地がなかった。[147]見知らぬ土地や遠い土地の上空を飛ぶこともあれば、扉口や窓から家のなかに入ってその家を富ませたり不幸にしたりすることもある。空を飛ぶことがサバトの前提条件ないし必要条件として組み込まれたため、一四三〇年代、空を飛ぶことが悪魔と結びつけられるようになったのである。

ジャンヌの裁判官たちは、まだサバトもシナゴーグも話題にしていない（これらの言葉は、トロサン[148]やマルタン・ルフラン、あるいは『〔カタリ派の〕誤謬』では用いられている）。魔法使いや魔女の集会について、裁判官たちはすでにサバトの特質のいくつかを思い描いてはいるが、それに名前をつけてはいない。裁判官たちは予備尋問とジャンヌの返答から得られた情報を操作し、妖精の木についての情報とサバトの幻想を合致させる。[149]たしかに、そこには共通点がある。魔女や魔法使いの集会は、たいてい村から離れた森林地帯で開かれた。すなわち、聖界権力や俗界権力の統制が及びにくい場所で開かれたのだった。人がほとんど近づかない林間の空き地は、秘密を守ってくれる。悪だくみを抱く者たちはみな、夜中そこに集まる。『告発状』第五条では次のように明言している。「夜中に妖精と踊る習慣のある者らは、この木や泉のまわりに集まる。……ジャンヌはこれらの木や泉をしばしば訪れていた。それはたいがい夜中だったが、昼間に行くこともあった[150]」。それに対して、ジャンヌと一四五六年のドンレミの証人たちは、こうした集まりに疑いの目が向けられないよう、集まっていたのは昼間だと強調する。

いずれにせよ、裁判官たちはそうした集まりに悪霊崇拝を読み取る。というのも、サバトが一四三〇年代から一四四〇年代にかけて形を整えるなか、ダンスや歌や供物もその構成要素を成すようになるからである。[151] しかし、一四二四年頃から始まるドーフィネ地方の裁判や、一四二八年頃のシオン司教区〔スイス南西部〕の裁判ですでに現れていたいくつかの要素は、ジャンヌの裁判官たちにまだ知られていない。つまり、酒宴も、乱交も、聖体や十字架の冒瀆も、嬰児殺しも、ジャンヌの尋問では姿を見せないのである。妖精の木の根もとで、人々は未来の予言の仕方や魔法のかけ方を学び、泉のほとりの木の下に現れる悪霊と接触する。しかし、ミサや集団の根本的な価値観をひっくり返すようなまねはまだしない。生命や純潔は尊重されている。

しかし、裁判官たちは危険を嗅ぎつける。彼らが生きる危機の時代、偽の預言者がたくさん現れた。預言者たちの言うことは誤謬として、異端と同じように断罪された。また、占い師その他の魔法使いも数を増やす。異端や迷信は、終末が近づいているだけに、王国およびキリスト教世界の均衡にとって脅威となる。エヴルーの司教代理は、次々と生まれる宗派《セクト》を告発する。[152] また、イギリス王ヘンリ六世の書簡は、社会の周辺に生きる人々がひとつの宗派にまとまって、秩序に対し「陰謀を企んでいる」と告発する。[153] これらの現象は、同じ問題を提起する。ジャンヌは単なる一構成員として宗派に加わったのか、それとも、宗派を率いていたのか。

裁判官たちの考えでは、宗派が存在していると言えるのは、構成員全員が秘密を守り、互いに支え合い、援助と助言を提供し合い、異端の信仰や魔法の用法を広めるために一緒に行動しているときである。民衆や貧しい人々が中心だったとはいえ、社会のあらゆる階層の男女が宗派に魅惑される。宗派内部の序列については、裁判官たちは言い澱んでいる。『告発状』の何条かは、[154] 紛れもなくジャンヌが首領だと想定している。彼女が構成員の崇拝を受けている、というのがその理由である。しかし、一四三一年の夏にパリ大学が教皇と枢機卿に送った書簡は、[155] もっともっと奇抜な組織を思い描いている。それによれば、迷信家、占い師、似非預言者などの数多くの女性が、悪魔になり代わり説教するため、いとも信仰篤き王国に派遣されたのだという。そうやって、民衆を高位聖職者や神学者の監視から逸脱させようとしているというのだ。無学な女性が聖職者に取って代わった逆さまの世界は、広範囲に浸透した幻想であった。すでに一四二九年には、ブレスに暮らす霊感を受けた女性が、ジェルソンから取り調べを受けた際、自分は煉獄の魂を救うため神からこの世に送られた五人のうちの一人だ、と告白していたようである。一四三〇年、パリ大学はピエロンヌ・ラ・ブルトンヌを狙う。彼女はジャンヌ・ダルクを擁護したために、一四三〇年九月にパリで火刑に処せられた。「彼女が申すには、アルマニャック派とともに武器をとったジャンヌ女史は善良で、女史のなしたことは立派で、神に従っていたという」。〔またピエロンヌが言うには〕「神は人間の姿でしばしば彼女〔ジャンヌ〕のもとに現れた」[156]。こうしたあまりに打ち解けた幻視によって、ジャンヌは聖職者による仲介をとばして、〔神と〕直接につながっていたのだった。〔ピエロンヌと一緒に戒告を受けながらも〕自分の誤りを認めた仲間は死を免れた。

カトリーヌ・ド・ラ・ロシェルもまたこうした類の女性に属していただろう。この占い師は、ジャンヌ・ダルクに好かれてはいなかったが、ジャルジョーとモンフォーコン＝アン＝ベリーにジャンヌを訪ねた。ジャンヌが聖カトリーヌと聖マルグリットの声を聞いたその場所で、カトリーヌ・ド・ラ・ロシェルは白衣の貴婦人（名の知れぬ妖精）を出現させる。そしてその貴婦人の助けを得て、カトリーヌは未来を予見し、王軍を賄うために隠れた財宝を見つける。二人の女性は、ブルゴーニュ派をめぐる政策で決裂した。一四二九年秋、カトリーヌはブルゴーニュ派との和平を模索する。その一方、ジャンヌはもう白衣の婦人を信じない。一四三〇年八月、カトリーヌはシャルル七世の宮廷を離れなかった（この頃、トゥールの町は彼女の常軌を逸した夢想に苦情を述べている）。その後カトリーヌは、ルーアンでの裁判が始まる前に、パリでジャンヌに不利な証言をする。一四三一年七月、パリの一市民は、カトリーヌがアルマニャック陣営にいるとふたたび書き記している。

その他いくつかのテクストは、彼女たちか弱い女性〔ジャンヌ、ピエロンヌともう一人の仲間、そしてカトリーヌ〕を、修道士リシャールによって庇護された女性として描く。そして彼女たちは利用されていたとする。それがパリの一市民の意見である。「これら四人の哀れでか弱い女性を、修道士リシャールは支配していた。彼は彼女らの義理の父だった」[157]（すなわち、霊的な父だった）。「彼は彼女らの求めに応じ、告解を聞き、聖体パンを与えていた」。たしかに、宗派の指導者として、聖職者は信用できる。「魔法使い」であると評判だったこのフランチェスコ会修道士に、ジャンヌはトロワで出会った。その彼は、聖別式のための遠征に同行し、ランスで聖別式が挙行された折には、ジャンヌの軍旗を掲げていた。サンリスでは、ジャンヌの告解を聞き、アランソン公およびクレルモン伯立ち会いのもと、公衆の面前で彼女に聖体を授ける。一四二九年のクリスマスには、パリの一市民によれば、一日に三度、キリストの身体をジャンヌに与えたという。「この繰り返しは行き過ぎだった」[158]。要するに、修道士リシャールは、ジャンヌに霊感を与えた人物、あるいは彼女の支援者の一人だったのだろう。ジャンヌは、裁判官の目に、このフランチェスコ会修道士とのつながりを小さくみせようと望む。彼に会ったのはずっと後のことであり、すぐに縁を切ったと思わせたかった。おそらくジャンヌは、このフランチェスコ会修道士が起訴されたことを知っていたに違いない。ベドフォード公がシャルル七世に宛てた一四二九年八月九日付の書簡では、すでに〔リシャールを〕ふしだらで評判の悪い女と結託した「背教者で謀反人の修道士[159]」と呼んでいる。ジャンヌは魔術師カトリーヌとの交際以上に、修道士リシャールとの付き合いを認めようとしなかった。

一四五六年、シャルル七世の神学者たちは、ジャンヌの経験を特殊なものとして提示するのに、かなりの苦労をすることになる。ジャンヌは魔術師や「妖術」の使い手の仲間であってはならなかった。無罪を証明されたジャンヌは、ふたたび、ただ一人で声と向かい合う。彼女の経験は、個人的なもの、特殊なもの、そして孤独なものに戻るのである。

第16章 ジャンヌ以後のジャンヌ

Jeanne après Jeanne

ジャンヌは二〇歳を前に亡くなった。あとには、未完の使命と茫然自失する仲間たちが残された。たしかに、イギリス人たちは彼女の死を証明するため用心を怠らなかった。処刑は公開で行われ、身体は晒され、魔法を避けるため遺灰はセーヌ川に流された。しかし、まさにこれらの用心がイギリス人たちに害をなす。遺体も墓もなかった。ジャンヌは無へと消え去ったかのようだった。彼女は帰ってくるのだろうか。悲劇的な状況で命を落とした他の多くの者たちは、再来を待ち望む声を生んだ。カエサル、シャルルマーニュ、アーサー王、そしてキリスト自身。彼らは死後ふたたび現れたと言われる。選ばれし救世主《メシア》は、神の命じるままに、身体という入れ物を移動していった。ジャンヌ自身、彼女の死後に別の乙女がローマからやって来ると告げていたようである。なぜローマ[1]かと言えば、彼女の任務のうち、神聖ローマ帝国に関する部分は、中断したままだったからである。

ジャンヌが生きているという考えは、〔ジャンヌの死後〕すぐに現れた。ジャンヌは脱走したとか、牢番が「彼女に似た」[2]別の女性を火炙りにさせたとか、考えられたのである。曰く、ジャ

ジャンヌ・ダルク騎馬像（コンピエーニュ。この場所でジャンヌ・ダルクはとらえられた）

ンヌは顔を下に向けて死んでいた(3)。また、異端者用の帽子のせいで顔がよく見えなかった。さらに、

〔聖なる乙女は〕ルーアンで焼かれ灰となった
フランス人たちには大きな痛手だった
しかし、フランス人たちは、それ以来囁き合っている
乙女はのちにふたたび姿を現すのだと(4)

多くの人が信じたジャンヌ生存説は、三つの異なる形をとった。

――ジャンヌの身体は死んだけれども、彼女の精神と美徳は予告された使命が終わるまでフランス人を導き続けた、というのがそのひとつである。天国からジャンヌはいつも王の軍隊を見守っていた。ペルスヴァル・ド・カニィ、あるいはマルタン・ベリュイエは、「彼女ゆえに王国ではすべてが段々よくなっていく(5)」と主張している。ギュイエンヌとノルマンディはジャンヌのおかげで取り戻された(6)。

――ジャンヌは死んでいない、というのがふたつ目である。ジャンヌは秘密の罪ゆえに神に見放され、神に懺悔するために姿を消したのだという。クロード・デ・ザルモワーズはみずからジャンヌ本人であると名乗り出て、このたびの自分の使命は、主にローマや神聖ローマ帝国に対するものだとしている。

――その後、別の女性がやってきて、ジャンヌ本人であるとは言わずにジャンヌになるのが、第三の形である。シャルル七世の治世の最末期、ル・マンの「乙女《ラ・ピュセル》」マリー・ラ・フェロンヌは自分がジャンヌであると主張することなく、彼女のあとを引き継いだ。

最初のジャンヌの再来は、少々変わっている。一四三〇年五月、コンピエーニュでジャンヌ・ダルクが捕まったとき、大法官ルニョー・ド・シャルトルはただちに一種の部品交換を行おうと考え、王軍の士気を維持しようとした(7)。そのとき大法官が袖から取り出したのが、「羊飼いの」ギヨームである。ルニョーがジャンヌに求めたもの（ジャンヌがそうあるべきだったのに、そうではなかったところのもの）を、このギヨームはもっていた。ジャンヌと同じく、ギヨームもまた貧しい青年である。彼は神の啓示を受けており、「イギリス人とブルゴーニュ派を打ち破るために、神の命令に基づいて行動した」。彼の存在が勝利を保証する。〔もともとは〕ジェヴォーダンの放牧地で羊の群を見張っていた彼も、神に選ばれた使者で、[8]体には聖痕がついている。彼は（女性のように）横向きに馬に乗り、ときに血痕のついた手や足やわき腹を見せる。[9]御しがたいジャンヌとは違って、ギヨームは政治的ないし軍事的役割をみずから進んで買って出ようとはいっさいしなかったので、彼の指導者〔大法官ルニョー・ド・シャルトル〕をいたく満足させた。ギヨームはまた、なぜジャンヌの使命が中断され、自分にお鉢が回ってきたのか、説明していた。「乙女は傲慢になっていました。彼女は自分の意思で行動し、助言を聞き入れようとはしませんでした」[10]。神学上の悶着がいっさい起こらないよう配慮し、ルニョーは慎重に青年を選んだ。その青年は、綱領を掲げた軍旗も、天から授かった武器も、いっさい与えられていなかった。言うなれば、ジャンヌの性質のなかでルニョーが受け入れたもの、それがギヨームだった。

　この幸運《マスコット》のお守り役のギヨームは、〔ジャンヌの仲間の〕ラ・イールやポトンに受け入れられた。しかしブルゴーニュ派は、これを策略かつ狂信として、すぐに非難した。[11]〔ギヨームがもたらした〕成功はささやかで、短期間しか続かなかった。ジャンヌの死から三ヵ月も経たない一四三一年八月一二日、ボーヴェ近郊での小競り合いの折、ポトン・ド・サントライユの傍にいた「羊飼い〔ギヨーム〕」は捕えられ、イギリス＝ブルゴーニュ連合軍の手に落ちた。[12]ピエール・コーションは、自分の教区で「羊飼い」が捕まったことを理由に、〔裁判の〕権利を要求した。「羊飼い」もまた、異端の嫌疑がかけられたのである。「羊飼い」の啓示なるものは悪魔からもたらされたものであろうし、彼は「他人から偶像視されている」というのだ。おそらく司教〔コーション〕は、「羊飼い」がフランス王の兵士に勝利をもたらすために魔法を使ったものと信じていた。いずれにせよ、「羊飼い」は四ヵ月をルーアンの牢獄で過ごしたが、そのあいだ、彼には異端審問という手続きを受ける権利がなかった。「羊飼い」はおそらく異端のふりをしているだけと見なされ、イギリス人の手に引き渡された。イギリス人は彼をパリに連れて行き、一四三一年一二月一六日、ヘンリ六世の聖別式に列席させた。入市式に際して、この哀れな男は、泥棒のように縛られたまま行列を歩かされた。そのうえ、九人の騎士と天蓋の下の若き王に挟まれて進むという茶番までついていた。[13]かつてウェルキンゲトリクス〔ガリアの族長〕は、同じようにカエサルの凱旋式に参加し、そのあとに殺された。ヘンリ六世の聖別式の夜、ギヨームは袋につめられ、セーヌ川に沈められた。そのためギヨームを用いる〔シャルル七世側の〕計画は頓挫した。ブルゴーニュ派の年代記作者たちは、それを嘲笑う。「イギリス人たちは大いなる名誉、勝利と栄光を手にした。……〔シャルル七世側の〕こうした愚かな試みは、王国の不名誉と敗北という大きなつけを支払ったのだった」。シャルル七世の公式な年代記作者ジャン・シャルチエは少々困惑し、この挿話を一人の狂信者による個人的な勝手な振る舞いに帰している。

　別の事例はもっと興味深い。なぜなら、それらの事例が明かすのは、詐称や偽装だけではないからである。彼女たちはどのくらいジャンヌ・ダルクになりたかったのだろうか。どの程度、自分がジャンヌであると信じていたのだろう。ジャンヌ＝クロード・デ・ザルモワーズとジャンヌ＝マリー・ラ・フェロンヌについては、前者は一四三六年から一四四〇年までを、後者は一四五九年から一四六〇年までを、史料でしっかりと裏づけることができる。[i]それに対し、セルメーズ[14]の「乙女」と、一四五一年にルネ一世の手紙を受け取った人物は、輪郭がはっきりしない。これらの女性は、処女であろうとなかろうと、全員が若い娘で、啓示に導かれて〔戦争やポーム競技の〕男性の役を引き受けている。彼女たちはおそらく、ジャンヌと身体がどことなく似ていたのだろう〔あるいは、同じ赤いしるし〔斑点〕があって、それを家族に見せたのかもしれない〕。彼女たちはジャンヌと同じ国境地帯かアンジュー地方から現れている。彼女たちは「乙女〔ジャンヌ〕」について、なにがしかを知っている〔このことは、助言者ないし支援者の存在を予想させる〕。ジャンヌのことをよく知っている者たちは、往々にして彼女たちを受け入れている。彼女たちは同じ道を歩む。まず〔ジャンヌの〕家族によって認知され、その後、土地の権力者、オルレアンの町、そして王に知られる〔ただ、誰一人として、王を説得するには至らない〕。彼女たちは信用を失うが、罰せられることはまずない。そして最後は、無名の存在へと戻っていく。

　セルメーズの「乙女」は、ただひとつの史料によってその存在が知られている。ジャンヌの母方の家族が一四七六年におこなった家系調査である。[15]当時、「乙女〔ジャンヌ〕」のおじ、ジャン・ヴトンの子孫が、ドンレミから数キロメートルのところにあるセルメーズに暮らしていた。三人の証人が、「フランス王国で評判の武功を立てた乙女」を、ペリネ・ド・ヴトンの家で見たと言っている。ただ、「……それが王を聖別式に導いた乙女かどうかはわからない」。かの地の主任司祭シモン・フォシャールは、彼女とポーム競技をした。この挿話は、一四四九年ないし一四五二年のことらしい。というのも、彼らの思い出は不完全にしか一致しないからである。要するに、スポーツ好きで、おそらくは男装をしていたであろう若い娘は、ジャンヌの家族に喜んで受け入れられたのだった。彼女の冒険は、ほとんど続かなかったようである。

　一四五七年二月に、ルネ王がある若い婦人に宛てた赦免状に登場するのは、おそらくセルメーズの「乙女」〔ないしクロード・デ・ザルモワーズ〕、あるいはまた別の娘である。名宛人の女性は、アンジェの市民ジャン・ドゥイエの妻で、ソムゼの奥方との諍いのあと、ソミュールで三ヵ月間牢に入れられていたのだった。釈放された彼女は、以後は正しい生活を送り、二度と男装はせず、「オルレアンの囲みを解かせたことがあるかのように、自分を乙女と呼ばせる」ことは、金輪際しないと約束する。

　ジャンヌ＝クロード・デ・ザルモワーズ[16]は、四年以上ジャンヌであり続けることに成功する。彼女は、〔ジャンヌの〕家族、メッスの都市貴族層《パトリシア》、ロレーヌの貴族《ノブレス》、そしてオルレアンの町に承認された。おそらくジャンヌ＝クロードは、ヴァルテル・ドルヌとエリザベト・ド・ピエールポンの娘の一人だった。つまり、ロレーヌ地方辺境の小貴族の出である。彼女は一四三六年の春からジャンヌの役を演じる。四月一三日、リシュモンとヴィリエ・ド・リラダンに率いられた王軍がパリを占領し、ジャンヌの失敗を帳消しにした。そのうえ、ジャンヌは生前、「七年後に」この勝利がもたらされることを予告していた。したがって、神の許しを得て、ジャンヌ＝クロードは中断されていた〔ジャンヌの〕使命を再開することができたのだった。ジャンヌ＝クロードは、一四三六年五月二〇日、「乙女」の兄弟たち、そして、ランスの聖別式に参列したニコラ・ルーヴ[17]といったメッスの都市貴族に承認された。ジャンヌ＝クロードはモデル〔ジャンヌ・ダルク〕に似ており、運動と軍事訓練も欠かさなかった。それに少なくともある期間、新しいアイデンティティを信じていたらしい。ジャンヌ＝クロードは「乙女」の冒険をよく知っていた。彼女は「洗礼者聖ヨハネの前では」何もできないと語る。この言い回しは、ジャンヌが預言で用いていたものである。ジャンヌ＝クロードは、ローマの「乙女」とも自分を同一視していたようだ[18]。ローマの「乙女」はジャンヌによって予告され、帝国に和解をもたらすとされた。ジャンヌ＝クロード自身によれば、自分は教皇エウゲニウス四世が率いる戦闘に参加し、ローマの反徒と戦ったという（一四三四年六月～一四三六年一〇月）。〔『日記』の作者である〕パリの一市民は、おそらく困惑を感じたのであろう、このローマへの旅を説明するにあたって、家族のなかで起こった暴力事件について赦しを教皇に願い出る必要があったためとしている[19]。ジャンヌ＝クロードは別の誰かを殴ろうとして、誤って母親を殴ってしまったというのだ。このような怒り、そしてこのような家族の序列の無視は、このモデル〔ジャンヌ・ダルク〕について知られていることと合致する。「乙女」の父親は一四三一年に死んでいるので、罪は母親に対してなされたものとなっている。このことはダルク家に関する正確な情報を予想させる。この〔ローマの反徒との〕戦いでジャンヌ＝クロードは二度、人を殺した。教皇の戦いのあいだに、彼女は人を殺したのである。ジャンヌ・ダルクは王の戦いのあいだに、人を殺さなかっただろうか。

　この新しい「乙女」の経歴は、はじめのうち、ロレーヌでの行軍で繰り広げられる。そこはまさにジャンヌ出発の地である。このとき彼女は、一四三六年六月二四日以降に果たすことになる役割〔ジャンヌ役〕に身を慣らす。二〇日の会談によって、馬と剣と男の服が彼女に与えられる。二一日、ヴォークールールで彼女は武装を整える。兄弟たちもそこにやってくる。ロベール・ド・ボードリクールには会っただろうか。メッスの住人たちは彼女に別の贈り物をする。その後彼女は、ノートル＝ダム・ド・リス聖堂へ向かう[20]。

原則的には、ジャンヌ＝クロードの威力は七月以降発揮される。この月、彼女はアルロンのリュクサンブール公妃エリザベト・ド・ゲルリッツの邸で過ごしている。この公妃の推定相続人が、フィリップ善良《ル・ボン》公〔ブルゴーニュ公〕である。このアルロン滞在中、ジャンヌ＝クロードは、のちの金羊毛騎士ロベール・ド・ヴィルヌブール伯の支援者の一人に見出されている。この人物は、彼女を利用して、公の被保護者であるウルリッヒ・フォン・マンデルシェイトをケルンの司教につけようというのである。八月から九月にかけて、ジャンヌ＝クロードはケルンで傭兵隊を率いて司教に仕える。このとき、彼女は異端審問官コンラット・カルタイゼンに悩まされている。彼女が男装し、軍隊を率いていることを、「女性としての分をまったくわきまえていない」と、審問官は非難する。〔審問官が言うには〕自分は処女だと言いながら、彼女はダンスや宴会に足繁く通うなど放縦な生活を送っていた[21]。彼女は魔法を使った。〔審問官〕ニデールが報告する魔法は、悪魔に祈って行う「幻術」というより、遊びで行う手品みたいなものだ。彼女は引き裂かれた布や粉々に砕けたガラスを元通りに戻せた。この審問官が本物のジャンヌを相手にしていると信じていたかどうかは、自ずとわかる。彼女が「シャルル七世の王位を確認させたときのように、選ばれし者を〔司教の〕地位につけることができる」と言い張っていたため、なおのこと審問官は彼女を異端と魔術の罪で訴えた。

ヴィルヌブール伯は慎重にも彼女をアルロンへ連れて行き、そこで一四三六年一一月七日、ロレーヌ地方の小領主と結婚させた。相手はロベール・デ・ザルモワーズ。騎士の肩書をもち、ティシュモンの領主[22]、そして最初の結婚を通じて、ロベール・ド・ボードリクールと義理の兄弟の関係にもあった。この結婚は、ジャンヌ・デ・ザルモワーズに尊厳と落ち着きを与えるものと考えられた。彼女は夫とのあいだに二人の子どもをもうけた。彼女はケルン以来、白百合のジャンヌ、フランスの「乙女」と呼ばれていた。彼女の兄弟たちも、王から与えられた紋章として、この呼び名を用いていた。ジャンヌ＝クロードは、夫とともにメッスのサント＝セゴレーヌ地区に住んだ。

しかし、彼女はオルレアンの町や宮廷に認められることを諦めたわけではなかった。何通もの手紙が交わされた。「乙女」が再来したという噂がいたるところに流れていた。一四三八年六月二七日[23]、アルルの住民二人が公証人立会いのもとで賭けをした。大富豪の貴族ジャン・ロミューは、ジャンヌが生きているなど信じなかった。貧しい靴下職人ポンス・ヴェリエはそれを信じており、一年ものあいだ、自分の意見を証明しようとしていた。一四三九年七月一八日、ジャンヌ＝クロードはオルレアンで熱狂的な歓迎を受けた。ただし、すべての住民が納得していたわけではない。一四三九年から一四四〇年にかけては、ジル・ド・レの指揮下、ポワトゥ地方で戦闘に加わったが、その後、王によって正体を暴かれた。彼女が王の前まで来て、足の傷で王を見分けた経緯を、ピエール・サラが語っている。(24) このとき、王は「余と汝のあいだの秘密」について尋ねたが、彼女は答えられなかった。それでも多くの者たちが彼女を〔ジャンヌだと〕信じているので、パリ大学と高等法院は彼女をパリに来させた。そこで彼女は公衆の面前に立たされ、公《おおやけ》に説教された。彼女はみずからの非を認めて謝罪し、処女《ピュセル》でないことを認めた！　彼女は罰せられなかった。「ふたたび戦争に戻り、守備隊に入り、その後立ち去った」。おそらく夫のもとに戻ったのだろう。彼女は一四五〇年まで生きながらえた。

いずれにしても、一四四〇年から一四六〇年までの二〇年間は、別のジャンヌも、別の預言者も、一人として現れなかったらしい。しかしながら、ギュイエンヌとノルマンディを再征服したことで、ジャンヌの預言は実現していた。イギリス人はフランスから追い出されていた。一四四五年、パリの俗人ジャン・デュボワが預言集を王に献じた。(25) その預言集には、マリー・ロビーヌ、〔教皇〕テレスフォルス、ウスタシュ・デシャン、ジャン・ド・バシニィの預言が入り混じっていた。デュボワはそれらの預言から、シャルル七世が最後の皇帝となり、習俗を改革して聖王ルイの政治を行う任務を負っていると結論づけていた。七年の繁栄ののち、一四五一年四月二五日の復活祭の日、天から王のもとへ天使が下りてきて、指輪と剣を渡すだろう。そこで皇帝シャルルはイタリアへ赴き、彼の地で罪に汚れた町を破壊することだろう。その地で天使の教皇が彼にローマとギリシアの皇帝として戴冠するだろう。治世の三七年目には、皇帝はその冠をエルサレムに置く。そのとき、異教徒とユダヤ人は改宗するだろう。ほぼ同じ頃――すなわち一四五〇年よりも前――、おそらくは王妃マリー・ダンジューの紹介によって、ある博識な人物が王を訪ね、ギュイエンヌとノルマンディでの勝利を、つまりは王国全土の解放を予告した。解放のあと、異教徒によって踏みにじられたキリスト教諸国を復興する任務を受け入れるのが、その条件であった。実際、一四五三年にトルコ人によってコンスタンティノープルが占領され、ふたたび十字軍熱が高まっていた。東ローマ帝国が消滅するなど、誰にも思いもよらないことだった。アウグストゥスとハドリアヌスの最後の後継者〔東ローマ皇帝コンスタンティノス十一世〕は、コンスタンティノープルで殺害された。東ローマ皇帝を援助しなかった西欧諸国の王たちは、罪悪感を抱くと同時に、危険を感じていた。十字軍が話題に上った。ブルゴーニュ公は雉《きじ》の祝宴の際、正式に十字軍への参加を表明した。一四五九年、教皇ピウス二世は、遠征軍を組織するため、全キリスト教君主の大使たちをマントヴァに召集した。

それゆえ一四五九年から一四六〇年にかけては、預言の興奮がふたたび沸き起こった。聖母マリアに守られた聖人が宮廷に現れた。彼は王の怠惰と愛人との関係を非難した。曰く、王が堕落した状態から目覚め、十字軍の先頭に立たないならば、神の怒りによって王は一年以内に不可思議かつ奇妙な死を遂げるであろう。シャルル七世が亡くなるのが一四六一年七月末なので、この謎の訪問者がやってきたのは[26]、一四六〇年の夏のあいだでしかありえない。同じ年の初めには、新しい預言がフランス王の大使たちによってローマ教皇庁に伝えられた[27]。それは、フランス人がトルコ人に勝利するだろうという内容だった。〔預言は次のように続く。〕一四六六年に教皇ピウス二世は亡くなり、飢餓と聖職者虐殺の時代が幕を開けるだろう。ローマはトルコ人に包囲されるが、一四六九年、フランス王シャルルによって救われ、王はトルコ人をエルサレムまで追い払うだろう。一四七〇年には、キリスト教諸国はひとつになり、トルコ人は打ち負かされ、枯れた木の下で聖なる教皇が天使によって選ばれるだろう。その後、皇帝シャルルは聖地で一四七二年に亡くなるだろう。

〔一四五九年〕一二月には、ル・マンの「乙女」が歴史の表舞台に現れる。「乙女」ことジャンヌ＝マリー・ラ・フェロンヌは[28]、遡ること一八年ないし二二年前、ラヴァル近郊シャセ＝レ＝ジュソンの職人の家に生まれた。子どもの頃から信心深く、しばしば幻視も見た彼女は、絶えずイエス・マリアと唱えており、悪魔が苛むと言っては苦痛を訴えていた。ジャンヌと同じく、彼女も純潔で、慎ましく、そして貧しかった。ラヴァルの奥方（この女性はジャンヌ・ダルクを知っていた）は、ジャンヌ＝マリーをル・マン司教マルタン・ベリュイエのもとに行かせた。彼は、ジャンヌの無効裁判で重要な役割を果たし、法廷外報告書を作成した人物でもある。有名な神学者であったマルタン・ベリュイエは、この霊感を受けた少女を取り調べ、告白を聞き、そして聖母マリアの名の下に彼女を認めた。一四六〇年一一月、彼女にはじめて癲癇の発作が起こる。おそらくこれが原因でふたたびル・マンに行き、サン＝ジュリアン大聖堂で九日間《ノヴェナ》の祈りを行う。悪魔祓いが繰り返され、彼女は健康を取り戻す。しかし彼女は悪魔に苛まれつづけ、身体は痛み、彼女の口は周囲の人々に予言を語りつづける。司教は自分に委ねられた魂を心配し、ル・マンの住民たちは邪淫、放埓な言葉、華美な服装、下品な振る舞いを避ける。ジャンヌと同じように、彼女は聖体《ホスチア》パンのほかは、ほとんど何も食べなければ、飲みもしない。ジャンヌ＝マリーは、ジャンヌ・ダルク以上に告解をし（日に一回ないし二回）、行いを改めるよう人々に絶えず呼びかける。彼女のカリスマ性は疑いようがない。なぜなら、「この町の人々は、身を清め、二、三〇年分の罪を告白した」。そのために、聴罪司祭が不足するほどだった。ル・マンの「乙女」

と呼ばれて、彼女ははじめのうち確信に満ちていたようである。一四六〇年一二月一三日にマルタン・ベリュイエが王妃マリーに宛てた手紙は、これ以上ないくらい〔「乙女」ジャンヌ＝マリーに〕好意的である。[29]

　しかし、〔ル・マンの〕「乙女」は、政治についても話していた。彼女は来たるべき苦難を予告し、王に対し「神が彼に施した恩寵に感謝し、貧しい民衆を助けるよう」懇願していた。つまり彼女は、イギリス人との戦争が終わった今、王が税金を軽減することを望んでいたのである。一四六一年の春、彼女はトゥール大司教によって取り調べを受けた。それと同時に、彼女の事案は国王顧問会議に送られた。彼女は処女《ピュセル》ではなかった。マルタン・ベリュイエを取り巻く聖職者たちによって操られて、ジャンヌのふりをしていたのだった。[30] 彼女は一四六一年五月一二日にトゥールで晒し台にかけられ、ギヨーム・ド・シャトーフォール師から説教を受けた。罵りの言葉がジャック・デュクレルクによって残されている。彼女の罪状は、偽の幻視、嘘の預言、そして秘蹟の悪用だった。彼女の図像には、次のように書かれていた。

　私は名声に包まれていたが、今は世の人々の目におぞましく映る。
　かつて私が為したことは、法に反する。
　私は多くの人々を欺いたが、今や皆が私を嘲笑する。
　私の行為は見せかけから出た虚偽でしかなかった。[31]

　ジャンヌ＝マリーは七年間をパンと水だけで過ごすよう判決を受けた。牢から出たあと、彼女は売春宿の経営者になったと言われる。[32]「乙女〔ジャンヌ・ダルク〕」が王やポワチエの神学者たちに受け入れられていなかったならば、ジャンヌ＝マリーと同じ運命をたどっていただろう。たしかに、ジャンヌ＝マリーは自分がジャンヌだとは言わなかった。しかし、彼女はジャンヌによく似ていた。出身地も同じ、精神の改革を求めているのも同じ、支持者も同じだった。ジャンヌ＝クロードとは違い、彼女はジャンヌとの親族関係を鼻にかけることはなかったが、存在と使命を鼻にかけていた。しかしながら、思想はもはや同じではなかった。〔ジャンヌ＝マリー・〕ラ・フェロンヌは病気で、彼女自身、自分の預言が成就するとは思えなかった。彼女はジャンヌ・ダルクに先立つ女性たちと同じように、有力者に影響を及ぼすことだけを夢見ていた。最後の「乙女」はマリー・ロビーヌないしジャンヌ＝マリー・ド・マイエの再来である。彼女たちは二人とも幻視者であり、過剰な税負担の批判者だった。

　一四六一年七月末のシャルル七世の死は、預言者ブーム沈静の合図だった。もはや別の「乙女」は存在しなくなった。あたかも、「乙女」は自分の王が亡くなれば、ふたたび現れることができないかのようだった。しかしながら、漠然とした懐

祈るジャンヌ・ダルク（ルーアンのヴィユー・マルシェ広場）

旧の情がジャンヌの家族には残っていた。マルグリット・ダルクは曾祖叔母〔ジャンヌ〕に似ていた〔マルグリットはジャンヌの兄ジャックマンの曾孫にあたる〕。その彼女がまだ若かった一五五一年、次のように断言している。「もし王になすべきことがあれば、別の乙女が一族からで出てくるでしょう」[33]。ルイ十一世は〔シャルルという〕運命づけられた名前をもっておらず、十字軍を起こそうとはほとんど考えていなかった。しかしながら、彼の誕生は隠者ジャン・ド・ガンによって予告されていたし、[34]一四二九年には『フランスの巫女』が、彼の治世を一四四二年に始まるものとして予告していた。「シャルルマーニュ以来、どのフランス王も経験しなかったような栄光に包まれて、彼は統治するであろう」[35]。その頃には、彼の父〔シャルル七世〕は、祖先たちの傍で、永遠の眠りについているだろう。その預言が書かれた頃、ルイは六歳だった。彼の治世は実効力のあるものではあったが、カリスマ性に乏しく、〔人々を〕落胆させた。『カロルス』はむしろルイの弟シャルル・ド・フランスに当てはまったが、彼は早世した[36]。いずれにせよ、民衆の声が神の声であるような必要の時代は過ぎ去っていた。王も教皇ももはや異議申し立てを受けず、十字軍の計画は非現実的な未来に溶け込んでしまった。かつて多くの女性が「乙女」の到来を予告し、また多くの女性が「乙女」を引き継いだ。しかし、一四六〇年以降、政治的・宗教的状況はすっかり変化し、こうした現象は途絶えてしまう。

訳注

〔i〕原文は「ルネ二世」（バール公、在位一四八〇～一五〇八年）になっているが、一四五一年は、彼が生まれた年にあたる。ここで問題となっているのは、彼の祖父ルネ一世（一四〇九～一四八〇年）と考えられる。ルネ一世は、バール公のほか、ロレーヌ公、アンジュー公、プロヴァンス伯なども兼ね、一四三五年にはナポリ王位も獲得し、「ルネ王」とも呼ばれた。ただし、実際にナポリを支配していたのは、アラゴン王アルフォンソ五世であった。

結論

ジャンヌの死は殉教に似ている。大まかに言って殉教という語は、十五世紀の俗語で、多大な苦痛を伴う不当な死全般を指す。しかしながら、それは初期キリスト教徒が迫害のときに被ったような、宗教的ないし神学的な意味での殉教なのだろうか。[1]中世末期は殉教に適してはいない。かつてはキリスト教信仰を確立することの難しさが、この血の洗礼を必要とした。そこでは殉教の証言を通して、他者の改宗が図られたのだった。キリスト教が浸透した世界では、殉教は事実上排除され、なんとなく疑いの目で見られてさえいる。誰もみずから進んで殉教してはならないが、さりとて他に可能な手段が示されるわけでもない。たとえば、十二世紀に教会は、大聖堂で殺害された司教（トマス・ベケット）と、路上で殺された異端審問官（ピエトロ・ダ・ヴェローナ）を列聖した。彼らは二人とも、教会を守るために死んだのだった。しかし、一二五三年から一四八〇年までのあいだ、殉教者が聖人と認められることは一度もなかった。フランチェスコ修道会を中心とする少数の修道士だけが、異教の地で命を危険にさらしていた。この時代以降、異教の地だけが、殉教可能な場所だった。彼らはみな、異教の、つまりはイスラームの裁判官に処罰されたが、彼らの死は人々を納得させることはなかった。故郷を離れたことのない俗人が殉教者として認められるチャンスは、この時代にはほとんど皆無だった。たしかに、『黄金伝説』はカトリーヌやマルグリットなど幾人もの女性殉教者を数え挙げていたが、彼女らはみな、古代に生きた人々であった。以来、殉教はほぼ男性ないし聖職者の特権となっていた。そのうえ、キリスト教世界の中心に位置するルーアンを、異教ないし異端の地として通すのは難しかった。一四三一年の裁判官たちは高位聖職者ないし大学人で、ぎりぎり罪びとと見なせなくもないが、それ以上ではない。結局ジャンヌは、あまりに政治的な共同体の利益のために死ぬ。彼女が神や声に対する忠誠のために死んだと言えるだろうか。

しかしながら、ジャンヌ自身も他の人々（年代記作者、シャルル七世の顧問官、無効裁判の証人）も、殉教について口にしている。一四三一年三月一〇日、ジャンヌは次のように打ち明けている。「自分は囚われの身となるはずだと、彼女はいつも言われていた。……この前の復活祭後の一週間、捕縛されるであろうと、彼女は声に言われていた……」[2]。キリストの逮捕、裁判、そして受難は、復活祭に再現される。ジャンヌとキリストの対比は、最初、日付を通してなされる。三月一四日、聖女たちがジャンヌに語る。「殉教を恐れてはいけません。最後には天国へ至るでしょう[3]」。その少しあと、声は次のように助言する。「すべてを受け入れなさい[4]」。そこでジャンヌは慎重に結論づける（その受諾の言葉は、ゲッセマネの園〔1〕でのキリストの言葉にとても似ている）。「彼女は、牢獄で味わっている苦悩と逆境のゆえに、それを殉教と呼んでいる」[5]。キリストとの対比は、幅広い意味を与えるために、用心深く退けられた。

殉教について話しているのは、彼女一人ではない。P・ジュスティニアーニの手紙は、古代風に殉教の場面をこしらえている。イギリス人がジャンヌの死を望む。「この殉教の前、彼女は神に対し深く悔い改めて心の準備ができていた。すると聖女カトリーヌ様が彼女のもとに現れて、おっしゃった。『神の娘よ、あなたの信仰を信じなさい。あなたは天国の処女たちの仲間入りをするのですから』。神は復讐されるだろう。そしてパリを〔フランス〕王の手に取り戻させるであろう」[6]。より明確に〔ジャンヌとキリストを〕同一視しているのが見られるのは、ジャン・シャルチエによるラテン語の年代記で[7]、そのみごとなテクストは一四四〇年から一四五〇年のあいだに書かれたものである。そのなかでジャンヌは、無垢の羊として死ぬ。彼女の軌跡はキリストの軌跡と一致する。まず逮捕、次に不公平で性急な裁判、嘲弄、そして人前での屈辱的で残酷な死。裁判官たちは明らかに大祭司カイアファに、ジャン・ド・リュクサンブールはユダに、ジャンヌはイエスになぞらえられる。ここでは殉教は、自分を神に捧げること、そして聖体の秘蹟なのである。

一四五六年の無効裁判の証人たちは、キリストに絡めた解釈をふたたび採り入れ、体系化する。ところで、このような解釈の仕方は、殉教物語のなかでは決して一般的ではない。イエスがそうであるように、殉教者はもちろん「神を証する者」[8]である。そしてキリスト受難の要素のひとつは、その者自身の死のなかにしばしば現れる。しかし、イエスは神であって殉教者ではない。殉教者を超越している。イエスの死は人間の死を越えており、したがって人間の死のモデルとはならない。ところが、ジャンヌについて証人たちは、一語一語、ほぼ完璧と言ってもよい対応関係を築き上げている。

イエスとしてのジャンヌは死を求めはしない。しかし、二人とも死は必ず近いうちにやってくることを知っている。彼女は裏切られて死ぬだろう。キリストの言葉「あなた方の一人が私を裏切るでしょう」[9]に、ジェラルダン・デピナルの言葉が対応する。「裏切りからでたものでなければ、怖くありません〔と彼女は言っていた〕」[10]。彼女がコンピエーニュで捕まって死ぬことになった理由を、多くの年代記作者はキリストが「パリサイ人と祭司たちの羨望と嫉妬によって」[11]死んだのと同じように、他の隊長たちの羨望と嫉妬のせいにしている。キリストと同様、ジャンヌは仲間によって、つまりブルゴーニュ派によって売られた。ユダの役には二人の候補者がいる。一人はジャン・ド・リュクサンブールで、彼は一万フランを受け取った（この額はユダに支払われた三〇デナリウスに相当する）。もう一人はギヨーム・ド・フラヴィで、彼がコンピエーニュの市門を閉めるのが少々早すぎたために、ジャンヌは捕まったのだった。

ジャン・ド・リュクサンブールが最初にこの役目を果たしたように思われる。彼はジャンヌをイギリス人に売り渡した。捕虜の転売は当たり前だったし、戦争の規則でそれは認められている。彼は真っ正直に支払いを受けた、ただそれだけのことである。一四三五年以降、彼は不運に見舞われる。アラス条約を受け入れなかったため、彼は王ともブルゴーニュ公とも仲違いすることになり、一四四〇年に突然命を落とした。J・シャルチエによれば、[12]彼はユダと同じように後悔の念に苛まれて（九年後に、この点は間違いない）首をつって自殺したのだという。一四七五年、彼の甥で相続人でもあるルイ・ド・リュクサンブール元帥がルイ十一世に首を刎ねられたとき、この屈辱的で思いがけない死に世の人々は唖然とした。ジャンヌを殺させた者たちは、死刑執行人の斧の下で死ぬのだろうか。

ギヨーム・ド・フラヴィは、ユダの別の側面を表している。キリストの逮捕を許した弟子という側面である。ギヨームは、[13]野武士を束ねる粗暴だが熟達した隊長で、一四三一年にはコンピエーニュの守備隊を率いていた。ジャンヌが捕えられたとき、彼の裏切りを疑った者は一人もいなかったし、無効裁判のときも、誰一人としてそうした疑いを口にしなかった。しかしながら、ギヨームは突然命を落とす。一四四九年、彼よりずっと年下の妻とその愛人によって殺されたのだった。若い恋人らに籠絡された床屋が凶行に加担したのだが、若い妻に加えられた酷い扱いに心を動かされた王は、彼女ブランシュ・ドヴェルブクを赦免した。不満を抱くギヨームの兄弟たちは、一四五一年にボルドーが王軍によって包囲された際、彼女の愛人を殺害しようと企てた。この企ては失敗したが、別の企てが一四六四年に成功した。フラヴィの評判が悪くなるのは、一五〇〇年代にアラン・ブシャールの『年代記』が現れるのを待たねばならない。「彼はすでにジャンヌをイギリス人に売り渡していた。そして、自分の目的を達するため、彼女が町を出ることを望んでいたのだ……」。『名婦の鏡』にも同じ話が出てくる。「彼は神の正義によって罰せられた。というのも、妻が床屋の力を借りて彼を絞殺したからである。彼女は赦免を得た……」。十六世紀には、ブラントームの『艶婦伝』がブランシュを称賛している。妻が機先を制することは時に必要である。実際、フラヴィは妻を溺死させようと思っていた。また、彼は「乙女」を裏切っていたし、「乙女」の死の原因でもあった。言ってみれば、ブランシュはジャンヌの仇を討ったのである。

裏切りで得た金は呪われた金で、死や劫罰をもたらす。一四三一年の裁判における公証人ギヨーム・マンションでさえ、仕事の代価としてわずかな給金しか受け取らなかったが、「手に入れた金で祈禱書を買い、彼女のために神に祈っている」。[14]

ジャンヌが牢獄と裁判での審議で耐え忍んだ苦痛は、道義的かつ身体的なものであった。繰り返される質問が、ジャンヌを不安にし、苛立たせ、悩ませた。牢獄で彼女は悩み苦しみ、酷い扱いを受け、迫害あるいは拷問を受けた。これらの言葉はすべて古代の受難の語彙からの借り物である。さらに驚くべきは、ジャンヌに対する束縛と嘲弄が強調されている点である。（質問を受けた）ルーアンの証人九名が、牢獄のジャンヌが、大きな板に錠前つきの鉄の足枷で繋がれていたと述べている。二名の証人が鉄の檻について話している。その檻は彼女をずっと立ったままにしておくものだったようだが、彼らはその檻は使われなかったと証言する。デスティヴェはジャンヌを売春婦呼ばわり、淫乱呼ばわりした。（もし秘かに毒が盛られたのでなければ）それが理由でジャンヌは病気になった。牢番たちはたとえジャンヌを犯そうとはしなかったにせよ、彼女を嘲笑した。縛められ人々の愚弄にさらされるキリストは、中世後期に人気のあった主題である。ジャンヌは「愚弄」された。嘲弄は「処女」の歴史＝物語《イストワール》に繰り返し姿を現す。シノンに到着したとき、オルレアン、トロワ、そしてパリの〔城壁の〕前で、そしてルーアンで、彼女は嘲弄されたのだった。

殉教者の苦痛は、キリストが耐え忍んだ苦痛として、進んで受け入れられねばならない。彼女は我慢して受難を耐えた。「なぜなら、それ〔イエスの受難〕はこのようになされたはずだからである」。キリストがエルサレムの運命を思って泣いたように[15]（キリストの死によってエルサレムは破壊され廃墟になった）、ジャンヌはルーアンの悲惨な運命を思って泣いたらしい。「ああルーアンよ、私はここで死ぬでしょう[16]」。「ああルーアンよ、おまえが私の家になるでしょう[17]」。「ああルーアンよ、おまえが私の死で苦しむことを、私は恐れます[18]」。

さらに代官《バイイ》の補佐官は、ルーアン市民の不安に言及している。「彼女がこの町で処刑されたことに、多くの人々が不満を抱いていた[19]」。ジュスティニアーニによれば[20]、ジャンヌの死を恐れているのは、イギリス＝ブルゴーニュ派のパリ総督である。神は自分に復讐するだろう、神は罪にまみれたもうひとつの都市〔パリ〕を滅ぼすだろう。それに〔フランス〕王は七年以内にパリに入るだろうと、ジャンヌは予言していた。

ジャンヌの裁判はいくつかの側面においてイエスの裁判を再現している。キリストと同じく、ジャンヌはまず聖職者によって裁かれ、そのあとで、刑の執行の任を負う世俗権力に引き渡される。第一の裁判はきわめて長い時間を要したが、世俗裁判はないに等しかった。新しい判決はいっさいなかった。我らが二人の犠牲者に対する刑の執行は急いで行われたのである。そのうえ、ピエール・コーションは[21]、じつに見栄えのする大祭司カイアファとなる。無効裁判の少し前、ブレアルはコーションとカイアファを対比して長々と論じている。コーションは不正な裁判官で、数々の不正行為を犯しているのだという。たとえば、事前の証人尋問は加味されなかったし、陪席裁判官たちは圧力を受けていた。コーションは個人的な利害と自分の経歴のことを考えて行動していた。コーションは、イギリス王の顧問官となり、リジュー司教の地位を回復しようとしたことで、自分の王〔フランス王〕と故郷ルーアンを裏切ったのである。彼の頭には、「乙女」を亡きものにすること、ただこれしかなかった。実際のところ、何世紀にもわたってこの司教から離れなかった不吉な評判のすべては、ブレアルが書いた『審理要約』から派生したものである。コーションは生きていたときと同じように、世俗的なことを考えているときに死んだ。髭を剃っているときに死んだのである。こうした噂が町に流れていると最初に証言しているのは、公証人ギヨーム・コルである。[22] 十六世紀のはじめ、ヴァルラン・ド・ヴァランヌはさらに話を広げる。

彼女〔ジャンヌ〕に火刑の判決を下した
コーションはこうして死んだ
彼は髭と髪を整えることを考えているあいだに
冷たくなって地面に倒れたのだから
このように神は、いつも邪な者たちに目を光らせ
見せしめの責め苦を与えずば、過ちを放っておかない[23]

奇妙な運命と言えば、ギヨーム・ド・フラヴィの死を思い出さないわけにはいかない。ボーヴェ司教〔コーション〕の死は、彼を不安にした。実際、のちにルイ十一世はこの裁判官にして死刑執行人の遺骨を掘り返させたという。[24] 彼の第一陪席裁判官ニコラ・ミディ（彼は、福音書でカイアファの義父とされる大祭司アンナスに見立てられた）は、それより明るい運命をたどったわけではない。彼は癩病を患い、一四三六年、教皇エウゲニウス四世の小勅書によって罷免されたのだった。ところで、他のどんな病気にも増して、癩病は罪と結びついている。このようにして、神はジャンヌを裁いた人々に敵対する立場を明確にしたのだと、人々は考えた。

カイアファとは違って、この歴史＝物語《イストワール》において総督ピラトの役は誰も演じていない。摂政ベドフォード公もウォーリック伯も舞台の前面に出ないよう気をつけていた。一人在地の代官《バイイ》だけが、「連れて行け、連れて行け」と言って、責任逃れをした。しかし、この意思堅固なルーアン人が人々の噂によって非難されることはなかった。

イエス同様、判決のあとジャンヌは、何列もの人垣をつくる完全武装した兵士たちに守られながら、人々の目にとどく高いところに連れて行かれた。たしかに、刑罰にはいっさい共通点がない。しかし、舞台装置の構造は同じである。救世主もジャンヌも神の名を呼んで死んでいく。死ぬ直前、イエスは次のように言う。「神様、なぜ私をお見捨てになったのですか」。ジャンヌがほんの一瞬、声を疑い、棄教するのとまったく同じである。怯え動転した使徒たちは運命の瞬間にそこにいなかったのと同様、ルーアンの法学者の大半は、無効裁判で証言した折、〔ジャンヌ処刑の〕情景を最後まで見届けることができなかったと言っている。なかには、〔処刑の〕数日前に立ち去った、あるいは〔処刑に〕先立つ日曜日に町から離れたと言う者もいた。彼らにわかったのは、そこに居合わせた人々がみな、泣い

ていたこと、とくにテルーアンヌの司教が泣いていたことである。この人物はジャン・ド・リュクサンブールの兄弟で、のちにルーアン司教になる。マタイとマルコの記述では、十字架の足元に、キリストの死によって動転した匿名の百人隊隊長が描かれていた。彼は罪を悔い改めて、こう叫ぶのだった。「まことに、この方は神の子だった」。この役は、イギリス王の顧問官の一人、ジャン・トレッサールによって演じられる。キュスケルが二度証言していることだが[25]、この人物は嘆いて、次のように叫んだという。「われわれはもう破滅だ。聖女を焼き殺してしまったのだから」。

それゆえ人前での屈辱的な死とは、逆説的ながら、〔神に〕選ばれたしるしである。そうした死を迎えることで、殉教者の魂は直接、天国にたどりつく。ジャンヌの魂は直接天上にたどりつき、聖マルグリットと聖カトリーヌの傍らで処女たちの列に加わったと、多くの証人や年代記作者が信じていた。二人の聖職者、ジャン・アレスペとマルタン・ラドヴニュは、「この女性〔ジャンヌ〕の魂がいると彼らが信じている場所に、いつか自分たちの魂も行く」ことを望んでいたらしい。彼らにとっては煉獄に滞在する必要があるだろうが、ジャンヌの浄化された魂にはその必要がなかった。

「神の娘」は神のもとに戻った。ジャンヌが繰り返し口にするこの奇妙な呼び名は、問題を生じさせる。たしかに、この呼び名には、広く認められていた考え方を見ることができる。すなわち、すべてのキリスト教徒は洗礼によって神の養子となるのであり、洗礼を受けた者はみな、キリストの歩みに倣うことを誓う、という考えである。それにもかかわらず、ジャンヌが名乗るのは「乙女」であり、これが現世における唯一の名前であって、彼女がみずから神の娘と名乗ることはなかった。声の方が、オルレアン包囲の前に彼女を神の娘と呼び、その後は頻繁にそう呼んでいる[26]。しかし、そのことを知っていた者は少ない。デュノワと[27]、クリストフ・ダルクール、そして王ぐらいである。このごく限られた集団を除けば、『モロジーニ年代記』だけである[28]。ところで、〔神の娘という〕この主題は福音書に由来するように思われる。イエスをもともと知っていた人々にとって、イエスはマリアとヨゼフの息子、すなわち人の子である。弟子たちにとってのみ、イエスはキリスト、すなわち神の子なのである。しかし、弟子たちはこの秘密の名前を誰にも明かさないよう命じられる。イエスが破滅するのは、この名においてである（この名は、メシアの役割を要求していることを暗に意味する）。「汝は神の息子か」と問うカイアファに対し、「そう言ったのは汝である」とキリストは答える。死だけがその秘密を明かすことができる。そのときから、弟子たちは福音を述べ伝えることができる。神の息子がこの世に現れた、彼は人々に救いをもたらした、と。ジャンヌはイエス＝キリストを徹底して模倣して同一化するところまで行った[29]。その際、ジャンヌは、ハインリヒ・ズーゾーないしトマス・ア・ケンピス[30]が礼拝堂に閉じ込められた信者に送った行動指針を実際に採用した。彼らによれば、キリストを模倣することは、キリストの受難について思いをはせること、そしてそうすることで精神的に神に近づくことであった。彼らのように抽象化して考える習慣のなかったジャンヌにとって、キリストと同じようにすること、さらにはキリストになることが問題だった。裁判官たちは漠然とではあるが、それがわかっていた。「パリを前にして彼女はこう手紙に書いた。『町を王イエスに返しなさい』と」[31]。こうしてパリを彼女に明け渡すよう要求したのだった。彼女はこのことを否定した。彼女はこの手紙でフランス王についてしか話していなかった。危険な状況にあることを、彼女は感じ取っている。こうした考えは、今日の私たちが思うほど、突拍子もないものではなかった。聖フランチェスコの弟子たちは、彼女に「もう一人のキリスト」を見た。むしろ、一人の女性が救世主の役割を引き受けようとした点に新しさがあったのである。

2009年5月8日のジャンヌ・ダルク祭（ジャンヌに扮した女子高生、オルレアン）

訳注

［i］ゲッセマネ（オリーヴ山）におけるイエスの祈りの言葉は以下の通り。「父よ、できることなら、この杯をわたしから過ぎさらせてください。しかし、わたしの願いどおりではなく、御心のままに」。（共同訳、「マタイによる福音書」第二六章三九節）

訳者あとがき

本書は、コレット・ボーヌ『ジャンヌ・ダルク *Jeanne d'Arc*』（ペラン社、二〇〇四年）の全訳である。ただし、本書のタイトルが『ジャンヌ・ダルク』では、いかにもシンプルにすぎ、類書との区別もつきにくいので、原著の主旨や内容を勘案して『幻想のジャンヌ・ダルク――中世の想像力と社会』とした。

コレット・ボーヌは一九四三年フランスのロワール＝エ＝シェール県シャイユの生まれで、フランス中世政治・思想史を専門とする著名な歴史研究者である。彼女は高等師範学校の課程を修了後、一九八五年にパリ第一大学准教授となり、一九九二年から二〇〇五年までパリ西郊のナンテールにあるパリ第十大学教授を務めた。現在は大学を退職し、ご自身の関心のあるテーマの研究に打ち込んでいると聞いている。彼女の著作のなかでは、博士論文で、一九八五年に公刊された『フランス国民の誕生 *Naissance de la nation France*』（ガリマール社）がとくに注目される。近年の歴史研究では「国民国家」論が賑々しく行われている。しかし、中世後半期の王権論や歴史意識の考察をもとに、彼女は、そうした「国民（nation）」の観念が決して近代（たとえばフランス革命時）に特有のものではなく、すでに中世末期に胚胎していたことを明らかにした。中世末の宮廷におけるトロイア人説、ガリア人説、フランク人説などフランスの起源神話の展開を論じた箇所は秀逸である。なお、ボーヌの主要な著作を列挙しておきたい。最新の書物ではフランス・アカデミー歴史部門賞が贈られた。

Naissance de la nation France, Paris, Gallimard, 1985.
Le Miroir du Pouvoir, Paris, Hervas, 1989.
Le Journal des Bourgeois de Paris, Paris, Librairie générale française, 1990.
Les Monarchies (sous la direction de Y.M.Bercé), Paris, PUF, 1997.
Éducation et cultures du début du 12e siècle au milieu du 15e siècle, Paris, SEDES, 1999.
Jeanne d'Arc, Paris, Perrin, 2004.
Jeanne d'Arc, vérités et légendes, Paris, Perrin, 2008.
Le Grand Ferré : premier héros paysan, Paris, Perrin, 2012.

本書『ジャンヌ・ダルク』はこれまでの研究の集大成という以上に、ボーヌが長年にわたって心に温めてきた国民的英雄であるジャンヌ・ダルクの問題に正面から向きあった野心作である。というのも、彼女は高校在学中にジャンヌの裁判記録を読み、裁判の理不尽さに憤慨してジャンヌの研究を志した経緯があるからで、ライフワークともいえる本書はそのさしあたっての回答書と位置づけられよう。もっとも、ジャンヌ・ダルク研究の分野からいえば、レジーヌ・ペルヌーの偉大な仕事のあと、ややマンネリ化し、停滞気味だっただけに、本書の果たす役割や意義は測りしれない。心を揺さぶられる情熱的な叙述といい、柔軟で密度の濃い史料の解釈といい、本書は杓子定規なジャンヌ像に飽き足らない読者をおおいに刺激し、未知の世界に誘い、歴史の面白さを存分に堪能させてくれる。本書に対しては二〇〇四年、フランス上院の歴史部門賞が授与された。

本書の問題意識や方法論について、いくつか指摘しておきたい。そのひとつは、本書がジャンヌ・ダルクについて同時代人が想起した諸々のイメージを総括する歴史を描いたことである（本書21頁を参照）。ジャンヌは歴史の表舞台に立ったときから「有名人」で「時の人」だった。そこで私たちは単刀直入にジャンヌの実像に迫ろうとするが、容易ではない。なぜなら、ジャンヌにまつわる直接的な史料は非常に少なく、彼女の生きざまを直ちに復元できないからである。その一方、間接的な史料は、処刑裁判と無効裁判の記録をはじめ、年代記、評論や意見書など山ほどもある。ところが、そうした史料の多くはジャンヌへの賛否、好き嫌いなどのバイアスがかかっているので、無批判的に用いるわけにはいかない。彼女を過度に偶像視したり、皆に裏切られた悲劇的な女性とする見方は、おそらくジャンヌの実像からほど遠く、人物史研究にありがちな陥穽にはまりこむことになるだろう。そうした謬見や偏見に陥らないためには、まずは史料の分類・分析の作業へと迂回し、厳格な史料批判のうえにジャンヌ像を再構築する必要がある。本書が類書の追随を許さないのは、地道な方法論上の手続きをきちんとふまえているからで、その結果、当時の人々が抱くさまざまなジャンヌのイメージの比較検討を通じて、彼女が生きた時代がヴィヴィッドに蘇ってくる。

もうひとつ注目したいのは、歴史書としては珍しく、本書がジャンヌの有名なエピソードである「声」や「幻視」など神秘的・超自然的な問題の解明に敢然と挑戦していることである。不思議なことに、ジャンヌが活動した百年戦争の後半期、フランス王国の危機に際して救世主や預言者が到来するとの伝聞や噂が絶えず、本書によれば、シャルル六世とシャルル七世の治世期だけで、王のもとにやって来て王国改革を唱えた男女は十数人に及んだ。ジャンヌの登場は、来たるべき人がやはり現れたと受けとめられ、ジャンヌもその任務を感知していたのである（本書13章、16章）。「驚異＝奇蹟」の現象はジャンヌの死後もしばらく続いた。そこからジャンヌはルーアンで死ななかったとの不死身伝説が生じるのだが、本書では「ジャンヌなるもの」を創出した中世末のものの考え方、つまり世界観や宗教意識が詳しく論じられている。魔術、占星術、悪魔学など、今日でいうオカルト的な要素が、迷信的とされる民衆だけでなく、知的なエリートの法学者・神学者をも魅了していたことは、双方間の共通文化の存在を想定させ、興味が尽きない（本書15章）。実を言えば、この点をふまえてこそ、脈絡を欠いているかに見えるジャンヌの言説に一本の筋が通るのである。ともあれ、読者の皆さんには、神秘や奇蹟の世界にまで立ち入って、ジャンヌ・ダルクとは何者かという究極的な課題に回答を導き出していただきたい。

本書にはいくつもの見せ場がある。そのひとつは、一四三一年の処刑裁判時におけるジャンヌと裁判官とのやりとりである。裁判記録は彼女の生の声を伝えたものではない。けれども、記録等を通して伝わってくる彼女と裁判官との論戦は真剣勝負そのもので、話題は神学の核心にまで及んでいる。このあたり、神学者も顔負けの聡明なジャンヌの応答ぶりがとても新鮮・印象的で、「素朴な人々」の信仰と「エリート」の神学の対抗を強く感じさせる（本書6章、11章）。もうひとつ、イギリス軍との戦いを宣言したジャンヌの「軍の指揮官」としての自覚も、相当に意味深長である（本書9章、10章）。その容姿は、重そうな鎧をまとい、剣を手にするジャンヌ像（パリ国立公文書館蔵）よりも、甲冑に身を固め、颯爽と白馬に跨るジャンヌ像（ナント・ドブレ美術館蔵）の方が似つかわしい。実戦で彼女がどのように戦ったか、とても気になるところだが、本書によるかぎり、彼女は軍旗を掲げて真っ先駆けて突撃したと想定される。その素朴な戦闘ぶりがフランス軍を鼓舞し、イギリス軍を恐怖に陥れたのだろう。その反面、パリの攻撃以後、彼女の戦闘が精彩に欠けるのは、本書で指摘されているように、トゥール近郊のフィエルボワで「発見」された剣が折れたことと関係があるのだろうか。摩訶不思議な現象について、こうした疑問や夢想が沸々と起こってくるのも、本書で述べられる事実関係がきわめて正確で安定しているためで、ボーヌの迫力に満ちた文章には説得力がある。

もっとも、本書の講読から浮かび上がってくるのは、ジャンヌの受難のさまと、その背後にうごめく複雑な政治のありようである。聖界・俗界を問わず、ジャンヌの処刑裁判や無効裁判に関わった人々の行動や言説は、まさしく当時の「政治」の反映であり、王権論をめぐる激しいイデオロギー闘争の一面を見せつける。この点は、中世政治思想史を専門とするボーヌの力量がもっともよく発揮された部分であろう。いずれにせよ、ジャンヌの歴史は、中世から近世への大きな転換点に刻みつけられた記憶すべき象徴的な出来事であった。

最後に、本書の翻訳の経過を記しておきたい。私はフランス史の勉強をはじめる頃から何となくジャンヌ・ダルクが気がかりだった。ミシュレの名著『ジャンヌ・ダルク』（中央公論社）に感銘を受けたせいだろう。ジャンヌへの関心が強まったのは、フランスの町々で彼女の彫像や標識板を見かけるようになってからで、オルレアン、シノン、ロッシュ、ランス、コンピエーニュ、ルーアンなど主だったところは、巡礼者さながらに探訪した。とくに彼女の生地ドンレミを訪れたとき、ジャンヌの生家や教会を見学したあと、高台から臨んだ緑の平原の静けさと美しさは今でも忘れられない。ジャンヌの「追っかけ」をして気づいたのは、中世人（しかも女性）にしては彼女の行動範囲が意外に広いことで、それがジャンヌ人気の秘密のひとつかもしれないと思った。というわけで、私はジャンヌの専門家でないにもかかわらず、陰影に富み、かつ学術的なレヴェルの高いジャンヌの歴史書を一般の読者に紹介したいとの思いが強くなった。一種の使命感でもあろうか。二〇〇六年には本書をパリの書店で購入していたのである。ただ迂闊なことに、その時点で私はボーヌがジャンヌ研究の第一人者であるとは知らず、他用にも追われていて、ようやく二〇〇八年になって本書を手に取り、すぐさま翻訳を思い立った次第である。

本書の翻訳の作業は、『真実のルイ一四世』（昭和堂、二〇〇八年）を担当した私、嶋中博章、滝澤聡子に、ジャンヌ・ダルクを通してヴォルテール研究を深めている北原ルミ（ヴォルテールには『オルレアンの乙女』の著作がある）、本書の著者ボーヌがフランス留学中の指導教官だった頼順子を加えた五名で、二〇一〇年に開始した。役割分担は、第Ⅰ部が北原、第Ⅱ部が頼、第Ⅲ部前半が私、後半が滝澤、第Ⅳ部が嶋中であるが、図版の選定や、索引・注記の仕方など全体的な構成や調整については北原と嶋中に依頼した。翻訳の過程では、史料部分の読解に手を焼き、神学や魔術に関する部分では砂を噛むような難解な箇所が多々あったため、かなり手間取り、翻訳の完成稿までに約三年を要することとなった。それでも、本書の刊行がジャンヌ・ダルク研究に一石を投ずるだけでなく、より広くヨーロッパ中・近世史を研究するうえでの一助となることを念願している。

本書の刊行にあたっては、昭和堂の前編集者の松尾有希子、現編集者の神戸真理子の両氏にたいそうお世話になった。厚くお礼を申しあげたい。もっとも、本書の刊行をいちばん心待ちにしているのは著者のボーヌ自身に違いなく、なかなか翻訳が進まない折に何度か激励（むしろ叱責？）のメッセージを頂戴した。この点では力不足を恥じるばかりだが、ようやく出版の運びとなったので、きっと彼女も喜んでくれるだろう。なお、読者（とくにジャンヌ・ダルクのファン）の皆さんには、是非とも読後感をお聞かせいただきたい。

二〇一三年九月二〇日　大阪府茨木市にて

訳者を代表して　阿河雄二郎　記す

付録

イギリス人への手紙

イエス・マリア

イギリス王と、汝フランス王国の摂政を名乗るベドフォード公、汝サフォーク伯ギヨーム・ド・ラ・ポール、タルボット卿ジャン、そしてスカール卿トマ、汝ら件のベドフォード公の代官を名乗る者どもよ。天の王に道理を尽くし、天の王である神によってここに遣わされた乙女に、汝らがフランスで占拠し侵犯したすべての忠誠都市《ボンヌ・ヴィル》の鍵を返せ。彼女は、王の血[1]を要求するため神によって遣わされたものである。もし汝らが彼女に道理を尽くし、フランスを放棄し、奪ってきたものの代価を払えば、彼女は和平を行う準備を万端整えている。そして、汝らすべて、弓兵、戦士、騎士、その他オルレアン市の前面にいる者どもよ。神の名において汝らの故国に立ち去れ。もし汝らがそうしないのなら、乙女の便りを待っていよ。乙女は、もうすぐ汝らの前に現われて、汝らに大損害を与えるだろう。イギリス王よ。もし汝がそうしないのなら、私は軍の指揮官であり、私は汝の兵士たちをフランスのどこででも待ち受けて、彼らが好むと好まざるとにかかわらず、彼らをそこから退却させるだろう。もし彼らが降伏を望まないのなら、彼らを皆殺しにするだろう。[2]私は天の王である神によって、汝をフランスから追い払うためにここに遣わされている。そして、もし彼らが降伏を望むのなら、私は彼らに慈悲をもって臨むだろう。それ以外の考えを抱かぬようにせよ。なぜなら、汝は天の王にして聖母マリアの御子である神のフランス王国を保つことはできず、真の王位継承者である王シャルルがそれをもつからである。なぜなら、天の王である神がそれを望まれ、そのことが乙女を通じて（王シャルルに）啓示されているからである。王はパリに一同打ち揃って入城するだろう。[3]もし汝が神と乙女による便りを信じようとしないのなら、私たちは汝と出会う場所ではどこでも襲いかかり、もし汝が私たちに道理を尽くさないのなら、私たちはフランスで千年来これほどのものがなかった大きな鬨《とき》[4]の声をあげるだろう。そして、汝があらゆる攻撃をもってしても彼女やその善良な兵士たちに立ち向かえないほどに、天の王は乙女に多くの軍勢を遣わされることをしっかりと覚えておくがよい。干戈《かんか》(5)を交えたとき、誰が天の神(6)の最良の権利をもつかがわかるだろう。汝ベドフォード公よ。汝が身を滅ぼさぬように乙女は祈願し懇望する。さらに、もし汝が彼女に道理を尽くせば、キリスト教世界(7)のために フランス人が未曾有の功業を行うのに、汝は彼女と一緒に行くことができるだろう。もし汝がオルレアン市に平和をもたらす意思があるのなら、回答せよ。もし汝がそうでないのなら、まもなく大損害を汝に思い知らせることになるだろう。聖週間の火曜日(8)に記す。

（処刑裁判におけるデスティヴェ『七〇ヵ条の告発状』第二二条の翻訳）

注

（1）「王家の血をひくオルレアン公シャルルの釈放を求める」という意味である。

（2）殺害の規模が大きくなることを強調している。

（3）パリへの入城の予告。実際には起こらなかった。

（4）戦いを始めるときの雄叫び。原文は grand hahay である。

（5）激しい戦闘。原文は horion なので、訳文では「戦い」とせず、「干戈」とした。

（6）「天の神」には、「汝」すなわち「イギリス人の神」が含まれている。神に逆らうと、イギリス人には何のチャンスもない。

（7）キリスト教徒間の和解によって、十字軍が約束される。

（8）聖週間の火曜日は、一四二九年三月二二日にあたる。

日本語文献

高山一彦編・訳『ジャンヌ・ダルク処刑裁判』白水社、一九八四年、新装版、二〇〇二年。

レジーヌ・ペルヌー編著（高山一彦訳）『ジャンヌ・ダルク復権裁判』白水社、二〇〇二年。

朝治啓三・渡辺節夫・加藤玄編『中世英仏関係史　一〇六六―一五〇〇　ノルマン征服から百年戦争終結まで』創元社、二〇一二年。

城戸毅『百年戦争――中世末期の英仏関係』刀水書房、二〇一〇年。

佐藤賢一『英仏百年戦争』集英社（集英社新書）、二〇〇三年。

佐藤猛『百年戦争期フランス国制史研究』北海道大学出版会、二〇一二年。

高山一彦『ジャンヌ・ダルク――歴史を生き続ける「聖女」』岩波書店（岩波新書）、二〇〇五年。

竹下節子『ジャンヌ・ダルク　超異端の聖女』講談社（講談社現代新書）、二〇〇三年。

竹下節子『戦士ジャンヌ・ダルクの炎上と復活』白水社、二〇一三年。

堀越孝一『ジャンヌ＝ダルク』朝日新聞社（朝日文庫）、一九九一年。

堀越孝一『ブルゴーニュ家――中世の秋の歴史』講談社（講談社現代新書）、一九九六年。

村松剛『ジャンヌ・ダルク　愛国心と信仰』中央公論社（中公新書）、一九六七年。

ジョゼフ・カルメット（川俣晃自訳）『ジャンヌ・ダルク』岩波書店（岩波文庫）一九五一年。

ジョゼフ・カルメット（田辺保訳）『ブルゴーニュ公国の大公たち』国書刊行会、二〇〇〇年。

ベルナール・グネ（佐藤彰一・畑奈保美訳）『オルレアン大公暗殺――中世フランスの政治文化』岩波書店、二〇一〇年。

フィリップ・コンタミーヌ（坂巻昭二訳）『百年戦争』白水社（文庫クセジュ）、二〇〇三年。

ジョルジュ・デュビー（松村剛訳）『ブーヴィーヌの戦い――中世フランスの事件と伝説』平凡社、一九九二年。

マルク・ブロック（井上泰男・渡辺昌美訳）『王の奇跡――王権の超自然的性格に関する研究／特にイギリスとフランスの場合』刀水書房、

一九九八年。

レジーヌ・ペルヌー（高山一彦訳）『オルレアンの解放』白水社、一九八六年。

レジーヌ・ペルヌー（高山一彦訳）『ジャンヌ・ダルクの実像』白水社（文庫クセジュ）、一九九五年。

レジーヌ・ペルヌー（塚本哲也監修、遠藤ゆかり訳）『奇跡の少女ジャンヌ・ダルク』創元社（「知の再発見」双書）、二〇〇二年。

レジーヌ・ペルヌー、マリ＝ヴェロニック・クラン（福本直之訳）『ジャンヌ・ダルク』東京書籍、一九九二年。

ヨハン・ホイジンガ（堀越孝一訳）『中世の秋（上・下）』中央公論新社（中公クラシックス）、二〇〇一年。

ジュール・ミシュレ（森井真・田代葆訳）『ジャンヌ・ダルク』中央公論社（中公文庫）、一九八七年。

ジュール・ミシュレ（大野一道・立川孝一監修）『フランスⅡ　中世（下）』藤原書店、二〇一〇年。

ジャック・ル・ゴフ（岡崎敦・森本英夫・堀田郷広訳）『聖王ルイ』新評論、二〇〇一年。

1430年5月26日～7月10日	ボーリュー＝レ＝フォンテーヌに勾留
8月～11日	ボールヴォワールのリュクサンブール邸に勾留
9月9日	アラスに到着。ここでイギリス軍に引き渡される
12月20日	ル・クロトワに到着
12月23日	ジャンヌがルーアンに到着
1431年1月9日～5月29日	ルーアンで異端審問
2月21日	最初の公開審理
3月27～31日	検察官デスティヴェの『70ヵ条の告発状』が読み上げられる
5月23日	『12ヵ条の告発状』が読み上げられる
5月24日	サン＝トゥアン墓地でギヨーム・エラールによる公開説諭
	ジャンヌの異端放棄宣言〔誓絶〕
5月28日	ジャンヌは再び男装する
5月29日	ジャンヌに「戻り異端」の有罪宣告が下される
5月30日	ジャンヌがルーアンのヴィユー＝マルシェ広場で火刑に処される
8月12日	「羊飼い」ギヨームがイギリス＝ブルゴーニュ軍に捕えられる
1435年9月21日	アラスの和約。シャルル7世がブルゴーニュ公フィリップ（善良公《ル・ボン》）と和睦
1436年4月13日	シャルル7世、パリを奪還
5月20日	ジャンヌ＝クロード・デ・ザルモワーズが「乙女」の兄弟に承認される
1439年7月18日	ジャンヌ＝クロード・デ・ザルモワーズがオルレアンで歓迎を受ける
1440年	ジャンヌ＝クロード・デ・ザルモワーズが「乙女」でないことを認める
1449年10月29日	フランス軍がルーアンに入城
1450年	ジャンヌ・ダルク裁判の再審に向けた動きが始まる
1453年10月19日	ボルドーがシャルル7世に降伏。百年戦争が終わる
1455年11月	ジャンヌの母が再審を許可する教皇答書を提出
12月	無効裁判開始
1456年1～2月	ドンレミ、ヴォークールール、トゥールで証人聴取
2～3月	オルレアンで証人聴取
4～5月	パリで証人聴取
5月	ルーアンで証人聴取
7月7日	ジャンヌの前裁判における有罪判決の破棄
1459年12月	ジャンヌ＝マリー・ラ・フェロンヌ（ル・マンの「乙女」）が現われる
1461年5月12日	ジャンヌ＝マリーがトゥールで「嘘の預言」などで有罪判決を受ける
7月22日	シャルル7世没。ルイ11世即位

1339年9月	百年戦争始まる
1407年11月23日	オルレアン公ルイがブルゴーニュ公ジャン（無怖公《サン・プール》）に殺害される
1412年1月頃	ドンレミ村でジャンヌ誕生
1415年8月25日	アザンクールの戦い、イギリス軍にフランス軍が大敗
1419年9月10日	モントローでブルゴーニュ公ジャン（無怖公《サン・プール》）が殺害される
1420年5月21日	トロワの和約。シャルル6世がヘンリ5世をフランス王位の後継者と認める
1422年5月31日	ヘンリ5世没
10月21日	シャルル6世没。ヘンリ6世がフランス王に即位
10月30日	シャルル・ド・ヴァロワがシャルル7世として即位を宣言
1423年あるいは1425年	ジャンヌに初めて「声」が聞こえる
1428年10月7日	イギリス軍がオルレアンを包囲
1429年2月13日頃	ジャンヌがシノンに向けて出発
2月23日頃	王太子と最初の会見
3月末	ポワチエでの審理が結審
3月27日〜4月初頭	シノンでしるしの会見
4月	トゥールで武具を揃える。フィエルボワの剣が発見される その後、ブロワで王軍に合流
4月29日	ジャンヌがオルレアンに入る
5月5〜7日	サン＝ルー要塞奪取（4日）、オーギュスタン要塞奪取（6日）、トゥレル要塞奪取（7日）
5月8日	イギリス軍がオルレアンの包囲を解く
5月末	ロッシュで王太子と会談
6月	ジャルジョー占領（11〜12日）、マン＝シュル＝ロワール占領（15日）、ボージャンシー占領（16〜17日）、パテー占領（18日）
6月29日	ジアンを発ち、聖別式の遠征に向かう
7月	トロワ入市（5〜12日）、シャロン入市（14〜15日）、その後ランスへ
7月17日	シャルル7世の聖別式
7月20〜21日	王はコルブニィで瘰癧病患者に触れる
8月14〜15日	モントピロワで英仏軍が対峙
8月25〜28日	サン＝ドニに布陣
9月8日	パリ攻撃に失敗
9月13日	王軍がジアンに撤退し、解散
10月4日	サン＝ピエール＝ル＝ムチエを包囲、その後、ラ・シャリテを包囲
1430年1〜3月	ジャンヌはシュリーに滞在
5月13日	ジャンヌはムランに到着、その後、ラニィ、そしてコンピエーニュへ
5月23日	ジャンヌがコンピエーニュで捕虜になる

フランス・イギリス両王家系図

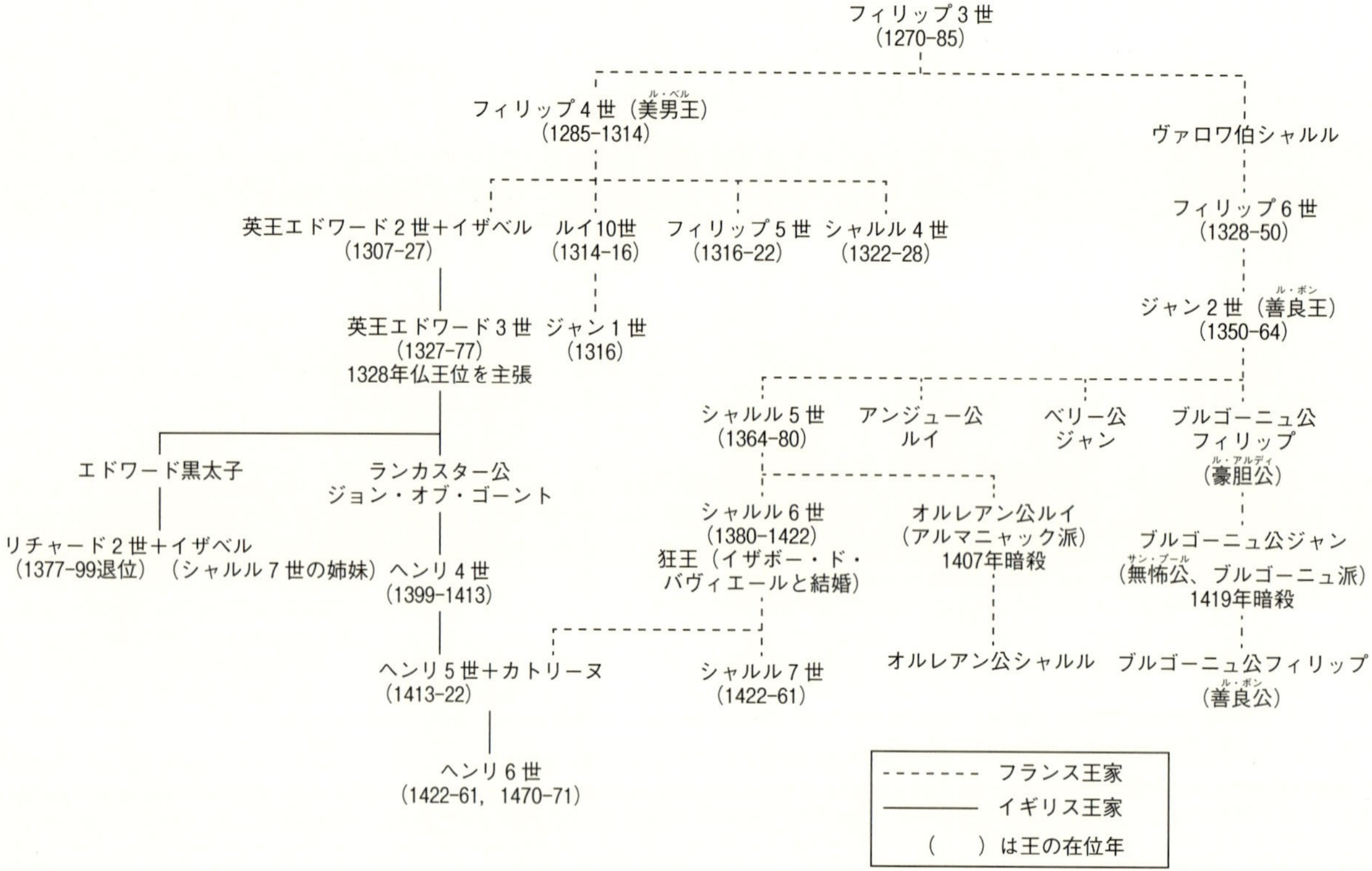
フィリップ3世
(1270-85)
フィリップ4世（美男王《ル・ベル》）
(1285-1314)
ヴァロワ伯シャルル
英王エドワード2世＋イザベル
(1307-27)
ルイ10世
(1314-16)
フィリップ5世
(1316-22)
シャルル4世
(1322-28)
フィリップ6世
(1328-50)
英王エドワード3世
(1327-77)
1328年仏王位を主張
ジャン1世
(1316)
ジャン2世（善良王《ル・ボン》）
(1350-64)
シャルル5世
(1364-80)
アンジュー公
ルイ
ベリー公
ジャン
ブルゴーニュ公
フィリップ
（豪胆公《ル・アルディ》）
エドワード黒太子
ランカスター公
ジョン・オブ・ゴーント
シャルル6世
(1380-1422)
狂王（イザボー・ド・バヴィエールと結婚）
オルレアン公ルイ
（アルマニャック派）
1407年暗殺
ブルゴーニュ公ジャン
（無怖公《サン・プール》、ブルゴーニュ派）
1419年暗殺
リチャード2世＋イザベル
(1377-99退位)（シャルル7世の姉妹）
ヘンリ4世
(1399-1413)
ヘンリ5世＋カトリーヌ
(1413-22)
シャルル7世
(1422-61)
オルレアン公シャルル
ブルゴーニュ公フィリップ
（善良公《ル・ボン》）
ヘンリ6世
(1422-61, 1470-71)
フランス王家
イギリス王家
（　）は王の在位年

⚜著者紹介⚜

コレット・ボーヌ（Colette Beaune）

1943年、フランス・ロワール＝エ＝シェール県生まれ、パリ第10大学名誉教授、専門は中世フランス政治・思想史。

主要な業績

Naissance de la nation France, Paris, Gallimard, 1985 ; *Le Journal des bourgeois de Paris,* Paris, Librairie générale française, 1990 ; *Jeanne d'Darc,* Paris, Perrin, 2004 ; *Le Grand Ferré, premier héros paysan,* Paris, Perrin, 2012.

幻想のジャンヌ・ダルク――中世の想像力と社会

2014年 3月31日　初版第1刷発行
2015年10月15日　初版第2刷発行

著　者　コレット・ボーヌ

訳　者　阿河雄二郎
北原ルミ
嶋中博章
滝澤聡子
頼　順子

発行者　齊藤万壽子

〒606-8224　京都市左京区北白川京大農学部前
発行所　株式会社　昭和堂
振替口座　01060-5-9347
TEL（075）706-8818 ／ FAX（075）706-8878

印刷　亜細亜印刷

ISBN978-4-8122-1350-6

＊乱丁・落丁本はお取り替えいたします。

Printed in Japan

⚜訳者紹介⚜

阿河雄二郎（あが・ゆうじろう）

香川県坂出市生まれ、大阪外国語大学名誉教授、専門は近世フランス政治・社会史。

主要な業績

『アンシアン・レジームの国家と社会』（二宮宏之との共編著）、山川出版社、2003 年。「海軍工廠ロシュフォールの誕生」田中きく代他編『境界域からみる西洋世界』所収、ミネルヴァ書房、2012 年。「近世の英仏海峡」『関西学院史学』40、2013 年。「近世フランスの海軍と社会」金澤周作編『海のイギリス史』所収、昭和堂、2013 年。

北原ルミ（きたはら・るみ）

神奈川県鎌倉市生まれ、金城学院大学准教授、専門はフランス近現代文学。

主要な業績

“Comment dire la “vérité” en 1938 - ”Le scandale de la vérité“ de Georges Bernanos”, *Ētudes de langue et de littérature françaises,* Société japonaise de langue et de littérature françaises, n-82, 2003.「ジャンヌ・ダルク幻想」『金城学院大学論集（人文科学編）』5-2、2009 年。アリエット・アルメル『ビルキス、あるいはシバの女王への旅』白水社、2008 年（翻訳）。

嶋中博章（しまなか・ひろあき）

北海道苫小牧市生まれ、博士（文学）、京都産業大学・関西大学非常勤講師、専門は近世フランス政治・文化史。

主要な業績

クリスチアン・ジュオー『マザリナード　言葉のフロンド』水声社、2012 年（共訳）。『西洋の歴史を読み解く』晃洋書房、2013 年（共著）。『太陽王時代のメモワール作者たち　政治・文学・歴史記述』吉田書店、2014 年。

滝澤聡子（たきざわ・さとこ）

兵庫県西宮市生まれ、博士（歴史学）、関西学院大学高等部非常勤講師、専門は近世フランス社会史。

主要な業績

「15 世紀から 17 世紀におけるフランス貴族の結婚戦略」『人文論究』（関西学院大学）55-1、2005 年。『真実のルイ 14 世』昭和堂、2008 年（共訳）。「近世フ

ランス貴族の家系再生産」『人文論究』62-2、2012年。

頼順子（らい・じゅんこ）

広島市生まれ、博士（文学）、佛教大学・京都女子大学非常勤講師、専門は中世フランス政治文化史。

主要な業績

「中世後期の戦士的領主階級と狩猟術の書」『パブリック・ヒストリー』2、2005年。「フランダースの犬――つくられた国歌と少年の夢」藤川隆男編『アニメで読む世界史』所収、山川出版社、2011年。「15-16世紀フランスにおける狩猟書の受容」『関西大学西洋史論叢』16、2013年。

索　引

あ行

アクィナス、トマス Aquin, Thomas d'（1225 頃 -1275 年、イタリアの神学者、スコラ哲学の完成者）　002, 067, 145, 157-158, 168, 191, 260, 274, 286, 293, 308, 331, 345, 347-349

アランソン公ジャン Alençon, Jean, duc d'（1397-1476 年、オルレアン公シャルルの娘婿、ジャンヌの戦友）　011, 018, 021, 102, 136, 151-152, 164, 189-190, 214, 224, 232-233, 245, 250, 255, 261- 263, 271, 275, 278-279, 284, 301, 311, 343, 369, 388

アルマニャック伯ジャン Armagnac, Jean, comte d'（1396-1450 年、ジャンヌの戦友）　070, 075, 262, 271, 296

ヴァランヌ、ヴァルラン・ド Varannes, Valeran de（15 世紀の神学博士、ジャンヌを称えるラテン語詩を書く）　120, 385

ヴィニュール、フィリップ・ド Vigneulles, Philippe de（15 世紀末－ 16 世紀初頭メッスの年代記作者）　024, 223

ヴィルヌブール、ロベール・ド Virnebourg, Robert de（ジャンヌ＝クロード・デ・ザルモワーズの保護者）　376

ヴィンデッケ、エーベルハルト Windecke, Eberhard（1380 頃－ 1440 年、ドイツの年代記作者）　116, 209, 218, 224, 246, 250, 287-288

ウェゲティウス Végèce（4 世紀末～ 5 世紀のラテン語の著述家）　173, 197

ヴェルサイユ、ピエール・ド Versailles, Pierre de（1446 年没、アルマニャック派の神学者）　210, 253, 340

エウゲニウス 4 世 Eugène IV（ローマ教皇、在位 1431-1447 年）　092, 363, 375, 385

エステラン、ベアトリス Estellin, Béatrice（ジャンヌの代母）　040, 045, 061

エドワード 1 世 Edouard Ier（イギリス王、在位 1272-1307 年）　028

エドワード 2 世 Edouard II（イギリス王、在位 1307-1327 年）　107, 118

エドワード 3 世 Edouard III（イギリス王、在位 1327-1377 年）　107, 111, 118

エラール、ギヨーム Erart, Guillaume（1439 年没、神学博士、処刑裁判に関わる）　076, 277-278, 335-336

エリザベト・フォン・テューリンゲン Elisabeth de Thuringe（1207-1231 年、ハンガリーの聖女）　094, 150, 192, 233, 235, 268

エロー、ジャン Erault, Jean（ジャンヌを支持する神学者）　097, 210

乙女

－セルメーズの Pucelle de Sermaize（ジャンヌの死後に現われた「乙女」のひとり）　372, 374, 378-379

－ル・マンの Pucelle du Mans（ジャンヌの死後に現われた「乙女」のひとり）　003, 015, 372, 378-379

オーブリ、ジャンヌ Aubry, Jeanne（ジャンヌの代母）　045-046, 064, 307,

363
オルレアン公シャルル Orléans, Charles d'（1394-1465 年、アザンクールの戦いでイギリスの虜囚となる）　017, 019, 085, 096, 118, 191, 198, 206-207, 210, 237, 261-263, 270-271, 275, 278-280, 284, 294
オルレアン公ルイ Orléans, Louis d'（1372-1407 年、ブルゴーニュ公ジャンによって暗殺される）　032, 090, 127, 148, 151, 260, 262, 264, 266, 274, 279, 282, 346
オルレアンの私生児 Orléans, Bâtard d'（→デュノワ）

か行

カタリナ Catherine de Sienne, sainte（14 世紀シエナの聖女）　100, 106, 146, 149, 174
カトリーヌ Catherine d'Alexandrie, sainte（4 世紀アレクサンドリアの聖女、ジャンヌに現われた「声」のひとり）　002, 045, 048, 050, 062-063, 131, 146, 151, 153, 181, 192, 204, 217, 222, 224, 232, 263-267, 272, 314, 317-320, 339, 341, 349, 351, 353, 357, 359-360, 381-382, 386
カトリーヌ・ド・ラ・ロシェル（→ラ・ロシェル、カトリーヌ・ド）
カニィ、ペルスヴァル・ド Cagny, Perceval de（アランソン公家の家臣、ジャンヌに好意的な年代記を著す）　021, 031, 188, 218, 220, 262, 264, 284-285, 291, 366, 372
カール大帝（→シャルルマーニュ）
ガン、ジャン・ド Gand, Jean de（隠者、ルイ 11 世の誕生を予言）　034, 096, 380
キシュラ、ジュール Quicherat, Jules（1814-1882 年、古文書学者、ジャンヌの処刑裁判記録および無効裁判記録を刊行）　019-022
ギュイエンヌ Guyenne, héraut（オルレアン包囲戦における伝令官）　205, 210-211
ギヨーム（「羊飼いの」）Guillaume le Berger（ジャンヌの死後、ジャンヌ代わりの「幸運のお守り役」とされた人物）　080, 100, 137, 372-373
クート、ルイ・ド Coutes, Louis de（1414 頃 -1491 年、ジャンヌの従卒）　018, 179, 224, 262, 325,
グラスデール、ウィリアム Glasdale, William（1429 年没、イギリス軍の指揮官）　071, 200, 204-205, 208, 210, 256, 287,
クールセル、トマ・ド Courcelles, Thomas de（1400 頃 -1469 年、神学者、処刑裁判の公式記録を作成）　013, 018, 278,
ゴークール、ラウール・ド Gaucourt, Raoul de（1371 頃 -1462 年、オルレアンの守備隊長）　025, 088, 101-102, 198, 201, 287,
コーション、ピエール Cauchon, Pierre（1371 年頃 -1442 年、ボーヴェ司教、処刑裁判の中心人物）　011-013, 015, 017, 225, 253, 265, 275-276, 306, 327, 351, 373, 384-385
コレット（コルビーの）Colette de Corbie（1447 年没、聖クララ修道院の改革者）　075, 150, 356
コル、ギヨーム（通称ボワ・ギヨーム）Colles, Guillaume, dit Bois Guillaume（1390 頃 -1456 年、処刑裁判の公証役、ジャンヌに対する審問を書きとめる）　012, 076, 385

さ行

サフォーク伯 Suffork, William de La Pole, comte de（1396-1451 年、イギリスの指揮官） 110
サルブリュック、ロベール・ド Sarrebrück, Robert de（ロレーヌ地方の野武士） 038, 085- 086
ザルモワーズ、ジャンヌ＝クロード・デ Armoise, Jeanne-Claude des（ジャンヌの死後、ジャンヌ本人になりすました人物） 372, 374-377, 379
サン＝ヴィクトール、ユーグ・ド Saint-Victor, Hugues de（1096-1141 年、フランスの神学者） 042, 344
ジェヴォーダンの羊飼い Gévaudan, Berger de（→ギヨーム（羊飼いの））
ジェリュ、ジャック Gélu, Jacques（1371-1432 年、アンブラン司教、シャルル 7 世の神学者） 014, 033, 089, 091, 157, 180-181, 222, 270-271, 337, 341
ジェルソン、ジャン Gerson, Jean（1363-1429 年、パリ大学学務総長） 014, 079, 089, 091, 097- 098, 100, 150, 157, 187, 274, 293, 309, 327, 334, 337, 345, 349, 368
シブール、ロベール Ciboule, Robert（1403-1458 年、神学者、ジャンヌの死後に彼女を祖国の英雄とする意見書を執筆） 015, 027, 180-182, 185-186, 222, 233, 283, 342
シモン、シャルル Simon, Charles（無効裁判の証人、オルレアンの籠城戦に立ち会う） 150, 287, 343
シャトラン、ジョルジュ Chastellain, Georges（1404/05 か 1415/16-1475 年、ブルゴーニュ公家の年代記作者） 011, 021, 337
シャルチエ、アラン Chartier, Alain（1385／1395 頃 -1430 年、詩人、シャルル 7 世の秘書官、下記ギヨーム・シャルチエの兄） 016, 028, 102, 134, 150, 269, 311-312
シャルチエ、ギヨーム Chartier, Guillaume（1472 年没、パリ司教、無効裁判の裁判官のひとり） 017, 019
シャルチエ、ジャン Chartier, Jean（1464 年没、サン＝ドニ修道院の修道士、シャルル 7 世の年代記作者） 010, 021, 031, 087, 103, 374, 382-383
シャルトル、ルニョー・ド Chartres, Regnaud de,（1380 頃 -1444 年、ランス大司教、シャルル 7 世の大法官、ポワチエでの審査を主宰） 088, 137, 233, 244-245, 372-373
シャルル 5 世 Charles V（フランス王、在位 1364-1380 年） 029, 095, 107, 125, 194, 203, 236, 242, 263, 345, 352
シャルル 6 世 Charles VI（フランス王、在位 1380-1422 年） 016, 021, 033-034, 047, 085, 095, 099-100, 102-103, 107, 109, 113, 118, 125-127, 148, 151, 203, 230, 237, 239, 241, 247, 253-254, 258, 261, 272, 315, 345, 347
シャルル 7 世 Charles VII（フランス王、在位 1422-1461 年） i, 003-004, 010, 014-016, 019-021, 026, 035, 047, 058, 074, 078, 085, 087, 090, 097, 101-104, 108-109, 111, 113, 116-117, 127-128, 131, 135-136, 140, 144, 157, 171, 174, 190, 213, 216, 222, 227, 230, 233-235, 237, 239-241, 243-248, 251, 254-255, 257, 261, 265, 268, 270, 274-275, 278, 290, 303, 316, 321, 328, 331, 338, 340-341, 356, 360-361, 369-370, 372-374, 376-381

シャルル 8 世 Charles VIII（フランス王、在位 1483-1498 年） 113, 127, 176
シャルル禿頭王（シャルル 2 世）Charles [II] le Chauve（フランス王、在位 834-877 年） 028-029, 159, 177, 235
シャルルマーニュ Charlemagne（フランク王、在位 768-814 年） 004, 029, 050, 112, 161, 168, 192, 215-216, 235-237, 244, 246, 249, 258, 315, 371, 380
ジャン 2 世 Jean II（フランス王、在位 1350-1364 年） 124, 194, 246, 309, 311, 315
シャンパーニュ、ジャンヌ・ド Champagne, Jeanne de（フランス王フィリップ 4 世の妃） 150
ジュヴネル・デ・ジュルサン、ジャン Jouvenel des Ursin, Jean（1388-1473 年、ランス大司教、無効裁判の裁判官のひとり） 011, 016, 021, 032, 107, 175, 213, 236
ジョワンヴィル、ジャン・ド Joinville, Jean de（シャンパーニュ伯の代官、ルイ 9 世の伝記作者） 034, 050, 152
ジョワンヴィル、ジャンヌ・ド Joinville, Jeanne de（ドンレミの女領主） 056, 062, 086
スガン、ギヨーム Seguin, Guillaume（ドミニコ会修道士、ポワチエでの審査に関わり、無効裁判でも証言を残す） 088, 105, 210, 284-285, 311
ズーゾー、ハインリヒ Suso, Heinrich（1295 頃 -1366 年、ドイツの神秘主義者） 100, 355, 386
ソールズベリ伯 Salisbury, Thomas Montague, comte de（1388-1428 年、イギリスの指揮官） 198, 205, 207, 294

た行

ダイイ、ピエール d'Ailly, Pierre（1350-1420 年、フランスの神学者、コンスタンツ公会議で活躍、ジャン・ジェルソンの師） 100, 349
ダバーノ、ピエトロ d'Abano, Pietro（12 世紀後半 -13 世紀初頭のイタリアの占星術師、守護悪魔に関する著作を残す） 352-353, 365
ダルク、イザベル d'Arc, Isabelle（1458 年没、ジャンヌの母親） 016-017, 024, 038-042
ダルク、カトリーヌ d'Arc, Catherine（ジャンヌの姉ないし妹） 039, 041, 043-044, 047, 313, 318
ダルク、ジャック d'Arc, Jacques（ジャンヌの父親） 037-046, 068. 260, 331-332
ダルク、ジャックマン d'Arc, Jacquemin（ジャンヌの長兄） 039, 042-044
ダルク、ジャン d'Arc, Jean（ジャンヌの兄、のちヴォークールールの奉行となる） 016-017, 038-039, 041, 043, 046, 062, 064-065, 068
ダルク、ピエール d'Arc, Pierre（ジャンヌの兄、ジャンヌとともに王軍に加わる） 039, 045
ダルクール、クリストフ d'Harcourt, Christophe（シャルル 7 世の侍従） 312, 386
タルボット、ジョン Talbot, John（1385 頃 -1453 年、イギリスの指揮官） 198, 204, 210,
ダンジュー、マリー d'Anjou, Marie（1404-1463 年、フランス王シャルル 7 世の妃） 117, 162, 377
チボー、ゴベール Thibaut, Gobert（準騎士、無効裁判で証言する） 070, 210

ティスラン、ジャネット（ジャンヌ）Thiesselin, Jeannette（ジャンヌの代母） 045, 055, 068, 255, 358
ティセ、ピエール Tisset, Pierre（1898-1968 年、処刑裁判記録の仏訳を出版） 020, 066
デシャン、ウスタシュ Deschamps, Eustache（14 世紀フランスの詩人） 109, 114, 125, 192, 377
デスティヴェ、ジャン d'Estivet, Jean（1438 年没、ボーヴェ教区裁判所検察官、処刑裁判で検察官を務め『70 ヵ条の告発状』を作成） 012, 017, 058-061, 075, 209, 222, 234, 274, 323, 348, 357, 384
デストゥトヴィル、ギヨーム d'Estouteville, Guillaume（1412-1483 年、教皇ニコラウス 5 世の使節、無効裁判に関与） 016
デピナル、ジェラルダン d'Epinal, Gérardin（ドンレミ村唯一のブルゴーニュ派） 046, 261, 278, 382
デュ・ゲクラン、ベルトラン Du Guesclin, Bertrand（1320 頃 -1380 年、フランスの元帥、百年戦争で活躍し騎士道の鑑とされる） 176, 189, 192-193, 224, 262
デュノワ、ジャン（オルレアンの私生児）Dunois, Jean, dit le Bâtard d'Orléans（1402 頃 -1468 年、オルレアン公ルイの私生児、ジャンヌの戦友） 018-019, 025, 189, 198-199, 205, 210, 220, 261, 263, 269, 278, 287, 296, 311-312, 325, 331, 343, 354, 386
デュパルク、ピエール Duparc, Pierre（1912-2003 年、無効裁判記録の仏訳を刊行） 019-020, 066
デュフール、アントワーヌ Dufour, Antoine（1509 年没、ルイ 12 世妃アンヌ・ド・ブルターニュの聴罪司祭、王妃の命により著名な女性たちの『伝記』を記す） 179, 193
デュボワ、ジャン Dubois, Jehan（預言集をシャルル 7 世に献じた人物） 113, 377
ドーヴェルニュ、マルシアル d'Auvergne, Martial（1430-1508 年、シャトレ裁判所の公証人、歴史を題材とした詩を書く） 120, 136, 224-225
トマサン、マチュー Thomassin, Mathieu（1391 頃 -1463 年よりあと、グルノーブル高等法院の評定官） 071, 110, 116
ドルレアン、シャルル（→ オルレアン公シャルル）
ドルレアン、ルイ（→ オルレアン公ルイ）
トロサン、クロード Tolosan, Claude（ドーフィネ地方の法学者） 291, 367
トロワ、ギシャール・ド Troyes, Guichard de（トロワ司教、フィリップ 4 世時代に守護悪魔を使用した嫌疑で告発される） 345, 352
ドーロン、ジャン d'Aulon, Jean（1390-1458 年、シャルル 7 世の顧問官、ボーケールの代官） 018, 025, 102, 148, 221, 290, 308, 311, 321, 325, 343

な行

ナタリ、ピエール・ド（ナタリブス、ペトルス・デ）Natali, Pierre de [Petrus de Natalibus]（14 世紀 -15 世紀初頭の『聖人伝』作者） 130-131, 146
ニデール、ジャン Nyder, Jean（ドミニコ会修道士、ウィーン大学の神学博士、フス派撲滅に力を注ぐ） 142, 148, 252, 367, 376
ヌイヨンポン、ジャン・ド Nouillompont, Jean de（1399 頃 -1455 年よりあと、

ボードリクールの家臣、ヴォークールールからシノンまでジャンヌを警護）　087, 160, 310, 319, 331

は行

バイイ、ニコラ Bailly, Nicolas（処刑裁判における調査官）　051, 062, 306
バヴィエール、イザボー・ド Bavière, Isabeau de（1371-1435 年、フランス王シャルル 6 世の妃）　047, 090, 097, 103, 108, 118, 125, 127, 236, 239, 241, 279,
バザン、トマ Basin, Thomas（1412-1490 年、法学者、ジャンヌの無罪を主張する意見書を作成）　014-015, 102, 181, 233, 238, 248, 292
パスクレル、ジャン Pasquerel, Jean（1456 年よりあとに没、ジャンヌの聴罪司祭）　018, 070, 102, 140, 153, 207, 210, 217, 219, 252, 256, 269, 282, 312, 357
バシニィの準騎士 Ecuyer de Bassigny（14 世紀半ばの預言者）　034, 096-097
バール、ジャン・ド Bar, Jean de（ブルゴーニュ公フィリップに仕えた黒魔術師）　345-350, 352
ピウス 2 世 Pie II（ローマ教皇、在位 1458-1464 年）　142, 243, 289, 377-378
ピエロンヌ・ラ・ブルトンヌ Pieronne la Bretonne（ジャンヌと同時代の預言者、ジャンヌを擁護したため火刑に処せられる）　098, 368-369
ピザン、クリスチーヌ・ド Pisan, Christine de（1364 頃 -1429 年よりあと、フランスで活動したイタリア出身の著述家、『婦人の都』などを著す）026, 093, 109, 112-114, 116, 125, 134, 160, 173, 179, 181-182, 185, 188, 191, 197, 249, 255, 269, 319, 345
ピザン、トマ Pisan, Thomas（シャルル 5 世に仕えた占星術師、上記クリスチーヌ・ド・ピザンの父）　345
ピニョン、ローラン Pignon, Laurent（ブルゴーニュ公ジャンの聴罪司祭）　346-347
ビルイッタ、スウェーデンの Brigitte de Suède（1302 頃 -1373 年、スウェーデン出身の幻視者・預言者）　078, 081, 094, 097, 099-100, 106-108, 114, 144, 181, 192, 214
ヒルデガルト・フォン・ビンゲン Hildegarde de Bingen（1098-1179 年、ドイツの幻視者）　092, 094, 364
ブイエ、ギヨーム Bouillé, Guillaume（神学博士、国王顧問官、処刑裁判に関わった証人をルーアンで調査し無効裁判が可能であるとする意見書を王に提出する）　014, 016, 187, 277, 279, 296, 326, 342
フィリップ 2 世（尊厳王）Philippe II Auguste（フランス王、在位 1180-1223 年）　095, 106, 112, 132, 177, 241, 254, 256, 315
フィリップ 3 世 Philippe III（フランス王、在位 1270-1285 年）　095, 243
フィリップ 4 世（美男王）Philippe IV le Bel（フランス王、教皇庁をアヴィニョンに移す、在位 1285-1314 年）　028, 095, 107, 118, 150, 168, 241-242, 247-248, 268, 311, 352
フェビュス、ガストン、フォワ伯 Phébus, Gaston, comte de Foix（1331-1391 年、シャルル 6 世治世の南仏の大貴族）　107, 126, 137
フォーカンベルグ、クレマン・ド Fauquembergue, Clément de（1438 年没、イギリス統治下のパリ高等法院の書記、ジャンヌの「肖像」を残す）　011, 021, 186, 194, 271

ブシェ、ジャック Boucher, Jacques（1443年没、オルレアン公シャルルの財務官） 262-264
ブシャール、アラン Bouchard, Alain（16世紀前半ブルターニュの著述家） 176, 383
フラヴィ、ギヨーム・ド Flavy, Guillaume de（1398頃-1449年、コンピエーニュの守備隊長、ジャンヌを裏切ったとされる） 179, 301, 382-383, 385
ブーランヴィリエ、ペルスヴァル・ド Boulainvillier, Perceval de（シャルル7世の顧問官、ブールジュの代官） 023, 028, 031, 135, 188, 262, 285, 292, 294, 311, 365
フランケ・ダラス Franquet d'Arras（野武士団の首領、ジャンヌに捕えられたあと処刑される） 171, 184, 191, 267, 324
プーランジィ、ベルトラン・ド Poulengy, Bertrand de（1392頃-1455年よりあと、ボードリクールの家臣） 051, 087, 153, 230, 250
ブルゴーニュ公ジャン（ジャン無怖公） Bourgogne, Jean Sans Peur, duc de（在位1404-1419年） 032, 085, 104, 148, 151, 264, 266, 274, 346-347
ブルゴーニュ公フィリップ2世（フィリップ豪胆公）Bourgogne, Philippe le Hardi, duc de（在位1363-1404年） 345
ブルゴーニュ公フィリップ3世（フィリップ善良公）Bourgogne, Philippe le Bon, duc de（在位1419-1467年） 011, 019, 021, 033, 071, 074-075, 085, 095, 127, 180, 199, 204, 207, 243, 245-246, 248, 259-260, 265-267, 271, 275, 278, 280, 291, 301-303, 327, 345, 376-377, 383
ブルデイユ、エリー・ド Bourdeilles, Elie de（1420頃-1484年、ペリグー司教、無効裁判に関わる論文を執筆） 014-015, 058, 180-181, 183, 222, 233, 326, 327
ブルボン、エチエンヌ・ド Bourbon, Etienne de（13世紀フランスのドミニコ会修道士） 124, 153
ブールレモン（家）Bourlémontt（ドンレミの領主） 030-031, 036, 038, 041, 054-056, 058-060, 064, 068
ブレアル、ジャン Bréhal, Jean（1478年よりあとに没、ドミニコ会修道士、異端審問官、無効裁判の中心人物 015-016, 058, 110, 116, 128, 181, 184, 186, 222-233, 275, 277, 279, 320, 335, 342, 384-385
フロワサール、ジャン Froissart, Jean（1337頃-1404年頃、フランスの年代記作者） 125, 175-176, 236
ベケット、トマス Becket, Thomas（1118頃-1170年、イギリスの聖職者、イギリス王ヘンリ2世の大法官、王と対立し1170年カンタベリ大聖堂内で暗殺される） 204, 242, 381
ベドフォード公 Bedford, duc de（1389-1435年、イギリス王ヘンリ4世の3男、ヘンリ6世の摂政） 085-086, 161, 289, 340, 369, 385
ベリュイエ、マルタン Berruyer, Martin（1465年没、ル・マン司教、無効裁判の報告書を作成） 015, 027, 058, 135, 180, 233, 283, 372, 378-379
ベルシュイール、ピエール Bersuire, Pierre（14世紀フランスのベネディクト会修道士、説教者のための事典を著す） 124, 140, 184, 239
ベルナルディーノ、シエナの Bernardin de Sienne（1380－1444年、フランチェスコ会修道士、ＩＨＳのモノグラムを広める） 075, 077, 081, 355-356, 364, 367

ヘンリ 5 世 Henri V（イギリス王、在位 1413-1422 年） 085, 206, 211, 241, 246, 268
ヘンリ 6 世 Henri VI（イギリス王、在位 1422-1461 年、1470-1471 年） 002, 010, 020, 085, 109-110, 173, 192, 214, 230, 241-242, 246, 248, 272, 277, 302, 368, 373
ボークロワ、シモン Beaucroix, Simon（ジャンヌの戦友、無効裁判の証人） 150, 153, 221, 268, 340,
ボシャール、ジャン Bochard, Jean（アヴランシュ司教、無効裁判に際して意見書を執筆） 015, 222
ボードリクール、ロベール・ド Beaudricourt, Robert de（1454 年没、ヴォークールールの城主） 038, 042, 072, 086-087, 090-091, 119, 142, 159, 222, 261, 306, 376
ポトン・ド・サントライユ Poton de Xaintrailles（1400 頃 -1461 年、ジャンヌの戦友） 284, 373
ボニファティウス 8 世 Boniface VIII（ローマ教皇、フランス王フィリップ 4 世と対立しアナーニで捕えられ憤死、在位 1294-1303 年） 282, 345, 352
ボネ、オノレ Bonet, Honoré（14 世紀末フランスの著述家、『戦争の木』などを著す） 168, 185, 203, 207

ま行

マイエ、ジャンヌ＝マリー・ド Maillé, Jeanne-Marie de（14 世紀末～ 15 世紀初頭フランスの預言者） 096, 100, 102, 106, 139, 145, 214, 269, 338, 340, 379
マシェ、ジェラール Machet, Gérard（1380 頃 -1448 年、シャルル 7 世の聴罪司祭） 114, 116
マリー・ダンジュー（→ ダンンジュー、マリー）
マリニィ、アンゲラン・ド Marigny, Enguerrand de（フランス王フィリップ 4 世の寵臣） 242, 345
マルグリット Marguerite d'Antioche（3 世紀アンティオキアの聖女、ジャンヌに現われた「声」のひとり） 048, 062-063, 129-131, 151, 153, 156, 161, 192, 204, 217, 232, 263-265, 272, 314, 318, 320, 339, 349, 352-353, 359-360, 369, 381, 386
マンション、ギヨーム Manchon, Guillaume（1394 頃 -1456 年、処刑裁判の公証役、裁判の公式記録を作成） 012-013, 383
ミカエル Michel, saint（大天使、ジャンヌに現われた「声」のひとり） 015, 045, 050, 072, 077-078, 085, 089, 097, 103, 131, 142, 143, 161, 170, 187, 215-217, 219, 264-265, 282, 289-290, 314-318, 320, 333, 339, 342, 349, 353, 359
メジエール、フィリップ・ド Mézières, Philippe de（14 世紀フランスの軍人・著述家、のちのシャルル 6 世の家庭教師を務める） 107, 213, 255
モレル、ジャン Morel, Jean（ジャンヌの代父） 046, 063, 306
モロジーニ、アントニオ Morosini, Antonio（1363-1434 年、ヴェネツィア総督ミケーレ・モロジーニの甥、ジャンヌに関する噂を書きとめる） 112, 116, 262
モンストルレ、アンゲラン・ド Monstrelet, Enguerrand de（1395 頃 -1453 年、リュクサンブール公ジャンの家臣 011, 021, 026, 188
モンティニィ、ジャン・ド Montigny, Jean de（パリ司教区の教区法務者、無効裁判に関わる意見書を作成） 014,

110, 160, 181, 184-185
モントルイユ、ジャン・ド Montreuil, Jean de（シャルル6世の書記官、アルマニャック派） 034, 213, 269

や行

ヤコブス・デ・ウォラギネ Voragine, Jacques de（1230頃-1298年、ジェノヴァ司教、聖人伝を集めた『黄金伝説』の著者） 129, 151, 156, 231, 360
ユグ、ピエール Hug, Pierre（シャルル6世時代の預言者） 097, 099, 102

ら行

ラ・イール La Hire, Etienne de Vignolles, dit（1390頃-1443年、ジャンヌの戦友） 200, 255, 284-285, 373
ラヴァル、ギィ・ド Laval, Guy de（ジャンヌの戦友） 149, 164, 188-189, 193, 294, 365
ラクサール、デュラン Laxart, Durant（1396頃-1455年よりあと、ジャンヌの従兄弟、ジャンヌに付き添ってヴォークールールに赴く） 039, 044, 046, 059, 086-087, 106, 230, 331
ラバスタン、コンスタンス・ド Rabastens, Constance de（14世紀末フランスの幻視者） 097, 100, 107-108
ラバトー、ジャン Rabateau, Jean（1370-1453年、オルレアン公シャルルの顧問官、ポワチエにある彼の屋敷でジャンヌは『イギリス人への手紙』を口述する） 210, 262
ラ・フェロンヌ、ジャンヌ＝マリー（→乙女 ール・マンの）
ラ・ロシェル、カトリーヌ・ド La Rochelle, Catherine de（アルマニャック派の幻視者） 019, 098, 100, 161, 268, 306, 321, 338, 366, 369-370
ラングソン、ジャン Rainguesson, Jean（ジャンヌの代父） 046
リシャール Richard, frère（アルマニャック派のフランチェスコ会修道士、ジャンヌの霊的指導者） 098, 237-238, 288, 291, 356, 364, 366, 369-370
リチャード2世 Richard II（イギリス王、在位1377-1399年） 107, 118, 163, 204, 213, 261
リュクサンブール、ジャン・ド Luxembourg, Jean de（1392-1441年、ブルゴーニュ公フィリップ3世の忠臣、ジャンヌをイギリスに売り渡す） 011, 276, 302-303, 376, 382-383, 386
リュクサンブール、ジャンヌ・ド Luxembourg, Jeanne de（リュクサンブール公フィリップ3世の叔母、フランス王シャルル7世の代母） 162
リュクサンブール、ピエール・ド Luxembourg, Pierre de（1369-1387年、リュクサンブール公フィリップ3世のおじ、枢機卿、聖人に列せられた） 097, 153, 302
リール、ニコラ・ド Lyre, Nicolas de（14世紀フランスのフランチェスコ会修道士） 123, 160, 182
ルイ9世 Louis IX（フランス王、在位1226-1270年） 053, 124, 137, 241, 243
ルイ10世 Louis X（フランス王、在位1314-1316年） 242, 248, 258
ルイ11世 Louis XI（フランス王、在位1461-1483年） 103, 127, 136, 205, 230, 380, 383, 385

ルフラン、マルタン Lefranc, Martin（1410頃-1461年、対立教皇フェリクス5世〔アメデ・ド・サヴォワ〕の秘書官）289, 347, 367
ルメートル、ジャン Lemaitre, Jean（1454年よりあとに没、ルーアンのドミニコ会修道院院長、処刑裁判でピエール・コーションを補佐する）　011, 017, 276
ルメートル、ユッソン Lemaitre, Husson（ルーアンの金物屋、ジャンヌ出立の頃にドンレミに暮らす）　047
ル・ロワイエ、カトリーヌ Le Royer, Catherine（ヴォークールールでジャンヌを宿泊させた宿屋の主人）087, 106, 110, 160, 230
レ、ジル・ド Rais, Gilles de（1405-1440年、ジャンヌの戦友、「青髭」のモデル）245, 377
ロビーヌ、マリー（マリー・ダヴィニョン）Robine, Marie (ou Marie d'Avignon)（14世紀フランスの預言者）　003, 078, 097, 106, 108, 114, 302, 377, 379
ロメ、イザベル Romée, Isabelle（→ ダルク、イザベル）
ロワ、ギィ・ド Roye, Guy de（14世紀末のサンス大司教）　034, 049, 079, 151, 327
ロングイユ、リシャール・オリヴィエ・ド Longueil, Richard Olivier de（クータンス司教、無効裁判の裁判官のひとり）　017

わ行

ワトリケ・ド・クヴァン Watriquet de Couvin（14世紀前半の詩人）124, 167
ワニィのマリー Marie d'Oignie [Oigny]（13世紀初頭ブラバンの福者）　151-152

原　注

序　論

(1) PERNOUD (R.), *La Libération d'Orléans ; 8 mai 1429,* Paris, 1969.
PERNOUD (R.) et CLIN (M.V.), *Jeanne d'Arc*, Paris, 1986.

(2) BARSTOW (A.L.), *Joan of Arc ; heretic, mystic, shaman*, New York, 1986.
FRAIOLI (D.A.), *Joan of Arc ; the Early Debate*, Boydell Press, 2000.
WARNER (M.), *Joan of Arc ; the Image of Female Heroism*, New York, 1981.

(3) THOMAS (H.), *Jeanne d'Arc ; Jungfrau und Tochter Gottes*, Berlin, 2000.
TANZ (S.), *Jeanne d'Arc ; Spätmittelalterliche Mentalität im Spiegel eines Weltbildes,* Weimar, 1991.

(4) オルレアンのジャンヌ・ダルク・センターの所長を両者ともにそれぞれ経験したP・コンタミーヌやF・ミショーの論文は、もっとも示唆に富むものである。
CONTAMINE (P.), *De Jeanne d'Arc aux guerres d'Italie*, Orléans, 1994.
MICHAUD (F.), Dans son pays, on l'appelait Jeannette, *Genèse médiévale de l'anthroponymie moderne*, Tours, 1997, t.4, p.163-177.
L'effusion de sang dans les traités concernant Jeanne d'Arc, *Le sang au Moyen Age*, Montpellier, 1997, *Cahiers du Crisima*, 1999, p.332-340.
Jeanne d'Arc, dux, chef de guerre, *Guerre, pouvoir et noblesse*, Mélanges P. Contamine, Paris, 2000, p.524-531.
La "jeunesse" de Jeanne d'Arc dans les traités en sa faveur, Amiens, 1999, *Etudes médiévales*, 2000, p.327-332.
Sainte Catherine, Jeanne d'Arc et le saut de Beaurevoir, *Cahiers de recherches médiévales*, 2001, p.73-86.

(5) *Jeanne d'Arc ; une époque, un rayonnement*, Orléans, 1979, Paris, 1982. *Images de Jeanne d'Arc*, Rouen, mai 1999, dir. J. Maurice et D. Couty, Paris, 2000.

(6) 公会議主義者たちは、教会とは教皇の権力が公会議の権力によってバランスをとられるべきものと考えていた。

(7) FRAIOLI (D.), *Joan of Arc ; the Early Debate*, Boydell Press, 2000.

第Ⅰ部　ドンレミのジャンヌ・ダルク

第１章　史料の問題

(1) DUBY (G.) et PERROT (M.), *Histoire des femmes en Occident*, Paris, 2002, t.2, Le Moyen Age.
(2) GUENÉE (B.), *Histoire et culture historique dans l'Occident médiéval*, Paris, 1980.
(3) Par Jean Chartier, moine de Saint-Denis et historiographe de France, QUICHERAT, t.4, p.51-94.
(4) たとえば、アランソン公ジャン（ペルスヴァル・ド・カニィ）あるいはアルチュール・ド・リシュモン（ギヨーム・グリュエル）。
(5) FRAIKIN (J.), Notice des sources du procès de condamnation de Jeanne d'Arc, *Jeanne d'Arc, une époque, un rayonnement*, Orléans, 1979, Paris, 1982, p.227-236.
(6) DUPARC (P.), *Procès en nullité*, Paris, 1983, t.5, p.145-147.
(7) DUBY (G.) et (A.), *Les Procès de Jeanne d'Arc*, Paris, rééd. 1995.
(8) BOUCHER DE MOLANDON (R.), *Les Comptes de la ville d'Orléans aux XIVe et XVe siècles*, Orléans, 1884.
(9) CONTAMINE (P.), Naissance d'une historiographie. Le souvenir de Jeanne d'Arc en France et hors de France, depuis le procès de son innocence jusqu'au début du XVIe siècle, *De Jeanne d'Arc aux guerres d'Italie*, Orléans, 1994, p.139-163.
(10) CONTAMINE (P.), Henry VI, première partie ; La Guerre de Cent Ans et Jeanne d'Arc, *De Jeanne d'Arc aux guerres d'Italie*, Orléans, 1994, p.163-179.
(11) QUICHERAT (J.), t.4, p.1-37.
(12) ジル・ド・レが1435年に上演のための財政援助をした『〔オルレアン包囲戦の〕聖史劇』は、キシュラの版には収録されなかった。『聖史劇』のすばらしい校訂版は近年出された。GROS (G.), *Le Mystère du siège d'Orléans*, Paris, 2002. GROS (G.), Le Seigneur de Rais et Jeanne d'Arc ; étude sur une relation d'après le Mystère du Siège d'Orléans, *Images de Jeanne d'Arc*, Rouen, 1999, Paris, 2000, p.117-128.
(13) DONCŒUR (P.), et LANHERS (Y.), *La Minute française des interrogatoires de Jeanne la Pucelle*, Paris, 1952.
DONCŒUR (P.), et LANHERS (Y.), *L'Instrument public des sentences*, Paris, 1954.
DONCŒUR (P.), et LANHERS (Y.), *L'Enquête ordonnée par Charles VII en 1450 et le codicille de Guillaume Bouillé*, Paris, 1956.
(14) これらの意見書は、ジャック・ジェリュ (t.3, p.395-410) とアンリ・ド・ゴルカン (t.3, p.411-421) のものを除いてはキシュラに取り上げられなかった。意見書については、ラネリー・ダルクによる版と、デュパルクの版（第２巻）とのふたつが存在する。
(15) FRAIOLI (D.), *Joan of Arc ; the Early Debate*, New York, 2000.
(16) DUPARC (P.), t.2, p.33-39 (texte) et t.5, p.52-53 (attribution). 後者に関しては、D・ウェ

イマンが異を唱えた。

(17) DUPARC (P.), t.2, p.317-348 et t.5, p.57.

(18) DUPARC (P.), t.2, p.40-157 et t.5, p.53-54.

(19) DUPARC (P.), t.2, p.266-317 et t.5, p.56.

(20) DUPARC (P.), t.2, p.157-219 et t.5, p.54-55.

(21) DUPARC (P.), t.2, p.348-400 et t.5, p.57-58.

(22) DUPARC (P.), t.2, p.219-257 et t.5, p.55.

(23) DUPARC (P.), t.2, p.257-266 et t.5, p.55-56.

(24) DUPARC (P.), t.2, p.405-601.

(25) LANERY D'ARC (P.), *Mémoires et consultations en faveur de Jeanne d'Arc*, Paris, 1880, Leliis, p.17-59 et Pontanus, p.36-54 et 55-71.

(26) GUENÉE (B.), *Entre l'Eglise et l'Etat : quatre vies de prélats français*, Paris, 1987, p.301-435 (T. Basin).

(27) KRYNEN (J.), *L'Empire du roi*, Paris, 1993, p.371.

(28) DUPARC (P.), t.5, p.9-11.

(29) LEWIS (P. S.), *Ecrits politiques de Jean Jouvenel des Ursins*, Paris, 1978, t.1 (introduction).

(30) DUPARC (P.), t.5, p.21.

(31) *Ibid.*

(32) この文言は、ドンレミ村の証人全員がはっきりと用いている。

(33) DUPARC (P.), t.4, p.2-11.

(34) DUPARC (P.), t.1, p.473-488 et t.4, p.152-153.

(35) DUPARC (P.), t.1, p.XI-XVII.

(36) CONTAMINE (P.), Jules Quicherat historien de Jeanne d'Arc. *De Jeanne d'Arc aux guerres d'Italie*, Orléans, 1994, p.179-193.

(37) TISSET (P.), *Procès de condamnation*, Paris, 1970, t.1 ; le texte latin, t.2 ; la traduction, t.3, introduction sur les procès.

(38) DUPARC (P.), *Procès en nullité*, Paris, 1977, t.1 ; le texte latin, 1979, t.2 ; les mémoires judiciaires, 1983, t.3 et 1983, t.4, la traduction, et 1986, t.5 ; étude juridique du procès et contribution à la biographie de Jeanne.

(39) DONCŒUR (P.) et LANHERS (Y.), *La Minute française des interrogatoires de Jeanne la Pucelle*, Paris, 1952.

(40) QUICHERAT (J.), Une relation inédite sur Jeanne d'Arc, *Revue historique*, 1877, p.329-344 et 1882, p.60-83.

(41) LEFEVRE PONTALIS (G.) et DOREZ (L.), *Chronique d'Antonio Morosini*, Paris, 1898-1902.

(42) DONDAINE (A.), Le Témoignage de Jean Dupuy sur Jeanne d'Arc, *Archivum fratrum praedicatorum*, t.12, 1942, p.167-184 et t.38, 1968, p.31-41.

(43) GILLI (P.), *Au miroir de l'humanisme : les représentations de la France dans la culture savante italienne à la fin du Moyen Age (1360-1490)*, Rome, 1997.

GILLI (P.), Jeanne d'Arc en Italie au XVe siècle et la restauration de la dignité royale, *Images de Jeanne d'Arc,* Rouen, 1999, Paris, 2000, p.19-27.

GUÉRET LAFERTE (A.), L'Influence du courant humaniste sur l'image de Jeanne d'Arc, *Images de Jeanne d'Arc*, Rouen, 1999, Paris, 2000, p.99-108.

(44) CONTAMINE (P.), Jeanne et la prophétie. *Les textes prophétiques et la prophétie en Occident*, dir. A. Vauchez, Chantilly, 1988, Rome, 1990, p.677-685

VAUCHEZ (A.), Les Théologiens face aux prophéties à l'époque des papes d'Avignon et du Grand Schisme. *Les textes prophétiques et la prophétie en Occident*, dir. A. Vauchez, Chantilly, 1988, Rome, 1990, p.577-588.

(45) VAUCHEZ (A.), Jeanne et le prophétisme féminin des XIVe et XVe siècles, *Jeanne d'Arc ; une époque, un rayonnement*, Orléans, 1979, Paris, 1982, p.159-168.

(46) RAKNEM (I.), *Joan of Arc in History, Legend and Literature*, Oslo, 1971. *Images de Jeanne d'Arc*, Rouen, 1999, Paris, 2000. *Jeanne d'Arc oder wie Geschichte eine Figur konstruiert*, dir. C. Schoeller Glass et H. Röckelein et M. Müller, Fribourg, 1996.

第２章　国境からきた娘

(1) QUICHERAT (J.), t.5, p.114-116.

(2) BEAUNE (C.), Pour une préhistoire du coq gaulois, *Médiévales*, 1986, p.69-80.

(3) QUICHERAT (J.), t.5, p.25.

(4) VIGOURT (A.), *Les Présages impériaux d'Auguste à Domitien*, Paris, 2001.

(5) BRUNEAU (Ch.), La chronique de Ph. de Vigneulles, Metz, 1930, t.2, p.185.

(6) 1412 年がジャンヌの生年として一般的にもっともよく挙げられるが、1411 年や 1410 年である可能性もある。

MICHAUD (F.), La Jeunesse de Jeanne dans les traités en sa faveur, Amiens, 1998, *Etudes médiévales*, 2000, p.327-332.

(7) TISSET (P.), t.2, p.41 et 44.

(8) *Les âges de la vie au Moyen Age*, dir. H. Dubois et M. Zink, Paris, 1992.

GUENÉE (B.), L'âge des personnes authentiques ; ceux qui comptent dans la société médiévale sont-ils jeunes ou vieux, *Prosopographie et Genèse de l'Etat moderne*, Paris, 1984, 1986, p.249-279.

(9) TISSET (P.), t.2, p.46（13 歳）.

(10) DUPARC (P.), t.3, Mengette, p.272-273 et Catherine Le Royer, p.284-286.

(11) DUPARC (P.), 1983, t.3, M. Lebuin, p.279-281 et S. Musnier, p.268-269.

(12) DUPARC (P.), t.4, p.22.

(13) DUPARC (P.), t.4, p.24.

(14) DUPARC (P.), t.4, p.57.

(15) DUPARC (P.), t.4, p.92.

(16) DUPARC (P.), t.4, p.146.
(17) DUPARC (P.), t.4, p.2. (ほぼ 51 歳)
(18) DUPARC (P.), t.4, p.64. (ほぼ 50 歳)
(19) DUPARC (P.), t.4, p.11. (ほぼ 85 歳)
(20) MICHAUD (F.), cf. note 6.
(21) QUICHERAT (J.), Livre noir du greffier de La Rochelle, *Revue historique*, 1877, p.327-344.
(22) QUICHERAT (J.), t.4, p.426.
(23) LEFEVRE PONTALIS (G.), *La Chronique d'Antonio Morosini*, Paris, 1901, t.3, p.89.
(24) QUICHERAT (J.), t.4, p.361 et 430.
(25) QUICHERAT (J.), t.5, p.14.「16 歳の娘っ子」。
(26) QUICHERAT (J.), t.4, Pie II, p.507, L. Buonincontro, p.505, Ph. de Bergame, p.521.
(27) LETT (D.), *L'Enfant des miracles ; enfance et société au Moyen Age XIe -XIIIe siècles*, Paris, 1997, p.131.
(28) DUPARC (P.), t.2, p.173-177 (T. Basin) ou t.2, p.193 (J. de Montigny) ou Bréhal, p.569.
(29) DUPARC (P.), t.3, p.54 repris dans les 101 articles des demandeurs (a. 6, 45, 47, 48).
(30) N. Taquel, P. Bouchier, N. de Houppeville, G. Manchon, I. de Pierre, R. de Grouchet, M. Ladvenu, J. Fabri.
(31) G. du Désert, J. Massieu.
(32) G. du Désert, J. Massieu.
(33) P. Miget.
(34) DUPARC (P.), t.3, p.186.
(35) DUPARC (P.), t.2, p.366.
(36) DUPARC (P.), t.2, p.225.
(37) HIGOUNET (C.), A propos de la perception de l'espace au Moyen Age, *Mélanges K.F. Werner*, Paris, 1989, p.257-269. ZUMTHOR (P.), *La Mesure du monde ; représenter l'espace au Moyen Age*, Paris, 1993.
(38) QUICHERAT (J.), t.5, p.132, « si nationem quaeritis, de regno est ».
(39) GUENÉE (B.), Des frontières féodales aux frontières politiques, *Les Lieux de mémoire*, dir. NORA (P.), *La Nation*, 1, 1986, p.11-33.
TOUBERT (P.), Frontière et frontières ; un objet historique, *Castrum*, t.4, 1984, p.9-17.
BARTLETT (R.) et MAC KAY (A.), *Medieval Frontiers*, Oxford, 1989.
(40) QUICHERAT (J.), P. de Boulainvilliers « sur la Meuse », t.5, p.116, A. Chartier « prope flumen Meusæ » (t. 5, p.132), Berri, t.4, p.41 « un village dessus la rivière de Meuse ».
(41) BEAUNE (C.), Clovis dans les Grandes Chroniques de France. *Clovis ; histoire et mémoire*, dir. ROUCHE (M.), Reims, 1987, p.198-208.
(42) Sigebert de GEMBLOUX, *Chronica*, M.G.H., VI, éd. L. BETHMANN, p.268.
CHAZAN (M.), *L'Idée d'Empire dans les chroniques universelles écrites en France (fin XIIe - début XIVe)*, Paris, 1996.
(43) BUR (M.), La frontière entre la Champagne et la Lorraine du milieu du Xe siècle à la fin du

XIIIe siècle, *Francia*, 1976, p.237-254. BUR (M.), Recherches sur la frontière dans la région mosane aux XIIe et XIIIe siècles, *103e Congrès des sociétés savantes*, 1978, p.143-161 (carte p.144).

AIMOND (C.), *Les Relations entre la France et le Verdunois de 1270 à 1552*, Paris, 1910.

(44) Citée par S. LUCE, *Jeanne d'Arc à Domrémy : recherches critiques sur les origines de la mission de la Pucelle*, Paris, 1886 et P. MAROT, *Jeanne la bonne Lorraine à Domrémy*, Colmar, 1980.

(45) DIGOT (A.), *Histoire de Neufchâteau*, rééd. Paris, 1990.
MAROT (P.), Neufchâteau au Moyen Age, *MSAL*, 1928-1930, t.68, p.63-198.
GUILLAUME (J.), *La Ville de Neufchâteau ; inventaires du patrimoine*, Paris, 1990.

(46) LUCE (S.), *Jeanne d'Arc à Domrémy*, Paris, 1886. MAROT (P.), *Jeanne d'Arc la bonne Lorraine à Domrémy ; la marche de la haute Meuse*, Colmar, 1980.

(47) LECERF (G.), Eglises et établissements religieux dans le canton de Vaucouleurs, *Bulletin des sociétés d'histoire et d'archéologie de la Meuse*, t.28-29, 1992, p.1-35.

(48) 1398 年の時点における封明細証書〔地元領主ブールレモンが主君であるバール公にあてたもの〕について記しているのは、次の書である。POULL (G.), *Les Seigneurs de Bourlémont*, Corbeil, 1962, t.1, p.192-193.

(49) TISSET (P.), t.2, p.163.

(50) QUICHERAT (J.), t.5, p.115, « in partibus Campaniae ».

(51) QUICHERAT (J.), Cagny, « des marches de Lorraine et Barrois », t.4, p.3, J. Chartier, « es marches de Barrois », p.52, Poème latin, t.5, p.25 « patriae barrensis ».

(52) フランソワ・ヴィヨンの詩「とはいえ、去年（こぞ）の雪は、いま何処」。アルビ市の書記と M・トマサンにとってもジャンヌは「ロレーヌ娘」だった。

(53) GUENÉE (B.), Un royaume et des pays : la France de M. Pintoin, *Identité régionale et conscience nationale en France et en Allemagne*, Paris, 1993, p.403-423.
CONTAMINE (P.), *Histoire de la France politique*, Paris, 2000.

(54) Le Héraut BERRI, *Le Livre de la description des pays*, éd. E. T. Hamy, Paris, 1908, p.45 (Champagne).

(55) Le Héraut BERRI, *Le Livre de la description des pays*, éd. E. T. Hamy, Paris, 1908, p.45-46 (Barrois), p.112 (Lorraine).

(56) NORDBERG (M.), *Les Ducs et la royauté*, Uppsala, 1964.

(57) JOUVENEL DES URSINS (J.), *Histoire de Charles VI*, éd. Michaud et Poujoulat, Paris, 1836, p.479.

(58) DEMURGER (A.), Guerre civile et changement du personnel administratif en France de 1400 à 1418, *Francia*, 1978, t.6, p.151-298 et 956-957.

(59) TISSET (P.), t.2, p.63.

(60) DUPARC (P.), t.3, p.267, Gérardin d'Epinal.

(61) TISSET (P.), t.2, p.63-64.

(62) QUICHERAT (J.), t.3, p.393.

(63) TISSET (P.), t.2, p.163.

(64) BELLAGUET (L.), *La Chronique du Religieux de Saint-Denis*, Paris, 1840, t.2, p.543-545 (L.18, ch.2) et 663-664 (L. 19, ch. 10).

(65) DELCAMBRE (E.), *Le Concept de sorcellerie dans le duché de Lorraine aux XVIe et XVIIe siècles*, 3 tomes, 1948-1951.

(66) MARTIN (E.), *Histoire du diocèse de Toul*, 1867, t.2 et GUILLAUME (P. E.), *Histoire du diocèse de Toul...*, Nancy, 1900, t.1, p.389-399.

(67) Guy de ROYE, *Doctrinal de sapience*, Paris, 1483, f°.

(68) GAUVARD (C.), L'Opinion publique aux confins des Etats et des principautés. *Les principautés au Moyen Age*, Congres SHESP, Bordeaux, 1978, p.127-152.

(69) LUCE (S.), *La Chronique des quatre premiers Valois*, Paris, 1861, p.46-48.

(70) BEAUNE (C.), Jean de Gand prophète et bienheureux, *Prophètes et prophéties*, dir. N. CAZAURAN, Paris, *Cahiers V. L. Saulnier*, t.15, 1998, p.13-28.

(71) LEVI (G.) et SCHMITT (J.C.), *Histoire des jeunes en Occident*, Paris, 1996, t.1.

(72) 旧約聖書、「伝道の書」〔日本語新共同訳では「コヘレトの言葉」〕、第 10 章第 16 節。

第３章　村で成長するということ

(1) LUCE (S.), *Jeanne d'Arc à Domrémy ; études critiques sur les origines de la mission de la Pucelle*, Paris, 1886. VALLET DE VIRIVILLE (A.), *Nouvelles Recherches sur la famille et sur le nom de Jeanne d'Arc*, Paris, 1854. BOUCHER DE MOLANDON (R.), *La famille de Jeanne d'Arc*, Orléans, 1878. MAROT (P.), *La Bonne Lorraine à Domrémy ; la marche de la haute Meuse, la mission de Jeanne, souvenir et culte de l'héroïne en son pays*, Colmar, 1980. MOREL (H.), *La Noblesse de la famille de Jeanne au XVIe siècle*, Paris, 1972, tableau généalogique.

(2) LETT (D.), *Famille et parenté dans l'Occident médiéval V^e -XVe siècle*, Paris, 2000.

(3) LUCE (S.), *Jeanne d'Arc à Domrémy...*, cf. note 1.

(4) BOURIN (M.), *Genèse médiéval de l'anthroponymie moderne*, colloque d'Azay-le-Féron, t.2 (2), *Désignation et anthroponymie des femmes*, 1992. *L'anthroponymie*, colloque Ecole française de Rome (1994), Rome, 1996.

(5) DUBY (G.), *Les Trois Ordres et l'imaginaire du féodalisme*, Paris, 1978.

(6) FREEDMAN (P.), Sainteté et sauvagerie ; deux images du paysan au Moyen Age, *Annales ESC*, 1992, p.539-561.

(7) Messire J.Colin, Albert d'Ourches, Jean de Nouillompont.

(8) DUPARC (P.), t.3, p.245 et 252.

(9) DUPARC (P.), t.3, p.250 (E. de Syonne).

(10) DUPARC (P.), t.3, p.270, « *in focario* », Isabelle épouse de Gérardin.

(11) DUPARC (P.), t.3, p.259.

(12) TISSET (P.), t.2, p.113.

(13) TISSET (P.), t.2, p.41. DELUMEAU (J.), *La religion de ma mère : les femmes et la*

transmission de la foi, Paris, 1991. BERIOU (N.), et alii, *Prier au Moyen Age*, Turnhout, 1991.

(14) DUPARC (P.), t.3, p.281.

(15) TISSET (P.), t.2, p.45.

(16) Thévenin Le Royer, J. Moen, J. Thiesselin, J. de Saint Amand.

(17) Gérard Guillemette.

(18) S. Musnier.

(19) GAUDEMET (J.), *Le Mariage en Occident : les mœurs et le droit*, Paris, 1987. GIES (F.) et (J.), *Marriage and the Family in the Middle Ages*, New York, 1987.

(20) FINE (A.), *Parrains, marraines ; la parenté spirituelle en Europe*, Paris, 1994. KLAPISCH-ZUBER (C.), Parrains et filleuls ; une approche comparée de la France, l'Angleterre et l'Italie médiévale, *Medieval Prosopography*, 1985, t.6 (2), p.51-77. TRICARD (J.), Mariages, commérages et parrainages ; la sociabilité dans les livres de raison limousins. *Croyances, pouvoir et société, Etudes L. Perouas*, Treignac, 1988, p.129-142.

(21) MICHAUD (F.), Dans son pays, on l'appelait Jeannette, *Colloques d'Azay-le-Féron*, t.4, *Le discours sur le nom*, 1997, p.163-177. DUPAQUIER (J.), *Le Prénom ; mode et histoire.* Entretiens de Malher, Paris, 1980, Paris, 1984, p.5-10.

(22) JUSSEN (B.), Le Parrainage à la fin du Moyen Age ; savoir public, attentes théologiques et usages sociaux, *Annales ESC*, 1992, p.467-502.

(23) TISSET (P.), t.2, p.40.

(24) Jean Morel, Jeanne, femme de Thévenin Le Royer, Jeannette veuve Thiesselin, Béatrice veuve Estellin.

(25) G. Guillemette, M. Watterin, Isabelle épouse Gérardin, Mengette, femme de J. Joyart.

(26) J. de Saint-Amand, B. Lacloppe, P. Drappier, G. d'Epinal, Colin de Greux, Jeannette veuve Thiesselin.

(27) PEGEOT (P.), Un exemple de parenté baptismale à la fin du Moyen Age ; Porrentruy (1482-1500). *Les entrées dans la vie*, Nancy, 1981, p.53-71.

(28) DUPARC (P.), t.3, p.255.

(29) DUPARC (P.), t.3, p.270.

(30) TISSET (P.), t.2, p.63.

(31) BOUCHER DE MOLANDON (R.), cf. note 1, p.74.

(32) KLAPISCH-ZUBER (Ch.), *La Maison et le Nom ; stratégies et rituels dans l'Italie de la Renaissance*, Paris, 1990.

(33) GUENÉE (B.), *L'Opinion publique à la fin du Moyen Age d'après la chronique du Religieux de Saint-Denis*, Paris, 2002, p.23 et 26.

(34) TISSET (P.), t.2, p.97.

(35) BOURIN et DURAND (Y.), *Vivre au village au Moyen Age ; les solidarités paysannes du XIe au XIIIe siècles*, Paris, 2000. FOSSIER (R.), Villages et villageois, Paris, 1996.

(36) DUPARC (P.), t.3, p.268.

(37) DUPARC (P.), t.4, p.146.
(38) DUPARC (P.), t.3, p.272, Mengette.
(39) JEAY (M.), *Les Evangiles des Quenouilles*, Montréal, 1982. PAUPERT (A.), *Les Fileuses et le Clerc ; étude des Evangiles des Quenouilles*, Paris, 1990.
(40) DUPARC (P.), t.3, p.263.
(41) DUPARC (P.), t.3, p.264.
(42) AUBRUN (M.), *La Paroisse en France des origins au XVe siècle*, Paris, 1986.
ADAM (P.), *La Vie paroissiale en France au XIVe siècle*, Paris, 1964.
(43) Guy de ROYE, *Doctrinal de sapience*, Paris, 1478, f° 80.
(44) MARTIN (E.), *Histoire des diocèses de Toul*, Nancy, 1901, t.1 et 2.
GUILLAUME (P. E.), *Histoire du diocèse de Toul*, Nancy, 1900, t.1.
CHOUX (J.), *La Lorraine chrétienne au Moyen Age*, Metz, 1981.
(45) DUPARC (P.), t.3, p.7.
(46) DUPARC (P.),「しばしば」(P. Drappier, E. de Syonne, Hauviette)、「すすんで」(B. Lacloppe, Mengette, D. Laxart, B. Thiesselin, L. de Martigny, M. Lebuin)、「主な祝日に」(J. Morel).
(47) DUPARC (P.), t.3, p.294.
(48) DUPARC (P.), t.3, p.289.
(49) DUPARC (P.), t.3, p.292.
(50) RUBIN (M.), *Corpus Christi ; the Eucharist in Late Medieval Culture*, Cambridge, 1991.
(51) DUPARC (P.), t.3, p.244, D. Jacob prêtre, p.259, P. Drappier marguillier, p.265, J. Waterin, p.268, S. Musnier.
(52) 聖地ベルモンについては、ドンレミ村では11名の証人が、またルーアンでは1名の証人（J. Moreau）が触れている。もっとも興味深い証言は、ジャンヌの代父J・モレル（p.241）および義兄コランによるものである（p.275）。
(53) RAPP (F.), Jeanne d'Arc, témoin de la vie religieuse en France au XVe siècle. *Jeanne d'Arc; une époque, un rayonnement*, Orléans, 1979, Paris, 1982, p.169-179.
DELARUELLE (E.), *La Piété populaire au Moyen Age*, Turin, 1975.

第4章　妖精たちのいる木

(1) LE GOFF (J.), Le Désert forêt dans l'Occident médiéval. *L'imaginaire médiéval*, Paris, 1985, p.58-75.
(2) CHENERIE (M.L.), *Le Chevalier errant dans les romans arthuriens*, Genèves, 1986.
(3) TISSET (P.), t.2, p.68.
(4) TISSET (P.), t.2, p.65.
(5) POULL (G.), *Le Château et les seigneurs de Bourlémont*, Corbeil, 1962-1964, t.1.
(6) DUPARC (P.), t.3, p.252.

(7) PLANCHE (A.), La belle était sous l'arbre, *L'arbre ; histoire naturelle et symbolique*, dir. M.PASTOUREAU, Paris, 1993, p.93-105.
AUBAILLY (J.C.), *La Fée et le chavalier*, Paris, 1986.
GALLAIS (P.), *La Fée à la fontaine et à l'arbre*, Paris, 1992.
FERLAMPIN (Ch.), *Fées, bestes et luitons*, Paris, 2002.
(8) HARF LANCNER (L.), *Les Fées au Moyen Age ; Morgane et Mélusine ; la naissance des fées*, Paris, 1984.
LE GOFF (J.), Mélusine maternelle et défricheuse. *Pour un autre Moyen Age*, Paris, 1977, p.307-335.
LECOUTEUX (Cl.), *Mélusine et le chevalier au cygne*, Paris, 1982.
(9) LECOUTEUX (Cl.), *Mélusine et le chevalier au cygne*, Paris, 1982, p.33.
(10) STOUFF (L.), *Le Roman de Mélusine par Jean d'Arras*, Dijon, 1932.
(11) POULL (G.), *Le Château et les seigneurs de Bourlémont*, Corbeil, 1962, t.1, p.41-56. これはティスランの寡婦ジャネットの語った内容と同じである。
(12) BASSOMPIERRE (F. de), *Mémoires du maréchal de Bassompierre*, Amsterdam, 1721, t.1, p.8-9.
(13) MONMERQUE (M.), *Historiettes de Tallemant des Réaux*, Paris, 1840, t.4, p.194-195.
(14) MONMERQUE (M.), *Historiettes de Tallemant des Réaux*, Paris, 1840, t.4, p.195.
(15) MONMERQUE (M.), *Historiettes de Tallemant des Réaux*, Paris, 1840, t.4, p.194.
(16) FRAIKIN (J.), L'Arbre aux fées, le Bois Chenu et la prophétie de Merlin ; aspects d'un mythe à travers les procès de Jeanne d'Arc, *1er Congrès international de mythologie*, 1987, p.37-46.
(17) TISSET (P.), t.2, p.65-68.
(18) TISSET (P.), t.2, p.85.
(19) TISSET (P.), t.2, p.140.
(20) TISSET (P.), t.2, Article 5, 6, p.164-166 et article 56, p.222-223.
(21) TISSET (P.), t.2, Article 1, p.245.
(22) TISSET (P.), t.2, p.273.
(23) BEAUNE (C.), *Journal du Bourgeois de Paris*, Paris, 1990, p.292-293.
(24) DUPARC (P.), t.2, p.239.
(25) DUPARC (P.), t.2, p.122.
(26) DUPARC (P.), t.2, p.447-449.
(27) 九番目の質問である。
(28) DUPARC (P.), t.3, p.250-251 Etienne de Syonne et p.273-274 Jean Colin.
(29) DUPARC (P.), t.3, L. de Martigny, G. de Foug, J. de Nouillompont.
(30) DUPARC (P.), t.3, p.284.
(31) *Ibid.*, p.250.
(32) TISSET (P.), t.2, p.164.
(33) TISSET (P.), t.2, p.273.

(34) DUPARC (P.), t.3, p.261.

(35) DUPARC (P.), t.3 ; B. Estellin, J. Thévenin, J. veuve Thiesselin, Hauviette, B. Lacloppe, P. Drappier, J. Morel, D. Jacob.

(36) DUPARC (P.), t.3, J. Morel et B. Estellin.

(37) DUPARC (P.), t.3, Jeanette veuve Thiesselin, G. d'Epinal, S. Musnier.

(38) DUPARC (P.), t.3 ; Colin, M. Lebuin, H. Arnolin, I. femme Gérardin.

(39) DUPARC (P.), t.3, J. Waterin, Bertrand de Poulengy, J. Jacquart.

(40) DUPARC (P.), t.3 ; M. Lebuin, J. veuve Thévenin, J. Moen, J. veuve Thiesselin, P. Drappier, G. Guillemette, Hauviette, G. d'Epinal S. Musnier, J. Jacquart.

(41) DUPARC (P.), t.3, p.257 B. Lacloppe, p.254 Thévenin Le Royer, p.247 Jeannette Thévenin, p.243 Maître D. Jacob, p.269-270 Isabelle Gérardin, p.274 Colin fils Colin, p.240 J. Morel, p.245 B. Estellin, p.255-257 J. de Saint-Amand.

(42) TISSET (P.), t.2, p.165 (article 6).

(43) DUPARC (P.), t.3, p.275.

(44) DUPARC (P.), t.3, p.246.

(45) VAUCHEZ (A.), Les Rogations dans la Légende dorée. *Les laïcs au Moyen Age ; pratiques et expériences religieuses*, Paris, 1987, p.145-156.

(46) POULL (G.), *Le Château et les seigneurs de Bourlémont*, Corbeil, 1962, t.1, p.63-65.

(47) DUPARC (P.), t.3, p.248.

(48) DUPARC (P.), t.3, p.290.

(49) TISSET (P.), t.2, p.67.

(50) DUPARC (P.), t.3, p.295.

(51) DUPARC (P.), t.3, p.238 (J. Morel).

(52) DUPARC (P.), t.3, p.269.

(53) DUPARC (P.), t.3, p.288.

(54) DUPARC (P.), t.3, p.295.

(55) DUPARC (P.), t.3, Colin, B. Lacloppe.

(56) TISSET (P.), t.2, p.67 et 166 (article 7).

(57) DUPARC (P.), t.3, p.242

(58) TISSET (P.), t.2, p.6-8.

(59) TISSET (P.), t.2, p.67.

(60) TISSET (P.), t.2, p.140, p.164-165.

(61) TISSET (P.), t.2, article 4, p.209.

(62) GAUVARD (Cl.), Renommées d'être sorcières ; quatre femmes devant le prévot de Paris en 1390-1391, *Milieux naturels, espaces sociaux, Mélanges R. Delort*, Paris, 1997, p.703-717.

第５章 字は読めたのか、読めなかったのか

(1) DUPARC (P.), t.5, p.148.
(2) R・ペルヌーは、ジャンヌが 1429 年の夏か秋のあいだに書くことを学んだと考えている。ペルヌーは、署名できるということと読み書き能力とを同一視しているのである。
(3) VERGER (J.), *Culture, enseignement et société aux XIIe et XIIIe siècles*, Paris, 1999.
GENET (J. P), *La Mutation de l'éducation et de la culture médiévales*, Paris, 1999.
BEAUNE (C.), *Education et culture ; XIIe - XVe siècles*, Paris, 1998.
(4) LORCIN (M.T.), et ALEXANDRE BIDON (D.), *Système éducatif et culture*, Paris, 1998, p.109-131.
(5) BEAUNE (C.) et LEQUAIN (E.), Femmes et histoire en France au XVe siècle : Gabrielle de la Tour et ses contemporaines, *Médiévales*, 2000, n°38, p.111-136.
HASENOHR (G.), L'Essor des bibliothèques privées aux XIVe et XVe siècles, *Histoire des bibliothèques françaises*, dir. VERNET (A.), Paris, 1989, t.1, *Le Moyen Age*, p.215-263.
(6) CAVALLO (G.), et CHARTIER (R.), *Histoire de la lecture dans le monde occidental*, Paris, 1997.
(7) GUILBERT (S.), Ecoles rurales en Champagne au XVe siècle. *Les entrées dans la vie, Congrès SHMESP*, Nancy, 1981, p.127-149.
DESPORTES (P.), L'Enseignement à Reims aux XIVe et XVe siècles, *95e congrès des Sociétés savantes*, Reims, 1970, p.107-122.
(8) CLANCHY (M.T.), *From Memory to Written Record*, Londres, 1992.
GLENISSON (J.), *Le Livre au Moyen Age*, Paris, 1988.
(9) GUILLAUME (P. E.), *Histoire du diocèse de Toul*, Nancy, 1900, t.1, p.389-399.
(10) DUPARC (P.), t.3, p.252.
(11) CAROLUS BARRE (L.), Jeanne êtes-vous en état de grâce ?, *Bulletin de la Société des Antiquaires de France*, 1958, p.109-131.
(12) Jeannette Thiesselin.
(13) DUPARC (P.), t.4, p.52.
(14) TISSET (P.), t.2, p.63.
(15) TISSET (P.), t.2, p.81-82. 告発状の第 26 条と第 29 条および 3 月 1 日の尋問。
(16) DUPARC (P.), t.4, p.52.
(17) DUPARC (P.), t.4, p.76 (J. Pasquerel).
(18) DUPARC (P.), t.4, p.90.
(19) QUICHERAT, t.4, p.306.
(20) PERNOUD (R.) et CLIN (V.), *Jeanne d'Arc*, Paris, 1986, p.330-333.
(21) TISSET (P.), t.2, p.68, p.191. 王に会いに行くために 150 里。
(22) TISSET (P.), t.2, p.114.
(23) TISSET (P.), t.2, p.71 et 194.

(24) TISSET (P.), t.2, p.46.
(25) TISSET (P.), t.2, p.50.
(26) TISSET (P.), t.2, p.195.
(27) TISSET (P.), t.2, p.98.
(28) TISSET (P.), t.2, p.46, 62, 104, 149, 150.
(29) 聖母マリア生誕祭の9月8日に、ジャンヌはパリ攻撃を試みた。
(30) TISSET (P.), t.2, p.43.
(31) TISSET (P.), t.2, p.49.
(32) LEROUX DE LINCY (A.), *Le Livre des proverbes français*, t.1, rééd. Paris, 1979, p.18.
(33) MORAVSKI (J.), *Proverbes français antérieurs au XVe siècle*, Abbeville, 1925, n. 1209.
(34) FRAENKEL (B.), *La Signature ; genèse d'un signe*, Paris, 1992.
CONTAMINE (P.), L'écrit et l'oral en France à la fin du Moyen Age ; notes sur l'alphabétisme de l'encadrement militaire, *Histoire comparée de l'administration*, dir. PARAVICINI (W.), Tours, 1977, Munich, 1978, p.102-113.
(35) ジャンヌの手紙は、たびたび出版されてきたが、それもこのキシュラによる収録以降のことである。Quicherat, t.4, p.284-288 et t.5, p.95, 123, 125-126, 126-127, 139, 147-148, 156, 159, 161. 有益なファクシミリ版が収められているのは、MALEYSSIE (C.), *Les Lettres de Jeanne d'Arc*, Paris, 1909 である。また手紙の問題点をはっきりさせているのは、DUPARC, t.5, p.145-147 および PERNOUD (R.) et CLIN (V.), *Jeanne d'Arc*, Paris, 1986, p.377-391 である。
(36) TISSET (P.), t.2, p.143.
(37) LOPEZ (E.), *Culture et sainteté ; sainte Colette de Corbie*, Saint-Etienne, 1994.
LOPEZ (E.), *La Vie de sainte Colette de Pierre de Vaux*, Saint-Etienne, 1994.
(38) TISSET (P.), t.2. P.143.
(39) TISSET (P.), t.2, p.187.
(40) TISSET (P.), t.2, p.249.
(41) CONTAMINE (P.), cf. note 34.
(42) DUPARC, t.3, p.196 et t.4, p.113. 1452年と1456年とに証言しているJ・マシューのことである。
(43) DUPARC, t.4, p.119. 1450年には、マシューはジャンヌが十字の印を書いたと述べた。
(44) DUPARC (P.), *Procès en nullité*, t.4, p.88.
(45) TISSET, *Procès de condamnation*, Paris, 1970, t.2, p.291-292.
(46) DUPARC (P.), *Procès en nullité*, t.4, p.61 (M. La Touroulde).
(47) DUPARC (P.), t.4, p.78 (J. Pasquerel).
(48) 旧約聖書、「ダニエル書」、第12章1節。
(49) TISSET (P.), t.2, p.137.
(50) TISSET (P.), t.2, p.114.
(51) 新約聖書、「マタイによる福音書」、第5章3節。
(52) BERIOU (N.), *L'Avènement des maîtres de la Parole, la prédication à Paris au XIIIe siècle*,

Paris, 1998, p.150, 250-253.

(53) GLORIEUX (P.), *Œuvres complètes de Jean Gerson*, Paris, 1968, t.7, *L'Œuvre française*, a.310, A.B.C. des simples gens.

(54) 4 月 18 日に行われたジャンヌへの勧告が意味するのは、このことである。TISSET (P.), t.2, p.285-286.

(55) DUPARC (P.), t.3, S. Charles, p.116, P. Miget, p.129, G. Manchon, p.134, M. Ladvenu, p.166, J. Favre, p.174.

(56)「法について無知」とするのは、DUPARC (P.), t.3, p.179 (P. Cusquel) と p.170 (N. de Houppeville) である。ただ単に「無知」とするのは、M. Ladvenu (p.166) とアルビ市の書記 (QUICHERAT, t.4, p.300) である。

(57) QUICHERAT (J.), t.4, p.297.（J・ロジエの述べた言葉）。

(58) 新約聖書、「マタイによる福音書」、第 11 章 23 節。

第Ⅱ部　ドンレミからシノンへ

序

(1) DUPARC (P.). t.3, p.292.

(2) DUPARC (P.). t.3, p.253.

(3) TISSET (P.), t.2, p.54.

(4) QUICHERAT (J.), t. p.51, Jean Chartier.

(5) DUPARC (P.). t.4, p.11, R. De Gaucourt.

(6) QUICHERAT (J.), t.4, p.391-392.

第 6 章　ジャンヌ以前のジャンヌ

(1) MAROT (P.), La Genèse d'un roman; P. Caze inventeur de la bâtardise de Jeanne d'Arc. *Jeanne d'Arc, une époque, un rayonnement*, Orléans, 1979, Paris, 1982, p.276.

(2) VAUCHEZ (A.), Le Prophétisme médiéval d'Hildegarde à Savonarole. *Saints, prophètes et visionnaires*, Paris, 1999, p.114-134.

VAUCHEZ (A.), Eschatologie, religion et politique aux derniers siècles du Moyen Age. *Saints, prophètes et visionnaires*, Paris, 1999, p.106-114.

VAUCHEZ (A.), Prophétesses visionnaires et mystiques dans l'Occident médiéval, *Les Laïcs au Moyen Age*, Paris, 1987, p.239-261.

VAUCHEZ (A.), Jeanne d'Arc et le prophétisme féminin, *Les Laïcs au Moyen Age*, Paris, 1987, p.277-286.

(3) QUICHERAT (J.), t.3, p.403.

(4) DUPARC (P.), t.2, p.36.

(5) LUCIE SMITH (E.), *Jeanne d'Arc*, Paris, 1981, p.100 の引用。

(6) HICKS (E.), *La Cité des Dames de Christine de Pisan*, Paris, 1986, p.128, 132-135.

(7) QUICHERAT (J.), t.3, Gélu, p.393.

(8) HAFFEN (J.), *Contribution à l'étude de la Sybille médiévale*, Paris, 1984, KINTER (W.) et KELLER (J.), *The Sybill, prophetess of antiquity and medieval fay*, Philadelphie, 1967.

(9) QUICHERAT (J.), t.3, p.439-468, *Sybilla francica*.

(10)「使徒行伝」第 21 章 9 節。

(11) KIENZLE (B.) et WALKER (P.), *Women Preachers and Prophets*, California UP, 1998.

(12) VAUCHEZ (A.), Jeanne d'Arc et prophétisme féminin, *Les Laïcs au Moyen Age*, p.277-286.

(13) Chronique de Guillaume de Nangis, RHGF, tome 20, p.503.
VIARD (J.), *Les Grandes Chroniques de France*, Paris, 1932, t.8, p.61. この福者の伝記が J・ギーレマンス〔Gielemans〕の著作に記載されている。

(14) Continuateur de Guillaume de Nangis, RHGF, t.20, p.590.
VIARD (J.), *Les Grandes Chroniques de France*, Paris, 1932, t.8, p.235.

(15) LUCE (S.), *La Chronique des quatre premiers Valois*, Paris, 1861, p.46-48.
SOLENTE, *Le Livre des Faits du bon roi Charles V et de Christine de Pisan*, Paris, 1936, t.2, p.66-67.

(16) 女性のなかでは、コンスタンス・ド・ラバスタン、マリー・ロビーヌ、ジャンヌ＝マリー・ド・マイエ。男性のなかでは、バシニィの準騎士、シャンパーニュの封臣、モンペリエのピエール・ユグ、「隠修士」ロベール・ムノ、ジャン・ド・ガン。

(17) Pierre Hug.

(18) Marie Robine.

(19) BEAUNE (C.), Jean de Gand prophète et bienheureux, *Prophètes et prophéties*, éd. N. Cazauran, Paris, 1998, *Cahiers V.L. Saulnier*, t.15, p.13-28.

(20) TOBIN (M.), Le Livre des révélations de Marie Robine, *Mélanges de l'Ecole française de Rome*, t.98, 1986, p.229-264.

(21) DUPARC (P.). t.4, p.59 et 53. ジェラール・マシェが重要である。

(22) カトリーヌは裁判によって知られており、他の二人は『パリ一市民の日記』によって知られている。

(23) Thomas d'AQUIN, *Somme théologique*, II, 2, p.171-174.
TORELL (J.P.), *Théorie de la prophétie et philosophie de la connaissance chez Hugues de Saint Cher*, Louvain, 1977.

(24) VAUCHEZ (A.), Les Théologiens face aux prophéties à l'époque des papes d'Avignon et Grand Schisme, *Les textes prophétiques et la prophétie en Occident*, Chantilly, 1988, Rome, 1990, p.287-299.

(25) ジェルソンによって調査された。GERSON (J.), *Opera omnia, dans le De examinatione*, éd. Dupin, Anvers, 1706, t.1, p.19-20.

(26) GERSON (J.), *Opera omnia*, éd. Dupin, Anvers, 1706, t.1, p.490-603. P. d' Ailly.

(27) PEZ (H.), *Œuvres d'Henri de Langenstein*, Anvers, 1721, t.1, p.123-172.

(28) GERSON (J.), *Opera omnia*, éd. Dupin, Anvers, 1706, t.1. *De probatione spiritum*, p.38-43, *De distinctione verarum visionum a falsis*, p.43-59, *De examinatione doctrinarum*, p.7-20.

(29) HIVER BÉRANGUIER (J.P.), *Constance de Rabastens, mystique de Dieu ou de Gaston Phoebus ?*, Toulouse, 1984, édition Privat, p.173.

(30) TISSET (P.), t.2, p.56.

(31) TISSET (P.), t.2, p.75.

(32)「サムエル記　上」第 16 章。GROS (G.), *Le Mystère du Siège d'Orléans*, Paris, 2002.

(33) DUPARC (P.), t.1, p.475, J. d'Aulon.

(34) DUPARC (P.), t.4, p.72.

(35) CHOMEL (V.), Pèlerins languedociens au Mont-Saint-Michel, *Annales du Midi*, 1958, t.80, p.234.

1388 年にジュヴネルによって引用された。*Histoire de Charles VI*, éd. Michaud et Poujoulat, Paris, 1836, p.375 et *Chronique du Religieux de Saint-Denis*, éd. Bellaguet, Paris, 1839, t.1, L. IX, ch. 5, p.519-520.

(36) A. S. Mars, t.3, p.735-765.

(37) QUICHERAT (J.), Nouveaux documents, *Revue historique*, 1877, t.4, p.327-344.

(38) GROS (G.), *Le Mystère du siège d'Orléans*, Paris, 2002, p.447-457.

(39) BELLAGUET (L.), *Chronique du Religieux de Saint-Denis*, Paris, 1841, t.3, p.267-275, L. XXVI, ch. 7.

(40) BLANCHARD (L.), *Le Pastoralet*, Paris, 1983.

(41) KRYNEN (J.), *L'Empire du roi*, Paris, 1993, p.125-161.

(42) QUICHERAT (J.), t.4, p.209.

(43) GUENÉE (B.), *Un meurtre, une société ; l'assassinat du duc d'Orléans 23 novembre 1407*, Paris, 1992.

(44) QUICHERAT (J.), t.4, p.259, Abbréviateur du procès, t.4, p.266-267, Mirior, p.210-211, Chronique de la Pucelle, p.280, P. Sala.

(45) DUPARC (P.), t.4, p.149-152.

(46) PAUL (J.), Le Prophétisme autour de Jeanne d'Arc et de sa mission. *Il Profetismo gioachimita tra quattrocento e cinquecento*, Fiore, 1989, p.157.

CONTAMINE (P.), Jeanne d'Arc et la prophétie. *De Jeanne d'Arc aux guerres d'Italie*, Orléans, 1994, p.53-63.

(47) DUPARC (P.), t.3, p.285.

(48) DUPARC (P.), t.3, p.285.

(49) WARNER (M.), *Seule entre toutes les femmes; mythe et culte de la Vierge Marie*, Paris, 1989.

(50) GUENÉE, (B.), Le Vœuu de Charles VI ; essai sur la dévotion des rois de France aux XIVe et XVe siècles, *Journal des Savants*, 1996, p.63-137.

(51) HIVER BÉRANGUIER, visions 26 et 27.

(52) VAUCHEZ (A.), L'Eglise face au mysticisme et au prophétisme aux derniers siècles du Moyen Age. *Les Laïcs au Moyen Age*, Paris, 1987, p.268-272.

VAUCHEZ (A.), La Fable diffusion des Révélations de sainte Brigite dans l'espace français. *Saints, prophètes, et visionnaires*, Paris, 1999, p.162-175.

FOGELQVIST (I.), *Apostasy and Reform in the Middle Age ; Revelations of sainte Brigit*, Stockholm, 1993.

(53) UNDHGEN, *Liber celestis revelationum Dei*, Stockholm, 1977, IV, 103, en français, éd. J. FERRAIGE, Paris, 1850.

(54) BELLAGUET (L.), *Chronique du Religieux de Saint-Denis*, Paris, 1840, t.2, p.415, L. XVI, ch. 22.

(55) QUICHERAT (J.), t.5, *Poème latin*, p.25-48.

(56) LEFEVRE PONTALIS (G.), *La Chronique d'Antonio Morosini*, t.3, p.68-85, 28 juin 1429.

(57) QUICHERAT (J.), t.4, Registre de M. Thommasin, p.310.

(58) FAMIGLIETTI (R.), *Royal intrigue ; Crisis at the Court of Charles VI*, New York, 1986, p.42-45.

(59) QUICHERAT (J.), t.3, p.431.

(60) GILLI (P.), Lettre du pseudo-Barbaro, *Bulletin des amis du centre Jeanne-d'Arc*, 1996, p.4-26.

(61) QUICHERAT (J.), t.4, p.326.

(62) ZUMTHOR (P.), *Merlin le prophète ; un thème de la littérature polémique, de l'historiographie et des romans*, Lausanne, 1943.

(63) SCORDIA (A.), Le Roi doit vivre du sien, thèse, Paris-X. この博士論文は2004年に、Institut d'Etudes augustiennes から刊行される予定である。〔実際には、2005年1月に以下のタイトルで刊行された。*« Le roi doit vivre du sien ». La théorie de l'impôt en France (XIIIe - XVe siècles).*〕

(64) DUPARC (P.), t.2, p.68.

(65) DUPARC (P.), t.3, p.284.

(66) DUPARC (P.), t.2, p.68.

(67) QUICHERAT (J.), t.4, p.431, Lefevre de Saint-Rémi.

(68) DUPARC (P.). t.4, p.10, Dunois.

(69) QUICHERAT (J.), t.4, p.431, M. Thomassin.

(70) DUPARC (P.). t.3, p.133.

(71) 『〔樫の〕森から』が記載されているのは以下の通り。Lat.3598, f°44, Berne 205, le dossier Kaerrymell, le doyen de Saint-Thiébaut, S. de Phares.

(72) DUPARC (P.), t.1, p.55.

(73) DUPARC (P.), t.2, p.285-286.

(74) DUPARC (P.), t.2, p.412, p.470-472. 412頁には第一の異本が、470-472頁には第二の異本とその解説が記載されている。

(75) HILTON (J.), *Chronograms Collected*, Londres, 1895, t.3 (XVe siècle).

KUHS (E.), *Buchstabendichtung*, Heidelberg, 1982.

(76) とりわけフィリップ・ド・ヴィニュールによって示された。
(77) このように正確に著作を特定するのは、トゥール写本520によってのみ知られている。
(78) ASCOLI (G.), *La Grande-Bretagne devant l'opinion française*, Paris, 1927.
LANGLOIS (C.V.), Les Anglais au Moyen Age d'après les sources françaises, *Revue historique*, t.52, 1893, p.298-305.
BEAUNE (C.), Les Anglais dans le Journal du Bourgeois de Paris, *L'Image de l'autre*, Lille, 1994, Lille, 1995, p.209-217.
(79) QUICHERAT (J.), t.4, p.313-314.
(80) QUICHERAT (J.), t.4, p.273-275.
(81) QUICHERAT (J.), t.4, p.324, doyen de Saint-Tibaut.
SCHWALM (J.), *Die Cronica novella d'Hermann Korner*, Göttingen, 1895, p.495.
(82) CONTAMINE (P.), Mythe et histoire ; Jeanne 1429, *De Jeanne d'Arc aux guerres d'Italie*, Orléans, 1994, p.72.
(83) REEVES (M.), *The Influences of the Prophecy in the later Middle Age; a study in Joachimism*, Oxford, 1969, p.228.
(84) CHAUME (M.), Une prophétie relative à Charles VI, *Revue du Moyen Age latin*, 1947, t.3, p.27-42.
(85) CONTAMINE (P.), Mythe et histoire ; Jeanne 1429, *De Jeanne d'Arc aux guerres d'Italie*, Orléans, 1994, p.72.
(86) VALOIS (N.), Conseils et prédictions adressés en 1445 au roi Charles VII par un certain Jehan Dubois, *Annuaire Bulletin de la société de l'histoire de la France*, 1908-1909, t.46, p.201-308.
(87) QUICHERAT (J.), t.5, p.16 et 42.
(88) TISSET (P.), t.2, p.138.
(89) CHAMPION (P.), Une ballade anonyme sur le sacre de Reims, *Moyen Age*, 1909, t.22, p.372-373.
(90) QUICHERAT (J.), t.5, p.25-48.
(91) TOBIN (M.), *Une collection de textes prophétiques du XVe siècle ; Le manuscrit Tours 520. Les textes prophétiques et la prophétie en Occident (XIIe - XVe siècle)*v, dir. A. VAUCHEZ, Chantilly, 1988, Rome, 1990, p.127-133.
(92) QUICHERAT (J.), t.3, p.391-392.
(93) CONTAMINE (P.), Mythe et histoire ; Jeanne 1429, *De Jeanne d'Arc aux guerres d'Italie*, Orléans, 1994, p.68-72.
(94) DUPARC (P.), t.2, p.412 et 413.
(95) CONTAMINE (P.), Mythe et histoire ; Jeanne 1429, *De Jeanne d'Arc aux guerres d'Italie*, Orléans, 1994, p.70-71. このテクストは、ポワチエとオルレアン解放のあいだのことが書かれており、以下に記載されている。Berne 205, le BN FR 979 dossier Kaerrymell. また、M・トマサンおよびW・バワーの著作にも載る。ドイツ語版(E. Windecke, H. Korner, M. Döring, le Strasbourgeois Jordan)および英語の応答(FRAIOLI, D., *Early Debate*)もある。

第７章　羊飼いの娘の作戦

(1) GROS (G.), *Le Mystère du siège d'Orléans*, Paris, 2002, p.462.
(2) *Ibid.*, p.468.
(3) QUICHERAT (J.), tome 5, p.51-52.
(4) VERANNES (Valeran de), *De gestis Joannae virginis*, éd. E. Prarond, Paris, 1889, p.34-35.
(5) BN Lat.14665, f° 350.
(6) QUICHERAT (J.), t.5, p.114, Perceval de Boullainvilliers.
(7) BERIOU (N.), Les Mages et les Bergers, *Cahiers évangéliques*, 2000.
(8)「創世記」第４章４～５節。
(9)「アモス書」第１章１～２節。
(10)「サムエル記」。
(11)「詩篇」第23章１～４節。
(12)「ルカによる福音書」第２章８～18節。
(13)「マタイによる福音書」第２章７～12節。
(14) BEAUNE (C.), Messianisme royal et messianisme populaire en France aux XIIIe et XIVe siècles, *Poteri carismatici e spirituali*, éd. A. Paravicini Bagliani (Erice, 1991), Palerme, 1992, p.104-125.
(15) BLANCHARD (J.), *La Pastorale en France aux XIVe et XVe siècles*, Paris, 1983, p.237-278.
(16)「エゼキエル書」第34章10節。
(17)「ルカによる福音書」第15章１～７節。
(18) BOURBON (Etienne de), *Anecdotes historiques*, éd. A. Lecoy de La Marche, Paris, 1877, p.339.
(19) CANTIMPRE (Thomas de), *Bonum universale de proprietatibus apum*, Cologne, 1473, p.53.
(20) BERSUIRE (Pierre), *Reductorium morale*, Venise, 1583, L.10, ch.75, p.419.
(21) GUIART (Guillaume), Branche des royaux lignages, éd. J.A. Buchon, Paris, 1828, t.8, p.99, v. 2530.
(22) COUVIN (Watriquet de), *Les Dits*, éd. A. S
(23) BLANCHARD (J.), *La Pastorale en France aux XIVe et XVe siècles*, Paris, 1983.
(24) PISAN (C. de), *Œuvres poétiques*, éd. M. Roy, Paris, 1886, t.2, p.223-294.
(25) *Ibid.*
(26) BLANCHARD (J.), *La Pastorale*, cf. note 23, p.75-84.
(27) BLANCHARD (J.), *La Pastorale*, cf. note 23, p.68-75.
(28) BRIE (Jean de), *Le Bon Berger*, éd. M. Clevenot, Paris, 1979.
(29) AUTRAND (F.), *Charles VI*, Paris, 1986, p.251-256.
AUTRAND (F.), *Jean de Berry*, Paris, 2000, p.151-182.
(30) TUCOO CHALA (P.), *Gaston Phoebus (1331-1391)*, Paris, 1996.

(31) BELLAGUET (L.), *La Chronique du Religieux de Saint-Denis*, Paris, 1839, t.1, p.631, L. X, ch.11.

JOUVENEL DES URSINS (J.), *Histoire de Charles VI*, éd. Michaud et Poujoulat, Paris, 1836, p.382.

(32) GUENÉE (B.), *Les Entrées royales françaises (1328-1515)*, Paris, 1968, p.77 (Charles VII), p.263 (Louis XI), p.114 (Charles VIII), p.244 (Charles VIII).

(33) BLANCHARD (J.), *Le Pastoralet*, Paris, 1983.

BLANCHARD (J.), *Pastorale*, cf. note 23, p.151-235.

(34) TISSET (P.), t.2, p.130, 14 mars.

(35)「ヨハネによる福音書」第1章23節および「マタイによる福音書」第3章3節。

(36) VAUCHEZ *et alii, Histoire des saints et de la sainteté chrétienne*, Paris, 1986, t.1, p.199-205.

(37) DUPARC (P.), t.2, p.589, Bréhal.

(38)「出エジプト記」第23章20節。

(39) VAN GENEP (A.), *Le Folklore français*, Paris, rééd. 1999, t.2 (cycle de mai et Saint-Jean).

(40) QUICHERAT (J.), t.3, p.455, *Sybilla francica*.

(41) LEFÈVRE PONTALIS (G.), *La Chronique Morosini*, Paris, 1901, t.3, p.118, lettre du 10 mai.

(42) TISSET (P.), t.2, p.84.

(43) TISSET (P.), t.2, p.104.

(44) *Acta sanctorum*, juillet, V, p.14-39.

(45) VORAGINE, Jacques de, *La Légende dorée*, trad. J.B. Roze, Paris, 1967, t.1, p.452-455.

(46) AYMAR (A.), Contribution à l'étude du folklore de la Haute Auvergne; le sachet accoucheur et ses mystères, *Annales du Midi*, 1926, p.273-347.

CAROLUS BARRÉ (L.), Un nouveau parchemin amulette et la légende de sainte Marguerite, *CRAIBL*, 1979, p.256-275.

BOUDET (J.P.), *Astrologie, divination et magie dans l'Occident médiéval*, habilitation, Paris-I, 2003, t.2, p.311-317.

(47) NATALI, Pierre de, *Catalogus sanctorum*, Lyon, 1519, VI, ch. 120 f° 165 (17 ou 20 juillet).

(48) PEYRONNET (G.), Marguerite d'Antioche la voix la plus discrète de Jeanne, *Bulletin de l'association des amis du centre Jeanne-d'Arc*, t.19, 1995, p.47-89.

(49) BOULOC (F.), *Sainte Geneviève* de Paris, DEA, Paris-I.

JUBINAL (A.), *Les Miracles de Madame Sainte Geneviève, Mystères inédits du XVe siècle*, Paris, 1837, t.2, p.169-303.

DE PONT (P.), *Incomparanda Genovesum*, Paris, 1512.

Bibl. Sainte Geneviève, 91, f° 12 v° (1re image).

(50) BENVENUTI-PAPI (A.), *In castro penitenciae; sancta e societa feminile dell'Italia medievale*, Rome, 1990.

DALARUN (J.), Jeanne de Signa une ermite toscane du XIVe siècle, *Mélanges de l'Ecole française de Rome*, t.106, 1994, p.115-125.

(51) BAUCHEZ (A.), Sources iconographiques et histoire de la sainteté; l'exemple de la bienheureuse Panesia dans le diocèse de Novare, *Mélanges de l'Ecole française de Rome*, t.106, 1994, p.115-125.

(52) CHRISTIAN (W. A.), *Apparitions in Late Medieval Spain*, Princeton UP, 1981.

(53) BEAUANE (C.), Messianisme royal et messianisme populaire en France aux XIIIe et XIVe siècles, *Poteri carismatici e informali*, éd. A. Paravicini Bagliani, Erice, 1991, Palerme, 1992, p.104-125.

(54) TISSET (P.), t.2, p.45 p.64.
CLIN (M.V.), Jeanne d'Arc bergère, *Bulletin de l'Association des amis du centre Jeanne-d'Arc*, 1986, p.7-8.

(55) DUPARC (P.), t.3, p.246, B. Estellin, J. Thevenin, p.398, Thevenin Le Royer, p.407, B. Lacloppe, p.410, Colin, p.433.

(56) DUPARC (P.), t.4, p.142, J. Moreau.

(57) DUPARC (P.), t.4, p.14, G. de Ricarville.

(58) QUICHERAT (J.), t.5, p.132, lettre d'Alain Chartier au duc Milan, p.132.

(59) QUICHERAT (J.), t.5, p.11, *Ditié.*

(60) QUICHERAT (J.), t.5, p.116, Perceval.

(61) QUICHERAT (J.), t.4, p.300, Grefier d'Albi.

(62) BEAUNE (C.), *Journal du Bourgeois de Paris*, Paris, 1990, p.257.

(63) LEFÈVRE PONTALIS (G.), Chronique Morosini, Paris, 1901, t.3, p.118, 10 mai et 9 juillet 1429, P. Giustiniani, p.132 et 170.

(64) QUICHERAT (J.), t.5, p.27, Poème latin.

(65) QUICHERAT (J.), t.4, p.189, Journal du siège.

QUICHERAT (J.), t.5, p.285-299, Chronique de l'établissement de la fête du 8 mai.

(66) QUICHERAT (J.), t.4, p.203-253, Chronique de la Pucelle.

(67) QUICHERAT (J.), t.4, p.508, Pie II, p.519, L. Guerini, p.520, G. Berni, p.523, Ph. de Bergame.

(68) KORNER (H.), *Die Chronica novella*, éd. Schewalm, Göttingen, 1895, p.495.

(69) QUICHERAT (J.), t.4, p.478, W. Bower, Religieux de Dumpfering.

(70) QUICHERAT (J.), t.4, p.429, Lefèvre de Saint-Rémy.

(71) QUICHERAT (J.), t.4, p.155, Journal du siege.

(72)「アモス記」第 7 章 12 ～ 15 節。

(73) QUICHERAT (J.), t.3, p.411-412, H. de Gorkum.

(74) AYROLLES (Père), *La Vraie Histoire de Jeanne d'Arc*, Paris, 1898, t.IV, L. 3, ch. 1, p.240-243, R. de Crémone.

(75) DUPARC (P.), t.2, p.227, M. Berruyer.

(76) QUICHERAT (J.), t.5, p.114, Perceval.

(77) BEAUNE (C.), *Journal du Bourgeois de Paris*, Paris, 1990, p.257.

(78) TISSET (P.), t.2, p.46, 22 février.

（79）QUICHERAT (J.), t.5, p.144, Perceval.
（80）GILLI (P.), La lettre du pseudo-Barbaro concernant Jeanne d'Arc, *Bulletin de l'Association des amis du centre Jeanne-d'Arc*, 1996, p.4-26.
（81）DUPARC (P.), t.4, p.150, frère Seguin.
（82）DUPARC (P.), t.4, p.66, J. d'Alençon.
（83）DUPARC (P.), t.4, p.10, Dunois.
QUICHERAT (J.), t.4, p.189, Journal du siège d'Orléans.
（84）BEAUNE (C.), L'Historiographie de Charles VII ; un thème de l'opposition à Louis XI, *La France à la fin du XVe siècle*, dir. B. Chevalier, Tours, 1984, Paris, 1985, p.265-281.
（85）第16章を参照のこと。

第8章　「乙女」

（1）SCHMITT (J. C.), L'Individu, une fiction historiographique, *Le corps, les rites, les rêves, le temps*, Paris, 2001, p.241-262.
BOUREAU (A.), La Notion de personne, *The European Legacy*, 1997, p.1325-1335.
（2）オルレアン家の紋入りの服のために行われた測定によれば、約1.60メートル。
（3）ランスの人々に宛てた手紙が証明している髪は黒色で、甲冑を身につけることは身体の強さを前提としている。
（4）預言によって言及されていた。
（5）TISSET (P.), t.2, p.148. この主張は立証困難である。
（6）最初の言及は1470年ごろで、16世紀を転機に増加する。
（7）TISSET (P.), t.2, p.38, 21 févier
（8）*Acta sanctorum*, Mars, t.3, p.735-765.
（9）以下の四つすべてにおいて。DUPARC (P.), t.3, p.246, B. Estellin, p.259, P. Drapier, p.249, J. Moen, p.297, J. Jacquard.
（10）DUPARC (P.), t.4, p.2-3, Dunois.
（11）TISSET (P.), t.2, p.38.
MICHAUD (F.), Dans son pays, on l'appelait Jeannette, *Genèse médiévale de l'anthroponymie moderne*, Azay-le-Féron, 1995, Tours, 1997, t.4, *Discours sur le nom*, p.163-177.
（12）TISSET (P.), t.2, p.148, 24 mars.
（13）DUPARC (P.), t.4, p.72, J・Pasquerel.
（14）RUSSO (D.), PALAZZO (E.) et IOGNA PRAT (D.), *Marie ; le culte de la Vierge dans la société médiévale*, Paris, 1996.
BAENAY (S.), *La Vierge, femme au visage divin*, Paris, 2000.
WARNER (M.), *Seule entre toutes les femmes ; mythe et culte de la Vierge Marie*, Paris, 1989.
（15）TISSET (P.), t.2, p.171, a.11.
（16）TISSET (P.), t.2, p.73.

(17) TISSET (P.), t.2, p.114, 12 mars.

(18) LEFEVRE PONTALIS (G.), *La Chronique Morosini*, Paris, 1901, t.3, lettre de 1431,sainte Catherine.

(19) CHAUBE (F.), Les Filles Dieu, *DEMA*, t.1, p.594-595.

(20) BUGGUE (M.J.), *Virginitas ; an essay in the history of a medieval idea*, La Haye, 1975. ATKINSON (C.W.), Precious balm in a fragile glass ; the ideology of virginity in the later Middle Age, *Journal of the family history*, 1983, t.8, p.131-143.

BOUREAU (A.), L'imene e l'ulivo ; la verginita femminile nel descorso della chiesa nel XIII secolo, *Quaderini Storici*, 1990, t.75, p.791-803.

DOUGLAS (M.), *De la souillure ; essai sur les notions de pollution et de tabou*, Paris, 1971.

(21) *Dictionnaire de droit canonique*, t.7, 1965, c.1619-1623.

(22) METZ (C.), *La Consécration des Vierges*, Paris, 2001.

(23) TISSET (P.), t.2, p.333, P. Maurice.

(24) TISSET (P.), t.2, p.113, 12 mars.

(25) TISSET (P.), t.2, p.167, a. 9.

(26) SCHMITT (J.C.), *Le Corps en chrétienté, Le corps, les rites, les rêves*, Paris, 2001, p.344-360.

(27) WOOD (C.), Doctors dilemma ; sin, salvation and the menstrual cycle in medieval thought, *Speculum*, 1981, t.56, p.710-726.

LAMY (M.), *L'Immaculée Conception: étapes et enjeux d'une controverse au Moyen Age (XIIe - XVe siècles)*, Paris, 2000.

(28) ELLIOT (D.), The Physiology of Rapture and Female Spirituality, *Medieval Theology and the Natural Body*, éd. P. Biller, New York, 1997, p.141-173. JACQUART (D.) et THOMMASET (C.), *Sexualité et Savoir au Moyen Age*, Paris, 1985, p.106-109. CACIOLA (N.), Mystics, demoniacs and the physiology of the spirits possession in medieval Europe, *Comparative studies in society and history*, 2000, p.268-306.

(29) ALBERT (J. P.), *Le Sang et le Ciel ; les saintes mystiques dans le monde chrétien*, Paris, 1997.

ALEXANDRE BIDON (D.), La Dévotion au sang du Christ chez les femmes médiévales, *Cahiers du CRISIMA*, t.4, 1999, p.332-340.

(30) LHERMITTE LECLERCQ (P.), Le Sang et le Lait de la Vierge, *Cahiers du CRISIMA*, t.4, 1999, p.145-162.

(31) MICHAUD (F.), L'Effusion de sang dans les procès et traités concernant Jeanne d'Arc, *Cahiers du CRISIMA*, t.4, 1999, p.331-340.

(32) DUPARC (P.), t.1, p.479.

(33) GUENÉE (B.), *Un meurtre, une société ; l'assassinat du duc d'Orléans, 23 novembre 1407*, Paris, 1992.

(34) DUPARC (P.), t.4, p.84, S. Charles.

(35) DUPARC (P.), t.4, p.75 et 77.

(36) NAGY (P.), *Le Don des larmes*, Paris, 2002.

(37)「ルカによる福音書」第 19 章 41 節。

(38) DUPARC (P.). t.4, p.73, J. Pasquerel.
(39) DUPARC (P.), t.4, p.70, J. d'Alençon.
(40) TISSET (P.), t.2, p.73 et 122.
(41)「マタイによる福音書」第４章５～７節、山上の説教。
(42) DUPARC (P.). t.4, p.82, S. Charles.
(43) BELL (R.), *L'Anorexie sainte ; jeûne et mysticisme du Moyen Age à nos jours*, trad. Paris, 1994. BYNUM (C.), *Jeûnes et Festins sacrés; les femmes et la nourriture dans la spiritualité médiévale*, trad. Paris, 1994.
(44) QUICHERAT (J.), *Revue historique*, 1877, p.327-344, Greffier de La Rochelle.
(45) QUICHERAT (J.), t.4, p.219, Chronique de la Pucelle.
(46) QUICHERAT (J.), t.5, p.107, lettre de Guy de Laval.
(47) TISSET (P.), t.2, p.70, 27 février.
(48) TISSET (P.), t.2, p.46, 22 février.
(49) TISSET (P.), t.2, p.62.
(50) QUICHERAT (J.), t.4, p.231, Chronique de la Pucelle.
(51) QUICHERAT (J.), t.4, p.227, Chronique de la Pucelle et DUPARC (P.). t.4, p.89, C. Milet.
(52) VAUCHEZ (A.), Charité et Pauvreté chez sainte Elisabeth, *Religion et société dans l'Occident médiéval*, Paris, 1980, p.163-173.
(53) BYNUM (C.), Women and Eucharist in the XIII century, *Fragmentation and Redemption*, New York, 1991, p.119-150.
(54) TISSET (P.), t.2, p.46, 22 février.
(55) QUICHERAT (J.), t.5, p.75, Martial d'Auvergne.
(56) DUPARC (P.), t.4, p.86, T. de Termes, p.89, P. Milet.
(57) DUPARC (P.), t.4, p.73, Pasquererl, p.12, R. de Gaucourt.
(58) QUICHERAT (J.), t.4, p.93.
(59) DUPARC (P.), t.4, p.57, S. Beaucroix, p.15, G. de Ricarville, p.84, S. Charles.
(60) DUPARC (P.), t.4, p.70, J. d'Alençon.
(61) BELLAGUET (L.), *La Chronique du Religieux de Saint-Denis*, Paris, 1840, t.2, p.479, L.17, ch.20.
(62) Religieux, t.2, p.545, L.18, ch.2.
(63) DUPARC (P.), t.3, p.288, Albert d'Ourches.
(64) BYNUM (C.), The Female Body and Religious Practice in the Later Middle Age, *Fragmentation and Redemption*, New York, 1991, p.181-238. BYNUM (C.) And Woman His Humanity ; Female Imagery in the Religious Writing of the Later Middle Age, *Fragmentation and redemption*, New York, 1991, p.151-179.
(65) DUPARC (P.), t.4, p.70, J. d'Alençon.
(66) LE GOFF (J.), *Saint Louis*, Paris, 1996, p.141, 294, 207.
(67) LAUWERS (M.), Expérience béguinale et récit hagiographique, *Journal des Savants*, 1989,

p.61-103.

(68) CANTIMPRE (Thomas de), *Bonum universale de apibus*, Guibert de TOURNAI, *Lettre sur la virginité à Isabelle de France*, éd. S. Linscott Field, *Isabelle de France*, Evanston, 2002, p.422-453. Guillaume PEYRAUT, *Summa de virtutibus*, éd. Thomas d'Aquin, Parme, 1873, t.17.

(69)「ユディト書」第 15 章。

(70) LECOY DE LA MARCHE (A.), *Anecdotes historiques tirées d'E. de Bourbon*, Paris, 1877, p.512.

(71) MUZZARELLI (M.G.), *Gli inganni della apparenze ; disciplina di vesti e ornamenti alla fine del medio evo*, Turin, 1996.

BLANC (O.), *Parades et parures (1350-1430)*, Paris, 1997.

PIPONNIER (F.) et MANE (P.), *Se vêtir au Moyen Age*, Paris, 1995.

PASTOUREAU (M.), et alii, *Le Vêtement ; histoire, archéologie et symbolisme vestimentaire*, Paris, 1989.

OWEN HUGUES (D.), Les Modes, *Histoire des femmes*, éd. G. Duby et M. Perrot, Paris, 1991, t.2, p.145-169.

(72) JEGO (Ch.), *Le Travestissement des femmes au Moyen Age*, maîtrise, Paris X, 2003.

(73)「創世記」第 3 章 21 節。

(74)「イザヤ書」第 3 章 16 〜 23 節。

(75)「申命記」第 22 章 5 節。

(76)「マタイによる福音書」第 6 章 28 〜 29 節。

(77)「コリントの信徒への手紙　一」第 11 節。

LAMBIN (R.), *Le Voile des femmes*, Berne, 1999.

(78) HOTCHKISS (V.), *Clothes Make the Man*, New York, 1996, p.49-68.

CRANE (S.), Clothing and Gender Definition, *Journal of Medieval and Early Modern History*, 1996, p.297-320.

(79)「申命記」第 21 章 10 節。

(80) ANSON (J.), The Female Transvestites in Early Monasticism : Origine and Developpement of a Motif, *Viator*, 1974, p.1-32. BULLOUGH (V.L.), Transvestites in the Middle Age, *American Journal of Sociology*, 1974, p.1381-1394.

(81) PATLAGEAN (E.), L'Histoire de la femme déguisée en moine et l'évolution de la sainteté féminine à Byzance, *Studi medievali*, 1976, p.597-623.

(82) NIGHTLINGER (E.), The Female Imitatio Christi and Medieval Popular Religion. *Representations of the Feminine in the Middle Age*, éd. Ch. T. Wood et B. Wheeler, Academia, 1993, p.291-328.

(83) BOUREAU (A.), *La Papesse Jeanne*, Paris, 1988.

(84) Thomas d'AQUIN, *Somme théologique*, I, 2, 102.

(85) QUICHERAT (J.), t.3, p.393, J. Gélu.

(86) DUPARC (P.). t.2, p.38-39, Gerson.

(87) QUICHERAT (J.), t.4, p.329-338, Chronique de Lorraine.
(88) VERDIER (Y.), *Façons de dire, façons de faire ; la laveuse, la couturière, la cuisinière*, Paris, 1974.
(89)「箴言」第 31 章。
(90) Christine de PISAN, *La Cité des Dames*, éd. E. Hicks, Paris, 1986, p.58-59.
(91) PAUPERT (A.), *Les Fileuses et le Clerc ; une étude des Evangiles des Quenouilles*, Paris, 1990.
JEAY (M.), *Les Evangiles des Quenouilles*, Paris, 1985.
(92) Nicolas de LYRE, *Postillae super totam bibliam*, t.1, c.1595.
(93) DUPARC (P.). t.3, p.277, J. de Nouillompont.
(94) KERVYN DE LETTENHOVE, *Le Livre des trahisons de France*, Bruxelles, 1873, t.2, p.198.
(95) パウロ「ガラテヤの信徒への手紙」第 3 章 28 節。

第 9 章　戦争は女性の顔を持ちうるか

(1) QUICHERAT (J.), t.5, p.108, Lettre de Guy de Laval.
(2) QUICHERAT (J.), t.5, p.257-258,Mandement royal d'avril 1429.
DUPARC (P.), t.4, p.47, L. de Coutes.
(3) DUPARC (P.), t.2, p.64, J. d'Alençon.
(4) QUICHERAT (J.), t.4, p.426, Greffier de Brabant.
(5) QUICHERAT (J.), t.4, p.212, Chronique de la Pucelle.
(6) CONTAMINE (P.), *La Noblesse au royaume de France de Philippe le Bel à Louis XII ; essai de synthèse*, Paris, 1997.
(7) TABARIE (Hugues de), *L'Ordre de chevalerie*, éd. P. Girard Augry, Paris, 1990.
(8) LULL (Ramon), *Livre de l'ordre de chevalerie*, éd. B. Hapel, Paris, 1988.
(9) ALVERNY (M.T.), Comment les théologiens et les philosophes voient la femme, *La pensée médiévale en Occident ; Théologie, magie et autres textes des XIIe et XIIIe siècles*, éd. Ch. Burnett, Londres, 1995, p.105-128.
(10)「イギリス人への手紙」。
(11) LEGRAND (Jacques), *L'Archiloge Sophie*, éd. E. Beltran, Paris, 1989, L1, 1, 12..
(12) ARISTOTE, *Economique*, 1, 3 et *Politique*, 1, 8.
(13) BLOCH (H.R.), *Medieval Misoginy*, Chicago, 1991.
DALARUN (J.), Filles d'Eve, *Histoire des femmes*, éd. G. Duby et M. Perrot, Paris, 1991, t.2, *Le Moyen Age*, p.33-37.
(14) MAC LAUGHLIN (M.), The Woman Warior ; Gender Warfare and Society in Medieval Europe, *Women's Studies*, t.17, 1990, p.193-209.
SOLTERER (H.), Figures of female militancy in medieval France, *Signs*, t.16, 1991, p.522-549.
MAC LEOD (G.), *Virtue and Renom*, Michigan, 1991.

(15) CEBARET D'ORVILLE, *La Chronique du bon duc Louis de Bourbon*, éd. A.M. Chazaud, Paris, 1876, p.38.
(16) Watriquet de COUVIN, *Le Tournoi des dames*, éd. Scheler (A.), Bruxelles, 1868, p.231-242.
(17) DUPARC (P.), t.4, p.48, L. de Coutes.
(18) *Summa*, II, 2, 104-106 et 37-42.
(19) COOPLAND (G.W.), *The Tree of the Battle of Honoré Bonet*, Liverpool, 1949, p.168.
(20) Gilles de ROME, *Le Livre du gouvernement des princes*, éd. S. Molenaer, New York, 1899, p.280-281.
(21) DELPECH (F.), La donzella guerrera; chansons, contes et rituels. *Traditions populaires et diffusion de la culture en Espagne*, Bordeaux, 1983, p.29-69.
VELAY VALLANTIN (C.), *La Fille en garçon*, Paris, 1994.
VERDON (J.), *Les Françaises pendant la guerre de Cent Ans*, Paris, 1991, p.211-228.
(22) Chanson de Roland, v. 3721.
(23) THORPE (L.), *Le Roman de Silence d'Heldris de Cornouailles*, Cambridge, 1972.
(24) ROBERT (U.) et PARIS (G.), *Les Miracles Notre-Dame par personnages*, Paris, 1883, t.7, p.3-117.
(25) PERRET (M.), Travesties et transsexuelles ; Yde, Silence, Blancandine, *Romance Notes*, 1985, p.328-340.
SZKILNIK (M.), The Grammar of the Sex in Medieval French Romance, *Gender Transgressions ; Crossing the Normative Barrier in Old French Literature*, dir. K. Taylor, Londres, 1988.
CLARK (R.), A heroine's sexual itinerary ; incest, transvestism and same sex marriage in Yde et Olive, *Gender Transgressions ; Crossing the Normative Barrier in Old French Literature*, dir. K. Taylor, Londres, 1998.
(26) OUDOT (N.), *Huon de Bordeaux*, Paris, 1975 (Yde). この挿話は、15 世紀以降、散文で書かれたすべての「ユオンもの」に現れる。
ROBERT (U.) et PARIS (G.), *Les Miracles Notre-Dame par personnages*, Paris, 1883, t.7, p.3-117.
(27) ROUSSINEAU (G.), *Le Roman de Perceforest*, Paris-Genève, 1999, t.3, 2, p.200-202 puis 231, 246-301.
(28) MICHAUT (G.), *L'Histoire du roi Flore et de la belle Jeanne*, Paris, 1923.
(29) Miracles, cf. note 26, p.20.
(30) SINCLAIR (K.V.), *Tristan de Nanteuil* ; Assen, 1971.
SINCLAIR (K.V.), *Tristan de Nanteuil ; Thematic Infrastructure and Literary Creation*, Tübingen, 1983.
(31) TISSET (P.), t.2, p.124,13 mars.
(32) BEAUNE (C.), *Naissance de la nation France*, Paris, 1985, p.19-55.
(33) PASTRE (G.), *Les Amazones du mythe à l'histoire*, Paris, 1996.
WIJVERS (M. de), Reines et princesses des Amazones, *Reines et princesses*, Montpellier,

1999, p.632-646.

BERSUIRE (P.), *Reductorium morale, Venise*, 1583, XIV, ch. 2, Amazones.

PISAN (Ch. de), *La Cité des Dames*, éd. E. Hicks, Paris, 1986, p.71-72 (Amazones) et 77-81(Penthésilée).

(34) OROSE, *Historia contra Paganos*, I, 15-16, P.L., t.31 c.724-728.

(35) VIEILLIARD (F.) et BAUMGARTNER (E.), *L'Histoire de Troie en prose de la fin du XIIIe siècle*, Paris, 1998, 2e journée.

(36) GUÉRET-LAFERTE (M.), Camille et Jeanne, l'influence du courant humaniste sur l'image de Jeanne, *Images de Jeanne d'Arc*, Paris, 2000, p.99-109.

PISAN (Ch. de), *La Cité des Dames*, éd. E. Hicks, Paris, 1986, p.89.

BOCCACE, *De claris mulieribus*, Paris, 1538, ch.40.

VIRGILE, *Enéide*, VII, 2.

WARNER (M.), *Joan of Arc ; the image of female heroism*, New York, 1981, p.198-218.

(37) THIRY STASSIN (M.), *Le Roman d'Eneas*, Paris, 1985, v.7142-7144 et 7148-7152.

(38) Andrea de BARBERINO, *Aspromonte*, éd. M. Boni, Bologne, 1951.

(39) VERRIER (F.), Viragos et gestes féminines dans la littérature italienne du XVIe siècle, *La guerre, la violence et les gens*, Congrès des sociétés savantes, 1996, t.2, p.35-46.

(40) CONTAMINE (P.), *La Guerre au Moyen Age*, Paris, 1980, p.393-394.

(41) PISAN (Ch. de), *Le Livre des trois vertus*, éd. Ch. C. Willard et E. Hicks, Paris, 1989, p.321.

LAIGLE (M.), *Le Livre des trois vertus de Christine de Pisan*, Paris, 1912.

BORNSTEIN (D.), *Ideals for Women in the works of Christine de Pisan*, Ann Harbor, 1981.

(42) BOSSY (M. A.), Arms and the bride ; Christine de Pisan's Military Treatise as a Wedding Gift for Marguerite of Anjou, *Christine de Pisan and the Categories of Difference*, Londres, 1998, p.236-287.

(43) PISAN (Ch. de), *Le Livre des trois vertus*, éd. Ch. C. Willard et E. Hicks, Paris, 1989, p.321-325.

PISAN (Ch. de), *La Cité des Dames*, éd. E. Hicks, Paris, 1986, p.62.

(44) MATTHIEU (G.), *Présence et intervention des femmes dans la croisade*, maîtrise, Paris-X, 1998.

NICHOLSON (H.), Women in the Third Crusade, *Journal of Medieval History*, t.23, 1997, p.335-349.

CONTAMINE (P.), *La Guerre au Moyen Age*, Paris, 1980, p.394-397.

(45) BRUNDAGE (J.), The Crusader's Wife. *Mélanges S. Kuttner, Studia Gratiana*, 12, p.425-442.

(46) Ed. G. Matthieu, cf. note 44.

(47) DUPRE THEISEDER (G.), *Catherine de Sienne ; Epistolario*, Rome, 1940, t.1, p.85-86, lettre 20 ou lettre 34.

(48) VERDON (P.), *Les Françaises pendant la guerre de Cent Ans*, Paris, 1991, p.221-228.

(49) JOUVENEL DES URSINS (J.), *Histoire de Charles VI*, éd. Michaud et Poujoulat, Paris, 1836, p.435. BELLAGUET (L,), *La Chronique du Religieux de Saint-Denis*, Paris, 1841, t.3,

p.275-279 (1405).

(50) JOUVENEL DES URSINS (J.), *Histoire de Charles VI*, éd. Michaud et Poujoulat, Paris, 1836, p.545.

BELLAGUET (L.), *La Chronique du Religieux de Saint-Denis*, Paris, 1852, t.6, p.311.

(51) PLAINE (F.), *Jeanne de Penthiève et Jeanne de Flandres comtesse de Montfort*, s.d., 47 p.

(52) LUCE (S.), *Les Chroniques de Jean Froissart*, Paris, 1870, t.2, p.114-115, 143-144, 146-153 et 358-375.

(53) Jean LE BEL, *Chroniques*, éd. J. Viard et E. Desprez, Paris, 1904, t.1, p.307-318.

(54) VIARD (J.), *Les Grandes Chroniques de France*, Paris, 1934, t.9, p.222.

(55) Guillaume de SAINT ANDRE, *La Vie de Jean IV*, éd. E. Charrière, Paris, 1839, t.2, p.435 et *Chronicon briocense*.

(56) LUCE (S.), *Les Chroniques de Jean Froissart*, Paris, 1872, t.3, p.7-16.

(57) LA BORDERIE (A. de), *Histoire de Bretagne*, Mayenne, 1898, t.3, p.490.

(58) Jean LE BEL, *Chroniques*, éd. J. Viard et E. Desprez, Paris, 1904, t.2. p.10.

(59) Alain BOUCHART, *Les Grandes Chroniques de Bretagne*, éd. M.L.Augé, Paris, 1986, t.2, p.49-57.

(60) ARGENTRÉ (B. d'), *Histoire de Bretagne*, Paris, 1611, p.400-401, 412-414.

(61) FROISSART, *Chroniques*, éd. Raynaud, Paris, t.11, p.41.

(62) RADER (M.), *Bavaria sancta*, Munich, 1627, t.3, p.162-170.

(63) CURICQUE (J. M.), *Essai historique sur la vie de la bienheureuse Marguerite de Bavière*, Metz, 1859.

(64) M・シャザンによれば、当地のどの年代記もそれについて証言していない。

(65) 伝説が現れた年代については何も知られていないが、『マルグリット・バヴィエール伝』が執筆された時期は 1410 年よりあと、1439 年より前である。

(66) FROISSART (J.), *Chroniques*, éd. Kervyn, Bruxelles, t.15, p.285-292.

(67) KERVYN, *Froissart*, t.15, 1396, p.290.

(68) BELLAGUET (L.), *La Chronique du Religieux de Saint-Denis*, Paris, 1839, t.1, p.201, L.3, ch.14.

(69) CABARET D'ORVILLE, *Histoire du bon duc Louis de Bourbon*, éd. A.M.Chazaud, Paris, 1876, p.159.

(70) PÉTRARQUE (F.), *Opera omnia*, éd. V. Rossi, Florence, 1934, t.11, p.10-14 (lettres familières, 1343).

(71) DUFOUR (A.), Les Vies des femmes célèbres, éd. G. Jeanneau, Paris, 1970, p.157-158 (Marie) et 162-165 (Jeanne).

(72) BEAUNE (C.), *Journal du Bourgeois de Paris*, Paris, 1990, p.297.

(73) QUICHERAT (J.), t.5, p.13, *Ditié*.

(74) DUPARC (P.), t.4, p.47, L. de Coutes.

(75) QUICHERAT (J.), t.3, p.400, J. Gélu.

(76) DUPARC (P.), t.2, p.223, M. Berruyer.

（77） DUPARC (P.), t.2, p.61, E. de Bourdeilles.
（78） DUPARC (P.), t.2, p.352-353. R. Ciboule.
（79） BOUZY (O.), Les Images bibliques à l'origine de l'image de Jeanne d'Arc, *Images de Jeanne d'Arc*, Rouen, 1999, Paris, 2000, p.237-242.
（80） QUICHERAT (J.), t.3, p.415, Propositions pour et contre la Pucelle.
（81） DUPARC (P.), t.2, p.290, J. de Montgny et p.198, Th. Basin.
（82）「士師記」第4章および第5章。
（83） LYRE (Nicholas de), *Postillae super totam Bibliam*, Lyon, 1545, t.2, c.175-184.
（84） Boccace, *De claris mulieribus*, Paris, 1538 および PISAN (Ch. de), *La Cité des Dames*, éd. E. Hicks, Paris, 1986, p.132.
（85）「士師記」第5章7～8節。
（86） LYRE (Nicholas de), *Postillae super totam Bibliam*, Lyon, 1545, c.175-184.
（87）「ユディト書」。
（88） QUICHERAT (J.), Nouveaux documents, *Revue historique*, 1882, p.405, Chronique de Tournai.
（89） DUPARC (P.), t.2, p.45, Bourdeilles.
（90） DUPARC (P.), t.2, p.410, 464 et 479, Bréhal.
（91） DUPARC (P.), t.2, p.39, Gerson.
（92） DUPARC (P.), t.2, p.284, J. de Montigny.
（93） DUPARC (P.), t.2, p.469. ブレアルはベルシュイールも使用している。
（94） CONTAMINE (P.), La Théologie de la guerre à la fin du Moyen Age ; la guerre de Cent Ans fut-elle une guerre juste, *Jeanne d'Arc, une époque, un rayonnement*, Orléans, 1979, Paris, 1982, p.9-21.
（95） HOSTIENSIS, *Summa aurea*, Bâle, 1573, l.1, p.285-287.
（96） COOPLAND (G.W.), *The Tree of the Battle*, Liverpool, 1949, p.135-138.
（97） PISAN (Ch. de), *Le Livre de l'Art de chevalerie selon Végèce*, Paris, 1498.
（98） DUPARC (P.), t.2, p.284, J. de Montigny.
（99） DUPARC (P.), t.2, p.398, R. Ciboule.
（100） DUPARC (P.), t.2, p.458, Bréhal.
（101） QUICHERAT (J.), t.4, p.451-452, Clément de Fauquembergue.
（102） BEAUNE (C.), *Journal du Bourgeois de Paris*, Paris, 1990, p.258.
（103） MICHAUD (F.), Jeanne d'Arc, dux, chef de guerre, le point de vue des traités en faveur de la Pucelle, *Guerre, pouvoir et noblesse au Moyen Age, Mélanges P. Contamine*, Paris, 2000, p.524-531.
（104） DUPARC (P.), t.2, p.36, Gerson.
（105） TISSET (P.), t.2, p.55, 22 février.
（106） TISSET (P.), t.2, p.78, 27 février.
（107） TISSET (P.), t.2, p.221, article 53, 28 mai.
（108） QUICHERAT (J.), t.3, *De Quadam Puella*.

（109） QUICHERAT (J.), t.5, p.14, *Ditié*.
（110） QUICHERAT (J.), t.4, p.3-16, P. de Cagny.
（111） QUICHERAT (J.), La Chronique des Cordeliers, *Revue historique*, 1882.
（112） QUICHERAT (J.), t.4, p.366, E. de Monstrelet.
（113） *Ibid.*, p.402.
（114） TISSET (P.), t.2, p.106, 10 mars.
（115） QUICHERAT (J.), Une relation inédite sur Jeanne d'Arc : Le Livre noir du Greffier de La Rochelle, *Revue historique*, 1877, p.327.
（116） QUICHERAT (J.), t.5, p.107, Guy de Laval.
（117） QUICHERAT (J.), t.5, p.347-352, Lettre des agents allemands.
（118）『ジャンヌ・ダルク頌』、R・ブロンデルまたはオクタヴィアン・ド・サン＝ジュレによって記されている。これは聖ヒエロニムスによれば、男のような女の理想への暗黙の典拠である。
（119） DONDAINE (A.), Le Frère prêcheur Jean Dupuy et son témoignage sur Jeanne d'Arc, *Archivum fratrum praedicatorum*, 1942, p.118-184, éd. p.180-184.
（120） QUICHERAT (J.), t.5, p.112-114, mandemant de J. Boucher en juin 1429.
（121） QUICHERAT (J.), t.4, p.3, P. de Cagny.
（122） DUPARC (P.), t.4, p.22, R. de Sarciaux.
（123） DUPARC (P.), t.4, p.91, Aignan Viole.
（124） DUPARC (P.), t.4, p.9, Dunois.
（125） DUPARC (P.), t.4, p.85, Th. de Termes et p.70, J. d'Alençon.
（126） GROS (G.), *Le Mystère du siège d'Orléans*, Paris, 2002, p.787.
（127） GROS (G.), *Le Mystère du siège d'Orléans*, Paris, 2002, p.927.
（128） QUICHERAT (J.), t.4, p.510, Pie II.
（129） QUICHERAT (J.), t.4, p.525, Ph. de Bergame « chef de la guerre du roi ».
（130） QUICHERAT (J.), t.4, p.504-506, L. Buonincontro.
（131） TISSET (P.), t.2, p.116.
（132） SCHROEDER (H.), *Der Topos der Nine Worthies in Literatur und bildenden Kunst*, Göttingen, 1971, p.168-225 et 250-261.
（133） SCHROEDER (H.), *Der Topos der Nine Worthies*, cf. note 132.
CERQUIGLINI-TOULET (J.), Fama et les preux: nom et renom à la fin du Moyen Âge, *Médiévales*, 1993, p.35-44.
MOMBELLO (G.), Les Complaintes des neuf malheureux et neuf malheureuses, *Romania*, 1966, t.87, p.345-379.
（134）LEFEVRE DE RESSONS (Jean), *Le Livre de liesse*, éd. J. Van Hamel, Paris, 1905, p.91-120.
（135） GUENÉE (B.), *Les Entrées royales françaises*, Paris, 1968, p.64-65.
（136） RAMELLO (L.), Le mythe revisité ; l'histoire des neuf Preuses de Sébastien Mamerot, *Reines et princesses au Moyen Age*, Montpellier, 1999, *Cahiers du CRISIMA*, t.5, 2000, p.619-631.

(137) MAROT (Jean), *La Vraie disant avocate des dames*, Paris, 1506.
(138) LE FUR (D.), *Anne de Bretagne*, Paris, 2001.

第Ⅲ部 1429年オルレアン

序

(1) CONTAMINE (P.), La Guerre de siège au temps de Jeanne d'Arc. *De Jeanne d'Arc aux guerres d'Italie*, Orléans, 1994, p.85-97.
BRADBURY (J.), *The Medieval Siege*, Oxford, 1992, p.172-174.
(2) VEGECE, *De re militari*, Pise, 1498. RICHARDOT (P.), *Végèce et la culture militaire au Moyen Age (5e-15e siècle)*, Paris, 1998.
(3) Christine de PISAN, *L'Art de chevalerie*, Paris, 1488, L.II (le siège).
(4) Jean de BUEIL, *Le Jouvencel*, éd. L.Lecestre, Paris, 1887, t.2.
CONTAMINE (P.), Le Jouvencel de Jean de Bueil, *Revue de la société des amis du musée de l'Armée*, 1997, p.42-54.
(5) CONTAMINE (P.), *La Guerre au Moyen Age*, Paris,1999.
(6) THIBAULT (J.), *Orléans à la fin du Moyen Age*, Orléans, 1997.
MICHAUD (F.), Orléans, *Lexikon des Mittelalters*, t.6, 1994, p.1460-1467.
(7) MICHAUD (F.), Une cité face aux crises ; les remparts de la fidélité d'après des comptes de forteresse de la ville d'Orléans, *Jeanne d'Arc, une époque, un rayonnement*, Orléans, 1979, Paris, 1982, p.43-57.
MICHAUD (F.), Orléans entre 1350 et 1429, *Perspectives médiévales*, 1992, p.22-25.
(8) CONTAMINE (P.), Les Armées françaises et anglaises à l'époque de Jeanne d'Arc, *Revue des sociétés savantes de Haute Normandie*, 1970, p.5-33.
(9) PERNOUD (R.), *8 mai 1429. La libération d'Orléans*, Paris, 1969.
(10) MOEGLIN (J.M.), *Les Bourgeois de Calais*, Paris, 2002.
GLENISSON (J.), La Pratique et le rituel de la reddition, *Jeanne d'Arc, une époque, un rayonnement*, Orléans, 1979, Paris, 1982, p.113-123.

第10章 オルレアンの包囲

(1) CONTAMINE (P.), *La Guerre au Moyen Age*, Paris,1999.
CONTAMINE (P.), L'Idée de guerre à la fin du Moyen Age ; aspects juridiques et éthiques, *La France aux 14e et 15e siècles*, Paris, 1981, p.70-86.
(2) DUBY (G.), *Le Dimanche de Bouvines*, Paris, 1973, p.133.

(3) VERNET (A.), *Le Tragicum argumentum* de François de Montebelluna, *Annuaire Bulletin de la Société de l'histoire de la France*, 1964, p.103-163.

(4) COOPLAND (G.W.), *The Tree of the Battle of H. Bonet*, Cambridge, 1949, p.156.

(5) BELLAGUET (L.), *La Chronique du Religieux de Saint-Denis*, Paris, 1844, t.5, p.577 (Azincourt).

(6) TISSET (P.), t.2, p.141.

(7) BEAUNE (C.), L'Image des Anglais dans le Journal du Bourgeois de Paris, *L'image de l'autre*, Lille, 1994, Lille 1995, p.209-217.

RICKARD (P.), *Britain in Medieval French Literature*, Cambridge, 1956.

ASCOLI (G.), *Les Anglais devant l'opinion française depuis la guerre de Cent Ans jusqu'à la fin du 16ᵉ siècle*, Genève, 1971.

(8) AURELL (M.), *L'Empire Plantagenêt*, Paris, 2003.

(9) BOUZY (O.), *Jeanne d'Arc ; mythes et réalités*, Paris, 1999.

PERNOUD (R.), *8 mai 1429. La libération d'Orléans*, Paris, 1969.

(10) BELLAGUET (L.), *La Chronique du Religieux de Saint-Denis*, Paris, 1844, t.5, p.568.

(11) CONTAMINE (P.), Qu'est-ce qu'un étranger pour un Français de la fin du Moyen Age, *Peuples du Moyen Age*, éd. C. Carozzi et H. Taviani, Aix, 1996, p.27-43.

(12) LEWIS (P. S.), Two pieces of political iconography ; the english kills their kings, *Journal of the Warburg and Courtauld Institutes*, 1964, p.317-320.

(13) TISSET (P.), t.2, p.85, repris par d'Estivet a.43, p.205.

PONS (N.), *L'Honneur de la couronne de France ; Les Libelles contre les Anglais*, Paris, 1990, p.126 (Réponse) et 175 (*Fluxo biennali*). Jean de Montreuil, *Opera omnia*, éd. E. Ornato, Paris, 1975, t.2, *Traité contre les Anglais*, 1. 328-333.

(14) CONTAMINE (P.), *Qu'est-ce qu 'un étranger*, cf. n.11. *L'étranger au Moyen Age*, Colloque SHMESP, Göttingen, 1999, Paris, 2000.

(15) QUICHERAT (J.), t.5, p.95, *Lettre aux Anglais.*

(16) DUPARC (P.), t.4, p.87.

(17) DUPARC (P.), t.3, p.226, T. Marie.

(18) JARRY (L.), *Histoire de Cléry et de l'église collégiale et chapelle royale Notre-Dame-de-Cléry*, Orléans, 1899.

(19) GROS (G.), *Le Mystère du siège d'Orléans*, Paris, 2002, p.247.

(20) COOPLAND(G.W.), *The Tree of the Battle of H. Bonet*, Cambridge, 1949, p.134.

(21) BELLAGUET (L.), *La Chronique du Religieux de Saint-Denis*, Paris, 1844, t.5, p.581 (Azincourt).

(22) GROS (G.), La ville dont le prince est démuni ; le duc Charles dans le Mystère du siège d'Orléans, *Perspectives médiévales*, 1992, p.67-76.

(23) Lévitique, 26.

(24) COOPLAND (G.W.), *The Tree of the battle of H. Bonet*, Cambridge, 1949, p.192.

(25)『オルレアン年代記』の一節。QUICHERAT (J.), t.5, p.151 (*Journal du siège*), p.217,

『乙女年代記』のほか、伝令官ベリー、ラ・ロシェルの書記、H・コルナーも語っている。DUPARC (P.), t.4, p.4, Dunois, p.55, S.Beaucroix.

(26) DUPARC (P.), t.4, p.73-74, J.Pasquerel.

(27) CONTAMINE (P.), La théologie de la guerre à la fin du Moyen Age ; la guerre de Cent Ans fut-elle une guerre juste ? *De Jeanne d'Arc aux guerres d'Italie*, Orléans, 1994, p.39-53.

(28) VINCENT (C.), Comment reconnaître son prochain à la fin du Moyen Age, *Mémoires de la société archéologique de Touraine*, t.73, 1997, p.107-120.

(29) DUPARC (P.), t.4, p.89, G. Milet.

(30) BOUZY (O.), *Jeanne d'Arc ; mythes et réalités*, Paris, 1999, p.84-86.

(31) TISSET (P.), t.2, p.54-55 22 février, p.82-83, 1er mars, p.184, 27 mars.

(32) TISSET (P.), t.2, p.185-187.

(33) TISSET (P.), t.2, p.247-249.

(34) DUPARC (P.), t.4, p.51, frère Seguin.

(35) DUPARC (P.), t.4, p.52, G.Thibaut.

(36) デュノワが述べている。DUPARC (P.),t.4, p.5 , J. Luillier, p.16, P. Millet, p.90, J. Lesbahy, p.18.

(37) DUPARC (P.), t.4, p.75-76.

(38) GLENISSON (J.), Quelques Lettres de défi, *BEC*, t.107, 1947-1948, p.235-254.

(39)「申命記」第20章10～14節。

(40) TISSET (P.), t.2, p.83, 1er mars.

(41) BORST (A.), *Der Turmbau von Babel*, Stuttgart, 1957.

(42) MOLLAT (M.), *La Guerre de Cent Ans vue par ceux qui l'ont vécue*, Paris, 1992, p.161-166.

(43) COOPLAND (G.W.), *La Lettre de P. de Mézières à Richard II*, Liverpool, 1975, p.87.

(44) Jean de MONTREUIL, *Opera omnia*, éd. E.Ornato, Paris, 1975, t.2, p.179.

(45) LEWIS (P.S.), *Ecrits politiques de Jouvenel des Ursins*, Paris, 1978, t.1, p.270.

(46) DUPARC (P.), t.2, p.324, G.Bouillé.

(47) DUPARC (P.), t.2, p.241, M.Berruyer et p.139, E. de Bourdeilles.

(48) DUPARC(P.), t.2, p.260, J.Bouchard.

(49) BOUZY (O.), *Jeanne d'Arc ; mythes et réalités*, Paris, 1999, p.89.

(50) TISSET (P.), t.2, p.227, a.68.

(51) TISSET (P.), t.2, p.372.

(52) *Acta sanctorum*, mars, t.3, p.742.

(53)「出エジプト記」第17章16節。

(54)「マカベア第二書」第15～21章。

(55) *Dictionaire d'archéologie chrétienne et de riturgie*, t.8, p.927-962.

(56) CONTAMINE (P.), *L'Oriflamme de Saint-Denis aux 14e et 15e siècles ; étude de symbolique religieuse et royale*, Nancy, 1975.

CONTAMINE (P.), Le Légendaire de la monarchie française, *Texte et image*, Chantilly, 1982, *Des pouvoirs en France*, Paris, 1992, p.201-214.

(57) BLOCH (M.), *Les rois thaumaturges*, Paris, rééd. 1963, p.235-239.
(58) LIEBMAN (Ch.), Un sermont de Philippe de Villette en 1414, *Romania*, t.78, 1944-1945, p.444-470.
(59) GROS (G.), *Le Mystère du siège d'Orléans*, Paris, 2002, p.978.
(60) QUICHERAT (J.), t.5, p.258, comptes d'H. Raguier.
(61)「マカベア第二書」第 16 章。
(62) QUICHERAT (J.), t.5, p.258, comptes d'H. Raguier.
(63) QUICHERAT (J.), t.5, p.154, Lettres aux échevins de Tours.
(64) BOUZY (O.), *Jeanne d'Arc ; mythes et réalités*, Paris, 1999, p.68-73.
(65) BEAUNE (C.), *Journal du Bourgeois de Paris*, Paris, 1990, p.257-258. AYROLES (P.), *La Vraie Jeanne d'Arc*, Paris, 1897, t.3, p.436-454, Chronique des Cordeliers. QUICHERAT (J.), t.4, p.451, C. de Fauquembergue.
(66) LEFÈVRE PONTALIS (G.), *La Chronique Morosini*, Paris, 1901, t.3, p.89.
(67) QUICHERAT (J.), t.4, p.490, E. Windecke.
(68) QUICHERAT (J.), t.4, p.12, P. de Cagny et t.4, p.129, Journal du siège.
(69) TISSET (P.), t.2, p.77-78, 27 février, p.105-106, 10 mars, p.141-143, 17 mars.
(70) DUPARC (P.), t.4, p.72-73.
(71) GROS (G.), *Le Mystère du siège d'Orléans*, Paris, 2002, p.673.
(72) RIVIÈRE (L.), *L'Apocalypse des ducs de Savoie : spiritualité et pouvoir princier dans l'art gothique*, thèse Grenoble, 2002.
(73) QUICHERAT (J.), t.4, p.12, P. de Cagny.
(74) TISSET (P.), t.2, p.94.
(75) QUICHERAT (J.), t.4, p.215, Chronique de la Pucelle.
(76) DELISLE (L.), *Le Breviarium de Jean Dupuy*, B.E.C., 1895, p.661.
(77) DUPARC (P.), t.4, p.56, S.Beaucroix.
(78) QUICHERAT (J.), t.4, p.161, Journal du siège.
(79) QUICHERAT (J.), t.4, p.230, Chronique de la Pucelle.
(80) QUICHERAT (J.), t.5, p.294.
(81) DUPARC (P.), t.1, p.476, J.d'Aulon.
(82) QUICHERAT (J.), t.4, p.251, Chronique de la Pucelle.
(83) TISSET (P.), t.2, p.97.
(84) TISSET (P.), t.2, p.94.
(85) TISSET (P.), t.2, p.182-184 et p.226-228, a.20 et 58.
(86) QUICHERAT (J.), t.3, p.393, J.Gélu.
(87) QUICHERAT (J.), t.3, p.411, H. de Gorkum.
(88) DUPARC (P.), t.2, p.37, Gerson.
(89) DUPARC (P.), t.2, p.363.
(90)「マカベア第一書」第 3 章
(91) TISSET (P.), t.2, p.52, p.75 et p.259 (a.7).

(92) TISSET (P.), t.2, p.141, p.229 (a.59).
(93) TISSET (P.), t.2, p.77 et p.239 (a.63).
(94) TISSET (P.), t.2, p.77.
(95) VACHON (M.), *L'Epée de Fierbois*, Paris, 1980. Harmand (A.), *Jeanne d'Arc ; ses costumes, son armure*, Paris, 1929.
(96) BEAUNE (C.), *Naissance de la nation France*, Paris, 1985, p.166-171.
CHAUVIN (Y.), Le Livre des Miracles de Fierbois, *Archives historiques du Poitou*, t.60, 1976, p.1-143.
CHAUVIN (Y.), Le Livre des Miracles de Fierbois, *Bulletin de la société des antiquaires de l'Ouest*, 1975, t. 13, p. 282-311.
FOURAULT (J.B.), *Saintes Catherine de Fierbois et ses souvenirs de Jeanne d'Arc*, Tours, 1887.
(97) GAUDE FERRAGU (M.), *De la gloire des princes à la corruption des corps ; les funérailles des princes dans le royaume de France à la fin du Moyen Age*, thèse, Paris X, 2001.
BEAUNE (C.), Mourir noblement, *La Mort au Moyen Age*, Strasbourg, 1975, Strasbourg, 1977, p.125-143.
(98) TISSET (P.), t.2, p.75.
(99) LEFÈVRE PONTALIS (G.), *La Chronique Morosini*, Paris, 1901, t.3, p.89.
(100) QUICHERAT (J.), t.4, p.54, Jean Chartier.
(101) TISSET (P.), t.2, p.75.
(102) QUICHERAT (J.), t.4, p.54, Jean Chartier.
(103) LEFÈVRE PONTALIS (G.), *La Chronique Morosini*, Paris, 1901, t.3, p.109.
(104) BRUNEAU (C.), *La Chronique de Philippe de Vigneulles*, Metz, 1929, t.2, p.199.
(105) QUICHERAT (J.), *Revue historique*, 1877, p.327-344, Greffier de La Rochelle.
(106) NONN (U.), Das Bild Karls Martel im mittelalterlichen Quellen, *Karl Martel in seiner Zeit*, Sigmaringen, 1994.
(107) QUICHERAT (J.), t.4, p.93, Jean Chartier.
(108) QUICHERAT (J.), t.4, p.71-72.
(109) DUPARC (P.), t.4, p.51, L. de Coutes.
(110) DUPARC (P.), p.69, J d'Alençon.
(111) DUPARC (P.), t.4, p.51, Louis de Coutes.
(112) QUICHERAT (J.), t.5, p.60, Martial d'Auvergne.
(113) QUICHERAT (J.), t.4, p.55, Chronique latine de Jean Chartier.
(114) TISSET (P.), t.1, p.77 et t.2, p.76.
(115) VACHON (M.), *L'Epée de Fierbois*, Paris, 1980.
(116) MARX (J.), *La Légende arthurienne et le Graal*, rééd, Paris, 1996, p.108-176. Williams (A.), *The Adventures of the Holy Graal*, Oxford, 2001, p.101-129.
(117) BEAUNE (C.), *Le Journal du Bourgeois de Paris*, Paris, 1990, p.293.
(118) CHRÉTIEN DE TROYES, *Le Conte du Graal*, Paris, 1992, v. 3064-3096 et 3649.

第11章　王か皇帝か

(1) DUPARC (P.), t.4, p.82, S. Charles.
(2) QUICHERAT (J.), t.4, p.206 et p.246-248, Chronique de la Pucelle.
(3) QUICHERAT (J.), t.4, p.303, M.Thomassin.
(4) DUPARC (P.), t.3, p.284, D.Laxart.
(5) DUPARC (P.), t.3, p.285, C.Le Royer.
(6) DUPARC (P.), t.3, p.292-293, B. de Poulengy.
(7) DUPARC (P.), t.4, p.9, R. de Gaucourt.
(8) DUPARC (P.), t.4, p.15, R.Thierry.
(9) DUPARC (P.), t.4, p.13, F.Garivel.
(10) GROS (G.), *Le Mystère au siège d'Orléans*, Paris, 2002, p.1011.
(11) VORAGINE (Jacques de), *La Légende dorée*, éd. J.B.Roze, Paris, 1967, t.1, p.122-123.
SOT (M.), *Un historien et son église au 10e siècle : Flodoard de Reims*, Paris, 1993.
BEAUNE (C.), *Naissance de la nation France*, Paris, 1985, p.55-77 et p.102-104.
(12)「サムエル記　下」第3章1節（べリュイエが引用）。
(13) DUPARC (P.), t.4, p.9, Dunois.
(14) TISSET (P.), t.2, p.121, 13 mars.
(15) TISSET (P.), t.2, p.120-123. Repris par l'article 51, p.214-219 et l'article 2 des 12, p.247.
(16) Articles 51 et 2.
(17) TISSET (P.), t.2, p.363-364, Information posthume.
(18) DUPARC (P.), t.2, p.190, T.Basin.
(19) LANERY D'ARC (P.), p.223, T. de Leliis.
(20) DUPARC (P.), t.2, p.124, Bourdeilles, p.230, Berruyer, p.482-483, Bréhal.
(21) TISSET (P.), t.2, p.89, 1er mars, p.107-108, le 10 mars et p.123, 13 mars.
(22) TISSET (P.), t.2, p.123.
(23) TISSET (P.), t.2, p.123.
(24) TISSET (P.), t.2, p.108, 10 mars.
(25) DUPARC (P.), t.2,p.473, Bréhal.
(26) BERSSUIRE (Pierre), *Reductorium morale*, Venise, 1583, p.4-6, article Angelus.
FAURE (P.), *Les Anges*, Paris, 1988. FAURE (P.), *Les Anges et leur image*, 1999.
(27) QUICHERAT (J.), t.3, p.403, J.Gélu.
(28) Kervyn, *Livre des trahisons*, Bruxelles, 1873, cité in QUICHERAT, t.5.
(29) QUICHERAAT (J.), t.3, p.409, J.Gélu.
(30) DUPARC (P.), t.4, p.16, J.Luillier.
(31) QUICHERAT (J.), t.5, p.146, lettre du 7 novembre 1429.
(32) TISSET (P), t.2, article 52, p.220, d'Estivet.
(33) Beaune (C.), *Naissance de la nation France*, Paris, 1985, p.237-264.

(34) FRUGONI (Ch.), L'ideologia del potere imperiale nella cattedra di san Pietro, *Bolletino dell'Instituto storico italiano per il Medio Evo*, 1977, p.67-170.
(35) DUPARC (P.), t.3, a.73, p.132, 101 articles des demandeurs.
(36) *Couronnement de Louis* は例外である。
(37) BODEL (Jean), *La Chanson des Saisnes*, éd. A.Brasseur. Genève, 1989, v.12-15.
(38) ROSELLINI (A.), *La Geste Francor*, Brescia, 1986, p.381.
(39) COLLOMP (D.), Sacre et royauté dans l'épopée tardive. *Représentation, pouvoir et royauté à la fin du Moyen Age*, dir. J.Blanchard, le Mans (1994), Paris, 1995, p.279-295.
VALLECALLE (J.C.), Les Formes de la révélation surnaturelle dans l'épopée, *Littérature et religion à la fin du Moyen Age*, Lyon, 1977, p.65-95.
BOUTET (D.), *Charlemagne et Arthur, rois imaginaires*, Paris, 1992, p.211-225.
(40) GUENÉE (B.), *Les Entrées royales françaises*, Paris, 1968, anges en 1437, 1465, 1485, 1498.
(41) FROISSART (J.), *Chroniques*, Bruxelles, 1872, t.14, p.6-25.
BELLAGUET (L.), *La Chronique du Religieux de Saint-Denis*, Paris, 1839, t.1, p.611-616.
(42) JOUVENEL DES URSINS (J.), *Histoire de Charles VI*, éd Michaud et Poujoulat, Paris, 1836, p.378.
(43) BERSUIRE (Pierre), article Angelus, cf. note 26.
(44) DUPARC (P.), t.4, p.72, J.Pasquerel.
(45) DUPARC (P.), t.4, p.64, J.d'Alencon.
(46) QUICHERAT (J.), t.4, Journal du siège d'Orléans, p.180 sq.
(47) MARTINIÈRE (J. de la), Frère Richard et Jeanne d'Arc à Orléans, *Moyen Age*, 1934, p.184-198.
(48)「マルコによる福音書」第 4 章 8 節、「ルカによる福音書」第 8 章 8 節。
(49) DELARUELLE (E.), L'Antéchrist chez saint Vincent Ferrier, Bernardin et autour de Jeanne d'Arc, *La piété populaire*, Turin, 1975, p.329-355.
(50) BEAUNE (C.), *Journal du Bourgeois de Paris*, Paris, 1990, p.253-256 puis 263.
QUICHERAT (J.), Oeuvres de Th. Basin, Paris, 1859, t.4, Lettre à David d'Utrecht.
(51) QUICHERAT (J.), t.4, p.287.
(52) POLI (O. de), *La Royauté de la fève au Moyen Age*, Paris, 1909.
VAULTIER (R.), *Le Folklore pendant la guerre de Cent Ans*, Paris, 1965.
BILLINGTON (S.), *Mock kings in medieval society and Renaissance drama*, Oxford, 1991.
HENISCH (B.), *The Medieval calendar year*, Pennsylvania U P., 1999.
(53)「サムエル記　下」第 17 章 28 節、「エゼキエル書」第 4 章 9 節、「ダニエル書」。
(54) BERSUIRE (Pierre), *Reductorium morale*, Venise, 1583, p.523-524 L.XII, ch.38.
(55) KRYNEN (J.), *L'Empire du roi*, Paris, 1993, p.281-296.
CONTAMINE (P.), *Le Moyen Age*, Paris, 2003, p.308-315.
LEWIS (P.S.), *La France à la fin du Moyen Age*, Paris, 1977.
BEAUNE (C.), Les Monarchies médiévales, *Les Monarchies*, dir. Y.M.Bercé, Paris, 1993.
JACKSON (R.W.), *Vivat rex ; le sacre des rois en France*, Strasbourg, 1984.

(56) LEWIS (A.W.), *Le Sang royal ; la famille capétienne et l'Etat*, Paris, 1986.
(57) DUPARC (P.), t.2, p.97, Bourdeilles.
(58) BLOCH (M.), *Les rois thaumaturges*, rééd, Paris, 1963.
(59) PARIS (Geoffroi de), *Chronique métrique*, éd. J.A.Buchon, t.9, p.274.
(60) QUICHERAT (J.), t.5, p.506-507, Pie II.
(61) BEAUNE (C.), Les Théoriciens français contestataires du sacre, *Le Sacre des rois*, Reims, 1975, Paris, p.233-242.
(62) SCHNEBB LIÈVRE (M.), *Le Songe du Verger*, Paris, 1982, t.1, p.127.
(63)「集会の書」第 30 章 4 節。
(64) QUICHERAT (J.), t.5, p.128, p130.「アンジュー地方の貴族から王妃への手紙」がもっとも精密な描写を与えてくれる。
(65) KORNER (Hermann), *Die Chronica Novella*, éd. J. Schwalm, Göttingen, 1895, p.495.
(66) QUICHERAT (J.), t.5, p.527, Ph. de Bergame.
(67) QUICHERAT (J.), t.4, p.478, W.Bower.
(68) CONTAMINE (P.), *Les Pairs de France au sacre des rois 15e siècle. Nature et portée d'un programme iconographique, De Jeanne d'Arc aux guerres d'Italie*, Orléans, 1994, p.111-137.
(69) LEFÈVRE PONTALIS (G.), *La Chronique d'Antonio Morosini*, Paris, 1901, t.3, p.191.
(70) PEYRONNET (G.), Rumeurs autour du sacre de Charles VII, *Annales de l'Est*, 1981, p.151-165.
(71) LUCE (S.), Lettres de Jacques de La Marche à l'évêque de Laon, *Revue bleue*, 1892, p.367-372.
ARIENTI (S. di), *La Ginevra delle chare donne*, ed. M. Ricci, Bologne, 1888.
(72) QUICHERAT (J.), t.4, p.330, Tableau des rois.
(73) QUICHERAT (J.), t.4, p.346, R.Blondel.
(74) BEAUNE (C.), *Journal du Bourgeois de Paris*, Paris, 1990, p.425.
(75) PEYRONNET (G.), Rumeurs autour du sacre de Charles VII, *Annales de l'Est*, 1981, p.153-165.
(76) LEFÈVRE PONTALIS (G.), *Les Sources allemandes de l'histoire de Jeanne d'Arc : E. Windecke*, Paris, 1903, p.153.
(77) TISSET (P.), t.2, p.146.
(78) BARLOW (F.), The king's evil, *English historical review*, 1980, p.3-27.
(79) BLOCH (M.), *Les Rois thaumaturges*, rééd. 1963, p.89-309.
(80) POLY (J.P.), La Gloire des rois et la parole cachée ou l'avenir d'une illusion, *Religion et culture de l'an mille*, dir. D.Iogna Prat, Paris, 1990, 1987, p.166-187.
(81) QUICHERAT (J.), t.4, p.187, Journal du siège d'Orléans.
(82) QUICHERAT (J.), t.4, p.429-439, Lefèvre de Saint-Rémy.
(83) PEYRONNET (G.), Un problème de légitimité. Charles VII et le toucher des écrouelles, *Jeanne d'Arc, une époque, un rayonnement*, Orléans, 1979, Paris, 1982, p.197-202.
(84) QUICHERAT (J.), t.5, p.67, Martial d'Auvergne ou t.4, p.73, J.Chartier.

(85) CONTAMINE (P.), Une interpolation à la Chronique martinienne ; le *Brevis Tractatus* d'Etienne de Conti official de Corbie (mort en 1413), *Annales de Bretagne et des pays de l'Ouest*, t.87, p.367-386.

(86) フィリップ４世の死のときピウス２世により確認される。QUICHERAT (J.), t.4, p.514.

(87) QUICHERAT (J.), t.4, p.203-253, Chronique de la Pucelle atribuée à G. Cousinot.

(88) LEFÈVRE PONTALIS (G.), *La Chronique d'Antonio Morosini*, Paris, 1901, t.3, p.191.

(89) COHN (N.), *Les Fanatiques de l'Apocalypse*, Paris, 1962.
MOHRING (H.), *Der Weltkaiser der Endzeit*, Thorbecke, 2000.

(90) TISSET (P.), t.2, p.89 et G. da Molino, p.55 et 67.

(91) QUICHERAT (J.), t.5, p.34, Poème latin.

(92) CHAMPION (P.), Ballade sur sacre de Reims, *Moyen Age*, 1909, t.22.

(93) QUICHERAT (J.), t.5, p.12-21, strophes 16, 42 et 43.

(94) QUICHERAT (J.), t.4, p.321-329, Doyen de Saint-Thiébaut.

(95) QUICHERAT (J.), t.3, J.Gélu, p.400.

(96) QUICHERAT (J.), t.4, p.278, signalé par P. Sala.

(97) DUPARC (P.), t.3, p.292, B de Poulengy.

(98) DUPARC (P.), t.4, p.64, J. d'Alençon.

(99) DONDAINE (A.), Le *Breviarium* de Jean Dupuy, *Archivum fratrum praedicatorum*, 1942, p.184.

(100) LEFÈVRE PONTALIS (G.), *Les Sources allemendes de l'histoire de Jeanne d'Arc,* E. Windecke, Paris, 1903, p.153.

(101) GILLI (P.), La lettre du pseudo-Barbaro, *Bulletin des Amis du centre Jeanne-d'Arc*, 1996, p.4-26.

(102) LEFÈVRE PONTALIS (G.), *La Chronique d'Antonio Morosini*, Paris, 1901, t.3, p.65.

(103) LADNER (G.), *The idea of reform*, Cambridge, 1959.

(104) LEMAITRE (N.), *Le Rouergue flamboyant*, Paris, 1988, p.71-81.

(105) GILLI (P.), La lettre du pseudo-Barbaro, *Bulletin des Amis du centre Jeanne d'Arc*, 1996, p.4-26.

(106) QUICHERAT (J.), t.3, p.436, *Sybilla francica*.

(107) CAZELLES (R.), Une exigence de l'opinion publique depuis Saint Louis ; la réformation du royaume, *Annuaire Bulletin de la société de l'histoire de la France*, 1962-1963, p.91-99.
CONTAMINE (P.), Réformation ; un mot, une idée, *Des pouvoirs en France*, Paris, 1992, p.37-49.

(108) LE GOFF (J.), *Saint Louis*, Paris, 1996, p.216-220.
RICHARD (J.), *Saint Louis*, Paris, 1983, p.286.
CAROLUS BARRE (L.), La Grande Ordonnance de 1254, *7e Centenaire de la mort Saint Louis*, Paris, 1970, p.85-97.

(109) MARTENE (E.) et Durand, *Thesaurus novus anecdotorum*, Paris, 1716, t.1 c.1723-1737, Lettre de P. de Versailles à Jouvenel.

(110) KORNER (Hermann), *Die Chronica novella*, éd. Schwalm, Göttingen, 1895, p.495.

(111) CASAGRANDE (C.) et Vecchio (S.), *Les péchés de la langue*, Paris, 1991.

LEVELEUX (C.), *La Parole interdite. Le blasphème dans la France médiévale 13ᵉ-15ᵉ siècle, du péché au crime*, Paris, 2001.

HOAREAU DODINEAU (J.), *Dieu et le roi. La répression du blasphème et de l'injure au roi à la fin du Moyen Age*, Limoges, 2003.

CABANTOUS (A.), *Histoire du blasphème en Occident (fin 16ᵉ-mi 19ᵉ siècle)*, Paris, 1998.

GAUVARD (C.), *De Grâce espécial ; crime, état et société en France*, Paris, 1991, t.2, p.806-813.

(112) LEVELEUX, cf. note 111, p.289-321.

(113) PONS (N.), Pour ce que manifestation de vérité, *Mélanges F.Autrand*, Paris, 2000, p.343-363.

(114) TISSET (P.), t.2, p.130, 14 mars.

(115) TISSET (P.), t.2, p.74, 27 février.

(116) P. Drappier. H. Arnolin, J. de Saint Amand, J. Moen, J. Thiesselin, T. Le Royer, S.Musnier, J. de Nouillompont, B. de Poulengy. 彼女は神を恐れていたか、宣誓をしなかった。

(117) DUPARC (P.), t.3, p.252, J.Thiesselin.

(118) DUPARC (J.), t.4, p.54, G.Thibaut.

(119) DUPARC (J.), t.4. L. de Coutes, p.51, et le duc lui-même, p.70.

(120) DUPARC (J.), t.4, p.152, frère Seguin.

(121) DUPARC (J.), t.4, p.25, R.Huré.

(122) DUPARC (J.), t.4, p.72, J.Pasquerel.

(123) DUPARC (J.), t.4, p.61, M. La Touroulde.

(124) DUPARC (J.), t.2, p.337, G.Bouillé.

(125) DUPARC (J.), t.2, p.61, M. La Touroulde.

(126) DUPARC (J.), t.2, p.61, M. La Touroulde.

(127) TISSET (P.), t.2, p.96, 3 mars.

(128) DONCOER (P.), *La Minute française des interrogatoires de Jeanne la Pucelle*, Paris, 1952.

第12章　アルマニャック派の淫売

(1) DUPARC (P.), t.4, p.76, J. Pasquerel.

(2) SCHNERB (B.), *Armagnacs et Bourguignons ; la maudite guerre*, Paris 1988.

NORDBERG (M.), *Les Ducs et la royauté,* Upsala, 1963.

FAMIGLIETTI (R.), *Royal intrigue ; crisis at the court of Charles VI (1392-1420)*, New York, 1986.

(3) WARNER (M.), *Joan of Arc ; the image of female heroism*, New York, 1981, p.96-117.

(4) BEAUNE (C.), Les Monarchies médiévales, *Les monarchies*, dir. Y.M. Bercé, Paris, 1997,

p.191-204.

(5) CAZELLES (R.), Le parti navarrais jusqu'à la mort d'E. Marcel, *Bulletin philologique et historique*, 1960, p.839-869.

(6) GONZALES (E.), *L'Hôtel des ducs d'Orléans au XVe siècle ; étude sociale et institutionnelle*, thèse Paris I, 2001 ; NABERT (N.), *Les réseaux d'alliance aux XIVe et XVe siècles*, Paris, 1999.

(7) HABLOT (L.), *La Devise mise en signe du prince, mise en scène du pouvoir*, thèse Poitiers, 2001.

(8) CONTAMINE (P.), *Le Moyen Age ; histoire politique*, Paris, 2003, p.399-405.

(9) QUICHERAT (J.), t.5, p.131, Lettre d'Alain Chartier.

(10) TISSET (P.), t.2, p.63, 24 février, a 38, p.200.

(11) TISSET (P.), t.2, Montereau.

(12) TISSET (P.), t.2, p.64, 24 février.

(13) DUPARC (P.), t.4, p.4, Dunois.

(14) TISSET (P.), t.2, p.123, 13 mars, 同様の事柄は QUICHERAT, t.4, p.102, Journal du siège d'Orléans にも記載されている。

(15) TISSET (P.), t.2, p.54, 22 février et p.197-198, article 35.

(16) TISSET (P.), t.2, p.54, 22 février.

(17) TISSET (P.), t.2, p.116, 12 mars.

(18) CHAMPION (P.), *Charles d'Orléans*, Paris, 1909.

CONTAMINE (P.), La piété quotidienne dans la haute noblesse, *Horizons marins, itinéraires spirituels, Mélanges M. Mollat*, Paris, 1987, t.1, p.35-42.

Autour de Charles d'Orléans, Colloque, Orléans, 1998.

(19) オルレアンの私生児ジャン、未来のデュノワ伯。イギリスで捕虜となっている兄弟、オルレアン公シャルルとアングレーム伯ジャンの収益管理を行う。

(20) QUICHERAT (J.), t.4, T. Basin.

QUICHERAT (J.), t.4, p.430, Lefèvre de Saint-Rémy.

(21) QUICHERAT (J.), t.4, p.10-11, Perceval de Cagny.

(22) DUPARC (P.), t.4, p.67-68, J. d'Alençon.

(23) TISSET (P.), t.2, p.81-82, 1er mars, p.189-190, articles 26, 27, 28 et 29.

(24) DUPARC (P.), t.4, p.84-86, T. d'Armagnac ou de Termes.

(25) QUICHERAT, t.5, p.252-254 で報じられている消失史料。

(26) QUICHERAT (J.), t.5, p.111, Lettre de Guy de Laval.

(27) ラウル・ド・ゴークールの代官《リュートナン》。彼の妻はシノンでジャンヌを宿泊させる。

(28) BOUCHER DE MOLANDON (R.), J. Boucher sire de Guilleville et de Mézières, trésorier général du duc, *Mémoires de la société archéologique et historique de l'Orléanais*, 1889, p.373-498 et 613-616.

RICHARD (L.), *Les Finances du duché*, Orléans, 1994.

(29) PONTHIEUX (A.), Un page de Jeanne d'Arc, *Bulletin de la société historique de Compiègne*, 1933, p.105-122.

(30) DUPARC (P.), t.4, p.10, Dunois.

(31) SLANICKA (S.), *Krieg der Zeichen ; die visuelle Politik Johanns ohne Furcht und die armagnakisch bürgundische Bürgerkrieg*, Göttingen, 2002.

HABLOT (L.), *La Devise*, thèse Poitiers, 2001, cf. note 7.

BEAUNE (C.), Costume et pouvoir en France à la fin du Moyen Age : les devises royales vers 1400, *Revue des langues romanes*, 1981, t.55, p.125-146.

(32) JARRY (E.), *Vie de Louis d'Orléans*, Paris, 1889.

(33) TISSET (P.), t.2, p.96, 3 mars et p.221, article 52.

(34) TISSET (P.), t.2, p.96, 3 mars.

(35) BELLAGUET (L.), *La Chronique du Religieux de Saint-Denis*, Paris, 1841, t.3, L. 28, p.741, 1407, et 751 pour Judas.

(36) COVILLE (A.), *Jean Petit et la question du tyrannicide au commencement du XVe*, Paris, 1932, p.225-251 pour Cérisy.

Manifeste de 1410 dans le *Religieux*, t.4, L.32, 1410, p.421.

(37) PONS (N.), *L'honneur de la couronne de France ; quatre libelles contre les Anglais (1418-1419)*, Paris, 1990.

(38) TISSET (P.), t.2, p.368.

(39) TISSET (P.), t.2, p.130, 14 mars, p.202, article 36.

(40) DUPARC (P.), t.2, p.89, 1er mars, article 51, p.215.

(41) DUPARC (P.), t.2, p.107, 10 mars, article 55, p.222.

(42) SCORDIA (L.), *Le roi doit vivre du sien*, thèse Paris X, 2001.

(43) TISSET (P.), t.2, p.99-100, 3 mars et p.223-224, article 56.

(44) 聖別式後の 1429 年 7 月のこと。この免税措置は維持され続ける。

(45) SCORDIA (L.), *Le roi doit vivre du sien*, thèse Paris X, 2001, p.425.

(46) LEFÈVRE PONTALIS (G.), *La Chronique d'Antonio Morosini*, Paris, 1901, t.3, p.105, lettre du 9 juillet.

(47) DUPARC (P.), t.4, p.57, S. Beaucroix.

(48) DUPARC (P.), t.4, p.78, J. Pasquerel.

(49) Tobie, 3, 3.

(50) VAUCHEZ (A.), Charité et pauvreté chez sainte Elizabeth, *Religion et société dans l'Occident médiéval*, Paris, 1980, p.27-37.

(51) BN FR. 610, f° 82.

(52) *Acta sanctorum*, mars, t.3.

(53) TISSET (P.), t.2, p.98, 3 mars.

(54) TISSET (P.), t.2, p.131, 14 mars et article 39, p.202.

(55) DUPARC (P.), t.4, p.10, Dunois.

(56) DUPARC (P.), t.4, p.79, J. Pasquerel.

(57) BEAUNE (C.), *Naissance de la nation France*, Paris, 1985, p.324-335.

CONTAMINE (P.), Mourir pour la patrie, *Les lieux de mémoire*, II, *La Nation*, éd. P. Nora,

Paris, 1992, t.3, p.11-43.

(58) PISAN (Christine de), *L'Epitre de prison de vie humaine*, éd. A. Kennedy, Glasgow, 1984, CHARTIER (Alain), *Le Livre des quatre dames*, éd. J.C. Laidlaw, Paris, 1988.

(59) BEAUNE (C.), *Naissance de la nation France*, Paris, 1985, p.78.

(60) BEAUNE (C.), *Naissance de la nation France*, Paris, 1985, p.332-333, bâtard de Vaurus.

(61) VALLET DE VIRIVILLE (A.), Un traité dédié à Yolande d'Aragon, BEC, t.26, 1866, p.128-157.

SENE (E.), Un Miroir du prince du XVe siècle ; l'Avis à Yolande d'Aragon, *Bulletin de l'Association des amis du centre Jeanne d'Arc*, 1995. コンタミーヌは自身の研究会で時期の繰上げを提示した（1425 年であり 1435 年ではない）。

(62) QUICHERAT (J.), t.3, p.393-410, J. Gélu.

(63) BEAUNE (C.), *Journal du Bourgeois de Paris*, Paris, 1990, p.267.

(64) TUETEY (A.), *Journal de Clément de Fauquembergue*, Paris, 1903, t.2, p.324.

(65) TISSET (P.), t.2, p.56, 22 février.

(66) TISSET (P.), t.2, p.86, article 43, p.205.

(67) TISSET (P.), t.2, p.128, 14 mars.

(68) TISSET (P.), t.2, p.267.

(69) TISSET (P.), t.2, p.333.

(70) GUENÉE (B.), *L'Opinion publique à la fin du Moyen Age d'après la chronique du Religieux de Saint-Denis*, Paris, 2002, p.201. Ordonnances royales, VI, 296 et 322.

BELLAGUET (L.), *La Chronique du Religieux de Saint-Denis*, Paris, 1839, t.2, p.444, 446, VI, p.296 et p.323 (1419).

(71) CONTAMINE (P.), La France anglaise au XVe siècle ; mirage ou réalité ? *Des pouvoirs en France*, Paris, 1992, p.99-108.

(72) TISSET (P.), t.2, p.238, article 63.

(73) QUICHERAT (J.), t.4, p.427, Greffier de Brabant.

(74) BEAUNE (C.), *Journal du Bourgeois de Paris*, Paris, 1990, p.19-23.

(75) TISSET (P.), t.2, p.47, 22 février.

(76) TISSET (P.), t.2, p.172.

(77) TISSET (P.), t.2, p.101.

(78) TISSET (P.), t.2, p.137, 15 mars.

(79) CONTAMINE (P.), Charles VII, les Français et la paix (1420-1445), *CRAIBL*, 1993, p.9-21.

(80) Evangile cité BELLAGUET (L.), *La Chronique du Religieux de Saint-Denis*, Paris, 1842, t.4, p.347 ou dans *Super omnia*, p.117.

(81) Thomas d'AQUIN, *Somme théologique*, II, 2, 42.

(82) TISSET (P.), t.2, *Préambule*, p.159, 63, p.238, 66, 67, p.240.

(83) DUPARC (P.), t.3, p.181, questions 1, 2, 4, 5.

(84) TISSET (P.), t.2, articles 11 et 12, p.182-183.

(85) DUPARC (P.), t.2, p.518-529, Bréhal, 2e partie.

(86) DUPARC (P.), t.3, p.108-109, article 13 des demandeurs et p.181-185, questions 3, 24, 25, 26 aux témoins de Rouen.
(87) DUPARC (P.), t.4, p.138, Témoin de Rouen.
(88) QUICHERAT (J.), t.4, p.297 et 380, Lettre de Renaud de Chartres ou citée par J. d'Aulon t.1, p.475.
(89) DUPARC (P.), t.3, p.118, article 42 des demandeurs.
(90) DUPARC (P.), t.2, p.318, G. Bouillé.
(91) DUPARC (P.), t.3, p.185, question 26.
(92) DUPARC (P.), t.3, p.194, N. de Houppeville ou p.209, P. Cusqel.
(93) DUPARC (P.), t.3, p.198.
(94) DUPARC (P.), t.3, p.199, J. Massieu, p.206, G. Manchon, p.213, I. de La Pierre.
(95) DUPARC (P.), t.4, p.80, J. de Lénizeules.
(96) DUPARC (P.), t.4, p.43, T. de Courcelles.
(97) DUPARC (P.), t.3, p.239, question 12 « à cause des gens d'armes ».
(98) DUPARC (P.), t.3, p.267, G. d'Epinal.
(99) DUPARC (P.), t.4, p.64, J. d'Alençon.

第13章　驚異の年

(1) VAUCHEZ (A.), Formes du Merveilleux et pouvoir surnaturel au Moyen Age, *Miracles, prodiges et merveilles au Moyen Age* (Orléans, 1994), Paris, 1995, p.317-325.
LE GOFF (J.), Le Merveilleux, *Dictionnaire raisonné de l'Occident médiéval*, p.709-723.
LE GOFF (J.), *L'Imaginaire médiéval*, Paris, 1985.
Démons et merveilles au Moyen Age, Nice, 1990.
(2) BEAUNE (C.), *Naissance de la nation France*, Paris, 1985, p.308-335.
(3) Rome des jubilés, *Médiévales*, n° 40, 1998.
(4) DELISLE (L.), Note de N. de Savigny avocat parisien sur Jeanne d'Arc, *Bulletin de la société de l'histoire de Paris*, 1874, p.42-44.
(5) DUPARC (P.), t.4, p.71.
(6) QUICHERAT (J.), t.4, p.225, Chronique de Tournai.
(7) QUICHERAT (J.), t.4, p.282-283, G. Girault.
(8) QUICHERAT (J.), t.4, p.254-266, Abréviateur du procès.
(9) QUICHERAT (J.), t.4, p.17, P. de Cagny.
(10) QUICHERAT (J.), t.4, p.341, Chronique normande.
(11) MORANVILLE (A. de), *La Chronique de Perceval de Cagny*, Paris, 1902, p.141, 145, 149, 157, 165, 168.
(12) MENARD (P.), La Baguette magique au Moyen Age, *Mélanges A. Planche*, Nice, 1984, p.339-348.

（13） ALVERNY (M. T.), Une baguette magique, *Mélanges A. Koyré*, Paris, 1964, p.1-11.
（14） KIECKHEFER (R.), *Forbidden rites. A necromancer's manual of the fifteenth century*, Sutton P., 1997.
（15） GAL (F.), *Le Manuscrit de Milan*, DEA, Paris-X, 2002.
（16） PROST (M.), *Jeanne d'Arc, magicienne et sorcière*, maîtrise, Paris-X, 2001.
（17） PARAVY (P.), Prière d'une sorcière du Grésivaudan pour conjurer la tempête (Procès d'Avalon, 1459), *Le Monde alpin et rhodanien*, t.10, 1982, p.67-71.
ロレーヌ地方で発生し、1456 年に裁判となった暴風雨の例に関しては、ZANTFLIET, *Chronique*, éd. E. Martène et Durand, *Amplissima collectio*, t.5, c. 491 (vent, tempête, grêle, glace en plein mois de mai) を参照。
（18） QUICHERAT (J.), t.4, p.218, Chronique de la Pucelle.
（19） DUPARC (P.), t.4, p.4, Dunois et p.12, R. de Gaucourt.
（20） LUCIE SMITH (E.), *Jeanne d'Arc*, Paris, 1981, p.102-105.
（21） DUPARC (P.), t.4, p.82, S. Charles.
（22） LEFÈVRE PONTALIS (G.), *Chronique Morosini*, Paris, 1901, t.3, p.141-163, Lettre au marquis de Montferrat.
（23） BEAUNE (C.), *Journal du Bourgeois de Paris*, Paris, 1990, p.295.
（24） LEFÈVRE PONTALIS (G.), *Les Sources allemandes de l'histoire de la Pucelle*, Paris, 1903, p.100-101.
（25） BOUDET (J. P.), *Le Recueil des plus célèbres astrologues de S. de Phares*, Paris, 1997, t.1, p.554.
GROS (G.), *Le Mystère du siège d'Orléans*, Paris, 2002, p.133.
（26）「詩篇」第 44 章。
（27） LEFÈVRE PONTALIS (G.), *Les Sources allemandes de l'histoire de Jeanne d'Arc*, Paris, 1903, p.92-93.
（28） E. Windecke, cf. n. 27.
（29） QUICHERAT (J.), t.5, p.105-111, Lettre de Guy de Laval.
LUCE (S.), Deux documents inédits sur Jeanne d'Arc, *Revue bleue*, 1892, p.367-372, Lettre de J. de La Marche.
QUICHERAT (J.), t.4, p.174, Journal du siège d'Orléans.
QUICHERAT (J.), t.4, p.66, Chartier.
QUICHERAT (J.), t.4, p.13, P. de Cagny.
（30） QUICHERAT (J.), t.4, p.507-508, Pie II.
（31） QUICHERAT (J.), t.4, p.341, Chronique normande.
（32） QUICHERAT (J.), t.4, p.163, Journal du siège d'Orléans.
（33） QUICHERAT (J.), t.4, p.347-349, R. Blondel.
（34） QUICHERAT (J.), t.4, p.485-501, E. Windecke.
（35） QUICHERAT (J.), t.5, p.136.
（36） LEFÈVRE PONTALIS (G.), *La Chronique d'Antonio Morosini*, Paris, 1901, p.574.
（37） CAMBELL (J.), *Procès de canonisation de Dauphine de Sabran*, Rome, 1978, p.67-68.

(38) QUICHERAT (J.), t.5, p.48, M. Lefranc et t.4, p.512, Pie II.
(39) QUICHERAT (J.), t.5, p.121-123.
(40) *Idem.*
(41) QUICHERAT (J.), t.4, p.251, Chronique de la Pucelle. 光沢のある布地を示す「paillons」と混同の可能性あり。
(42) QUICHERAT (J.), Une relation inédite sur Jeanne d'Arc, *Revue historique*, 1877, p.327-344, Greffier de La Rochelle.
(43) DUPARC (P.), t.1, p.485, J. d'Aulon.
(44) SCHMITT (J. C.), OSTORERO (M.) et ULZ TREMP (K.), *L'Imaginaire du sabbat*, Lausanne, 2000.
(45) TISSET (P.), t.2, p.95.
(46) QUICHERAT (J.), Une relation inédite sur Jeanne d'Arc, *Revue historique*, 1877, p.327-344, Greffier.
(47) QUICHERAT (J.), t.5, p.526, Ph. de Bergame.
(48) DUPARC (P.), t.2, p.269-284, J. de Montigny.
(49) VAUCHEZ (A.), Saints admirables, saints imitables ; les fonctions de l'hagiographie ont-elles changé dans les derniers siècles du Moyen Age ? *Saints, prophètes et visionnaires*, Paris, 1999, p.56-67.
(50) DUPARC (P.), t.2, p.37, Gerson.
(51) DONDAINE (A.), *Le Breviarium historiarum de Jean Dupuy, Archivum fratrum praedicatorum*, 1942, p.652.
(52) CONTAMINE (P.), Signe, miracle, merveille ; Réactions contemporaines au phénomène Jeanne d'Arc, *Miracles, prodiges et merveilles au Moyen Age*, Orléans, 1994, Paris, 1995, p.227-240.
(53) QUICHERAT (J.), t.5, p.100-104, lettre à Narbonne.
(54) QUICHERAT (J.), t.5, p.159, lettre à Reims.
(55) QUICHERAT (J.), t.5, p.120-121.
(56) QUICHERAT (J.), t.4, p.282-283.
(57) QUICHERAT (J.), t.5, p.107, lettre de Guy de Laval.
(58) LEFÈVRE PONTALIS (G.), *La Chronique d'Antonio Morosini*, Paris, 1901, t.3, p.125.
(59) QUICHERAT (J.), t.5, p.533, P. Desgros.
(60) PARAVY (P.), Angoisse collective et miracles au seuil de la mort. Résurrections et baptêmes d'enfants mort-nés en Dauphiné au XVe siècle, *La mort au Moyen Age*, Strasbourg, 1975, Strasbourg, 1977, p.87-102. SENSI (M.), Santuari del perdono e santuari à repit, *Lieux sacrés, lieux de culture, sanctuaires*, dir. A. Vauchez, Rome, 2000, p.214-239.
(61) QUICHERAT (J.), La Chronique des Cordeliers, *Revue historique*, 1882, p.60-83.
(62) GROS (G.), *Le Mystère du siège d'Orléans*, Paris, 2002, p.761.
(63) GROS (G.), *Le Mystère du siège d'Orléans*, Paris, 2002, p.921 et 1005.
(64) DUPARC (P.), t.2, p.219-256, M. Berruyer.

(65) DUPARC (P.), t.2, p.329, G. Bouillé.
(66) LEFÈVRE PONTALIS (G.), *La Chronique d'Antonio Morosini*, Paris, 1901, t.3, p.86.
(67) BEAUNE (C.), *Journal du Bourgeois de Paris*, Paris, 1990, p.267.
(68) QUICHERAT (J.), t.4, p.276.

第Ⅳ部　パリからルーアンへ

序

(1) BOSSUAT (A.), *Perrinet Gressart et François de Surienne, agents de l'Angleterre*, Paris, 1936.
(2) 8月の終わりに、4ヵ月の休戦が取り決められた。
(3) ROCOLLE (P.), *Un prisonnier de guerre nommé Jeanne d'Arc*, Paris, 1982.
(4) SADOURNY (A.), Rouennais et Anglais au temps de Jeanne d'Arc, *Images de Jeanne d'Arc*, Rouen, 1999, Paris, 2000, p.29-35.

第14章　異端者

(1) NEVEU (B.), *L'Erreur et son juge*, Paris, 1993.
Hérésies et sociétés dans L'Europe préindustrielle, dir. J. Le Goff, Royaumont, 1962, Paris, 1968.
(2) CHENU (M. D.), Orthodoxie et hérésie, *Annales E.S.C.*, 1963, p.75-80.
(3) Tomas d'AQUIN, *Somme théologique*, II, 2, 11.
(4) TISSET (P.), t.2, p.30, lettre de J. Graverent.
(5) TISSET (P.), t.2, p.8, lettre de l'université.
(6) TISSET (P.), t.2, p.13, lettre de l'université.
(7) PETERS (E. M.), *Inquisition*, New York, 1988.
(8) TISSET (P.), t.2, p.8, lettre de l'université. 同じ確信は、G・ブイエの作品にも見られる。DUPARC (P.), t.2, p.317.
(9) TISSET (P.), t.2, p.17. 1431年1月3日付のヘンリ6世のこの手紙は、異端のフランスと王の尊厳の毀損とをはっきりと結びつけた、最初のテクストである。
(10) TISSET (P.), t.2, p.3, lettre de Cauchon.
(11) 世間の評価（renommée）のこと。*Médiévales*, t.24, 1993.
GAUVARD (Cl.), *De grâce especial ; crime, état et société en France*, Paris, 1991.
(12) TISSET (P.), t.2, p.44, Cauchon.
(13) DUPARC (P.), t.2, p.554, Bréhal.
(14) DUPARC (P.), t.3, p.257, D. Jacob, p.259, B. Estellin.

(15) DUPARC (P.), t.3, p.289-290, N. Bailli.

(16) アルマニャック派の嘘つきども（Menteurs, ces Armagnac）。

(17) DUPARC (P.), t.3, p.297 (J. Jacquart), t.4, p.19 (Comy), p.59 (J. Barbin).

(18) DUPARC (P.), t.4, p.53 (G. Thibaut).

(19) DUPARC (P.), t.1, p.476 (J. d'Aulon).

(20) DUPARC (P.), t.3, p.240. ドンレミの証人たちに、宣誓の仕方が説明されている。

(21) TISSET (P.), t.2, Réticences le 21 février, p.37, le 22, p.44, le 24, p.58-59, le 1er mars, p.81, le 10, p.104 et le 12 mars, p.112.

(22) 宣誓の拒否は、〔『告発状』〕第 60 条の対象となる。TISSET (P.), t.2, p.229-231.

(23) VAUCHEZ (A.), Le refus du serment chez les hérétiques médiévaux, *Le serment*, dir. R. Verdier, Paris X, 1989, t.2, p.257-265.

(24)「レヴィ記」第 19 章 18 節。「汝、誓いを破ることなかれ、汝が宣誓を尊重せよ」

(25)「マタイによる福音書」第 5 章 34 ～ 36 節、あるいは「ヤコブの手紙」第 5 章 12 節。

(26) 聖ベネディクトゥスの教え。VOGUE (A. de), *Ce que dit saint Benoît*, Belle Fontaine, 1991, p.56.

(27) GUENÉE (B.), Non perjurabis ; serment et parjure en France sous Charles VI, *Journal des Savants*, 1989, p.241-257.
GUENÉE (B.), *Un meurtre, unesociété. L'assassinat du duc d'Orléans, 23 novembre 1407*, Paris, 1992, p.114-118.

(28) TISSET (P.), t.2, p.315, Faculté de théologie ou crédule de P. Maurice, le 23 mai.

(29) DUPARC (P.), t.3, p.278, J. de Nouillompont.

(30)「出エジプト記」第 3 章 11 節。

(31)「マタイによる福音書」第 3 章 16 節。「マルコによる福音書」第 1 章 11 節「ルカによる福音書」第 1 章 42 節。キリスト洗礼の場面。

(32) MARCELLO NIZIA (Ch.), Les voix dans la Queste del Saint Graal. *Histoire et société, Mélanges G. Duby*, Paris, 1992, t.4, p.77-85.

(33) BEAUNE (C.), Les Rois maudits, Razo, *Mythe et histoire*, Nice, 1992, p.2-24.

(34) DUPARC (P.), t.4, p.150-151, frère Seguin.

(35) QUICHERAT (J.), t.5, p.117, P. de Boulainvilliers, p.132, Alain Chartier, p.29, Poème latin.

(36) DUPARC (P.), t.4, p.65, J. d'Alençon.

(37) DUPARC (P.), t.1, p.486-487, J. d'Aulon.

(38) DUPARC (P.), t.4, p.8, Dunois.

(39) DUPARC (P.), t.4, p.72, J. Pasquerel.

(40) TISSET (P.), t.2, p.46, 22 février.

(41) TISSET (P.), 22 février, p.47.

(42) TISSET (P.), t.2, p.60, 24 février.

(43) TISSET (P.), t.2, p.70, 27 février. Ou p.127, le 14 mars.

(44) TISSET (P.), t.2, p.60, 24 février.

(45) LEMAITRE (N.), Les Cloches du Limousin ; voix de Dieu, voix des hommes, *Les signes de Dieu aux XVIe et XVIIe siècles*, dir. G. Demerson et B. Dompnier, Clerment, 1993, p.239-257.
CABANTOUS (A.), *Entre fête et clochers: profane et sacré dans l'Europe moderne,* Paris, 2002.
CORBIN (A.), *Les Cloches de la terre: paysage sonore et culture sensible au XIXe siècle,* Paris, 1994.
(46) TISSET (P.), t.2, p.364, P. Maurice ou J. Toutmouillé, p.365.
(47) DURAND DE MENDE (Guillaume), *Rational des divins offices,* éd. A. Davril et J. Thibodeau, Turnhout, 1995, t.1, p.52-57 (I. 4).
(48)「ミカ書」第6章9節。
(49) DUPARC (P.), t.3, p.241, J. Morel, p.244, D. Jacob, p.259, P. Drappier, p.265, J. Watterin, p.268, S. Musnier.
(50) DUPARC (P.), t.4, p.9-10, Dunois.
(51) TISSET (P.), t.2, 22 février, p.46-47, 24 février, p.62, 27 février, p.74, 14 mars, p.128 repris par d'Estivet dans l'article 50.
(52) TISSET (P.), t.2, Information posthume, p.363-365.
(53) CONTAMINE (P.), Saint Michel au ciel de Jeanne d'Arc, *Colloque Cérisy, Saint Michel au Moyen Age*, 2002, Rome, 2004.
FAURE (P.), Les anges gardiens, *Cahiers de recherches médiévales*, 2001, p.23-41.
(54) BEAUNE (C.), *Saint Michel et Jean d'Outremeuse*, Colloque *Saint Michel au Moyen Age*, Cérisy, 2002, Rome, 2004.
(55) BEAUNE (C.), *Naissance de la nation France*, Paris, 1985, p.188-207.
MERINDOL (Ch. de), Saint Michel et la monarchie française, *La France anglaise*, IIIe Congrès des sociétés savantes, Paris, 1988, p.513-542.
(56) DELARUELLE (E.), Saint Michel dans la spiritualité de Jeanne d'Arc, *La piété populaire au Moyen Age*, Turin, 1975, p.389-400.
(57) THOMAS (H.), *Jeanne d'Arc : Jungfrau and Tochter Gottes*, Berlins, 2000.
(58) TISSET (P.), t.2, p.113, 12 mars.
(59) TISSET (P.), t.2, p.87, 1er mars.
(60) DUPARC (P.), t.3, p.115, J. Massieu, p.37, G. de La Chambre, p.191, P. Bouchier.
(61) DUPARC (P.), t.2, p.41-44, E. de Bourdeilles, p.227, M. Berruyer, p.422-423, Bréhal.
(62)「ダニエル書」第10章13節。
(63) TROCAULT (M.), *L'Iconographie de sainte Catherine d'Alexandrie en France à la fin du Moyen Age*, DEA, Paris-X, 2001.
(64) MICHAUD (F.), Sainte Catherine, Jeanne d'Arc et le saut de Beaurevoir. *La protection spirituelle au Moyen Age, Cahiers de recherches médiévales*, 2001, p.73-86.
(65) TISSET (P.), t.2, article 49 p.211.
(66) TISSET (P.), t.2, 27 février, p.78.
(67) TISSET (P.), t.2, 3 mars, p.101 et 14 mars, p.127.
(68) TISSET (P.), t.2, 13 mars, p.116.

(69) TISSET (P.), t.2, 14 mars, p.131.

(70) KIENZLE (B.), et WALKER (P.), *Women preachers and prophets*, California U. P., 1998.
LAUWERS (M.), Les femmes et le sacré, *Histoire femme et société, Clio*, 1999.
LAUWERS (M.), Noli me tangere. Marie Madeleine, Marie d'Oignies et les pénitentes du XIIIe siècle, *MEFREM*, t.104, 1992, p.209-268.
BLAMIRES (A.), Women and preaching in medieval orthodoxy, *Viator*, t.26, 1995, p.135-153.

(71)「コリント信徒への手紙 一」第 11 章〔共同訳、第 14 章 34 節〕。

(72) PISAN (Ch. de), *La Cité des Dames*, éd., E. Hicks, Paris, 1987, p.58-59.

(73) QUICHERAT (J.), t.4, p.304, M. Thomassin ou Chronique de la Pucelle, t.4, p.210.

(74) DUPARC (P.), t.3, p.288, Albert d'Ourches.

(75) DUPARC (P.), t.3, p.278, J. de Nouillompont.

(76) DUPARC (P.), t.3, p.278, J. de Nouillompont.

(77) QUICHERAT (J.), t.5, p.107, lettre de Guy de Laval.
ou DUPARC (P.), t.4, p.12, R. de Gaucourt « chose admirable de l'entendre parler et répondre ».

(78) QUICHERAT (J.), t.4, p.211, Chronique de la Pucelle.

(79) LEFÈVRE PONTALIS (G.), *Chronique d'Antonio Morosini*, Paris, 1901, t.3, p.11-55.

(80) QUICHERAT (J.), t.4, Le Miroir des femmes vertueuses, p.272.

(81) QUICHERAT (J.), La Chronique des Cordeliers, *Revue historique*, 1882, p.60-83.

(82) DUPARC (P.), t.2, p.227, M. Berruyer.

(83) DUPARC (P.), t.2, p.261, J. Bochard.

(84) DUPARC (P.), t.2, p.573, Bréhal.

(85) SCHMITT (J.C.), *Les Revenants ; le vivants et les morts dans la société médiévale*, Paris, 1994.

(86) TISSET (P.), t.2, article 65, p.239 et exhortation du 2 mai, p.295.

(87) DUPARC (P.), t.2, p.245, M. Berruyer.

(88) DUPARC (P.), t.2, p.413, Brehal.

(89) TISSET (P.), t.2, 22 février, p.56, 10 mars, p.216, repris par d'Estivet (a.36).

(90) CASAGRANDE (C.) et VECCHIO (S.), *Histoire des péchés capitaux*, Milan, 2000, Paris, 2003.
BLOOMFIELD (M. W.), *The seven deadly sins ; a introduction to the history of a religious concept*, Michigan, 1952.

(91) TISSET (P.), t.2, p.122, article 31.

(92) Articles 17, 31, 32,33, p.179-180 et 190-196.

(93) Article 35, p.197-198.

(94)「ヨハネの手紙 一」「自分に罪がないというのなら、自分を欺いていることになる」。「エフェソの信徒への手紙」第 1 章 8 節。

(95) DUPARC (P.), t.2, p.316, J. de Montigny.

(96) DUPARC (P.), t.2, p.206, T. Basin ou p.484, Bréhal.

(97) Article 55, p.222.

(98) TISSET (P.), t.2, p.77, 27 février.

(99) TISSET (P.), t.2, p.107, 10 mars.

(100) TISSET (P.), t.2, p.202, Franquet d'Arras.

(101) DUPARC (P.), t.4, p.48, L. de Coutes.

(102) DUPARC (P.), t.1, p.478, J. d'Aulon.

(103) TISSET (P.), t.2, p.102, 10 mars.

(104) TISSET (P.), t.2, p.103, 14 mars.

(105) VINCENT CASSY (M.), Un modèle français. Les cavalcades des sept péchés capitaux, *Artistes, artisans et production artistique au Moyen Age*, dir. H. Bresc, Paris, 1990, t.3, p.461-487.

(106) TISSET (P.), t.2, article 41, p.203, 47, p.207, et article 8 des douze, p.329 ; interrogatoires des 3 mars, p.101 et 14 mars, p.126-127.

(107) TISSET (P.), t.2, p.136, 15 mars.

(108) SCHMITT (J. C.), Le suicide au Moyen Age, *Annales E.S.C.*, 1976, p.3-28.
MICHAUD (F.), Sainte Catherine, Jeanne d'Arc et le saut de Beaurevoir, *La protection spirituelle au Moyen Age*, Cahiers de recherches médiévals, 2001, p.73-86.

(109) DUPARC (P.), t.2, p.344, G. Bouillé, p.139, E. de Bourdeilles, p.246, M. Berruyer.

(110) CHRISTIN (O.), *Les Yeux pour croire. Les dix commandements en images XVe - XVIIe*, Paris, 2003.

(111) BOSSY (J.), Moral arithmetic ; seven deadly sins into ten commandments, *Conscience and casuistry in medieval Europe*, Cambridge, 1988, p.214-234.

(112) SCHMITT (J. C.), Du bon usage du Credo, *Faire croire. Modalités de la diffusion et de la réception du message religieux*, dir. A. Vauchez, Rome, 1981, p.337-361.

(113)「民数記」第 15 章 32 節。

(114) TISSET (P.), t.2, D'Estivet, p.176, article 15, p.203, article 40 et p.246 article 1 des 12, p.327 article 5.

(115) DUPARC (P.), t.2, p.86-90, E. de Bourdeilles.

(116) TISSET (P.), t.2, article 1 des 12, p.246.

(117) TISSET (P.), t.2, rapplé par les avocats de Rouen, p.272.

(118) TISSET (P.), t.2, p.113, 12 mars repris article 48, p.208.

(119)「トビア書」第 12 章 11 節。

(120) ANSGAR KELLY (H.), The right to remain silent before and after J. d'Arc, *Speculum*, 1993, p.992-1026.

(121) TISSET (P.), t.2, p.293, J. de Chatillon ou p.298, P. Maurice.

(122) GLORIEUX (P.), *Œuvres complètes de Jean Gerson*, Paris, 1965, t.6, p.216-217.

(123) LETHEL (F.), La soumission à l'Eglise militante, *Jeanne d'Arc une époque un rayonnement*, Orléans, 1979, Paris, 1982, p.181-191.

(124)「ルカによる福音書」第 10 章 16 節

(125)「ヨハネによる福音書」第 15 章 14 節〔共同訳、第 15 章 5 節〕

第15章　聖女か、女魔術師か、それとも魔女か

(1) LEFÈVRE PONTALIS (G.), *La Chronique d'Antonio Morosini*, Paris, 1901, t.3, p.127.
(2) *Ibid.*
(3) QUICHERAT (J.), t.4, p.440-448 et t.5, p.90. G. Chastellain.
(4) FRAIOLI (D.), *Joan of Arc : the early debate*, Boydell Press, 2000.
(5) QUICHERAT (J.), t.3, p.393, J. Gélu.
(6) DUPARC (P.), t.2, p.34-36, J. Gerson.
(7) QUICHERAT (J.), t.3, p.421, H. de Gorkum.
(8) BEAUNE (C.), *Journal du Bourgeois de Paris*, Paris, 1999, p.297.
(9) DINZELBACHER (P.), *Heiligen oder Hexen ? Schicksale auffälliger Frauen im Mittelalter und Frühneuzeit*, Zurich, 1995.
(10) TISSET (P.), t.2, p.97.
(11) TISSET (P.), t.2, p.51-52.
(12) TISSET (P.), t.2, p.96.
(13) DENIS (F. A.), *Le Séjour de Jeanne à Lagny*, Lagny, 1896.
(14) TISSET (P.), t.2, p.98-99.
(15) VAUCHEZ (A.), *La Sainteté en Occident aux derniers siècles du Moyen Age*, Paris, 1981.
(16) TISSET (P.), t.2, p.220-221, article 52.
(17) DUPARC (P.), t.4, p.57, S. Beaucroix.
(18) DUPARC (P.), t.4, p.61, M. La Touroulde.
(19) DUPARC (P.), t.4, p.59, M. J. Barbin.
(20) LANERY D'ARC (P.), *Le Culte de Jeanne d'Arc au XVe*, Orléans, 1887.
VALLET DE VIRIVILLE (A.), Notes sur deux médailles de plomb relative à Jeanne d'Arc, *Revue archéologique*, 1861, p.380-392 et 425-438.
(21) QUICHERAT (J.), t.3, p.395, J. Gélu.
(22) QUICHERAT (J.), Une relation inédite sur Jeanne d'Arc, *Revue historique*, 1877, p.327-344, Greffier de La Rochelle.
(23) DELUMEAU (J.), *Rassurer et protéger*, Paris, 1989.
DELUMEAU (J.), *La Peur en Occident*, Paris, 1978.
ALEXANDRE BIDON (D.), *La Mort au Moyen Age*, Paris, 1998.
ALEXANDRE BIDON (D.), *A réveiller les morts*, Colloque, Lyon, 1993.
(24) DUPARC (P.), t.4, p.37, G. de La Chambre.
(25) DUPARC (P.), t.2, p.326, G. Bouillé ou J. Bochard, p.260 « saintement, catholiquement ».
(26) CONTAMINE (P.), Signe, miracles, merveille. Réactions des contemporains au phénomène Jeanne d'Arc, *Miracles, prodiges et merveilles au Moyen Age*, Orléans, 1994, Paris, 1995, p.227-240.
(27) DUPARC (P.), t.2, p.329, et p.591 G. Bouillé et Bréhal.

(28) DUPARC (P.), t.4, p.82, S. Charles.
(29) DUPARC (P.), t.4, p.2, Dunois et t.1, p.428, J. d'Aulon.
(30) CONTAMINE (P.), Signe, miracles, merveille. Réactions des contemporains au phénomène Jeanne d'Arc, *Miracles, prodiges et merveilles au Moyen Age*, Orléans, 1994, Paris, 1995, p.227-240.
(31) DUPARC (P.), t.4, p.85, Th. de Termes.
(32) DUPARC (P.), t.4, p.67, J. d'Alençon.
(33) TISSET (P.), t.2, p.163-165, a. 4 et 6.
(34) TISSET (P.), t.2, p.179, a. 17.
(35) KIECKHEFER (R.), *Magic in the Middle Age*, Cambridge U. P., 1990.
FLINT (V.), *The Rise of the magic in early medieval Europe*, Princeton, 1999.
BOUDET (J. P.), *Astrologie, magie et divination dans l'occident médiéval (XIIe - XVe siècle)*, Habilitation, 2003, Paris-I, t.3.
(36)「出エジプト記」第 22 章 4 節〔共同訳、第 22 章 17 節〕。「レヴィ記」第 20 章 6 節。「申命記」第 18 章 9 ～ 14 節。
(37)「サムエル記上」第 28 章。
(38)「マタイによる福音書」第 4 章 1 ～ 11 節。
(39)〔「使徒言行録」第 8 章 25 節〔共同訳、第 8 章 18 ～ 24 節〕。
(40) BEAUNE (C.), Messianismo regio e messianismo popolare, *Poteri carismatici e poteri informali,* éd. A. Paravicini Bagliani, Palerme, 1992, p.104-125.
(41) PETERS (E. M.), *The magician, the witch and the law*, Philadelphie, 1978.
PETERS (E. M.), *The Inquisition*, New York, 1988.
KIECKHEFER (R.), The office of inquisitor and medieval heresy; the transition from a personnal to an institutional jurisdiction, *Journal of ecclesiastical history*, 1995, p.36-91.
VIDAL (J.), L'arbitraire des juges en matière de sorcellerie, *Le sabbat des sorcières en Europe*, éd., N. Jacques Chaquin et M. Préaud, Paris, 1992.
Le diable en procès, I. H. A., Décembre, 2000, *Médiévales*, 2001.
(42) JONES (W. R.), Political uses of sorcery, *The Historian*, t.34, 1972, p.670-687.
(43) DIGULLEVILLE (Guillaume de), *Le Pèlerinage de Vie humaine*, BNFR 829 f° 98.
(44) BOUDET (J. P.), *Astrologie, divination et magie dans l'Occident médiéval*, Paris-I, 2003, t.2, p.297-300.
(45) BOUDET (J. P.), Les condamnations de la magie à Paris en 1398, *Revue Mabillon*, 2001, t.73, p.121-157.
(46) VÉRONÈSE (J.), Jean sans Peur et la «fole secte» des devins: enjeux et circonstances de la rédaction du traité contre les devineurs (1411) de Laurent Pignon, *Médiévales*, 2001, p.113-132.
VEENSTRA (J. R.), *Magic and divination at the court of Burgundy and France ; texte and contexte of Laurent Pignon's Contre les divineurs*, Leyde, 1998.
(47) COVILLE (A.), *Jean Petit et la question du tyrannicide au commencement du XVe siècle*, Paris,

1932.

(48) LEFRANC (Martin), *Le Champion des Dames*, éd. R. Deschaux, Paris, 1999.

(49) 彼らは、二つの法学〔教会法および世俗法〕、医学、神学の４専門学部の準備科である教養学部〔文法・修辞・論理・算術・幾何・天文・音楽の７科目を学ぶ〕の授業に出席した者たちを指す。

(50) KIECKHEFER (R.), *Forbidden rites ; a necromancer's manuel of the fifteenth century*, Sutton Press, 1997.

(51) BOUDET (J. P.), t.2, p.259-263. Clavicule de Salomon.

MAHUT (R.), *Les Clavicules de Salomon ; étude du manuscrit 15127 de la BNF*, maîtrise Paris-X, 2001.

(52) BOUDET (J. P.), cf. n. 44, t.1, p.146-206.

(53) Thomas d'AQUIN, *Somme théologique*, II, 2, 95, a. 4.

(54) TISSET (P.), t.2, p.161, article 2 et p.210, article 49.

(55) TISSET (P.), t.2, p.29, d'Estivet.

(56) TISSET (P.), t.2, p.332, p. Maurice et p.338 (abjuration).

(57) TISSET (P.), t.2, p.199, a. 37.

(58) QUICHERAT (J.), t.3, p.433-434, Clerc de Spire.

(59) GILLI (P.), J. d'Arc en Italie au XVe et la restauration de la dignité royal, *Images de Jeanne d'Arc*, Paris, 2000, p.19-29.

(60) BOUDET (J. P.), « Les condamnations de la magie à Paris en 1398 », *Revue Mabillon*, 2001, t.73, p.121-157.

(61) TISSET (P.), t.2, p.212.

(62) QUICHERAT (J.), t.4, p.482-484, W. Bower.

(63) TISSET (P.), t.2, p.85, 1er mars, p.144, 17 mars, d'Estivet, a. 20.

(64) GAUVARD (C.), Paris, le Parlement et la sorcellerie au milieu du XVe, *Mélanges J. Favier*, Paris, 1999, p.85-112.

(65) TISSET (P.), t.2, p.94.

(66) COLLOMB (D.), Un anneau nuptial, *Sénéfiance*, t.25, p.109-125.

(67) BOUDET (J. P.), *Le Recueil des plus célèbres astrologues de Simon de Phares*, Paris, 1999, t.2, p.91-95 et 98-99.

(68) COSTE (J.), *Boniface VIII en procès*, Rome, 1995, p.148, 281-284.

(69) JONES (W. R.), Political uses of the sorcery in medieval Europe, *The Historian*, 1972, p.670-687.

(70) SCHNERB LIEVRE (M.), *Le Songe du Verger*, Paris, 1982, p.361-362.

(71) 唯一の例外は、ボニファティウス８世に最初の私的悪魔を提供した魔女である。ニデールとボワーの記述では、ジャンヌははっきりと私的悪魔を有している廉で告発されている。

QUICHERAT (J.), t.4, p.504, Nider et W. Bower.

(72) 当時、守護悪魔はイタリアの宮廷巫女の指先で増えるとされた。

ZARRI (G.), *Le sante vive ; cultura e religiosita femminile nella prima eta moderna*, Torino, 1999, p.119.

(73) BOUDET (J. P.), *Les Annulorum experimenta de Pietro d'Abano*, Habilitation, Paris-I, 2003, t.3, p.47-57.

(74) TISSET (P.), t.2, p.313, repris par G. Bouillé. DUPARC (P.), t.2, p.323. 聖書の出典は「ヨブ記」第 40 章 15 〜 24 節。

(75) BOUDET (J. P.), Les who's who démonologiques de la Renaissance et leurs ancêtres médiévaux, *Médiévales*, 2003, p.117-131.

(76) VALLET DE VIRIVILLE (A.), Les Anneaux de Jeanne d'Arc, *Mémoires de la société des Antiquaires de France*, 1868, p.82-97.

(77) WEIL PAROT (N.), *Les Images astrologiques au Moyen Age et à la Renaissance ; spéculations intellectuelles et pratiques magiques (XIIe - XVe siècle)*, Paris, 2002.

(78) DUPARC (P.), t.4, p.78, frère Seguin.

(79) DUPARC (P.), t.4, p.4, Dunois.

(80) DUPARC (P.), t.4, p.25, R. Huré.

(81) Cité Bréhal, p.426.

(82) Cité Bourdeilles, p.120.

(83) HENRIET (P.), *La parole et la prière au Moyen Age : le verbe efficace dans l'hagiographie manasitique (VIe - XIIe)*, Bruxelles, 2000.

(84) DUPARC (P.), t.4, p.33.

(85) DUPARC (P.), t.4, p.87.

(86) BARBERINO (A. di), *Reali di Francia*, ed. P. Rajna, Bologne, 1872.

(87) DUPARC (P.), t.2, p.237, Berruyer, p.293, T. Basin, p.326, Bouillé, d'après l'un des témoins de Rouen.

(88) SUSO (H.), *L'Horologium sapientiae*, éd. D. Kunzle, Friboug, 1977.

(89) LONGPRE (P.), Saint Bernardin de Sienne et le nom de Jésus, *Archivum Fratrum Praedicatorum*, 1935, t.28, p.443-476.

(90) MONTESANO (A.), L'ordo francescano e la lotta contro le credenze magico superstitiose, *Quaderni medievali*, 1996, t.41, p.138-153.

(91) ORIGO (I.), *Bernardin de Sienne*, Paris, 1982.
GRONCHI (M.), *La cristologia di san Bernardino di Sienna*, Gênes, 1991.

(92) TISSET (P.), t.2, p.187 et 143.

(93) WEIL PAROT (N.), *Les Images astrologiques au Moyen Age et à la Renaissance*, Paris, 2002.

(94) DUPARC (P.), t.2, p.137.

(95) TISSET (P.), t.2, p.228-229, a.59.

(96) VALOIS (N.), La Réponse du clerc parisien en septembre 1429, *ABSHF*, 1906, p.161-179.

(97) DUPARC (P.), t.4, p.73, J. Pasquerel.

(98) PISAN (Ch. de), *La Cité des Dames*, éd. E. Hicks, Paris, 1986, p.97, Mantoa.

(99) *Lectures médiévales de Virgile*, colloque, dir. J. Y. Tilliette, Rome, 1982.

(100) VINCENT (C.), *Un monde enluminé ; lumière et luminaires dans la vie religieuse en Occident du XIIe au début du XVIe siècle*, Habilitation, Paris I, 1999, Paris, 24.

(101) DUPARC (P.), t.3, p.27, I. d'Epinal.

(102) ALLEMAGE (H. d'), *Histoire du luminaire*, Paris, 1891, p.57 (saint Jean Chrysostome).

(103) BOUDET (J.P.), Deviner dans la lumière ; notes sur les conjurations pyromantiques dans un manuscrit anglais du XVe siècle, *Mélanges H. Martin*, Rennes, 2003, p.523-530.

(104) VORAGINE (Jacques de), *La Légende dorée*, éd. J. B. Roze, Paris, 1967, t.1, p.141, Agnès.

(105) Cf. ch. Opération bergère.

(106) SCHMITT (J. C.), *Eve ou Pandora ; la création de la première femme*, Paris, 2001.

(107) VERAGINE (Jacques de), *La Légende dorée*, éd. J. B. Roze, Paris, 1967, t.2, p.386-395, Catherine.

(108) PISAN (Ch. de), *La Cité des Dames*, éd. Hicks, Paris, 1986, p.242.

(109) DUPARC (P.), t.4, p.116, J. Massieu.

(110) TISSET (P.), t.2, p.145, 17 mars.

(111) TISSET (P.), t.2, p.159, « déclarée sorcière ou lectrice de sorts... ».

(112) DUPARC (P.), t.3, p.177, P. Cusquel.

(113) DUPARC (P.), t.2, p.225, M. Berruyer.

(114) DUPARC (P.), t.2, p.193, T. Basin.

(115) BOUDET (J. P.), cf. n. 44, t.2, p.317-330.

(116) BOUDET (J. P.), Lexique du vocabulaire scientifique du moyen français, p.424-479.

(117) KIECKHEFER (R.), *European with trials ; their foundations in the popular and learned culture*, Berkeley, 1976, repris par BOUDET (J. P.), *Astrologie, magie et divination*, Paris, 2003, t.2, p.318-380.

BOUDET (J. P.), La Genèse medieval de la chasse aux sorcières, *Le mal et le diable*, éd. N. Nabert, Paris, p.35-53.

(118) PARAVY (P.), *De la chrétienté romaine à la réforme en Dauphiné*, Rome, 1993, t.2, p.771-905.

(119) TISSET (P.), t.2, p.163-164, a. 4 et 5.

(120) GAUVARD (C.), Renommées d'être sorcières ; quatre femmes devant le parlement de Paris, *Etudes offertes à R. Delort*, Paris, 1997, p.703-717.

(121) TISSET (P.), t.2, p.164, a. 5.

(122) AGRIMI (J.) et CRISCIANI (C.), Savoir medical et anthropologie religieuse ; les représentations et les fonctions de la *vetula, Annales E.S.C.*, 1995, p.1285-1308.

(123) DELPECH (F.), La marque des sorcières ; logique d'une stigmatisation diabolique, *Le sabbat des sorcières en Europe*, 1992, p.347-369.

(124) BLOCH (M.), *Les Rois thaumaturges*, rééd. Paris, 1963, p.245-258, signe royal.

(125) DELPECH (F.), La marque des sorcières ; logique d'une stigmatisation diabolique, *Le sabbat des sorcières*, 1992, p.349-369. La marque apparaît chez N. Jaquier à propos de la Vauderie d'Arras.

（126）THOMAS (K.), *Religion and the decline of the magic*, New York, 1971.
KIECKHEFER (R.), *Magic in the Middle Age*, Cambridge, U. P., 1990.
（127）ヤヌスとはふたつの顔をもつ神である。魔女にもふたつの面があり、彼女を頼る人には利益をもたらすが、他の人々にとっては不吉な存在である。
（128）TISSET (P.), t.2, p.87, 1er mars et p.166, a. 7.
（129）P. de SERMOISE, *Jeanne et la mandragore*, Paris, 1983.
（130）MACHIAVEL, *La Mandragore*, Lyon, 1998.
（131）BEAUNE (C.), *Journal du Bourgeois de Paris*, Paris, 1990, p.257.
（132）TISSET (P.), t.2, p.166, a. 7.
（133）BEAUNE (C.), *Journal du Bourgeois de Paris*, 1990, p.257.
（134）DUPARC (P.), t.3, p.212, I. de la Pierre.
QUICHERAT (J.), t.4, p.495, E. Windecke.
（135）QUICHERAT (J.), t.5, p.111, lettre de Guy de Laval, 8 juin.
QUICHERAT (J.), Une relation inédite sur Jeanne d'Arc, *Revue historique*, 1877, p.327-344, Greffier de La Rochelle.
（136）PINOTEAU (H.), Genèse du blanc, *Mélanges P. CONTAMINE*, Paris, 2000, p.589-597.
（137）ABANO (Pietro d'), *Annulorum experimenta*, éd. J. P. BOUDET, t.3, p.47-57, recette 6.
（138）QUICHERAT (J.), t.5, p.505-506.
（139）FERLAMPIN APCHER (C.), Le Sabbat des vieilles barbues dans Perceforest, *Moyen Age*, 1993, p.471-504.
（140）QUICHERAT (J.), t.5, p.117, lettre de Perceval de Boulainvilliers.
（141）QUICHERAT (J.), t.4, p.24, P. de Cagny.
（142）QUICHERAT (J.), Une relation inédite sur Jeanne d'Arc ; le livre noire du Greffier de La Rochelle, *Revue historique*, 1877, p.327-344.
（143）DUPARC (P.), t.4, p.69, J. d'Alençon.
（144）TISSET (P.), t.2, p.145, 17 mars.
（145）DELCAMBRE (E.), *Le Concept de sorcellerie dans le duché de Lorraine*, Paris, 1948, t.1, p.140.
BRIGGS (R.), Le Sabbat des sorcières en Lorraine, *Le sabbat des sorciers en Europe*, éd. N. Jacques Chaquin et M. Préaud, Paris, 1992, p.155-168.
（146）DESCHAUX (R.), *Oui ou non, les sorcières volent-elle ?* Notes de l'édition Deschaux.
（147）SCHMITT (J. C.), Les superstitions, *Histoire de la France religieuse*, Paris, 1988, t.2, p.419-451.
（148）PARAVY (P.), A propos de la genèse médiévale de la chasse aux sorcières ; le traité de Claude Tolosan, juge dauphinois, *Mélanges de l'Ecole française de Rome*, t.91, 1979, p.333-379.
（149）OSTORERO (M.), PARAVICINI BAGLIANI (A.) et ULZ KEMP (K.), L'imaginaire du sabbat, *Cahiers lausannois*, t.26, 1999.
OSTORERO (M.), Fôlatrer avec les démons. Sabbat et chasse aux sorcières à Vevey, *Cahiers lausannois*, 1995, t.15.

GINZBURG (C.), *Le Sabbat des sorcières*, Paris, rééd. 1992.
COHN (N.), *Démonolâtrie et sorcellerie*, Paris, rééd. 1982.
(150) TISSET (P.), t.2, p.164-165, a. 5.
(151) OSTPRERO (M.), PARAVICINI BAGLIANI (A.) et ULZ KEMP (K.), L'imaginaire du sabbat, *Cahiers lausannois*, t.26, 1999.
(152) TISSET (P.), t.2, p.265, archidiacre d'Evreux.
(153) DUPARC (P.), t.2, p.368-372, lettre d'Henri VI.
(154) TISSET (P.), t.2, p.238, a. 62.
(155) TISSET (P.), t.2, p.381, lettre de l'université de Paris, 1431.
(156) BEAUNE (C.), *Journal du Bourgeois de Paris*, Paris, 1990, p.282.
(157) *Ibid.*, p.300.
(158) *Ibid.*, p.300.
(159) QUICHERAT (J.), t.5, p.136, lettre de Bedford.

第16章　ジャンヌ以後のジャンヌ

(1) LEFÈVRE PONTALIS (G.), *Les Sources allemandes de l'histoire de Jeanne d'Arc, E. Windecke*, Paris, 1903, p.108-109.
(2) BEAUNE (C.), *Journal du Bourgeois de Paris*, Paris, 1990, p.397.
VALLET DE VIRIVILLE (A.), *Chronique normande anonyme*, Paris, 1859, t.3, p.206-207.
(3) QUICHERAT (J.), t.4, p.36, Perceval de Cagny.
(4) QUICHERAT (J.), t.5, p.90, Chastellain.
(5) QUICHERAT (J.), t.4, p.36, Perceval de Cagny.
(6) DUPARC (P.), t.2, p.254. « Celle-ci les accompagne non par son corps mais par son esprit comme on peut pieusement le croire.»
(7) QUICHERAT (J.), t.5, p.168-169.
(8) VALLET DE VIRIVILLE (A.), *Chronique de Jean Chartier*, Paris, 1858, t.1, p.132-133.
(9) BEAUNE (C.), *Journal du Bourgeois de Paris,* Paris, 1990, p.301.
(10) QUICHERAT (J.), t.5, p.168-169, lettre de Renaud de Chartres.
(11) DOUET D'ARCQ (L.), *Les Chroniques d'E. de Monstrelet*, Paris, 1860, t.4, p.433-434.
MORAND (F.), *Les Chroniques de Lefèvre de Saint-Rémi*, Paris, 1891, t.2, p.263-265.
(12) シャルチエ、モンストルレ、ルフェーヴル・ド・サン＝レミによって語られている。
COURTEAULT (H.) et CELIER (L.), *Chronique du héraut Berry*, Paris, 1979, p.434.
Martial d'AUVERGNE, *Vigiles du roi Charles VII*, Paris, 1724, t.1, p.123-124.
(13) BEAUNE (C.), *Journal du Bourgeois de Paris*, Paris, 1990, p.301 et 305.
(14) LECOY DE LA MARCHE (A), *Le Roi René*, Paris, 1875, t.2, p.281-283.
(15) BOUCHER DE MOLANDON (R.), *La Famille de Jeanne*, Orléans, 1878, p.127.
(16) CONTAMINE (P.), Fausses Jeanne d'Arc, *Lexikon des Mittelalters*, 1991, t.5, p.345.

BERENTS (D.), *Joan of Arc ; reality and myth*, Hilversum, 1994.

ATTEN (A.), Jeanne-Claude des Armoises ; ein Abenteuer zwischen Maas und Rhein (1436), *Kurtrierisches Jahrbuch*, 1979, t.19, p.151-180.

PRUTZ (H.), *Die falsche Jungfrau von Orléans*, Munich, 1911.

LECOY DE LA MARCHE (A.), Une fausse Jeanne d'Arc, *Revue des questions historiques*, 1871, t.10, p.262-282.

LEFÈVRE PONTALIS (G.), La fausse Jeanne d'Arc, *Moyen Age*, 1895, t.8, p.97-112.

Sources : QUICHERAT (J.), t.5, p.274-275 et 321-336.

(17) SCHNEIDER (J.), Un gentilhomme de ville ; sire N. Louve citain de Metz, *La noblesse au Moyen Age*, éd. P. Contamine, Paris, 1976, p.175-199.

(18) LEFÈVRE PONTALIS (G.), *Les Sources allemandes de l'histoire de Jeanne d'Arc, E. Windecke*, Paris, 1903.

(19) BEAUNE (C.), *Journal du Bourgeois de Paris,* Paris, 1990, p.397-398.

(20) MAES (B.), *Notre-Dame de Liesse*, Paris, 1991.

(21) QUICHERAT (J.), t.5, Formicarius, p.324-325.

(22) CHOUX (J.), Robert des Armoises seigneur de Tichemont, *Annales de l'Est*, 1963, p.99-148.

(23) STOUFF (L.), Un pari à Arles, *Bulletin des amis du Centre Jeanne-d'Arc*, t.10, 1986, p.13-17.

(24) QUICHERAT (J.), t.5, p.277-282.

(25) VALOIS (N.), Conseils et prédictions adressés au roi Charles VII par un certain Jehan Dubois en 1445, *Annuaire Bulletin de la Société de l'histoire de la France*, 1908-1909, p.201-238.

(26) CHASTELLAIN (G.), *Chroniques*, éd. Kervyn de Lettenhove, Bruxelles, 1864, t.4, p.363-368.

(27) SETTON (K.), Western hostility to Islam and prophecies of Turkish doom, *Memoirs of the American Philosophical Society*, t.201, 1992, p.10-11.

(28) LECOY DE LA MARCHE (A.), Une fausse Jeanne d'Arc ?, *Revue des questions historiques*, 1871, p.562-582.

(29) この手紙は、デュクレルク（Duclerq）の年代記、98 ～ 107 頁に収められている。

(30) ROYE (Jean de), *Journal dit Chronique scandaleuse*, éd. B. de Mandrot, Paris, 1985, t.1, p.13-14.

BOURDIGNE (Jean de), *Chroniques*, éd. M. de Quatre Barbes, Paris, 1842, t.2, p.212.

(31) DUCLERCQ (Jacques), *Mémoires*, éd. de Reiffenberg, Bruxelles, 1823, t.3, p.102.

(32) DUFOUR (A.), *Vies des femmes célèbres*, éd. G. Jeanneau, Genève, 1970, p.162-165.

(33) BOUTEILLER et BRAUX, *Nouvelles recherches sur la famille de Jeanne*, 1889, p.23-46, enquête de 1551.

(34) BEAUNE (C.), Jean de Gand prophète et bienheureux, *Prophètes et prophéties*, 1998, Cahier V-L. Saulnier, t.15, p.13-26.

(35) QUICHERAT (J.), t.3, p.464-465, Sybilla francica.

(36) BEAUNE (C.) et LEMAITRE (N.), Prophétie et politique dans la France du Midi au XVe

siècle, *Les textes prophétiques et la prophétie en Occident*, dir. A. Vauchez, Chantilly, 1988, Paris, 1990, p.307-326.

結 論

(1) I・ウラン（Heullant）がこの主題について本を準備中である。彼女の助言に感謝する。
(2) TISSET (P.), t.2, p.104, 10 mars.
(3) TISSET (P.), t.2, p.128, 14 mars.
(4) TISSET (P.), t.2, p.104, 10 mars.
(5) TISSET (P.), t.2, p.128-129.
(6) LEFÈVRE PONTALIS (G.), *La Chronique d'Antonio Morosini*, Paris, 1901, t.3, p.355.
(7) SAMARAN (C.), La chronique latine de Jean Chartier, *Annuaire Bulletin de la Société de l'histoire de la France*, 1926, ch.75, p.44.
(8) この語の語源的意味においてである。例えば、トマス・アクィナス『神学大全』第 2 部、第 2 章 124 節での定義がそれである。
(9) 過越しの食事〔最後の晩餐〕での場面。
(10) DUPARC (P.), t.3, p.267, G. d'Epinal.
(11)「マルコによる福音書」第 15 章 10 節。
(12) SAMARAN (C.), La Chronique latine de Jean. Chartier, *Annuaire Bulletin de la Société de l'histoire de la France*, 1926.
(13) QUICHERAT (J.), t.5, p.173-178, p.368-373. GAUVARD (C.), Entre justice et vengence. Le meurtre de Guillaume de Flavy et l'honneur des nobles, *Mélanges P. Contamine*, Paris, 2000, p.291-311.
CHAMPION (P.), *Guillaume de Flavy capitaine de Compiègne*, Paris, 1906, rééd. 1975.
MESTRE (J. B.), *Guillaume de Flavy n'a pas trahi Jeanne d'Arc*, Paris, 1934.
(14) DUPARC (P.), t.4, p.108, G. Manchon.
(15) オリーヴ山から下山したイエスがエルサレムに入る場面。「マルコによる福音書」第 13 章 14 節。「ルカによる福音書」第 19 章 41 節。「マタイによる福音書」第 24 章 9 節。
(16) DUPARC (C.), t.4, p.136, A. Margerie.
(17) DUPARC (C.), t.4, p.149, P. Daron.〔ここで言う「家」とは〕終の住処の意。
(18) DUPARC (C.), t.4, p.37, G. de La Chambre.
(19) DUPARC (C.), t.4, p.149, P. Daron.
(20) LEFÈVRE PONTALIS (G.), *La Chronique d'Antonio Morosini*, Paris, 1901, t.3, p.357.
(21) NEVEUX (F.), *L'Evêque Pierre Cauchon*, Paris, 1987.
(22) DUPARC (P.), t.4, p.116-120, morts honteuse de Loyseleur, Estivet, N. Midi et Cauchon.
(23) NEVEUX (F.), *L'Evêque Pierre Cauchon*, Paris, 1987, p.266.
(24) QUICHERAT (J.), t.4, p.528, P. de Bergame.

（25） DUPARC (P.), t.3, p.178 et 209, P. Cusquel. 2 度目の証言の方がはっきりしている。

（26） TISSET (P.), t.2, p.114, 12 mars.
THOMAS (H.), *Jeanne d'Arc, Jungfrau und Töchter Gottes*, Berlin, 2000.

（27） DUPARC (P.), t.4, p.8, Dunois en présence des deux autres.

（28） LEFÈVRE PONTALIS (G.), *La Chronique d'Antonio Morosini*, Paris, 1901, p.333.

（29） SUSO (Henri), *L'Horologium sapientiae*, éd. P. Kunzle, Fribourg, 1977. *L'Horologium* は 1389 年にヌフシャトーで、あるフランチェスコ会修道士によって訳された。

（30） KEMPIS (Thomas a), *L'Imitation de Jésus Christ*, dizaines d'éditions en toutes langues. *L'Imitation* はジャンヌの死の直前、1424 年から 1427 年のあいだに出回り始める。

（31） TISSET (P.), t.2, p.124, 13 mars.